DIE PFINGSTKIRCHEN

DIE KIRCHEN DER WELT

BAND VII

Herausgeber

D. HANS HEINRICH HARMS
DR. HANFRIED KRÜGER
DR. GÜNTER WAGNER
D. DR. HANS-HEINRICH WOLF

DIE PFINGSTKIRCHEN

Selbstdarstellungen, Dokumente, Kommentare

Herausgegeben von

WALTER J. HOLLENWEGER

EVANGELISCHES VERLAGSWERK STUTTGART

ISBN 3 7715 0106 7
Erschienen 1971 im Evangelischen Verlagswerk, Stuttgart
© Alle Rechte, einschließlich dem der Übersetzung, vorbehalten
Gesamtherstellung: Union Druckerei GmbH Stuttgart
Printed in Germany

INHALTSVERZEICHNIS

Inhaltsverzeichnis 5

Abkürzungen 11

Vorwort: Günter Wagner 13

Einführung: Walter J. Hollenweger 15

I. ZUR GESCHICHTE

Vereinigte Staaten von Amerika: Klaude Kendrick 29

1. Frühe amerikanische Pfingsterweckungen und Ausbreitung 29
2. Die Organisierung der Pfingstbewegung in Amerika: Die wichtigsten
   Körperschaften, die sich aus den unabhängigen Pfingstversammlungen
   bildeten – Wichtigste Heiligungsdenominationen, die sich zu Pfingstdenominationen entwickelten – Übrige Pfingstgruppen 30
3. Theologie, Gottesdienst, Kirchenverfassung 34
4. Zusammenarbeit 35

Skandinavien: Valtter Veikko Luoto 38

1. Norwegen 38
2. Schweden 42
3. Finnland 45

Sowjetunion: Steve Durasoff 50

1. I. E. Voranev 50
2. Die Fusion von 1943 53
3. Unregistrierte Pfingstler: Die dissidente „Initiativ-Gruppe" – Vorwurf
   der Spionage 56

Deutschland und die Schweiz: Jakob Zopfi 61

1. Deutschland: Vorspiel – Christiania – Kassel – Erklärungen – Mülheimer
   Richtung – Freie Pfingstgemeinden 61
2. Die Schweiz: Die Schweizerische Pfingstmission – Die Gemeinde für
   Urchristentum – Die Freie Christengemeinde – Einheitsbestrebungen –
   Französische Schweiz 68
3. Die Pfingstbewegung in der Auseinandersetzung: Der garstige Graben –
   Die Taufe im Heiligen Geist – Kritik von innen – Kritik von außen 73

Rumänien: Trandafir Sandru 82

1. Geschichte: Anfänge der Pfingstbewegung in Rumänien – Pavel Budeans
   Beitrag zur Entwicklung der rumänischen Pfingstbewegung 82

2. Lehre und Ethik: Die Pfingstbewegung von 1924 bis 1944 85
3. Die Reorganisation der rumänischen Pfingstbewegung ab 1944: Die
   heutige Organisation der Pfingstbewegung 87

Polen: Edward Czajko 91
1. Geschichtlicher Überblick 91
2. Die Pfingstbewegung im sozialistischen polnischen Staat 93
3. Schlußfolgerungen 95

Chile: Christian Lalive d'Epinay 96
1. Entstehung: Die Fakten – Die Bedeutung der Fakten 97
2. Ausbreitung 101
3. Fragen und Folgerungen: Eschatologie und Politik – Imitation der
   katholischen Kirche – Die „pfingstlichen Charismen", Stein des An-
   stoßes für den ökumenischen Dialog? 104
4. Pluralismus, Verkündigung des Evangeliums, Ökumene 111

Nigerien: Harold W. Turner 115
1. Anfänge: Garrick Braid – J. W. Westgarth – Obere Okaime Church –
   Aladura – Cherubim- und Seraphimgesellschaften – Oshitelu 116
2. Die Entwicklung der Christ Apostolic Church: Faith Tabernacles –
   Joseph Balbalola – Kontakt mit europäischen und amerikanischen
   Pfingstmissionaren 120
3. Beurteilung 123

Australien: Barry Chant 125
1. Die Anfänge: Die Keswick-Bewegung – John Alexander Dowie –
   Good News Hall – Valdez 125
2. Ausbreitung: Andere Organisationen – Die Christian Revival Crusade 128
3. Zusammenfassung: Die australische Pfingstbewegung heute 129

Neue charismatische Bewegung in den Landeskirchen: W. E. Failing 131
1. Die Wurzeln der charismatischen Bewegung: Verborgene Anfänge –
   Charismatische Erweckung in lutherischen Gemeinden der USA –
   Anfänge eines charismatischen Aufbruchs in Deutschland 131
2. Theologische Leitlinien der charismatischen Bewegung 139

II. ZUR FRÖMMIGKEIT

Fundamentalismus: Walter Haab 149
1. Pfingstbewegung und Fundamentalismus 149
2. Fundamentalistische Spiritualität 150
3. Die fünf Grundwahrheiten des Fundamentalismus 152
4. Tradition und Pfingstbewegung 155

Bekehrung: Nicholas B. H. Bhengu 157
1. Erweckung in East-London 158
2. Was wir den Leuten verkaufen? 160
3. Das alte Evangelium 162
4. Geistestaufen 163
5. Keine Sonderlehren! 164

Heiligung, das hohepriesterliche Werk Christi (Joh. 17): R. H. Gause 166
1. Für wen betete Christus? 167
2. Wofür betete Christus? 169
3. Wie betete Christus? 171
4. Mit welchem Ziel betete Christus? 173

Geistestaufe: Christian Krust 174
1. Das Erlebnis der Geistestaufe: Bei Charles Grandison Finney (1792–1876)
   – Bei Asa Mahan (1799–1875) 174
2. Die Lehre von der Geistestaufe 177
3. Die Bewertung der Geistestaufe nach einem Zeugnis auf der Weltpfingstkonferenz in Stockholm (13.–20. 7. 1955) 177
4. Die Geistestaufe in der Sicht der verschiedenen deutschen Pfingstgruppen
   (ohne Berücksichtigung des Mülheimer Gemeinschaftsverbandes) 178
5. Die Geistestaufe in der Sicht des Christlichen Gemeinschaftsverbandes
   Mülheim a. d. Ruhr 179

Zungenreden und Zungenredner: L. M. Vivier-van Eetveldt 183
1. Definition 183
2. Der Untersuchungsbereich: Biblische Einführung – Der Einstieg ins
   Problem – Testresultate 186
3. Allgemeine Folgerungen: Biographischer Fragebogen – Willoughby
   Test – Der Rosenzweig Picture Frustration Test – Suggestibilität – Der
   16 Personality Factor Test von Cattell – Der TAT Test geprüft an den
   Vektor- und Faktor Konfigurationen nach Szondi – Die religiösen
   Aspekte des Zungenredens – Psychologische Aspekte des Zungenredens 199

Glaube und Heilung: Leonhard Steiner 206
1. Die Bedeutung des natürlichen Glaubens 208
2. Der christliche Glaube im allgemeinen 209
3. Der Glaube an Jesus 210
4. Glaube und Verkündigung 211
5. Die Frage nach dem Willen Gottes 215
6. Schlußfolgerungen 217

Beispiel einer Dämonenaustreibung: Lester Sumrall 220
1. „Das Ding": Der unnatürlichste Schrei auf Erden – Keine Simulantin –
   Vorbereitung zum Kampf 220

2. Ein verzweifeltes Ringen: Der Sieg in Sicht – Der Name Jesu von Nazareth – Ärzte und Pressevertreter auf den Knien 223
3. Der Ausbruch der Erweckung: Das ganze Land horcht auf 227

Taufe und Kirchenverständnis: Ludwig Eisenlöffel 231
1. Die Taufe: Die Bekenner der Glaubenstaufe – Die Anhänger der Kindertaufe 231
2. Das Kirchenverständnis 234

Musizierende Jugend: Douglas B. Gray 242
1. Vernachlässigte Musik 242
2. Die Wirkung der Musik 243
3. Gesucht Liederdichter 244

Pfingstbewegung und Psychologie: Barry Chant 246
1. Stellung der Pfingstler der Psychologie gegenüber 246
2. Die Stellung der Psychologen der Pfingstbewegung gegenüber: Entspricht einem Bedürfnis – Verdrängung – Das kollektive Unbewußte 248
3. Der sozialpsychologische Beitrag der Pfingstler 253
4. Pfingstbewegung und Psychiatrie 253

Politik in der schwedischen Pfingstbewegung: Bo Wirmark 256
1. Für und wider die Säkularisierung 256
2. Die Christlich-Demokratische Sammlung 258
3. Statt Protest, politisches Engagement der Christen 259

III. EINÜBUNG INS GEGENSEITIGE VERSTEHEN

Die Pfingstbewegung und die andern Kirchen: Leonhard Steiner 265
1. Verpflichtung und Entfremdung 265
2. Absonderung und Besinnung 266
3. Beachtung und Wiederannäherung 267

Die Pfingstbewegung in Europa – eine ökumenische Beschreibung 270
1. Geschichtliche Wurzeln 279
2. Lehre 280
3. Beispiele: Geistestaufe – Zungenreden – Wiedergeburt 282
4. Schlußfolgerungen: Pfingstler und traditionelle Kirchen – Sektentum
   und Kirche 286

Ökumene und Pfingstbewegung in Brasilien: Manoel de Melo 290
1. Partizipation ist alles 290
2. Evangelisation contra status quo 291
3. Meine Stellung zum Ökumenischen Rat 292
4. Die Kirche in der Gesellschaft 293

Funktionen pfingstlicher Frömmigkeit: Beatriz Muñiz de Souza 294
1. Verhaltensorientierung 294
2. Glaubensheilung: Theorien über die Krankheitsursache – Die Heilung 296

Ein Pfingstgottesdienst im Urteil eines katholischen Priesters: Lothar Zenetti .. 301
1. Jeder betet in seiner Weise 301
2. Vorgedruckte Bitten 303
3. Das Neue wächst von innen 305

Ein Forschungsbericht: Walter J. Hollenweger 307
1. Typen von Selbstdarstellungen: Verlage, Zeitschriften – Zeugnisse und
   Kontroversen – Quellen, Berichte, Protokolle – Katechismen, Glaubensbekenntnisse, dogmatische Abhandlungen – Wissenschaftliche Arbeiten 309
2. Typen von Fremddarstellungen: Polemiken – Berichte und Reportagen
   – Theologische Interpretationsversuche – Soziologische und psychologische Interpretationsversuche 317
3. Ausblick 337

ANHANG

I. Dokumente 349
1. Zur Bekehrung: Zeugnis eines bekehrten französischen Zigeuners 349
2. Zum Zungenreden und zur Geistestaufe: Assemblies of God – Arbeitsgemeinschaft der Christengemeinden in Deutschland – Christlicher Gemeinschaftsverband Mülheim-Ruhr GmbH – Jonathan Paul – T. B.
   Barratt – Schweizerische Pfingstmission 351
3. Zur Krankenheilung: George Jeffreys 353
4. Zum Verständnis der Dämonen: Roberto Bracco 353
5. Zum Tauf- und Kirchenverständnis: Jonathan Paul – United Pentecostal Church 354
6. Gottesdienst: Ein französischer pfingstlicher Zigeuner-Gottesdienst im
   Urteil einer Journalistin – Ein Gottesdienst des ÖRK im Urteil eines
   chilenischen Pfingstlers 354
7. Zum politischen Engagement: Philadelphia-Verein – Apostolic Faith
   Mission, Südafrika – Gemeinde für Urchristentum – Arbeitsgemeinschaft
   der Christengemeinden in Deutschland 355
8. Beispiel eines Bekenntnisses 358
9. Kurzbiographien dreier repräsentativer europäischer Pfingstpioniere:
   Thomas Ball Barratt (1862–1940) – George Jeffreys (1899–1962) –
   Jonathan Anton Alexander Benjamin Paul (1853–1931) 359

II. Adressenverzeichnis (Auswahl) 365
1. Afrika 365
2. Nordamerika 367
3. Lateinamerika 368

4. Asien 372
5. Australien 374
6. Europa 374

III. *Zusammenfassende Statistik* (mit Karte) 378

IV. *Wie sie wachsen* 383
  1. Die Pfingstbewegung in Prozenten der Bevölkerung in einigen aus-
     gewählten Ländern 385
  2. Statistik USA: Wachstumskurven der drei größten Pfingstdenomina-
     tionen in USA – Assemblies of God – Pentecostal Holiness Church .. 386
  3. Wachstumskurven zweier brasilianischer Pfingstdenominationen 390
  4. Wachstumskurven der Schweizer Pfingstbewegung 391

V. *Auswahl pfingstlicher Zeitschriften* 393

VI. *Bibliographie* 397

Liste der Mitarbeiter 469

Liste der Übersetzer 470

Register 471

ABKÜRZUNGEN

AdD	Assemblées de Dieu; Assemblee di Dio; Assembléias de Deus; Asambleas de Dios
afr.	afrikanische, unabhängige Kirchen
AoG	Assemblies of God
ap	Pfingstgemeinde des apostolischen Typs
ASTE	Associação de Seminários Teológicos Evangélicos
ChoG	Church of God
EKL	Evangelisches Kirchenlexikon
EMM	Evangelisches Missionsmagazin
GPH	Gospel Publishing House
Hirtenschreiben	*Nederlands Hervormde Kerk*, De Kerk en de Pinkstergroepen. Herderlijk Schrijven van de Generale Synode der Nederlandse Hervormde Kerk (1960), 1961[3]
IRM	International Review of Mission
Krust I	*Christian Krust*, 50 Jahre Deutsche Pfingstbewegung, Mülheimer Richtung, Altdorf bei Nürnberg, 1958
Krust II	*Christian Krust*, Was wir glauben, lehren und bekennen, Altdorf bei Nürnberg, 1963
MD	Materialdienst, Längsschnitt durch die geistigen Strömungen und Fragen der Gegenwart, Stuttgart
OeRK	Oekumenischer Rat der Kirchen
OeTSt	Oekumenische Texte und Studien
P	Pentecostal, Pentecôte, Pfingsten usw.
PAoC	Pentecostal Assemblies of Canada
P. E.	Pentecostal Evangel
PGG	*W. J. Hollenweger*, Enthusiastisches Christentum. Die Pfingstbewegung in Geschichte und Gegenwart, Zürich, Zwingli-Verlag, Wuppertal, Brockhaus-Verlag, 1969
PHCh	Pentecostal Holiness Church
RGG	Die Religion in Geschichte und Gegenwart
SE	Schweizer Evangelist
St	Statistik
T	Typ pfingstlicher Frömmigkeit
VdV	Verheißung des Vaters
WChH	*H. Wakelin Coxill und Sir Kenneth Grubb* (Hg), World Christian Handbook, London, 1962, 1968
*	Der (*) bedeutet, daß das betreffende Werk mir nur indirekt zugänglich war (nur in der Bibliographie)
ZS	Zeitschrift

Dreistellige Zahlen (z. B. 02a.02.115) weisen auf mein „Handbuch der Pfingstbewegung" hin; genaue bibliographische Angaben in der Bibliographie.

VORWORT

In der Reihe „Die Kirchen der Welt" erscheint dieser Band in einer Zeit, in der die hier dargestellte Bewegung stärker als je zuvor in das Blickfeld der übrigen Christenheit gerät. Das Interesse an den Pfingstkirchen wird nicht nur durch ihre zahlenmäßige Stärke von mindestens 13 Millionen Mitgliedern bzw. 30 Millionen Anhängern, ihr dynamisches Wachstum in allen Kontinenten und eine „pfingstlich" geprägte charismatische Bewegung, die quer durch die verschiedensten Denominationen hindurchgeht, geweckt. Es erklärt sich auch nicht einfach aus der Tatsache, daß in den letzten beiden Jahrzehnten zu den Pfingstkirchen hin und von ihnen her die Tür zum zwischenkirchlichen Dialog aufgetan worden ist und seit 1961 einige Pfingstgemeinden den offiziellen Anschluß an den Ökumenischen Rat der Kirchen gesucht und gefunden haben. Das Interesse an der Pfingstbewegung geht Hand in Hand mit der Erkenntnis, daß man nicht von der Erneuerung der Kirche sprechen kann, ohne den Beitrag zu bedenken, den die Pfingstkirchen hierzu leisten können, „denn die Kirche lebt nicht davon, daß sie der ihr aufgetragenen Botschaft treu bleibt oder daß sie in der Gemeinschaft mit den Aposteln besteht. Sie lebt aus den Lebenskräften des göttlichen Geistes". So zeigte sich Bischof L. Newbigin schon anfangs der fünfziger Jahre „von der Notwendigkeit überzeugt..., den katholisch-protestantischen Dualismus, der das ökumenische Gespräch bisher gekennzeichnet hat, der Kritik und Erweiterung von dem ‚pfingstlichen Gesichtspunkt' aus zu unterwerfen; das Gespräch müßte somit dreipolig werden" (Von der Spaltung zur Einheit, 1956, S. 127 und 124; engl. 1953). Daß Hoffnung auf ein entsprechendes Engagement auch auf seiten der Pfingstkirchen besteht, zeigt der vorliegende Band. Die Geistestaufe ist „nicht das Steckenpferd der Pfingstbewegung", schreibt der Evangelist J. Zopfi. „Es gibt für sie höher- und gleichrangige Anliegen, die wir aber gemeinsam mit andern Kirchen tragen. Die Pfingstbewegung hat durchaus auf das Zeugnis des Gesamtleibes zu hören, sie hat sich ‚fragen, prüfen und läutern' zu lassen. Sie ist aber überzeugt, daß auch sie mit ihren besonderen Anliegen nur zum Schaden der Gesamtgemeinde überhört werden kann."

Der Herausgeber, einer der besten Kenner der Pfingstbewegung, hat Autoren gewinnen können, die die Mannigfaltigkeit der Bewegung unter Berücksichtigung ihrer besonderen Ausprägung darzustellen vermochten – kein leichtes Unterfangen, liegt doch die Gabe der Pfingstler eher im gesprochenen Wort und in der persönlichen Mitteilung als in der literarischen Äußerung. Daß im Gegensatz zum Prinzip dieser Buchreihe einige Beiträge von Angehörigen anderer Kirchen geschrieben wurden, ist eine in der Kompetenz der Verfasser begründete Ergänzung der Selbstdarstellungen.

Die Reihenfolge der Artikel im ersten Teil folgt mehr oder weniger der Ausbreitungsgeschichte der Pfingstbewegung. Der Herausgeber hätte gern mehr Aufsätze aus der „Dritten Welt" gebracht, konnte sie aber nicht bekommen. Die im zweiten Teil getroffene Auswahl der Kristallisationspunkte pfingstlicher Frömmigkeit ist durch den Umstand bestimmt, daß diese Frömmigkeit nicht von einem systematischen, sondern von einem phänomenologischen Gesichtspunkt zu erfassen ist, wie sich denn auch die meisten pfingstlichen Glaubensbekenntnisse auf diese empirischen Kristallisationspunkte ihrer Frömmigkeit konzentrieren. Im dritten Teil verdienen der von Pfingstlern und Vertretern des Ökumenischen Rates erarbeitete Text und der Beitrag von L. Zenetti besondere Beachtung. Der von Dr. Hollenweger zusammengestellte Anhang gibt nicht nur willkommene sachliche Information, sondern trägt mit den sorgfältig ausgewählten Dokumenten wesentlich zum Verständnis der Pfingstbewegung bei. Der Forschungsbericht zusammen mit der Bibliographie bietet die bisher umfassendste Übersicht über das einschlägige Schrifttum.

Möge dieses Buch über Information und Anregung zur weiteren Beschäftigung mit der Pfingstbewegung hinaus der Kirche Jesu Christi neue Impulse auf dem Wege ihrer Erneuerung vermitteln!

Günter Wagner

EINFÜHRUNG

Der Gottesdienst am Sonntagmorgen begann damit, daß Bruder Elisha sich ans Klavier setzte und einen Choral anstimmte. Es schien John, als hätte ihn dieser Augenblick und dieser Klang von seinem ersten Atemzug an begleitet. Es war, als hätte es nie eine Zeit gegeben, da ihm dieser Augenblick des Wartens, während es in der überfüllten Kirche ganz still wurde, nicht vertraut gewesen wäre – die Schwestern in Weiß, mit erhobenen Köpfen, die Brüder in Blau, die Köpfe zurückgeworfen; in der erwartungsvollen Stille leuchteten die weißen Hauben der Frauen wie Kronen, und die krausen, schimmernden Häupter der Männer schienen emporgerichtet – das Rascheln und Flüstern hörte auf, und die Kinder verstummten; jemand hüstelte vielleicht noch, oder man hörte von der Straße her ein Auto hupen oder jemand fluchen: dann griff Elisha in die Tasten, begann zu singen, und alle fielen ein, klatschten in die Hände, erhoben sich und schlugen die Tamburine.

Seit ich erlöst von Sündenmacht
Seit Jesus Freiheit mir gebracht,
Da frag ich nicht nach Erdenleid,
Mir strahlt des Himmels Herrlichkeit[1].

Sie sangen mit aller Kraft, die in ihnen war, und klatschten freudig in die Hände. Nie hatte John die Fröhlichkeit dieser frommen Leute anders als mit Schrecken und Staunen im Herzen betrachten können. Ihr Gesang ließ ihn an die Gegenwart des Herrn glauben; ja, es war nicht einmal mehr eine Frage des Glaubens, denn sie machten Seine Anwesenheit leibhaftig. Die Freude, die sie empfanden, konnte er selbst nicht teilen, und doch zweifelte er nicht, daß dies für sie das wahre Brot des Lebens war – konnte nicht daran zweifeln, bis es für Zweifel zu spät war. Etwas verwandelte ihre Gesichter und Stimmen, die rhythmischen Bewegungen ihrer Körper und die Luft, die sie atmeten; es war, als öffne sich, wo immer sie sich befanden, der Himmel, und der Heilige Geist schwebe über ihnen. Das Gesicht seines Vaters, ohnehin streng, wurde furchterregend; der Alltagsgrimm seines Vaters steigerte sich zu prophetischem Zorn. Seine Mutter, den Körper in wiegender Bewegung, die Augen zum Himmel erhoben, die Hände vor der Brust aneinandergelegt, gab ihm einen Begriff von jener Ergebenheit, Geduld und Beharrlichkeit, über die er in der Bibel gelesen hatte und von denen er sich nur schwer eine Vorstellung machen konnte.

Am Sonntagvormittag schienen alle Frauen demütig und alle Männer mächtig zu sein. John sah, wie dann die *Kraft* einen der Männer oder eine der Frauen überkam; sie schrien auf, es war ein anhaltender, unartikulierter Schrei; die Arme wie Flügel ausgebreitet, begannen sie mit der Anrufung. Jemand rückte einen Stuhl etwas zur Seite, um ihnen Platz zu machen, die Begleitung brach ab, der Gesang setzte aus, und nur das Füßestampfen und Händeklatschen war weiter zu hören; noch ein Aufschrei, noch ein Tänzer; dann setzten die Tamburine wieder ein, der Gesang begann von neuem, und die Musik wogte auf, wie Feuer, wie eine Flutwelle, wie das himmlische Strafgericht. Die Kirche schien anzuschwellen von der Kraft, die sie erfüllte, und wie ein Planet im Weltraum bebt, so bebte der Tempel unter der Kraft Gottes. John schaute, schaute in die Gesichter, auf die schwerelosen Körper, und er vernahm die Rufe, die sich aus Raum und Zeit lösten. Auch ihn, sagten sie alle, würde diese *Kraft* eines Tages überkommen; er würde singen und schreien wie sie und vor seinem König tanzen. Er beobachtete, wie die junge Ella Mae Washington, die siebzehnjährige Enkelin von Mother Washington, der Vorbeterin, anfing zu tanzen. Und dann tanzte Elisha.

Eben noch saß er singend und spielend am Klavier, den Kopf zurückgeworfen, die Augen geschlossen, Schweiß auf der Stirn; plötzlich erstarrte er und begann zu zittern wie eine große schwarze Katze, die im Dschungel in Todesnot gerät. Er schrie auf: „Jesus, Jesus, o Herr Jesus." Er schlug auf dem Klavier einen letzten gewaltigen Akkord an, dann spreizte er die Arme und warf sie hoch, die Handflächen nach oben gerichtet. Die Tamburine rasten, um die Leere, die dem Verstummen des Klaviers folgte, auszufüllen, und sein Aufschrei wurde von den Schreien der andern beantwortet. Dann stand er aufrecht, begann sich zu drehen, blind, das Gesicht in Ekstase verzerrt, die Adern traten ihm an den Schläfen hervor, und die Muskeln an seinem langen schwarzen Hals schwollen an und zuckten. Es war, als bliebe ihm der Atem weg, als könne sein Körper diese Leidenschaft nicht mehr fassen, als werde er gleich, vor aller Augen, in der Luft zerbersten. Seine Hände, erstarrt bis in die Fingerspitzen, holten weit aus und fielen wieder zurück auf seine Hüften, seine blicklosen Augen waren emporgerichtet, und er begann zu tanzen. Dann ballten sich seine Hände zu Fäusten, und der Kopf fiel nach vorn. Die Pomade, die sein Haar glätten sollte, löste sich im Schweiß, und die Bewegungen der andern wurden schneller, um sich dem Rhythmus Elishas anzupassen; der Stoff seiner Hose spannte sich über den fieberhaft arbeitenden Schenkeln, seine Absätze hämmerten auf den Boden, und seine

Fäuste bewegten sich an seinem Körper auf und ab, als schlage er eine Trommel. Und so ging es eine ganze Weile weiter, inmitten der Tanzenden; den Kopf gesenkt, trommelte er mit den Fäusten unablässig, unerträglich, bis das Dröhnen die Wände der Kirche schier bersten ließ; und dann plötzlich ein Schrei – er riß den Kopf hoch, reckte die Arme empor, der Schweiß floß ihm von der Stirn, und sein ganzer Körper geriet in tanzende Bewegung, als könne er nie mehr aufhören. Manchmal brach er erst ab, wenn er röchelnd aufs Gesicht fiel – zu Boden stürzte wie ein vom Hammer getroffenes Tier. Und ein gewaltiges Stöhnen erfüllte die Kirche[2]."

Diese Beschreibung eines pfingstlichen Negergottesdienstes im „Tempel der Feuergetauften"[3] wurde dem Roman von J. Baldwin „Gehe hin und verkünde es vom Berge" entnommen. Baldwin beschreibt darin einen Teil seiner eigenen Lebensgeschichte. Als Sohn eines Negerpredigers war er selber Prediger in einer schwarzen Pfingstgemeinde geworden. Er gab jedoch sein Christentum bald auf, weil er sich die Frage nicht beantworten konnte: Warum kommt meine Mutter „Abend für Abend hierher, um einen Gott anzurufen, der sich nicht um sie kümmert – falls es über jener abblätternden Decke überhaupt einen Gott gibt[4]?" Er revoltierte gegen seinen Vater, der die Sünde für alles Elend der Neger verantwortlich machte, für Arbeitslosigkeit und Krankheit, für den Unfrieden in den zerrissenen Familien des Negerghettos. „Es war die Sünde", so predigte sein Vater, „die den Sohn des Lichts aus dem Himmel, die Adam aus dem Garten Eden getrieben hat, Sünde, die Kain seinen Bruder erschlagen ließ, Sünde, die den Turm zu Babel gebaut hat, Sünde, die den Feuerregen auf Sodom herabzog – Sünde, seit die Welt geschaffen wurde. Sie lebt und webt im menschlichen Herzen, sie ist schuld, daß die Frauen ihre Kinder in Schmerzen und Finsternis zur Welt bringen, sie ist es, die die Rücken der Männer in furchtbarer Mühsal beugt, die den hungrigen Leib hungrig, den Tisch leer läßt, und die unsere Kinder, in Lumpen gehüllt, hinaus in die Hurenhäuser und Tanzsäle der Welt schickt[5]." Baldwin läßt darum eine der Hauptpersonen des Romans sagen: „Ich werde mein Kind zur Welt bringen und es zum Mann erziehen. Und ich werde ihm aus keiner Bibel vorlesen, und ich werde ihn nicht in die Kirche schicken und Predigten hören lassen. Und selbst wenn er sein Leben lang nichts als billigen Schnaps trinkt, wird er immer noch ein besserer Mensch sein als sein Vater," der ein Prediger war[6]. Baldwin bezeichnet sich als „einen der Menschen, die immer außerhalb des Glaubens stehen, auch wenn sie versuchen, in ihm zu arbeiten[7]." Das hinderte den Ökumenischen Rat der Kirchen nicht, ihn an die Vierte Vollversammlung nach Uppsala einzuladen, wo er – hors programme –

ein stark beachtetes Referat hielt. Es ist das Bekenntnis eines ehemaligen pfingstlichen Negerpredigers, der im Evangelium immer noch die weltverwandelnde und rassenversöhnende Kraft erkennt, aber den Eindruck bekommen hat, daß dieses Evangelium von den Kirchen, vor allem von seiner eigenen Kirche, schmählich verraten worden sei.

„Schließlich habe ich gesehen", sagte Baldwin in Uppsala, „was die christliche Kirche meinem Vater angetan hat, der sein Leben lang auf der Kanzel stand. Ich habe die Armut, die hoffnungslose Armut gesehen, die nicht ein Werk Gottes, sondern ein Werk des Staates war, und gegen die er und seine Kinder kämpften. Ich habe vor allem, und dies ist das Entscheidende, gesehen, auf welche Weise weiße Macht schwarzen Geist zerstören kann, und wogegen schwarze Menschen heute kämpfen, genau das."

Nach einem Rückblick auf die leidvolle Geschichte seiner Vorfahren erwähnte er den Black-Power-Führer St. Carmichael. Die Presse bezeichne ihn als gefährlichen Radikalinski.

„Aber jedermann übersieht die Tatsache, daß etwa St. Carmichael sein Leben als Christ begann und, ohne daß es die Weltpresse bemerkte, im tiefen Süden meiner Heimat die Straßen auf und ab gezogen ist. Viele Jahre hat er damit verbracht, blutig geschlagen und ins Gefängnis geworfen zu werden. Dabei hat er ‚We shall overcome‘ gesungen und meinte es auch und glaubte es auch. Tag für Tag und Stunde für Stunde hat er genau das getan, was die christliche Kirche tun sollte: von Tür zu Tür gehen, die Hungrigen speisen, mit den Unterdrückten reden und die Tore der Gefängnisse all derer öffnen, die gefangen sind. Aber notwendigerweise kam der Tag, an dem dieser junge Mann es leid war, eine gedankenlose Bevölkerung zu bitten, und er sagte als Konsequenz das, was alle Revolutionäre immer gesagt haben: Ich habe euch gebeten und gebeten – und man kann für eine lange, lange Zeit bitten. Aber es kommt der Augenblick, wenn ein Bittsteller nicht mehr länger ein Bittsteller bleibt, sondern zum Bettler wird. Nun, in diesem Augenblick kommt man zu dem Schluß: Ihr werdet es nicht tun, ihr könnt es nicht, ihr bringt nicht die Voraussetzungen mit, es zu tun, und darum muß *ich* es tun."

Zu dem, was zu tun ist, könnte nach Baldwin die Zerstörung einer Kirche gehören, die ihrem Auftrag untreu geworden ist.

„Es muß zugegeben werden, daß ... die Zerstörung der christlichen Kirche, wie sie im Augenblick aussieht, nicht nur wünschenswert, sondern notwendig sein mag[8]."

Zu lange hat sie mit den Herrschenden paktiert, zu lange hat sie die Verbrechen der Weißen systematisch entschuldigt, zu lange hat sie den

Schwarzen die Geschichte „auf weiß" erzählt und damit die Identität der Schwarzen zerstört, zu lange hat sie die Spontaneität der Schwarzen unterdrückt.

Es ist selbstverständlich, daß die Pfingstler mit dieser Deutung eines ihrer ehemaligen Prediger nicht einverstanden sind. Sie suchen die Verantwortung für das Elend in der Welt im persönlichen Versagen einzelner Menschen, zum Beispiel in demjenigen von J. Baldwin selbst. Baldwin steht jedoch mit seiner Deutung nicht allein unter den Schwarzen Nordamerikas. Trotz dem mutigen Einstehen vieler weißer Pfarrer für die Neger fühlen sie sich verraten von den weißen Christen, insbesondere auch von den ihrer Frömmigkeit am nächsten stehenden Baptisten und Pfingstlern. Dies ist für sie umso schmerzlicher, als die pfingstliche Frömmigkeit aus Erweckungen der Negerkirchen hervorgegangen ist. Enthusiastische Gottesdienste und glossolalische Ausbrüche sind im Laufe der Geschichte der amerikanischen Negergemeinden mehrmals aufgetreten. Der Negro Spiritual und der Jazz sind ohne den Hintergrund der amerikanischen Negerfrömmigkeit gar nicht verständlich[9]. Die Pfingstbewegung geht nach dem Zeugnis ihrer eigenen Geschichtsschreiber auf diese Negerfrömmigkeit zurück. In allen Selbstdarstellungen der Pfingstbewegung werden die Erweckungsversammlungen des einäugigen Negerpredigers W. J. Seymour an der Azusa-Straße in Los Angeles (1906) als eigentlicher Beginn der Pfingstbewegung bezeichnet.

Sie übertrafen alles, „was bis jetzt in der entstehenden Pfingstbewegung geschehen war ... Die Erweckung von Los Angeles wurde von Predigern aus der ganzen Welt besucht. Viele erlebten dort die Geistestaufe und propagierten die neue Lehre in ihren Heimatländern. Darum wird die Azusa-Street-Mission allgemein als der Ausgangspunkt betrachtet, von dem die Pfingstbewegung sich innerhalb der Vereinigten Staaten und in der ganzen Welt verbreitete[10]."

Schon 1908 zogen sich die Weißen von Seymour und seiner Erweckung zurück und organisierten ihre eigenen Pfingstkirchen[11], obschon die *Assemblies of God* zwischen 1910 und 1914 nochmals einen Versuch machten, mit der *Church of God in Christ*[12], einer schwarzen Pfingstkirche, zusammenzuarbeiten. Trotzdem ist der bestimmende Einfluß der Negerfrömmigkeit auf die entstehende Pfingstbewegung unverkennbar. Eine Anzahl beliebter Lieder der Pfingstler wurde von Negerkomponisten geschaffen[13]. Das Modell des spontanen pfingstlichen Gottesdienstes entstammt der schwarzen Subkultur[14], ebenso der gelegentlich vorgekommene liturgische Tanz[15].

Bonhoeffer, der während seines ersten Amerikaaufenthaltes die Negergottesdienste regelmäßig besuchte, hatte deren Frömmigkeit positiv beurteilt:

„Zunächst habe ich in den Negerkirchen das Evangelium predigen hören[16]. Es ist in einer Negerkirche nicht schwer zu beobachten, wo das Interesse der Gemeinde wach wird und wo nicht, da die ungeheure Empfindungsintensität der Neger in Ausrufen, Zwischenrufen immer wieder zum Ausbruch kommt. Es ist aber deutlich, daß immer dort, wo wirklich vom Evangelium die Rede war, die Teilnahme aufs Höchste stieg. Man konnte hier wirklich noch von Sünde und Gnade und von der Liebe zu Gott und der letzten Hoffnung christlich reden und hören, wenn auch in anderen Formen als wir es gewohnt sind. Im Gegensatz zur oft vortragsmäßigen Art der ‚weißen‘ Predigt, wird der ‚black Christ‘ mit hinreißender Leidenschaftlichkeit und Anschauungskraft gepredigt[17]."

Ebenso beeindruckt war der katholische Priester L. Zenetti[18] von den Gottesdiensten einer schwarzen Pfingstgemeinde, der *Temple Church of God in Christ, Washington*, der er sein bemerkenswertes Buch „Heiße (W)Eisen" widmet, weil er in ihrer Mitte „das lebendige Wirken des Heiligen Geistes und das ‚neue Lied‘ erfahren" habe.

Heute aber scheint es, daß die weißen Pfingstgemeinden in den Vereinigten Staaten sich ihres Erbes schämen. Die *Assemblies of God* sind – gewiß zum Teil unter der massiven Kritik der traditionellen Kirchen – heute so weit verkirchlicht[19], daß sie die Chance, mit ihrer Frömmigkeit eine Brückenstellung zwischen den liturgischen Traditionen von Schwarz und Weiß einzunehmen, verpaßt haben. Die meisten schwarzen Pfingstler haben sich darum heute in schwarzen Pfingstkirchen organisiert[20], wenn auch in allen Pfingstkirchen in unteren Chargen schwarze Pfingstprediger anzutreffen sind.

Die Hoffnung Baldwins und seiner Freunde, daß die pfingstlichen Gemeinden den Schwarzen mehr als menschliche Wärme, fröhliche Gottesdienste und spontane menschliche Hilfeleistung geben, daß sie ihnen in ihrem Kampf um Anerkennung als vollberechtigte Menschen beistehen, hat sich zerschlagen. Man muß daher heute resigniert feststellen, daß die amerikanische Pfingstbewegung den wichtigen Platz, den sie im amerikanischen Kirchenkampf hätte einnehmen können, zugunsten der Aufnahme in die bürgerliche, politisch und theologisch konservative *National Association of Evangelicals* aufgegeben hat.

Nicht verloren ist aber bis jetzt der Kampf, den die Pfingstler Afrikas und Lateinamerikas für das Menschsein des Menschen in der Dritten Welt kämpfen. Darum ist es von strategischer Bedeutung, daß in Uppsala nicht nur der enttäuschte Pfingstprediger Baldwin, sondern auch sieben führende

Pfingstprediger aus Lateinamerika und zwei Leiter der großen, pfingstlichen Gemeinschaft der Kimbanguisten aus dem Kongo[21] anwesend waren. Was diese Pfingstler aus der Dritten Welt in Uppsala am meisten beeindruckte, waren nicht die theologischen Debatten und die Gottesdienste. In diesen wurde eine Sprache verwendet, die ihnen dem Thema unangemessen, zumindest aber unverständlich vorkam. „Religiös ist diese Konferenz unterentwickelt", stellten sie lapidar fest[22]. „Ich kam nach Uppsala und fühlte mich wie Hesekiel im Tal der ausgedörrten Gebeine", berichtete der brasilianische Pfingstführer M. de Melo[23].

„Obschon wir im Zeitalter der Düsenflugzeuge leben, fährt der Ökumenische Rat inbezug auf sein Gottesdienstleben noch mit dem Fahrrad. Hingegen tut er ein gewaltiges Werk auf dem Gebiet der sozialen Aktion, ein Werk, das wir mit all unseren Gottesdiensten nicht vollbringen können. Was nützt es, wenn man einen Menschen bekehrt und ihn in die verfaulte brasilianische Gesellschaft zurückschickt?... Während wir eine Million bekehren, ent-bekehrt der Teufel zehn Millionen durch den Hunger, das Elend, den Militarismus, die Diktatur[24]."

M. de Melo begründet dann weiter, warum seine Kirche einen Antrag um Aufnahme in den Ökumenischen Rat stellen wird, ein Antrag, der von den Kimbanguisten bereits eingereicht worden ist. Weitere große eingeborene Pfingstkirchen werden folgen. Interessant ist die Begründung für diesen Schritt. Aus genau den Gründen, aus denen die weißen Pfingstkirchen nichts vom Ökumenischen Rat wissen wollen, beantragen die Pfingstkirchen der Dritten Welt den Beitritt. Sie erwarten vom Ökumenischen Rat keine Hilfe für Evangelisations- und Missionsprogramme. Das verstehen sie besser als irgend ein Missionar aus Amerika oder Europa. Mitleidig schauen sie der mühsamen Arbeit dieser Missionare zu und lachen über die Erfolgsmeldungen, die sie an ihre Hauptquartiere schicken. Sie wissen, daß diese Ausländer den Zugang zu den Armen nicht finden, daß sie die Kommunikationsweisen dieser Kulturen nicht kennen. Aber sie wissen auch, daß „der Atheismus wegen den ungerechten Verhältnissen, in denen die Leute leben, wächst"[25] und daß es für sie nicht mehr genügt, die Leute zu versammeln, ein Lied zu singen eine Predigt zu liefern und sie dann ihren Problemen zu überlassen[26]. Sie wissen, daß die Ausweitung der Evangelisation auf den sozialpolitischen Kontext ihre intellektuellen Fähigkeiten übersteigt. Darum wenden sie sich an die ökumenische Bewegung. Diese Hinwendung zur sozialpolitischen Verantwortung wird erst von einer Minderheit von Pfingstlern gesehen. Immerhin, de Melo ist nicht der einzige. Man vergleiche dazu den Aufsatz des berühmten Zulu-Evangelisten N. Bhengu[27], des

schwedischen Politologen B. Wirmark[28], des polnischen Pfingstpre-
digers Ed. Czajko[29]. Auch wäre dieses ökumenische Erwachen ohne die
Vorarbeit der von Baldwin beschriebenen Prediger[30] nicht denkbar, was
deutlich aus den Analysen von Chr. Lalive d'Epinay[31] und B. Muñiz de
Souza[32], aber auch aus den historischen Darstellungen von V. Luoto[33], H.
W. Turner[34], und St. Durasoff[35] hervorgeht.

Es dürfte auch dem säkularisierten Westler klar werden, daß die politischen und wirtschaftlichen Probleme der Dritten Welt nicht ohne angemessene Berücksichtigung der religionspsychologischen Faktoren verstanden werden können. Damit schließe ich mich der Umkehrung der
üblichen religionspsychologischen Betrachtungsweise („Religion ist auf
dem Hintergrund der Gesellschaft zu interpretieren.") durch J. M. Yinger
an, der seinen großangelegten religionssoziologischen Sammelband mit
der Feststellung beginnt: „Wer die Gesellschaft verstehen will, muß die
Religion studieren[36]."
Ob und wie weit dieser Satz für die westliche Welt zutrifft, scheint mir
noch offen zu sein. Das neu auftauchende Zungenreden in allen traditionellen Kirchen der Welt[37], inklusive der römisch-katholischen[38], veranlaßt jedenfalls heute Theologen und Soziologen, die Pfingstbewegung
ernst zu nehmen. Das Auftreten des Zungenredens im gehobenen Bürgertum hat die beliebte soziologische Theorie widerlegt, Zungenreden
und enthusiastische Gottesdienste seien lediglich Ausdruck wirtschaftlicher
oder gesellschaftlicher Entbehrung. Es ist möglich, daß L. M. Vivier-van
Eetveldt[39] und B. Chant[40] in ihren psychologischen Untersuchungen
diesen Gesichtspunkt überbetonen. Sicher ist aber, daß es offenbar *menschliche* Bedürfnisse gibt, die mindestens bei einem bestimmten Typ (und
zwar nicht nur bei Primitiven und Ungebildeten) sich nur in der Form
spontaner religiöser Erlebnisse befriedigen lassen.
Diesem Satz wird natürlich nicht widersprochen, solange er sich auf
Situationen in kommunistischen Ländern bezieht[41]. Dem Protest gegen
die vulgär-kommunistische Welterklärung stimmt man im allgemeinen
zu. Daß es aber auch bei uns im Westen noch nötig sei, in Zungen zu
reden, um „sich selbst zu bessern" (1. Kor. 14, 4), wird manchem westlichen Theologen schwer in den Kopf wollen. Er wird sich darum besonders mit der Arbeit eines deutschen Theologen über die „charismatische Bewegung in den Landeskirchen"[42] auseinandersetzen.
Aus den enthusiastischen Gottesdiensten der amerikanischen Neger entwickelte sich der Jazz und die Pfingstbewegung. Diese beiden Beiträge
schwarzer Kultur sind aus der heutigen Welt kaum mehr wegzudenken:
der Jazz als auch von den Weißen anerkannter Ausdruck unseres Welt-
gefühls, die Pfingstbewegung als Form des Christentums (oder wenig-

stens des Protestantismus), wie sie vor allem für Afrika und Lateinamerika
führend zu werden scheint. Um so wichtiger wird es für die weißen
Christen (und die weißen Pfingstler) werden, eine ökumenische Gemeinschaft mit dieser dem Europäer fremd erscheinenden Frömmigkeit zu
finden, denn die Christen des pfingstlichen Typs werden in Afrika und
Lateinamerika bald einmal die Mehrheit der Protestanten (wenn nicht
gar der Christen überhaupt) darstellen. Es gibt sogar Spezialisten, die der
Meinung sind, daß im Jahre 2000 die Christen Lateinamerikas und Afrikas
die Christen der übrigen Kontinente an Zahl überflügelt haben werden.
Das heißt mit anderen Worten, daß die Rassen- und Kulturgegensätze
zwischen den Kirchen wichtiger werden als die traditionellen Konfessions-
gegensätze. Ein afrikanischer Christ wird mit den europäischen Christen
nicht über das „sola gratia" oder das Verständnis des Abendmahles debat-
tieren wollen, sondern darüber, wie die Afrikaner freien Zugang zu den
Weltmärkten erlangen können und wie sie sich nicht nur am Tisch des
Herrn, sondern auch am Konferenztisch als gleichberechtigte, mündige
Menschen erfahren können.

Es gehört zu den faszinierendsten Aspekten der Pfingstgeschichte in
Apostelgeschichte 2, daß an Pfingsten die Schranken der Nationalität,
der Rasse und der Kultur überwunden wurden. Weil die Pfingstbewegung wenigstens in ihrer Anfangsphase bereit war, keine abendländischen
Rassen- und Kulturvorurteile zu exportieren und sie ihren Missionskirchen volle Entfaltungsmöglichkeiten einräumte, entwickelten diese
sich rasch und eigenständig. Es ist zu hoffen, daß die westliche Pfingstbewegung – die auf weite Strecken auch heute noch eine nicht- oder
postliterarische Subkultur darstellt, wie die folgenden Seiten jedem unbe-
fangenen Leser vor Augen führen – mit diesen von den europäischen
und amerikanischen Muttergemeinden sehr verschiedenen und zum Teil
recht eigenwilligen Pfingstgemeinden der Dritten Welt weiterhin in
ökumenischer Gemeinschaft verbunden bleiben will. Gehört dieser
Brückenschlag zwischen den Rassen nicht zur Aufgabe einer Kirche, die
ganz besonders mit der Kraft des Pfingstgeistes rechnet, der alle Rassen-
und Kulturschranken überwindet? Und war es nicht der Heilige Geist,
der Petrus lehrte, im „unreinen" Kornelius den gleichen Geist am Werk
zu sehen wie in der Jerusalemer Pfingstgemeinde? Hier liegen noch un-
ausgeschöpfte Möglichkeiten, aber auch gefährliche Fallen für die Pfingstbewegung verborgen, die bis jetzt noch kaum beachtet worden sind.

Genf, am Pfingstfest 1969   Walter J. Hollenweger

ANMERKUNGEN

[1] Anstelle der Übersetzung eines amerikanischen Liedes wird ein ebenfalls aus dem angelsächsischen Raum kommendes, ähnliches Lied aus dem Pfingstjubel zitiert (*C. E. Butler*, Pfingstjubel 354).

[2] *J. Baldwin*, Gehe hin, 15–18.

[3] Pfingstkirchen mit diesem Namen gibt es in USA mehrere: *Fire Baptized Holiness Church (Wesleyan)* (02a.02.025; 02.02.110a), *Pentecostal Fire Baptized Holiness Church* (02a.02.107).

[4] *J. Baldwin*, a.a.O., 165.

[5] Ebd., 125.

[6] Ebd., 165.

[7] *J. Baldwin*, Ev. Kommentare 1/8, Aug. 1968, 448.

[8] *J. Baldwin*, Ev. Kommentare 1/8, Aug. 1968, alle Zitate auf S. 448–450

[9] Vgl. 02a.02.C (Die Bedeutung der Negergottesdienste für die Pfingstbewegung), ebenso: *W. J. Hollenweger*, Black Pentecostal Concept (OeRK, Genf, Juni 1970).

[10] *K. Kendrick*, Vereinigte Staaten von Amerika, S. 29 ff. Zur Erweckung der *Azusa-Street-Mission, Los Angeles:* 02a.02.060, *PGG*, 22–25, und *N. Bloch-Hoell*, The Pentecostal Movement, 30–52 (hervorragend). Zu W. J. Seymour: 08.284.

[11] *Bloch-Hoell*, 54 (auf Grund eines Briefes von *St. H. Frodsham*, März 1949).

[12] 02a.02.075.

[13] *G. T. Haywood* („Jesus, the Son of God", „I See a Crimson Stream of Blood"), *Th. Harris* („All That Thrills My Soul Is Jesus", „He's Coming Soon", „More Abundantly", „By His Stripes We Are Healed", „Pentecost In My Soul", „Jesus Loves the Little Children" u. a.).

[14] Man vergleiche dazu die Schallplatte „Weihnacht und Sylvester in Harlem", Originalmitschnitte aus zwei Gottesdiensten in Harlem, Telefunken LA 6209.

[15] Darüber berichtet z. B. *L. Steiner*, VdV 51/11, November 1958, 4.

[16] Dieses Lob konnte Bonhoeffer bekanntlich nicht vielen nordamerikanischen Predigern geben.

[17] *D. Bonhoeffer*, Aus dem Bericht über den Studienaufenthalt im Union Theological Seminary, New York, 1930/31, in *D. Bonhoeffer*, Gesammelte Schriften, I, 97.

[18] Vgl. seine sehr schöne Beschreibung eines Gottesdienstes der *Freien Christengemeinden in Deutschland* in diesem Buch, S. 301 ff.

[19] Vgl. dazu *PGG*, 28–47 („Kirche im Widerspruch – Der Verkirchlichungsprozeß der Assemblies of God") und Anhang, S. 386 ff.

[20] 02a.02.051, Anm. 246 (Liste aller schwarzen Pfingstkirchen) und ebenso: *W. J. Hollenweger*, Black Pentecostal Concept (OeRK, Genf, Juni 1970).

[21] Zur Diskussion über die Kimbanguisten, vgl. *L. Vischer* und *M. Handspicker*, An Ecumenical Exercise, 29–36.

[22] *PGG*, 115.

23 *M. de Melo*, Ökumene und Pfingstbewegung in Brasilien, S. 292.
24 *M. de Melo*, S. 292.
25 *M. de Melo*, S. 292.
26 *M. de Melo*, S. 293. Die Kirche wurde an der Sitzung des Zentralausschusses des ÖRK in Canterbury (Sommer 1969) in den ÖRK aufgenommen.
27 *N. B. N. Bhengu*, Bekehrung, S. 157ff.
28 *B. Wirmark*, Pfingstbewegung und Politik, S. . 256ff.
29 *E. Czajko*, Polen, S. 91ff.
30 Vgl. S. 15ff.
31 *Chr. Lalive d'Epinay*, Chile, S. 96ff.
32 *Beatriz Muñiz de Souza*, Soziologische Funktion, S. 294ff.
33 *V. Luoto*, Skandinavien, S. 38ff.
34 *H. W. Turner*, Nigerien (Turner beschreibt eine mit den oben erwähnten Kimbanguisten verwandte Gruppe, die sog. „Aladura"-Bewegung).
35 *St. Durasoff*, Sovjetunion, S. 50ff.
36 *J. M. Yinger*, Religion, Society and the Individual, XI („The student of society must be a student of religion").
37 Vgl. *PGG*, 3–19 und passim.
38 Vgl. *W. J. Hollenweger*, Forschungsbericht, S. 328f.
39 *L. M. Vivier-van Eetveldt*, Zungenreden und Zungenredner, S. 183ff.
40 *B. Chant*, Pfingstbewegung und Psychologie, S. 246ff.
41 *St. Durasoff*, Sovjetunion, S. 50ff; *T. Sandru*, Rumänien, S. 82ff; *E.Czajko*, Polen, S. 91ff.
42 *W.-E. Failing*, Charismatische Bewegung in den Landeskirchen, S. 131ff.

I. Zur Geschichte

VEREINIGTE STAATEN VON AMERIKA

Klaude Kendrick

Kendrick ist Prediger der *Assemblies of God*. Die Stationen seiner Ausbildung sind: Southwestern Assemblies of God College, Waxahachie, Texas (1938), Texas Wesleyan College, Ft. Worth, Texas (B. A., 1945), Texas Christian University, Ft. Worth, Texas (M. A., 1948), University of Texas, Austin, Texas (Ph. D., 1959). Er wirkte als Lehrer an verschiedenen Lehrinstituten der *Assemblies of God*. Gegenwärtig leitet er das Departement für Geschichte am Texas Wesleyan College. Zu seiner Geschichte der nordamerikanischen Pfingstbewegung vgl. die Bibliographie.

Die moderne Pfingstbewegung in Amerika entwickelte sich seit 1900 hauptsächlich als Folge eines neuerwachten Interesses am Zungenreden.

1. FRÜHE AMERIKANISCHE PFINGSTERWECKUNGEN UND AUSBREITUNG

Das Phänomen des Zungenredens trat zusammen mit konvulsorischen Ausbrüchen in der entstehenden Heiligungsbewegung[1] der zweiten Hälfte des letzten Jahrhunderts auf. St. H. Frodsham erwähnt verschiedene Berichte über Zungenreden in dieser Zeit in verschiedenen Kirchen, hauptsächlich aber in den Heiligungsgemeinden[2].

Eine dieser Kirchen, die *Church of God*, rühmt sich, ihre pfingstlichen Anfänge bis in die 90er Jahre des letzten Jahrhunderts zurückverfolgen zu können, weil das Zungenreden in ihren Reihen damals schon unter der Verkündigung von R. G. Spurling auftauchte.

Die Berichte über das Zungenreden unter den Heiligungsgruppen weckten das Interesse weiterer Kreise. Ch. F. Parham, ein Heiligungsprediger, veranlaßte die Schüler einer kleinen Bibelschule in Topeka, Kansas, im Jahre 1900, spezielle Bibelstudien über das Zungenreden anzustellen. Das Ergebnis dieser Untersuchung war die einmütige Schlußfolgerung, daß das Zungenreden der biblische Beweis für die Taufe des Heiligen Geistes sei.

Auf Grund dieser Überzeugung begannen die Schüler, das Pfingsterlebnis zu suchen. Am 1. Januar 1901 sprach die erste Person der Gruppe in Zungen. Kurz darauf bezeugte die Mehrzahl der übrigen, einschließlich Parham, ein ähnliches Erlebnis gehabt zu haben. Dieses Ereignis ist vermutlich als der Beginn der modernen Pfingstbewegung zu betrachten, denn wenn auch andere schon vorher in Zungen geredet hatten, war das doch das erste Mal, daß Personen die Geistestaufe gesucht hatten in der Erwartung, daß das Zungenreden deren Beweis sei. Parham und seine Schüler begannen sofort, das Zeugnis ihrer Erfahrung zu verbreiten. Vorerst begegnete man ihm gleichgültig, obschon die Neugierde durch sensationelle Presseberichte über die Geschehnisse von Topeka geweckt worden war. Ab 1902 jedoch waren Parhams Erweckungsversammlungen ungewöhnlich erfolgreich. In kurzer Zeit gewann er viele Anhänger im Grenzgebiet der drei Staaten Kansas, Missouri und Oklahoma. 1905 verlegte Parham seine Tätigkeit nach Houston, Texas. Dort betrieb er eine kleine Bibelschule, um die Bekehrten, die Pfingstprediger werden wollten, auf ihren neuen Beruf vorzubereiten. Einer seiner Schüler war W. J. Seymour, ursprünglich ein schwarzer Heiligungsprediger. Dieser wurde 1906 zu Erweckungsversammlungen nach Los Angeles eingeladen. In der dortigen „Azusa-Street-Mission" begann eine Pfingsterweckung, die mehrere Jahre anhielt. Tatsächlich übertraf diese Erweckung alles, was bis jetzt in der entstehenden Pfingstbewegung geschehen war. Mit der Zeit wurde Seymour durch Männer mit ausgeprägteren natürlichen Fähigkeiten ersetzt.

Die Erweckung von Los Angeles wurde von Predigern aus dem ganzen Gebiet der Vereinigten Staaten und der ganzen Welt besucht. Viele erlebten dort die Geistestaufe und propagierten die neue Lehre in ihren Heimatländern. Darum wird die *Azusa-Street-Mission* allgemein als der Ausgangspunkt betrachtet, von dem die Pfingstbewegung sich innerhalb der Vereinigten Staaten und in der ganzen Welt verbreitete.

2. DIE ORGANISIERUNG DER PFINGSTBEWEGUNG IN AMERIKA

Die rasche Ausbreitung der Pfingstbewegung, die Gründung vieler Pfingstgemeinden in den folgenden Jahren konfrontierten die neue Bewegung mit organisatorischen Problemen, obschon nur sehr wenige ihrer Führer anfänglich daran dachten, eine neue Denomination zu gründen. Das Fehlen einer offiziellen Stimme in Lehrfragen, der Mangel einer disziplinierenden Verwaltung, die Notwendigkeit, Kanäle zur Sammlung und Verteilung von Missionsgeldern zu schaffen, der Wunsch nach Zusammenarbeit über die Ortsebene hinaus und für angemessene

Ausbildungsmöglichkeiten der Prediger, dies alles verlangte eine breitere organisatorische Zusammenfassung.

Wegen dieser Erfordernisse und infolge der durch die frühen pfingstlichen unabhängigen Versammlungen entstehenden Probleme war es unumgänglich geworden, die Bewegung zu organisieren. Und sie organisierte sich, aber nicht in eine einzige Denomination.

Die wichtigsten Körperschaften, die sich aus den unabhängigen Pfingstversammlungen bildeten

Die ersten Schritte zur Organisierung der unabhängigen Pfingstversammlungen wurden durch Parham unternommen, obschon er scharfe Kritik an den konventionellen Kirchenorganisationen übte. Er gab der jungen Bewegung den Namen „Apostolischer Glaube" (*Apostolic Faith*) und ließ eine gleichnamige Zeitschrift drucken. Er rief große Pfingstkonferenzen zusammen, durch die er seine Bekehrten zusammenband. Er stellte Geistlichenausweise aus, damit die unabhängigen Prediger die in Amerika üblichen Geistlichenrabatte (hauptsächlich auf Eisenbahnen) erhalten konnten. Eine Anzahl Gemeinden des Apostolic Faith betrachteten Parham als ihren Führer.

Die *Assemblies of God*, Springfield, Missouri, war jedoch die erste größere Kirche, die sich aus den unabhängigen Gemeinden bildete. Diese Denomination wurde in einer verfassunggebenden Versammlung (2. bis 12. April 1914) in Hot Springs, Arkansas, gegründet. Eine einfache Organisation wurde eingeführt, die die zusammenarbeitenden Gemeinden zusammenhielt, ohne die Autonomie der Ortsgemeinde aufzugeben.

Aus diesen eher bescheidenen Anfängen entwickelten sich die *Assemblies of God* zur größten Pfingstkirche der Vereinigten Staaten. Ein Stab von über 800 Missionaren arbeitet heute in 71 Ländern. Die Missionare führen (oder assistieren) 12657 eingeborene Helfer, die in 12459 auswärtigen Kirchen oder Predigtstationen arbeiten. Sie arbeiten ferner in 72 auswärtigen Bibelschulen mit. Ein Stab von 100 Predigern führt das Programm der Inneren Mission durch, die sich auf die Arbeit an den amerikanischen Indianern, den Juden, den Gefangenen, den Blinden und Tauben konzentriert.

Der Verlag der Kirche *(Gospel Publishing House)* betreibt eine ultramoderne Druckerei, deren Gehaltszahlungen pro Jahr fast 5000000 US-Dollar ausmachen.

Die Ausbildungsinstitute haben sich langsam entwickelt. Heute haben die *Assemblies of God* zwei anerkannte Gymnasien[3], und eine Anzahl Bibelschulen und Progymnasien[4]. In 8452 Gemeinden sind 555992 Mitglieder registriert.

Die *Pentecostal Church of God of America*, Joplin, Missouri, organisierte sich 1919 aus unabhängigen Gemeinden, die den *Assemblies of God* nicht beigetreten waren und aus einer kleinen Absplitterung der Assemblies of God, weil für diese die Assemblies of God zu weit gegangen waren in der Organisation. Diese Kirche hat kein großes Missionsprogramm entwickelt. Im Jahre 1960 registrierte sie nur 36 Missionare. Jedoch führt sie ein bemerkenswertes Programm für Innere Mission durch. Sie hat nur eine Bibelschule, die „degrees" geben kann, das *Pentecostal Bible College*, Sacramento, California. Sie umfaßt heute in 1150 Kirchen 115000 Mitglieder.

Die *International Church of the Foursquare Gospel*, Los Angeles, California, verdankt ihre Gründung dem Dienst von Aimee Semple McPherson. Nach mehreren Jahren erfolgreicher Evangelisationskampagnen und der Errichtung des Angelus-Tempels mit 5300 Sitzplätzen, organisierte Frau McPherson 1927 die Gemeinden, die aus ihrer Evangelisationstätigkeit entstanden waren. Heute umfaßt die Kirche 741 Gemeinden und 89215 Mitglieder.

Die *United Pentecostal Church*, St. Louis, Missouri, war 1945 durch Fusion der *Pentecostal Assemblies of Jesus Christ* und der *Pentecostal Church*, Inc., zustande gekommen. Sie ist die größte „unitarische" Pfingstdenomination der Vereinigten Staaten[5]. Sie zählt 200000 Mitglieder in 1800 Gemeinden.

Wichtigste Heiligungsdenominationen,
die sich zu Pfingstdenominationen entwickelten

Eine Anzahl Heiligungsdenominationen verwandelten sich in Pfingstdenominationen, nachdem sie die Pfingsttheologie akzeptiert hatten.

Die *Church of God*, Cleveland, Tennessee, begann 1886 als kleine Heiligungsgruppe, genannt *Christian Union*. Sie nannte sich 1902 *Holiness Church* und 1907 nahm sie ihren jetzigen Namen an. Obschon das Zungenreden bereits 1896 aufgetreten war, erklärte sich die Denomination erst 1907 als pfingstlich.

In den folgenden Jahren entwickelte sie sich zu einer der größeren perfektionistischen Pfingstkirchen. Sie besitzt einen großen Verlag in Cleveland, Tennessee, wo sich ihr Hauptsitz befindet. Drei Waisenhäuser[6], drei Institute auf der Stufe des Progymnasiums und der Bibelschule[7], werden von der Gruppe unterhalten. Sie umfaßt 205465 Mitglieder in 3575 Gemeinden.

Die *Pentecostal Holiness Church*, Franklin Springs, Georgia, eine weitere perfektionistische Pfingstkirche, ist das Resultat einer Fusion dreier Heiligungsdenominationen *(Fire-Baptized Holiness Church; Holiness Church; Tabernacle Presbyterian Church)*, die im Gefolge der von G. B.

Cashwell geleiteten Erweckungsversammlungen im Südosten die Pfingstlehre angenommen hatten.

Obschon diese Gruppe nicht so groß ist wie die anderen erwähnten
Denominationen, unterhält sie viele Institutionen: drei Schulen[8], ein
Waisenhaus[9], ein Altersheim[10], einen Verlag[11]. Ein Stab von 70 Missionaren dient auf allen Kontinenten (außer in Australien). Die Kirche umfaßt 60665 Mitglieder in 1331 Gemeinden.

Die *Church of God in Christ*, Memphis, Tennessee, ist die größte pfingstliche Negerkirche in den Vereinigten Staaten. Sie hat sich hauptsächlich
aus dem Dienst von Charles H. Mason entwickelt. Dieser schwarze
Heiligungsprediger kam von einem Besuch von der *Azusa-Mission* zurück und veranlaßte seine Kirche, die Pfingstlehre zu übernehmen.
Neben einem eindrücklichen missionarischen und einem Gemeindeschul-
programm hat die Church of God in Christ keine Institutionen entwickelt wie die anderen Pfingstgruppen. Die letzte Statistik zählt
413000 Mitglieder in 4100 Gemeinden.

Übrige Pfingstgruppen

Aus Platzmangel werden nur noch die Denominationen mit über
10000 Mitgliedern erwähnt:

Apostolic Overcoming Holy Church of God (Neger), 300 Gemeinden,
75000 Mitglieder;

Church of God of Prophecy, 1383 Gemeinden, 39154 Mitglieder;

Church of God (Queens Village), 1903 Gemeinden, 74511 Mitglieder;

Christian Church of North America (Italiener), 151 Gemeinden, 20000 Mitglieder;

National David Spiritual Temple of Christ Church Union, USA (Neger),
66 Gemeinden, 40815 Mitglieder;

Open Bible Standard, Inc., 261 Gemeinden, 26000 Mitglieder;

Pentecostal Assemblies of the World (Neger), 550 Gemeinden, 45000 Mitglieder;

Pentecostal Free-Will Baptist Church, 135 Gemeinden, 10000 Mitglieder;

United Holy Church of America, Inc. (Neger), 470 Gemeinden, 28980 Mitglieder.

Es gibt mindestens noch ein Dutzend oder mehr angemeldete Pfingstgruppen mit einer Mitgliedschaft unter 10000. Unter diesen befinden
sich einige Randgruppen mit sektiererischem Einschlag, einige, die bizarre
religiöse Praktiken betreiben. Besonders bekannt unter diesen sind die
Sekten, die nach Mk. 16, 18 die kultische Berührung von Giftschlangen
im Gottesdienst üben. Diese Minderheiten sind aber in keiner Weise für
die Gesamtpfingstbewegung repräsentativ.

3. THEOLOGIE, GOTTESDIENST, KIRCHENVERFASSUNG

Alle Pfingstdenominationen in den Vereinigten Staaten sind militant fundamentalistisch. Die Bibel wird als das inspirierte Wort Gottes und als der unfehlbare Führer für Glaube und Ethik betrachtet. Die Pfingstler gehören zu den Gruppen, die man in den Vereinigten Staaten als „evangelikal" bezeichnet. Von jedem Mitglied wird erwartet, daß es sich in irgend einer Weise an der Ausführung des Missionsbefehls beteiligt.

Es sind besonders fünf Hauptpunkte der Lehre, die unterstrichen werden. Der erste ist die Rettung. Alle Menschen sind von der Sünde verdorben und von ihrem Schöpfer getrennt. Durch Glaube an den Sühnetod Christi wird der Mensch mit Gott versöhnt. Diese Rettung, die grundsätzlich allen Menschen offen steht, wird in einer bestimmten, augenblicklichen religiösen Erfahrung angeeignet. Der zweite Hauptpunkt ist die Geistestaufe, die bereits oben als die die Pfingstler von anderen Kirchen unterscheidende Lehre erwähnt wurde. Drittens praktizieren die Pfingstler die Krankenheilung durch Gebet. Das bedeutet keineswegs Ablehnung der medizinischen Heilung. Aber über die medizinischen Möglichkeiten hinaus kann durch Gebet und Glaube an die Verheißung Christi Glaubensheilung erlebt werden. Der vierte Hauptpunkt betrifft die Erwartung der Wiederkunft Christi *(premillennialism)*. Man erwarte Christi Wiederkunft auf die Erde zur Errichtung und Leitung seines Reiches auf dieser Erde während 1000 Jahren. Endlich wird die Heiligung unterstrichen. Die Pfingstgruppen, die aus der Heiligungsbewegung entstanden sind, lehren perfektionistisch, daß die Heiligung als „zweites, bestimmtes Werk der Gnade" erlebt werden muß. Alle anderen lehren, was man eine baptistische Heiligungslehre genannt hat. Sie erwarten, daß die Heiligung bereits mit der Rettung ihren Anfang genommen hat. Ein „zweites Heiligungserlebnis" wird für diese daher gegenstandslos.

Eine schwere Lehrdifferenz hat die amerikanische Pfingstbewegung in den ersten Jahren verwirrt. Im Jahre 1914 lehnte F. J. Ewart die Trinitätslehre ab und führte eine bestimmte Ausprägung des Unitarismus in die Pfingstbewegung ein. Man nannte diesen Unitarismus meist die „Oneness"-Lehre. Eine Zeitlang wurde die Pfingstbewegung von dieser neuen Lehre ziemlich verwirrt. Nachdem die jungen Pfingstgemeinden gegen die „Oneness"-Gruppe eingegriffen hatten, zog sich diese zurück und gründete ihre eigenen unitarischen Pfingstdenominationen.

Grundsätzlich ist der Gottesdienst in den amerikanischen Pfingstgemeinden unliturgisch. Die Gottesdienste werden sehr informell gehalten, und die Gemeinde beteiligt sich aktiv am Gottesdienstgeschehen. Enthusiastischer Gemeindegesang, der oft durch kleine Orchester begleitet wird, spielt eine große Rolle. Gemeinsames Chorgebet aller Gottesdienstbesucher kommt häufig vor. Nicht selten wird den Mitgliedern erlaubt, persönliche Zeugnisse ihrer religiösen Erlebnisse abzulegen. Aber diese Spontaneität und Ausdrucksfreiheit wird mit ungezwungener Würde kombiniert. Die Predigt spielt eine wichtige Rolle. Zwei Sakramente, Wassertaufe und Abendmahl, werden praktiziert. Alle Gläubigen werden aufgefordert, sich im Wasser taufen zu lassen, was normalerweise durch Untertauchen geschieht. Das Abendmahl wird als Erinnerungsmahl gefeiert. Brot und Wein stellen dabei den Tod Christi dar.

Die Kirchenverfassung der ersten Pfingstgemeinden war meist kongregationalistisch. Mit dem Wachstum der Organisationen ist aber die Führungsrolle der Zentrale stärker geworden. Verschiedene, ursprünglich bischöfliche Heiligungsgruppen haben – auch als sie für die Pfingstbewegung gewonnen wurden – die bischöfliche Kirchenverfassung beibehalten.

In den Anfängen ist die Pfingstbewegung durch die traditionellen Kirchen in den Vereinigten Staaten nicht gut aufgenommen worden wegen ihrer sie von den anderen Kirchen unterscheidenden Lehre, die man damals für fanatisch hielt. In den letzten Jahren jedoch hat sich das Klima geändert, weil man die Gemeinsamkeiten zwischen Pfingstlern und übrigen Christen klarer sieht.

4. ZUSAMMENARBEIT

In den ersten Jahren war die Pfingstbewegung in der Tendenz exklusiv. Diese Ausschließlichkeit war einerseits aus der Furcht entstanden, von außen beeinflußt zu werden, andererseits war sie bedingt durch die Zurückhaltung der älteren Kirchen den sektiererischen Eigenheiten der Pfingstbewegung gegenüber. Im Jahre 1942 beteiligten sich die Pfingstler aktiv beim Aufbau der *National Association of Evangelicals* (eine Art „Evangelische Allianz" in den USA). Diese Vereinigung ist die wichtigste gemeinsame Organisation der amerikanischen pfingstlichen *und* nichtpfingstlichen Fundamentalisten geworden.

Es wurden auch Anstrengungen unternommen, Trägerorganisationen für eine Zusammenarbeit zwischen den verschiedenen Pfingstgruppen zu schaffen. Nach dem Zweiten Weltkrieg wurde die *World Pentecostal Fellowship* errichtet, um eine Basis für internationale Zusammenarbeit zu besitzen. Ein wertvolles Beiprodukt dieser Weltpfingstgemeinschaft war die Schaffung von nationalen interpfingstlichen Organisationen. Die *Pentecostal Fellowship of North America* (seit 1948) hat in dieser Beziehung einen bedeutungsvollen Einfluß ausgeübt innerhalb der amerikanischen Pfingstbewegung.

Zwei weitere Faktoren haben zur Zusammenarbeit zwischen den pfingstlichen Denominationen beigetragen. Der eine ist der Dienst bekannter
Evangelisten, die oft Evangelisationen unter den Auspizien verschiedener
zusammenarbeitender Denominationen durchführten. Ein Beispiel einer
solchen Zusammenarbeit ist Oral Roberts. Er hat viele die ganze Stadt
umfassende Evangelisationen durchgeführt. Zehntausende haben daran
teilgenommen und einige Tausend haben sich bekehrt. In den frühen
6oer Jahren gründete er die „Oral Roberts Universität", um der Pfingst-
jugend eine gute Ausbildung anbieten zu können.
Der zweite Faktor sind die „Geschäftsleute des vollen Evangeliums"
(Full Gospel Business Men's Association). Diese Organisation gibt den
pfingstlichen Laien die Möglichkeit, sich kennenzulernen und gemeinsame Gottesdienste durchzuführen. Die Vereinigung ist international.
So scheint es, daß ein halbes Jahrhundert organisatorischer Entwicklung
die Pfingstbewegung dazu geführt hat, Zusammenarbeit zu suchen und
zu schaffen. Dies wird zweifellos zu besseren Beziehungen zwischen den
Pfingstlern und anderen Kirchen und zwischen pfingstlichen Denominationen selber führen.

ANMERKUNGEN

[1] Mit „Heiligungsbewegung" bezeichnet man eine Gruppe von Denominationen, die zwei zeitlich und sachlich zu unterscheidende Krisiserlebnisse
(Bekehrung und Geistestaufe) lehren, wobei die Geistestaufe meist *nicht* durch
das Zungenreden qualifiziert wird (Anm. d. Hg.).

[2] *St. H. Frodsham*, With Signs Following.

[3] Accredited colleges of arts and science: Southern California College, Costa
Mesa, California; Evangel College, Springfield, Missouri.

[4] Bible and junior colleges: Southwestern Assemblies of God College, Waxa-
hachie, Texas; Central Bible College, Springfield, Missouri; Bethany Bible
College, Santa Cruz, California; Northwest College of the Assemblies of
God, Kirkland, Washington; North Central Bible College, Minneapolis,
Minnesota; Northeast Bible Institute, Green Lane, Pennsylvania; South-
Eastern Bible College, Lakeland, Florida.

[5] „Unitarische" oder „Jesus only"-Gruppen nennt man diejenigen Pfingstdenominationen, die die Taufe nach Apg. 2, 38 nur „auf den Namen Jesu"
ausführen und eine modalistische Trinitätslehre vertreten, nach der Jesus im
Alten Testament als der Vatergott, im Neuen Testament als Sohn und in der
darauffolgenden Kirchengeschichte als Heiliger Geist sich geoffenbart hat
(Vgl. 02a.02.132).

[6] Sevierville, Tennessee; Kannapolis, North Carolina; Gaffney, South Carolina.

[7] Lee College, Cleveland, Tennessee; Northwest Bible College, Minot, North Dakota; West Coast Bible College, Fresno, California.

[8] Emmanuel College, Franklin Springs, Georgia; Holmes Theological Seminary, Greenville, South Carolina; Southwestern Pentecostal Holiness College, Oklahoma City, Oklahoma.

[9] Falcon, North Carolina.

[10] Carmen, Oklahoma.

[11] Advocate Press, Franklin Springs, Georgia.

SKANDINAVIEN

Valtter Veikko Luoto

Luoto wurde 1936 in Valkeala geboren, studierte von 1956–1957 Recht an der Universität Helsinki, bildete sich bis 1959 an der Pädagogischen Hochschule Helsinki zum Lehrer aus, war 1960–1963 an der Oberschule Kouvola. Seit 1964 studiert er Theologie an der Universität Helsinki. Er ist gleichzeitig Redaktor des finnischen Pfingstblattes „Ristin Voitto" (seit 1963) und Prediger der finnischen Pfingstbewegung. Die vielen Zitate aus finnischen, norwegischen und schwedischen (pfingstlichen und nicht-pfingstlichen) Quellen geben dem deutsch-sprachigen Leser Gelegenheit, sich mit den sonst schwer zugänglichen Originalquellen vertraut zu machen.

1. NORWEGEN

Norwegen ist der Ausgangspunkt der meisten Pfingstgemeinden in Europa. Das religiöse Leben war in Norwegen und Skandinavien anfangs des 20. Jahrhunderts für die Pfingstbewegung vorbereitet worden. Die Methodistenkirche, die Baptistenkirche, die Heilsarmee und die Kongregationalisten, die seit der zweiten Hälfte des 19. Jahrhunderts in Norwegen arbeiteten, schufen unter den christlichen Gruppen eine erweckliche Atmosphäre, und „auch die große Erweckung in Oslo (damals Christiania) im Jahre 1905 durch Albert Lunde und Modalsli vergrößerte die Schar der bekennenden Christen, die wohl in der Kirche verblieben, sich aber allmählich von der Kirche und ihren Sakramenten lösten[1]".

„Ende des Jahres 1900 konnte man feststellen, daß die Freikirchenbewegung im Boden der norwegischen Christen fest verankert war. Die Auswirkungen dieser Erweckung konnten überall im Lande verspürt werden[2]."

„Die Erweckung in Wales hatte den Höhepunkt erreicht, und die Pfingstbewegung in Amerika war dadurch ausgebrochen, daß der Methodistenprediger und Leiter der Stadtmission von Oslo, Th. B. Barratt (1862 bis 1940), im Sommer 1905 amerikanischen Boden betrat[3]." Seine Absicht war, von seinen Landsleuten in Amerika Geld zu sammeln für den Bau einer großen Versammlungshalle, eine Aufgabe, die ihm mißlang. Aber sein ganzes Leben war verwandelt worden, nachdem er auf derselben Reise im Oktober 1906 die Geistestaufe empfangen hatte.

Im Dezember 1906 kehrte Barratt nach Norwegen zurück und begann unverzüglich, Versammlungen abzuhalten. Zuvor hatte er oft über seine Erfahrungen in seiner Zeitschrift, genannt Byposten, berichtet. Diese Berichte, sowie seine Versammlungen, schlugen in Norwegen ein. „Barratt gab faktisch mit seiner eigenen Tätigkeit als Stadtmissionar den idealen Ausgangspunkt zur Einführung der Pfingstbewegung[4]." „Die Erweckung verbreitete sich rasch in anderen freikirchlichen Gemeinschaften der Hauptstadt[5]." „Mitte Januar 1907 war die Erweckung von Oslo in ganz Skandinavien und auf dem Kontinent bekannt, dank der Tagespresse, die glaubwürdige Berichte und ‚falsche Gerüchte‘ über die Ereignisse brachte[6]." „Auf diesen Zeitpunkt ist der Beginn der großen und vom Himmel gesandten Erweckung in Europa zu datieren[7]." „Das Besondere bei der neuen Erweckung war, daß sie von Anfang an alle Christen umfaßte, von der Staatskirche bis zu freikirchlichen Freunden. Barratt hatte nicht daran gedacht, eine neue Vereinigung zu gründen. Seine große Vision war, daß alle bestehenden Kirchenkörperschaften eine Geistesausgießung erleben sollten. Aber der Widerstand nahm zu[8]." Nachdem die Bewegung innerhalb der Kirchen über drei Jahre lang gewirkt hatte, „sperrten sich die Gemeinden nach und nach gegen diese Form der Erweckung. Die Geistgetauften erhielten die Bezeichnung ‚Pfingstfreunde‘. Das führte zu einer inneren Abgrenzung, die früher oder später ausgemerzt werden mußte. Und so entstanden hier und da im ganzen Land kleine Gruppen von Ausgeschlossenen. Die Pfingstfreunde waren gebrandmarkt[9]." Während die Bewegung im Glauben und in der Organisation mehr Gestalt gewann, breitete sie sich rasch von Oslo nach Skien, Asker, Trondheim und über das ganze Land aus. Die erste pfingstliche Ortsgemeinde in Norwegen wurde am 24. April 1908 organisiert[10]. Die Zahl der Gemeinden nahm so schnell zu wie die Zahl der Pfingstler wuchs. Einige Freikirchen schlossen sich der Pfingstbewegung an[11]. 1915 gab es 14 Ortsgemeinden, 1920 35, bis zum Jahre 1940 war die Zahl auf 191 angewachsen und 1957 gab es 250 pfingstliche Ortsgemeinden in Norwegen[12]. Um das Jahr 1930 wurde die Zahl der Pfingstler auf etwas weniger als 10000 geschätzt, aber 1935 gab es schon über 16000 von ihnen. 1946 zählte man ungefähr 30000 Pfingstler in Norwegen und heute beläuft sich ihre Zahl auf über 35000[13]. Während der ersten Wirkungsjahre der Pfingstbewegung brachten die Zeitungen abschätzige und skandalöse Schilderungen über die neue Erweckungsbewegung. In seiner eigenen Zeitschrift gab Barratt klare und direkte Antworten auf diese Artikel.

„Die schärfste Anklage kam von lutherischer Seite. Man warf Barratt vor, daß er der sogenannten Sündenfreiheitslehre huldigte, die – in einem Satz zusammengefaßt – besagt, daß es einem Christen möglich sei, hier auf Erden schon christliche Vollkommenheit zu erlangen. Indessen lehrte Barratt solches nie[14]." Wahr ist, daß Barratt stark auf die „Anfangserfahrungen von Reinigung und Heiligung" drängte. Er „war nämlich Altmethodist und hielt an der methodistischen Vollkommenheitstheorie fest. Aber eine eingehendere Studie von Barratts Lehre über die Heiligung zeigt, daß er sowohl die permanente menschliche Gebrechlichkeit wie auch die Unvollkommenheit der menschlichen Natur auf Grund der Erbsünde erkannte[15]."

Es muß angemerkt werden, daß – während sich die Bewegung rasch über ganz Norwegen ausbreitete und die Zahl ihrer Mitglieder zunahm – sich ihre Lehre ziemlich langsam festigte und die Organisation zunächst sehr unbestimmt war. Am Anfang wurde das Zungenreden überbetont. Als sich die Lehre der Bewegung festigte, begann auch die Wassertaufe eine größere Bedeutung zu erhalten, da sie das Gleichgewicht zur Erfüllung mit dem Heiligen Geiste bildete, wie es leicht beim Lesen der Glaubensartikel der 19 Paragraphen, die Barratt 1919 verfaßte, zu erkennen ist[16]. Schon 1908/09 begann die Ansicht der Baptisten über die Taufe unter den Pfingstlern vorzuherrschen. Nachdem Barratt 1913 im Wasser getauft worden war und 1916 endlich aus der Methodistenkirche ausgetreten war, begann der Gedanke der autonomen Ortsgemeinde durchzubrechen. Auch die Ereignisse in Schweden hatten eine gewisse Wirkung. 1913 war nämlich die (pfingstliche) Filadelfiakirche in Stockholm von der schwedischen Baptistenkirche ausgeschlossen worden[17]. „Die Frage der Taufe als Bedingung für die Mitgliedschaft in der Gemeinde war anfangs 1919 entschieden[18]."

Als sich die Bewegung in größerem Maße ausdehnte, wurde die Frage der Organisation, besonders was die rapide wachsende Missionsarbeit betraf, aktueller. 1915 wurde eine Missionsgesellschaft nach dem Beispiel Englands gegründet, aber Barratt begann ihr zu widerstehen, teilweise vielleicht unter dem Einfluß von L. Pethrus. 1932 wurde die Missionsgesellschaft aufgelöst. Barratt schrieb dazu: „Ich fand, daß eine gemeinsame Organisation für das ganze Land zu dem Zwecke, die Tätigkeit der Gemeinden in bezug auf die innere und äußere Mission zu kontrollieren und zu koordinieren, nicht mit dem Neuen Testament übereinstimmte[19]." Dadurch wurde die für die skandinavischen Pfingstler typische Autonomie der Ortsgemeinde gestärkt. „Es wäre tragisch gewesen, wenn die Pfingstbewegung sich in den beiden Ländern (Schweden und Norwegen) verschieden entwickelt hätte, die eine in kongregationalistischer, die andere in zentralistischer Richtung. So wie es nun ging, wurde die skandinavische Pfingstbewegung eine starke Einheit, die nicht nur eine Kraft in ihrer Heimat wurde, sondern im richtigen Zeitpunkt entscheidend auf die äußere Struktur der gesamten Weltpfingstbewegung einwirken konnte[20]."

In der Geschichte der norwegischen Pfingstbewegung kann man drei verschiedene Perioden erkennen:

1. Die Bewegung entsteht und breitet sich von 1907 bis 1915 schnell aus. Kleine informelle Gruppen von Gläubigen bilden sich.

2. Eine Periode der Organisierung von 1916 bis 1923, die die äußeren Merkmale der Bewegung herausstellte, wie zum Beispiel das Prinzip der Autonomie der Ortsgemeinde.

3. Die Zeit des Kampfes gegen eine entstehende zentralistische Organisation (1924–1933), aus der das Prinzip der autonomen Ortsgemeinde siegreich hervorging[21].

Sobald die Ortsgemeinden gegründet worden waren, konzentrierten sie sich auf die Ausbildung von Gemeindemitarbeitern. Pethrus hatte 1915 mit mehrwöchigen Bibelkursen in den Ortsgemeinden angefangen. Nach diesem Muster wurde 1919 der erste Bibelkurs in Norwegen durchgeführt, bei dem Pethrus einer der Lehrer war. Seither sind die Bibelkurse jährlich durchgeführt worden, was die Anzahl der Prediger vergrößerte[22]. „Diese Massenausbildung von Predigern war zweifellos eine der wichtigsten Ursachen der gründlich organisierten Ausbreitung, die wir seit Ende der 20er Jahre in der norwegischen Pfingstbewegung beobachten können[23]."

Die erste Sonntagsschule wurde 1908 in Skien begonnen. 1910 gingen die beiden ersten Missionare nach Indien. Aus kleinen Anfängen ist dieses Missionswerk zu einem der größten in Norwegen gewachsen. Der Name der Zeitschrift wurde 1910 von „Byposten" in „Korsets Seier" geändert. Die Verlagsanstalt, die im Zusammenhang mit dieser Zeitschrift gegründet worden war, wurde 1925 der Osloer Filadelfiakirche übertragen. Nachdem Barratt die Redaktion der Zeitschrift aufgab (1934), begann eine neue Periode. Die Verantwortung wurde auf mehrere Führer der Bewegung verteilt und Barratts Pionierzeit näherte sich ihrem Ende.

Neben der lutherischen Landeskriche ist die Pfingstbewegung heute in Norwegen die größte Kirche. Die Bewegung besitzt mehrere Vereinigungen für bestimmte Arbeitszweige. Aber sie haben eine streng dienende Funktion und sind der Ortsgemeinde nie übergeordnet. Das Prestige der Pfingstbewegung ist seither ständig gewachsen. Die Lehre wurde gefestigt. Sie gehört zum protestantischen Pietismus mit ihren eigenständigen Merkmalen: Taufe der Gläubiggewordenen und Gaben des Heiligen Geistes.

Das Motto der Bewegung ist dasjenige Barratts geblieben: „Das Werk muß aufgebaut werden durch Gottes Wort und Gebet[24]."

2. SCHWEDEN

Was über die religiöse Situation in Norwegen vor der Entstehung der Pfingstbewegung gesagt worden ist, trifft auch für Schweden zu. In Schweden können jedoch „drei geistliche Bewegungen, die durch ihre Verkündigung eine Brücke zur Pfingstbewegung bildeten, identifiziert werden, nämlich der ‚Helgelseförbundet' (Heiligungsbund), die baptistische ‚Örebro Missionsvereinigung' und die sogenannten ‚Södertälje-Konferenzen', welche von Prinz Oscar Bernadotte geleitet wurden[25]."

Das Zungenreden war in Schweden schon Ende des 19. Jahrhunderts in Erscheinung getreten, z. B. unter den Laestadianern in Värmland (1880–1887) und in Dalarna (1898). Gebetsheilung wurde von F. A. Boltzius praktiziert. „In den Versammlungen von Missionar Fransson fiel ab 1900 in Stockholm der Heilige Geist öfter auf die Versammlung[26]."

Im Januar 1907 erschien ein Interview von Pastor Barratt in der schwedischen Tageszeitung Dagens Nyheter über die Erweckung von Oslo. Dieser Artikel entfachte das Interesse eines jungen Baptistenpredigers, L. Pethrus (geb. 1884), der Oslo im selben Jahre besuchte.

„Die eigentliche Pfingsterweckung erreichte Schweden zur Weihnachtszeit 1906 und Neujahr 1907. Sie begann gleichzeitig an drei verschiedenen Stellen, nämlich in Skövde, Arvika und Stockholm. Von Skövde wurde sie anfangs 1907 nach Örebro übertragen." Nach Arvika kam sie von Norwegen, nach Skövde von Los Angeles; in Stockholm entstand sie unabhängig[27].

Die Besuche Barratts in Schweden in den Jahren 1907 und 1908 stärkten die beginnende Pfingstbewegung mächtig[28]. Sowohl Methodisten- wie auch Baptistenkirchen öffneten ihm ihre Türen.

Obschon die Baptisten ursprünglich die Pfingsterweckung begrüßt hatten, regte sich der Widerstand ab 1907. Die Grenzen zwischen Baptisten und Pfingstlern wurden schärfer. Obschon viele Mitglieder des schwedischen Missionsverbandes mit der Geistestauflehre der Pfingstler einverstanden waren, begann seine Zeitschrift nach 1907 mit scharfen Angriffen gegen die Pfingstbewegung. Ebenso opponierten die lutherischen Pfarrer. Hauptsächlich warf man den Pfingstlern Spaltungstendenzen vor[29]. Man kritisierte ihre enthusiastischen Gottesdienste, das Zungenreden und die Weissagungen. Wegen der Opposition in diesen Gruppen mußten geistgetaufte Gläubige und Pfarrer sie verlassen. Dies wiederum stärkte die Pfingstbewegung[30].

In dem Maße, wie die Kirchen die pfingstlichen Gottesdienstformen ausmerzten, sammelten sich die pfingstlich gesinnten Baptisten verschiedener Kirchen in der Filadelfiahalle in Stockholm, wo 1910 eine neue Baptistenkirche gegründet worden war. Im Oktober wurde L. Pethrus von Lindköping zu ihrem Prediger berufen[31]. Die Tatsache, daß die schwedische Pfingstbewegung innerhalb der schwedischen Baptistenkirche begann, ist für die Pfingstbewegung von großer Bedeutung gewesen. Örebro wurde so in den ersten Jahren der Mittelpunkt der Bewegung[32]. Dank den Bemühungen der Örebro-Baptisten verbreitete sich die Pfingstbewegung rasch in den Jahren 1907–1912. Nach dieser Zeit wurde Stockholm das Zentrum der neuen Bewegung.

Die Baptisten übten eine strenge Abendmahlszucht aus. Nur die Mitglieder der betreffenden Ortsgemeinde durften am Abendmahl der Gemeinde teilnehmen. Nachdem Pethrus in dieser Frage eine freiere Stellung einnahm, wurde seine „Filadelfiakirche" aus der schwedischen Baptistenkirche ausgeschlossen (April 1913). Man muß allerdings sehen, „daß diese Abendmahlsfrage nur der äußere Grund der Trennung war. Der tiefste und wichtigste dürfte ohne Zweifel der gewesen sein, daß man die Methoden und äußeren charakteristischen Besonderheiten ablehnte und deshalb wünschte, von denselben Abstand zu nehmen[33]."

Ähnliches ereignete sich auch in anderen Teilen des Landes. Nachdem „Filadelfia" ausgeschlossen worden war, verließ eine Gemeinde nach der anderen die schwedische Baptistenkirche, so daß die Anzahl der unabhängigen Ortsgemeinden ständig zunahm. Im Jahre 1915 waren es 15, 1920 125, 1940 563 und 1959 über 600 Gemeinden[34]. „Die Pfingstbewegung war schnell durchgebrochen. Dazu sagt Professor E. Linderholm in seiner großen Arbeit über die Pfingsterweckung, daß ihm kein Beispiel einer sich derart rasch verbreitenden Erweckungsbewegung wie dasjenige der schwedischen Pfingstbewegung bekannt sei[35]."

„Mit wenigen Ausnahmen nahmen die Zeitungen in der ersten Zeit eine sehr ablehnende Stellung zur Erweckung ein. Deren Schreckensbilder schockierten die Massen des Volkes und legten der Ausbreitung der Bewegung Hindernisse in den Weg[36]." Andererseits aber weckten sie die Neugier. Die Ausbreitung der Bewegung kann am Wachstum der Pfingstgläubigen dokumentiert werden: 1915 gab es ungefähr 1000, 1920 5000, 1940 70000 und 1960 über 90000 Pfingstler[37].

Was einst eine spontan sich ausbreitende Erweckungsbewegung in ver-

schiedenen Denominationen war, wurde nun eine zusammenhängende
pfingstliche Freikirche mit einer bestimmten Lehre. Obschon Norwegen
als das Pionierland der Pfingstbewegung in Skandinavien betrachtet
werden muß, hat Schweden – hauptsächlich unter der Führung von L.
Pethrus – die grundlegende organisatorische Struktur entwickelt und die
Lehre formuliert. Pethrus war immer ein Vertreter der Autonomie der
Ortsgemeinde gewesen. Er sagt: „Ein auffallender Zug in dieser Erweckung ist die Einstellung zur Frage einer zentralen Organisation. Da
das Neue Testament keine Anweisung über den Zusammenschluß mehrerer Gemeinden gibt, nahm man schon von Anfang an einen einmütigen
Standpunkt zugunsten der Autonomie der Ortsgemeinde ein[38]." Pethrus
hatte die Struktur der konfessionellen, zentral verwalteten Kirchen als
Quelle der Spaltung und nicht der Einheit betrachtet[39]. Obschon die
pfingstlichen Ortsgemeinden in Schweden und im übrigen Skandinavien
nicht in eine zentral verwaltete Denomination zusammengefaßt worden
sind, ist die Einheit der Pfingstler in diesen Ländern offensichtlich[40].
Sobald die ersten Gemeinden entstanden waren, wurde das Werk der
äußeren Mission in Angriff genommen. Die ersten Missionare fuhren
schon 1916 nach Brasilien. 1938 war das pfingstliche Missionswerk in
Schweden das größte Missionswerk Schwedens überhaupt. Es gab bereits
damals über 200 schwedische Pfingstmissionare in aller Welt. 1959 hatten
sie sich auf 454 vermehrt[41].
Die ersten Pfingstprediger waren ehemalige Baptistenprediger gewesen.
Aber die wachsende Bewegung brauchte nun ihre eigenen Prediger.
Darum wurde 1915 der erste Bibelkurs in der „Filadelfiakirche Stockholm" eingerichtet. Seither sind in verschiedenen Städten regelmäßig
solche Bibelkurse durchgeführt worden, aus denen die zukünftigen
Pfingstprediger hervorgingen.
Die schwedische Pfingstbewegung hat sich durch gewichtige Unternehmungen ausgezeichnet. Dazu gehören z. B. die Volkshochschule
Kaggeholm (1944 eingeweiht), die IBRA Radiogesellschaft (die 1955
gestartet wurde und Radioprogramme in über 20 Sprachen ausstrahlte),
die Tageszeitung Dagen, der Verlag Filadelfia (gegründet 1912, reorgani-
siert 1943).
Typisch für die schwedische Pfingstbewegung ist die hohe geistliche
Musikkultur, die sich aus den ursprünglichen „Sektengesängen" entwickelt hat. In der Tat, man kann in schwedischen Pfingstgottesdiensten
konservatorisch gebildete Solisten und Solistinnen hören, deren geistliche
Volkslieder Bestandteil der „Liturgie" des schwedischen Pfingstgottes-
dienstes sind.

3. FINNLAND

Als die Baptisten und Kongregationalisten in der zweiten Hälfte des letzten Jahrhunderts nach Finnland kamen, war dieses Land unter russischer Herrschaft. Religionsfreiheit gab es damals nicht. Anhänger der Gläubigentaufe wurden vom Bischofsrat zur Rechenschaft gezogen. Die Methodisten führten ihre besondere Heiligungslehre ein. Später sollten viele Methodistenprediger der beginnenden Pfingstbewegung beitreten.

1905 und 1906 herrschte ein Klima des erwartungsvollen Gebets in den finnischen Kirchen. In Helsinki kam man in einem Allianzgebetskreis zusammen[42]. Da brachte am 10. Mai 1907 die lutherische Zeitschrift „Kotimaa" einen Bericht über Barratts Versammlungen in Stockholm. Auf Einladung der Laestadianer und einiger Privatpersonen kam Barratt im Herbst 1911 nach Helsinki und führte auch in anderen Städten Finnlands Versammlungen durch.

Die Redaktionstätigkeit des verantwortlichen Redaktors von „Kotimaa", P. Brofeldt, mißfiel jenen Lutheranern, die der Zeitschrift lieber eine gesellschaftlich orientierte Richtung gegeben hätten. So gab Brofeldt die Redaktion von „Kotimaa" auf und gab seit 1911 „Toivon Tähti" heraus, eine Zeitschrift, die zum Sprachrohr der neuen Erweckungsbewegung wurde. Toivon Tähti erschien bis 1944.

Die Versammlungen von A. Lunde in Helsinki und anderen Orten von 1911/1912 weckten die geistige Erwartung noch mehr. Im Januar 1912 erschien Barratts Zeitschrift auf finnisch unter dem Namen „Ristin Voitto". Im gleichen Jahre erlebten Missionare der Finnischen Missionsgesellschaft in China die Geistestaufe, ohne daß ihnen die Vorgänge in Finnland bekannt gewesen wären. V. Pylkkänen, ein Missionar dieser Gesellschaft, wurde der erste Führer der finnischen Pfingstbewegung.

In seinem Bericht über seine Finnlandreise schrieb Barratt in der Januarnummer von „Ristin Voitto": „Von allen Kirchen kamen Leute zu den Gottesdiensten. Die Aristokraten und das einfache Volk, die Gebildeten und die Ungeschulten, die Jungen und die Alten, sie alle kamen mit ihren verschiedenen religiösen Überzeugungen zu den Versammlungen. Eines ist sicher: Die Pfingstbewegung kam nach Finnland und sie wird nicht mehr gehen[43]."

Nach dem ersten Ausbruch der Erweckung schlossen viele Kirchen ihre Türen vor der Pfingstbewegung. Gerade so aber wurden die Geistgetauften gezwungen, zusammenzurücken. Die Organisation der Pfingstbewegung geht auf diesen äußeren Zwang zurück. Heute ist den Baptisten dieser Tatbestand klar. In ihrer Zeitschrift schrieben sie 1960: „Die Geistestaufe hat Spaltung unter die Baptisten gebracht. Über zehn Gemeinden mußten sogar aufgegeben werden, da die Mehrzahl ihrer Glieder Pfingstler geworden waren. Auch einige Baptistenprediger traten der Pfingstbewegung bei. Wären die Baptisten in der Frage der Geistestaufe und in anderen Punkten beweglicher gewesen, so wäre möglicherweise keine getrennte Pfingstbewegung in unserem Land entstanden[44]." „Eine eigentliche Pfingsterweckung entstand nach dem Besuch Barratts nicht[45]."

„1912 begann G. Olsen-Smidt, ein Norweger, der im vorangegangenen Herbst nach Finnland gekommen war, unter den Pfingstlern zu arbeiten. In der Zeit von 1912 bis 1914 und 1919 bis 1925 spielte Smidt eine leitende Rolle in der finnischen Pfingstbewegung. Er konzentrierte sich vor allem darauf, die Autonomie der Ortsgemeinde einzuführen[46]."

Als Barratt nach Finnland kam, vertrat er keine eindeutige Lehre über die Wassertaufe. Er konzentrierte sich auf die Verkündigung des Rettungswerkes Christi und auf den Heiligen Geist. Er vertrat einen pfingstlichen Allianzgedanken, demzufolge die Pfingstler Mitglieder ihrer angestammten Kirchen bleiben konnten. Aber viele Pfingstler hatten ihre Kirchen schon verlassen oder waren von diesen ausgeschlossen worden. Aus diesen wurde 1915 die erste Pfingstgemeinde in Finnland, die „Siloamgemeinde" in Helsinki, gegründet.

Die erste pfingstliche Taufe fand 1912 statt. Im gleichen Jahre wurden noch weitere Taufgottesdienste in Finnland durchgeführt[47]. Barratt besuchte Finnland zum zweiten Mal 1912. Die Erweckung breitete sich rasch aus. 1913 kam sie nach Viipuri, 1915 nach Lappland.

Von 1916 bis 1917 waren die Türen verschlossen für die finnische Pfingstbewegung. Alle Versammlungen waren verboten. Trotzdem ging das Werk weiter in jenen schwierigen Bürgerkriegsjahren. Die Unabhängigkeit Finnlands 1917 bedeutete auch für die Pfingstbewegung, daß die Türen wieder geöffnet wurden.

An der Predigerkonferenz 1919 in Helsinki wurde ein entscheidender Schritt in bezug auf die Festlegung der Lehre getan. Man diskutierte z. B. die Frage der Autonomie der Ortsgemeinde. Es gab damals schon in Norwegen und Schweden unabhängige Ortsgemeinden. In Finnland bestanden die Gemeinden von Helsinki und Viipuri. Obschon die Idee der Autonomie der Ortsgemeinde immer mehr an Boden gewann, gab es doch auch Vertreter, die das Werk nicht innerhalb festgefügter Ortsgemeinden aufbauen wollten. Die Predigerversammlung war geteilt. Die Anhänger des „freien Werkes" gruppierten sich um V. Pylkkänen und nannten sich „Pfingstfreunde". Ihr Einfluß ist relativ klein, heute sind es nur noch einige hundert. Die Mehrheit entwickelte sich in den Linien der übrigen skandinavischen Pfingstbewegung[48].

Der Einfluß dieser Spaltung ist gering gewesen. Im übrigen ist die finnische Pfingstbewegung von Spaltungen verschont geblieben. Man muß allerdings die kleine Gruppe erwähnen, die sich um den ehemals lutherischen Pfarrer Pfaler sammelte (1929–1932), die in dem von W. Schmidt in dieser Zeit veröffentlichten Werk „Die Pfingstbewegung in Finnland" (1935) zu ausführlich dargestellt wurde. Das ist auch der Grund, warum Pfalers Bedeutung in W. J. Hollenwegers „Handbuch der Pfingstbewegung" überschätzt wurde.

1918 gab es nur etwa 20 finnische Pfingstprediger[49]. Nach dem Vorbild der übrigen skandinavischen Länder wandte man sich der Frage der Predigerausbildung zu. Der erste Bibelkurs wurde in der schwedisch-sprachigen „Filadelfiakirche Helsinki" 1926 durchgeführt. Wegen der in Finnland herrschenden Zweisprachigkeit wurde 1928 unter der Leitung von E. Manninen (1896–1967), einem ehemaligen Forstingenieur und späteren Führer der finnischen Pfingstbewegung, die finnischsprachige „Saalemkirche" gegründet. In dieser neuen Kirche wurde 1931 der erste Bibelkurs durchgeführt. Unter den Lehrern war L. Pethrus aus Schweden und D. Gee aus England. Beide Männer übten in Finnland einen großen Einfluß aus. Pethrus lehrte über Fragen des Gemeindeverständnisses und der Gemeindeordnung, D. Gee über den richtigen Gebrauch der Geistesgaben und den Heiligen Geist. Man muß zugeben, daß besonders in den Jahren der ersten Begeisterung allerhand Fanatismus und seelische Ekstase sich breitmachten. Aber die nüchterne Lehre legte einen guten Grund für die spätere Entwicklung der Bewegung. Als 1952 ein Bibelinstitut gegründet wurde, konnten die Bibelkurse aufgegeben werden.

Die Pfingstbewegung Finnlands ist aufgeteilt in einen finnisch- und einen schwedisch-sprachigen Teil, die aber nach den gleichen Prinzipien arbeiten. 1920 gab es erst in zwei Städten finnischsprachige Gemeinden, jedoch 1930 bereits deren 40, 1940 über 90, 1950 über 130 und 1969 188. Die schwedischsprachigen Gemeinden, die sich an der Küste befinden, betragen 35. Das Wachstum der Gemeinden ist langsamer als in Schweden und Norwegen. Immerhin gibt es heute beinahe 40000 Pfingstler in Finnland.

Wie in den anderen skandinavischen Ländern ist die pfingstliche Missionsarbeit prozentual größer als diejenige irgend einer anderen Kirche in Finnland. Es gibt heute 200 finnische Pfingstmissionare in 18 Ländern. Die Mission ist ebenfalls auf dem Grundsatz der Autonomie der Ortsgemeinde aufgebaut worden. Die verschiedenen Vereinigungen haben lediglich Hilfsfunktionen. „Ristin Voitto", das pfingstliche Verlagshaus, ist zu einem großen Konzern geworden. Die schon erwähnte Predigerkonferenz wird jedes Jahr durchgeführt. Sie bringt die Einheit der Bewegung zum Ausdruck.

Das traditionelle religiöse Leben in Finnland hat auch der finnischen Pfingstbewegung den Stempel aufgedrückt. Sie konzentriert sich auf die Botschaft der Versöhnung durch das Kreuz und die Rechtfertigung. Sie hat aber die Kennzeichen einer ausgeprägt charismatischen Erweckungsbewegung behalten.

ANMERKUNGEN

[1] *N. Bloch-Hoell*, Pinsebevegelsen, 121.
[2] *M. Ski*, Fram til urkristendommen I, 49.
[3] *Ders.*, a.a.O., I, 57.
[4] *N. Bloch-Hoell*, a.a.O., 114.
[5] *M. Ski*, a.a.O., I, 22.
[6] *Ders.*, a.a.O., I, 74.
[7] *Ders.*, a.a.O., I, 113.
[8] *Ders.*, a.a.O., I, 101.
[9] *Ders.*, a.a.O., I, 155.
[10] *Ders.*, a.a.O., I, 83.
[11] *Ders.*, a.a.O., I, 98.
[12] *Ders.*, a.a.O., II, 135–147.
[13] *N. Bloch-Hoell*, a.a.O., 255.
[14] *M. Ski*, a.a.O., I, 215.
[15] *Ders.*, a.a.O., III, 54–55.
[16] *Ders.*, a.a.O., II, 57.
[17] *Ders.*, a.a.O., I, 208.
[18] *Ders.*, a.a.O., II, 12.
[19] *T. B. Barratt*, Erindringer, 284.
[20] *M. Ski*, a.a.O., II, 83.
[21] *Ders.*, a.a.O., II, 39.
[22] *Ders.*, a.a.O., II, 27.
[23] *N. Bloch-Hoell*, a.a.O., 240.
[24] *T. B. Barratt*, a.a.O., 180.
[25] *C. Björkquist*, Den svenska pingstväckelsen, 31.
[26] *G. E. Söderholm*, Den svenska pingstväckelsens historia, I, 301.
[27] *C. Björkquist*, a.a.O., 31.
[28] *N. Bloch-Hoell*, a.a.O., 270.
[29] *G. E. Söderholm*, a.a.O., II, 404.
[30] *Ders.*, a.a.O., II, 418.
[31] *E. Briem*, Den moderna pingströrelsen, 131–132.
[32] *N. Bloch-Hoell*, a.a.O., 269.
[33] *E. Briem*, a.a.O., 135, 137.
[34] *C. Björkquist*, a.a.O., 83.
[35] *A. Blomqvist*, Svenska pingstväckelsen femtio år, 6.
[36] *Ders.*,a. a. O., 7.

[37] C. *Björkquist*, a.a.O., 120.

[38] A. *Blomqvist*, a.a.O., 6.

[39] C. *Björkquist*, a.a.O., 73.

[40] E. *Briem*, a.a.O., 143.

[41] A. *Blomqvist*, a a.O., 102.

[42] T. *Koilo*, Helluntaiherätyksen vaiheita Suomessa, 8.

[43] *Ders.*, a.a.O., 12.

[44] *Ders.*, a.a O., 32.

[45] W. A. *Schmidt*, Die Pfingstbewegung in Finnland, 87.

[46] N. *Bloch-Hoell*, a.a.O., 278.

[47] T. *Koilo*, a.a.O., 71.

[48] *Ders.*, a.a.O., 71.

[49] *Ders.*, a.a.O., 61.

SOVJETUNION

Steve Durasoff

Steve Durasoff stammt aus einer aus Rußland ausgewanderten Familie. Er wurde 1921 in Brooklyn, New York,
geboren, diente 37 Monate als Sanitätssoldat während des
Zweiten Weltkrieges in der amerikanischen Armee
(15 Monate davon in Europa). B. A. (Shelton College,
Hauptfach Philosophie), M. A. (New York University,
School of Education, Dept. of Religion), 1968 Dr. phil.
(New York University) mit einer Dissertation über die
russische Pfingstbewegung auf Grund russischer Quellen
und persönlichen Augenscheins an Ort und Stelle. Während 12 Jahren war Durasoff Prediger der New Jersey und
New York *Assemblies of God*, 1958/59 Presbyter im
Distriktsvorstand des New York Distriktes der *Assemblies
of God*. Seit 1960 ist er Mitarbeiter Oral Roberts' und seit
der Eröffnung der „Oral-Roberts-Universität" Professor
und „Chairman of the undergraduate Religion Department".

1. I. E. VORANEV

In den Augen der russischen Evangelischen und der sovjetischen antireligiösen Kader herrscht kein Zweifel darüber, daß I. E. Voranev der
Hauptführer war, der die Pfingstbewegung in Rußland eingeführt,
organisiert und verbreitet hat.

Der Protestantismus im allgemeinen kann in Rußland bis zu den Strigolni-
ki des 14. Jahrhunderts zurückgeführt werden, die die russisch-orthodoxe
Hierarchie ablehnten[1]. Mit der Entwicklung des russischen Sektentums
formierten sich auch nicht-evangelische Gruppen, bei denen das Zungenreden erwiesenermaßen aufgetreten ist, wie z. B. die Chlysten (Flagel-
lanten) des 17. Jahrhunderts[2] und die Pryguni (Springer) des 19. Jahrhunderts[3].

Zeitgenossen von I. Voranev waren die nicht-trinitarischen Smorodinci[4]
und die fanatischen Muraschkovci[5]. Beide machten es nicht einfacher für
die evangelischen Pfingstler, von den russischen Baptisten und Evangeliumschristen akzeptiert und verstanden zu werden.

I. E. Voranev wurde 1886 in Rußland geboren und diente mit den Kosa-
ken unter dem Zar[6]. Kurz nach seiner Bekehrung diente er 1908 in
Baptistenkirchen in Irkutsk und Krasnojarsk. Die religiösen Verfolgungen

veranlaßten Voranev, 1911 Rußland mit seiner Frau und seinen beiden Kindern über Harbin in der Mandschurei zu verlassen. In San Francisco war er Pastor einer russischen Baptistenkirche. Später arbeitete er in Seattle, wo er das Kirchengebäude mit dem amerikanischen Prediger E. Williams teilte. Dieser führte Voranev in die pfingstliche Lehre ein[7]. Aber erst drei Jahre später, als Voranev nach New York umgezogen war, hatte er persönlich das Pfingsterlebnis. Als er Pastor der dortigen russischen Baptistenkirche war, fing seine Tochter unter dem Einfluß der pfingstlichen Gottesdienste in der *Glad Tidings Church* in Zungen zu reden an[8]. Bald darauf erlebte auch Voranev das „Reden in anderen Zungen, wie der Geist ihm auszusprechen gab".

Um weiteren Komplikationen in der Baptistenkirche auszuweichen, trat Voranev als Baptistenprediger zurück. Mit zwanzig Baptisten, die vor kurzem die Gabe des Zungenredens erhalten hatten, gründete er die erste russische Pfingstgemeinde in New York City. Die Gottesdienste begannen am 1. Juli 1919 in der *Emmanuel Presbyterian Church*, wo in den darauf folgenden Monaten eine wachsende Zahl von Russen, Ukrainern und Polen bekehrt und im Geist getauft wurden. Mitten in dieser Erweckungszeit folgte Voranev einem Ruf Gottes, nach Rußland zurückzukehren.

Am 15. Juli 1920 reiste die Familie Voranev nach Varna, in Bulgarien, ab, wo I. E. Voranev einen kurzen, aber fruchtbaren Dienst ausübte, bevor er nach Odessa in die Sovjetunion weiterreiste. Er wurde monatlich unterstützt von der *Russian Eastern European Mission* in Chicago und der *Glad Tidings Assembly of God* in New York City. Diese „kapitalistische" Hilfe und Voranevs regelmäßige Berichte an die Amerikaner bildeten später die Grundlage für die Anklage der sovjetischen Regierung gegen den Pfingstführer und seine Inhaftierung.

Kurz nach seiner Ankunft in Odessa hielt Voranev Pfingstgottesdienste ab, die die Hälfte ihrer Zuhörer aus Kreisen der Baptisten und Evangeliumschristen rekrutierten. Die Bewegung wuchs rasch[9]. Allein in Odessa erreichte die Mitgliedschaft bereits nahezu 1000[10]. Voranev reiste viel im Lande umher. Er kam bis nach Leningrad und Moskau. Während der pfingstliche Hauptsitz in Odessa durch Mitarbeiter betreut wurde, eröffnete Voranev in einem phänomenalen Tempo Gemeinden in ganz Rußland. Ganztägige Versammlungen wurden in einem Dorf nach dem andern durchgeführt. Voranev betete mit Erfolg für die Kranken und Mühseligen. Unter denen, die die Gabe des Zungenredens erhielten, waren auch mehrere Baptistenprediger, z. B. D. L. Ponomartschuk und G. G. Ponurko, die später in der „All-Union der Evangeliumschristen/Baptisten" (AUECB) leitende Posten einnahmen[11].

Im Jahre 1926 warnte die Zeitschrift „Baptist" ihre Leser vor Voranev und seinen Anhängern, erklärte sie als „Verführer", die Zweifel aussäten, weil sie behaupteten, alle Gläubigen müßten Heilungswunder ausüben und in Zungen reden können[12].

Der sovjetische Autor F. L. Garkavenko identifizierte Voranev als einen als Baptist verkleideten Pfingstmissionar, der durch die „amerikanischen Imperialisten" nach Rußland geschickt worden sei. Garkavenko stellte fest, daß in diesen Jahren viele Baptistengemeinden zu den Pfingstlern übergegangen waren[13].

Im Jahre 1924 wurde die „Union der Christen evangelischen Glaubens (Pfingstler)" in Odessa gegründet und 1926 auf die ganze Ukraine ausgedehnt. Voranevs Zeitschrift „Evangelist" führte über 350 Gemeinden mit einer Mitgliedschaft von 17000 auf, „die aus den Baptisten, Evangeliumschristen, Orthodoxen und anderen gewonnen worden waren"[14]. D. Gee, während vieler Jahre der Herausgeber von „Pentecost", veröffentlichte eine Statistik, nach der die Pfingstler in dieser Zeit 80000 Mitglieder gehabt haben[15].

Im Jahre 1930, während der dunklen Zeit der sovjetischen Kollektivierung, wurde berichtet, daß Voranev seinem Glauben abgeschworen habe, um seine Kraft ganz dem Aufbau des Sozialismus zu widmen[16]. Ein weiterer sovjetischer Bericht über den angeblichen Abfall Voranevs fügte eine Fotokopie von Voranevs handschriftlicher Glaubensabsage bei. Die beiden Berichte gleichen sich, sind aber keinesfalls identisch. Beide jedoch „zitierten" Voranevs Abschwörung[17]. Im Gegensatz zu diesen Berichten meldete Frau K. Voranev die Verhaftung ihres Mannes im Jahre 1930 und ihre Wiedervereinigung in einem sibirischen Arbeitslager von 1933 bis 1935, wo deportierte Gläubige Voranevs tröstende Seelsorge suchten. 1935 wurden sie wieder freigelassen. 1935 und 1936 predigten beide in Kaluga, südöstlich von Moskau, in den dortigen Baptistengemeinden. Am 6. Oktober 1936 wurde Voranev von der NKVD wieder verhaftet, zwei Monate in Kaluga inhaftiert und dann nach Sibirien verbannt. Den letzten Bericht bekam der Lehrer seines Sohnes 1937 in Odessa. A. Karev, Redakteur des „Bratskij Vestnik", glaubt, daß Voranev im Exil gestorben sei[18].

Man kann annehmen, daß, hätte Voranev seinem Glauben 1930 abgeschworen, wie die Sovjets berichteten, er dann von ihnen für Propagandavorträge und Aufsätze im Dienste der Atheistenvereinigungen zur Demoralisierung der russischen Pfingstbewegung gebraucht worden wäre. A. A. Osipov, ein orthodoxer Theologe, der 1959 seinem Glauben abgeschworen hatte, wurde von den Sovjets in dieser Richtung gebraucht.

2. DIE FUSION VON 1943

Knapp ein Jahr nach der historischen Vereinigung von Baptisten und Evangeliumschristen schlossen sich die „Christen evangelischen Glaubens (Pfingstler)" der AUECB am 24. August 1945 an. Der Generalsekretär der Union erklärte, daß eine solche Vereinigung in andern Ländern nicht erreicht worden sei[19]. Immerhin war sich Karev darüber im klaren, daß ein bedeutender Teil der Pfingstler die Vereinigung abgelehnt hatte.

„Natürlich sind die extremen Elemente unter den Pfingstlern nicht willig, sich den Baptisten zu nähern. Jawohl, und auch die Baptisten wollen sich mit ihnen nicht vereinigen. Jedoch kann der gemäßigte Teil der Pfingstbewegung sich mit der Baptistenkirche vereinigen, um gemeinsam in Gottes großem Erntefeld, der UdSSR, zu arbeiten[20]."

Der sovjetische Autor Kalugin bemerkte die Existenz unabhängiger Pfingstgemeinden,

„die mit ihren fanatischen Praktiken fortfahren. Diese Pfingstler sind bei den örtlichen Behörden nicht registriert, und ihre Tätigkeit ist auf dem Gebiet der UdSSR untersagt[21]."

Warum wollten nicht alle russischen Pfingstler von der Fusion profitieren? Die Verantwortung trägt das Abkommen von 1945. Vier bekannte Pfingstführer, die mit ihren mindestens 25000 Anhängern in die Union eintraten (hauptsächlich in Weißrußland und der Ukraine), unterschrieben das Abkommen von Moskau. In dem zwölf Punkte umfassenden Abkommen, das von I. K. Pan'ko, S. I. Vaschkevitsch, A. I. Bedasch und D. I. Ponomartschuk unterschrieben wurde, verursachte besonders der achte Punkt eine Kontroverse. Er lautet:

„In Anbetracht der Worte des Apostels Paulus über die Unfruchtbarkeit der fremden Zungen in Abwesenheit eines Auslegers waren sich beide Seiten darüber einig, in öffentlichen Versammlungen vom Zungenreden abzusehen[22]."

Sovjetische antireligiöse Berichte nahmen alle Evangelischen, die die Fusion ablehnten, unter schwere Kritik.

„Die Vereinigung mit den Pfingstlern kam zustande durch deren Absage an jegliches sogenanntes Zungenreden ... Die fanatischsten Elemente aller drei Sekten akzeptierten die Fusion nicht und existieren weiter unabhängig[23]."

Man nahm an, daß mehr als die Hälfte der Pfingstler kurz nach dem Abkommen vom August 1945 der AUECB beigetreten war. In Weißrußland und in der Ukraine war der Prozentsatz sogar noch höher in Folge der Anstrengungen von Pan'ko und Ponomartschuk.

Trotz des Abkommens aber gibt es Beweise für die weitere Existenz des Zungenredens in den öffentlichen Versammlungen der AUECB. 1948 verlangte der Präsident der Union, Schidkov, daß die Prediger das öffentliche Gebet unter strenger Kontrolle halten müssen; die hörbaren Gebete in öffentlichen Gottesdiensten waren auf sorgfältig ausgewählte Mitglieder zu beschränken.

Das Abkommen vom August 1945 verbot das öffentliche Zungenreden, nicht aber die Ausübung der Zungenrede im privaten Gebet. Ein Umschwung in dieser Praxis konnte neun Jahre später beobachtet werden, als der „Bratskij Vestnik" allen Pfingstlern verbot, im persönlichen Zeugnis auf ihre Mitgläubigen einzuwirken[24]. Der Artikel zeigt, wie wirksam die pfingstliche Infiltration in der Union gewesen war. Der weiteren Ausbreitung pfingstlicher Praxis und Lehre mußte also ein Riegel vorgeschoben werden.

Von da an reißen die Artikel im „Bratskij Vestnik", die sich mit den Geistesgaben, insbesondere mit dem Zungenreden befassen, nicht mehr ab. Maßgebliche Führer der Union, wie der Präsident I. I. Schidkov, der Sekretär A. V. Karev, aber auch I. I. Motorin und A. I. Mickevitsch haben über das Zungenreden geschrieben. In jüngster Zeit findet man besonders Artikel von K. V. Somov. In einer zwölfseitigen Studie über den Heiligen Geist gab er zu, daß

„die Unterschiede in bezug auf das Verständnis der Geistestaufe die schmerzlichsten in der Union" seien[25].

Die russischen Baptistenführer vertraten auf Grund von 1. Kor. 12, 13 die Meinung, ein Mensch werde durch seine Bekehrung ein Glied der allgemeinen Kirche. Diese Bekehrung wurde mit der Geistestaufe identifiziert[26].

Diese evangelischen Führer waren bereit, zuzugestehen, daß die Zungenrede eine wertvolle Geistesgabe sei, die im Dienste der Ausbreitung des Evangeliums in der Urkirche während kurzer Zeit in Erscheinung getreten sei. Die russischen Pfingstler jedoch hielten daran fest, daß Christus der Täufer mit Heiligem Geist und das Zungenreden eine heute zu erlebende geistliche Erfahrung sei, die nicht mit der Bekehrung zusammenfalle. Einige Pfingstler verursachten noch weitere Spannungen, indem sie behaupteten, der Geist wohne nicht in den Christen, die nicht in Zungen redeten. Andere Pfingstler, die die Gaben des Heiligen Geistes überbetonten, mußten sich von A. Karev sagen lassen:

„Es gibt Prediger, die den Heiligen Geist als Trennwand zwischen Christus und dem Gläubigen darstellen ... Wer so viel vom Heiligen Geist und so wenig von Christus hält, ist nicht mit dem Heiligen Geist erfüllt, denn der Heilige Geist verherrlicht Christus und führt uns zur ersten Liebe für Christus zurück[27]."

Gleichzeitig bat er dringend alle Evangelischen, die Kraft des Heiligen Geistes durch völlige Hingabe an Christus zu suchen.

Nach zehn Jahren offener und wiederholter Übertretung des Abkommens vom August 1945 mußte Präsident Schidkov strenge Maßnahmen gegen diejenigen ergreifen, die immer noch öffentlich in Zungen redeten. Er veranlaßte ihren Ausschluß aus der Union, „nicht weil sie Pfingstler waren, sondern weil sie das brüderliche Abkommen gebrochen hatten"[28].

Im Januar 1957 wurde eine besondere Konferenz mit den Führern der Pfingstgruppe in Moskau abgehalten. Man einigte sich auf folgende Grundsätze: In allen Gotteskindern wohnt der Heilige Geist; nicht die Gaben, sondern die Verherrlichung Christi ist das wichtigste; Geistesgaben können dann in Erscheinung treten, wenn sie das Volk Gottes erbauen und einigen[29].

Opposition gegen diese Grundsätze ist aus einer Erklärung aus dem Jahre 1963 ersichtlich:

„Jedes Gemeindeglied nimmt am Gottesdienst mit den Gaben teil, die es vom Herrn empfangen hat[30]."

Gemäß dem oben zitierten Zusammenhang aus der Schrift wurden die neun von den Pfingstlern praktizierten Geistesgaben anerkannt. Jedoch hatte das August-Abkommen schon früher die Ausübung des Zungenredens ausgeschlossen, indem es die dazu gehörende Gabe der Auslegung verbot. Das kam in der Praxis auf ein Verbot des Zungenredens hinaus, denn die Pfingstler halten sich an die Anordnung des Apostels Paulus, daß das Zungenreden nur öffentlich ausgeübt werden soll, wenn es ausgelegt wird.

In einer heilsgeschichtlichen Auslegung erklärte A. I. Mickevitsch, daß die mitfolgenden Zeichen und die übernatürliche Kraft heute nicht mehr in Erscheinung träten. Jeder Versuch, diese Gaben zu neuem Leben zu erwecken, müsse scheitern und den Spott der Ungläubigen provozieren. Immerhin, Krankenheilung durch Gebet wollte er innerhalb des Gottesdienstes nicht verbieten[31]. Vielleicht war dieses Entgegenkommen ein Resultat des Besuches von O. Roberts. 1960 hatte nämlich der berühmte amerikanische Evangelist Oral Roberts Moskau besucht und während eines Essens vier Stunden lang mit den Führern der AUECB über Krankenheilung durch Gebet diskutiert. Nachdem er ihre Fragen offen beantwortet hatte, fragte er sie zurück: „Warum habt ihr Brüder nur einen Predigtdienst? Habt ihr keine Hände[32]?" O. Roberts hatte nämlich die Kranken in ihrer Mitte gesehen, ohne daß mit diesen gebetet worden wäre.

Die antireligiöse sowjetische Presse wies auf eine ähnliche Diskrepanz hin.

„Die Prediger leeren das Füllhorn ihrer Predigten über vergangene
Wunder im ‚Bratskij Vestnik' aus ... Was aber heutige Wunder betrifft, so muß Mickevitsch bescheiden zugeben, ‚daß der Heilige Geist
heute keine Wunder mehr tue ...' Warum? Das weiß nur Mickevitsch."
Die AUECB „berichtet in ihren Predigten viel von Wundern ... In
bezug auf heutige Wunder aber sagt Mickevitsch bescheiden: ‚Der
Heilige Geist hat aufgehört, ... Wunder zu tun.' Warum? Das weiß
nur Mickevitsch. Immerhin, religiösen Aberglauben verbreiten, ohne
an (heutige) Wunder zu glauben, ist selbst für Experten wie die
baptistischen Theologen äußerst schwierig[33]."
Eine Karikatur begleitete den obigen Artikel Kauschanskis, in dem Gott
als alter, weißhaariger Mann dargestellt wird, der sich auf einer Wolke
am Fuß eines Plakates zum Schlaf niedergelegt hat, auf dem zu lesen war:
„Ich mache keine Wunder mehr[34]."

3. UNREGISTRIERTE PFINGSTLER

Sovjetische Filme wie „Die Straße aus der Dunkelheit"[35] und „Wolken
über Borsk"[36] zeigen den Fanatismus gewisser Pfingstler. Das erklärte
Ziel dieser Filme war, den Sovjetbürgern auf dramatische Weise klar zu
machen, zu was für Exzessen ihre Gleichgültigkeit in der Verbreitung
antireligiöser Propaganda führen müsse. Der Einfluß sektiererischer
Prediger auf die Jugend wurde nicht nur zugegeben, sondern noch stark
unterstrichen.
Andere Pfingstler wurden angeklagt, weil sie ärztliche Hilfe ablehnten
und Krankheit lediglich durch Gebet und die Austreibung böser Geister
behandeln wollten. Im Oblast von Saratov wurde eine Frau, die mit
Kranken gebetet hatte, wegen unerlaubter medizinischer Tätigkeit verurteilt[37]. Schwer zu glaubende Grausamkeiten wurden den Pfingstlern
zur Last gelegt, z. B. die Ermordung eines Kindes durch dessen Groß-
mutter[38], ein Kinderopfer, dargebracht von seinen fanatischen Eltern[39],
sowie Geisteskrankheiten, Familienzwietracht[40] und Verstümmelun-
gen[41].
Alle diese Vorwürfe der antireligiösen sovjetischen Propaganda in die
Schuhe zu schieben, wäre zweifelsohne eine Simplifizierung des Tat-
bestandes. Man kann die Gefahr des religiösen Fanatismus, insbesondere
bei den dem Mythischen zugekehrten Russen, nicht einfach verleugnen.
Im Klima der geheimen, heißen Gottesdienste haben Propheten mit
geringer Kenntnis der Schrift unwissende Gläubige zur Raserei ent-

flammt. Es ist auch möglich, daß die pfingstlichen Gottesdienste die geistig Kranken und Unsicheren anzog, die die Gelegenheit benutzten, sich durch Pseudo-Geistesgaben hervorzutun. Wenn geistlich gereifte Führer, die mit solchen Personen umzugehen wissen, fehlen, kann es leicht zu überbordender religiöser Ekstase kommen. Andererseits hat das Zungenreden sowohl die Führer der AUECB wie auch die atheistischen Propagandisten geärgert. Beide wünschten, es existierte nicht, weil seine merkwürdige und unerklärliche Anziehungskraft einen begeisterten Zustrom von jung und alt bewirkte. Der Präsident des Atheistenclubs von Krasnojarks beschrieb den Erfolg eines pfingstlichen Ingenieurs, L. Schevtschenko, in einer Stadt, in der unter den 500 000 Einwohnern nur eine kleine Gruppe von 15 in antireligiöser Propaganda engagierten Komsomol-Atheisten aufzutreiben war[42].

„Man scheint den Mangel in dem Komsomol nicht zu bemerken, wenn die Aktivisten ihre antireligiöse Propaganda nicht betreiben … Woher kommt diese Verantwortungslosigkeit und Trägheit unter den Komsomol-Führern? … Menschen gehen verloren, aber das scheint den Komsomolzen gleichgültig zu sein[43]."

Die dissidente „Initiativ-Gruppe"

Im August 1961 machte sich die Initiativgruppe (auch bekannt als „Initiativniki", „Organisationskomitee", „Gemeinderat") als separatistische Kraft bemerkbar. Auf dem Höhepunkt des Kampfes gegen die AUECB trennten sich unter der Leitung von A. F. Prokof'ev und G. K. Kriutschkov[44] ungefähr 5 Prozent der Mitgliedschaft[45], das sind ungefähr 26 500 Gläubige[46], von der Union. Die Leitung der AUECB gab offiziell zu, daß die Ältesten der Union den lokalen Komitees zu wenig Aufmerksamkeit geschenkt hatten[47]. Obschon nominell Moskau das Machtzentrum der Union blieb und sich das Recht vorbehielt, Älteste für die Oblast, für Regionen und Republiken zu bestellen, verursachte der anhaltende Druck der Initiativgruppe vermutlich eine Dezentralisation an der Dreijahreskonferenz von 1966. Ältere Presbyter waren von nun an an einer Presbyterversammlung zu wählen. Gleichzeitig wurde aber betont, daß alle Evangelischen der sovjetischen Regierung zu gehorchen hätten (Röm. 13, 1–2). Dissidente wurden gewarnt, sich in Briefen bei der Regierung zu beklagen, da solche Unternehmungen die ganze Bewegung in Gefahr bringen könnten und so selbst die beschränkte Freiheit der Evangelischen in Rußland verlorengehen könnte[48].
Michael Schidkov, Sohn des ehemaligen Präsidenten Schidkov und selber ein Prediger, hält es für möglich, daß die Regierung ihre eigenen Leute in

die Gemeinden der „Unregistrierten" „gepflanzt" habe und so versuche,
die „Unregistrierten" gegen die „Registrierten" aufzubringen und die
Arbeit zu spalten[49].

Vorwurf der Spionage

Die sovjetischen Behörden versuchten den Verdacht zu erwecken, die
Pfingstler betrieben Spionagetätigkeit. Der sovjetische Verfasser Kalugin
wollte sogar wissen, die *Pentecostal Assemblies of God* in den Vereinigten
Staaten seien das Zentrum solcher Spionagetätigkeit, indem sie in russischer Literatur und in russischen Kurzwellenprogrammen die Sovjetregierung verleumdeten[50]. Kritische Artikel in der sovjetischen Presse
haben O. Roberts und B. Graham als ständige ideologische Spaltpilze
und politische Manipulatoren bezeichnet[51].

Das Kompromißabkommen vom August 1945 wurde durch eine namhafte Zahl von Pfingstlern zurückgewiesen, denen die Freiheit des charismatischen Gottesdienstes wichtiger war als die Vorteile sovjetischer
Anerkennung. Die Statistik zeigt immerhin, daß 64 Prozent der „Union
der Christen evangelischen Glaubens (Pfingstler)" der AUECB beitraten,
während 36 Prozent oder mindestens 14000 den Beitritt ablehnten[52].
Wenn man Sympathisanten und Freunde berücksichtigt, werden es gegen
80000 Pfingstler gewesen sein, die die Fusion ablehnten.

Später wurden in der vereinigten AUECB Älteste und Prediger gefunden, die das Augustabkommen gebrochen hatten. Es ist deshalb nicht verwunderlich, wenn auch die pfingstlichen Laienglieder versuchten, die
baptistischen Glieder und die „Evangeliumschristen" der AUECB davon
zu überzeugen, daß es Gottes Wille für jeden Christen sei, das Zungenreden zu erfahren. Es ist sicher, daß eine nicht exakt zu bestimmende Zahl
von Pfingstlern nach der Fusion beschloß, lieber auf ihre Mitgliedschaft
in der AUECB zu verzichten, als sich dem Verbot des Zungenredens zu
unterziehen.

Die Sovjetregierung hat sich ständig geweigert, die Pfingstler als sepa-
rate Körperschaft anzuerkennen. Demzufolge wurden die Pfingstler vor
die unangenehme Wahl gestellt, entweder sich der AUECB anzuschließen
und damit ihre Identität zu verlieren oder aber ihre charismatischen Gottesdienste in einer illegalen, heimlichen Sekte fortzusetzen. Sovjetische
Autoren, denen die flagranten Übertretungen des Augustabkommens
bekannt sind, behaupten, daß es die Absicht der Pfingstler gewesen sei,
durch die Fusion die sovjetische Öffentlichkeit zu täuschen und unter der
Oberfläche der AUECB ihren „fanatischen Ritus"[53] beizubehalten.

Die nichtregistrierten Gläubigen waren geneigt, die freundschaftliche
Beziehung zwischen der AUECB und dem Sovjetrat für Religions-

angelegenheiten als Allianz mit dem atheistischen Regime und Ungehorsam gegen Gott zu interpretieren.

Der Sovjetrat für Religionsangelegenheiten verlangt von allen Gliedern der anerkannten Kirchen eine grundsätzlich pro-sovjetische Haltung, die sich durch die Erfüllung der bürgerlichen Pflichten und aktive Teilnahme an staatlichen, kulturellen und gesellschaftspolitischen Funktionen zeigt. Die Extremisten bezeichneten die Abmachungen mit dem Sovjetrat für Religionsangelegenheiten als diejenigen des Antichristen. Sie verboten ihren Kindern den Eintritt in die Organisation der Pioniere und des Komsomol, während die weniger extremen Gruppen der Ansicht waren, daß der genannte Sovjetrat die Vorschriften der sovjetischen Verfassung in bezug auf die Trennung von Staat und Kirche durch ihre Einmischung in innerkirchliche Angelegenheiten übertreten habe.

Ob allerdings die loyale, auf Röm. 13 sich stützende Unterordnung der AUECB unter das Sovjetregime die tiefen Vorurteile der Atheisten gegen die Religion zerstreuen kann, ist eine offene Frage. Es ist bis jetzt unwahrscheinlich, daß das Sovjetregime dissidente Sektierer wie die Pfingstler dulden wird, da diese möglicherweise Opposition auch in anderen Sektoren des öffentlichen Lebens säen werden.

ANMERKUNGEN

[1] G. M. *Livschic*, Religija i cerkov', 115.

[2] P. *Miliukov*, Outlines of Russian Culture, I, 90–91.

[3] G. M. *Livschic*, a.a.O., 125–126. Vom ehemaligen molokanischen Prediger Lukajn Petrov gegründet. Hauptsächlich in Transkaukasien und Zentralasien. A. *Reinmarus und G. Friezen* (Mennonity, 14, 23) erwähnen eine weitere Gruppe mit ähnlichem Namen.

[4] V. M. *Kalugin*, Sovremennoe, 18.

[5] V. A. *Mezencev* (Hg.), My porvali s religiej, 191–196.

[6] Als Quellen dienten Interviews mit Mitgliedern der *Russian Pentecostal Church*, New York City, am 26. Juni 1965, dem 46. Jahrestag ihrer Gündung. Bandaufnahmen von Interviews mit Frau Katherine Voranev, Mai 1964; Interviews mit Paul Voranev, 1965; ein Brief von Anne Marusczak-Siritz usw.

[7] Ernest S. Williams war von 1929–49 General-Superintendent der *Assemblies of God*, USA.

[8] Heute *Glad Tidings Assembly of God*, 33rd Street, New York City.

[9] Interview mit Paul Voranev, New York City, 18. März 1965.

[10] Bandaufnahme eines Interviews mit Frau Voranev durch Rev. Paul Demetrus, Mai 1964.

[11] D. I. *Ponomartschuk*, Bratskij Vestnik, 1960/5–6, 74.

[12] *Baptist*, 1926, Nr. 11–12, 26–27.

[13] *F. L. Garkavenko*, Čto takoe religioznoe sektantstvo, 83.

[14] *Evangelist*, 1928/1, 1.

[15] *D. Gee*, Upon All Flesh, 31.

[16] *Livschic*, a.a.O., 135–136.

[17] *Nauka i religija* 1960/5, 28.

[18] Interview mit Alexander Karev, New York City, 1961.

[19] *Bratskij Vestnik* 1945/3, 7.

[20] *Bratskij Vestnik* 1957/4, 35.

[21] *Kalugin*, a.a.O., 19.

[22] „Das August-Abkommen", *Bratskij Vestnik* 1957/4, 36.

[23] *Kratkij nautschno-ateistitscheskij slovar'*.

[24] *I. I. Schidkov* und *A. Karev*, Bratskij Vestnik 1955/1, 5.

[25] *V. S.*, Bratskij Vestnik 1962/3, 11.

[26] *A. I. Mickevitsch*, Bratskij Vestnik 1959/2, 49.

[27] *A. V. Karev*, Bratskij Vestnik 1960/3, 18.

[28] *Schidkov* und *Karev*, a.a.O., Bratskij Vestnik 1955/1, 5.

[29] *Bratskij Vestnik* 1957/1, 79: All-Unions-Rat der Evangeliumschristen-Baptisten, Nachrichten.

[30] *Bratskij Vestnik* 1963/6, 53: Brüderliches Schreiben.

[31] *Mickevitsch*, a.a.O.; *Bratskij Vestnik* 1960/5–6, 96–108.

[32] *O. Roberts*, Abundant Life 1960/8, 14.

[33] *P. Kauschanski*, Nauka i religija 1961/12, 18–20.

[34] Ebd.

[35] *G. Ul'ianov*, Nauka i religija 1961/5, 90–91.

[36] *E. Gromov*, Nauka i religija 1962/5, 89.

[37] *Nauka i religija* 1961/9, 74.

[40] *N. Schtanko*, Izvestija 20. Juni 1962, 6.

[41] *Nauka i religija*, Nr. 10, 1962, 36.

[42] *I. Voevodin*, Komsomolskaja pravda 25. September 1962.

[43] Ebd.

[44] *Bratskij Vestnik* Nr. 6, 1963, 13 (Ihre denominationelle Zugehörigkeit wird nicht angegeben).

[45] *Novosti Press Agentur* (Moskau 1966), zit. in *Religion in Communist Dominated Areas* 5/21, 15. November 1966, 168. *Bratskij Vestnik* Nr. 6, 1966, 36, gibt an, daß sich 4 Prozent getrennt hätten, während auf S. 39 zu lesen ist, daß sich anfangs 1966 6000 allein in der Ukraine getrennt hätten. Um die Jahresmitte kehrten 2000 wieder zu ihren Gemeinden zurück.

[46] *Bratskij Vestnik*, Nr. 1, 1958, 29 gibt eine Mitgliedschaft von 530000 in

[47] *Bratskij Vestnik*, Nr. 6, 1963, 37.   [5400 Gemeinden an.

[48] Ebd., 52. Vgl. auch *Bratskij Vestnik*, Nr. 6, 1966, 32.

[49] Interview mit Michael Schidkov, 5. Juli 1965.

[50] *Kalugin*, a.a.O., 19.

[51] *Rovesnik*, Nr. 8, 1963, 2; *Nauka i religija*, Nr. 9, 1961, 40–43.

[52] *Bratskij Vestnik*, Nr. 1, 1960, 87.

[53] *A. P. Kurantov* (Hg.), Znanie i vera v boga, 129.

DEUTSCHLAND UND DIE SCHWEIZ

Jakob Zopfi

Jakob Zopfi, geb. 12. September 1932, 1951 Abschluß
kaufmännische Berufsschule, anschließend kaufmännische
Tätigkeit, 1959/60 *Elim Bible College*, London, bis 1965
Gemeindedienst in der „Schweizerischen Pfingstmission",
ab 1965 Bibellehrer an der „Internationalen Bibelschule
Gunten" (Schweiz) und Evangelist, ab 1967 Sekretär der
„Schweizerischen Pfingstmission".

1. DEUTSCHLAND

Vorspiel

Die Heiligungsbewegung hatte auch in Europa eine kräftige Ausstrahlung. Zu ihren Kristallisationspunkten wurden vor allem die
Konferenzen in Oxford, Brighton und Keswick um 1875, an denen bis
zu 8000 Christen aus aller Welt teilnahmen. In der Folge kam es an vielen
Orten zu Erweckungen. P. Smith, ein Führer der „Oxford-Bewegung",
trat einen wahren Triumphzug des Evangeliums an, wobei sich diesem
amerikanischen Glasfabrikanten überall die Kirchen öffneten. In England
strömten Massen zusammen, um das Evangelistenpaar Moody/Sankey
zu hören. Zehn Jahre nach den letzten Moody-Evangelisationen um 1892
hielten der amerikanische Evangelist Dr. R. A. Torrey mit seinem Sänger
Ch. Alexander ähnliche Feldzüge mit großem Zulauf.
Von Bedeutung für die Entstehung der Pfingstbewegung in Deutschland
waren die „Brieger-Wochen". Zu Beginn des Jahrhunderts kamen in
dem im Jahre 1900 durch den schlesischen Evangelisten E. Edel errichteten Erholungshaus „Pilgerheim" eine stets wachsende Anzahl von
Evangelisten und Gemeinschaftsführern zusammen, um für ihren Dienst
besser ausgerüstet zu werden. 1905 – im Anschluß an die Erweckung in
Wales – wurden die leitenden Männer in eine eigentliche Buße und Zer-
brechung geführt. Neu ausgerüstet mit göttlicher Vollmacht gingen die
Brüder zurück in ihren Dienst. Evangelisationen von unerhörter Frucht-
barkeit waren die Folge. Größte Säle füllten sich. Unter P. Modersohn
kam es in Mülheim-Ruhr zu einer eigentlichen Erweckung. Während
der sechswöchigen Zeltmission kamen 3000 Menschen zum Glauben.
Ein geistlicher Frühling war angebrochen. Ebenfalls 1905 verkündete

Dr. R. A. Torrey die Geistestaufe in Blankenburg an der Allianzkonferenz. Das Allianzblatt schrieb damals: „Der Herr hat Großes getan! Er hat die Gebete vieler Seiner Kinder erhört, ihre Erwartungen erfüllt, ihr Verlangen gestillt. Er hat mit einer Erweckung geantwortet, wie sie geistesmächtiger und tiefgehender wohl keiner der etwa 1400 Konferenzgäste erwartet hatte."

Christiania

Oslo – damals noch Christiania – sollte zum ersten Zentrum der Pfingstbewegung in Europa werden. Th. B. Barratt, bischöflicher Methodistenprediger, stieß in einer Kollektenreise für eine großangelegte Stadtmission in Norwegens Hauptstadt auf die Erweckungsbewegung, die sich von Los Angeles aus wie ein Feuer durch die Staaten ausbreitete. Am 7. Oktober 1906 erlebte er die Geistestaufe und pries Gott in neuen Zungen: „Ich wurde von solchem Licht und solcher Kraft erfüllt, daß ich mit lauter Stimme in einer mir fremden Sprache zu rufen anfing ... der wunderbarste Augenblick war mir jedoch, als ich in einen Gesang ausbrach und dabei die schönste und reinste Sprache gebrauchte, die ich je vernommen hatte ... (Barratt war Schüler E. Griegs). Oh, welch ein Lobpreis entströmte meiner Seele zu Gott für seine große Gnade! Welch eine Kraft wurde mir zum Gebet verliehen! Es geschah, daß ich im Geist betete und daß dann die ganze Stadt New York, die ganze Nation, dann Norwegen, Skandinavien und ganz Europa sich wie eine ungeheure Bürde auf meine Seele legte. Mein ganzes Wesen in mir schien wie von Feuer zu brennen, und dann wurde es wieder ganz still in mir, während ich leise in einer mir unbekannten Sprache sang." Zurückgekommen nach Norwegen begann unter seiner Verkündigung – er bekam anfänglich auch Zutritt zu Kanzeln verschiedener Kirchen – eine Erweckung, die sich ausbreiten sollte über Schweden, England, Dänemark, Deutschland bis in die Schweiz.

Kassel

Geistestaufe, Geistesfülle, Kraft aus der Höhe, ein neues Pfingsten – darüber wurde viel geredet, geschrieben, gebetet. Wales, Los Angeles, Christiania ließ auch in Deutschland und in der Schweiz die Erwartung erwachen, daß nun auch hier Entscheidendes geschehen könnte. Als es geschah, kam es zur Zerreißprobe.

Anfangs 1907 waren einige Männer nach Christiania gereist – unter ihnen Pastor J. Paul – um die dort nun einige Zeit bestehende Erweckung kennenzulernen. Im Juni folgte ihnen E. Meyer, der Leiter der Strandmission in Hamburg. Auf seine Bitte gab ihm Barratt die norwegische

Lehrerin A. Telle und D. Gregersen, die beide die Gabe des Zungenredens empfangen hatten, nach Hamburg mit. Evangelist H. Dallmeyer hielt ab 7. Juni in Kassel im „Blaukreuz-Haus" Versammlungen. Es kam zu einer Erweckung. Oft gingen die Teilnehmer still auseinander. Anfänglich war trotz freier Versammlungsleitung alles geordnet, „der beste Organisator hätte kein schöneres Programm zusammenstellen können". Immer mehr Suchende wurden im Heiligen Geist getauft, Menschen bekehrten sich, Kranke wurden von langjährigen Gebrechen geheilt. Die Versammlungen wurden zum Stadtgespräch, Zeitungsreporter tauchten auf. Schon vor Beginn der Gottesdienste waren die Straßen von Sensationslustigen verstopft. Jubelte es im Versammlungsraum, so grölte es noch lauter auf der Straße. Kassel brachte einen rapiden Wetterumschlag. In dem, was begeistert als Wehen des Heiligen Geistes begrüßt wurde, wollte man bald den Teufel in Holzschuhen erkennen. Die Pfingstbewegung war aber nicht mehr aufzuhalten.

Erklärungen

Der Gegenwind setzte ein. Zuerst wurde die Kasseler Bewegung von Dallmeyer positiv beurteilt. Er sei dort tiefer gesegnet worden als je zuvor, das dortige Geschehen sei eine Offenbarung der Kraft Gottes und ein heiliges Vorgehen des Herrn. Auch E. Schrenk, der selbst die Geistestaufe verkündet und nach eigenem Zeugnis seit 50 Jahren Geistesgaben erwartet hatte, urteilte: „Die Bewegung ist von Gott." Später widerrief Dallmeyer seine positiven Erklärungen und wurde in der Meinung, einem mächtigen Satansengel zum Opfer gefallen zu sein, ein erbitterter Gegner der Pfingstbewegung. Auch E. Schrenk schlug sich nun zu ihren Gegnern. Nachdem man bereits anläßlich der Gnadauer Pfingstkonferenz vom Mai 1904 gegen die Heiligungslehre J. Pauls – der in der nun aufbrechenden Pfingstbewegung als Führer hervorstach – in die Schützengräben gestiegen war, setzte sich allmählich die Meinung durch, diese perfektionistische Lehre hätte Schwarmgeistern Tür und Tor geöffnet. Diese Entwicklung gipfelte schließlich in der *Berliner Erklärung*, die am 15. September 1909 nach neunzehnstündigen Verhandlungen von 60 Brüdern unterzeichnet wurde und die Pfingstbewegung kurzerhand als „von unten" bezeichnete.
Die Führer der nun entstehenden Pfingstbewegung, die 1909 zur dritten Mülheimer Konferenz zusammengekommen waren, antworteten mit der sogenannten *Mülheimer Erklärung*. Sie gaben unumwunden zu, daß sich „nicht nur Göttliches, sondern auch Seelisches, bzw. Menschliches und unter Umständen auch Dämonisches geltend gemacht" hätte. Ein-

mütig aber bekannten sie: „Wir danken dem Herrn für die jetzige Geistesbewegung. Wir sehen sie als den Anfang einer göttlichen Antwort auf die
jahrelangen Glaubensgebete um eine weltumfassende Erweckung. Wir
erkennen also in ihr eine Gabe von oben und nicht von unten." Allein,
die Fronten hatten sich gebildet.

War die in der *Berliner Erklärung* „zum Ausdruck kommende Allianz der
Gegnerschaft etwas bunt und hatte sie nicht das befriedigende Gegen-
gewicht der Allianz der Freundschaft" („Licht und Leben", 1910), so
wurde diese bald einmal aufgebrochen durch die sogenannten „Neutralen", die sich zwar der neuen Bewegung nicht anschließen wollten, jedoch
erkannten, daß sie schließlich in der Konsequenz der bisher von den
jetzigen Gegnern anerkannten Lehren – Heiligung, Geistestaufe, Entrückung – lag. Sie beklagten die Rücksichtslosigkeit der gegnerischen
Polemik, die jeden verwarf, der die Pfingstgeschwister nicht rundweg als
besessen verdammte. So kam es am 29. September 1909 zu den *Vands-
burger Erklärungen*, in denen je etwa 30 Vertreter der Pfingstler und der
Neutralen versuchten, eine Brücke der Versöhnung zu bauen. Bei den
radikalen Gegnern erhob sich aber „ein gewaltiger Sturm" (Fleisch) – der
Gegensatz vertiefte sich noch, als die „Neutralen", rücksichtslos unter
Druck gesetzt, die Pfingstler fallen ließen. Diese standen nun allein; es
blieb ihnen keine andere Wahl, als ihren Weg allein zu suchen.

Mülheimer Richtung

Bereits im Dezember 1908 waren Freunde der neuen Geistesbewegung
in Hamburg zu einer Konferenz zusammengekommen. Ohne Absicht,
eine eigene Bewegung zu gründen, wurden die periodisch erscheinenden
„Pfingstgrüße" herausgegeben unter der Schriftleitung Pastor J. Pauls.
Dieser hatte lange Jahre als reich gesegneter Evangelist gewirkt. 1853 als
Sohn eines Pastors geboren, war er selbst später als Pfarrer tätig. 1899
legte er jedoch das Pfarramt in Ravenstein nieder, um für den evangelistischen Dienst frei zu werden. Mit J. Vetter gründete er 1902 die
„Deutsche Zeltmission". Pastor Paul genoß durch seine integere und voll-
mächtige Persönlichkeit weites Ansehen. 1907 war er nach Christiania
gereist. Er erklärte später, dort nichts Neues empfangen zu haben, war
jedoch von der Erweckungsbewegung beeindruckt, in der das Verlangen
um tiefere Reinigung durch das Blut Jesu und vermehrte Geistesaus-
rüstung im Vordergrund stand.

Inzwischen brannte das Feuer der Erweckung an vielen Orten. Durch die
Berliner Erklärung wurden alle, die durch die anbrechende Pfingsterweckung reich gesegnet worden waren und dies unmöglich dem Teufel

zuschreiben konnten, aus den bestehenden Kirchen und Gemeinschaften ausgeschieden. Die entstehenden Gruppen hatten ihren Weg selbst zu suchen. Für sie wurden die *Mülheimer Konferenzen* zu einem wichtigen Treffpunkt. Bereits an der ersten Konferenz, die vom 14. bis 16. Juli 1909 in Mülheim an der Ruhr stattfand, hatten 1700, an der zweiten vom 28. September bis 1. Oktober 1909 2500 Gläubige teilgenommen. Diese von nun an jährlich durchgeführten Konferenzen wurden Stätten großen Segens. Es fehlte bei ihnen nicht an der Lehre, aber auch Anbetung, Fürbitte und Lobpreis hatten ihren Raum, ja „Gesangsgottesdienste", während derer die ganze Versammlung spontan in Anbetung ausbrach, wurden oft zu Höhepunkten. Es gab auch Lobgesänge im Geist, andere wieder erlebten die Geistestaufe, viele Kranke wurden gebracht und viele auch geheilt.

1909 wurde der „Pfingstjubel" eingeführt, ein Gesangbuch, das zuerst nur wenige Lieder umfaßte, später immer mehr zunahm und heute mit über 700 Liedern das meistgebrauchte Liederbuch der deutschsprachigen Pfingstgemeinden ist. Ein *eigener Verlag* wurde gegründet, eine Buchhandlung angegliedert. Dieser brachte 1914 das „Neue Testament in der Sprache der Gegenwart" heraus (Mülheimer Ausgabe), das bis heute in sieben Auflagen erschien und auch außerhalb der Pfingstbewegung starke Verbreitung findet. Die „Pfingstgrüße" wurden 1919, während der ersten Nachkriegskonferenz, an der 3200 Geschwister teilnahmen, in die „Grüße aus dem Heiligtum" abgeändert und erscheinen heute als „Heilszeugnisse" monatlich.

Auf sich selbst gestellt, hatte die Pfingstbewegung eine eigene Organisationsform zu suchen. Im Land herum bildeten sich Arbeitskreise, die jedoch nur als Notordnungen verstanden wurden, da man für eine sich eventuell zeigende bessere Organisationsform jederzeit offen sein wollte. Gleichzeitig wurden zahlreiche Provinzial-Brüdertage eingerichtet, und als nationale Instanz konstituierte sich 1911 der Hauptbrüdertag. Dieser wurde 1922 durch eine Ratsversammlung ersetzt, während sich die Leitung auf ein vierfaches Amt konzentrierte, in dessen Träger die Persönlichkeiten gesehen werden, die die Mülheimer Richtung maßgeblich prägten. Als Evangelist wurde J. Paul bestimmt und als Leiter E. Humburg, der sich als Prokurist bekehrt hatte und 1907 die Christliche Gemeinschaft in Mülheim leitete. Er war 1911 bis 1957 Vorsitzender des Hauptbrüdertages, der 1926 wieder aufgenommen wurde. H. Schober, der bis zu seinem Heimgang 1957 in der Leitung des Gemeinschaftsverbandes mitverantwortlich war, wurde Prophet, und C. O. Voget Lehrer. Voget hatte 1920 sein Pfarramt niedergelegt und die Gemeindearbeit in Brieg übernommen, um sich für den Konferenzdienst besser freimachen zu können. Er sah in der Pfingstbewegung vor allem eine

Heiligungsbewegung und hatte ab 1921 bedeutenden Einfluß auf die theologische Ausrichtung der Mülheimer Richtung. Er ging 1929 wieder ins Pfarramt zurück, ohne sich von der Pfingstbewegung zu trennen, und blieb bis zu seinem Heimgang Redakteur der „Heilszeugnisse".

Unter dem Nationalsozialismus hatten sich die Mülheimer 1938 in den „Christlichen Gemeinschaftsverband GmbH, Mülheim-Ruhr" umzubenennen. Dieser Name wurde bis heute beibehalten. Durch die Trennung Deutschlands verlor der Gemeinschaftsverband über 40 hauptamtliche Prediger und insgesamt 7000 Mitglieder. 1957 wurde Ch. Krust zum Nachfolger E. Humburgs gewählt. Der Hauptbrüdertag, nach wie vor oberste Instanz des Gemeinschaftsverbandes, obwohl er seit Oktober 1955 einen Ältestenrat zur Unterstützung der Leitung delegiert, wählte damit den Prediger der Gemeinde Darmstadt und Redakteur der „Heilszeugnisse" und des „Heilsgrußes" zu ihrem Vorsitzenden.

Freie Pfingstgemeinden

Neben der Mülheimer Bewegung entwickelte sich ab 1912/13 in Deutschland allmählich auch eine „Freie Pfingstbewegung". Ihre Bahnbrecher waren entweder aus dem Mülheimer Verband ausgeschieden oder selbständig aus Kirchen und Freikirchen hervorgegangen. Sie fanden bald Anschluß an die übrige weltweite Pfingstbewegung, besonders an diejenige von Schweden, wo die Pfingstbewegung bald einmal zu den zahlenmäßig stärksten Freikirchen aufrückte.

Für die heutige Freie Pfingstbewegung in Deutschland läßt sich ein Zusammenhang mit dem Dienst Prediger Schillings nachweisen, der sich 1885 bei baptistischen Verwandten bekehrte und stark beeindruckt von der Erweckung in Wales früh zur Pfingstbewegung stieß, sowie mit demjenigen E. Meyers (Rotensande), der die beiden Norwegerinnen von Christiania nach Deutschland in seine Strandmission nach Hamburg gebracht hatte, und Br. Wegeners (Königsberg).

Zwischen den beiden Weltkriegen wirkten, meist unabhängig voneinander, die Pfingstprediger L. Graf (Wernigerode) mit seiner kräftigen Evangelistentätigkeit, E. Lorenz (Berlin), der heutige Vorsitzende der Arbeitsgemeinschaft der Christengemeinden in Deutschland; W. Kowalski (Königsberg) und, ebenfalls mit dem Ziel, neutestamentliche Gemeinden zu gründen, die Evangelisten H. Vietheer („Berliner Zeltmission", später „Elim"-Bewegung, besonders in Ostdeutschland) und der ehemals sozialistische Journalist K. Fix (Berlin, „Volksmission entschiedener Christen"), sowie H. Wohlfart (Frankfurt a. M.). Unter den freien Pfingstlern befand sich auch Pastor M. Gensichen.

Schilling, Wohlfart und Lorenz arbeiteten in Verbindung mit den schwedischen Missionaren Steen und Roos, die damals in Deutschland und Österreich eine gesegnete Evangelistentätigkeit entfalteten, Missionar Steen übrigens auch in der Schweiz. In Danzig entstand 1931 eine Bibelschule mit starker Ausstrahlung nach Osteuropa. Sie wurde von der „Osteuropäischen Mission" aus den Vereinigten Staaten unterhalten, mußte aber 1938 unter politischem Druck geschlossen werden.

Während des nationalsozialistischen Regimes (1933–1945) schlossen sich die zahlreichen „Elim"-Gemeinden dem „Bund Evangelisch-Freikirchlicher Gemeinden" an. Die Volksmission entschiedener Christen konnte weiterarbeiten, während die andern freien Pfingstgemeinden nach und nach verboten wurden. In Süddeutschland wirkte P. Gassner als Missionarin für die „Internationale Volksmission", eine mit England verbundene Gruppe.

Nach dem Zweiten Weltkrieg vereinigten sich ab 1946 folgende Gruppen zu einer „Arbeitsgemeinschaft": Die „Vereinigung Freier Christen", fast ausschließlich Flüchtlinge aus Polen und anderen osteuropäischen Ländern, deren Vorsitzender A. Bergholz war; die „Deutsche Pfingstmission" aus Berlin unter dem Vorsitz von Rudolf Lehmann; die „Christengemeinden Elim", vorwiegend zwei große Gemeinden in Hamburg mit den Vorstehern P. Rabe und O. Lardon, und die „Freie Volksmission entschiedener Christen" unter der Leitung von K. Fix.

Am 4. April 1951 kam es zur Konstituierung der „Arbeitsgemeinschaft der Christengemeinden in Deutschland". E. Lorenz übernahm den Vorsitz, P. Rabe wurde Schatzmeister und A. Bergholz Sekretär. Der Zweck dieser Bruderschaft war hauptsächlich die Durchführung gemeinsamer Missionsprojekte. Nach dem Prinzip der schwedischen streng kongregationalistisch ausgerichteten Gemeinden sollten die Lokalgemeinden dabei unbedingt frei bleiben. So kam es zur Gründung der „Velberter Mission", die seit 1965 dem Evangelischen Missionsrat angehört, sowie der „Bibelschule ‚Beröa'" unter maßgeblicher Mitwirkung der beiden deutschamerikanischen Missionare B. T. Bard und J. P. Kolenda. Sie wurde 1951 in Stuttgart eröffnet und 1954 nach Erzhausen bei Darmstadt verlegt. Weitere gemeinsame Unternehmungen sind der „Leuchter-Verlag GmbH.", eine rege Zeltmission in Verantwortung der einzelnen Gemeinden, und eine Sonntagsschulabteilung.

Lehrmäßig stehen die Gemeinden der „Arbeitsgemeinschaft der Christengemeinden in Deutschland" auf der Basis der Welt-Pfingstkonferenzen, ohne daß sie ihr Zeugnis dogmatisch fixiert haben. Ab 1949 besteht eine Verbindung zur „Assemblies of God" in den USA.

In der „Arbeitsgemeinschaft der Christengemeinden in Deutschland" sind etwa 10000 getaufte Mitglieder in 260 Versammlungen erfaßt, die von rund 200 Predigern betreut werden, von denen nahezu die Hälfte aus der „Bibelschule ‚Beröa'" hervorgingen. Die Gemeinden haben das gemeinsame Monatsblatt „Der Leuchter", das evangelistische Blatt „Dennoch" und das Jugendblatt „Von Jugend zu Jugend".

Außerhalb der „Arbeitsgemeinschaft der Christengemeinden in Deutschland" bestehen weiterhin freie Pfingstgemeinden, so u. a. Kreise um Prediger H. Waldvogel (Kirchheim), eine weitere Gruppe von mehreren Hundert um E. Müller, Karlsruhe. Etwa 4000 Mitglieder zählt die durch den 1964 verstorbenen H. Lauster gegründete und langjährig geleitete „Gemeinde Gottes", die 1965 in Wienacht (Schweiz) ein „Internationales Bibel-Seminar" eröffnete. Nach dem Zweiten Weltkrieg gründete die „Apostolische Kirche in Deutschland" etwa 25 Gemeinden, ihr Schwergewicht ist um Berlin, ein weiterer Mittelpunkt seit 1960 das „Christliche Missionshaus Hebron" in Memmingen (Allgäu). Nicht mehr Mitglied der „Arbeitsgemeinschaft der Christengemeinden in Deutschland" ist ferner auch die bereits erwähnte „Volksmission entschiedener Christen" unter K. Fix, die 1957 in Stuttgart-Zuffenhausen ein zentrales Missionshaus bezogen hat und mit ihren 100 Stationen und Gebetskreisen um 5000 Zugehörige zählt. Der geschichtliche und lehrmäßige Hintergrund vieler kleiner Pfingstgemeinden ist noch nicht genügend bekannt. Insgesamt darf man die Mitgliederzahl dieser außerhalb der „Arbeitsgemeinschaft der Christengemeinden in Deutschland" stehenden freien Pfingstgemeinden mit rund 10000 beziffern.

2. DIE SCHWEIZ

Auch in der Schweiz standen alle freikirchlichen Kreise stark unter dem Einfluß der Heiligungsbewegung. Geistesmächtigen Männern wie M. Hauser – man denke an sein Schriftchen „Kraft aus der Höhe" –, J. Vetter, dem Gründer der „Schweizerischen Zeltmission", der die Erweckungen in Wales und Mülheim/Ruhr miterlebt hatte, F. Binde, dem neben E. Schrenk, Pastor Stockmayer und J. Vetter wohl bedeutendsten Evangelisten – ihnen allen waren die Gedanken um die Heiligung und Geistestaufe wohl vertraut. Inspektor Rappard von St. Chrischona hatte an Konferenzen der „Oxford-Bewegung" in England teilgenommen und evangelisierte in der Schweiz zusammen mit einem der hervorstechendsten Exponenten der „Heiligungsbewegung", P. R. Smith. Schon 1875 war es während der „Allianzkonferenz" in Bern unter dem Einfluß der Heiligungsschriften von Smith und Boardman und unter der Mitwirkung

Rappards und Stockmayers zu einer Erweckung gekommen. Ab 1879
wirkte E. Schrenk, der noch persönlich Moody gehört hatte, als Prediger
der „Evangelischen Gemeinschaft". J. Pauls Blatt „Die Heiligung" war
in schweizerischen Allianzkreisen weitverbreitet; F. Berger, der Gründer
des „Evangelischen Brüdervereins", unterstützte die Paul'sche Heiligungslehre warm. Die Erweckung in Mülheim/Ruhr wurde auch von
den Methodisten in der Schweiz freudig begrüßt; Dr. Torrey, der den
Begriff der Geistestaufe formuliert hatte, wurde als „der bedeutendste und
gesegnetste Evangelist der Gegenwart", T. B. Barratt als nüchterner
Mann bezeichnet. Schließlich löste Wales hohe Erwartungen aus. Als die
Erweckung begann, wurde die Pfingstbewegung aber auch in der Schweiz
unter dem Einfluß der *Berliner Erklärung* bald einmal als dämonisch verurteilt. Auch hier sah sie sich auf eigenen Boden gestellt.

Die Schweizerische Pfingstmission

Auf ihrer Rückreise von Deutschland nach Skandinavien wurden die
beiden norwegischen Missionarinnen A. Telle und D. Gregersen von
einem kleinen Kreis von Pfingstfreunden in Zürich empfangen. Kurze
Zeit später folgte ihnen T. B. Barratt; bald wurden die ersten Gläubigen
im Heiligen Geist getauft. Da es an erfahrenen Führern fehlte, kam 1908
Barratt ein zweites Mal nach Zürich, bis dort der frühere Pfarrer C. E. D.
Delabilière aus England – später Pastor der amerikanischen Gemeinde in
Genf – die Leitung übernahm. 1910 fand eine erste größere Konferenz in
Zürich statt, zu der u. a. Pastor J. Paul, der anglikanische Pfarrer A. Boddy
und der holländische Prediger G. Polman erschienen. Diese Konferenz
sollte für die Pfingsterweckung in der Schweiz wegweisend werden. Jetzt
fing es an, auch in der Schweiz in hellen Geistesflammen zu brennen. 1911
folgte eine Konferenz in Basel, und bald bildeten sich Gruppen im ganzen
Land. Zürich wurde zu einem Zentrum. Nun traten aus den eigenen
Reihen geistliche Führer hervor, in Zürich der frühere Lehrer P. R. Ruff,
in Bern A. B. Reuss und in St. Gallen H. Steiner, unter ihnen solche, die
sich in den Evangelisationen J. Vetters und F. Bindes bekehrt hatten.
Bereits 1907 wurde die „Verheißung des Vaters" ins Leben gerufen. Sie
sollte erscheinen, „so oft es die eingehenden Beiträge erlauben", und ist
heute noch das Monatsblatt der „Schweizerischen Pfingstmission". 1920
wurde das Pfingstzeugnis mit apostolischer Vollmacht durch S. Wigglesworth in manchen Schweizer Städten in die Öffentlichkeit getragen. 1921
konstituierte sich die „Schweizerische Pfingstmissionsgesellschaft" mit
dem Zweck, Missionare auszubilden, auszusenden und zu unterstützen.
Schon im gleichen Jahr zog der erste Pfingstmissionar der Schweiz nach

Basutoland. Seither sind über 35 weitere Missionare und Missionarinnen nachgefolgt, die ihre Tätigkeitsfelder in Südafrika, Zentralafrika, Israel, Japan und Peru gefunden haben.

1926 hatte die Zahl der Pfingstgemeinden 50 überschritten, eine nationale Vereinigung drängte sich auf. Es entstand der Ältestenrat aus den leitenden Predigern. 1935 wurde erstmals eine Generalversammlung mit den die Gemeinden vertretenden Ältesten einberufen; die „Schweizerische Pfingstmission" konstituierte sich, welche heute an 90 Versammlungsplätzen rund 3000 Glieder betreut. Sie unterhält eine aktive Jugendarbeit; 1968 besuchten über 400 Kinder und Jugendliche die 15 Ferienlager, und über 100 Jugendliche verbanden einen Teil ihrer Ferien mit einem Evangelisationseinsatz in den vier Missionszelten.

Die „Schweizerische Pfingstmission" steht lehrmäßig ebenfalls auf dem Boden der Weltpfingstkonferenzen, wenn auch die Formulierung der Geistestaufe eher zurückhaltend ist. So erwartet man bei allen Geistgetauften die Gabe des Zungenredens, bezeichnet dies auch als das übliche, wenn auch nicht als das ausschließliche Zeichen.

Die Weltpfingstkonferenzen gehen auf eine Initiative der „Schweizerischen Pfingstmission" zurück. 1947 kamen auf eine Einladung L. Steiners Vertreter aus 23 Nationen in Zürich zusammen. An dieser Konferenz nahm übrigens eine der beiden Norwegerinnen teil, die 1907 in Zürich die Geistestaufe bezeugten: D. Engström, nun 67 Jahre alt und zwei Jahre vorher aus gesegnetem Missionsdienst in Indien nach Europa zurückgekehrt. Im Abstand von drei Jahren fanden seither Weltpfingstkonferenzen statt in Paris, London, Stockholm, Toronto, Jerusalem, Helsinki und 1967 in Rio de Janeiro, die letzte Konferenz unter dem Generalthema „Der Heilige Geist verherrlicht Christus".

Die Gemeinde für Urchristentum

Diese zweitgrößte pfingstliche Richtung der Schweiz hat ihren Ursprung in einer Erweckung, die durch den Dienst des süddeutschen Pfarrerehepaares Drollinger ausgelöst wurde, das 1919 in die Schweiz kam. Auf der Plötschweid fand 1927 eine erste Bibelwoche statt, wo sich ein erstes Zentrum der Bewegung bildete. Es fanden dort Konferenzen statt, geistliche Gaben wurden gepflegt und Gläubiggewordene durch Untertauchen getauft. 1933 schlossen sich die einzelnen Ortsgruppen unter dem Namen „Gemeinde für Urchristentum" zu einer einheitlichen Bewegung zusammen.

1937 entstand durch die Predigt- und Seelsorgetätigkeit J. Widmers in der Methodistenkriche in Signau eine Erweckung. Nachdem die Methodisten gegen die neue Bewegung Stellung bezogen, entstand im *Hasli ob Signau* ein zweites Zentrum. 1942 trat VDM R. Willenegger der Bewegung bei. 1949 konstituierte sich die „Gemeinde für Urchristentum" als rechtliche Körperschaft mit Sitz in Signau. 1958 wurde zusammen mit der GEFAB („Genossenschaft für Evangelische Ferien-, Alters- und Bildungsheime") das Parkhotel in Gunten erworben, 1959 dort eine Bibelschule eröffnet, an deren viermonatigem Kurs 1967 rund 40 Schüler und Schülerinnen teilnahmen. Seit 1965 wird diese Bibelschule paritätisch mit der „Schweizerischen Pfingstmission" geführt. Die „Gemeinde für Urchristentum" betreut durch etwa 20 Prediger 70 Gemeinden mit 1500 Gliedern und einer aktiven Jugendarbeit. Sie unterhält oder unterstützt Missionare in Afrika, Südamerika und Frankreich.

Die „Gemeinde für Urchristentum" steht lehrmäßig der „Apostolischen Bewegung" mit ihrer stärkeren Betonung der Ämter nahe. Die Ausprägung ist gemäßigt und steht der engen Zusammenarbeit mit den andern Pfingstgruppen der Schweiz nicht im Wege.

Die Freie Christengemeinde

Diese Pfingstgemeinden gehen auf Gruppen zurück, die um das Jahr 1920 im Osten des Landes zusammenkamen, um eine tiefere Gemeinschaft mit Jesus Christus zu suchen. 1927 entstand durch den Dienst von Prediger Schilling aus Berlin und besonders dessen Schwiegersohn G. Steen aus Schweden in St. Gallen eine pfingstliche Versammlung. 1933 kam Missionar Steen nach Aach-Mogelsberg, wo der dortige Leiter einer Gemeinde, H. Wyssen, im Heiligen Geist getauft wurde. Eine Erweckung brach aus, Menschen bekehrten sich, wurden wiedergeboren, oft alt und jung im Heiligen Geist getauft. Durch H. Wyssen und O. Eschenmoser mit G. Steen als Evangelist entstanden Versammlungen im Thurgau und St. Gallischen. Während des Zweiten Weltkrieges begannen die bekannten Bibelwochen in der „Aach", einem Bauernhof bei Mogelsberg SG, wo ein eigentliches Zentrum dieser Bewegung entstand.

1960 erfolgte die juristische Konstituierung der Ebnater Gemeinde, nachdem sich das Schwergewicht der Bewegung immer mehr von der „Aach" nach Ebnat SG verlegt hatte, wo jetzt im Thurheim auch besondere Fasten- und Bibelwochen durchgeführt werden. Heute unterhalten die „Freien Christengemeinden" 27 Versammlungen, 10 vollamtliche Prediger und etwa ebensoviele Missionare und Missionarinnen. Die Zahl der Glieder beträgt etwa 600.

Die „Freie Christengemeinde" ist lehrmäßig stark an die schwedische Pfingstbewegung angelehnt; ihre Gemeindeordnung ist im Gegensatz zur „Gemeinde für Urchristentum", deren Gemeindeleitung zentralistisch ist, ähnlich wie bei der „Schweizerischen Pfingstmission" stark auf die Autonomie der Lokalgemeinde ausgerichtet.

Einheitsbestrebungen

Nach manchen vorangehenden Kontakten fand 1961 im Parkhotel Gunten die erste Einheitskonferenz pfingstlicher Gemeinden statt, an der etwa 50 Prediger vor allem aus den obigen Gruppen teilnahmen. Diese Einheitskonferenz wurde seither jährlich durchgeführt, oft im Beisein ausländischer Gäste. So nahm 1965 – ein Jahr vor seinem Heimgang – D. Gee an der fünften Einheitskonferenz teil. Diese Konferenzen dienen zur gegenseitigen Auferbauung, und gleichzeitig werden eine ganze Anzahl von Anliegen gemeinsam in Angriff genommen: 1962 die Bildung des Einheitsausschusses, der nationale Anliegen laufend berät, 1963 die Herausgabe der gemeinsamen Jugendzeitschrift „Die Fackel", 1964 die paritätische Gestaltung des evangelistischen Traktates „Der Ruf", das viermal jährlich mit einer Auflage bis zu 270000 pro Nummer erscheint, 1965 die gemeinsame Führung der Bibelschule Gunten durch die „Gemeinde für Urchristentum" und „Schweizerische Pfingstmission", 1966 die Durchführung eines gemeinsamen Jugendtages und 1967 die Herausgabe eines sorgfältig vorbereiteten Unterrichtslehrganges, 1969 die gemeinsame Zeitschrift „Wort und Geist".

Französische Schweiz

Während die „Schweizerische Pfingstmission" während vieler Jahre heute nicht mehr bestehende Verbindungen mit einigen kleinen Gruppen im Welschland hatte, unterhält die „Gemeinde für Urchristentum" dort einige aufstrebende Gemeinden mit einer aktiven Jugendarbeit. Die weitaus bedeutendste Pfingstgruppe ist jedoch die „Eglise Evangélique de Réveil", die auf die Evangelisationen von G. Jeffreys und D. Scott zurückgeht. Pfarrer F. de Rougemont hatte sich sehr für diese Evangelisationen eingesetzt mit der Absicht, der Pfingsterweckung in kirchlichen Kreisen den Weg zu bahnen, ohne neue Gemeinden zu bilden. Auf seine Initiative wurde dazu auch die innerkirchliche „Union pour le Réveil" gegründet, deren Kreise in Territet zu Konferenzen zusammenkommen. Andere erweckte Kreise beriefen jedoch 1935 A. Hunziker zu ihrem Gemeindeleiter, so daß die „Eglise Evangélique de Réveil" entstand. Sie hat das Werk von „Radio Réveil", ursprünglich in Lugano und jetzt in Bevaix NE, gegründet. In den 10 Gemeinden sind etwa 1000 Anhänger zusammengefaßt.

Neben diesen erwähnten Bewegungen gibt es auch in der Schweiz noch
einige kleinere Pfingstgruppen. Insgesamt dürfte die Zahl der Pfingstler
in der Schweiz 7000 überschreiten.

3. DIE PFINGSTBEWEGUNG IN DER AUSEINANDERSETZUNG

Der garstige Graben

W. J. Hollenweger sieht die Pfingstbewegung „immer mehr in die Nähe
der traditionellen Kirchen rücken". Heute bestehe „der Unterschied
zwischen der Pfingstbewegung und den traditionellen Kirchen vielerorts
in einer Lehrdifferenz – wahrhaft eine tragische Situation für eine Bewegung, die ausgezogen war, um die dogmatischen Unterschiede durch
eine gemeinsame geistliche Erfahrung zu überwinden"[1].

Die Pfingstbewegung allerdings findet nicht so sehr ihre eigene Situation
tragisch als vielmehr die Tatsache, daß auch heute noch zwischen den
traditionellen Kirchen und oft auch Gemeinschaften und ihr ein garstiger
Graben besteht. Dies wird in der Regel auch von der kirchlichen Seite
viel stärker akzentuiert, als es W. J. Hollenweger hier tut. So sind zwar
die traditionellen Kirchen nicht in der Lage, den Begriff „Sekte" einheitlich zu definieren, einheitlich aber sind sie darin, die Pfingstkirchen in der
Regel als solche zu bezeichnen.

Bei allem ökumenischen Goodwill kann aber auch die Pfingstbewegung
diesen Graben nicht übersehen. Er ist da. Er ist da im Bibelverständnis
und damit im Verständnis der Rechtfertigung, der Sakramente, der
Wunder, der Krankenheilung, der Wirkungen des Heiligen Geistes, der
Stellung zur Welt, der Eschatologie – verschiedene Lehrauffassungen, die
in der Praxis ein Gemeindebild prägen, das sich doch kaum nur in einer
Lehrdifferenz von den Volkskirchen unterscheidet.

Die Taufe im Heiligen Geist

Aber all diese Unterschiede, so wie sie *heute* dastehen, führten *damals* nicht
zur Entstehung der Pfingstbewegung. Diese wurde damals aus einer gemeinsamen Erfahrung Hunderttausender in allen Kontinenten geboren.
Die Gläubigen der damaligen Zeit erlebten auf ihrer Suche nach tieferer
Heiligung und vermehrter Vollmacht zum Dienst eine gemeinsame geistliche Erfahrung, in der sie die neutestamentliche Taufe im Heiligen Geist
erkannten, so wie sie von den ersten Jüngern erlebt wurde. Nun gab es

aber im Laufe der Kirchengeschichte immer wieder Erweckungen. Auch der Durchbruch urchristlicher Charismen, wie er bei der Pfingstbewegung stattfand, ist durchaus nicht einzigartig. Das Hervorstechende war wohl einmal die phänomenale Breite dieser Erweckungsbewegung – es gibt heute immerhin über 15 Millionen Pfingstler – und zum andern die Tatsache, daß diese Erfahrung lehrmäßig festgehalten wurde. Der Appell der Pfingstbewegung an die Gemeinde Jesu könnte so zusammengefaßt werden: „Wo der Heilige Geist freien Raum zum Wirken hat, bezeugt er sich auch durch die Gaben des Geistes." Bleiben diese Kundgebungen aus, so geht es der Pfingstbewegung nicht in erster Linie um das Fehlen dieser Charismen, auch wenn sie zum gesunden Aufbau der Gemeinde als durchaus notwendig erachtet werden, es geht vielmehr um den Herrn selbst. So sehr sich eine Braut an Gaben freut, die ihr vom Bräutigam gegeben werden, so gilt ihre Freude und Liebe doch vielmehr dem Bräutigam. So sind auch die Geistesgaben letztlich nichts mehr als Geschenke, wunderbare zwar, aber im Grund geht es um den Bräutigam und darum, daß Er durch den Heiligen Geist frei wirken kann.

Die Geistestaufe wurde als ein auf die Wiedergeburt folgendes Erleben der Kraftausrüstung verstanden, das durch spontane Kundgebungen des Heiligen Geistes, in der Regel durch das Charisma des Zungenredens, begleitet werde. Dieses Dogma wurde zum Rückgrat der Pfingstbewegung. Denn während in anderen Erweckungsbewegungen beim Erstarren des ersten Lebens auch die Kundgebungen des Geistes versiegten – was oft kaum bemerkt wurde, weil es an der diesbezüglichen Lehre fehlte – so ist der Pfingstler dogmatisch festgelegt, auf dem Söller das Wehen des Geistes zu erwarten, darum zu flehen und sein Leben zu heiligen, „bis es Pfingsten werde überall"! Die Lehre von der Geistestaufe wurde damit zu einem Damm gegen Trägheit und Verweltlichung, den Todesgefahren jeder Erweckungsbewegung, nicht ausgeschlossen diejenige der Urgemeinde.

Kritik von innen

Die Pfingstbewegung hatte seit ihrem Bestehen im Kreuzfeuer der Kritik zu stehen. Gerade im deutschsprachigen Raum wurde sie wie nicht gerade anderswo als Fieberpatient auf den Schragen gelegt, und gerade hier waren die Diagnosen zum Teil vernichtend. Die Auseinandersetzung gehört so zur Geschichte der Pfingstbewegung, daß auf deren wichtigste, grundsätzliche Einwände eingegangen sei.

Erstaunlich ist, wie den Pfingstlern stets Argumente entgegengehalten werden, die sich auch gegen diejenigen richten, die sie erheben, sollten sie zu Recht bestehen. So wird gesagt, die Pfingstbewegung sei nicht in der Lage, ihre Lehre einheitlich auszuweisen, und ihre Zersplitterung weise sie nicht als eine Bewegung des Heiligen Geistes aus. Will man sie damit als eine Bewegung Gottes erledigen, übersieht man, daß diese Vorwürfe in ihrer ganzen Schärfe ja die Gesamtchristenheit treffen. Nun ist in der Pfingstbewegung durchaus nicht alles vom Heiligen Geist gewirkt, da war und ist viel Menschliches, das vielen viel Not bereitete und bereitet. Hier haben wir nicht nach Entschuldigungen zu suchen, da haben wir uns nur zu beugen. Gewisse *interne Auseinandersetzungen* über Unterschiede der Erkenntnis waren aber unvermeidlich. Man übersehe nicht, daß die heute in die Millionen gehende Bewegung aus einer Vielzahl örtlicher Erweckungen hervorging und ihre Einheit in den wichtigen Lehrfragen, auch wenn sie verschiedene Schattierungen zu tragen hat, ein Phänomen ist. Gibt es also innerhalb der Pfingstbewegung verschiedene dogmengeschichtliche Entwicklungen, so erreichen deren Unterschiede nie die Tiefe, wie sie innerhalb der traditionellen Kirche offensichtlich ist. Daß unter dem gleichen Kirchendach zwei verschiedene Lehrmeinungen über die Gottessohnschaft Jesu möglich wären, ist für Pfingstler z. B. ganz undenkbar.

Aber es *gibt* Unterschiede. So hat sich die Mülheimer Richtung dem Lehrsatz „Das Zungenreden ist der schriftgemäße anfängliche Beweis der Taufe im Heiligen Geist", wie ihn D. Gee für den überwiegenden Teil der Weltpfingstbewegung formulierte, von Anfang an nicht angeschlossen. Auch andere Pfingstgruppen lehren dies nicht so ausgeprägt, auch wenn sonst durchwegs einheitlich erwartet wird, daß das Zungenreden die Geistestaufe in der Regel begleitet. Schwerwiegender jedoch ist, daß die Mülheimer zwischen Wiedergeburt und Geistestaufe keine schriftgemäße Unterscheidung sehen und vor allem, daß sie die Kindertaufe, mit der die Volkskirchen nach Ansicht der Pfingstler einen Grundakzent der Schrift entscheidend verschieben, nicht mit der gleichen Radikalität wie die andern Pfingstgruppen verwerfen. Daß solche Unterschiede ernst zu nehmen sind, zeigt die Tatsache, daß aus den 1948 beginnenden Einheitsbestrebungen in Deutschland zwar die „Arbeitsgemeinschaft der Christengemeinden in Deutschland" hervorging, es aber nicht zu der angestrebten Arbeitsgemeinschaft mit dem Mülheimer Verband kam. Nimmt dieser damit innerhalb der Pfingstbewegung eine Sonderstellung ein, was im allgemeinen von außen wohlwollend als „gemäßigt" honoriert wird, so kann er von seiner Geschichte und auch seinem heutigen Charakter her nicht anders als zur Pfingstbewegung gehörend betrachtet werden. Es entbehrt nicht einer gewissen Ironie, daß mit der „Berliner Erklärung" ausgerechnet die „gemäßigten" Mülheimer bedacht wurden, die damit während 60 Jahren die Hauptlast der ungerechten Anfeindung getragen haben.

Kritik von außen

Die grundsätzliche Kritik aber kam von außen. Wir berühren hier fünf ihrer Hauptargumente, so wie sie, wenn auch mannigfaltig variiert, immer wieder zu hören sind. Von evangelischer Seite wurden sie von Dr. K. Hutten in seiner Darstellung der Pfingstbewegung in „Seher, Grübler, Enthusiasten", von katholischer Seite von W. Bartz in „Sekten heute" so repräsentativ formuliert, daß wir in unserer Arbeit vor allem von ihnen ausgehen.

a) Ist die Geistestaufe aufgebläht?

Seit 60 Jahren wird der Pfingstbewegung angelastet, sie blähe die Geistestaufe über die Bedeutung der Schrift auf. Während die Bibel nicht von ihr rede, erhebe sie die Pfingstbewegung zum Haupt-und Mittelpunkt, verankere in ihr die Heilssicherheit, ja sie habe „die gleiche Bedeutung wie die Rechtfertigung in der Reformation Luthers" (Hutten).

Diese Darstellung ist – läßt man nicht irgendeinen Stundenhalter oder irgendeine Splittergruppe *ex cathedra* für die ganze Pfingstbewegung sprechen – verzerrt. Im Unterschied zu andern Freikirchen und Kirchen betrachtet ja gerade die Pfingstbewegung die Geistestaufe nicht von vornherein als heilsnotwendig – auch wenn sie der Meinung ist, daß ein dauernder Mangel an göttlicher Kraft das Heil tangieren kann –, sondern unterscheidet sie von der heilsnotwendigen Bekehrung und Wiedergeburt. Die Geistestaufe bedeutet für sie eine Kraftausrüstung zum Dienst und ist damit nicht Hochziel, sondern Durchgang zu einer engeren Gemeinschaft mit Gott und weiteren geistlichen Erfahrungen. Die zentrale Botschaft der Pfingstgemeinden *an die Welt* ist durchaus im Einklang mit der Gesamtgemeinde Jesu: „... daß der Christus auf diese Weise leiden und am dritten Tage von den Toten auferstehen werde und daß auf seinen Namen hin Buße zur Vergebung der Sünden gepredigt werden solle unter allen Völkern" (Luk. 24, 46–47). Das Herz des pfingstlichen Zeugnisses *an die Gesamtgemeinde* ist aber, daß Jesus fortfährt: „Siehe, ich sende die Verheißung meines Vaters auf euch; ihr aber bleibet, bis ihr angetan sein werdet mit der Kraft aus der Höhe" (Luk. 24, 49). Damit hat die Pfingstbewegung Ernst gemacht.

Im Blick auf die Gesamtgemeinde ist nun sicher nicht das die Not, daß in dieser und jener Pfingstrichtung zuviel von der Geistestaufe die Rede ist – es wird heute innerhalb der Pfingstbewegung eher zuwenig als zuviel von ihr gesprochen –, sondern daß der Durchschnittschrist nicht auf Geistestaufe, Kraftausrüstung oder Gaben des Geistes angesprochen werden kann – ja nicht einmal auf die Wiedergeburt –, weil er darüber völlig ahnungslos ist. Dabei ist es durchaus nicht an der Pfingstbewegung, sich zu brüsten und zu erheben, wenn sie glaubt, der Gesamtgemeinde darin ihr Zeugnis geben zu müssen – und ich meine, sie tut es auch nicht –, denn nur zu oft fielen die Tropfen göttlichen Segens in zerbrechliche Gefäße. Dennoch wäre es Zeit, statt auszurufen: „O Herr, wehre ihnen!", mit Mose zu sagen: „Wollte Gott, daß all das Volk des Herrn weissagte und der Herr seinen Geist über sie gäbe!" (4. Mose 11, 28/29) Das täte bitter Not!

b) Ist die Geistestaufe Filter zur wahren Gemeinde?

Seit dem Aufkommen der Pfingstbewegung kann man hören, die Geistestaufe habe den Pfingstlern Hochmut statt Demut gebracht. Die Geistestaufe werde zum Sieb: hier die Geistgetauften, dort die Namenchristen; hier die wahren, dort die schmutzigen Heiligen; hier die Geistgesalbten, die das Kreuz Jesu schon gar nicht mehr benötigen, dort die armen Sünder; hier die Plus-, dort die Minuschristen usw. Ein Schwärmer mit dem Himmelsbillett der Geistestaufe in der Tasche, versehen mit der Gabe des Zungenredens als Kennzeichen der Brautgemeinde, das ist oft das Exempel des bösen Pfingstlers – den man in der Pfingstbewegung allerdings suchen muß. Geistestaufe mit Zungenrede als *Schiboleth* zur „wahren Gemeinde" – nun, es mag ja solche Pfingstler geben, begegnet sind sie mir allerdings nicht. Als Pfingstler würden wir solchen Extremisten das Sektiererische ihrer Anschauung entgegenhalten, auch wenn wir in solchen noch immer viel eher einen Bruder in Christo sehen könnten als in andern, die die Gottessohnschaft leugnen.

Die Pfingstbewegung ist sich durchaus bewußt, daß Leib Christi einerseits nicht nur in ihr wächst, und andrerseits Glieder in ihr sind, die bekehrt, als Gläubige im Wasser getauft, die Geistestaufe erlebten und Geistesgaben zu betätigen in der Lage sind – und dennoch nicht in der Heiligung leben. Die Pfingstbewegung weiß also, daß es in andern Kirchen und Gemeinden gesunde Reben gibt und in der Pfingstbewegung manch ein Rebschoß, das noch munter seine Blüten treiben mag, vom göttlichen Weingärtner abgeschnitten ist.

Das heißt aber durchaus nicht, daß man mit der Verallgemeinerung „Christen gibt's ja überall" nicht mehr sagen kann, was *Gemeinde Jesu* ist. Die Pfingstler betrachten den Damm in vielen Kirchen als eingerissen, die Fluten der Verweltlichung und des Unglaubens als durchbrochen und die klaren biblischen Linien oft als verwischt. Daß ein Evangelischer Kirchentag durch ein Bet- und Tanzstudio beweisen will, daß man beim Beten beaten kann, ist nur *eine* zwar entsetzliche Variation des leider wohlvertrauten Themas kirchlicher Verweltlichung. Kein Wunder, weiß man nicht mehr zu scheiden zwischen Gemeinde und Welt, wagt man

„ungläubig" nur noch in Anführungszeichen auszusprechen, kann man
aber auch nicht mehr beten wie die erste Gemeinde betete und weiß auch
vom Wehen des Geistes weithin nichts. Man verzeichne deshalb die
Pfingstler nicht als protzige Heilige, wenn sie nach dem Vorbild des
Neuen Testamentes Gemeinden auferbauen wollen, zu denen Glieder
durch Bekehrung, Wiedergeburt und Glaubenstaufe eingefügt werden,
und die im Streben nach Erfülltwerden mit Heiligem Geist nach Früchten
und Gaben des Geistes eifern und im Dienst für den Herrn dessen Wiederkunft erwarten.

c) Der Heilige Geist, erster Artikel der Pfingstbewegung?

Einen weiteren grundsätzlichen Einwand – auch er so alt wie die Pfingstbewegung selbst – formuliert K. Hutten so: Die Pfingstbewegung „hat
den dritten Artikel vom zweiten abgelöst, verselbständigt und zum
Spitzenartikel gemacht. Damit aber hat sie das Schriftzeugnis verletzt.
Denn nach ihm ist und bleibt der Gekreuzigte und Auferstandene die
Mitte, die alles andere beherrscht und durchstrahlt. Es gibt kein Wirken
des Heiligen Geistes jenseits des Kreuzes, sondern nur unter dem Kreuz."
Die Pfingstler hätten damit Christus ausgehöhlt, zur Randfigur degra-
diert und den Heiligen Geist in die Mitte gesetzt. Geschichte und Erfahrung der Pfingstbewegung dagegen stehen im Einklang mit dem
Generalthema der Weltkonferenz 1967 in Rio de Janeiro: „Der Heilige
Geist verherrlicht Christus" – was geradezu ihr Programm in Schlagzeile
darstellt. Wo aber Jesus in der Mitte ist, wird weder Weihnachten, Karfreitag, Ostern, Himmelfahrt *und* Pfingsten „verabsolutiert" – man kann
ja schließlich auch Karfreitag und Ostern, ja Christus selbst „verabsolu-
tieren". Wo es nicht Pfingsten wird, stimmt es auch mit Weihnachten,
Karfreitag und Ostern nicht. Nein, heute gibt es Millionen Pfingstler, für
die *Christus durchaus die Mitte* bedeutet und die Ihn gerade durch den
Heiligen Geist brennend lieben. Und es sind auch gerade Pfingstler, die
sich ereifern, wenn man es andernorts, wo Christus „alles andere beherrschen und durchstrahlen" soll, erträgt, daß Jesus als purer Mensch,
Seine Wunder als erledigt, Sein stellvertretendes Leiden als primitive
Mythologie, Seine Auferstehung als Legende und der Glaube an Seine
Himmelfahrt als lächerlich bezeichnet wird.

Versteht sich aber die Pfingstbewegung als ein Zurück auf den Söller,
wartet sie „einmütig mit Beten und Flehen", bis sie angetan ist mit Kraft
aus der Höhe, so macht sie die Geistestaufe von menschlichem Handeln
abhängig, aus unverdienter Gnade eine Antwort auf eigene Leistung, aus
der Gabe Ziel, aus Geschenk Gesetz. Damit aber habe sie das Schriftzeugnis verletzt, denn der Heilige Geist „läßt sich als freies Gnaden-

geschenk auf die Gläubigen nieder" (Bartz). Wenn das wirklich so ist, wenn die Geistestaufe eine „souveräne Wirkung des souveränen Heiligen Geistes" ist (Hutten), warum ist dann das geistliche Erleben weithin so erbärmlich, warum bedeuten dann Geistesempfang, Geistesfülle, voll Heiligen Geistes sein böhmische Dörfer für den Durchschnittsbürger? Freies Gnadengeschenk Gottes, Ja! Aber doch an solche, „die ihm gehorchen" (Apg. 5, 32). Darum eilt es der Pfingstbewegung auch nicht mit sakralen Handlungen – sie kennt weder Säuglings-, Not- noch Eiltaufen –, aber mit der Schrift bittet, sucht und klopft sie an und durfte es millionenfach erleben, daß sie empfing. Bei allen Fehlern und Mängeln dabei weiß sie aufs Gewisseste, daß sie weder Schlange noch Skorpion, sondern vielmehr Heiligen Geist empfangen hat.

d) Die Pfingstler – Enthusiasten, Schwärmer?

Im Eintopf der Sekten werden die Pfingstler als Seher, Grübler, Enthusiasten und Schwärmer etikettiert. Ekstase, Jubeln, Tanzen, Hüpfen, Händeklatschen, das sollen die zweifelhaften Gaben sein, mit denen diese schwarmgeistige Bewegung den nüchternen Christen auf die Nerven geht.
Die Pfingstbewegung ist durchaus der Meinung, daß dort, wo echtes Gotteserleben ist, es auch an echter Begeisterung nicht fehlt. Die letztlich die Pfingstbewegung eigentlich repräsentierenden „Mülheimer-Konferenzen" der Anfangszeit verliefen „sehr ruhig ... und waren von den durchschnittlichen Allianzkonferenzen kaum zu unterscheiden" (Fleisch), nüchterne Lehre hatte durchaus weiten Raum, aber trotzdem ging es nach dem urchristlichen Gemeindebild zu: „Wenn ihr zusammenkommt, so hat ein jeglicher Psalmen, er hat eine Lehre, er hat Zunge, er hat Offenbarung, er hat Auslegung" (1. Kor. 14, 26). Und so ist es heute, aufs Ganze gesehen, eher zuwenig als zuviel. Aber natürlich schockiert schon das Kreise, bei denen ein schriftgemäßes, öffentliches Zungenreden mit Auslegung einen Skandal bedeutet. Unnüchternheiten, ja Albernheiten wird es in der Pfingstbewegung am Rand so lange geben, als sie Leben hat und in ihr geistliche Kinder geboren werden, so sicher wie es Kinderkrankheiten gibt, solange es Kinder auf dieser Welt gibt. Mit Schwarmgeisterei hat das nichts zu tun. Wenn schon, dann ist es auch Schwarmgeisterei, Dämonen zu sehen, wo keine sind. Und „nüchterne" Gottesdienste können ebenso seelisch sein wie „seelische", denn ein seelisches Gefühlsleben kann nicht nur überhitzt, es kann auch unterkühlt werden. Oft sind heute auch die Pfingst„kirchen" viel eher unterkühlt. Also auch hier: Nicht das ist die Not, daß einmal ein Pfingstler laut „Halleluja" ruft, sondern daß die Christen heute weithin ihre Begeisterung auf Fußball-

feldern oder im Konzertsaal demonstrieren – ich habe auch dort schon Schenkelklopfen vor Begeisterung beobachtet – ja, daß es Kirchen heute nicht verschmähen, Beatbands aus ihren Grotten in die Kirchen zu holen, daß aber die Gottesdienste landauf landab meistens ohne Begeisterung und starr sind, sehr oft einfach, weil es am Geist fehlt, der schreit: „Abba, lieber Vater!" Wir Pfingstler werden nicht so töricht sein zu bezweifeln, daß es in andern christlichen Kreisen brennende Gotteskinder mit großer Christushingabe gibt, aufs Ganze gesehen aber möchten wir aussprechen, daß die heutige Eiszeit nicht Kirchen und Gemeinden braucht, die orthodox erstarrt sind oder im Neonlicht der Modernität frieren, sondern warmblütige Gemeinde Jesu, die Wärme und Licht in Kälte und Nacht bringt, weil sie das Feuer und das Licht des Heiligen Geistes in sich trägt.

e) Die Pfingstbewegung – ein Sündenfall?

Ein letzter grundsätzlicher Einwand: Die Pfingstbewegung hätte *niemals eine Eigenbewegung werden dürfen*, sondern „ihrer Sendung an die ganze Christenheit bewußt, von der Kraft und der Zucht des Heiligen Geistes geleitet, hätte sie sich der Kritik ausliefern müssen, um sich durch sie fragen, prüfen, läutern zu lassen. Was sie an Echtem, wirklich vom Heiligen Geist Gewirktem besaß, hätte im Feuer der Kritik bestanden. Das nur Menschliche wäre ausgeschieden ..." (Hutten).

Die Pfingstbewegung teilt den Optimismus dieser Tonart nicht. Sie fragt sich, ob die Kirchen, die ja vor und während der Entstehung und Ausbreitung der Pfingstbewegung dauernd von schweren Krisen geschüttelt wurden, *die* Instanz sind, das vom „Heiligen Geist Gewirkte" und das „nur Menschliche" zu erkennen und zu scheiden. Natürlich mußte und muß die Pfingstbewegung sich „fragen, prüfen und läutern" lassen, sie weiß aber nur zu gut, daß man den *Heiligen Geist auch dämpfen* kann. Zudem ist es doch nicht so, daß die Pfingstbewegung so munter ausgezogen ist, vielmehr wurde sie oft durch einen äußerst bitteren Prozeß ausgeschieden. Zu oft lautete die Alternative, entweder abzuschwören, oder den Weg der Ketzer zu gehen. Auch hier sei nicht verschwiegen, daß das Verhalten der Pfingstler manchmal Ursache dazu war. Nun, nachdem man das Kind nicht nur mit dem Bade ausschüttete, sondern noch mit wackeren Prügeln nach ihm schlug, hat es jedenfalls überlebt. Es ist größer, es ist auch erfahrener geworden. Heute geht die Zahl der Pfingstler gegen 15 Millionen, ihr Anliegen aber wirkt weit über diese Zahl hinaus.

Diese persönliche Darstellung kann nur recht verstanden werden, wenn man sie im Licht der gestellten Aufgabe sieht, das die Pfingstbewegung von andern Kirchenkörpern unterscheidende Merkmal besonders herauszustellen: Die Geistestaufe. Diese ist aber nicht das Steckenpferd der

Pfingstbewegung. Es gibt für sie höher- und gleichrangige Anliegen, die wir aber gemeinsam mit andern Kirchen tragen. Die Pfingstbewegung hat durchaus auf das Zeugnis des Gesamtleibes zu hören, sie hat sich „fragen, prüfen und läutern" zu lassen. Sie ist aber überzeugt, daß auch sie mit ihren besonderen Anliegen nur zum Schaden der Gesamtgemeinde überhört werden kann.

ANMERKUNGEN

[1] *W. J. Hollenweger*, Ecumenical Review 18/3, Juli 1966, 316.

RUMÄNIEN

Trandafir Sandru

Trandafir Sandru wurde 1924 in Secas (Arad), Rumänien, geboren, studierte an der Universität Bukarest Geschichte (Spezialgebiet: Alte Geschichte; Abschluß: diplomat universitar), seit 1945 in verschiedenen leitenden Funktionen der rumänischen Pfingstbewegung, unter anderem als Generalsekretär und Redaktor des „Vestitorul Evangheliei" (1945–1948) und des „Buletinul Cultului Penticostal" (1953 ff.), gegenwärtig Pfingstprediger in Bukarest.

1. GESCHICHTE

Am Anfang unseres Jahrhunderts tauchte gleichzeitig an mehreren Orten der Welt eine religiöse Erweckung auf, die Pfingstbewegung. Ist diese Bewegung wirklich eine neue Erscheinung in der Kirchengeschichte? Bei näherer Betrachtung entdeckt man, daß die Pfingstbewegung ihre Wurzeln tief in den Anfängen des Christentums hat.

Es ist wohl bekannt, daß nach Geburt, Leben, Tod und Auferstehung Jesu Christi, das erste Ereignis, welches die Kirche gründete, das Herabkommen des Heiligen Geistes war, ein Ereignis, welches am fünfzigsten Tage nach Ostern, an Pfingsten, stattfand, bei den Rumänen „Rusaliile" genannt, welcher Name den Ursprung in Rosalia, einem großen Fest der Römer, hat.

Die Ausgießung des Heiligen Geistes bedeutete nicht nur die Gründung der christlichen Kirchen, sie war ein deutliches Zeichen der Gegenwart Gottes. Diese selbe Taufe im Heiligen Geist erwarten die heutigen Pfingstler. Die Geistestaufe ist das Besondere der Pfingstler und unterscheidet sie von anderen Christen.

In dem Maße wie sich die Christen von den sittlichen Grundsätzen, der Frömmigkeit und den Lehren des Evangeliums entfernten, verloren sie die Ähnlichkeit mit den ersten Christen. Darum versuchte um die Mitte des zweiten Jahrhunderts die montanistische Bewegung die warme Atmosphäre der ersten Tage der Kirche wieder aufleben zu lassen. Diese Bewegung kann mit Recht eine Pfingstbewegung genannt werden. Sie ging jedoch im vierten Jahrhundert im Nebel der Geschichte unter.

Im Laufe der Kirchengeschichte tauchten immer wieder vereinzelte Erscheinungen auf, die dem Pfingstwerk glichen; das war sogar der Fall in Kreisen frommer Priester der offiziellen Kirchen.

Im 19. Jahrhundert wuchs das Pfingstwerk weiter. So finden wir in England die „Irvingianer" oder „Altapostolische Kirche" (ab 1831). Dann flackerte die Pfingstbewegung in den Jahren 1855 und 1880 in Armenien auf. Aus Furcht vor Verfolgungen wanderten einige der armenischen Pfingstler nach Amerika aus. Die letzte Familie verließ Kara-Kala im Jahre 1912.

Seit 1901 entwickelte sich die Pfingsterweckung zu einer weltweiten Bewegung. In Indien, Südafrika, Amerika, Schweden, Norwegen, schließlich in der ganzen Welt kündigte sich ein großes Verlangen nach Erneuerung und der heiße Wunsch an, nach den Gesetzen des Evangeliums Jesu Christi zu leben.

Eines der Wunder der Geschichte ist die außerordentliche Vitalität des Christentums. Der Beweis dieser Vitalität sind die religiösen Erweckungen, die immer wieder aufbrechen. Wenn die geistige Fackel am Erlöschen war, berief Gott andere Männer und neue Bewegungen, die die verglimmende Fackel übernahmen, sie neu entfachten und weitertrugen.

Anfänge der Pfingstbewegung in Rumänien

In Rumänien begann das Pfingstwerk als eine Strömung des geistlichen Erwachens der untersten Volksschichten. Jahrelang entwickelte sich dieses Werk beinahe ausschließlich in diesen Schichten, besonders unter den Bauern. Um das Jahr 1920 lebte in einem reichen Dorf in der Nähe von Arad ein junges Ehepaar, die Familie Bradin, das vom ersten Jahr ihrer Ehe viel Ungemach, Krankheit und Leiden erfahren mußte. In allen Schwierigkeiten blieb ihnen nichts als ihr Glaube. Diese Nöte führten sie nur näher zu Gott.

1921 erfuhr G. Bradin aus einem Brief aus den Vereinigten Staaten von Amerika von einem ausgewanderten Dorfgenossen, daß in diesem Land eine religiöse Bewegung existierte, die Geistestaufe und Geistesgaben verkündigte. Diese Nachricht erweckte in der Familie Bradin ein ungeheures Interesse. Sie überzeugten sich persönlich davon, daß man das, was man von Menschen nicht erhalten kann, durch Gebet von Gott bekommen kann.

Im Sommer 1922 erhielt man im Dorfe Pauliş eine Broschüre in rumänischer Sprache mit dem Titel „Die biblische Wahrheit". Sie behandelte das Problem der Geistestaufe. G. Bradin schrieb an die auf der Broschüre angegebene Adresse in Cleveland (USA) und bat um nähere Aufklärung. Als Antwort erhielt er anfangs September 1922 ein langes Schreiben von einem Pfingstler, einem Rumänen namens P. Budean, der nach Amerika ausgewandert war. In diesem Schreiben erhielt Bradin alle gewünschten Erklärungen.

Durch den Brief von P. Budean erhielt das Ehepaar Bradin ein klares,
volles Licht. Am Sonntag, 10. September 1922, kam die erste rumänische
Pfingstversammlung im Dorfe Pauliş (bei Arad) zusammen. Bis Ende
1922 zählte diese Pfingstgemeinde 30 Personen. Es gelang ihr, einen kleinen Chor zu gründen. Die bescheidenen Anfänge wurden von Gott
gesegnet.

Es ist möglich, daß gleichzeitig oder auch vorher Personen lebten, die die
Geistestaufe erlebt hatten. Wenn es solche Personen gab, lebten sie
isoliert und spielten keine Rolle bei der Gründung der rumänischen
Pfingstbewegung.

Nach der Darstellung des Diakons G. Comşa, dem späteren Erzbischof
von Arad (Bukarest 1925), wurde die rumänische Pfingstbewegung in
den Dörfern Cuvin und Pauliş gegründet. Folglich ist G. Bradin als
Gründer der rumänischen Pfingstbewegung und das Jahr 1922 als das
Gründungsjahr zu bezeichnen.

P. Budeans Beitrag zur Entwicklung der rumänischen Pfingstbewegung

P. Budean, der vor dem Ersten Weltkrieg nach Amerika ausgewandert
war, arbeitete dort als einfacher Arbeiter. Als er mit der Pfingsterweckung
in Kontakt kam, bekannte er sich zu deren Prinzipien und wurde Pfingstler. Am 10. Mai 1923 wurde er vom *General Council of the Assemblies of
God* zum Evangelisten ordiniert, verdiente aber weiter sein tägliches Brot
als Arbeiter. Später trat er der *Church of God (Cleveland)* bei.

1924 kam er nach Rumänien zurück. Anläßlich dieses Besuches führte er
die erste pfingstliche Wassertaufe in Rumänien (Mureş, 16. Oktober
1924) durch. Die Taufe fand nachts statt, aus Furcht vor den Behörden,
von denen er übrigens viele Unannehmlichkeiten erleben mußte.

P. Budean war kein großer Prediger. Er leistete seinen Beitrag auf anderer
Ebene. Er übersetzte die ersten Pfingstlieder, wie auch viele Artikel und
nützliche Wegweiser für die rumänischen Pfingstler ins Rumänische. Er
wird neben G. Bradin als zweiter Pionier der rumänischen Pfingstbewegung betrachtet.

P. Budean war während längerer Zeit nicht mehr in Rumänien. Er vergaß aber sein Volk und Land nie. In den Jahren der Verfolgung, besonders von 1940 bis 1944, weinte und betete er für die rumänischen Brüder.
Nach Beendigung des Zweiten Weltkrieges erhörte Gott seine letzte
Bitte, noch einmal sein Heimatland und seine Glaubensbrüder sehen zu
dürfen.

So kam im Herbst 1956 der über siebzigjährige P. Budean zum letzten
Besuch nach Rumänien. Die rumänischen Behörden bezeugten ihm ein
außerordentliches Entgegenkommen. Er wurde von den Pfingstlern in

Bukarest und im ganzen Lande in einem wahren Triumphzug empfangen. Mit Tränen in den Augen durchstreifte er das Land von einem Ende zum anderen. Bevor er das Land verließ, sprach er über Radio Bukarest seine Bewunderung über das neue Rumänien aus, welches unter der Herrschaft der Volksdemokratie den religiösen Verfolgungen ein Ende gesetzt hatte. Kurz darauf ging er, nach Amerika zurückgekehrt, in die Ewigkeit ein.

2. LEHRE UND ETHIK

Die rumänische Pfingstbewegung verkündigt folgende Prinzipien:
- Glaube an die heilige Dreieinigkeit
- Sühnetod und Auferstehung Jesu Christi
- Sündenvergebung und Erlösung durch das Opfer Jesu Christi
- Buße und Wiedergeburt
- Trinitarische Wassertaufe von bekehrten Personen
- Abendmahl, gefolgt von der Fußwaschung
- Krankenheilung durch Gebet ohne Bekämpfung der medizinischen Wissenschaft
- Geistestaufe und die neun Geistesgaben
- Feiern *(sfinţenia)* und genauestes Befolgen der Gesetze des heiligen Lebens, die Jesus Christus und die Apostel verkündet haben
- Wiederkunft Jesu und seine tausendjährige Herrschaft
- Auferstehung der Toten und das Jüngste Gericht vor dem Weißen Throne
- Ewiges Leben für die Erlösten und ewige Strafe für die Nichterlösten
- Kinder werden zur Segnung ins Bethaus gebracht, wo, nachdem sie in die Arme genommen wurden, für sie die Segnung von 4. Mose 6, 24–26 gelesen wird. Die Ehe wird ebenfalls durch einen Segnungsakt im Bethaus geschlossen.

Die Moral der Pfingstler ist streng. Diejenigen, welche sündigen, werden ausgeschlossen. Als Ruhetag gilt für die Pfingstler der Sonntag. Die übrigen Feiertage sind: die Geburt des Herrn, Ostern, Himmelfahrt und Pfingsten.

Die Pfingstbewegung von 1924 bis 1944

Von Anfang an wurde die Pfingstbewegung von den damaligen Behörden verfolgt. Die Pfingstler boten jedoch den Verfolgungen, Schlägen und Gefängnisstrafen die Stirne und verkündeten mit viel Wagemut den Pfingstlerglauben. Trotz aller Schwierigkeiten ist es der Pfingstbewegung 1929 gelungen, eine Zeitschrift unter dem Titel „Das Wort der Wahrheit" *(Cuvîntul Adevarului)* herauszugeben. Nach einigen Jahren konnte auch die Zeitschrift „Der Apostolische Glaube" *(Credinţa Apostolica)* herausgegeben werden. Es wurden die ersten Gesangbücher (mit und ohne Noten) gedruckt.

Als die Pfingstler feststellen mußten, daß alle Bemühungen, einen offiziellen Status zu erhalten, scheiterten, reorganisierten sie sich 1929 unter dem Namen der religiösen Vereinigung *Biserica lui Dumnezeu Apostolica* („Apostolische Kirche des Herrn"), eine Benennung, die bis heute der Pfingstbewegung in Rumänien geblieben ist. Aber auch dieser neue Anlauf gelang nicht. Die Pfingstler mußten weiter ihren schweren Leidensweg gehen.

Einige der wichtigsten demokratischen Zeitungen, die vor dem Zweiten Weltkrieg erschienen, die „Adevarul" und „Dimineaţa" machten in ihren Artikeln schon 1931 die öffentliche Meinung auf die Verfolgungen aufmerksam, denen die Pfingstler in Rumänien ausgesetzt waren, und dies im 20. Jahrhundert. Für die „Schuld", zu Gott anders zu beten als es die Staatskirche verkündete, wurden die Pfingstler barbarisch mißhandelt, wie Tiere an Wagen gespannt, um an Jahrmarktstagen Schotterwagen zu ziehen. Gendarmen schossen aus ihren Gewehren, um sie einzuschüchtern. Prozesse wurden ihnen angehängt, Geldstrafen zudiktiert. Viele wurden zu Gefängnisstrafen verurteilt.

In diesen Zeiten der Verzweiflung bewiesen die Pfingstgläubigen Brüderlichkeit und Solidarität. Die Geldstrafen der Verurteilten wurden von allen Gläubigen gemeinsam bezahlt. Wenn jemand ins Gefängnis kam, wurde seine Familie von den in Freiheit gebliebenen unterstützt, so daß sein Fehlen im Hause weniger empfunden wurde.

Dem von einfachen Menschen begonnenen Pfingstwerk in Rumänien fehlte es an ausgebildeten Führern. Die wenigen Männer, die sich autodidaktisch Wissen und Bildung angeeignet hatten, waren den brennenden und ständig wachsenden Anforderungen der sich rasch ausbreitenden evangelischen Erweckungsbewegung nicht gewachsen. Aus diesem Grunde schlichen sich einige Irrtümer ins Werk ein.

Infolge der Verschärfung der Verfolgungen suchte der Hauptführer der Pfingstler, G. Bradin, im Jahre 1938 andere legale Möglichkeiten der kirchlichen Tätigkeit. Zu diesem Zwecke vereinigte er sich mit der Baptistenkirche, welche seit langer Zeit in Rumänien legal arbeitete. Aber nur eine Minderheit der Pfingstler folgte Bradin darin. Die Mehrheit zog es vor, weiter zu leiden und weigerte sich, auch nur den geringsten Abbruch der pfingstlichen Grundgesetze zu billigen. Nun zerbröckelte aber die Pfingstbewegung völlig. Gemeinden und Prediger wurden isoliert und arbeiteten nach persönlichem Ermessen.

Als die Regierung Antonescu in Rumänien an die Macht kam, wurden auch noch die letzten Überbleibsel der Religionsfreiheit beseitigt. Eine ganze Reihe von anerkannten Bekenntnissen wurde untersagt. Gegen alle Gläubigen wurde eine furchtbare Verfolgung entfesselt. Die Jahre 1940–1944 waren die schwärzesten in der Geschichte Rumäniens. Viele Hirten und Gläubige wurden zu mehreren Jahren schweren Kerkers verurteilt.

Trotz des entfesselten Terrors und der Zerstörung ihres organisatorischen Apparates, regte sich die Pfingstbewegung mehr denn je. Die Versammlungen wurden teils nachts, teils tagsüber an abgeschiedenen Orten durchgeführt. Sonntags und an Feiertagen wurden große Versammlungen tief in den Wäldern abgehalten. Dorthin kamen die Pfingstgläubigen aus weitem Umkreis zusammen. Im Dickicht der Wälder, wo die Verfolger sie nur schwer erreichten, fanden die Tauf- und Abendmahlsgottesdienste statt.

Die Pfingstgottesdienste jener Zeit hatten absolut die Eigenschaften der Versammlungen der ersten Christen. Lange, ermüdende Fahrten an die Gebetsorte und Gefahren aller Art wurden von den Gläubigen schnell vergessen. Vereint in warmer christlicher Brüderlichkeit verbrachten sie mit Tränen im Angesicht unvergeßliche Augenblicke. Die Liebesmahle, mit welchen gewöhnlich diese Versammlungen abschlossen, erinnerten an die Gemeinschaft der Christen des ersten Jahrhunderts. Eines ist sicher: je härter die Verfolgungen wurden, desto mehr wuchs die Anzahl der Pfingstler. 1944, als die religiösen Verfolgungen aufhörten, betrug die Anzahl der Pfingstler annähernd 20000.

3. DIE REORGANISATION DER RUMÄNISCHEN PFINGSTBEWEGUNG AB 1944

Der 23. August 1944 ist für Rumänien ein großer geschichtlicher Wendepunkt. Es befreite sich von der hitlerischen Macht und von der faschistischen Herrschaft und schloß sich der antihitlerischen Koalition an. Das führte zu radikalen Veränderungen im Lande. Zu diesen gehörte unter anderem die Religionsfreiheit, wie sie die Geschichte Rumäniens noch nie gekannt hatte.

In dieser Zeit war die Pfingstbewegung, die bereits das ganze Land umfaßte, desorganisiert. Diese Lage begünstigte das Eindringen von Erscheinungen, die die Pfingstarbeit in Verruf brachten. Um dem abzuhelfen und um die legale Anerkennung zu erreichen, fanden in den Jahren 1944 und 1945 an verschiedenen Orten des Landes mehrere Brüderversammlungen statt, in deren Rahmen man die Probleme der rumänischen Pfingstbewegung analysierte.

Als Resultat dieser Besprechungen organisierten sich im Jahre 1945 drei Pfingstgruppen. Sie übten ihre Tätigkeit in der Form „religiöser Vereine" aus, vorerst lediglich geduldet, dann vom Jahre 1946 an provisorisch anerkannt. Diese drei Gruppen waren:

1. Der religiöse Verein *Biserica lui Dumnezeu Apostolica Penticostala* („Apostolische Pfingstkirche Gottes") mit Sitz in Arad, der Wiege und dem größten Zentrum der Pfingstler in Rumänien. Nach einer vorbereitenden Konferenz, die im Jahre 1945 abgehalten wurde, reorganisierte sich diese Gruppe endgültig am 20. Mai 1945. Ihr gelang es, ungefähr 15 000 Pfingstgläubige zu sammeln. Ab August 1945 gab sie die Zeitschrift „Verkünder des Evangeliums" *(Vestitorul Evangheliei)* heraus. Es wurden später auch Almanache, Broschüren und Abhandlungen herausgegeben.

2. Der religiöse Verein *Crestini botezati cu Duhul Sfînt sau Biserica lui Dumnezeu Apostolica* („Geistgetaufte Christen oder Apostolische Kirche Gottes") mit Sitz in Bukarest. Diese Gruppe gab die Zeitschrift „Das Licht des Evangeliums" *(Lumina Evangheliei)* in Timişoara heraus, welche nur während kurzer Zeit erschien. Die Denomination umfaßte etwa 4500 Pfingstgläubige.

3. Der religiöse Verein *Ucenicii Domnului Isus Hristos* („Jünger Jesu Christi") mit Sitz in Bukarest. Er veröffentlichte keine Zeitschrift und vereinigte etwa 1500 Pfingstgläubige.

In den ersten Jahren nach dem Zweiten Weltkrieg blieben einige Kirchen und kleinere Gruppen jeglicher Organisation fern. Im Laufe der Zeit wurde aber die Mehrheit in pfingstliche Denominationen eingegliedert. In den Jahren 1946 bis 1950 fand eine stufenweise Umgruppierung der Pfingstgläubigen statt. Die Pfingstkirchen, die bis dahin zu den Baptisten gehört hatten, kehrten zur Pfingstbewegung zurück. Viele Kirchen und einzelne Gläubige, die bislang entweder zu den unter zwei und drei aufgeführten Pfingstgruppen oder zu den Baptisten gehört hatten, schlossen sich der *Biserica lui Dumnezeu Apostolica Penticostala* (oben 1.) an.

Am 14. November 1950 anerkannte die höchste Instanz der Führung der Rumänischen Volksrepublik durch Erlaß des Präsidiums die *Biserica lui Dumnezeu Apostolica Penticostala.* Am 21. Juni 1951 fand in Arad der erste Kongreß der vereinigten Pfingstkirchen statt. Bei dieser Gelegenheit wurde die erste Führerschaft der gesamten rumänischen Pfingstbewegung gewählt. Im Jahre 1951, anläßlich der Übersiedlung des Generalsekretärs der Kirche, Trandafir Sandru, nach Bukarest, wurde dort ein Hauptbüro der Pfingstbewegung gegründet. Seit September 1953 wird das offizielle Organ, das *Buletinul Cultului Penticostal* herausgegeben. Abschließend sollen die wichtigsten Stationen der rumänischen Pfingstbewegung zusammengefaßt werden:

1. Gründung der ersten Pfingstkirchen 1922.

2. Reorganisation der Pfingstbewegung 1945.

3. Erste provisorische Anerkennung durch die Staatsorgane 1946.

4. Vollkommene Anerkennung der Pfingstkirche und Gleichsetzung mit anderen, in Rumänien anerkannten Kulten 1950.

Der Führung der Pfingstbewegung gelangen seit 1945 folgende Leistungen:

1. Vereinigung aller Pfingstkirchen.

2. Festlegung einer pfingstlichen Kirchenordnung nach dem Vorbild des Apostels Paulus (1. Kor. 14, 26–28).

3. Erhöhung der Wertschätzung des Werkes des Heiligen Geistes und der Pfingstbewegung.

Die heutige Organisation der Pfingstbewegung

Die rumänische Pfingstbewegung wurde seit ihren Anfängen verfolgt, einmal weniger, einmal heftiger. Auf dem Höhepunkt der Verfolgung trat die geschichtliche Wendung des 23. August 1944 ein. Unter dem neu eingesetzten Regime erhielt die Pfingstbewegung ihre vollkommene Anerkennung. Diese Tatsache ist auch der richtigen Haltung der pfingstlichen Führer der Staatsordnung gegenüber zu verdanken. Loyalität gegenüber dem Staat wird von der Pfingstbewegung als ein heiliges Gesetz betrachtet, das in der Heiligen Schrift niedergelegt ist in den Worten des Apostels Paulus: „Erinnere sie daran, den Obrigkeiten und Gewalten untertan zu sein, Gehorsam zu leisten, zu jedem guten Werk bereit zu sein" (Tit. 3, 1).

Die Pfingstbewegung ist der Meinung, daß alle anerkannten Kirchen frei sein müssen und keine von ihnen als Staatskirche zu bevorzugen sei.

Heute zählt die Pfingstbewegung in Rumänien über 80000 Gläubige in 1381 Ortschaften. Die Mehrheit der Gemeinden zählt 100 bis über 200 Mitglieder. Es bestehen aber auch Gemeinden mit 1000 Mitgliedern. In Bukarest hat die Pfingstbewegung vier Kirchen errichtet. Die Ausbildung der Prediger geschieht aus Mangel an einem Seminar durch periodische Kurse und Konferenzen.

Die Führungsorgane der Pfingstbewegung sind:

- Die Generalversammlung, die aus 45 Mitgliedern besteht und alle drei Jahre stattfindet,
- der Kirchenrat, der aus 15 Ratsmitgliedern besteht und sich zweimal pro Jahr versammelt,
- der Exekutivausschuß, das ständige Führungsorgan, das aus folgenden Mitgliedern besteht: ein Präsident, zwei Vizepräsidenten, ein Generalsekretär, ein Zentralkassier, der Schriftleiter der offiziellen Zeitschrift. Die Mitglieder der Führungsorgane werden gewählt und können von der Generalversammlung wiedergewählt werden. In der Kirchenverfassung sind diese Wahlen alle drei Jahre vorgesehen. Gegenwärtig befindet sich der Hauptsitz der rumänischen Pfingstkirche in Bukarest (Adresse: Strada Carol Davila 81). Die Namen der gegenwärtigen Mitglieder des Exekutivausschusses lauten: Pastor P. Bochian (Präsident), Pastor A. Vamvu (Generalsekretär), Pastor D. Matache (Zentralkassier), Pastor T. Sandru (Schriftleiter der Zeitschrift).

Unter den Mitgliedern der Pfingstbewegung befinden sich Arbeiter, Bauern und Intellektuelle. Die Pfingstkirche legt großen Wert auf die Ausbildung ihrer Gläubigen gemäß den sittlichen Grundsätzen des Evangeliums. Sie findet, daß das Wirken des Heiligen Geistes nur bei den Menschen zum Durchbruch kommt, die wirklich wiedergeboren sind. Ohne Liebe und ohne ein heiliges Leben hat die Ausübung geistiger Gaben keinen Wert. Somit wird die warme geistliche Atmosphäre der Pfingstkirche im Rahmen der Lehre des Apostels Paulus erhalten, der sagt: „Alles aber geschehe wohlanständig und in Ordnung" (1. Kor. 14, 40). Darum hält es die rumänische Pfingstkirche für einen Schaden für das Evangelium, wenn in der kirchlichen Arbeit die vom Apostel Paulus gezogenen Grenzen überschritten werden.

In der Sozialistischen Republik Rumänien sind alle religiösen Kultgemeinschaften vor dem Gesetz gleich. Von Zeit zu Zeit finden gemeinsame Aktionen statt, an denen alle Gemeinschaften teilnehmen, welcher Art sie auch immer seien. So z. B. im Kampf um den Frieden, oder wenn es sich um andere humanitäre Probleme handelt, die von allgemeinem Interesse sind. Man könnte sagen, daß in Rumänien eine Art stiller Ökumenismus *(ecumenism tacit)* besteht.

Aus dem Gesagten ergibt sich, daß die heutige religiöse Lage in Rumänien sich grundsätzlich von der Lage, die vor dem Krieg geherrscht hatte, unterscheidet. Die Bürger des sozialistischen Rumäniens nehmen Schulter an Schulter durch ihre Arbeit auf allen Gebieten an der steten Entwicklung und Förderung der sozialistischen Heimat teil, ohne Unterschied der Nationalität, der Rasse und Religion, also auch die Pfingstler.

POLEN

Edward Czajko

Edward Czajko wurde 1934 in einem Dorf in der Nähe von Nowogrodek (heute UdSSR) geboren, von Beruf Schiffsmakler, drei Jahre in der polnischen Marine, Theologiestudium an der Christlichen Theologischen Akademie Warschau (M. Th.) und am „Didsbury Methodist College", Bristol (England). Redaktionsmitglied der Zeitschrift „Chrześcijanin", dem offiziellen Organ der „Vereinigten Evangelischen Kirche" (*Zjednoczony Kościół Ewangeliczny*), seit 1965 beigeordneter Generalsekretär der selben Kirche (der auch die Pfingstler angeschlossen sind) und seit 1966 Assistent für Kirchengeschichte an der „Christlichen Theologischen Akademie Warschau".

1. GESCHICHTLICHER ÜBERBLICK

Die Pfingstbewegung begann in Polen in den letzten Jahren des ersten Jahrzehnts unseres Jahrhunderts. Zuerst tauchte sie unter den Mitgliedern der „Christlichen Gesellschaft" (*Społeczność Chrześcijańska*), den pietistischen Kreisen der Lutherischen Kirchen im Teschener Schlesien auf. Nach Schlesien waren die Ideen der Pfingstbewegung aus Kreisen gelangt, die unter der Führung von Pastor J. Paul standen. Nach der Veröffentlichung der „Berliner Erklärung" von 1909 waren die Pfingstler in der „Christlichen Gesellschaft" nicht mehr länger tragbar. Ohne die neue Bewegung zu verstehen, fing die Führung der „Christlichen Gesellschaft" an, aus ihrer Mitte die mit der Pfingstbewegung Sympathisierenden auszuschließen. Darum wurden die Pfingstler vor die Notwendigkeit gestellt, eigene Gemeinden zu gründen, welche sich allerdings offiziell noch als Teil der Lutherischen Kirche betrachteten, jedoch die Freiheit beanspruchten, die pfingstlichen Erfahrungen in Leben und Gottesdienst nicht zu unterdrücken. So ist im Jahre 1910 in Teschen (Cieszyn) der „Verband der entschiedenen Christen" (*Związek Stanowczych Chrześcijan*) gegründet worden. Bis zum Jahre 1947 gehörten die Mitglieder dieses Verbandes zur Lutherischen Kirche A. B. Erst nach 1947, als der „Verband der entschiedenen Christen" sich der „Vereinigten Evangelischen Kirche" anschloß, fingen seine Mitglieder an, sich aus den Matrikeln der lutherischen Pfarreien streichen zu lassen und die Erwachsenentaufe anzunehmen, welche früher nicht ausgeübt worden war.

Der „Verband der entschiedenen Christen" war also, wie man sieht, aus
Impulsen des „Christlichen Gemeinschaftsverbandes GmbH. Mülheim/
Ruhr" in Deutschland entstanden. Die zweite Welle der Pfingsterwek-
kung entstand durch die Missionstätigkeit von polnischen Rückwande-
rern aus Amerika, welche mit Begeisterung ihr Zeugnis über ihre religiösen Erfahrungen ablegten. Diese zweite Welle umfaßte vor allem
Mittel- und Ostpolen in der Zeit zwischen den beiden Kriegen.

Diese Missionstätigkeit führte zur Bildung einer ganzen Reihe von
Pfingstgemeinden, welche voneinander unabhängig waren. Erst im Jahre
1929 an der Vorsteherversammlung dieser Gemeinden in Stara Czolnica
bei Luck (Wolhynien) wurden diese Gemeinden in die „Kirche der
Christen des Evangelischen Glaubens" (*Kościół Chrześcijan Wiary
Ewangelicznej*) zusammengefaßt. Eine Verfassung wurde genehmigt und
eine Kirchenleitung gewählt. Während der beiden Kriege arbeitete diese
Kirche mit der Osteuropäischen Mission zusammen. Das „Bibelinstitut
Danzig", das durch die „Osteuropäische Mission" geleitet wurde, hat
unserer Kirche viel Nutzen gebracht, indem es für die theologische Aus-
bildung ihrer Prediger sorgte. Die Lehre unserer Kirche wurde in einer
Broschüre „Grundlagen des Glaubens der Christenkirche" dargelegt[1].

Nach dem Zweiten Weltkrieg schlossen sich die beiden erwähnten
Pfingstkirchen mit drei anderen Pfingstdenominationen zur „Vereinigten
Evangelischen Kirche" zusammen[2].

Das gemeinsame Glaubensbekenntnis der „Vereinigten Evangelischen
Kirche" lautet:

„Die ‚Vereinigte Evangelische Kirche' faßt innerhalb der Grenzen des
polnischen Staates die Gläubigen in Gemeinden zusammen …, welche
auf der Grundlage des gemeinsamen Glaubens an Jesus Christus gegründet worden sind.

Es ist der gemeinsame Glaube an

- die Unfehlbarkeit der ganzen Heiligen Schrift, der Bibel als Gottes
  Wort, durch den Heiligen Geist verkündet,
- an den dreifaltigen Gott, Vater, Sohn und Heiliger Geist,
- an die Gottessohnschaft Jesu Christi, vom Heiligen Geist empfangen
  und von der Jungfrau Maria geboren,
- an seinen Tod am Kreuze für die Sünden der Welt und an seine Auferstehung,
- an seine Himmelfahrt und seine Wiederkunft, um das Reich Gottes
  auf Erden zu gründen,
- an die Geistestaufe nach der Heiligen Schrift,
- an das ewige Leben und die ewige Verdammnis[3]."

Man wird bemerken, daß die spezifische Lehre der Pfingstgemeinden

ihren Ausdruck im Bekenntnis der „Vereinigten Evangelischen Kirche"
im Satz fand, welcher den Glauben „an die Geistestaufe nach der Heiligen
Schrift" ausdrückt.

2. DIE PFINGSTBEWEGUNG IM SOZIALISTISCHEN POLNISCHEN STAAT

Die politische Umwälzung in Polen hat die Gleichheit der religiösen
Bekenntnisse gebracht und vor allem für die kirchlichen Minderheiten
bessere Entwicklungsmöglichkeiten geschaffen. Die „Vereinigte Evangelische Kirche", in deren Rahmen die Pfingstgemeinden arbeiten, ist jetzt
eine vom Staat anerkannte Kirche geworden. Ihre Rechte und Pflichten
gegenüber dem Staat sind durch das von der Regierung gebilligte
Kirchenstatut geregelt.

Die evangelischen Führer in Polen, inbegriffen die Führer der Pfingstbewegung, haben sich immer für eine geregelte Beziehung zu den staatlichen Behörden ausgesprochen. Wir lesen in den „Grundlagen des
evangelischen Glaubens" folgendes: „In welchem Lande auch die Kirchen
der ,Christen des Evangelischen Glaubens' (*Koścosly Chrześcijan Wiary
Ewangelicznej*) sich befinden, sollen sich ihre Mitglieder stets an das, was
das Wort Gottes über unser Verhältnis zur weltlichen Obrigkeit sagt,
halten (Folgt Zitat von Röm. 13, 1–6). Wir betrachten auch das Gebot,
für alle Vorgesetzten zu beten, als unsere heilige Pflicht (1. Tim. 2,
1–4)[4]."

Die Beziehungen zu den staatlichen Behörden wurden nach dem Beitritt
der Pfingstgemeinden zur „Vereinigten Evangelischen Kirche" nicht verändert. Bei einer Nachprüfung der Stellung der polnischen Pfingstbewegung zu den weltlichen Behörden muß diese seit dem Beitritt der
Pfingstbewegung zur „Vereinigten Evangelischen Kirche" im Kontext
der Lehre und Praxis der letzteren Kirche gesehen werden. Da die Mehrheit der Mitglieder der „Vereinigten Evangelischen Kirche" zur Pfingstbewegung gehört – von den 30 Mitgliedern des Kirchenrates sind
12 Pfingstbrüder, von den 7 Vorstandsmitgliedern gehören 4 zur Pfingstbewegung –, kann man schließen, daß die Stellung der Pfingstbewegung
zu den politischen und sozialen Fragen mit der offiziellen Stellung der
„Vereinigten Evangelischen Kirche" übereinstimmt.

Unsere Kirche verhält sich zu den weltlichen Behörden loyal, da diese
ihr bessere Entwicklungsmöglichkeiten geschaffen haben, als sie in der
Zeit zwischen den beiden Kriegen bestanden hatten. Diese Loyalität ist
einerseits die Folge eines gesunden Menschenverstandes, andererseits

jedoch auch durch die Lehre der Heiligen Schrift begründet. Die Führer
der evangelischen Kirchen, darunter auch die Führer der Pfingstbewegung, haben sich immer dafür eingesetzt, daß ihre Mitglieder ihre bürgerlichen Pflichten ausüben. Über dieses Thema findet man in den Veröffentlichungen der „Vereinigten Evangelischen Kirche" oft Aufforde-
rungen, die christlichen Bürgerpflichten zu erfüllen. So hat z. B. vor den
Parlamentswahlen (*Sejm*) im Jahre 1965 der Ratsvorstand der „Vereinigten Evangelischen Kirche" an ihre Mitglieder folgenden Aufruf er-
lassen: „Da der Wahltag für die Wahlen in das Parlament und in den
Volksrat (*rada narodowa*) nahe ist, erinnert der Vorstand der ‚Vereinigten
Evangelischen Kirche' auf Grund der Heiligen Schrift (1. Tim. 2, 1–3)
alle Brüder und Schwestern, daß ihnen das christliche Gesetz rät, ihre
bürgerlichen Pflichten auszuüben und am Wahltage an den Parlaments-
und Volksratswahlen teilzunehmen[5]."

Die polnische Pfingstbewegung hat sich bejahend zu den sozialen Veränderungen gestellt und aktiv am Wiederaufbau der neuen Gesellschaft
beteiligt. Sie sieht mit Vergnügen die neuen Errungenschaften auf
sozialem und politischem Gebiet. Wir lesen ferner in der Monatsschrift
„Chrześcijanin", dem offiziellen Organ der Kirche: „Im Juli haben wir
den 21sten Jahrestag der Ausrufung einer neuen Epoche in der Geschichte
unseres Staates, der Ausrufung des volksdemokratischen Polen, gefeiert.
Wieder werden an diesem Tage Statistiken veröffentlicht, welche die
große Arbeit, die im Laufe dieser 21 Jahre geleistet worden ist, beweisen.
Diese Eregebnisse sind Grund zu Befriedigung und eine Ursache des
Fortschritts Polens in der Völkerfamilie[6]."

In vielen Entscheiden, welche für das souveräne Dasein unseres Volkes
wichtig sind, ist die Pfingstbewegung mit der ganzen Gesellschaft einig.
Darum nehmen die Vertreter der Pfingstbewegung am Kampf für den
Frieden teil, wie auch an der Arbeit der „Prager Christlichen Friedens-
konferenz". Wir sind mit unserem Volke einig, wenn es um die Frage
der polnischen Grenze geht. Deswegen haben wir das berühmte Memorandum der Evangelischen Kirche in Westdeutschland heiß begrüßt.

Die „Vereinigte Evangelische Kirche" ist Mitglied des polnischen ökumenischen Rates, dem alle nicht-katholischen Kirchen Polens angehören.
Mit der Unterzeichnung der Verlautbarungen des polnischen ökumenischen Rates hat sie sich mit diesen einverstanden erklärt. So haben wir
die Veröffentlichung gegen das Schreiben der römisch-katholischen
Bischöfe an die deutschen römisch-katholischen Bischöfe, den Protest
gegen den Krieg in Vietnam und gegen den Konflikt im Nahen Osten
geteilt.

3. SCHLUSSFOLGERUNGEN

Indem die „Vereinigte Evangelische Kirche" intensiv Anteil an den weltlichen Problemen nimmt, vergißt sie ihre wichtigste Aufgabe, die Verkündigung des Heils in Jesus Christus, nicht. Die Anteilnahme an den
modernen politischen und sozialen Problemen geht parallel mit einer
gleichzeitigen Entwicklung der charismatischen Elemente der Kirche, mit
einer intensiven evangelistischen Tätigkeit und dem Bewußtsein, daß der
Christ zuerst ein Bürger „des Reiches ist, das nicht von dieser Welt ist".

Auch heute noch wiederholt sich das Pfingsterlebnis, die Geistestaufe in
unserer Terminologie, oft in den Gemeinden, besonders bei der jüngeren
Generation unserer Mitglieder. Gottesdienste finden in kirchlichen Ge-
bäuden statt, welche zum Teil Eigentum der Kirche sind, zum Teil vom
Staat zur Verfügung gestellt werden. Gelegentlich finden sie unter freiem
Himmel statt (Taufen, Begräbnisse usw.). In vielen Gemeinden werden
einmal jährlich Evangelisationen durchgeführt, um dem Christentum
gegenüber gleichgültig oder negativ eingestellte Personen für den lebendigen Glauben an Jesus Christus zu gewinnen. Für die Jugend werden
jährlich mehrere Ferienbibelkurse durchgeführt.

Junge Mitglieder der Kirche studieren an verschiedenen Fakultäten der
staatlichen Hochschulen. Ein Dutzend junger Pfingstler bekommt eine
höhere theologische Bildung an der interprotestantischen theologischen
Staatshochschule, der „Christlichen Theologischen Akademie" in
Warschau.

Die obigen Ausführungen über „die Pfingstbewegung im sozialistischen
Staat" können nicht verallgemeinert werden. Sie beziehen sich lediglich
auf die polnische Situation.

ANMERKUNGEN

[1] *N. I. Pejsti* (Hg.), Zasady Wiary ... Polnisch und deutsch abgedruckt:
05.23.004.

[2] Die weiteren drei Kirchen sind: Zjednoczenie Kościołów Chrystusowych;
Zjednoczenie Wolnych Chrześcijan, Związek Ewangelicznych Chrześcijan
(ausführlich beschrieben: 05.23).

[3] Statut Zjednoczonego Kościoła Ewangelicznego w Polskiej Rzeczypospolitej
Ludowej, Warschau 1959, 3.

[4] *N. I. Pejsti*, Zasady wiary, 21 (abgedruckt polnisch und deutsch: 05.23.004,
1999).

[5] *Chrześcijanin* 1965, Nr. 5.

[6] *Chrześcijanin* 1965, Nr. 6.

CHILE

Christian Lalive d'Epinay

Der Genfer Christian Lalive d'Epinay studierte in Genf und Heidelberg. Er ist Lizentiat der Soziologie und Theologie. Als Assistent für Soziologie an der Universität Genf wurde er 1965 vom Ökumenischen Rat der Kirchen mit einer Studie des chilenischen Protestantismus betraut[1]. Anfangs 1967 beauftragten ihn verschiedene lateinamerikanische Institute mit einer Untersuchung der Beziehungen zwischen dem Protestantismus und dem gesellschaftlichen Wandel in Lateinamerika, über welches Thema er eine Doktorarbeit vorbereitet. Lalive ist reformiert, hat sich jedoch durch seine zahlreichen Kontakte mit den Pfingstlern in deren Frömmigkeit gut eingearbeitet. Der folgende Artikel wurde auf französisch geschrieben[2]; er ist bis jetzt aber erst auf englisch und spanisch publiziert worden[3].

In Afrika entstehen apokalyptische Synkretismen aus dem schmerzlichen Zusammenprall zweier Zivilisationen. Neue afro-amerikanische Religionen verbreiten sich von den Vereinigten Staaten bis nach Brasilien. Die Pfingstbewegung endlich, das jüngste Kind der „Dritten Reformation", erschüttert das römisch-katholische Monopol in Lateinamerika. Die Theologen verkündigen die Ankunft des „mündigen Menschen" und entwickeln für die „säkularisierte Welt" eine „atheistische Theologie". Aber das religiöse Phänomen erweist sich als widerstandsfähiger denn je. Wäre dies nur in der Dritten Welt der Fall, so könnte man es mit dem sogenannten Kulturrückstand dieser Gebiete erklären. Aber die Tendenz ist weit verbreitet. Die Pfingstbewegung hat ganze Denominationen in den Vereinigten Staaten und in Schweden angesteckt. Und dies alles trotz des erstaunlichen Erfolges der „Gott ist tot"-Theologie, die das Religiöse im Galopp wieder einholt, das sie theologisch glaubte überwunden zu haben, indem sie der „Stadt ohne Gott" die erwartete Ideologie verschafft[4].

Das ist in Kürze der Kontext, in dem wir die Pfingstbewegung sehen, nicht als (oder auf alle Fälle nicht *nur* als) eine religiöse Reaktion, die letzte Zuckung eines vergehenden Zeitalters. Obschon in bestimmten lokalen Situationen anachronistisch und scheinbar einer vergangenen Zeit angehörend, weist das, was sie ausdrückt, nach vorn; sie durchdringt die Kirchen der Manager in den USA, sie verbreitet sich unter den gut

bürgerlichen Reformierten von Rio de Janeiro (trotz A. Comte und der
Freimaurerei). Braucht man Prophet zu sein, um der Pfingstbewegung
auch in Westeuropa eine große Zukunft vorauszusagen?

1. ENTSTEHUNG

Die Fakten

Die chilenische Pfingstbewegung ist heute noch geprägt von ihrer eigenständigen Entstehung. Zuerst die geschichtlichen Fakten: Am Anfang des
letzten Jahrhunderts wehrte sich der Missionar und Pfarrer, Dr. W. C.
Hoover, gegen den entstehenden rationalistischen Freisinn der methodistischen Führer. Unter dem Eindruck einer Erweckung in einer Heiligungsgemeinde von Chicago im Jahre 1895 veranlaßte er seine Gemeinde
in Valparaiso zu einem genaueren Studium der Wirksamkeit des Heiligen
Geistes: Bibelstudium, Untersuchungen der Schriften Wesleys, geistliche
Exerzitien (Gebetsnächte usw.) führten zu einer aufnahmebereiten Haltung der Gläubigen. Die Gemeinde machte mit. 1907 wurde Pfarrer
Hoover ein Traktat über eine *pfingstliche* Erweckung in Indien (!) zuge-
stellt[5], das „eine klare und bestimmte, von der Rechtfertigung und der
Heiligung zu unterscheidende Geistestaufe verkündigte. Bis dahin hatten
wir geglaubt, Rechtfertigung und Heiligung umfasse das Ganze der
christlichen Erfahrung"[6]. Diese erste Begegnung mit der Pfingstbewegung gab der Gemeinde von Valparaiso die definitive Richtung auf das
gelobte Land an: Zurück zu Wesley plus Erfahrung des Pfingstfeuers.
Das Außerordentliche, Wunderbare wurde zum täglichen Brot dieser
Gruppe:

„Geisteslachen, Weinen, Schreie, fremde Sprachen, Visionen, Eksta-
sen, in deren Verlauf die Menschen zu Boden fielen und sich in den
Himmel, ins Paradies, auf selige Auen entrückt fühlten. Dazu kamen
weitere Erfahrungen: Gespräche mit Gott, mit den Engeln und dem
Teufel. Die, die dies miterlebt hatten, wurden dadurch reichlich gesegnet, sie wurden verwandelt und mit geistlichem Lobpreis, mit
Gebet und Liebe erfüllt."[7]

Der „Regen des Segens" war gekommen. Aber gleichzeitig brach die bis
anhin taube Opposition der methodistischen Hierarchie aus, um so mehr,
als sich das Abenteuer des Geistes von Valparaiso auch in Santiago wiederholte und das Leben der beiden größten Kirchen dieser Stadt auf den
Kopf stellte. Anklage, Prozeß und Entschluß der methodistischen Kirchenleitung: Hoovers Lehren wurden als „antimethodistisch, der Schrift

widersprechend und irrationell" (sic)[8] erklärt. Diese Spaltung hat der
Methodistenkirche einen ungeheuren Aderlaß gebracht, von dem sie sich
nie mehr erholte. Das Gros der Truppen der drei Gemeinden von Valparaiso und Santiago zog sich von der Methodistenkirche zurück und
gründete die *Iglesia Metodista Pentecostal*, um deren Leitung Hoover gebeten wurde. Bis ungefähr 1920 erlebte sie von Santiago bis Concepción
und Temuco ein schnelles Wachstum, hauptsächlich auf Grund von
Übertritten aus der Methodistenkirche und anderen Denominationen.

Die Bedeutung der Fakten

Halten wir einen Augenblick inne, denn diese wenigen Fakten schon genügen, um die Besonderheiten der chilenischen Pfingstbewegung zu erfassen.

1. Diese Bewegung ist nie eine *Sekte* gewesen, wenn man unter einer
Sekte eine enthusiastische, desorganisierte, anarchistische Bewegung versteht. Im Gegenteil, seit der Spaltung betonte sie in ihrer Organisation
die Abhängigkeit vom Methodismus. Seit ihrem Entstehen – man muß
das betonen – wurden die „charismatischen Erscheinungen" durch Institutionen kanalisiert. Die Freiheit des Geistes wurde sozusagen organi-
satorisch geplant. Das soziologische Konzept wäre eher das einer *established
sect*[9]. Dieser Punkt ist wichtig zum Studium der *Weiterentwicklung* der
Pfingstbewegung. Wenn man das Konzept der „Sekte" zum Ausgangspunkt nimmt (wie das die meisten Beobachter tun), endet man mit dem
Konzept der Denomination. Wenn man aber – wie dies in dieser Arbeit
geschieht – das Anfangsstadium der Bewegung als „established sect" beschreibt, erscheint die erwartete Weiterentwicklung zweideutiger und
komplexer (siehe weiter unten).

2. Die vererbte Organisation mußte an die neue Situation angepaßt werden. Die Dissidenten waren plötzlich von der Mutterkirche und dem
Missionskomitee in New York getrennt. Der einzige Ausländer, zugleich
der einzige Pfarrer mit theologischer Ausbildung, der sich auf die Seite
der Rebellen schlug, war Hoover. Dieser mußte eine Pfarrerschaft aus
dem Nichts schaffen: Diejenigen, die die höchsten Posten in der Hierarchie
bekleideten und die zugleich die „natürlichen Führer" der Dissidenten
waren, wurden zu Pfarrern befördert. Das ist tatsächlich eine revolutionäre Entscheidung: Leitende Funktionen wurden nicht länger auf ausländische Missionare oder auf eine kleine Elite von Chilenern beschränkt,
die das theologische Seminar hatten absolvieren können. Die Pfingstbewegung durchbrach die Schranke der theologischen Ausbildung, die
bislang die Laien von den Pfarrern getrennt hatte und machte allen die

„Ausbildung en la calle", die Ausbildung der Straßenversammlung, wie die Pfingstler sagen, zugänglich.

Jeder Bekehrte nahm von Anfang an an der Missionsarbeit der Gemeinde teil und wußte, daß – so Gott will – er eines Tages Pfarrer werden konnte. In der chilenischen Gesellschaft, in der die einzelnen Gesellschaftsschichten rigoros voneinander getrennt sind und der Zugang zu den privilegierten Schichten vor allem von Vorrechten der Geburt abhängt, schuf die Pfingstbewegung hierarchisch streng geordnete, aber klassenlose Kleingesellschaften, in der jeder die gleichen Startchancen hat. Ein kleiner Angestellter der Stadtverwaltung von Lota im chilenischen Bergbaugebiet meinte dazu: „Wenn einer vorwärts kommen will in Chile hat er zwei Möglichkeiten: die Gewerkschaft oder die Pfingstbewegung." Den Volksmassen, die an den Rand der chilenischen Gesellschaft gedrängt worden waren, gab die Pfingstbewegung einen „religiösen Status"[10]
Aber das ist nicht alles. Der Verzicht auf eine qualifizierte, theologisch gebildete Pfarrerschaft rückt Führer und Gemeinde zusammen. Der Pfarrer wird nicht mehr senkrecht von oben durch eine Kirchenleitung eingesetzt. Er ist der *natürliche Führer* seiner Gruppe. Er gehört zur selben gesellschaftlichen Klasse wie diese. Er denkt und fühlt wie seine Gemeindeglieder. Man hat viel geschrieben über die Wohltaten der schulischen Ausbildung und die Notwendigkeit einer theologischen Bildung. Das ist nicht zu leugnen. Trotzdem muß man einsehen, daß die jahrelange Ausbildung an Seminaren und Universitäten bei den angehenden Pfarrern eine Mentalität und Bedürfnisse schaffen, die diese grundsätzlich von ihren Gemeindegliedern, den Bauern und Arbeitern trennen. Zwischen dem traditionellen protestantischen Pfarrer und seinen Gemeindegliedern entsteht eine gesellschaftliche und kulturelle Differenz, die sich nicht selten zu einem trennenden Abgrund entwickelt: Das Gespräch wird dadurch unmöglich, die Botschaft kommt nicht mehr an. Der Pfarrer ist ein Fremder unter seinen Glaubensgenossen geworden. Der Pfingstprediger kennt dieses Problem nicht. Er drückt das aus, was seine Gemeinde, die oft durch seinen Dienst ins Leben gerufen wurde, fühlt. Er ist der beste Vertreter seiner Gemeinde. Dieses System, das die aktive Teilnahme der Gemeindeglieder am Gemeindeleben mächtig stimuliert, sollte von den Kirchen, die missionarisch sein wollen, gründlich studiert werden[11].
3. Die Distanz zwischen Pfarrerschaft und Laien in der Methodistenkirche war eine der Ursachen für die Spaltung von 1909/10. Man kann zusammenfassend sagen, daß die Spaltung aus dem Widerstand der untersten Klasse der chilenischen Gläubigen gegen eine kirchliche Hierarchie entstand, die sich aus dem Mittelstand zusammensetzte und von Ausländern dominiert war; die erstere vertrat eine mythisch-religiöse, die

letztere eine rationalisierende religiöse Mentalität. Einerseits muß die Wurzel der pfingstlichen Ausbreitung in Chile in der Situation der Volksmassen gesehen werden, die sie von den in der chilenischen Gesellschaft geltenden Sozialkategorien ausschließt[12], andererseits muß sie als Ausdruck der Suche nach einer Gotteserkenntnis und einem Ausdruck des Glaubens erkannt werden, die mit der Kultur der Pfingstler korrespondiert. Mit anderen Worten: Die chilenische Pfingstbewegung befreit[13] Gott aus seiner Entfremdung, indem sie den christlichen Glauben von den kulturellen Schlacken der nordamerikanischen protestantischen Missionare wie auch aus dem goldenen Käfig des katholischen Klerus befreit, dessen Versagen in den ersten Jahrzehnten unseres Jahrhunderts heute von allen zugegeben wird.

Auch hier zwingt uns die Pfingstbewegung zu außerordentlich fruchtbaren Überlegungen. Verurteilen wir die Dissidenten der Dritten Welt nicht zu rasch als *Synkretisten*, indem wir sie theologisch der Irrlehre bezichtigen. Besteht nicht ihr einziges Verbrechen darin, daß sie – unbeholfen gewiß! – versuchen, das Zeugnis des Glaubens aus seiner Verwicklung mit der westlichen Kultur zu befreien, mit welcher der Missionar es zu lange verwechselte? Müßte man nicht im Gegenteil diesen Versuch kritisch werten und durch Bereitstellung bestimmter Arbeitsinstrumente (Theologie und Gesellschaftswissenschaften) unterstützen? Denn, wenn das Christentum von weltweiter Bedeutung zu sein behauptet, muß es auch in nicht-westliche Ausdrucksformen übersetzbar sein, gemäß dem Vorbild des Apostels Paulus und des „Apostelkonzils" (Apg. 15), wo festgestellt wurde, daß es nicht nötig sei, sich (kulturell) zum Juden zu machen, um ein Christ zu werden.

4. Das methodistische Erbe einerseits und die Abwesenheit von Theologen andererseits verhinderten die Erstarrung der chilenischen Pfingstbewegung in den dogmatischen Normen der internationalen Pfingstbewegung. Die Frage der Säuglingstaufe machte eine Aufnahme der *Iglesia Metodista Pentecostal* in die nordamerikanischen *Assemblies of God* unmöglich (kurz vor 1930). Die Abwesenheit einer ausgebauten Lehre gibt der Geistlehre eine für mein Empfinden evangelischere Elastizität. Tatsächlich wird kein Zweig der chilenischen Pfingstbewegung das Zungenreden als exklusiven Beweis der für die Aufnahme in das Pastorat unabdingbaren Geistestaufe betrachten. Eine beschränkte Enquete zeigte, daß die Hälfte der Pfingstprediger *nie* in Zungen geredet hatten. Die „charismatischen" Erscheinungen sind ohne Zweifel Zeichen der Geisterfüllung, sichtbare Beweise von Gottes Gegenwart, aber der Geist ist vor allem Kraft Gottes (*poder de Dios*) zur Verkündigung seines Wortes an die Menge. Genauer, der Grad der Geisterfüllung steht im Zusammenhang

mit der Vollmacht des Zeugnisses, wie das ein Interview mit einem Pfingstler (September 1967) zeigte: „Eine Kirche, wo man tanzt, wo man in Zungen redet, wo prophezeit wird, ist eine Kirche wo der Geist gegenwärtig ist, wo er in die Herzen einzieht ... Es ist eine Kirche wo man besser Zeugnis ablegt, wo die auf der Straße predigenden Brüder zahlreicher und aktiver sind auf allen Gebieten. Es ist eine Kirche, die glaubt." Das ist das Interessante. Die äußeren Zeichen der Geisterfüllung sind wichtig, entscheidend sogar, denn sie beweisen die Gegenwart des Geistes, nicht in einer bestimmten Person, wohl aber in der Gemeinde. Aber diese Charismen sind nicht in normativen dogmatischen Regeln eingefroren worden. Das Normative findet sich nicht in Regeln: Die Gegenwart des Geistes zeigt sich durch die missionarische Tat einer Gemeinde, durch die Verkündigung des Wortes, dadurch, daß geglaubt wird. Es zeigt sich hier eine Wiederentdeckung bestimmter Grundzüge der Apostelgeschichte: Pfingsten macht die Gemeinde zeugnisfähig. Diese Wiederentdeckung geschah spontan, sie entsprach einer tiefen Notwendigkeit, wie das folgende Zitat Hoovers zeigt:

„Als der Geist mit Macht anfing zu fallen, fühlten sich die Getauften, Kinder, Männer und Frauen, gedrängt, in die Straßen zu gehen und mit lauter Stimme (ihre Erfahrung) auszurufen, ihre Freunde und Nachbarn zu besuchen, in andere Ortschaften zu reisen mit dem einzigen Ziel, die Menschen zur Buße zu rufen und ihnen zu bezeugen, daß eine solch herrliche Erfahrung für jeden bereitstehe, heute, wie zur Zeit der Apostel[14]."

Schaffung lebendiger Gemeinden ohne religiöse Stratifikation, Entstehung eines repräsentativen Pfarrerstandes, finanzielle Unabhängigkeit[15], Übersetzung des Evangeliums in lateinamerikanische Ausdrucksformen, Ernstnehmen des Heiligen Geistes als Kraft Gottes. Genug „Denkstoff" für die professionellen Missionswissenschaftler und die Verantwortlichen der Missionsgesellschaften!

2. AUSBREITUNG

In der ersten Ausbreitungsphase vermehrten sich die Schismatiker vor allem auf Kosten des Importprotestantismus. Seit den dreißiger Jahren aber, das heißt seitdem die Wachstumsrate den bis heute anhaltenden Rhythmus erreicht hat, rekrutieren die Pfingstler ihre Anhänger direkt aus der chilenischen Volksmasse, für die der Katholizismus eher ein kulturelles als ein religiöses Faktum ist[16]. Der Erfolg ist außerordentlich – einer „Springflut" verglich ein Priester die Pfingstbewegung: Die paar hundert Dissidenten sind zu mehr als einer halben Million geworden[17].

Wir haben weiter oben einige der inneren Faktoren zum Verständnis der pfingstlichen Revolution angegeben. Zu diesen kommen einige für die chilenische Gesellschaft typische äußere Faktoren. Die Geschichte des 20. Jahrhunderts ist in Chile die Geschichte einer *Übergangsgesellschaft*, deren traditionelle Großgrundbesitzer-Struktur unwiderruflich zerbröckelt, ohne daß sich die von den Führern des Landes erhoffte neue Struktur einer industriellen Gesellschaft durchzusetzen beginnt. Die Bevölkerung wächst ständig. Aus den Agrargebieten, wo sich die Landwirtschaft unfähig zeigt, ihre Produktionsmethoden zu verbessern, werden die Arbeitslosen zur Auswanderung in die Stadt gezwungen. Die Stadt, das heißt meist die Hauptstadt Santiago, wo heute mehr als ein Viertel der chilenischen Bevölkerung wohnt. Man muß sich hüten, zu schnell europäische oder nordamerikanische Schemata auf die Dritte Welt anzuwenden, denn hier geht die Verstädterung nicht parallel mit der Industrialisierung. Die Verstädterung ist vielmehr Anzeichen für die tintenfischartige Ansaugkraft der Bürokratie und einer Privatwirtschaft, die, ohne dem Volkseinkommen einen Peso zuzufügen, gefährliche Bedarfsreize schafft. Das Wachstum des Tertiärsektors (Dienstleistungen) ist nicht Ausdruck der Expansion des Sekundärsektors (Industrie). Im Gegenteil, der Tertiärsektor läuft dem Sekundärsektor davon und erstickt ihn. Im Zeichen einer „permanenten Wirtschaftskrise"[18] wandert der Migrant nicht von der *Hacienda* in die Fabrik, sondern von der Hütte in die Elendsquartiere der Städte.

Die Unordnung der Infrastruktur hat Auswirkungen auf Gewissen und Mentalität. Während der Migrant seine äußere (relative!) Sicherheit verliert, die ihm der Einbezug in die Organisation der Großfamilie der *Hacienda* bot, beginnen die auf den Landbesitzen der *Latifundios* Verbliebenen, an den ordnungserhaltenden Mythen zu zweifeln. Nach J. Medina können diese Mythen in drei „Glaubenssätzen" zusammengefaßt werden:

> „Glaube an den Herzenswert (*valor cordial*) der menschlichen Beziehungen, Glaube an die Hilfe, die im Krisenfall nicht verweigert würde, Glaube an die unbekannte, darum unbeschränkte Macht des Chefs[19]."

Der Wandel in der Infrastruktur verursacht einen unaufhaltbaren Rückgang dieser Form paternalistischer Gesellschaftsordnung, die ihre Opfer gleichzeitig schützte und unterdrückte. Während es vorläufig keine neuen Gesellschaftsformen und „Glaubenssätze" gibt, die dem Einzelnen Halt geben, zerbröckeln die alten. In dieser langen, chaotischen und schmerzlichen Übergangssituation entsteht der „Mensch am Rande" (*l'homme marginal*), das heißt der Mensch ohne einen Platz in der Gesellschaft (*sans statut*), der Mensch, der weder kulturell, noch wirtschaftlich, noch politisch am Leben der nationalen Institutionen teilnehmen kann.

„Die besten zeitgenössischen Beobachter legen den Akzent auf dieses Phänomen und haben sich auf den Terminus ‚Entwurzelung' geeinigt, um den sozialpsychologischen Zustand wichtiger Bevölkerungsteile in Stadt und Land zu bezeichnen[20]."

Man wird verstehen, daß das 20. Jahrhundert in Chile gleichzeitig das Jahrhundert der Volksproteste ist, des Versuches der Massen, sich zu organisieren und eine sie entfremdende Gesellschaft in Frage zu stellen. Im Morgenrot dieses Jahrhunderts brachen die ersten größeren Streiks aus, begleitet durch Polizeigewaltakte, deren Opfer sich in die Tausende belaufen. Um das Jahr 1930 – das heißt genau zur Zeit, als die Pfingstbewegung ihren endgültigen Aufschwung nahm – organisierten sich die beiden großen Volksparteien, die kommunistische und die sozialistische Partei (letztere war nicht, man beachte dies gut, sozial*demokratisch*, sondern marxistisch. Im Unterschied zur kommunistischen Partei ist die sozialistische nicht Mitglied der Dritten Internationale).

Der gewerkschaftliche und politische Protest hat seine Parallele im *religiösen*, von der Pfingstbewegung artikulierten und kanalisierten *Protest*[21].

Dem an den Rand gedrängten Menschen bietet die Pfingstbewegung den Einbezug in eine brüderliche Gemeinschaft, einen Status, der sich durch ein Zusammenspiel von Rechten und Pflichten ausdrückt, wobei die letzteren oft als Vorrechte verstanden werden. Daß er in der Straße predigen, seine Bekehrung im Zeugnisgottesdienst erzählen, die Gemeinde finanziell unterstützen muß, beweist das nicht, daß der bescheidenste der „Brüder" wichtig für die Gemeinde ist, daß er eine Aufgabe zu erfüllen hat und Verantwortung übernehmen muß? Diese Teilnahme am gemeinsamen Auftrag gibt dem Leben des Einzelnen Richtung und Inhalt. Einem von Hunger, Krankheit und Tod ständig bedrohten Menschen verkündigt die Pfingstbewegung einen liebenden Gott, der rettet, das heißt konkret, der heilt. Dadurch gibt die Pfingstbewegung den chilenischen Massen eine menschliche Würde, die ihnen die Gesellschaft verweigert.

Bemerkenswert ist, wie weit die Pfingstbewegung die drei oben erwähnten „Glaubenssätze" der *Hacienda* mit neuem Leben füllt:

1. Die religiöse Gemeinschaft baut sich auf persönlichen und brüderlichen Beziehungen auf.

2. Wenn man in einem Elendsquartier nach den Gründen für den Erfolg der *canutos* (Übername der Pfingstler) fragt, so heißt die häufigste Antwort: *el compañerismo*. Die gegenseitige Hilfe, die Unterstützung der

Kranken und Arbeitslosen bestimmen die menschlichen Beziehungen.
3. Anstelle des degenerierten *Hacendado*, dessen Tyrannei nicht mehr durch
den von ihm gewährten Schutz kompensiert wird, steht der Pfingstprediger als schützender Vater und Heilsvermittler, dessen Kraftquelle
zwar nicht unbekannt, jedoch von allen anerkannt ist, da es sich um
einen von allen erkannten, gegenwärtigen und mächtigen Gott handelt.
Im Übergangschaos übt die Pfingstbewegung die Funktion einer Übergangsgesellschaft aus, indem sie die schützenden Elemente der traditionellen Gesellschaft übernimmt und sie ihres unterdrückerischen Charakters
entledigt.

3. FRAGEN UND FOLGERUNGEN

Hier soll nicht die Geschichte der Pfingstbewegung erzählt werden. Vielmehr soll eine Verstehensweise gesucht werden, die die über Chile hin-
ausgehenden Probleme in den Gesichtskreis unserer Überlegungen
bringt. Gewisse dieser Punkte wurden schon im ersten Teil dieses Auf-
satzes behandelt. Wir werden versuchen, eine aktuelle Frage der chilenischen Pfingstbewegung in den Griff zu bekommen, um dann zwei
Folgerungen zu riskieren, die sich mit der in der Einführung skizzierten
Problematik verknüpfen.

Eschatologie und Politik

Der wichtigste Schmuck einer pfingstlichen Kirche ist ein großes Bild.
Man sieht darauf eine felsige Insel, umbraust vom stürmischen Meer.
Auf der Insel liegt die offene, von einem hellen Strahl erleuchtete Bibel.
In der Bibel kann man den Vers lesen: „Kommet her zu mir, alle, die ihr
mühselig und beladen seid!" (Mt. 11, 28). Die Deutung ist klar: In einer
verlorenen, unglücklichen und von Grund auf bösen Welt gibt es Frie-
densinseln, wo man Ruhe finden kann. Es sind die christlichen Gemein-
den. Die Aufgabe der Erwählten ist es, den Ertrinkenden zu Hilfe zu
eilen. Der Versuch, das Meer bändigen zu wollen, kommt nicht in Frage.
Hinter diesem Weltverständnis der Pfingstbewegung steht ein radikaler
Dualismus: die Kirche steht der Welt, der Geist dem Teufel, das Geistige
dem Materiellen gegenüber.
Die Gemeinde ist der Ort, wo sich die Bekehrten unter dem Schutz des
„Trösters" zusammenfinden, und von wo aus sie das erwartete Reich
Gottes *ankündigen*, ein Reich, von dem die Kirche nur das Verheißungs-
zeichen, nicht aber bereits ein Teil ist.
Weiter oben haben wir darauf hingewiesen, daß der Sozialismus und die

Pfingstbewegung in Chile zwei Protestideologien sind, die sich gleichzeitig aus der gleichen Revolte und in den selben Volksmassen entwickelten[22]. Das Vorangehende zeigt aber auch, wie gegensätzlich sie sind. Die Pfingstbewegung verurteilt die „Welt" und distanziert sich von ihr; sie richtet die Hoffnung des Menschen auf ein unmittelbar angekündigtes, bevorstehendes, aber jenseitiges Reich Gottes. Sie ist grundsätzlich apolitisch. Der atheistische und materialistische Sozialismus *arbeitet* für die Verwirklichung eines *diesseitigen* Reiches des Menschen.

Der radikale Dualismus hebt die Spannung zwischen dem *schon gekommenen*, gegenwärtigen Reich Gottes (z. B. Mt. 12, 28 und Par.) und einem *zukünftigen* Reich (z. B. Mk. 13 und Par.) und damit auch die Spannung zwischen dem diesseitigen und dem jenseitigen Charakter des Reiches auf. So fixiert er sich auf ein Reich, das jenseits, nach dieser Welt zu suchen ist, was wiederum die Pfingstbewegung – wie jeden Apolitismus – dazu führt, sich als *Ordnungsideologie*, als Bewahrungs- und nicht als Verwandlungs-Bewegung zu gebärden[23].

In einem Land, dessen vorherrschende Problematik die Entwicklung ist, kann dies nicht bedeutungslos sein. Persönlich verursacht mir diese Konstellation Angst. Es ist bedauerlich, daß die Pfingstbewegung sich nicht von der stets unterdrückten, aber immer wieder auftauchenden christlichen Tradition der Täufer, von Th. Müntzer, den sogenannten revolutionären englischen Sekten des 17. Jahrhunderts und anderen Dissidenten nähren konnte.

Imitation der katholischen Kirche

Der pfingstliche Protest, der theoretisch alles in Frage stellt in dieser Welt, läßt praktisch dann doch alles beim Alten. Zwar kommt das Reich Gottes vom Himmel, aber unterdessen muß man sich an die Gesellschaft anpassen. Die Abwesenheit einer Sozialethik – diese ist unnötig, denn das Evangelium besteht nicht in der Verwandlung der Welt, sondern in der Ankündigung der Ankunft eines anderen Reiches – erspart der Pfingstbewegung eine detaillierte und kritische Analyse der sie umgebenden Welt und führt oft – paradox, aber völlig logisch! – zur totalen Übernahme der Normen und Werte dieser Welt. Ich erwähne einige Beispiele.

Das Mobiliar in den Kirchen, die Formen der Höflichkeit und des Betragens, die Bekleidung der Pfarrer und der Ältesten verrät ihre getarnten, unbewußten Aspirationen; denn sie sind direktes Abbild (vielleicht mit einer zeitlichen Phasenverschiebung von ein bis zwei Jahrzehnten) der Sitten und Gebräuche der kleinen Mittelklasse, das heißt der *Gesellschaftsschicht direkt über* derjenigen der Pfingstler[24].

Der Prediger einer gigantischen Kirche in Santiago, der am „Evangelischen Kongreß in Berlin" mit B. Graham (1967) teilgenommen hatte, erzählte seine Erlebnisse in einem Gottesdienst: „Und ich, der ich nichts bin, fand mich, weil der Herr mich berufen hatte, plötzlich zusammen mit den Großen (*los grandotes*) dieser Welt. Ich, der Kleinste von allen, war mit dem großen Theologen X und mit dem großen Evangelisten Y. Und auf dem Heimweg in England wurde ich von einem Minister empfangen... Ich mit den Großen dieser Welt... Das macht Gott mit uns mit mir, dem Kleinsten." Und die Menge der Gläubigen, die die Rede mit „Amen", „Halleluja" und „Gloria a Dios" unterstützte, fühlte sich geehrt in der Person ihres Predigers; endlich hatte sie die Tore der Macht und des Einflusses erreicht.

Wir berühren damit einen heiklen Punkt, das sichtbarste Zeichen einer gewissen Entwicklung bei den Leitern der wichtigsten Pfingstdenominationen; sie werden sich ihres zahlenmäßigen Potentials bewußt und der Möglichkeit, einen anerkannten gesellschaftlichen Status zu erreichen[25].

Dieser unbewußte Wunsch der Kompensation durch soziale Integration, der Wunsch, trotz des Hindernisses der Spaltungen als die zweite (wenn nicht als die erste!) religiöse Macht des Landes anerkannt zu werden, zeigt sich in einer Reihe großer Projekte. Er ist – wie man gleich sehen wird – eine Spiegelung der großen Rivalin, der beneideten und zugleich abgelehnten katholischen Kirche.

Vorerst der innere Zwang, die primitiven Gottesdienstorte aufzugeben zugunsten von großen, sichtbaren Kirchen, „deren Gegenwart allein schon ein Gottesdienst sei". Die *Iglesia Pentecostal de Chile* besitzt in Curicó eine neue Kirche, die die Einwohner von Curicó Basilika nennen. Der Prediger einer anderen Denomination, den wir oben schon zitiert haben[26], kündigte im gleichen Gottesdienst die Errichtung einer Kirche für 15000 Personen an: „Die Katholiken haben eine Kathedrale. Sie faßt 3000 Personen und sie nennen sie Kathedrale. Warum sollte dann unsere Kirche, die 15000 Personen fassen wird, nicht Kathedrale genannt werden?" (Frenetischer Applaus der Gläubigen.)

Ferner der Wunsch nach Klerikalisierung. Man weiß, daß die Pfingstkirchen, die die Bischofswürde in ihren Kirchen wiedereingeführt haben, dabei auf die methodistische Tradition zurückgriffen. Seit kurzem kann man hier unter katholischem Einfluß eine gewisse Verschiebung feststellen, die durch die Anglikaner eine reformierte Rechtfertigung erhalten hat. Da lädt etwa ein pfingstlicher Bischof seinen anglikanischen Kollegen zu einer Installation ein. Dort entwickelt ein pfingstlicher Superintendent einen Plan, ein Bischofsamt zu schaffen „das nicht nur, wie das methodistische, ein Verwaltungsposten ist, sondern eine gewisse Würde, ein gewisses Prestige auf sich vereinigt". Die Idee ist in der Luft. Obschon sie wenig Chancen hat, verwirklicht zu werden, geht sie doch parallel mit dem Wunsch nach Anerkennung, der gewisse Führer umtreibt.

Drittens muß man hier das phantastische Projekt einer Evangelischen Universität erwähnen. Hier verbindet sich der Wunsch nach Integration mit dem Wunsch, die zweite Generation von den Ansteckungen des Atheismus (Staatliche Universität) oder des Katholizismus (Katholische Universität) abzuschirmen, indem man ihr den Schutz eines „Treibhauses" gewährt. Aber die geringe Zahl pfingstlicher Maturanden macht den Beobachter perplex. Ist etwa die Verwandlung des ursprünglichen Projekts von Primar- und Berufsschulen in ein Universitätsprojekt auf gewisse „ausländische Interventionen" zurückzuführen?

Endlich, die umstrittene, aber immer wieder auftauchende Idee einer politischen Partei, „die unseren Glauben und unsere Wünsche ausdrückt". Das scheint im Widerspruch zu dem zu stehen, was wir weiter oben sagten. Nicht so sehr: Das paulinische Gebot der Achtung der Obrigkeit hat die Pfingstler immer dazu geführt, sich dem Gesetz zu unterziehen. Nun ist aber die Stimmabgabe in Chile obligatorisch. Die politische Wahl besteht also darin, für diejenige Partei zu stimmen, die die protestantischen Interessen am besten vertritt: Die Sozialisten scheiden aus, weil sie Atheisten sind, die beiden Rechtsparteien, weil sie katholisch sind. Die antiklerikalen Radikalen vereinigen daher am meisten protestantische Stimmen auf sich[27]. Angesichts der vielleicht 300000 Stimmen, die man vertritt, taucht hier die Versuchung auf: „Die Katholiken haben ihre Partei. Warum wir nicht?"

Es verwundert weiter nicht, daß in der Konkurrenz mit der katholischen Kirche die Pfingstler deren traditionellste Züge imitieren. Das ist zwar bedauerlich, besonders zu einem Zeitpunkt, da ein großzügigerer Wind die katholische Kirche dazu führt, ihre Institutionen, insbesondere ihre sogenannte christliche Partei, in Frage zu stellen. Abschließend muß unterstrichen werden, daß diese Projekte zwar das Gesicht der Pfingstbewegung von morgen kaum gestalten werden; sie sind aber wichtig als Ausdruck einer Suche nach Macht. Man will nicht mehr länger die Kirche der Armen sein. Man will einen Respektabilitätsausweis. Zu viele Hindernisse – Spaltungen der Bewegung, Finanzen, auch dogmatischer Widerstand – stellen sich den Projekten in den Weg, um deren wichtigste Punkte auf kürzere oder mittlere Frist in die Tat umzusetzen.

Die „pfingstlichen Charismen", Stein des Anstoßes
für den ökumenischen Dialog?

Die berühmten „charismatischen Manifestationen", wie der gottesdienstliche Tanz, die Prophezeiungen, die Visionen, das Zungenreden sind
Gegenstand einer leidenschaftlichen Debatte zwischen den Pfingstlern
einerseits und den traditionellen Protestanten, respektive den Katholiken
andererseits. Der Widerstand gegen die pfingstlichen Charismen schwelt
weiter, aber die Polemik ist – in Ermangelung neuer Argumente – ab-
geflaut. Man kann sich wirklich fragen, ob die Sackgasse nicht unvermeid-
bar ist, wenn man angeblich ein *theologisches* Gespräch sucht, dieses aber
dazu mißbraucht, daß jeder Clan seine Voraussetzungen unter der Tar-
nung dogmatischer Behauptungen versteckt, anstatt sich offen den
Schwierigkeiten des biblischen Textes auszusetzen. So bestritt zum Beispiel ein protestantischer Pfarrer, daß diese Phänomene geistgewirkt sein
können und daß die vom Geist Erfaßten wirklich im Geist in eine andere
Welt entrückt worden seien. Wie hätten sie sonst die Glocke hören
können, die der pfingstliche Pastor gebraucht hatte, um das Ende der
freien Gebetszeit – um einen Euphemismus zu brauchen – anzukündigen?
Diese Art der Argumentierung erinnert an den Fall jenes Besessenen aus
dem Mittelalter, der in Trance fiel, wenn er das Wort „Heiliger Geist"
hörte. Seine Richter lasen ihm in rascher Folge auf Lateinisch einige Texte
vor, in denen dieses Wort vorkam. Als er nicht darauf reagierte, wurde
er verbrannt, denn – so schlossen die Richter – der Heilige Geist versteht
natürlich lateinisch. Wäre der Besessene wirklich vom Geist besessen gewesen, so hätte er auf das Stichwort reagiert.
Zeichen der Gegenwart des Geistes für die einen, Aber- und Irrglaube für
die andern. Die Inquisitoren beschaffen ihre Waffen noch aus einer andern
Waffenkammer, derjenigen der Psychologie, mit denen sie beweisen
wollen, daß die Pfingstler geistig krank oder doch mindestens an Sozial-
pathologien leiden. Vielleicht, aber seien wir mißtrauisch:
a) In diesem Falle wären nämlich gegen zwei Drittel der chilenischen Bevölkerung, die um ihren Lebensunterhalt kämpfen müssen, einer ähnlichen Diagnose zu unterwerfen.
b) Die gleiche Erklärung müßte beispielsweise auch auf die von der Musik
der Beatles verzauberten jugendlichen Massen angewandt werden. Frappie-
rend ist die strukturelle Ähnlichkeit zwischen einem Pfingstgottesdienst
und einer Veranstaltung der Popfans. Ich werde noch darauf zurückkommen.
c) Endlich, die Erklärung der Religion als psychologische Kompensation
ließe sich auf jeden religiösen Glauben anwenden.

All das soll uns vorsichtig machen. Im folgenden kann das Problem zwar nicht gelöst werden, wohl aber soll versucht werden, den Wirrwarr etwas aufzulichten, um eine klare theologische Debatte zu ermöglichen.

1. Die berühmte psychologische Erklärung ist keineswegs neu. Balandier[28] hat Dokumente aus dem 16. Jahrhundert gefunden über eine Polemik zwischen Dr. J. Wier, der die Besessenen als pathologisch erklärte und J. Bodin, Staatsanwalt von Henri III., der schrieb: Die Hexen, „die wir täglich auf den Scheiterhaufen führen, sind gesund und munter und leiden, antworte ich Ihnen, keineswegs an einer Verstopfung der Milz". Balandier kommentiert: „Er (Bodin) unterstreicht den Willensakt; es handle sich keineswegs um das Resultat einer körperlichen Unregelmäßigkeit. Er spürte (der kirchlichen Lehre) grundsätzlich entgegengesetzte Wege der Wahrheitsfindung auf."

Das führt zu einer ersten Überlegung. Besessenheitsriten[29] gibt es in der Mehrheit der Religionen. Das Urchristentum kannte sie, hat sie aber neu (nämlich als Geistesgaben) interpretiert. Paulus (1. Kor. 13 und 14) zeigt sich davon stark beeinflußt. Man fühlt, daß er möglicherweise das Zungenreden gerne entfernen möchte. Aber eine anerkannte Tradition hindert ihn daran. Er wagt es nicht, dem Zungenreden seine Qualifikation als „Charisma" zu nehmen; dagegen empfiehlt er, „den besseren Gnadengaben" nachzueifern (1. Kor. 12, 31). Seit dem konstantinischen Zeitalter rangiert die christliche Kirche ihre Geistesgaben unter den heidnischen Manifestationen ein und verfolgt sie. Die Kirchen der Reformatoren handeln gleich. Aber die Geistesgaben werden in den Kirchen der „Dritten Reformation" wieder entdeckt. Endlich trifft man sie in der gesamten mystischen Tradition an, ob sie sich innerhalb oder außerhalb der Großkirchen befindet.

Diese Übersicht läßt vermuten, daß das Problem nicht rein theologischer Art ist und daß Balandier eine angemessene Terminologie verwendet.

2. Eine zweite Überlegung soll mit der Idee der Sprache einsetzen. Daß der Begriff Glossolalie sowohl „*fremdartige* Sprache" (Stammeln usw.), wie auch angeblich „*fremde* Sprache" bedeuten kann, weist uns in diese Richtung. Alle Bekehrungsgeschichten, die wir sammeln konnten, unterstreichen das physische Erlebnis der Verwandlung, das der Zeuge macht. Seine Anschauung der Welt, seines Quartiers, seiner Straße, seiner Familie verändert sich. Ein stark empfundener psychologischer Schock findet statt, der nach sprachlichem Ausdruck verlangt. Die konzipierte Sprache genügt nicht, das Unaussprechliche der Erfahrung zum Ausdruck zu bringen, insbesondere wenn es sich um Personen mit wenig Schulbildung und beschränkter Ausdrucksfähigkeit handelt. Insbesondere heißt aber

nicht ausschließlich: B. Pascal bezeugte das Versagen der Sprache, als er von seiner Begegnung mit Gott Rechenschaft ablegen sollte.

3. Man könnte noch eine dritte, ergänzende Überlegung anfügen. Der Gottesdienst ist die *erfüllte Zeit* par excellence, der Augenblick, wo diese Ersatzgesellschaft der Pfingstgemeinde ihre Sublimation der gegenwärtigen Welt in brüderlicher Kommunion vor Gottes Angesicht zelebriert. Die Charismen erscheinen daher als mystischer Erkenntnisweg, ein Versuch, eine unaussprechliche religiöse Gemeinschaftserfahrung zu artikulieren, als Dank[30] und als Technik nicht nur der Kommunikation, sondern auch der Kommunion.

Wer diese Phänomene mit wirtschaftlicher Entbehrung und kulturellem Zukurzkommen der Massen erklären will, macht es sich zu einfach. Gewiß spielen diese Faktoren eine Rolle. Aber das Zungenreden findet sich auch in Situationen, in denen die erwähnten Faktoren nicht verantwortlich gemacht werden können, sei es in der Wohlstandsgesellschaft, in der die Jugend alle äußeren Zeichen eines säkularisierten Kultes zeigt, sei es in der phantastischen „Verpfingstung" der Großkirchen in den Vereinigten Staaten und in Skandinavien. Die elektronisch gesteuerte, von Expreßstraßen durchschnittene „Stadt ohne Gott" wird dem Menschen, wenn nicht die Freiheit, so doch den Zwang bringen, sich ständig in rationaler Terminologie auszudrücken. Die rationale wird so vor anderen Ausdrucksweisen privilegiert. Und von diesem Zeitpunkt fängt der Kampf des Menschen an, Ausdrucksmöglichkeiten in anderen Tonarten zu finden.

Bevor wir uns die Frage der Berechtigung der „bizarren" pfingstlichen Frömmigkeitsformen stellen – eine notwendige, aber vorurteilslos anzugehende Frage – müssen wir uns von ihnen in Frage stellen lassen. Wir müssen uns fragen, ob unsere Kirchen, die sich den nicht-religiösen Organisationen mehr und mehr angleichen, Instrumente sind, die den Gläubigen gestatten, sich auszudrücken, die Kommunikation und Kommunion zwischen Mensch und Mensch und zwischen Mensch und Gott erlauben. Persönlich wäre ich von einem Wiederaufschwung der Freikirchen in Europa nicht überrascht; Freikirchen, die in diesem Fall mehr als einen Zug aus der Pfingstbewegung zu übernehmen hätten. Die andere Möglichkeit, die die erste nicht ausschließt, wäre freilich ein weiteres Wachstum dieser Bewegung, die die Volkskirchen bis jetzt als Sekte bezeichnet hat.

4. PLURALISMUS, VERKÜNDIGUNG DES EVANGELIUMS, ÖKUMENE

Die Gegenwart pfingstlicher und ähnlicher Bewegungen, die in der inneren und äußeren Mission ihre *raison d'être* sehen[31], stellt die Ökumene und die europäischen Volkskirchen im besonderen vor eine schwerwiegende Frage: Ist der missionarische Elan – in der Tat, nicht in der Theorie – mit dem ökumenischen Geist vereinbar?

Man wird zugeben müssen, daß die ökumenische Bewegung dort am besten zu Hause ist, wo sich ein religiöser und ideologischer Pluralismus aufgedrängt hat und wo man, der großen Streitereien müde, zu einem gewissen Gleichgewicht der Kräfte gekommen ist, zu einer friedlichen Koexistenz, zu einer reinen Gläubigkeit, die sich aus dem religiösen (oder nicht religiösen) ideologischen Streit heraushält und ins private Leben, aus dem Werktag in den Sonntag zurückzieht und damit den Glauben zur privaten Meinungssache reduziert.

Damit eine Gesellschaft, in der sich die Credos und die Ideologien ständig vermehren, ihren Zusammenhalt aufrecht erhalten kann, muß sie die Vertreter dieser verschiedenen Richtungen dazu bringen, von der Verkündigung ihres *Glaubens* (nicht ihrer Gläubigkeit und ihrer Meinungen) abzusehen. Wenn der Pfarrer oder Priester in Westeuropa einen, wenn auch abnehmenden Status hat, so erwartet man von ihm doch, daß er von seinem Glauben und von seiner Kirche redet (denn schließlich ist er dafür bezahlt). Man wird sich aber sehr verwundern, wenn ein Arbeitskollege plötzlich „sein Zeugnis ablegt". Alles läuft darauf hinaus, obschon es keinen offenen Zwang dazu gibt, den Gläubigen zu veranlassen, seinen Glauben zu verschweigen und die Verkündigung den berufsmäßigen Christen, dem Klerus, zu überlassen. Von da aus ist es nur noch ein kleiner Schritt bis zum Eingeständnis, daß schließlich „alle den gleichen Gott haben".

Man wird ohne weiteres zugeben, daß eine derartige Reduktion des christlichen Glaubens die Berufung des Christen zum Zeugen in Frage stellt. Gewiß wird man Unterscheidungen einführen, die bestimmte Teilwahrheiten enthalten. Man wird darauf hinweisen, daß das Zeugnis nicht nur eine Sache der Worte, sondern des Lebens sei. Das ist eine elementare Wahrheit. Aber man hüte sich vor „dem Leben, ohne zu sagen, warum man lebt! Denn durch dieses Spiel wird man schließlich nicht mehr richtig wissen, warum und in wessen Namen man nicht mehr das sagt, was man lebt" (H. Mottu). Man wird die Evangelisation vom Proselytismus unterscheiden. Einverstanden, wenn Proselytismus die Ausübung von Zwang zur Erreichung einer Bekehrung bedeutet. Aber wie oft dient die Theorie vom Proselytismus nur als Entschuldigung für ein fehlendes Zeugnis? Schließlich bedeutet Proselytismus lediglich „Jünger machen" und nichts weiter. Man könnte sich auch fragen, wie es dazu gekommen ist, daß dieses Wort, das etymologisch die Berufung des Christen beschrieb, plötzlich diesen verächtlichen Nebenton bekommen hat. Wäre dies nicht die Parallele zur Errichtung eines religiösen und ideologischen Status quo[32]?

Die missionarische Herausforderung der Pfingstbewegung ist vielleicht der größte Beitrag dieser Bewegung an die christliche Kirche.

ANMERKUNGEN

[1] *Chr. Lalive*, Le Pentecôtisme dans la société chilienne (vgl. Bibliographie).

[2] La „conquista" pentecôtiste au Chili. Questions et réflexions.

[3] Vgl. Bibl.

[4] Man vergleiche dazu *P. L. Berger*, Journal for the Scientific Study of Religion 6/1, April 1967, 3–16.

[5] *M. Abrahams*, The Baptism of the Holy Spirit at Mukti, Indian Witness 26. April 1906; The Missionary Review of the World 19/8, August 1906, 619–620; *deutsch:* Die Taufe des Heiligen Geistes in Mukti, Auf der Warte 3/39, 23. September 1906, 6–7. – *Dies.*, The Baptism of the Holy Ghost and Fire, etwa 1907. – *Dies.*, Gebetskriegsdienste – Die Pfingsterweckung in Mukti fand in der kirchlichen Gemeinschaftspresse Deutschlands einen ungeheuren Widerhall, selbst noch *nach* der „Berliner Erklärung". Indien ist eben weiter weg als Kassel, und was in Kassel Fanatismus war, konnte man in Indien als Geisteswehen erklären. Vgl. die vielen Artikel in „Auf der Warte", das Buch von H. Bruns über Pandita Ramabai usw. (aufgeführt, 03.07.013 und 03.07.041 c). (D. Hg.).

[6] *W. C. Hoover*, Historia, 14.

[7] *Ders.*, a.a.O., 60.

[8] *Ders.*, a.a.O., 62 (Unterstreichung V f.).

[9] Vgl. *J. M. Yinger*, Religion, Society and the Individual, bes. Kapitel 6 (Religion and Variation among Societies), S. 150–152.

[10] Vgl. *L. Pope*, Millhands and Preachers, 137

[11] Als Beobachter an der Synode der katholischen Diözese von Santiago (September 1967), konnten wir feststellen, daß das Problem der Distanz zwischen Klerus und Laien mit Bezug auf eine radikale Revision der Priesterbildung heiß debattiert wurde. Es wurde dabei nicht verfehlt, auf das Beispiel der Pfingstbewegung hinzuweisen. Wer sich für das Problem im Einzelnen interessiert, sei auf *Ch. Lalive*, Theological Education for Mission, IRM 56/22, April 1967, 185–192, hingewiesen.

[12] Original: „le substrat de l'expansion pentecôtiste est à chercher dans la situation sociologiquement anomique des masses chiliennes."

¹³ Original: „désaliéner Dieu."

¹⁴ *Hoover*, a.a.O., 43.

¹⁵ Die finanzielle Unabhängigkeit ist auf die Tatsache zurückzuführen, daß die Gläubigen für das Leben der Gemeinde verantwortlich gemacht wurden. Neuer ursprünglicher Zug: die chilenische Pfingstbewegung führt die Praxis des Zehnten zur Bezahlung ihrer Prediger wieder ein. In einer guten Gemeinde zahlt eine Familie im Durchschnitt ungefähr 5 Prozent ihres Einkommens an den Pfarrer. Die Rechnung ist schnell gemacht: 20 Familien genügen, um einem Prediger ein dem Einkommen seiner Gemeindeglieder entsprechendes Salär zu garantieren.

¹⁶ Der chilenische Katholizismus kann als „Initiationsritus in die verschiedenen Lebensalter" (pratique saisonnière, G. Le Bras) bezeichnet werden: Taufe, Erste Kommunion, Hochzeit und letzte Ölung.

¹⁷ Zu einer Analyse der Statistik vgl. *Lalive*, Cristianismo y Sociedad Nr. 9–10, 19–43.

¹⁸ Vgl. das ausgezeichnete Werk von *A. Pinto*, Chile un caso de desarrollo frustrado.

¹⁹ *J. Medina*, Consideraciones sociológicas sobre el desarrollo económico, 39.

²⁰ *J. Medina*, a.a.O., 39.

²¹ Das hat unser Informant (S. 99) gut verstanden, wenn er die Pfingst- und die Gewerkschaftsbewegung als die beiden einzigen institutionellen Kanäle des Fortschritts bezeichnet, die den Volksmassen offen stehen.

²² Seit zehn Jahren hat sich eine mächtige neue Kraft geltend gemacht, die Christlich-Demokraten, die das politische Spiel durcheinander bringen, indem sie eine Integration des religiösen Gefühls mit der Notwendigkeit einer sozial-ökonomischen Revolution und dem Respekt vor einer durch die Tradition des Liberalismus definierten Freiheit versuchen. Ihr Erfolg (1964 kam sie an die Macht) steht im Zusammenhang mit den Zweideutigkeiten, die auch ihren Sturz verursachen könnten.

²³ Selbstverständlich hat dieses theologische Schema sozialpsychologische Wurzeln. Wenn ein Pfingstprediger ruft: „Wir sind aus der Welt ausgezogen. Wir werden nie mehr zurückkehren!" so drückt er damit *auch* die Angst vor einer brutalen Welt aus, in der dunkle Mächte (Hunger, Krankheit, Tod) den Menschen unterdrücken.

²⁴ Die Akkulturation der apolitischen Sekten an die ihnen benachbarte Gesellschaftsklasse ist eine alte These der Religionssoziologie in den Vereinigten Staaten. Im vorliegenden Fall scheint sie sich völlig zu bestätigen.

²⁵ Ein Symptom in Richtung der Entwicklung zur Denomination, um die Diskussion des ersten Teiles (S. 98 ff.) wieder aufzunehmen. Immerhin, diese Tendenz läßt sich bis heute erst bei gewissen Führern nachweisen. Die Projekte sind bis heute auch Hirngespinste geblieben. Diesen Führern ist auch klar, daß sie gegen schwerwiegenden Widerstand anrennen. Weiter, trotz der zweideutigen Entwicklung von der Form der „established sect" zur „Denomination", muß man auch die umgekehrte Tendenz sehen: Die Entstehung neuer kleiner Gruppen um einen charismatischen Führer, die sich

von einer Gemeinde trennen, und einen freieren, spontaneren Kult organisieren, wo auch die Geistestaufen wieder den wichtigsten Platz einnehmen.
Diese „Kulte" sind unzählbar. Man kann sie auch als Pilz-Kirchen bezeichnen: Heute tauchen sie auf, morgen schon zerfallen sie wieder und verschwinden.

[26] Ein Freund hat an diesem Gottesdienst teilgenommen und davon berichtet.
Ich garantiere jedoch für die Richtigkeit des Inhalts, wenn auch nicht der
Formulierung.

[27] Auch hier haben die Christlich-Demokraten die Lage kompliziert, besonders
als bei den letzten Präsidentschaftswahlen nur ihr Kandidat und derjenige der
sozialistisch-kommunistischen Partei im Rennen blieben. Wird der Protestant die „rote" oder die „schwarze Gefahr" wählen?

[28] G. *Balandier*, Afrique ambiguë, 50–51.

[29] „rites de possession". „Besessenheit" wird in der Religionssoziologie unter-
schiedslos für „dämonische Besessenheit", wie auch für „Geistestaufen" verwendet. Lalive schließt sich diesem Sprachgebrauch an. Ich habe in der Übersetzung nach Möglichkeit den Sprachgebrauch der Pfingstler verwendet. Wo
aber Lalive „possession" neutral verwendet – wie oben – mußte ich mit
„Besessenheit" übersetzen. Zu einer von Lalive abweichenden Interpretation
des Zungenredens. Vgl. *L. M. Vivier* (S. 183 ff.), *W. E. Failing* (S. 139 ff.) und
PGG, 424–431. (D.Hg.)

[30] „un langage de reconnaissance (dans les deux sens du terme)."

[31] Symptomatisch ist beispielsweise, daß verschiedene chilenische Pfingstdenominationen in den Nachbarländern Chiles Missionen gegründet haben.

[32] Ich bin mir wohl bewußt, daß das zuletzt aufgezeigte Problem den Führern
des Ökumenischen Rats der Kirchen bekannt ist und daß sie eine missionarische Ökumene im Auge haben (die in vielen Fällen auch Wirklichkeit
geworden ist). Trotzdem stoßen sie auf einen Widerstand von soziologischen
Tatsachen, durch die die Ökumene als friedliche Koexistenz und religiöse
Gleichgültigkeit verstanden wird.

NIGERIEN

Harold W. Turner

Harold W. Turner wurde 1911 in Napier, Neuseeland, geboren, M. A. in Neuseeland. Theologiestudium in Dunedin und Edinburgh, reformierter Pfarrer in Dunedin, Studentenpfarrer in Otago, lehrte Theologie am University College of Sierra Leone; 1961–62 Jordan Travelling Fellow für vergleichende Religionsgeschichte an der Universität London, „senior lecturer" in Religion an der Universität von Nigerien, Nsukka. 1966–70 Lecturer für Religionsphänomenologie an der Universität Leicester, seit 1970 Gastprofessor Emory University, Atlanta, Ga., Dr. theol. (1963 Melbourne) mit einer Dissertation, die 1967 unter dem Titel „African Independent Church" (2 Bände) veröffentlicht wurde und die von der Pfingstbewegung beeinflußte „Betbewegung" (*Aladura*) in Nigerien behandelt.

Die ersten pfingstlichen Ausprägungen des Christentums erschienen in Nigerien vor mehr als fünfzig Jahren in der Form einer spontanen unabhängigen Propheten- oder Geistesbewegung in Gemeinden, die von nichtpfingstlichen Missionsgesellschaften gegründet worden waren. Erst 1932 gründete die britische pfingstliche *Apostolic Church*[1] in Nigerien eine Missionsarbeit, so daß die anfängliche Entwicklung der nigerianischen Pfingstbewegung typisch afrikanisch war. Wie die Pfingstbewegung in Europa und Amerika, begann auch die nigerianische Pfingstbewegung als Erweckung innerhalb der traditionellen Kirchen.

In mancher Beziehung unterscheidet sich die nigerianische Pfingstbewegung von der europäischen und amerikanischen. Sie versteift sich nicht auf eine bestimmte Kirchenverfassung. Diese ist nicht notwendigerweise kongregationalistisch. Das Interesse für die sonst in der Pfingstbewegung typische Wiederkunftserwartung ist klein. Eine eigentliche Heiligungslehre wurde nicht entwickelt. Sie betont aber die Gläubigentaufe durch Untertauchen, die Wichtigkeit des Gebets und vor allem andern erwartet sie, daß die Gegenwart und Macht des Heiligen Geistes sich in charismatischen Gaben, sichtbaren Zeichen und Resultaten zeigt. Diese Geistesgaben werden oft als Ausfluß der „zweiten Taufe mit dem Heiligen Geist" betrachtet und schließen Krankenheilung durch Gebet, Prophetie (Träume, Visionen, Voraussagen) und ekstatische Bewegungsphänomene

(Trancen, Zungenreden und verschiedene Geisterfüllungen) in sich. Dieser Nachdruck auf den Heiligen Geist und seine sichtbaren Wirkungen identifiziert die Haupterscheinungsformen der nigerianischen Pfingstbewegung mit denjenigen Amerikas und Europas.

1. ANFÄNGE

Garrick Braid

Die erste pfingstliche Erweckung entstand unter den Ijaw im Nigerdelta (Ostnigerien) im Jahre 1915 durch die Tätigkeit von G. Braid, der für seine geistliche Gebets- und Heilungskraft schon als Mitglied der allafrikanischen *Niger Delta Pastorate Church*, einer Missionskirche des anglikanischen viktorianischen Evangelikalismus, bekannt war. Der eigentliche Beginn der Bewegung läßt sich nicht genau fixieren. Die soziale Situation in jener Gegend ist jedoch klar – eine anglikanische Kirche mit vielen Christen der zweiten Generation, die sich nicht in der besten geistlichen Verfassung befinden. Gleichzeitig wurde Ostnigerien in den Ersten Weltkrieg verwickelt, insbesondere in einen langwierigen Feldzug der nigerianischen Truppen gegen die deutsche Nachbarkolonie Kamerun. In der Folge wurde die Wirtschaft des Landes aus dem Gleichgewicht geworfen, was die gesellschaftlichen Veränderungen, denen das Nigerdelta bereits unterworfen war, noch verschärfte. In dieser Situation brauchte es nichts weiter als Berichte von Heilungen durch Braid, um das öffentliche Interesse zu wecken und Braid eine große Gefolgschaft zu sichern.

Braid übernahm die Rolle des Führers einer, wie ihm schien, großen Erweckungs- und Reformbewegung. Er veranlaßte seine Jünger zum regelmäßigen Gottesdienstbesuch (in der Anglikanischen Kirche), zur Sonntagsheiligung, griff den notorischen Ginhandel an, unterband die finanziell und menschlich ruinöse Prozeßlust und veranlaßte die Zerstörung der traditionellen Götzenschreine, der Fetischmedizin und Zaubermittel. Damit stand er gewiß in der historischen Tradition der Propheten, aber diese war noch nicht notwendigerweise pfingstlicher Art. Die pfingstliche Komponente erscheint eher in seinen Krankenheilungen und Prophezeiungen, in welchen seine Anhänger sein besonderes Charisma sahen.

Seine Heilmethode scheint die Glaubensheilung durch Gebet und Handauflegung gewesen zu sein. So groß war die Reputation seiner geistlichen Kraft, daß viele Heilung suchten, indem sie das Wasser, in dem er sich gewaschen hatte, tranken oder sich mit ihm besprengten. Seine pro-

phetischen Äußerungen machten auch vor den britischen Kolonial-
behörden nicht halt; er verurteilte europäische Importware und den
staatlichen Gesundheitsdienst und prophezeite den Afrikanern eine bessere
Zukunft. Diese Tätigkeit wurde als aufrührerisch beurteilt. Auf Grund
verschiedener Anklagen wurde er verhaftet – meines Erachtens unge-
rechterweise. Es gibt keine Beweise ekstatischer Äußerungen bei Braid,
obschon diese erwiesenermaßen unter seinen Anhängern vorkamen. Die
Reputation eines geistesmächtigen Propheten auf Grund seiner Kranken-
heilungen, seiner mutigen Prophetensprüche gegen die traditionelle
Religiosität und möglicherweise gegen die Kolonialmacht bleibt ihm.
Die anglikanischen Kirchenbehörden begrüßten die Bewegung in ihren
Anfängen als große Erweckung, verurteilten sie aber, als es zu Massen-
taufen ohne katechetische Vorbereitung und zu den oben beschriebenen
Exzessen kam. Die Erweckung veranlaßte die Anglikanische Kirche des
Deltas zu einer Reorganisation, insbesondere nachdem sie die Hälfte ihrer
Mitglieder an die Christ Army Churches verloren hatte, die aus der
evangelistischen Tätigkeit Braids entstanden waren, aber mit dessen Tod
1918 wieder verschwanden. Immerhin, diese Kirche war eine der ersten
unabhängigen afrikanischen prophetischen Heilungskirchen.

J. W. Westgarth

Weitere „Geistes"-Kirchen entstanden aus der nächsten identifizierbaren
Erweckung in Ostnigerien, der Geistesbewegung von 1927 unter den
Ibibio und Efik im Bezirk Uyo in der Nähe des Cross River, wo drei
nichtpfingstliche Missionen während zwei Jahrzehnten gearbeitet hatten:
die *United Free Church of Scotland*, die *Primitive Methodist Church* aus Eng-
land und die *Qua Iboe Mission*, eine Allianzmission aus Nordirland.
Die Erweckung begann unerwartet ohne sichtbare Ursache, obschon
Spannungen zwischen der Regierung und der Bevölkerung wegen neuen
Steuern, einer Volkszählung und der Einrichtung von Waldreservaten
entstanden waren. Die Erweckung schien sich auf das Gebiet der *Qua
Iboe Mission*, wo Pfarrer J. W. Westgarth arbeitete[2], zu konzentrieren.
Westgarth, ein evangelikaler Erweckungsprediger, der als Student die
pfingstliche Erweckung in Wales (1904) erlebt hatte, wollte eine ähnliche
Erweckung in Nigerien nicht ermutigen. Er war erstaunt, als Mitglieder
seiner Dorfkirche spontane Versammlungen abhielten, ihre Sünden bekannten, gestohlenes Gut zurückgaben, sich mit ihren persönlichen Fein-
den versöhnten, eingeborene Zauberpraktiken, Tabak und Alkohol aufgaben und ekstatische Phänomene entwickelten, wie sie aus pfingstlichen
Erweckungen bekannt sind (Zungenreden, Zittern, Tanzen, Visionen

und Freudenausbrüche). Er beurteilte die Phänomene als eine Erweckung des Heiligen Geistes, unterstützte sie und suchte gleichzeitig, sie unter Kontrolle zu bringen. Es gibt merkwürdigerweise keine Anzeichen für Prophezeiungen und Krankenheilungen in dieser Erweckung. Regierungsberichte aus der selben Zeit geben ein anderes Bild der Erweckung. Zweifellos entartete sie. Gruppen von Frauen und Jugendlichen vagabundierten im Land umher, zwangen die Leute zu Bekenntnissen, folterten die, die nicht bekennen wollten, zerstörten traditionelle Schreine und Kultgegenstände und verleumdeten die Häuptlinge. Ein Bericht anerkennt, daß die Erweckung ursprünglich einer europäischen Pfingsterweckung glich; „als halb-gebildete Eingeborene aber Erweckungstraktate zu lesen begannen, gefolgt durch okkultistische Literatur, endete das ganze in einer afrikanischen Hexenjagd"[3]. Viele wurden verhaftet und einige wegen Mord hingerichtet.

Obere Okaime Church

Ähnliche, aber weniger extreme Ausbrüche der Geistbewegung tauchten in Abständen und gleicherweise geheimnisvoll in den nächsten Jahren auf. Eine der merkwürdigsten Erscheinungen ist die Gründung einer kleinen unabhängigen Kirche, die heute noch existiert. Sie hieß zuerst *Messifident Holy Spiritual Church* und nennt sich heute *Obere Okaime Church*. Der neue Name ist nicht afrikanisch. Er gehört zu einer angeblich vom Heiligen Geist geoffenbarten Sprache und Schrift. „Messifident" soll „Messiah" und „Obere okaime" „Kirche, die kostenlose Heilungen ausführt" heißen. Schulen, in denen die neue Sprache und Schrift unterrichtet wurde, entstanden. Sie wurden aber infolge des Protestes der Bevölkerung von der Regierung geschlossen. Die Schriften der Kirche in der Geistessprache sind noch vorhanden. Wie der zweite Name besagt, übte die Kirche Heilungen aus, die heute zum Typ der allgemein verbreiteten Offenbarungstherapie der über hundert kleinen Geistkirchen gehört, die sich in Ostnigerien in den letzten 40 Jahren gebildet haben.

Aladura

Einige dieser Kirchen gehören zu ähnlichen prophetischen Heilungskirchen, die sich gleichzeitig unter den Yorubas in Westnigerien entwickelt haben, und die unter dem Namen *Aladura* („Betleute") zusammengefaßt werden. Auch diese entstanden aus nichtpfingstlichen Kirchen, normalerweise aus Anglikanischen Kirchen, sammelten sich um einen charismatischen Führer der sich durch seine Geisteskraft, seine

Krankenheilungen und seine Prophetie auszeichnete. Normalerweise existierten die Betleute eine Zeitlang innerhalb der Anglikanischen Gemeinde. Aber nach einigen Jahren führte ihre Ablehnung der Säuglingstaufe und der westlichen Medizin und die Betonung ekstatischer Gottesdienstformen zur Trennung.

Cherubim- und Seraphimgesellschaften

Eine dieser Gruppen, die 1925 entstand, sammelte sich um zwei Führergestalten, einen Mann und eine Frau, und entwickelte sich später zu dem, was man heute die „Cherubim- und Seraphimgesellschaften" nennt. Sie sind heute in über zehn Hauptzweige organisiert. Die meisten von ihnen haben Elemente des ursprünglichen Namens in ihrem Namen behalten. Einige haben sich bis nach Ghana verbreitet. Als es 1928 zur Trennung zwischen den „Cherubim- und Seraphimgesellschaften" kam, erklärte sich die Anglikanische Synode zwar mit der Ersetzung der Zauberei und Fetische durch Glaube und Gebet einverstanden, beschrieb aber die Träume und Visionen der „Cherubim- und Seraphimgesellschaften" als Versuch, „einen Aberglauben durch einen anderen Aberglauben zu ersetzen" und kritisierte die „gefährlichen Exzesse" der „unheimlichen Seraphimbewegung".

Oshitelu

Im gleichen Jahr (1925) widerfuhr einem jungen anglikanischen Lehrer, Oshitelu, ein visionäres Berufungserlebnis. Nachdem er sich von der Anglikanischen Kirche getrennt hatte, brachte er drei Jahre in geistlicher Vorbereitung zu durch Fasten und Gebet und schrieb in sein Tagebuch viele Geistesoffenbarungen auf Englisch und Yoruba auf, manchmal auch in einer merkwürdigen neuen Schrift. Auch er empfing neue geistliche Worte, aber diese wurden nie zu einer Sprache entwickelt. Sie werden aber immer noch als machtvolle Gebetsworte in der *Church of the Lord* (*Aladura*) gebraucht, die er im Jahre 1930 gegründet hatte. Seine Kirche glich den anderen Aladurakirchen. Man lehnte Götzendienst und afrikanische Zaubermedizin ab. Man verließ sich auf Krankenheilung durch Gebet, Fasten, heiliges Wasser, Prophezeiung, ekstatische Zeichen und andere Hinweise der Gegenwart des Heiligen Geistes. Seine Kirche brachte es nie auf eine große Anhängerschaft – vielleicht höchstens fünf- oder sechstausend Mitglieder –, aber sie entwickelte ein eindrückliches Missionsprogramm in Ghana, Liberia, Sierra Leone und eröffnete 1964 eine Gemeinde unter den Westafrikanern in London, wo verschiedene andere Aladurakirchen ihre „geistlicheren" Gottesdienste durchführen.

2. ENTWICKLUNG DER CHRIST APOSTOLIC CHURCH

Faith Tabernacles

Die größte Kirche der „Aladurabewegung" ist die *Christ Apostolic Church*, eine gutorganisierte Denomination von ungefähr 100000 Mitgliedern. Ihre Anfänge können auf die weltweite Grippeepidemie von 1918 zurückgeführt werden, als eine Anzahl Anglikaner sich zum Gebet vereinigte, um sich gegen die Grippe zu schützen. 1922 trennte sich die Gruppe von der Anglikanischen Kirche (aus Gründen, wie sie oben angeführt worden sind). Nach wenigen Jahren schon sammelten sich verschiedene ähnliche Gruppen in einer losen Vereinigung im Gebiet von Lagos bis Ilesha ungefähr 200 km landeinwärts. Fast alle verwendeten den Namen *Faith Tabernacle*, den sie sich von einer Heiligungsgemeinde in USA (*Faith Tabernacle of Philadelphia*) geliehen hatten. Der amerikanische *Faith Tabernacle* war 1897 gegründet worden und hatte seit langem eine Zeitschrift („The Sword of the Spirit") sowie Traktate und Predigten seines Predigers nach verschiedenen Teilen Nigeriens gesandt. Obschon diese amerikanische Gemeinde nie Missionare nach Nigerien gesandt hatte, übte sie doch einen beträchtlichen Einfluß auf die Nigerianer aus, die auf der Suche nach mehr Vollmacht des Geistes waren. Die Gemeinde aus Philadelphia betonte das Gebet, die Krankenheilung und die Heiligung. Sie lehnte aber ekstatische Phänomene als unbiblisch ab. Unter ihrem Einfluß versuchten die nigerianischen *Faith Tabernacles* ebenfalls Visionen, Träume und Geisterfüllungen einzudämmen, Phänomene, die bei anderen Aladuragemeinden an der Tagesordnung waren.

1925 spaltete sich die amerikanische Kirche in Philadelphia. Eine Partei bildete die *First Century Gospel Church*, die weiterhin ihre Zeitschrift („First Century Gospel") und Predigten ihres Predigers nach Nigerien sandte. Demzufolge nahmen die nigerianischen Gruppen diesen neuen Namen an und gingen eine lose Verbindung mit der amerikanischen Kirche ein.

Seit 1928 fing der nigerianische *Faith Tabernacle* an, die amerikanische Kritik an den Geisterlebnissen in Frage zu stellen. Man suchte ernstlich eine Erweckung und größere Vollmacht. Einige Nigerianer hatten unterdessen den *Faith and Truth Temple*, eine Heiligungsgemeinde von Toronto, kennengelernt. Diese kanadische Kirche hatte 1928 sieben Missionare nach Westafrika gesandt. Fünf starben kurz nach ihrer Ankunft in Lagos, und die beiden verbliebenen, Herr und Frau C. R. Myers, arbeiteten mit dem nigerianischen *Faith Tabernacle* zusammen, bis Frau Myers im Kindbett starb. Der Tod von Frau Myers in einem Spital machte die Nigerianer mißtrauisch. Sie warfen Myers Mangel an Glauben vor und brachen die Beziehungen zu ihm ab.

Joseph Babalola

Die ersehnte Erweckung kam durch den berühmtesten der charismatischen Propheten in der „Aladurabewegung", durch J. Babalola, einen anglikanischen Dampfwalzenführer, der 1928 eine Berufung erlebt hatte und Wanderprediger wurde. Er verkündigte Gericht und Buße, Zerstörung der Götzen und Heilung durch Gebet. Ende 1929 wurde er vom *Faith Tabernacle* als Führer anerkannt und durch Untertauchen getauft. Im Juli 1930 wurde er der Mittelpunkt von Massenheilungen und einer pfingstlichen Erweckung, die sich bald von Abeokuta bis fast zum Nigerfluß erstreckte, und zeitweise mit Oshitelus Kirche identifiziert wurde. Man lehnte die westliche Medizin, aber auch Magie und Götzendienst ab. Die Krankenheilung wurde häufig geübt. Sowohl Heiden als auch Christen aus den Missionskirchen strömten zu Babalola und anderen Führern. Die *Faith Tabernacles* verbreiteten sich sturmwindartig. Die Missionen wurden eifersüchtig auf die neue Bewegung und die Regierung befürchtete aufrührerische Strömungen. Die neue Kirche sah sich einer wachsenden Opposition gegenüber und suchte aufs neue Hilfe bei einer europäischen Pfingstgemeinde.

Kontakt mit europäischen und amerikanischen Pfingstmissionaren

Auch diesmal war der Kontakt wieder durch Literatur hergestellt worden. Sie kam von der britischen Apostolic Church, einem Ausfluß der großen Erweckung in Wales. Drei britische Pfingstführer waren 1931 nach Nigerien eingeladen worden, erkannten, daß eine große Erweckung im Gang war und einigten sich mit den nigerianischen Führern des *Faith Tabernacle* über zukünftige Zusammenarbeit. Die Briten versprachen, Missionare zu senden. Der Name „Apostolic Church" wurde von den Nigerianern akzeptiert, so daß die Kirche von der Kolonialbehörde und den Missionsgesellschaften anerkannt werden, sich ausbreiten und festigen konnte.

Spannungen brachen zwischen den Nigerianern und den Briten auf, als die Nigerianer entdeckten, daß die britischen Missionare Chinin verwendeten, obschon die britische Kirche sonst in jeder Beziehung pfingstlich war, Krankenheilung durch Gebet, Prophetie und die ekstatischen Geistesgaben betonte, genau wie ihre nigerianischen Kollegen. Weitere Spannungen entstanden, als die Nigerianer herausfanden, daß sie in eine

Mission der britischen *Apostolic Church* umorganisiert wurden unter der Führung britischer Missionare. Die fähigsten nigerianischen Führer trennten sich und gründeten ungefähr 1939 ihre eigene *Christ Apostolic Church*. Einer dieser Führer wurde später König von Ibadan; die englische Königin erhob ihn in den (britischen) Adelsstand als Sir Isaac Akinyele. Er starb als Präsident der unabhängigen Kirche. Der kleinere Teil blieb mit der britischen *Apostolic Church* verbunden, entwickelte sich aber weiter, eröffnete Missionen in Ghana und Ostnigerien und umfaßte 1965 etwa 1000 Gemeinden.

Aber auch andere Pfingstliteratur zirkuliert in Nigerien. Der *Apostolic Faith*, Portland, Oregon, gibt eine gleichnamige Zeitschrift in den fünf nigerianischen Hauptsprachen heraus und sendet gesegnete Taschentücher über den Atlantik. Die *Christ Faith Mission*, Los Angeles, sendet ebenfalls gesegnete Taschentücher und ihren „Herald of Hope". Eine Anzahl nigerianische Kirchen verwenden denselben Namen und stehen in Verbindung mit der Kirche von Los Angeles. Gelegentlich kommt ein amerikanischer Missionar. Die *World Christian Crusade* veröffentlicht ihren „Herold Seines Kommens" auf Yoruba, Hausa und Englisch. Sie arbeitet durch einen ehemaligen Missionar der britischen *Apostolic Church*, der in loser Verbindung mit einigen nigerianischen Kirchen steht. „Faith Tabernacle" und „The Voice of Faith" sind ähnliche Zeitschriften. Selbstverständlich findet man in ihnen Zeugnisse von Nigerianern. Seit 1953 kamen amerikanische Evangelisten von der „Spätregenbewegung" und „Global Frontier"-Gruppen nach Nigerien, errichteten einige Radioprogramme, hatten jedoch nicht den gleichen Erfolg wie die früher angekommenen Pfingstler.

Immerhin, es gab noch weitere amerikanische Pfingstmissionen, die in Ostnigerien Fuß faßten auf Einladung nigerianischer, prophetischer Heilungskirchen, die bereit waren, den amerikanischen Namen zu übernehmen. Zwar hatte die *World Wide Missions Inc.* kein Glück. Jedoch zählt die 1952 angekommene *Church of God (Cleveland)* bereits einige tausend Mitglieder. Am erfolgreichsten waren die *Assemblies of God*, die ihr Werk 1939 begonnen hatten auf Grund der Einladung eines Führers einer Erweckung in Ibibio, die hauptsächlich auf die Lektüre des amerikanischen „Pentecostal Evangel" zurückging, der schon seit Jahren in Nigerien gelesen wird. 1961 hatten sie 20000 Mitglieder und wuchsen schneller als die meisten anderen Kirchen, ein Erfolg der damit zusammenhängen mag, daß sie eine völlig pfingstlich ausgerichtete Kirche war.

3. BEURTEILUNG

Die eingeborenen pfingstlichen Heilungskirchen nennen sich gerne zusammenfassend „Geistes"-Kirchen und behaupten, daß der Heilige Geist
ihnen helfe, aller menschlichen Not zu begegnen. Zu oft bedeutet das
direkte Offenbarung durch Träume, Visionen und ekstatische Erfahrungen, durch das Charisma des Propheten mit wenig oder keiner Beziehung
zur Offenbarung in Jesus Christus. Tatsächlich bedeutet Person und Versöhnungswerk Christi wenig in vielen dieser Kirchen. Er ist manchmal
einfach ein überdimensionierter Heiler, Lehrer und Prophet. Darum
können diese pfingstlichen Erscheinungen leicht in Formen heidnischer
Wahrsagerei abgleiten in der Tradition der *babalawo* und Wahrsager-
Heiler oder auch in geschäftstüchtige Heilungsheime, in denen Gebet,
Fasten und heiliges Wasser nur neue Formen der alten Zauberei sind.
Andererseits gibt es Anzeichen für die Entwicklung von wirksamen Kon-
trollen der pfingstlichen Phänomene. Man sieht ein, daß die Geister
geprüft werden müssen, ob sie von Christus kommen. Gewisse Führer
zeichnen sich durch die Gabe der Unterscheidung aus. Man legt Regeln
fest, um den unstillbaren Durst nach Offenbarungen und deren unge-
hemmtes Ausrufen in den Gottesdiensten unter Kontrolle zu bringen.
Biblische und andere Prüfungen werden angestellt, um das Wahre vom
Falschen zu unterscheiden. Ekstatische Erscheinungen werden in ge-
bildeteren Gemeinden zurückgedrängt. Das Verlangen nach Wunderheilung geht zurück in dem Maße wie die medizinisch-wissenschaftliche
Heilung überhandnimmt, obschon viele Führer der *Christ Apostolic
Church* in diesem Punkt zu keinen Kompromissen bereit sind. Die Hoffnung für die Zukunft dieser Kirche liegt in der verbreiteten Ehrfurcht vor
der Bibel und ihrem Wunsch, eine biblische Kirche zu sein, obschon
gegenwärtig die Verstehensmöglichkeiten der Bibel und insbesondere die
Ausbildung einer Predigerschaft, die die Bibel interpretieren könnte,
schmerzlich unangemessen sind. Um so bemerkenswerter ist es, daß die
geisterfüllten Prophetenführer in vielen Fällen die Namenchristen und in
einigen Fällen auch die Heiden zu einem scharfen Bruch mit dem afrikanischen Animismus und Polytheismus, mit den Zauberpraktiken und
dem Vertrauen auf die Ahnengeister geführt haben, um vollständig dem
einen Gott der Heiligen Schrift und seinem Heiligen Geist zu vertrauen
Es scheint, daß es in Gebieten, wo das Christentum bereits in der zweiten
oder dritten Generation existiert, eine pfingstliche Form des Christentums braucht, um diesen Wandel bei den Afrikanern herbeizuführen.

ANMERKUNGEN

[1] Apostolic Church (05.13.023) heißt in der Schweiz „Gemeinde für Urchristentum" und in Deutschland „Apostolische Kirche" (*PGG*, 276–283).

[2] *J. W. Westgarth*, The Holy Spirit and the Primitive Mind.

[3] *National Archives*, Enugu: SCE 1/85/869, Annual Report, Calabar Province, 1927, para 17.

AUSTRALIEN

Barry Chant

Chant wurde 1938 in Adelaide, Südaustralien, in einer baptistischen Familie geboren. Er erlebte 1952 die Geistestaufe und schloß sich der pfingstlichen Christian Revival Crusade an. 1960 erwarb er den B. A. in englischer Literatur und das Sekundarlehrerpatent. Gleichzeitig gründete er drei Gemeinden der *Christian Revival Crusade* durch seinen Predigtdienst an den Wochenenden. 1964 wurde er Mitherausgeber des „Revivalist" (Organ der *Christian Revival Crusade*) und Lehrer an der *Crusade Bible School*, Adelaide (Spezialgebiet: Geschichte der australischen Pfingstbewegung). 1967 erwarb er den B. D. 1967/69 war er Sekretär des südaustralischen Zweiges der *Australian Pentecostal Fellowship*.

Der folgende Artikel stützt sich fast ausschließlich auf Primärquellen, da es sehr wenig gedruckte Quellen über die australische Pfingstbewegung gibt.

1. DIE ANFÄNGE

Im Herzen Australiens steht der Ayerfelsen, der größte Monolith der Welt. Er ist ein Gleichnis für die geistliche Situation Australiens: dieses Land scheint ein Herz aus Stein zu haben. Trotzdem aber gibt es in Australien eine ständig wachsende Pfingstbewegung, die die Notwendigkeit einer geistlichen Erweckung sieht.

Die „Keswick-Bewegung"

Die Anfänge der Pfingstbewegung gehen auf die Ende letzten Jahrhunderts in Melbourne gegründete „Keswick-Bewegung" zurück. Schon 1870 hatte der Vikar von Caulfield, Pfarrer H. B. Macartney, Heiligungskonferenzen in Melbourne organisiert. 1891/92 besuchte G. Grubb, ein englischer Keswick-Evangelist, Australien. „Erstaunliche Szenen spielten sich in diesen Evangelisationen ab"[1], Zeichen wahrer Erweckung. Macartney und Grubb gründeten 1891 die Geelong-Konferenz, die jährlich während zwanzig Jahren abgehalten wurde. Diese zeichneten sich durch spontanes Lobgebet und freie Gottesdienstformen aus.

Bei einer solchen Konferenz in Eltham, einer Vorstadt von Melbourne, ereignete sich 1910 eine frühe Geistesausgießung. Eine unter Ekzema leidende Frau brach unter der Kraft Gottes in einer Zeltversammlung zusammen und stand geheilt wieder auf. Eine andere, Fräulein Painter, redete während einer Gebetsversammlung in Zungen. Einige der Konferenzleiter widerstrebten allerdings diesen Manifestationen. Viele aber erkannten sie als Gebetserhörung.

John Alexander Dowie

Um die Jahrhundertwende brach eine weitere Geisteserweckung in Australien aus. Sie gruppierte sich um den umstrittenen J. A. Dowie. Dowie stammte aus einer schottischen Familie, war aber schon in seiner Kindheit nach Australien ausgewandert und amtete als Pastor in Melbourne, Sydney und Adelaide. Er entwickelte sich zu einer fähigen Führerpersönlichkeit. Krankenheilung durch Gebet bildete einen wichtigen Bestandteil seiner Verkündigung.

1888 reiste er nach den Vereinigten Staaten, wo er die Stadt Zion am Michigansee gründete. Bald wohnten 10000 seiner auf 50000 geschätzten Anhänger in Zion, darunter eine Anzahl ausgewanderter Australier. 1904 besuchte Dowie Australien wieder und predigte in mehreren Städten Ostaustraliens. Wo immer er auftrat, hörten ihm Tausende zu. Infolge der extravaganten Behauptungen, die er gegen Ende seines Lebens aufstellte (er sei der wiedergekommene Elias), verließen ihn viele enttäuscht. Trotzdem hatte er bei vielen den Hunger nach geistlicher Realität geweckt. Wunderheilungen waren ihm zugeschrieben worden. Seine Anhänger, die der Meinung waren, daß die Zeit der Wunder noch nicht vorbei sei, wurden Gründungsmitglieder der australischen Pfingstbewegung[2].

Good News Hall

Im engeren Sinn ist die Gründung der Pfingstbewegung in Australien auf das Jahr 1910 anzusetzen. In diesem Jahre hatte Frau J. Lancaster eine Stadtmission in Melbourne gegründet, die Good News Hall. Ursprünglich ein Vorstadt-Theater, wurde dieser Saal zu einem Mittelpunkt der Evangelisation, der Erweckung, des Gebets und der Sozialarbeit in Nord-Melbourne.

Frau Lancaster, die von ihren Anhängern als „Mutter Lancaster" verehrt wurde, war eine starke, energische, begeisterungsfähige, liebevolle und freundliche Persönlichkeit. Ihre Good News Hall wurde zur Wiege der australischen Pfingsterweckung, die bald nach Parkes in Neu-Südwales und Queensland ausstrahlte. 1920 existierten in sämtlichen Staaten

Australiens (außer in Tasmania) Pfingstgemeinden. Selbst in die unfruchtbaren Steppen Zentralaustraliens reisten Pfingstmissionare, wie z. B. E. Kramer, der trotz mörderischer Hitze, Hunger und Durst tausende von Kilometern mit seinem Eselswagen bis zu den entferntesten Stationen des australischen Hinterlandes zurücklegte[3].

1921/1922 lud Frau Lancaster S. Wigglesworth und A. McPherson nach Australien ein. Wiederum nahmen große Menschenmengen an den Gottesdiensten teil und viele Kranke (darunter Krüppel und Krebskranke) wurden geheilt. Trotzdem entstanden damals keine neuen Pfingstgemeinden. Da Frau Lancaster offenbar nicht an die Gottheit Christi glaubte, verlor die Good News Hall ihre Position als Mittelpunkt der australischen Pfingstbewegung. Auch andere Lehren (z. B. die Vernichtung der Ungläubigen nach dem Jüngsten Gericht und nicht ihr ewiges Strafgericht), die denjenigen der englischen Christadelphianer gleichen, machten die Leute der Good News Hall gegenüber zurückhaltend.

Valdez

1925 lud Frau Lancaster einen jungen Evangelisten, A. C. Valdez aus Amerika, nach Melbourne ein. Valdez, ein hübscher junger Mann mit dunklem Lockenhaar und gewinnendem Lächeln, hatte als junger Katholik eine dramatische Bekehrung erlebt. Nachdem er kurze Zeit in der Good News Hall evangelisiert hatte, entdeckte er die dort gelehrten, für ihn unannehmbaren Grundsätze. Im Gebet wurde ihm klar, daß er sich von der *Good News Hall* trennen und in einem neuen Saal, der *Sunshine-Hall*, weiter evangelisieren mußte. Dieser etwa 100 Personen fassende Saal war von einem energischen jungen Mann, Ch. Greenwood, erstellt worden. Man redete bald in ganz Melbourne von den Versammlungen in der Sunshine-Hall. In einigen Monaten wurden zweihundert Personen im Heiligen Geist getauft. Jeden Abend kamen einige hundert Zuhörer. Valdez erzählte: „Der Saal war überfüllt …, viele mußten außerhalb des Gebäudes zuhören[4]." Ganze Züge voll Leute fuhren zu diesen Versammlungen. Auf dem Bahnhof vor Abfahrt der Züge und auf den langen Reisen sangen die Gottesdienstbesucher evangelistische Lieder. Kein Wunder, daß die *Sunshine-Hall* zu klein wurde und man ein altes Theater mieten mußte, das in *Richmond-Temple* umbenannt wurde. Man organisierte sich unter dem Namen *Pentecostal Church of Australia*. Von 1927 bis 1967 blieb C. L. Greenwood ihr Leiter.

2. AUSBREITUNG

Vom *Richmond-Temple* in Melbourne aus wurden mehrere Tochter-
kirchen gegründet. Die meisten übrigen Pfingstgemeinden, die vorher
mit der *Good News Hall* in Verbindung gestanden hatten, schlossen sich
nun der *Pentecostal Church of Australia* an. In einigen Orten (so z. B. in
Adelaide) kam es zu Spaltungen: ein Teil der Gemeinde blieb unabhängig, der andere schloß sich der *Pentecostal Church of Australia* an.
In Queensland bahnte sich eine andere Entwicklung an. Die dortigen,
von der *Good News Hall* aus gegründeten Gemeinden, hörten von der
Gründung der *Assemblies of God* in Großbritannien und USA. Sie formierten sich unter diesem Namen zu einer Organisation, die sich aber
1937 mit der *Pentecostal Church of Australia* unter dem Namen *Assemblies
of God of Australia* zusammenschloß. Diese Organisation umfaßt heute
100 Gemeinden und betreibt Missionsarbeit in Neu Guinea und anderen
Ländern.
Die *Good News Hall* andererseits wurde vor 20 Jahren geschlossen. Nur
einige ältere Personen leben noch, die die Erinnerung an vergangene große
Zeiten wach halten.

Andere Organisationen

Ende der 20er Jahre herrschte in Australien Depression. Arbeitslosigkeit,
Verwirrung und Revolte suchten die Bergwerksgebiete heim. Kommunistische Agitatoren versuchten, die Situation für ihre Zwecke auszu-
beuten. In dieser Situation tauchte 1929 ein ehemaliger Polizist, der südafrikanische Evangelist F. van Eyk, auf. Diese starke und autoritäre Persönlichkeit durchbrauste die australischen Städte wie ein Sturmwind und
gründete besonders in Neu Südwales und in Queensland neue Gemeinden. In der Bergwerksstadt Cessnock sprach er sogar zu einer Protest-
versammlung der Bergleute. 2000 von ihnen kamen zu seinen Versammlungen und 700 bekehrten sich.
Viele der von van Eyk gegründeten Versammlungen schlossen sich den
Assemblies of God an. Die übrigen formierten sich als *International Church
of the Foursquare Gospel* in Neu Südwales. Amerikanische Missionare derselben Bewegung eröffneten Zweigversammlungen in Perth, Westaustralien. Heute gibt es ungefähr 20 Foursquare-Gemeinden in Australien.
Erst vor einigen Jahren begann die britische *Apostolic Church* ihre Arbeit
in Westaustralien. Sie unterstreicht die Notwendigkeit heutiger Apostel
und Propheten in den Gemeinden. In den Erweckungsversammlungen
ihrer Evangelisten Cathcart und Hewitt wurde die Krankenheilung durch

Gebet betont. Hunderte von Menschen bekehrten sich und Versammlungen (bis zur Größe von 200 Mitgliedern) wurden gegründet. Doch scheint das Wachstum der *Apostolic Church* zu einem Stillstand gekommen zu sein. Sie umfaßt heute 15 Gemeinden.

Christian Revival Crusade

Die *Christian Revival Crusade* wurde 1945 von einem jungen Westaustralier, L. Harris, in Adelaide, Südaustralien, gegründet. Der großgewachsene Harris, ein Mann mit einer sonoren Stimme und imponierender Autorität, zeichnete sich durch kluge Ausgeglichenheit in seinen Predigten aus. Im besonderen konzentrierte er sich auf die prophetische Botschaft der Bibel. Auch zu ihm strömten hunderte von Menschen, insbesondere aus jener Schicht der Bevölkerung, die nach dem Zweiten Weltkrieg einen Halt für ihre ungewisse Zukunft auf Grund biblischer Prophetie suchten. Heute umfaßt die Bewegung ungefähr 30 Gemeinden. 30 weitere, von Harris gegründete Gemeinden, hatten sich seiner Bewegung nicht angeschlossen.

3. ZUSAMMENFASSUNG: DIE AUSTRALISCHE PFINGSTBEWEGUNG HEUTE

Zusätzlich zu den erwähnten Bewegungen gibt es mehrere unabhängige Gemeinden im Land. Einige haben sich in losen Bruderschaften zusammengetan, andere sind völlig unabhängig geblieben. Im ganzen gibt es ungefähr 250 Pfingstgemeinden mit 15000 Mitgliedern und Anhängern. Das ist nicht viel für ein Land mit 12 Millionen Einwohnern. Nur jeder 800. Australier ist Pfingstler. Trotzdem gibt es ermutigende Zeichen. Es gibt mehrere Bibelschulen. Die zwei wichtigsten sind: das *Assemblies of God Commonwealth Bible College*, Brisbane; die *Christian Revival Crusade's Bible School*, Adelaide. Die Pfingstbewegung wächst immer noch. Die *Christian Revival Crusade* z. B. hatte in den letzten drei Jahren eine Zuwachsrate von 50 Prozent zu verzeichnen. In vielen Gemeinden werden einfache, aber zweckdienliche und moderne Kirchengebäude errichtet.
Das Motiv für die Entstehung der australischen Pfingstbewegung war das Verlangen einiger Christen nach Heiligung und nach mehr vom Heiligen Geist. Die Pfingstbewegung war Gottes Antwort auf diesen Hunger. Zweitens hat die Depression viele Menschen veranlaßt, nach einer Sicherheit zu suchen, die von wirtschaftlichen Rückschlägen unabhängig ist. Auf diesem Hintergrund ist van Eyks Evangelisation zu verstehen.

Drittens hat der Zweite Weltkrieg vielen klar gemacht, daß nur Gott den
Menschen eine sichere Zukunft garantieren kann. Die *Christian Revival
Crusade* war die Antwort auf dieses Problem. Im weiteren ist der Nachdruck auf Heilung durch Gebet die Weise der Pfingstbewegung, mit der
sie der Not der Leidenden und Kranken begegnet. Grundsätzlich liegt
aber die Ursache der Erweckung in den Menschen selber. Gott braucht
diese Menschen. Dies kann drastisch am Beispiel der Evangelisationen
von L. Harris und seinen Helfern gezeigt werden. Während seine prophetische Botschaft die größten Säle füllte, beklagte sich ein anderer Pfingstprediger in der gleichen Stadt, daß nicht einmal der Krieg die gleich-
gültigen Australier aufgeweckt habe[5].

Selbst in Australien, dem Land mit einem Herzen aus Stein, besteht die
Chance für eine das ganze Land umfassende Erweckung, die zeigt, was
wirklich geschieht, wenn die Christen mit dem Heiligen Geist erfüllt
werden.

ANMERKUNGEN

[1] *J. C. Pollock*, Keswick Story, 92.
[2] *The Australian Evangel* 1/1, Juli 1926, 10; zu Dowie vgl. *PGG* (Register).
[3] *E. Kramer*, Caravan Mission.
[4] In einer Ansprache, etwa 1960 in Melbourne gehalten.
[5] *P. Duncan*, Pentecost in Australia, 19.

NEUE CHARISMATISCHE BEWEGUNG IN DEN LANDESKIRCHEN

Wolf-Eckart Failing, geb. 1944 in Gießen (Deutschland), Studium der Theologie und Soziologie in Frankfurt, Heidelberg und Tübingen, erstes theologisches Examen im Februar 1968, Promotion in Heidelberg über praktisch-theologische Fragen des Gemeindeaufbaus und des Gruppenphänomens. 1968–69 Vikariat in Frankenthal/Ludwigshafen; seit 1970 Tätigkeit als Verlagslektor in Frankfurt.

1. DIE WURZELN DER CHARISMATISCHEN BEWEGUNG

Verborgene Anfänge

Nach dem Zeugnis des Neuen Testaments ist jeder wiedergeborene Christ vom Heiligen Geist erfüllt. Der Heilige Geist ist jedoch nicht „unsichtbar" gegeben, sondern er will sichtbar in Erscheinung treten. Dies geschieht in der Frucht des Geistes und in den Gaben des Geistes. Weil der Heilige Geist immer in der Kirche Jesu Christi wirksam war, gab es dort auch immer Gaben des Heiligen Geistes[1]. Daß manche der in 1. Kor. 12–14 genannten Geistesgaben im Laufe der Kirchengeschichte stark in den Hintergrund getreten sind, heißt nicht, daß sie (und schon gar nicht der Heilige Geist) nicht vorhanden gewesen wären.

In den letzten Jahren sind jedoch in den verschiedensten Gruppen und Kreisen in Deutschland[2] auch die von der Pfingstbewegung stärker in den Vordergrund gestellten Gaben neu entdeckt, erkannt, ernstgenommen und praktiziert worden. Wie kam es dazu?

Nachdem die Pfingst-Erweckungsbewegung um die Jahrhundertwende – wie weit berechtigt oder unberechtigt, das sei hier offengelassen – aus dem Raum der Landeskirchen abgedrängt war, wurde es im Raum der evangelischen Kirche ruhig um das Reden von und Leben mit Charismen und charismatischen Erscheinungen. Einen neuen Aufbruch bringen die Kriegsereignisse, welche Erfahrungen auslösen, die zunächst nicht immer ab charismatisch erkannt und benannt werden, da die äußeren Ereignisse wenig Raum für biblisch-theologische Reflexion ließen. Aber dieser Aufbruch aus den Erschütterungen des Zweiten Weltkrieges und die Folgen im Leben einzelner und verschiedener Gruppen steckten das Feld ab, auf dem sich das Spätere entwickeln konnte[3].

W. Becker hat drei Komponenten aufgezeigt, die für diese neuen (charismatischen) Erweckungen konstitutiv sind:

1. Die Entdeckung und Betonung des Laienelementes im Leben der Kirche

Die Tatsache, daß viele Pfarrer und kirchliche Mitarbeiter eingezogen und an der Front sind, zwingt die Gemeindeglieder dazu, ihre Verantwortung zu sehen und wahrzunehmen. Daraus bilden sich einige, wenn auch zahlenmäßig kleine, so doch elementare und dynamische Bewegungen. „In dieser Zeit – man kann es nicht bei allen aufs Jahr genau festlegen – entstehen ordensmäßige Zusammenschlüsse. Viele sind durch äußeren Druck, aber vor allem durch die gemeinsame Erfahrung in der Bedrohung der Existenz in eine tiefe Gemeinschaft geführt worden, daß sie später nicht mehr bereit sind, darauf zu verzichten … In diesen Gemeinschaften kommt es zur Erfahrung mit Geistesgaben. Zunächst ungesucht und darum auch unreflektiert. Man erfährt sie mit Freuden, aber überall in dieser Stimmung und Gesinnung der Buße und der Erschütterung vor dem allmächtigen Gott. Es kommt zu prophetischen Äußerungen, Kranke werden geheilt, und auch das Zungengebet als Anbetung tritt neu in Erscheinung."

2. Die ökumenische Komponente

In Schützengräben, Konzentrations- oder Gefangenenlagern oder während der Bombennächte werden Menschen verschiedener Konfessionen und Gruppen durch den äußeren Druck zu Schicksals- und Lebensgemeinschaften zusammengeschlossen. Die äußere Not, die primitiven Mittel und das ständige Leben „auf der Grenze" lassen die konfessionellen Schranken verschwinden. „Man begegnet sich und erlebt eine überkonfessionelle Bruderschaft." Man sitzt zusammen und feiert gegen alle Kirchenordnungen gemeinsam des Herrenmahl. Diese Erfahrungen erweisen sich als stark genug, um auch nach Wegfall der äußeren Umstände dauerhafte Kontakte zu formen und zu neuer Gruppenbildung zu führen.

3. Der eschatologische Charakter

Die Katastrophen des Krieges und seiner Folgen werden für manche zum Anlaß, die eschatologische und apokalyptische Botschaft des Neuen Testaments neu zu hören und ernstzunehmen. Bewegungen entstehen, welche diese Zeit als Zeit der Bewährung, der Vorbereitung und Heiligung sehen. Auch in diesen Gruppen brechen Geistesgaben auf. „Man will keine eigenen Gemeinden bilden, sondern in allen Gemeinden die Gläubigen wachrufen. Man ruft auf im Hinweis auf das nahe Ende, man ruft zur Buße und zur Vorbereitung auf die Wiederkunft Jesu[4]."

Daneben entstehen evangelistische Bewegungen, die in ihrem gemeinsamen Leben im kleinen geistliche Disziplin erproben. „In der Zusam-

menarbeit in diesen Bewegungen wird erprobt, was Zucht des Heiligen Geistes ist, Disziplin durch Zusammenarbeit, Korrektur durch Mannschaftsarbeit, Disziplinierung des eigenen geistlichen Lebens durch Stille Zeit und Bibelstudium. All dies sind wunderbare Voraussetzungen für spätere tiefere und weitergehende geistliche Erfahrungen. In diesen Bewegungen ist auch der gute Boden für charismatische Erfahrungen[5]."
Begegnungen mit den Geistesgaben wurden z. B. in der „Vereinigung vom Gemeinsamen Leben"[6], in der „Evangelischen Marienschwesternschaft"[7] und in mancherlei kirchlichen und freikirchlichen Kreisen erlebt. Durch die ökumenischen Kirchentage des schweizerischen Diakonievereins, die seit vielen Jahren in Rüschlikon stattfinden, entstanden erste Kontakte zu russisch-orthodoxen und römisch-katholischen Christen, die ebenfalls Erfahrungen mit Charismen aufweisen. Diese Gemeinschaften und Kreise redeten jedoch kaum über die bei ihnen praktizierten Geistesgaben, publizierten auch keine „Berichte", so daß das dort vorhandene charismatische Leben seine Wirkung nur auf Menschen ausübte, die unmittelbar mit diesen Kreisen in Berührung kamen.

Charismatische Erweckung in lutherischen Gemeinden der USA

Kontakte mit der charismatischen Erweckung auf dem Boden amerikanischer lutherischer Gemeinden erhielten weitere Kreise in Deutschland erst indirekt, dann auch direkt durch Pfarrer Arnold Bittlinger[8]. Der damalige Leiter des „Volksmissionarischen Amtes der Pfälzischen Landeskirche" reiste im Herbst 1962 auf Einladung des „Lutherischen Weltbundes" nach den Vereinigten Staaten zum Studium von Fragen des Gemeindeaufbaus, der Haushalterschaft und der Evangelisation. Durch seine Tätigkeit bedingt, interessierte er sich besonders für die Arbeit und Aktivität der Laien. Es war ihm klar, daß eine Erneuerung der Gemeinde nicht durch kirchlichen Aktivismus erreicht werden kann, sondern nur durch persönliches Engagement der einzelnen Gemeindeglieder, wie es etwa auf den Tagungen des „Marburger Kreises" geschieht.
Während seines Aufenthaltes in Washington D. C. wurde A. Bittlinger durch seinen Gastgeber, Dr. R. van Deusen (den lutherischen Beauftragten bei der amerikanischen Regierung und Leiter der Washington-Zweigstelle des „Nationalen Rates der lutherischen Kirchen", *National Lutheran Council*) mit einer charismatischen Erweckung, die in zahlreichen lutherischen Gemeinden Amerikas aufgebrochen war, bekannt gemacht. Der Leiter des „Volksmissionarischen Amtes", der keinerlei Kontakte mit der Pfingstbewegung hatte und dieser Bewegung noch heute kritisch gegenübersteht[9], hatte bis dahin keine Ahnung von der Existenz der von

der Pfingstbewegung betonten Gnadengaben in „außerpfingstlerischen"
Kreisen, zeigte sich aber für diese Erweckung aufgeschlossen, nachdem
er sich selbst von dem nicht-schwärmerischen und nicht-ekstatischen
Charakter dieser Bewegung überzeugt hatte.

Auf seiner offiziellen Reiseroute besuchte er mehrere lutherische und
anglikanische Gemeinden, die von der Erweckung erfaßt waren. Von
Anfang an vertrat Bittlinger die Ansicht, daß Geistesgaben wie Sprachenrede, Prophetie, Krankenheilung usw. keine übernatürlichen Phänomene
waren, die durch eine „Geistestaufe" oder dergleichen vermittelt werden,
sondern Gaben wie Diakonie, Seelsorge, Verwaltungsgaben, musikalische Fähigkeiten usw. Bei der Gabe der „Sprachenrede" (oder „Zungenrede") vermutete Bittlinger, daß es sich um ein Reden aus dem Kollektiv-
Unbewußten handelt, und vertrat diese Meinung unter anderem auch in
Gesprächen mit Professor Satre von der Lutherisch-Theologischen
Fakultät St. Paul, Minn.[10]

Besondere Eindrücke von den positiven Auswirkungen der Charismen
in einer normalen lutherischen Gemeinde erhielt er in der Gemeinde
seines Gastpfarrers L. Christenson. In seinem offiziellen Bericht an den
„Lutherischen Weltbund" schrieb Bittlinger:

„1. Positive Eindrücke

Während meines Aufenthaltes in Amerika stieß ich in verschiedenen
lutherischen Kirchen auf eine neuartige Erweckungsbewegung, deren
Kennzeichen darin besteht, daß sämtliche neutestamentlichen Charismata wieder aufgetreten sind und in großer Disziplin und Ordnung
praktiziert werden. Ich hatte Gelegenheit, an verschiedenen Gebetsgottesdiensten teilzunehmen, in denen Geistesgaben aufgetreten sind.
Ich war beeindruckt von der feierlichen liturgischen Schönheit dieser
Gottesdienste. Überall hielt man sich streng an die Vorschriften des
Apostels Paulus in 1. Kor. 14, 26 ff. Das Gemeindeleben wurde in ungeahnter Weise befruchtet. Das, was sonst durch vortreffliche Organisation funktioniert, geschieht bei den Erweckten spontan und selbstverständlich. Die Gemeindeglieder besuchen sich gegenseitig, sie
kümmern sich um Außenstehende, sie beten für Kranke und stellen
ihr Geld und ihre Zeit in den Dienst der Kirche. Ein Pfarrer wies mich
darauf hin, daß in einer der Erweckungsgemeinden soziale Probleme
neu erkannt und in Angriff genommen wurden. Eindrücklich ist vor
allem die ökumenische Gesinnung. So weigerte sich z. B. eine lutherische Gemeinde, sich der neugebildeten *American Lutheran Church*
anzuschließen. Sie war entschlossen, als selbständige Gemeinde weiter-
zuexistieren. Nachdem diese Gemeinde von der Erweckung erfaßt
worden war, stimmten gerade diejenigen Gemeindeglieder für den

Anschluß, die zuvor am heftigsten gegen den Anschluß waren … Erfreulich war auch, daß ich nirgends Gesetzlichkeit oder Schwärmerei feststellte; im Gegenteil, die Lehren der Bekenntnisschriften (besonders das *sola gratia*), die Kindertaufe und das Abendmahl gewinnen für die erweckten Lutheraner eine neue und tiefere Bedeutung.

2. Kritische Anmerkungen

Bei einzelnen erweckten Gemeindegliedern beobachtete ich, daß die Bedeutung der Geistesgaben (besonders des Zungenredens) überbetont wurde. Die Gefahr einer Fehlentwicklung liegt auch dort vor, wo mit der Praktizierung der Geistesgaben nicht eine vertiefte Sündenerkenntnis Hand in Hand geht. Hier könnte das Ernstnehmen der Beichte eine wesentliche Hilfe bedeuten.

In Gemeinden, in denen sich der Pfarrer kritisch zu der Praktizierung der Geistesgaben stellt, besteht die Gefahr, daß erweckte Gemeindeglieder zu anderen Kirchen abwandern oder Sonderkreise bilden. Solche Pfarrer sollten deshalb den Gemeindegliedern, denen Geistesgaben geschenkt wurden, die Möglichkeit geben, daß sie sich in der Kirche oder in kirchlichen Räumen zu ihren Gebetsgottesdiensten treffen. Sie sollen darauf achten, daß die Geistesgaben nach der Ordnung von 1. Kor. 14, 26 ff. praktiziert werden und sich davor hüten, die Erweckten zu beargwöhnen oder ihre Gebetsversammlungen zu verbieten.

Die beste Entwicklung ist dort gewährleistet, wo der Pfarrer bei den Gebetsgottesdiensten einfach mitmacht. Eine gute nüchterne Anweisung zur Praktizierung der Geistesgaben in einer lutherischen Gemeinde hat L. Christenson veröffentlicht.

3. Anregungen für Deutschland

Zu meiner Überraschung entdeckte ich, daß auch in Deutschland innerhalb unserer Landeskirchen einer Reihe von Pfarrern und Gemeindegliedern Geistesgaben neu geschenkt wurden. Diese Menschen reden allerdings nicht darüber aus Furcht davor, als „Pfingstler" verschrien zu werden.

Die Bedeutung des dritten Artikels wird jedoch in Kirche und Theologie immer stärker erkannt und die Stimmen mehren sich, die auch in Deutschland dazu aufrufen, den Heiligen Geist und seine Gaben neu ernstzunehmen. So schrieb mir z. B. einer meiner Kollegen: „Von der Erweckung der Geistesgaben her sehe ich die Erneuerung unserer Gemeinden." Wir sollten es wagen, um ein neues Wirken des Heiligen Geistes zu bitten – selbst auf die Gefahr hin, daß auch uns dann die Geistesgaben wieder geschenkt werden. Sicherlich würde das in unserer Kirche einigen Rumor verursachen, aber dieser Rumor könnte nur heilsam sein[11]."

Anfänge eines charismatischen Aufbruchs in Deutschland

Nach seiner Rückkehr aus den USA wurde A. Bittlinger von zahlreichen Gemeinden, Bewegungen und Kreisen eingeladen, über seine Erfahrungen in den USA zu berichten. Als Bittlingers Gastpfarrer, L. Christenson, im August 1963 auf der Rückreise von der Tagung des „Lutherischen Weltbundes" in Helsinki durch Deutschland reiste, kam es zu einer Tagung mit dem Thema „Das Wirken des Heiligen Geistes heute". Veranstalter war das „Volksmissionarische Amt der Pfälzischen Landeskirche", Kirchenleitung und die „Konferenz der Leiter der Volksmissionarischen Ämter" waren informiert. Der Teilnehmerkreis setzte sich aus etwa 80 Männern und Frauen zusammen, die als verantwortliche Mitarbeiter in verschiedenen kirchlichen und freikirchlichen Gruppen und Bewegungen arbeiten[12]. Einer der Teilnehmer berichtet:

> „Wir fuhren mit vielen Erwartungen, aber auch mit großer Skepsis nach Enkenbach. Manches hatten wir gehört; es sei wieder eine neue Zungenbewegung entstanden, man hätte die Geistesgaben bei evangelischen Pfarrern erlebt. Der Kreis, der sich dort traf, bestand hauptsächlich aus Kritikern und Beobachtern. Überraschend war zunächst die sehr nüchterne Art, in der man sich dort zusammenfand; keinerlei ungesunde Stimmung konnte aufkommen, dagegen wurde aber von allen Teilnehmern eine gründliche Bibelarbeit verlangt. Bis zu zwei Stunden am Vormittag mit vielen theologischen und griechischen Begriffen. Noch kritischer wurde der Teilnehmerkreis, als der Amerikaner L. Christenson sprach. Die Diskussion am ersten Abend war noch einmal ein heftiger Ausbruch der Kritik. Alles Gesagte wurde zerpflückt und untersucht. Alle Anwesenden – ob Theologen, Psychologen, Ärzte oder Leute aus dem Wirtschaftsleben – waren aber ehrlich in ihrer Kritik. Hier lag sicher der Grund, warum die meisten nicht nur zuhörten, sondern auch überzeugt wurden ... Die Erfahrungen, die im persönlichen Gespräch und Gebet – teilweise unter Handauflegung – gemacht wurden, gingen mit und wurden in die Kreise und Bewegungen, aus denen die einzelnen kamen, weitergetragen. Da die meisten Teilnehmer der Enkenbacher Tagung entweder Pfarrer, Mitarbeiter der Pfarrer oder verantwortliche Mitarbeiter in einzelnen Gemeinden und Bewegungen waren, entstand so nicht irgendwo am Rande in einem sektiererischen Winkel die neue Belebung, sondern im Zentrum der Gemeinden. Nicht in Enthusiasmus und Überschwang oder in ekstatischer Weise wurden die neuen Charismen erlebt, sondern nüchtern, kontrolliert, kritisch,

und vor allem in großer Ehrfurcht. Nicht das Zungenreden stand im Vordergrund, sondern andere Gaben wie Prophetie, Wort der Weisheit, Gabe der Geisterunterscheidung[13]."

Von dieser Enkenbacher Tagung gingen intensive Impulse aus, die sich in vielen Gesprächen, Treffen und Begegnungen, Studium des Neuen Testamentes und einschlägiger Literatur fortsetzten. In der Regel wurden die neu aufgebrochenen Erfahrungen in Hauskreisen und ähnlichen Gruppen weitergegeben. Diese Zusammenkünfte, meist als Gebetsgottesdienste oder charismatische Gottesdienste bezeichnet (um das Moment des Hörens und Antwortens zu markieren), „geschehen mancherorts in der Weise, daß Prediger oder Pfarrer, vor allem auch nichttheologische Mitarbeiter zusammenkommen – selbst über große Entfernungen hin 14täglich oder vierwöchentlich –, um Erfahrungen zu sammeln, bevor sie sie in ihren örtlichen Gemeinden weitergeben"[14].

In der Folgezeit wurden Tagungen – ähnlich der in Enkenbach – mit dem Thema „Geistesgaben – heute" von zahlreichen Ortsgemeinden veranstaltet, außerdem von einer Reihe von Bewegungen, Kreisen und kirchlichen Institutionen[15]. Da bei diesen Veranstaltungen in der Regel nicht nur Informationen über das Gebiet der Geistesgaben, sondern auch praktische Anleitungen zur rechten Praktizierung der Charismen vermittelt wurden, gibt es heute in vielen Gemeinden und Gruppen Menschen, die durch persönliche Erfahrungen mit den Charismen neu erweckt wurden und dadurch segensreich in ihrer Umgebung wirken konnten[16].

Welches sind nun charakteristische Merkmale dieser Bewegung und wie wirkt sie sich im Leben der einzelnen und der Gruppen aus?

Mit großer Intensität und Kraft entdeckt man die Gemeindewirklichkeit als Zugehörigkeit zum Leib Christi. Was früher als Theologumenon oder als bildhafter Vergleich aufgefaßt wurde, wird nun erfaßt und erlebt als Wirklichkeit: Die Gemeinde *ist* Leib Christi. Diese Erkenntnis bewirkt eine Vertiefung und einen Gewinn an Intensität, sowohl in der Weise, daß der einzelne stärker als je sich der Begegnung mit seinem Herrn stellt als auch in der Weise, daß aller religiöse Individualismus enger Art zurückgelassen und die herzliche und sachliche Verbundenheit mit den übrigen Gliedern der Gemeinde gesucht wird. Diese beiden Dimensionen schlagen sich unter anderem darin nieder, daß einerseits eine sehr intensive Seelsorge praktiziert (besonders das brüderliche Gespräch und die Beichte) wird, andererseits eine tragende und verpflichtende Gemeindedisziplin sich entwickelt, deren Charakteristikum nicht die *Unter*ordnung, sondern die *Ein*ordnung ist. Der Wunsch, das neuentdeckte Leib-Christi-Sein im Abendmahl (oft mit einem „Liebesmahl" im urchristlichen Sinne verbunden) als besonderen Ausdruck der Gemeinschaft des auferstandenen

Herrn mit seiner Gemeinde und der Jünger Jesu untereinander zu feiern,
zieht sich durch fast alle Gruppen.

Ebenfalls kennzeichnend ist der feste Wille derer, die durch Charismen
neu erweckt wurden, zu einem bewußten Bleiben in ihren bisherigen
Gruppen, Gemeinschaften und Kirchen, in denen man lebte. Tendenzen
zur sektenhaften Abspaltung fehlen oder werden sofort korrigiert. Man
sucht die ökumenische Weite des Herzens, nicht die Enge der Selbst-
bespiegelung, das Gespräch und nicht die Isolation. „Die Liebe zu allen
Heiligen, die Weite des Herzens und der Gedanken sind typische Merkmale. Und hier unterscheiden sich diese neuentstandenen Gruppen von
den klassischen Pfingstgemeinden. Nicht eine Person steht im Mittelpunkt, die die Hände auflegt, die Gaben vermittelt, oder eine bestimmte
Methode, durch die man die Gaben bekommt, sondern die Freiheit des
Geistes, der schenkt, was und wie und wann er will[17]."

Als drei weitere Erfahrungen, „die für die Praktizierung der Geistesgaben
typisch zu sein scheinen", nennt W. Becker:

„Es gibt kein Expertentum. Die Gaben des Heiligen Geistes können
von allen erfahren werden. – Sie sind nicht auf Heilige beschränkt,
sondern sie sind eine Erfahrung für den Normalverbraucher. Es wird
deutlich erlebt, daß jede Gabe ihre Ergänzung braucht, daß keiner mit
seiner Gabe allein auskommt. Es besteht geradezu eine Furcht, isoliert
zu werden. Dort, wo nur eine oder zwei Gaben erlebt werden, ist das
dringende Gebet um die Ergänzung durch die anderen verheißenen
Gaben.

Ein zweites Merkmal ist, daß es nirgendwo zu ekstatischen oder
enthusiastischen Erscheinungen kommt. Ich habe bei allen Beobachtungen keinen Fall von emotionaler Auffälligkeit erlebt. Es mag sein,
daß es solche Extreme im Verborgenen gibt, aber sie sind in meinem
Erfahrungsbereich noch nicht in Erscheinung getreten.

Ein drittes Merkmal: Es gibt kein Schema. Weder die Art, wie die
Gaben empfangen werden, noch die Art ihrer Praktizierung ist überall
dieselbe. Der eine empfängt die Geistesgaben mit einer inneren Erschütterung unter dem Gebet mit Handauflegung, ein anderer durch
langsames Entdecken der schon vorhandenen Erfahrungen und die
Einübung in diese Art. Ein Dritter wieder erkennt, daß er schon seit
langer Zeit Geistesgaben praktiziert, ohne sie als solche bezeichnet zu
haben. Manche haben ein Erlebnis, das sie vielleicht als Geistestaufe
bezeichnen würden, andere werden still, langsam wachstümlich von
einer neuen Erfahrung durchdrungen[18]."

2. THEOLOGISCHE LEITLINIEN
DER CHARISMATISCHEN BEWEGUNG

Ein weiteres bedeutsames Kennzeichen ist, daß eine kritische Relation zwischen Leben und Erfahrungen einerseits und biblisch-theologischer Lehre andererseits sofort seit den ersten Anfängen der Bewegung als notwendig erkannt und aufrechterhalten wurde.

Es zeigte sich hier als große Hilfe, daß sich nach der Enkenbacher Tagung ein größerer Arbeitskreis von verantwortlichen Männern und Frauen (darunter eine große Zahl von Theologen und theologisch gut geschulten Laien) aus verschiedenen kirchlichen und freikirchlichen Bewegungen zusammenfand, um gemeinsam Fragen des neuen charismatischen Aufbruchs zu beraten. – Später stießen auch noch orthodoxe und römisch-katholische Theologen zu diesem Kreis. Daneben bildet sich ein regional begrenzter, theologischer Arbeitskreis.

Als man mit der biblisch-theologischen (und kirchengeschichtlichen) Aufarbeitung begann, bemerkte man mit Erstaunen, daß bedeutsame theologische Arbeiten – vor allem der Exegese – bereits vorlagen[19]. So hatte E. Käsemann in seinem hervorragenden Aufsatz: „Amt und Gemeinde im Neuen Testament"[20] bereits 1949 geschrieben:

> „Am stärksten sollte uns jedoch das Problem bedrängen, warum selbst der Protestantismus, sofern ich es recht sehe, nie ernsthaft versucht hat, eine Gemeindeordnung unter dem Aspekt der paulinischen Charismenlehre zu schaffen, sondern das den Sekten überlassen hat[21]."

Neben den Arbeiten E. Käsemanns sind es vor allem die Exegeten E. Schweizer, G. Friedrich, H. Greeven und C. Schneider, sowie auf seiten der Praktischen Theologie R. Bohren gewesen, die bei der theologischen Durchdringung und kritischen Verarbeitung Entscheidendes beigetragen haben[22]. A. Bittlinger wiederum verstand es, auf seinen Erfahrungen in den USA und Deutschland einerseits und auf diesen exegetischen Ergebnissen andererseits basierend, in verschiedenen Veröffentlichungen[23] diese für viele neue Dimension christlicher Nachfolge einem größeren Leserkreis nahezubringen. Dabei haben sich für die Bewegung folgende theologische Leitlinien gezeigt:

1. Gott selbst ist es, der Grund und Ausführender seiner Mission ist (*missio Dei*).

2. In der Sendung des Sohnes, und das heißt in Kreuz und Auferstehung Christi, hat Gottes „Ein-für-allemal" und damit seine endgültige Zusage einen unüberbietbaren, nicht ergänzungsbedürftigen Ausdruck erfahren.

3. Die Gemeinde ist wesenhaft Leib Christi und als solche Präsenz Christi

in dieser Welt und „Instrument" göttlicher Mission. Sendung ist *das* Strukturprinzip[24]. Durch die Gemeinde will Jesus Christus heute in und an dieser Welt wirken. Die Gemeinde ist also missionarisch, charismatisch und ökumenisch in ihrer Gestaltwerdung.

4. Zur Erfüllung dieser Gestaltwerdung hat Gott seiner Gemeinde die Kraft des Heiligen Geistes verheißen und verliehen, die sich in der Frucht und in den Gaben des Geistes „als Individuation der Gnade" (Käsemann) äußert und so konkret wird.

5. Jeder wiedergeborene Christ ist „Charismatiker".

> „Wir Christen warten nicht auf einen speziellen Akt des Geistempfangs in „Versiegelung" oder „Geistestaufe", sondern wir wissen, daß der Heilige Geist in jedem Christen wohnt und auch bei jedem Christen sichtbar werden will[25]."

6. Ein Charismatiker ist ein Mensch, der durch die Wirkung Gottes in seinem Heiligen Geist zu seiner eigentlichen (= gottgewollten) Begabung befreit wird und sie primär zum Aufbau der Gemeinde und deren Dienst in der Welt zur Verfügung stellt[26].

7. Wer ein Charisma ausübt, handelt als ein Glied am Leibe Christi. Untereinander sind alle Glieder gleichwertig und gleichberechtigt[27]. Eine Abgrenzung und Näherbestimmung ergibt sich in dreifacher Weise: Charismatisches Handeln geschieht:

  a) in der Abhängigkeit von Jesus Christus (1. Kor. 12, 3)
  b) nach dem Maß des Glaubens   (Röm. 12, 3)
  c) als Verwirklichung der Liebe   (1. Kor. 13)

8. Was die Erscheinungsformen der Charismen betrifft, so ist eine Stufenleiter undenkbar.

> „Wenn wir uns klar machen, daß die Ehe genauso ein Charisma ist wie die Prophetie, und die Kassenverwaltung wie die Zungenrede, dann wird deutlich, daß wir von Paulus her keine Unterscheidung zwischen natürlichen und übernatürlichen wie zwischen gewöhnlichen und außergewöhnlichen Gaben machen dürfen. Alle Gaben sind übernatürlich-natürlich und außergewöhnlich-gewöhnlich. Man könnte höchstens unterscheiden zwischen solchen Gaben, die stärker im inneren Raum der Gemeinde ihre Funktion ausüben und solchen, die vor allem nach draußen gerichtet sind."[28]

9. Jede Gabe Gottes, und sei sie noch so „natürlich", ist Charisma, wenn sie dazu dient, den Herrn der Welt und der Gemeinde zu verherrlichen und die Herrschaft Christi auszubreiten.

> „Als Merkmal und auch als Prüfung für die Erfahrungen (kann) genannt werden, daß der Empfang und die Ausübung von Charismen nicht zu einer besonderen Heiligkeit führen, sondern den einzelnen

für den Dienst in der Gemeinde und in seinem alltäglichen Leben für
Gott brauchbar machen. Nicht das Anliegen' persönlicher Heiligung steht im Vordergrund, sondern der Dienst und der Bau des Reiches Gottes sind die Hauptanliegen. Nicht die Gabe erfährt eine besondere Betonung, sondern die Frucht wird neu und zentral betrachtet.
Die Jesusähnlichkeit wird betont und ist als ein kritisches Merkmal anzusehen. Es kommt zu einer natürlichen Übernatürlichkeit. Keine
verkrampfte, humorlose, enge Frömmigkeit ist das Ergebnis solcher
Erfahrungen, sondern eine große heitere, herrlich befreite Lebens-
weise in der Gegenwart Gottes."[29]
Charisma als Sichtbarwerden der Gnade und des Heiligen Geistes ereignet
sich nur dort, und Begabungen bleiben nur da Charismen, wo sie in der
Agape gebraucht werden.[30]
  „Es geht nicht um das Phänomen, also nicht um die mehr oder
weniger eindrucksvolle Außenseite einer Gnadengabe, sondern um
deren Funktion[31]. Dann verblaßt auch der Unterschied zwischen
großen und kleinen, wichtigen und unwichtigen Gaben. Die größte
und wichtigste Gabe ist dann jeweils diejenige, die gerade notwendig
ist[32]."
10. Wo alle Charismatiker sind, da kann es auch nicht Amtsautorität
durch institutionelle Verleihung geben.
  „Das besagt konkret, daß in der Gemeinde Autorität und Charisma
zusammengehören und, da Charisma nur im Dienst sich als echt erweist, Autorität hier allein der Dienende als solcher und im Vollzug
seines Dienstes haben kann[33]."
Autorität ist damit abhängig von Charisma und Vollmacht.
  11. „Wird die Ordnung der Gemeinde als Manifestation des Geistes,
als Zeugnis für den in der Gemeinde lebenden Herrn verstanden,
dann muß sie vor allem im Gottesdienst der Gemeinde sichtbar
werden[34]."
So hat der Gebets- oder charismatische Gottesdienst in der neuen Bewegung eine exemplarische Bedeutung, geht es hier doch in besonderer
Weise um ein Einüben in die Abhängigkeit und in die Unverfügbarkeit
Gottes.
Hier wird konkret jeweils neu erlebt, „daß es Kirche als Gemeinde Christi
nie anders gibt als so, daß Gnade neu nach uns greift und uns ihr neu
dienstbar werden läßt und daß wir die Sorge für die Kontinuität der
Kirche allein dem überlassen müssen, der allein Gnade dauern lassen
kann"[35].
Zugleich sind diese Gottesdienste Einübung im Hören aufeinander, in
der Fülle der Gaben. Höhepunkt ist hier das Herrenmahl. Gottesdienst

wird hier nicht gesehen als veränderte Form von „Kult", sondern als Sammlung im und Auftakt zum „vernunftgemäßen Gottesdienst" im Alltag der Welt[36].

12. Die brennende theologische Frage im Blick auf die Gemeinde ist die: Wie können die institutionellen Kirchen, die verfestigten Gruppen und traditionellen Bewegungen eine charismatische Struktur erhalten[37], wie können sie dynamisch und mobil werden, charismatisch „durchlässig", das heißt durchlässig für Wollen und Handeln *Gottes*, damit die Herrschaft Christi sichtbar Raum und Zeit gewinnt? Wie wird die Kirche beglaubigtes und glaubwürdiges Zeugnis ihres Herrn?

J. Ch. Blumhardt, der wie kaum ein anderer in seiner Zeit mit brennendem Herzen diese Frage scharf gestellt hat, schrieb damals:

> „Kirche ist der Wagenzug, die Lokomotive sind die in der Apostelzeit noch waltenden Gnadenkräfte des Himmelreiches. Die Lokomotive hat sich losgelöst und wir bleiben sitzen und müssen warten, bis sie wiederkommt, dann geht's wieder vorwärts[38]!"

ANMERKUNGEN

[1] Vgl. hierzu *Bischof Johannes* (Eugraph Kovalevski), Die Charismen in der Geschichte der orthodoxen Kirche, in *R. F. Edel* (Hg.), Kirche und Charisma, 78–88 – *Wilhelm Schamoni*, Die Charismen in der Geschichte der römisch-katholischen Kirche, in *R. F. Edel* (Hg.), a.a.O., 88–107 – *R. F. Edel*, Die Charismen in der Geschichte der evangelischen Kirche, in *R. F. Edel* (Hg.), a.a.O., 107–129 – *R. Gagg*, Kirche im Feuer – *W. E. Failing*, Martin Butzer, Pfälzisches Pfarrerblatt 58, 1967, 35 ff.

[2] Z. B. „Vereinigung vom Gemeinsamen Leben", „Evangelische Marienschwesternschaft" u. a.

[3] Vgl. zu folgendem den instruktiven Bericht *W. Beckers*, Die Charismen in der evangelischen Kirche heute, in *R. F. Edel* (Hg.), Kirche und Charisma, 157–167.

[4] *W. Becker*, a a.O., 160 f.

[5] *Ders.*, a.a.O., 162 – Becker nennt auch die Wiederentdeckung der Gabe der Diakonie und der Ehelosigkeit im evangelischen Raum.

[6] Vgl. *K. Hess*, Gebrauch der Charismen in der Christenheit, in *A. Bittlinger*,

[7] Der frühchristliche Gottesdienst.

[8] Vgl. „Komm Heiliger Geist", Ev. Marienschwesternschaft Darmstadt, 21 ff. *A. Bittlinger*, geb. 1928 in Edenkoben/Pfalz, als Sohn des Landesjugendpfarrers Georg Bittlinger. Nach dem Abitur (Human. Gymn. Neustadt a. d. Weinstraße) Studium der Theologie und Psychologie in Mainz, Aix-en-Provence, Bethel und Heidelberg. 1952 erstes Theologisches Examen, 1952 bis 1955 Vikarszeit, 1954–55 Leiter der Schülermission in Deutschland. 1955

zweites Theologisches Examen. 1956–59 Pfarrer in Ludwigshafen/Rh.; anschließend Leiter des „Volksmissionarischen Amtes der Pfälzischen Landeskirche". Seit Oktober 1968 Leiter der Ökumenischen Akademie Schloß Craheim; 1952–59 Mitglied des Bruderrates der „Studentenmission in Deutschland" (SMD); 1962–65 Vorstandsmitglied der „Evangelischen Akademikerschaft in Deutschland" (EAiD).

[9] *A. Bittlinger,* Fragen der Kirche an die Pfingstbewegung, Arbeitspapier des ÖRK (SE 67:3 G), auszugsweise veröffentlicht in *MD* 30, 1967, 164–165: Diskussion zwischen Ökumene und Pfingstgemeinschaften.

[10] Vgl. hierzu O. *Eggenberger,* Theol. Zeitschrift, Basel, 21, 1965, 427–446 – *A. Bittlinger,* Glossolalia.

[11] *A. Bittlinger,* Deutsches Pfarrerblatt 63, 1963, 334 ff. – Ähnliche charismatische Erweckungen werden in der Anglikanischen Kirche von England berichtet. Bei einer Tagung in der Ökumenischen Hochschule in Bossey berichtete ein kanadischer Professor für Neues Testament (Anglikaner) dem Vf. über entsprechende Gruppen in Kanada.

[12] Die beteiligten und vertretenen Gruppen: Akademikergemeinschaft in Deutschland (AGD), Amt für Gemeindedienst Bayern, Evang. Männerwerk Elsaß, Evang. Akademikerschaft, Evang. Zentralstelle für Weltanschauungsfragen, Gemeinschafts-Diakonie-Verband, Hauptstelle für Ehe- und Familienfragen, Kreuzbruderschaft, Marburger Kreis, Pfarrergebetsbruderschaft (PGB), Rufer-Bewegung, Studentenmission in Deutschland (SMD), Vereinigung vom Gemeinsamen Leben, Volksmissionarische Ämter Baden und Pfalz.

[13] *W. Becker,* a.a.O., 163.

[14] *W. Becker,* a.a.O., 165.

[15] Auch in der DDR wurden ähnliche Zusammenkünfte von verschiedenen Ortsgemeinden, außerdem von evangelischen und katholischen kirchlichen Institutionen durchgeführt. Interessant dürfte die Reihe der Referenten solcher Treffen sein: P. Wilhard Becker (ev.-freik.); Pfr. O. S. von Bibra (ev.-luth.); Pfr. A. Bittlinger (ev.-uniert); Prof. Dr. R. Bohren (ev.-ref.); Corrie ten Boom (ev.-ref.); Pfr. L. Christenson (ev.-luth.); Pfr. H. Doebert, (ev.-uniert); Pfr. Dr. R.-F. Edel (ev.-luth.); Prof. Dr. G. Ewald (ev.-luth.); Rev. M. Harper (anglik.); Pfr. K. Heß (ev.-luth.); Pfr. van den Heuvel (ev.-ref.); Pfr. Dr. W. Hollenweger (ev.-ref.); Kirchenrat W. Hümmer (ev.-luth.); Rev. R. Kayes (bapt.); Bischof Johannes Kovalevski (orth.); Prof. Dr. G. Locher (ev.-ref.); Guardian Eugen Mederlet (röm.-kath.); Prof. Dr. Meyendorff (orth.); Kirchenpräsident D. M. Niemöller (ev.-uniert); A. Richter (ev.-luth.); Prof. Dr. H. Rohrbach (ev.-uniert); P. Rosemann (ev.-freik.); Pfr. W. Schamoni (röm.-kath.); Pfr. A. Stephan (ev.-uniert); P. Stirnimann (röm.-kath.); Pfr. Dr. U. Valeske (ev.-luth.); Paul Verghese (syr.-orth.); Pfr. Dr. H. R. Weber (ev.-ref.).

[16] Da es sich bei der neuen charismatischen Erweckung um keine organisierte Bewegung handelt, sind statistische Angaben über die Ausbreitung nicht möglich (und auch nicht wünschenswert). Vgl. *A. Bittlinger:* „Was von Gott

kommt, geht still seinen Weg …" (Gnadengaben im Neuen Testament) in
R. F. *Edel* (Hg.), a.a.O., 58.

[17] *W. Becker*, a.a.O., 167.

[18] *W. Becker*, a.a.O., 166.

[19] Leider ohne systematische, vor allem ohne praktisch-theologische Auswertung, vgl. die Anfrage von G. *Friedrich*, Fragen des Neuen Testamentes an die Homiletik, Jahrbuch der Theol. Schule Bethel, 1959.

[20] E. *Käsemann*, Exegetische Versuche und Besinnungen I, 109 ff.

[21] a.a.O., 133.

[22] E. *Schweizer*, Gemeinde und Gemeindeordnung – G. *Friedrich*, Geist und Amt, Jahrbuch der Theol. Schule Bethel 1952 – H. *Greeven*, Die Geistesgaben bei Paulus, ebda.

[23] A. *Bittlinger*, Der frühchristliche Gottesdienst – *Ders.*, Gnadengaben im Neuen Testament, in R. F. *Edel* (Hg.), Kirche und Charisma, 28–78 – *Ders.* Deutsches Pfarrerblatt 1963, 63, 333–34 – *Ders.*, Charisma und Amt – *Ders.*, Gemeinde ist anders – *Ders.*, Im Kraftfeld des Heiligen Geistes – *Ders.*, Glossolalia.

[24] Vgl. H. J. *Margull*, Mission als Strukturprinzip.

[25] A. *Bittlinger*, Der frühchristliche Gottesdienst, 9.

[26] E. *Käsemann*, a.a.O., 119: „Die Charismenlehre des Paulus ist nichts anderes als die Projektion der Rechtfertigungslehre in die Ekklesiologie hinein und macht als solche deutlich, daß eine bloß individualistische Interpretation der Rechtfertigungslehre vom Apostel her nicht legitimiert werden kann."

[27] „Wo alle Christen als Charismatiker betrachtet werden, kann es nicht mehr den heiligen Raum, die heilige Zeit, die heilige Handlung kultischer Stellvertretung, die heiligen Personen … Privilegierte … geben … Die abgesonderten Bereiche des Religiösen werden gesprengt, wo der Angriff der Gnade auf die Welt und darum eben auf die Welt und darum eben auf den Alltag der Welt stattfindet" (*Käsemann*, a.a.O., 121 f.).

[28] A. *Bittlinger*, Charisma und Amt, 14 ff.

[29] *W. Becker*, a.a.O., 167.

[30] *Käsemann*, a.a.O., 126: „die Agape … ist vielmehr die kritische Instanz gegenüber allen Charismen."

[31] *Käsemann*, a.a.O., 112: „Nicht das fascinosum des Übernatürlichen, sondern die Erbauung legitimiert sie (sc. die Charismen) … Keine Begabung hat um ihrer selbst willen Wert, Recht und Privilegien. Allein ihr Dienst legitimiert sie."

[32] A. *Bittlinger*, Charisma und Amt, 24 ff.

[33] *Käsemann*, a.a.O., 121 und weiter unten 122: „Entscheidend ist die eschatologische Dominante des hier ins Auge gefaßten Vorganges, und zu diesem eigenartigen eschatologischen Geschehen gehört zum mindesten im Bereich der paulinischen Gemeinden konstitutiv, daß es dafür noch keine institutionelle Legitimation gibt, privilegierte Personen dabei noch keine Rolle spielen, ja, wie 1. Kor 14, 2 ff erkennen lassen, nicht einmal ein festes Ritual vorhanden ist"

[34] *E Schweizer*, Gemeinde und Gemeindeordnung[2]. 200.

[35] *E. Käsemann*, a.a.O., 134.

[36] Vgl. Anm. 27.

[37] Vgl. die Arbeiten von *H. Küng* und *N. A. Nissiotis* zur „Charismatischen Struktur der Kirche".

[38] Zit. bei *E. Zündel*, Johann Christoph Blumhardt, 185. Vgl. dazu den Bericht des *Deutschen Pfarrerblattes* 67, 1967, 556, über das Referat des Zürcher Neutestamentlers Prof. E. Schweizer auf dem Deutschen Evangelischen Kirchentag 1967: „Es gibt nach Auffassung Schweizers nichts Moderneres, Befreienderes als das im Neuen Testament gezeichnete Bild der Urkirche. Dort zeige sie sich als Lebensgemeinschaft im Alltag: Gottesdienst und Liturgie wird vor allem auf Bauplätzen, in Kantinen, in Büros und auf dem Acker geleistet. Die Priester, die diesen Kult zelebrierten, seien heute Kaufleute und Kellnerinnen, Krankenschwestern und Industriekapitäne, die Tempel das Sitzungszimmer des Verwaltungsrates und das Bierlokal. Das Charisma des Heiligen Geistes könne darin bestehen, daß einer in Wirtschaftsfragen sachverständig sei oder wisse, wie man Revolutionen anzettelt ..."Die Kirche sei bei ihnen allen; denn „eine Kirche, die nicht mehr einbräche in die Fabriken und Hinterhöfe und Bauerngewerbe, ginge an frommer Inzucht ein, und eine Kirche die nichts mehr zu sagen hätte als daß es nett sei, nett zueinander zu sein, würde keinen Hund mehr hinter dem Ofen hervorlocken" ... Die praktischen Folgen solcher Überlegungen sieht Schweizer darin, daß jedes Gemeindeglied mit seinen ihm gegebenen Gaben ernstgenommen wird, daß man ihm hilft zu sehen, „daß Gott ihn brauchen kann ..."

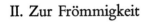

II. Zur Frömmigkeit

II. Zur Bedeutung.

FUNDAMENTALISMUS

Walter Haab

Walter Haab, geb. 1943 in Zürich, kaufmännische Berufs-
lehre, Aufenthalt in Kanada, 1965–1967 Ausbildung am
Baptist Theological Seminary, Rüschlikon (Schweiz), seit
1968 berufstätig in Kanada, Mitglied einer Pfingstgemeinde.

1. PFINGSTBEWEGUNG UND FUNDAMENTALISMUS

Die Gedanken, die hier zum Ausdruck kommen, können nur in Ver-
allgemeinerungen das Wesen und die Wirkung der pfingstlichen
Frömmigkeit darstellen.
Die religiöse Verselbständigung des Glaubenden, die in der Reformation
ihren Ursprung hat, findet sich in der Pfingstbewegung besonders ausgeprägt. Der Einzelne fühlt sich nicht einer bestimmten Tradition oder
Lehre verpflichtet, sondern sucht zu seiner Belehrung und Führung die
persönliche Verbindung mit Gott durch den Heiligen Geist. Eine aus-
gesprochene Vielfalt der Meinungen, vielleicht auch eine theologische
Unsicherheit, sind die Folgen dieses Individualismus.
Der Fundamentalismus ist eine „religiöse Bewegung amerikanischen Ur-
sprungs gegen den theologischen Liberalismus und die vom Evolutions-
gedanken (Entwicklung) beherrschte moderne Wissenschaft"[1]. Die fünf
Programmpunkte der Bewegung sind: Irrtumslosigkeit der Bibel, Jungfrauengeburt, stellvertretendes Sühnopfer, leibliche Auferstehung und
Wiederkunft Christi. Fundamentalismus ist nicht identisch mit der Ent-
stehung und Ausbreitung oder mit der Lehre der Pfingstbewegung[2].
Diese schließt aber die erwähnten fünf Punkte (die später noch ausführlicher behandelt werden) in ihre Glaubenslehre ein:
Irrtumslosigkeit der Bibel: „Wir glauben und lehren die göttliche Inspira-
tion und Autorität der Bibel, deren Inhalt unfehlbare Offenbarung ist[3]."
„Alles, was in der Bibel steht, ist wahr und zuverlässig, und jede Aussage
hat ihre gottgewollte Bedeutung[4]."
„Alle Pfingstgemeinden der Welt glauben, daß die Bibel in unfehlbarer
Weise Gottes Plan und Willen mit den Menschen offenbart. Sie ist das
zuverlässige, vom Heiligen Geiste inspirierte Wort Gottes, an dem alle
Lehre und das Leben der gläubigen Gemeinde geprüft und ausgerichtet
werden muß[5]."

Jungfrauengeburt: „Jesus Christus, der Sohn Gottes, ins Fleisch gekommen, wurde Mensch uns zugute[6]."

„Das Heil des Menschen besteht im Glauben an den Herrn Jesus Christus. Er ist der ewige Sohn, vom Vater in die Welt gesandt, geboren von der Jungfrau Maria, gestorben ...[7]."

„Seine Zeugung geschah durch den Heiligen Geist.[8]"

Stellvertretendes Sühnopfer: „Wir glauben und lehren ... seine am Kreuz vollbrachte Versöhnung und Erlösung[9]."

„Durch Sein vollkommenes Opfer in Kreuz, Auferstehung und Himmelfahrt ist Er unser Herr, Heiland und Erlöser geworden[10]."

„Jesus starb freiwillig als Stellvertreter aller Menschen und bezahlte mit Seinem Opfer die Sündenschuld der ganzen Welt. Dadurch sind wir wieder aus der Hand Satans erlöst und zu Gott zurückgebracht worden[11]."

Leibliche Auferstehung: „Er blieb nach seinem Tod nicht bloß geistig lebendig, sondern er ist leiblich, das heißt, mit einem wiedererweckten und verwandelten Körper aus dem Grab hervorgegangen[12]."

„Wäre die Auferstehung nicht geschehen, wäre die ganze Bibel in Frage gestellt und unser Glaube seiner Grundlage beraubt[13]."

„Jesus ist leibhaftig auferstanden und in den Himmel eingegangen als Vorläufer aller, die durch den Glauben an Seinen Namen gerettet werden[14]."

Wiederkunft Christi: „Wir glauben an die Wiederkunft Jesu Christi und bekennen sie in ihrer Bedeutung für die Gemeinde, für Israel und für die Welt (Parusie)[15]."

„Wir glauben und lehren ... die Wiederkunft Christi und die Entrückung der Gläubigen, vorgängig dem Tausendjährigen Reich. Die Wiederherstellung Israels[16]."

2. FUNDAMENTALISTISCHE SPIRITUALITÄT

Die Basis jeder pfingstlichen Lehre ist allein die Bibel. Der Pfingstler schätzt sie und liest viel darin. Er bewertet ihre Aussagen nicht nach logischen Überlegungen, sondern will sich mit seiner ganzen Innerlichkeit in ihre göttlichen Gedanken vertiefen, sich, prüfend und richtend, diese selbst zu eigen machen und über die Größe und Macht des Schöpfers und Erhalters der Erde anbetend staunen. Die vielen Verheißungen sind ihm Trost in der Bedrängnis des Lebens und geben ihm die Hoffnung auf ewiges Leben mit Gott. Die Bibel wird in Fragen des Glaubens, der Ethik und Soziologie zu Rate gezogen. Probleme werden nicht anders gelöst als mit Hilfe der Heiligen Schrift und des persönlichen Gebets. Man möchte nicht das Mißfallen Gottes durch Selbstvertrauen und Selbstherrlichkeit auf sich ziehen. Die aufrichtige Treue zur Bibel ist ein Schutz gegen Sektiererei. Gerät ein einzelner trotzdem auf einen „Holzweg", so können wir nicht auf unvermögende Orientierungsfähigkeit der Allgemeinheit schließen.

„Für den Pfingstler ist die Apostelgeschichte normatives Protokoll der normativen Urgemeinde[17]." Es ist nun tatsächlich so, daß für viele innerhalb der Pfingstbewegung die Apostelgeschichte, unter besonderer Beachtung des zweiten Kapitels, die Krönung der heilsbedeutsamen Offenbarungen Gottes darstellt. Dieser Anschauung kann ein Ausspruch von D. Gee, eines kürzlich verstorbenen „Veteranen" der Bewegung, gegenübergestellt werden: „Lest das Neue Testament unvoreingenommen! Wir wollen die glorreiche Kraft Gottes, wie sie sich zur Zeit der Apostel kundtat, keinen Augenblick geringer achten. Aber selbst da können wir uns von einer falschen Einstellung leiten lassen. Wir wollen das Neue Testament mit Augen lesen, die durch den Geist der Wahrheit geöffnet sind. Jene ersten Gemeinden waren keine Versammlungen von Engeln. Es waren damals genau die gleichen Menschen, wie wir sie heute in unseren Gemeinden haben[18]."

Der Kern der pfingstlichen Frömmigkeit ist nicht die Theologie, sondern das geistliche Leben in der Gemeinde. Die Gemeinde ist der Ort der Erfahrung. Die Taufe mit dem Heiligen Geist, die Bekehrung, die Wiedergeburt und auch die Taufe sind Erlebnisse mit dem lebendigen Gott in der Gemeinde, bei welchen die ganze Persönlichkeit des Menschen berührt wird. Die Organisation der Gemeinde wird nur im Rahmen des menschlich Nötigen gefördert. Das Wort Organismus wird als Definition der Gemeinde gerne verwendet und nur Gott kommt als Spender der Lebenskraft in Frage. Durch das Gebet wird die Lebenskraft Gottes im Menschen wirksam. Außer dem Gebet im Gottesdienst schafft das tägliche Gebet zu Hause die nahe Verbindung mit Gott. Für den Pfingstler ist Gott nicht eine unnahbare, beziehungslose Größe, sondern ein persönlicher Gott. Ein gewisser Anthropomorphismus ist den alttestamentlichen Gottesvorstellungen entliehen.

„Frömmigkeit ist Umgang mit dem Göttlichen und als solche die Seele jeder Religion. Freilich erhält sie ihren Wert nicht aus sich selbst, sondern aus ihrem Charakter als Antwort auf eine Gottesbegegnung, im christlichen Raum als Antwort auf die Offenbarung Gottes in Christus. Evangelische Frömmigkeit ist Korrelat zur Nachfolge[19]." Neben der Treue zur Bibel und der „Gotteserfahrung" ist nun die Nachfolge der Prüfstand im Glaubensleben. Es ist verständlich, daß die Nachfolge auch an der

Terminologie sichtbar ist. Die Sprache der Pfingstbewegung ist die
Sprache einer evangelischen Freikirche. Der Ernst der Nachfolge äußert
sich in geläufigen, dialektischen Ausdrücken, wie Heiliger Geist und
Geist von unten, Kinder des Lichts und Kinder der Lüge, Geist der Wahr-
heit und Geist der Welt, Heiligungsleben und Kompromiß mit der Welt,
Himmel und Hölle, Gott, der führt und Satan, der verführt. Die Nach-
folge möchte aber keineswegs in Worten steckenbleiben. So wie Jesus
seine Jünger persönlich angesprochen hat, so wie er sie in ihrer konkreten
Situation angetroffen und davon losgelöst hat, ebenso versteht der Gläubige heute seine Erwählung zur Nachfolge. Der Ruf zur Nachfolge ist ein
Ruf zum Dienst. Die Pfingstbewegung ist eine ausgeprägt missionarische
Bewegung. Ihre Ausbreitung selbst verdankt sie dem Zeugendienst der
Gläubigen. Ausdauer und Wagemut der pfingstlichen Missionare ermög-
lichten es, die Botschaft Christi in den entlegensten Teilen der Erde zu
verkünden. Aber auch laue christliche Nachbarn verspüren den Eifer für
„Gottes Werk". Wer nicht bekennt, sich zu Christus bekehrt zu haben,
muß das volle Evangelium noch hören. Der Vorwurf der Proselyten-
macherei wird aus diesem Grunde nicht verstanden. Die Hingabe zur
Missionierung der Welt ist verbunden mit beträchtlichen Opfern an
Kraft, Zeit und Geld. „Das Feld ist weiß zur Ernte" und „wir leben in
den letzten Tagen" ist das Wissen des Gläubigen, dessen Naherwartung
Christi nicht geringer ist als die Erwartung, die sich in der Apostelgeschichte und in den Briefen des Neuen Testaments widerspiegelt.

Treue zur Bibel, Gemeindeleben, Nachfolge und Zeugendienst gehören
zum Fundament der pfingstlichen Frömmigkeit. Die „besonderen"
Punkte dieser Frömmigkeit: Krankenheilung, Geistestaufe, Zungenrede
und Heiligung, werden nur in Beziehung zum ewigen Gott betrachtet
und nicht als in sich selbst daseinsberechtigte Phänomene. Die bedeu-
tungsvolle Aufgabe der Gemeinde der Gläubigen ist, Gott auf verschiedene Art und Weise zu danken und ihn zu loben und ihm vorbehaltlos zu
vertrauen.

3. DIE FÜNF GRUNDWAHRHEITEN
DES FUNDAMENTALISMUS

Im folgenden sollen die fünf kennzeichnenden Punkte des Fundamentalismus (siehe oben) kurz erörtert werden:
1. Ist die *Schrift* frei von Irrtümern? Warum stellen wir diese Frage? Erhebt die Bibel den Anspruch, keine menschlichen Irrtümer zu enthalten,
oder gibt uns die Bibel Auskunft, wie die Autoren der Heiligen Schriften
inspiriert waren? Die Bibel weiß uns keine Antwort, da sie sich ja gar

nicht kennt als Ganzes. Darum bleibt die Frage der Inspirations*art* für den Glaubenden irrelevant. Dies verhindert natürlich nicht, daß innerhalb der Pfingstbewegung verschiedene und oft gegensätzliche Meinungen anzutreffen sind.

Die Beurteilung der Bibel als natürliches Werk von Menschen (im Gegensatz zu einer übernatürlichen, perfekten Schöpfung) ist, bei jungen Leuten besonders, immer mehr anzutreffen. Dies ändert nichts an der Einschätzung des Inhalts als göttliche Offenbarung des Heils in Christus. Die Schreiber der biblischen Bücher, erfüllt von Hingabe zu ihrem Glauben, sollten die Menschen im Sinn von Gottes Willen leiten.

Ist anderseits jemand überzeugt, daß die Bibel wörtlich von Gott inspiriert ist, wird er nicht zulassen können, daß die Bibelaussagen auf ihre Genauigkeit hin angefochten werden: „Jesus bezeugte die alttestamentlichen Schriften. Er sagte, daß Moses von Ihm geschrieben hatte. Er wies auf Sodom und Gomorra hin und auf Lots Frau und auf Jona. Entweder ist die Bibel zuverlässig oder Jesus täuschte sich, und ein irrender Christus kann nicht der perfekte Sohn Gottes oder unser Erlöser sein. ... Beweise, daß die Bibel voll von Mythen und Ungenauigkeiten sei und du zerstörst den ganzen christlichen Glauben[20]."

Aus dieser Sicht ist es für manche schwer, die Kämpfe und Schwierigkeiten um die Kanonbildung zur Kenntnis zu nehmen oder einzusehen, daß die Übersetzung von Luther, die King James Version und Pastor J. Pauls Übersetzung menschliche Werke, vielleicht Kunstwerke sind, aber kaum den Anspruch erheben wollen, inspiriert zu sein.

Bibelkritik wird im allgemeinen vehement abgelehnt. Die Prediger der Pfingstbewegung orientieren sich darüber meist anhand von (konservativer) Sekundärliteratur[21]. Der Laie vermutet hinter der Bibelkritik den Geist des Freisinns und neuerdings der modernen Theologie. Im Großen und Ganzen wird die moderne Theologie beurteilt als ein doketisches Christentum, das auf eine christusfremde Philosophie und eine anthropologische Deutung der biblischen Texte ausgerichtet ist. Gibt es keine Brücke zwischen „bibeltreuem Fundamentalismus" und „moderner Theologie"? „Denn wir sehen jetzt nur wie mittels eines Spiegels in rätselhafter Gestalt, dann aber von Angesicht zu Angesicht. Jetzt ist mein Erkennen Stückwerk, dann aber werde ich völlig erkennen, wie ich auch völlig erkannt worden bin. Nun aber bleibt Glaube, Hoffnung, Liebe, diese drei; am größten aber unter diesen ist die Liebe" (1. Kor. 13, 12–13).

2. *Christus* als Sohn Gottes ist der Inhalt des Glaubens. „Mit der Geburt Jesu Christi aber verhielt es sich so: Als seine Mutter Maria mit Joseph verlobt war, fand es sich, ehe sie zusammengekommen waren, daß sie

vom Heiligen Geiste schwanger war" (Mt. 1, 18). Daß Gott in Gestalt eines Menschen zu seiner Schöpfung kam, war seine Antwort auf die hoffnungslose Lage der Menschheit. Auch zweitausend Jahre später ist der Ausweg aus der hoffnungslosen Lage der Glaube an Christus durch den Hinweis des Evangeliums. Das Wunder der Menschwerdung des Sohnes Gottes will zwar nicht recht in den Rahmen des menschlichen Verstandes passen. Auftauchende Fragen bleiben ungelöst: War Christus halb Mensch, halb Gott? War er ganz Mensch, oder ganz Gott? War er ganz Mensch und hat ihn Gott als Sohn angenommen bei der Geburt oder gar erst bei der Taufe? Der Gläubige möchte weder der uralten (und immer bestehenden) Irrlehre des Adoptionismus verfallen, noch das soziale Evangelium mit Christus als großem, rein menschlichem Vorbild in den Vordergrund schieben. Der Gläubige hat keine Erklärungen zur Verfügung, er möchte dem Zeugnis der Schrift einfach glauben.

3. Die Botschaft vom *Sühnopfer* des Sohnes Gottes gehört zum Mittelpunkt der Verkündigung. Das vergossene Blut Jesu ist Sinnbild seiner göttlichen Kraft, die dem Glaubenden die Vergebung der Sünden erwirkt und ihn vor den dunklen Mächten beschützt. Pfingstliche Literatur und Lieder zeigen, wie bedeutsam das Blut Jesu durch den Glauben ist. In dankbarer Erinnerung an Jesu Leiden und freudiger Erwartung seiner Wiederkunft feiert die Gemeinde regelmäßig das Abendmahl. Der Gläubige empfängt neue Stärkung für sein inneres Leben. Die Kräfte und Gaben Jesu Sühnopfer werden beim Essen des Brotes und Trinken des Weines besonders wirklich und spürbar.

4. Im Glauben an die *Auferstehung* sind die Pfingstler Vertreter eines „unreflektierten Fundamentalismus"[22]. „Ist aber Christus nicht auferweckt worden, so ist ja unsere Predigt leer, leer auch euer Glaube. Nun aber ist Christus von den Toten auferweckt worden" (1. Kor. 15, 14, 20a). Die leibliche Auferstehung Christi und sein Versprechen „Siehe ich bin bei euch alle Tage bis an das Ende der Welt" (Mt. 28, 20b), trösten den Gläubigen. Hier ist der Ursprung der Hoffnung, daß auch der Gläubige an Christus den Tod überwinden wird, um ewiges Leben zu empfangen.

5. Die *Wiederkunft* Christi wird mit dem Auferstehungsglauben erwartet, doch „über jenen Tag aber und jene Stunde weiß niemand etwas, auch die Engel in den Himmeln nicht, sondern allein der Vater" (Mt. 24, 3b).

4. TRADITION UND PFINGSTBEWEGUNG

Die ältere Generation der Pfingstbewegung ist in ihrem Traditions-
bewußtsein und in ihrer Beziehung zur Vergangenheit oft im Widerspruch mit der pfingstlichen Jugend, die sich einer allgemeinen Zeit-
erscheinung anpassend, mehr und mehr verweltlicht. Dies führt zu
Spannungen und zu Veränderungen der Frömmigkeitsform. Es muß
versucht werden, im Vertrauen auf Gott die neuen Situationen zu be-
wältigen. D. Gee meinte dazu: „Legt keinen Glorienschein um die Vergangenheit. Ich gehöre dieser Vergangenheit an. Wenn wir von den
‚alten Tagen' sprechen, fällt mir Zuständigkeit zu, denn ich habe sie miterlebt. Manchmal bin ich fast dankbar, daß ich sie überlebte. Ich höre viel
über die vergangene Zeit rühmen. Wenn wir gewisse Namen erwähnen,
halten wir fast den Atem an: Wigglesworth, Jeffreys, bei euch auf dem
Kontinent Pastor Paul, Vater Steiner ... Große Männer, die Gott uns
gegeben hat. Wir danken Gott für sie! Sie legten ein Fundament, und
wir sind hier beisammen wegen dieses Fundaments. Aber wenn wir einen
künstlichen Glorienschein um sie machen, kann dies uns am Weitergehen
in der Gegenwart hindern. ‚O kämen doch die guten alten Zeiten wieder
zurück!' Nein, ich möchte sie nicht. Gott sei Dank für die Gegenwart.
Jesus Christus gestern und heute und derselbe auch in Ewigkeit. Darin ist
unser Glaube verankert[23]."

ANMERKUNGEN

[1] *S. E. Ahlstrom*, Art. Fundamentalismus, RGG[3], II, 1178.

[2] *L. Steiner*, Mit folgenden Zeichen, 169–178 (Auf gleichem Grund mit den
Fundamentalisten; Von den Fundamentalisten verschieden).

[3] „Wir glauben und lehren", jeweils abgedruckt auf dem Deckel der VdV
(Punkt 1) (PGG, 591).

[4] *Arbeitsgemeinschaft Pfingstlicher Gemeinden in der Schweiz* (Hg.), Lehrgang für
Unterricht und Bibelstudium, Punkt 3 b.

[5] *L. Eisenlöffel*, Ein Feuer, 39.

[6] *Krust* II, 21.

[7] *L. Steiner*, Mit folgenden Zeichen, 170.

[8] *Arbeitsgemeinschaft Pfingstlicher Gemeinden in der Schweiz* (Hg.), Lehrgang,
Punkt 27a.

[9] „Wir glauben und lehren", Punkt 4.

[10] *Krust* II, 21.

[11] *L. Eisenlöffel*, a.a.O,. 42.

[12] *Arbeitsgemeinschaft Pfingstlicher Gemeinden in der Schweiz* (Hg.), Lehrgang,
Punkt 30a.

[13] *Dies.*, a.a.O., Punkt 30c.
[14] L. *Eisenlöffel*, a.a.O., 42.
[15] *Krust* II, 21.
[16] „Wir glauben und lehren", Punkt 11.
[17] 00.06.001, 66.
[18] D. *Gee*, Einheit im Geist, 23.
[19] G. *Holtz*, Art. Frömmigkeit, EKL I, 1404.
[20] H. H. *Barber*, Science and the Christian, 13.
[21] G. *Bergmann*, Alarm um die Bibel – *Ders.*, Kirche am Scheideweg.
[22] *Bloch-Hoell*, II, 97.
[23] D. *Gee*, Einheit im Geist, 23.

BEKEHRUNG

Nicholas B. H. Bhengu

Nicholas B. H. Bhengu, geb. 1909 in Entumeni, Zululand
(Südafrika), als Sohn eines lutherischen Pfarrers, Besuch
der lutherischen und römisch-katholischen Missionsschule.
Nach einer unruhigen Zeit des Suchens wurde er 1930 in
einer Versammlung der *Full Gospel Church* bekehrt. Er
brach seine Verbindungen zu Kommunisten, Bibelfor-
schern und Sabbatisten ab. An der Erweckungspredigt der
weißen Evangelisten hatte ihn die fremde amerikanische
Aussprache, die Einfachheit der Auslegung von Jes. 53,
die Satz für Satz mit persönlichen Zeugnissen untermauert
wurde, die Freude und Aufrichtigkeit der Verkündiger
angezogen. Er schrieb später: ,,Ich hatte Freude gesucht,
der Teufel gab mir Spaß. Ich hatte Frieden gesucht, der
Teufel gab mir Irrtum. Ich hatte Erfahrung gesucht. Der
Teufel gab mir Aufregung ... Aber würden Leute seiner
Rasse und solch große Sünder wie er je den beiden jungen,
mit ihm fast im selben Alter stehenden Weißen gleichen
können[1]?"
Anschaulich schildert Bhengu die inneren Widerstände,
die er zu überwinden hatte, um sich zu einer Unterhaltung
mit den Evangelisten durchzuringen. Gern hätte er sich
beim Aufruf gemeldet. Aber er fürchtete Prestigeverlust
vor seiner Freundin und den übrigen Zuhörern. Zum
mindesten wollte er sich nicht als erster melden und einen
Vorgänger fand er nicht. Aber die Überzeugung, daß,
wenn nicht in dieser Nacht, er dann niemals erlöst, sondern als Sünder sterben werde, trieb ihn dazu, nach Schluß
der Versammlung die Prediger um eine Aussprache zu
bitten. Es kommt in Bhengus Darlegungen deutlich zum
Ausdruck, daß es die Furcht vor der ewigen Verdammnis
war, die ihn zu diesem Schritt trieb. Aus diesem eigenen
Erleben hämmert Bhengu heute seinen Zuhörern ein:
,,Zögert nie mit einer Entscheidung! Morgen kann es zu
spät sein! Wartet nicht, bis ein anderer den Schritt vor
euch tut!"
Bis zur Erkenntnis, daß er erlöst sei, waren für Bhengu
noch verschiedene psychologische Schwierigkeiten zu
überwinden. Nach Aussprache und Gebet mit einem der
Prediger fragte letzterer, ob Bhengu sich nun erlöst fühle.
Bhengu sagte: ,,Bisher fühle ich noch nichts." Daraufhin

fragte ihn der Prediger, ob Bhengu Geld bei sich habe und dieses fühle. Und dann erklärte er: Wie Bhengu das Geld nicht erst fühlen müsse, um sich zu vergewissern, daß er es bei sich trage, ebenso solle er die Erlösung als gewiß annehmen. „Von da an kam Glauben in mein Herz. Ich wartete nicht auf Gefühle, sondern nahm das Wort Gottes an und dankte im Gebet[2]." Aber sinnfällig wurde ihm seine Erlösung erst am nächsten Morgen, als es ihm unmöglich war, wie üblich zu rauchen und zu trinken. Schon der bloße Geruch von Tabak und Gin erregte bei ihm Brechreiz. Er fragte sich: „Was fehlt mir? Da kam der Gedanke: Vielleicht ist dies die Folge der Erlösung. Ich kniete nieder, um zum ersten Male von Herzen zu beten und sagte: ‚Ich danke dir Gott um Jesu Willen, der meinen Tod gestorben ist. Und jetzt bin ich erlöst und habe das Ewige Leben. Mein Name steht im Buche des Lebens'[3]."

Sein Zeugnis wurde von seiner lutherischen Heimatkirche abgelehnt. Auch andere Kirchen, etwa die Heilsarmee, lehnten ihn, da er ja ein Neger war, ab. Nach verschiedenen Regierungsstellen erfolgte 1938 seine Ordination zum Evangelisten der *Assemblies of God*. Über seine weitere Biographie, seine theologischen, sozialen und politischen Ansichten vgl. die Literatur[4].

Die folgende Predigt hielt Bhengu anläßlich der fünften Weltpfingstkonferenz in Toronto (1958)[5].

1. ERWECKUNG IN EAST-LONDON

Ich bringe Grüße aus Südafrika, dem Land des Sonnenscheins. Als ich abreiste, beauftragten mich meine Leute, ihren herzlichen Dank an alle amerikanischen, kanadischen und englischen Leute zu überbringen für das, was sie für sie getan haben. Sicherlich haben viele von euch gehört, was der Herr in den letzten Jahren in unserem Lande getan hat. Ich bin dankbar, daß ich erzählen kann, wie Gott uns heimgesucht hat. Ihr werdet wahrscheinlich von der Erweckung in East-London gelesen haben. Da darf ich euch zuerst sagen, daß Kanada einen großen Anteil an dieser Erweckung hatte, und zwar folgendermaßen: Vor neun Jahren war ich in Alberta im Prairie-Bibelinstitut in Three Hills. Jemand lud mich ein, sein Gast zu sein. Und da war ein Mann, ein unscheinbarer, ganz gewöhnlich gekleideter Bruder im Herrn. Er begleitete mich die ganze Zeit und wiederholte immer wieder: „Ich interessiere mich für Ihr Werk." Als ich dann nach Südafrika zurückgereist war, fand ich meine

Familie schwer krank darniederliegend. Während ich sie in verschiedenen Spitälern unterbringen mußte, machte ich mich an die Vorbereitungen des East-London-Feldzuges. Die Schwierigkeit waren die hohen Kosten, die sich vor mir aufhäuften. Woher sollte das Geld kommen? Da erhielt ich völlig unerwartet einen Scheck von 1000 Dollars von jenem Bruder in Kanada, wodurch die ganzen Schwierigkeiten behoben wurden. Der Spender war ein ganz gewöhnlicher Eisenbahnbeamter. Sein Name wird in Südafrika unvergessen bleiben.

So begann die größte Erweckung, die Südafrika je erlebte. Tausende strömten zu jenem Feldzug. Wir vermochten die Massen nicht zu zählen. Gott heilte Kranke in jeder Versammlung. Im ersten Taufgottesdienst taufte ich tausendvierhundert Neubekehrte. Es folgten weitere Taufen mit sechshundert, fünfhundert, vierhundert, dreihundert und zweihundert Täuflingen. Die als Frucht des Feldzuges gegründete Gemeinde hat heute über fünftausend Mitglieder, dies in einer Stadt von fünfundfünfzigtausend Einwohnern. (Ich rechne nur die nicht-europäische Bevölkerung, und von dieser hat uns Gott fünftausend Seelen gegeben.) Am nächsten Sonntag nach dem ersten Taufgottesdienst wurden die kleinen Kinder dem Herrn geweiht, eintausendeinhundertvierundachtzig Babies. Ich wünschte, Ihr wäret dabei gewesen und hättet den Gesang und die Chorusse (!) gehört, welche diese Babies „sangen".

Gott war mit uns. Wir haben jetzt die größte Kirche in Südafrika. Der Kirchenbau kostete 90000 Dollars. Es ist ein gewaltiges Gebäude. Von East-London aus sind zweihundert weitere Gemeinden entstanden. In meiner Gemeinde ist jedes Mitglied ein Prediger. Wir haben nicht nötig, sie besonders zu ordinieren. Wohin sie immer kommen, da brennt ein Feuer in ihren Herzen, und sie müssen reden von dem, was sie glücklich macht.

Einige unter ihnen haben ihre Arbeitgeber zur Bekehrung gebracht. Ich kann euch zu einem höheren Staatsbeamten führen, dessen Gattin durch das Zeugnis eines einfachen Dienstmädchens, das nicht lesen und schreiben konnte, zum Glauben kam. Ich erzähle jetzt von Schwarzen und Weißen.

Ich kann euch zu einer Baptistengemeinde in East-London führen und dort mehr als ein Dutzend junger Männer aufrufen – weiße Männer –, welche alle den Heiland in unseren Versammlungen gefunden haben. Ich kann Euch einige Geschäfte in der Stadt zeigen, wo erfolgreiche Geschäftsleute sind, welche alle in unseren Versammlungen zum Herrn gekommen sind. Jesus sieht die Person nicht an. Ich bin so froh, das zu wissen.

Das Wort Gottes ist in jede Stadt gedrungen. Von East-London ging es nach dem Transvaal, wir gingen nach Kapstadt, dann nach Kimberley. Dort kamen die Leute zu Tausenden. Wir gingen nach Durban, dann nach Charlestown. Und zuletzt gingen wir auch nach Johannesburg, das eine afrikanische Bevölkerungszahl von einer halben Million hat, alle in einem Gebiet der Riesenstadt zusammengedrängt. Wir blieben drei Monate in Johannesburg. Es ist mir nicht möglich, die Wunder zu erzählen, die Gott dort getan und wie er uns gegen die bösen Absichten der jugendlichen Banditen bewahrt hat. Die Bekehrungen geschahen in solchen Mengen, daß wir meinten, es sei eine zu kleine Zahl gewesen, wenn sich an einem Abend „nur" siebenhundert Seelen dem Herrn übergeben hatten.

Wir haben es heute in Südafrika nicht nötig, viel Geld dafür zu verwenden, um die Leute in unsere Versammlungen zu bringen. Wenn wir nur unser Kommen ankündigen, strömen sie herbei. Wir machen kaum je einen Altarruf (Aufforderung zur Bekehrung nach der Predigt). Wir müssen oft die Predigt unterbrechen, weil die Leute nicht bis zum Schluß warten können, um sich zu bekehren.

2. WAS WIR DEN LEUTEN VERKAUFEN?

Dies ist eine Frage, die man mir überall auf der Reise hierher stellte. (Ich bin eben sechs Wochen in Skandinavien gewesen.) Sollen wir ihnen theologische Abhandlungen oder eine Sonderlehre zum Kauf anbieten? Diese Frage wird immer wieder an mich gerichtet: Was ist denn eure Lehre? Was für Methoden wendet ihr an, um zu solchen Erfolgen zu gelangen? Hört meine Antwort!

Ich lese in Joh. 19, 17 und 18: „Er trug sein Kreuz und ging hinaus zur Stätte, genannt Schädelstätte, welche auf Hebräisch Golgatha heißt. Dort kreuzigten sie ihn und mit ihm zwei andere zu beiden Seiten, Jesus aber in der Mitte", und aus dem 1. Kor. 1, 23–25: „Wir predigen Christus, den Gekreuzigten, den Juden ein Ärgernis und den Griechen eine Torheit, jenen aber, den Berufenen, sowohl Juden als Griechen, predigen wir Christus, Gottes Kraft und Gottes Weisheit. Denn Gottes Torheit ist weiser und Gottes Schwachheit ist stärker als die Menschen sind."

Ich sage: „Die verschiedenen, von den Menschen aufgestellten Lehren haben versagt. Die verschiedenen Dogmen haben versagt. Einer hat nicht versagt: Jesus Christus." So bieten wir den Menschen in der Welt nichts anderes als Jesus Christus an, und dies tun wir mit äußerstem Einsatz und mit Eindringlichkeit. Denn Jesus kommt bald wieder. Dies ist der Zweck des Pfingstsegens: Jesus zu verkündigen. Jesus wird alle Probleme lösen. Ein organisiertes Christentum dagegen – wißt ihr, was ich damit sagen will? – verherrlicht nur den Menschen. Es richtet nur ein Dogma auf. Es bringt Zersplitterung unter die Gemeinde des Herrn Jesus Christus. Aber Jesus Christus – wißt ihr, was er tut? Er rettet! Jesus Christus! Wie verkaufe ich ihn? (Dies ist politische Sprache mit der immer wiederkehrenden Frage: Was wird verkauft?) Jesus Christus!

Es gibt eine herzbewegende Geschichte, die sich vor ein paar Jahren in Südafrika zugetragen hat. Einige Meilen von Johannesburg entfernt war damals noch eine kleine Lokation, bestehend aus Baracken, in welchen viele Neger eng zusammengepfercht wohnten. Eines Tages zog eine Wolke am Himmel empor. Sie wunderten sich, was diese Wolke zu bedeuten hatte. Sie wurde immer größer und finsterer, und dann brach ein schrecklicher Wirbelsturm los, etwas bis dahin ganz Ungewohntes in Südafrika. Die Lokation wurde völlig demoliert. Ihr solltet einmal in Südafrika sein, wenn ein Unglück solcher Art geschehen ist! Dann tritt die tätige Liebe der weißen Bevölkerung in Erscheinung. Wenn alles gut geht, leben wir getrennt voneinander, und wir haben nicht viel Gutes übereinander zu erzählen. Dann steigt hin und wieder die schlechte Stimmung auf einen Höhepunkt. Ihr solltet jedoch dort sein, wenn ein Unglück geschehen ist. Die weißen Leute kamen aus allen hohen Rängen und von allen Richtungen herbeigeströmt, fuhren wie toll in ihren Autos daher, brachten Decken aus ihren eigenen Betten und Material für erste Hilfe und Nahrungsmittel in ganzen Haufen. Sie rannten in die verwüstete Lokation. Ambulanzen fuhren auf, Polizeiwagen erschienen, um den Verwundeten beizustehen. Dann tat sich auf einmal die Liebe kund, die der weiße Mann für den Schwarzen im Herzen hat. Viele Leute kamen damals ums Leben. Ich kann mich nicht mehr an die Zahl erinnern. Jedoch viele wurden gerettet und wiederhergestellt durch die Barmherzigkeit der Weißen.

Jetzt möchte ich Euch noch einen Einzelfall berichten. Es gibt einen sehr gewichtigen Stamm in Südafrika, Masutos genannt. Wenn eine Masutofrau Mutter wird, dann bleibt sie drei Monate lang im Haus. Sie geht nie aus. Diese Frau, von der ich jetzt erzähle, hatte ein Kindchen im Alter von drei Monaten. Sie befand sich im Haus, als der Wirbelsturm die Lokation überfiel. Sie konnte ihr Kindchen nicht allein lassen, um sich in Sicherheit zu bringen. So entschied sie sich schnell, niederzuknien und ihr Kindchen mit ihrem Körper zu schützen. Die Balken und Backsteine stürzten auf sie nieder. Das Blechdach krachte ein und verletzte sie schwer. Ihr wißt, welches Unheil die Wirbelstürme in diesem Kontinent anrichten. Ihr Rücken wurde aufgerissen, so daß man ihre Lunge sah. Doch ihre einzige Sorge war, ihr Kindchen zu schützen. Und so hauchte sie ihr Leben aus.

Die Polizei erschien auf dem Platz. Die Sanitäter suchte nach den Verwundeten. Sie räumten den Schutt weg und stießen auf die leblose Form
einer Frau. Sie brachten eine Bahre, um die Leiche aufzuladen. Als sie sie
aufhoben, kam ein lächelndes Baby zum Vorschein. Die Schwestern
kamen schnell herbei, nahmen es in die Arme, wickelten es in eine Woll-
decke und brachten es auf schnellstem Weg in ein Spital. Die Leiche der
Mutter wurde ins Leichenhaus gebracht und wurde am folgenden Tag
mit vielen andern begraben. Für das Baby jedoch wurde auf das beste
gesorgt. Die Tageszeitungen verbreiteten die Nachricht im ganzen
Land.

Ich fuhr 700 Meilen weit herbei, um das Kindlein zu sehen, dessen
Mutter eine so edle Tat vollbrachte. Ich suchte das Spital auf und wollte
um jeden Preis das Baby sehen. Die Oberschwester wollte wissen, welches
ich meinte – es hatte deren eben so viele ähnliche. Ich sagte, daß ich das
Überlebende vom Wirbelsturm sehen wollte. Sie führte mich zu ihm.
Ich kniete nieder und betete und dankte Gott. Und dann überwältigte
mich der Vergleich: Eine solche Tat hat Jesus für uns alle getan.

Das ist es, was wir den Leuten zu verkaufen haben.

3. DAS ALTE EVANGELIUM

Jesus starb an dem Kreuz, damit wir nicht sterben sollten. Wer an Jesus
glaubt, ist aus dem Tod ins Leben versetzt worden. Dies ist alles, was ich
predige. Es gibt Leute, die darauf entgegnen: „Das ist ja eine alte Pre-
digt." Ja, gewiß! Doch dies ist die Botschaft, welche heute die Seelen in
Afrika rettet. Jesus! Wir verherrlichen Jesus! Seinen Tod! Jesus kann
keinen Menschen retten ohne durch seinen Tod. Es ist Jesus am Kreuz.
Er bezahlte die Sühne und trug die Strafe an Stelle aller Menschen. Und
Gott hat angeordnet, daß er Sündern und Heiligen beim Kreuz Jesu
Christi begegnet. Denn dies ist der einzige Weg der Annahme vor Gott:
Jesus, der am Kreuz starb.

Was geschieht dann? Ich bemühe mich allein darum, den vielen Menschen Jesus zu zeigen. Und während ich predige, steht plötzlich dort
drüben an der Wand ein Mann auf und ruft: „Ich möchte Jesus annehmen. Dann ein anderer auf der gegenüberliegenden Seite, dann eine
Frau in der Mitte, und auf einmal ist die ganze Zeltversammlung in
größter Bewegung. Sie alle wollen gerettet werden. Es ist dann ein Ding
der Unmöglichkeit, die Bekehrten zu zählen. Wir können auch keine
Namen aufschreiben. Auch Ihr würdet es kaum fertigbringen. Sie wollen
Jesus haben. Wir sehen, wie Hände aufgestreckt werden unter denen, die

außen am Zelt stehen. Unter ihnen sind schlimmste Kriminelle. Und am andern Morgen finden wir sie völlig umgewandelt. Sie sind durch Jesus Christus zu neuen Menschen geworden.

Und während wir diese Predigt von Jesus, dem Gekreuzigten, fortsetzen, geschieht es, daß plötzlich ein Krüppel dort drüben aufspringt. Er macht großen Lärm. Er wirft seine Krücken von sich. Er geht ohne Krücken, er springt, rennt umher und verursacht einen großen Tumult. Wir haben nicht mit ihm gebetet. Jesus selbst hat ihn geheilt, und nun schreit er vor Freude. Die Leute sehen, daß es Jesus ist, der heilt. Dies ist es, was wir immer wieder in unserem Lande sehen.

4. GEISTESTAUFEN

Wir rufen die Leute auch nicht nach vorn, um mit ihnen zu beten, damit sie mit dem Heiligen Geist getauft werden. Es geschieht immer wieder, daß die Leute gerettet und sofort mit dem Geist getauft werden. Wenn der Geist in Afrika über die Leute kommt, so werden nicht nur ein paar Vereinzelte getauft. Das ganze Haus gerät in Bewegung. Er fällt über alle wie ein Regenschauer. Wir wissen dann nicht mehr, wem wir helfen und wem wir nicht helfen sollen. Manchmal beten wir: „O Gott, halte ein, bitte halte ein, sonst meinen die Außenstehenden noch, wir seien verrückt geworden!" Weil alles auf solche mächtige Weise geschieht, finden wir keine Zeit, uns mit den verschiedenen Sonderlehren auseinanderzusetzen. Wir predigen Jesus – eine sehr einfache Botschaft, sehr, sehr einfach! Und wenn wir Jesus predigen, so rettet er Seelen, heilt kranke Leiber, tauft mit dem Heiligen Geist. Dies geschieht in diesen Tagen in meinem Land. Wir haben nicht nötig, die Leute zu überreden, wir machen keinen besonderen Appell. Sie kommen zu Hunderten, ganz von sich aus.

Es war an einem Ostermontag, als der Herr in East-London mit seinem Geist zu taufen anfing. Wir waren unter freiem Himmel. Es waren über siebentausend Personen anwesend. Missionare aus allen Denominationen, welche die Osterferien in East-London verbrachten, waren erschienen. Jedermann, der in unsere Stadt kam, wollte auch die Erweckung sehen. Die Lutheraner-Missionare, die Holländisch-Reformierten, sie alle kamen mit ihren Regenschirmen. Und ich sagte zu Gott: „Ich hoffe, daß heute nichts Anstößiges geschieht."

Während wir den Chorus sangen „Es ist Kraft in dem Blut des Lammes", kam der Heilige Geist auf die ganze Versammlung hernieder – um halb zehn Uhr morgens bis am Abend, als es dunkel war. Die Leute wußten nicht mehr, wo sie waren. Knaben von zwölf Jahren redeten in Zungen und weissagten. Wir hatten einen wunderbaren Tag. Und von diesem Tag an fuhr der Herr fort, mit dem Geist zu taufen. Es war unmöglich zu predigen. Der himmlische Regen fiel auf die Versammelten. Und die Leute strömten aus allen Gegenden herbei, um zu sehen, was dieser Lärm zu bedeuten hatte. Sie bekehrten sich, und die Zahl nahm beständig zu, und der Herr taufte mit dem Geist.

Einige der Dinge, die sich ereigneten, hättet Ihr vielleicht als übertrieben bezeichnet. Wir mußten Autobusse kommen lassen, denn die Leute konnten nicht mehr gehen, sie waren wie tot. Die Wagenführer und Billetteure hoben die Leute auf und luden sie in die Busse. Diese gleichen Wagenführer kamen unter die Kraft des Heiligen Geistes, als sie diese Geistgetauften anfaßten. Sie sagten: „Sobald wir in Berührung mit ihnen kommen, kommt es auch über uns."

In East-London hat Gott alle Busführer und Billetteure gerettet. Es kam dazu, daß das Theater, ein sehr großes und populäres, seinen Betrieb einstellen mußte. Niemand begehrte mehr, die Vorstellungen zu besuchen. Es blieb leer. Schließlich kamen die Leute von der Theaterdirektion zu uns und baten, wir möchten das Theater mieten. So übernahmen wir es, und alle Vorstellungen in der Stadt wurden eingestellt. Wir aber „stellten Christus vor". Dies hat Gott getan, und wir haben viel Ursache, ihn zu preisen.

5. KEINE SONDERLEHREN

Jesus! Dies ist es, was die Apostel predigten. Was fehlt bei den Missionen? Viele verkündigen Jesus bloß mit dem Kopf (mit dem Verstand) und nicht erfüllt mit dem Heiligen Geist. Und wißt Ihr, was uns fehlt? Wir predigen den Heiligen Geist und lassen Jesus im Hintergrund. So fehlt es auf beiden Seiten. Der Zweck des Heiligen Geistes ist, Jesus den Menschen nahe zu bringen, Jesus zu verherrlichen. Er will den Menschen Jesus schenken, und nicht die Denomination verherrlichen, der wir angehören, auch nicht den Heiligen Geist oder die Gaben des Geistes. Wir bedürfen der Gaben des Heiligen Geistes, ganz gewiß, doch bedürfen wir vor allem, Jesus zu erkennen und ihn dem Volk zu bringen. Er hat nie versagt.

Jesus ist Gott, er ist Gott selbst. Und er hat seine Herrlichkeit verlassen, kam auf die Erde hernieder und erwählte die Armut, damit wir armen Menschen reich würden. Dies ist, was wir in Afrika heute brauchen und was die ganze Welt braucht. Gott sucht Menschen, die sich selbst verlieren und Jesus ergreifen, nicht die Kraft Jesu, sondern Jesus selbst. Und daß wir von Jesus lernen wollten, dem demütigen und barmherzigen Jesus! Daß wir von ihm den wahren Wert einer menschlichen Seele lernen möchten!

Wir brauchen Jesus, der sagte: „Du sollst deinen Nächsten lieben wie dich selbst." Er bezeichnet nicht, welchen unter unseren Nächsten, sondern sagte einfach „deinen Nächsten". Es sagte: „Liebet eure Feinde!" Wir brauchen Jesus – nicht im Kopf, sondern im Herzen. Dies ist das große Bedürfnis der ganzen Welt. Jesus kann die Probleme zwischen den Nationen lösen. Er kann den Haß und das Mißtrauen zwischen den Rassen beseitigen.

Ich glaube, daß der Zweck dieser Pfingstbewegung darin besteht, daß uns Jesus neu und lebendig gemacht werde. Seit mich der Herr mit dem Geist getauft hat, sinke ich jeden Tag aufs neue hin, überführt von meinem eigenen Zukurzkommen. Jesus Christus nimmt meine Beweggründe täglich zur Prüfung vor. Wie habe ich mich gegenüber meinem Nächsten verhalten? Was habe ich für meine Feinde getan? Denn das Evangelium von Jesus Christus ist das Evangelium der Liebe. Liebet jedermann! Dies lehren wir unsere Leute in Afrika.

Es sind nicht Sonderlehren, welche die Probleme in der Welt lösen. Wir bedürfen Jesus, mehr von Jesus, mehr von seiner Liebe, damit wir diejenigen lieben, die uns verachten. Wißt Ihr, als Jesus in mein Herz kam, da machte er, daß ich ihn fühlte, und er wurde mir so über alles wirklich. Ich vergaß, daß ich ein Neger bin. Und so ist es bis heute geblieben. Ich denke nur an das Morgen: Jesus, die Hoffnung der Herrlichkeit. Dann werde ich voll Freude. Ich weiß, daß Jesus über allen und allem ist. Er ist die große Wirklichkeit. Wir könnten ohne ihn nicht vorankommen. Darum verkündigen wir Jesus, und er tut das Werk und tut es vollkommen.

So fahren wir fort, eine Stadt nach der andern in Südafrika in Angriff zu nehmen. Ich glaube, daß wir in Südafrika die Zustände durch Jesus verwandeln werden. Afrika bedarf eurer Gebete und eurer Anteilnahme, nicht allein Südafrika, sondern ganz Afrika.

ANMERKUNGEN

[1] *N. B. H. Bhengu*, Revival Fire, 3.
[2] *Ders.*, a.a.O., 5.
[3] *Ders.*, a.a.O., 5; die ganze Beschreibung ausführlich bei *K. Schlosser*, Eingeborenenkirchen, 22–24.
[4] Die oben erwähnte Lit., ferner: 01.3019c6.. – *Ph. Mayer*, Townsmen or Tribesmen, 192–205. – PGG, 133–151 und Register.
[5] Englisch: *N. B. H. Bhengu*, Christ Is the Only Answer, in: *D. Gee* (Hg.), Fifth World Pentecostal Conference, 89–96; deutsch: Christus, die einzige Antwort, VdV 52/9, September 1959, 1–5.

HEILIGUNG, DAS HOHEPRIESTERLICHE WERK CHRISTI (JOH. 17)

R. Hollis Gause

Gause wurde 1925 in Clinton, South Carolina, USA, geboren und 1952 zum Prediger der *Church of God (Cleveland)* ordiniert. Er amtete als Lehrer am *Lee College*, Cleveland, Tenn., war später Dekan des *Lee Bible College*; gegenwärtig ist er Vorsteher der Abteilung für Religion am *Lee College*. Seine Studien: *Columbia Theological Seminary* (B. D.); neutestamentliche Studien für Fortgeschrittene an der *Emory Universität*, Atlanta, Georgia; regelmäßige Beiträge in den Zeitschriften der *Church of God (Cleveland)*, *ChoG Evangel* und *The Lighted Pathway*.

Im folgenden entwickelt er die sog. „wesleyanische" oder „perfektionistische" Heiligungslehre[1], die in den verschiedenen Typen der *Churches of God*, in der *Pentecostal Holiness Church* und anderen, aus der Heiligungsbewegung hervorgegangenen Pfingstkirchen gelehrt wird. Er versucht, diese Heiligungslehre auf dem Hintergrund heutiger neutestamentlicher Forschung zu interpretieren.

Im Heilsplan der Schrift werden einige spezifische Lehren und Erfahrungen definiert: Rechtfertigung, Gotteskindschaft (Adoption), Wiedergeburt und Heiligung. Die wesleyanische Position hat diese gelegentlich „bestimmte Heilserfahrungen" genannt. Der Ausdruck „bestimmte zweite Heilserfahrung" oder „zweites Gnadenwerk" wurde manchmal auf die Erfahrung der Heiligung angewandt. Damit ist ein zeitlich und sachlich von der Wiedergeburt zu unterscheidendes Erlebnis gemeint. Es ruht auf dem Versöhnungswerk und der göttlichen Intervention vermittels des hohepriesterlichen Amtes Jesu Christi.

Rechtfertigung ist ein Akt der Lossprechung, der die Gläubigen vom Gericht Gottes losspricht und Vergebung der Sünden bewirkt. Dieser Akt ist grundlegend für alle weiteren Erfahrungen. „Rechtfertigung geht der Heiligung im Gnadenbund voran und ist gleichzeitig dessen Grundlage ... Rechtfertigung ist die juridische Grundlage für die Heiligung[2]."

Gotteskindschaft (Adoption) ist ein rechtlicher Akt, der die Stellung des Gläubigen in bezug auf die Familie Gottes verändert. Von der Stellung eines Untertanen wird er in die Stellung eines Sohnes versetzt.

Wiedergeburt ist ein schöpferischer Akt Gottes, der die Natur des Gläubigen verändert, indem ihm der Same des neuen Lebens eingepflanzt wird und in ihm die Gnaden (Plural) göttlicher Natur zu wachsen beginnen. Heiligung ist ein Reinigungsakt Gottes, welcher die Natur des Gläubigen ebenfalls verändert; dieser Reinigungsakt befreit den einzelnen vom Gesetz der Sünde und des Todes (Röm. 8, 2).

Diese verschiedenen Stufen sind notwendig, wenn das vielfältige Problem der Sünde gelöst und das Heil in seiner Fülle erlebt werden soll. Rechtfertigung antwortet auf das Problem der Schuld, Adoption auf jenes der Entfremdung von der Familie Gottes, Wiedergeburt auf dasjenige der menschlichen Natur, die zum Reich Gottes im Widerspruch steht, Heiligung auf dasjenige des Zustandes und der Korruption der Sünde.

Joh. 17 stellt uns Christus in seiner Funktion als Hohepriester vor, der für seine Jünger fürbittend eintritt. Das Ziel seiner Fürbitte ist deren Heiligung. Diese priesterliche Funktion Christi ist wesentlich. Er betet nicht für seine Jünger, so wie ein Jünger für seine Mitjünger oder ein Lehrer für seine Schüler betet. Er betet als Priester; er bietet Gaben und Opfer für das Volk dar (Hebr. 5, 1). Ein solcher Priester kann nur auf Grund eines versöhnenden Opfers handeln.

Es gibt zwei aus dem Zusammenhang sich ergebende Gründe für dieses Gebet Christi an diesem Punkt seines Dienstes: 1. Er stand vor dem Abschied von seinen Jüngern. 2. Er wollte sie für den Empfang der Verheißung des Vaters, die in Joh. 14-16 besprochen wird, vorbereiten.

Es gibt vier deutliche Aspekte dieses Gebetes: 1. Für wen betete Christus? 2. Wofür betete Christus? 3. Wie betete Christus? 4. Mit welchem Ziel betete Christus?

1. FÜR WEN BETETE CHRISTUS?

Christus identifizierte die, für die er betete, durch eine Rückbesinnung auf den Auftrag, den er selber vom Vater bekommen hatte. Diese Rückbesinnung erscheint in den ersten Sätzen und bezeichnet als Personen, für die Christus betet, die an ihn Glaubenden. Er hatte den Auftrag bekommen, die Herrlichkeit des Vaters darzustellen. Die Herrlichkeit des Vaters wurde sichtbar in der Verherrlichung des Sohnes, das heißt in der Erfüllung des Erlösungswerkes (Tod, Auferstehung, Auffahrt, Joh. 12, 27-33).

Jesu Auftrag gab ihm auch die Vollmacht, das Licht des ewigen Lebens weiterzugeben (Joh. 1, 4. 9). Dieses Licht wurde an die weitergegeben, die ihm vom Vater gegeben worden waren (Vers 2). Dies beruht auf seiner Autorität über alles Fleisch und auf seiner erlösenden Funktion. Die Weitergabe des ewigen Lebens hängt ab von Christi Offenbarung

Gottes als des „einzig wahren Gottes" und der Offenbarung Jesu als des „einen, den er gesandt hat" (Vers 3).

Christus hatte seinen Auftrag der Verherrlichung Gottes beendet; das Werk war so weit vollbracht, daß Christus nicht mehr länger von dieser Welt war (Vers 4; Vers 11). Allein die Verherrlichung Christi fehlte noch zur vollen Erfüllung. Sie war wesentlich für die Versöhnung; ja, sie war die Versöhnung. Christus wächst durch das Kreuz, die Auferstehung und die Auffahrt zur Höhe der Herrlichkeit. Dieser Versöhnungspfad ist die Grundlage seines hohepriesterlichen Gebetes. Er führte zur Wiederherstellung seiner Herrlichkeit mit dem Vater, die er vor der Erschaffung der Welt hatte. „Nach Worten, welche das Gebet in den höchsten Augenblick der Erfüllung stellen (in Ausdrücken die denen von 12, 23 und 13, 1. 31 gleichen) ($\dot{\epsilon}\lambda\dot{\eta}\lambda\upsilon\vartheta\epsilon\nu$ $\dot{\eta}$ $\ddot{\omega}\varrho\alpha$ $\delta\dot{o}\xi\alpha\sigma\dot{o}\nu$ $\sigma\sigma\upsilon$ $\tau\dot{o}\nu$ $\upsilon\dot{\iota}\dot{o}\nu$) führt die Einleitung (17, 1–5) den Auftrag Christi auf ($\dot{\epsilon}\xi\sigma\upsilon\sigma\dot{\iota}\alpha$ $\pi\dot{\alpha}\sigma\eta\varsigma$ $\sigma\dot{\alpha}\varrho\varkappa\dot{o}\varsigma$, $\ddot{\iota}\nu\alpha$... $\delta\dot{\omega}\sigma\eta$ $\alpha\dot{\upsilon}\tau\sigma\ddot{\iota}\varsigma$ $\zeta\omega\dot{\eta}\nu$ $\alpha\dot{\iota}\dot{\omega}\nu\iota\sigma\nu$) und berichtet seine volle Ausführung ($\tau\dot{o}$ $\ddot{\epsilon}\varrho\gamma\sigma\nu$ $\tau\epsilon\lambda\epsilon\iota\dot{\omega}\sigma\alpha\varsigma$) zur Ehre des Vaters und gleichzeitig zur Ehre des Sohnes[3]."

Christus betet für die, die ihn in seiner Sendung aufgenommen hatten. Sie waren Christus vom Vater gegeben worden (Vers 2). Sie hatten den Vater als den einzig wahren Gott und Jesus als den von ihm Gesandten erkannt (Vers 3) und waren somit Teilhaber des ewigen Lebens (Verse 2 und 3). Ihnen hatte Christus den göttlichen Namen faßbar gemacht. „Die Offenbarung des ‚Namens' Gottes wird in Verbindung gebracht mit der Selbstvorstellungsformel Christi ‚Ich bin' ($\dot{\epsilon}\gamma\dot{\omega}$ $\epsilon\dot{\iota}\mu\iota$ = אֲנִי הוּא), die zum $\dot{\epsilon}\gamma\dot{\omega}$ $\varkappa\alpha\dot{\iota}$ $\dot{o}$ $\pi\alpha\tau\dot{\eta}\varrho$ $\ddot{\epsilon}\nu$ $\dot{\epsilon}\sigma\mu\epsilon\nu$ gehört ...[4]". Die Sichtbarmachung dieses Namens bedeutete ihre Rettung (Vers 6).

Christus betet für die, die sein Wort empfangen und geglaubt hatten. Die Worte waren des Vaters Auftrag an Christus (Vers 8a). Sein Wort empfangen bedeutet Christus und den Vater empfangen. Die Empfänger des Wortes wußten, daß Christus vom Vater gesandt worden war (Vers 8b). Diese Erkenntnis war die Grundlage ihres Glaubens (Vers 8c). Auf diese Erkenntnis und diesen Glauben gründete sich ihr Gehorsam. Sie haben Gottes Wort gehalten (Vers 6b, Perfekt). Christus betet für alle Gläubigen in allen kommenden Zeitaltern: „Für alle die an mich glauben durch ihr Wort" (Vers 20). Das Mittelwort der Gegenwart ($\tau\ddot{\omega}\nu$ $\pi\iota\sigma\tau\epsilon\upsilon\dot{o}\nu\tau\omega\nu$) gibt diesem Gebet eine zeitlose Bedeutung[5].

Jesus betete für die, die zu Gott gehörten und darum von der Welt getrennt waren. Sie gehören zum Vater, gehören und sind von ihm dem Sohn gegeben. Hier wird ein ausschließlicher Besitzstand ausgedrückt: Weil sie dem Vater gehören, sind sie von der Welt geschieden.

Sie werden durch die Kraft des Namens Gottes gehalten, der das Siegel des Besitzers und ein Gnadenmittel ist. Sie sind durch ihren Namen und ihre Natur von der Welt getrennt: „Sie sind nicht von der Welt, wie auch ich nicht von der Welt bin" (Vers 14). Sie achten nicht auf das gleiche Wort wie die Welt. Sie tragen nicht den gleichen Namen. Sie haben nicht die gleiche Natur und machen andere Erfahrungen.

Eine letzte Unterscheidung ist nötig. Christus betet für die, die nicht von der Welt sind. Sie bleiben zwar nach dem leiblichen Abscheiden Christi in der Welt. Christus betet nicht für ihre Hinwegnahme aus der Welt (Verse 11, 15a). Die Erfahrung, von der hier die Rede ist, ist also nur für diese Weltzeit von Bedeutung. Nur im Gegenüber von der Heiligkeit des Gläubigen und der Befleckung des Ungläubigen wird das Werk Christi gesehen. „Die Jünger werden in der Welt gelassen, in der Welt, das heißt in der Position, die er selber innehatte. Sie, zusammen mit dem Heiligen Geist, müssen der Welt gegenüber Zeugnis ablegen und ihre Feindschaft ertragen[6]."

Diese Unterscheidungen sind von praktischer Bedeutung. Buße wird den Unbußfertigen gepredigt; sie wird gleichzeitig von ihnen verlangt und ihnen verheißen ohne irgendwelche vorhergehende verdienstliche Prädispositionen. Wiedergeburt wird den Nicht-Wiedergeborenen gepredigt, ohne daß sie eine neue Natur vorweisen müssen als Grundlage der Buße. Rechtfertigung wird den Ungläubigen verheißen. Aber dieses Heiligungsgebet (in Joh. 17) betrifft die Gläubigen, die schon Wiedergeborenen, diejenigen, die nicht zu dieser Welt gehören. Christus macht das völlig klar: „Ich bitte nicht für die Welt" (Vers 9a).

2. WOFÜR BETETE CHRISTUS?

Der zweite Aspekt dieses Gebetes betrifft seinen Gegenstand. Eine einzige Bitte gibt die Fülle des hohepriesterlichen Gebets nicht wieder. Wir müssen daher die Bitten einzeln untersuchen. Die erste Bitte betrifft die Einigung der Jünger. Es ist die Einheit von Natur und Gesinnung. Die Bitte präzisiert: „daß sie eins seien, wie wir eins sind" (Vers 11b). Ihre Einheit wird also beispielhaft vorgestellt in der Einheit zwischen dem Vater und dem Sohn, die in der Schrift (und insbesondere in den johanneischen Schriften) eine Einheit ist, in der das Wort mit Gott eins ist (Joh. 1, 1–3) und in welcher des Sohnes Gesinnung mit des Vaters Zielen übereinstimmt (Joh. 17, 4). Überträgt man dies auf unseren Text, so muß es sich hier um die Einheit des Geschöpfes mit Gott handeln, die durch die Heiligkeit und die Demut des Geschöpfes erfahren wird.

Diese Einheit wird erfüllt durch die versöhnende Erfahrung des In-Christus-Seins. Das Einssein von Vater und Sohn gründet sich auf die

Einwohnung Gottes im Sohn und der Einwohnung des Sohnes in Gott (Vers 21). Die Einheit des Gläubigen mit Gott gründet auf dem In-Christus-Sein des Gläubigen (Verse 21 und 22). Diese Identifikation des Geheiligten mit dem Heiliger ist ein wesentlicher Bestandteil der Versöhnung: „Denn der, der heiligt ... und die, die geheiligt werden, sind eins" (Hebr. 2, 11). Es ist nicht die oberflächliche Einheit der Welt (gemeinsame Ziele, gemeinsame Organisation, Nationalismus, Denominationen usw.), vielmehr ist es die Einheit von Natur und Gesinnung, die dadurch zustande kommt, daß man die Gesinnung Christi hat (Phil. 2, 2–5), oder richtiger, indem man von der Gesinnung Christi ergriffen wird.

Die zweite Bitte erfleht für die Jünger die Fülle der Freude, die Freude Christi (Vers 13). Sie geht weit über oberflächliche Vergnügungen hinaus. Sie hat ihren Ursprung in Christus und wird durch eine versöhnende Beziehung zu ihm durch das Erlebnis der Heiligung erfahren. Die dritte Bitte ersucht um ihre Bewahrung vor dem Bösen in dieser Welt. Sie waren durch Christus bewahrt worden, solange er leiblich unter ihnen weilte. Aber jetzt war seine irdische Mission zu Ende. Sein leiblicher Abschied stand unmittelbar bevor. Sie aber sollten nicht aus der Welt herausgenommen werden (Vers 15). So bedürfen sie des Schutzes vor dem Bösen in dieser Welt. Diese Bewahrung ruht soteriologisch auf der Heiligung, die ihrerseits den Gläubigen auf die Einwohnung des Heiligen Geistes vorbereitet.

Die vierte Bitte richtet sich auf ihre Heiligung. Sie ist der Höhepunkt aller vorhergehenden Bitten und faßt alles zusammen in dem Wort „heilige!": „Heilige sie in der Wahrheit!" (Vers 17) Das ist ein Problem des inneren Menschen und bedarf eines Aktes der Versöhnung. Der Mensch muß von Gott berührt werden, der allein der persönlich Heiligende ist. Es geht um mehr als Hingabe, einen Akt des sittlichen Willens. Die Heiligung ist vielmehr des Christen Antwort auf das Problem der adamitischen Natur, des alten Menschen, der Verderbnis, des „Gesetzes in meinen Gliedern". Ein neuer Zustand wird hier eingeleitet, in dem die geistliche Natur gereinigt wird. Der alte Mensch wird gekreuzigt und Herzensreinheit aufgerichtet. Wesley nennt dies die „Beschneidung des Herzens". Es ist bezeichnend, daß Christus die Befehlsform des Aorists benutzt, um die punktuelle Aktion gegenüber einer progressiven abzugrenzen. Das bedeutet natürlich nicht, daß Heiligung ein statischer Zustand ist. Aber es bedeutet, daß sie ein Krisiserlebnis ist. Für John Wesley (und die Anhänger der wesleyanischen Tradition) bedeutet dies ferner, daß Heiligung in einem augenblicklichen Erlebnis erfahren wird[7].

Das Ziel der Erfahrung ist nicht lediglich negativ. Die Gnaden, die durch die Wiedergeburt eingepflanzt worden waren, werden jetzt von den sie hindernden Spuren (*vestiges*) der alten Natur befreit. Der Gläubige ist befreit vom Gesetz der Sünde und des Todes (Röm. 8, 2).

3. WIE BETETE CHRISTUS?

In Übereinstimmung mit der soteriologischen Natur der Heiligungs-erfahrung, sind die Instrumente der Heiligung nach Ursprung und Natur göttlich. Sie sind 1. der göttliche Name, 2. das göttliche Wort, 3. Christi hohepriesterliche Fürbitte und 4. Christi eigene Heiligung.

Das Gebet Jesu stellt der leiblichen Gegenwart Jesu den Namen des Vaters gegenüber: „Ich bin nicht mehr in dieser Welt, aber sie sind in der Welt, und ich komme zu dir; Heiliger Vater, bewahre sie in deinem Namen" (Joh. 17, 11). Der heilige Name ist ein Gnadenmittel, weil er „die Kraft des Namensträgers zu bedeuten scheint. Als Jesus auf Erden war, benutzte er diese göttliche Kraft zur Rettung seiner Jünger vom leiblichen Tod (z. B. Sturmstillung, Mk. 6, 47–51) und um sie einig zu erhalten. Nach seinem Abschied wird diese erhaltende Macht durch den Vater selber ausgeübt[8]."

Die Wirkung dieser Bitte ist die Zurverfügungstellung eines Gnaden-mittels, das universal angewandt werden kann im Gegensatz zu den Be-schränkungen der leiblichen Gegenwart Jesu. Dieser Name beinhaltet die Kraft und Gegenwart der göttlichen Person. Insbesondere trifft dies auf seinen Charakter der Heiligkeit zu: „Sein Name ist seine Person, die an sich selber heilig ist, in ihrer Heiligkeit aber offenbar werden soll ...[9]"

Die Verwendung des Namens Gottes bestätigt, was oben über die Heili-gung als Ergebnis der göttlichen Intervention gesagt wurde. Diese gött-liche Intervention geschieht durch den Namen Gottes als Gnadenmittel: „Auch sonst im Neuen Testament geht alle Heiligkeit ausschließlich von Gott aus; denn auch wenn der Tempel (Mt. 23, 17) oder der Altar (23, 19) oder das Opfer (Hebr. 9, 13) heiligt, so beruht die heiligende Kraft ausschließlich auf der Heiligkeit Gottes[10]."

Dieser Name ist Ursprung und Siegel der Sohnschaft. Er wird zum An-recht Gottes dem Gläubigen gegenüber, um ihn zu Heiligkeit in Charak-ter und Praxis zu rufen. Er ist des Gläubigen Anrecht auf die Kommunika-tion der Heiligkeit und die bewahrende Kraft Gottes.

Das zweite Gnadeninstrument für die Heiligung ist das göttliche Wort. Das Wort ist, wie der Name Gottes, ein Gnadenmittel. Infolgedessen werden in der Erwartung der Heiligkeit die Verheißungen des Wortes in Anspruch genommen. Die Grundlage dafür ist das Gebet Jesu: „Heilige sie in der Wahrheit; dein Wort ist Wahrheit." Es ist das wirksame Instrument ihrer Heiligung.

Das dritte und vierte Instrument des Gebets Christi sind die Erlösungswerke Christi durch die Versöhnung. Sie sind Christi Fürbitte und seine eigene Heiligung.

Die Fürbitte Christi hat zwei Voraussetzungen. Die erste: Heiligung als Bestandteil im *ordo salutis* ist ein Akt der Versöhnung. Ihre Verwirklichung ruht auf göttlicher und nicht menschlicher (Hingabe, religiöse Übungen usw.) Initiative. Die zweite: Die Fürbitte gründet sich auf ein Versöhnungsopfer.

In Verfolgung dieser beiden Voraussetzungen ergibt sich, daß das Gebet Christi die Funktion eines Priesters ist, der für diejenigen eintritt, die selber nicht vor Gott treten können. Ferner folgt daraus, daß sie – da er für sie eine Veränderung ihres inneren Menschen sucht – auf seine Fürbitte und sein Opfer in der Verwirklichung ihrer Heiligung angewiesen sind.

Daraus ergibt sich, daß Jesus nicht einfach Gebetsgemeinschaft mit ($\mu\varepsilon\tau\acute{\alpha}$) seinen Jüngern hatte, sondern daß er für ($\pi\varepsilon\varrho\acute{\iota}$) sie betete. Diese fürbittende Funktion übt er weiter aus als auferstandener und erhöhter Herr und Hohepriester (Hebr. 7, 25). Wir können wissen, daß sein Gebet (wie in Joh. 17) für uns weiter vor dem himmlischen Altar dargebracht wird.

Christi eigene Heiligung war das erlösende Opfer für die Heiligung der Jünger: „Und für sie heilige ich mich, damit sie in Wahrheit geheiligt werden" (Vers 19). Es ist klar, daß die Terminologie dieses Verses im Licht der weiter oben behandelten Auslegung der selben Begriffe interpretiert werden muß. Wenn wir die „Heiligung" der Jünger im Zusammenhang mit der Versöhnung interpretierten, so muß dies auch in der eigenen Heiligung Jesu der Fall sein. Christi eigene Heiligung ist die Erlösungsgrundlage seines Die-Kirche-Heiligens, und dies ist „der Beweis seiner Gottheit"[11]. Er gab sich selbst hin als Versöhnungsgrundlage für unsere Heiligung.

Die geistliche Wirklichkeit dieses Verständnisses der Heiligung Christi liegt in der Identifikation Christi mit dem Menschen und der Tatsache, daß er das Versöhnungslamm wurde. In seiner Identifikation mit dem Menschen wurde er in jeder Beziehung dem zweiten Menschen Adam gleichgestaltet. In einer weiteren Identifikation wurde er durch Richterspruch zur Sünde gemacht: „Den, der von keiner Sünde wußte, hat er (Gott) zur Sünde gemacht für ($\upsilon\pi\acute{\varepsilon}\varrho$) uns." Es genügt nicht zu sagen, daß nur „Sünden" (tatsächliche Übertretungen in Form von Unterlassungssünden und Tatsünden) und nicht „die Sünde" Christus auferlegt wurde.

Der Mensch ist durch sein Verhalten und durch seinen Zustand Sünder im Zustand der Verderbnis. Beides widerspricht der göttlichen Heiligkeit, und beides muß in der Versöhnung überwunden werden. Als die Sünde Christus auferlegt wurde, empfing er unsere verdorbene Natur so gut wie die einzelnen Sünden unserer sündigen Geschichte. Er wurde als verdorben in der Natur und sündig in seinen Taten angesehen. Die eigene Heiligung Christi war die Voraussetzung der Versöhnung dieses ihm auferlegten sündigen Zustandes. So antwortete er auf die Herausforderung der adamitischen Natur, die ihm zugerechnet worden war (Hebr. 13, 11, 12).

4. MIT WELCHEM ZIEL BETETE CHRISTUS?

Der letzte Aspekt des Gebetes Christi zeigt uns das Ziel, das er für seine Jünger im Auge hat. Ein Aspekt ist die Einheit der Gläubigen. Dieses Ziel gehört jedoch integrierend zur Heiligkeit, wie sie hier verstanden wird. Weiter strebt Jesus darnach, daß der Geheiligte mit der Herrlichkeit Christi angetan wird. Diese Herrlichkeit hat mit der Vereinigung mit Gott und mit der Einheit mit Christus zu tun.

Als Konsequenz wird die Welt wissen, daß Jesus im Auftrage Gottes ausgesandt worden ist. Erfahrung und Sichtbarwerden der Heiligkeit sind von evangelistischer Wichtigkeit. Durch das Sichtbarwerden der Heiligkeit Christi in den Jüngern wird die Welt das wirkliche Zeugnis von Jesus erkennen. Dies ist ein doppeltes Zeugnis: daß Gott Jesus liebt und ihn gesandt hat und daß Gott dessen Zeugen liebt.

Das Ende des Gebets zeigt uns, daß die durch Christus Geheiligten mit ihm sein und seine Herrlichkeit sehen werden. In diesem Ziel werden sie in die völlige erlösende Identifikation mit Christus gebracht werden.

ANMERKUNGEN

[1] Vgl. oben *K. Kendrick*, Vereinigte Staaten, S. 32 f.
[2] *L. Berkhof*, Systematic Theology, 536.
[3] *C. H. Dodd*, Interpretation of the Fourth Gospel, 417.
[4] *Ebda.*
[5] *F. Blass, A. Debrunner*, Grammatik, 210: 339, 2b.
[6] *C. K. Barrett*, The Gospel According to St. John, 423.
[7] *W. R. Cannon*, Theology of John Wesley, 242.
[8] *R. V. G. Tasker*, The Gospel According to St. John, IV, 192.
[9] *O. Procksch*, Art. ἁγιάζω, TWB I, 113.18–20.
[10] *Ebda*, Anm. 5.
[11] *Ebda*, 113.27–28.

GEISTESTAUFE

Christian Krust

Christian Hugo Krust, geb. 1. Dezember 1896 in Karlsruhe (Baden), kam 1920 aus der Diakonie in die Gemein-
schaftsarbeit und wurde 1921 Prediger der „Christlichen
Gemeinschaft" Darmstadt, wo er heute noch tätig ist.
1956 wurde er von der Leitung seines Gemeinschaftsverbandes mit der Redaktion der beiden Zeitschriften „Heilszeugnisse" und „Heilsgruß" betraut. 1957 wählte der
Verbandsvorstand Krust einstimmig zum Geschäftsführer
des „Christlichen Gemeinschaftsverbands GmbH. Mül-
heim/Ruhr" und Vorsitzenden des Hauptbrüdertages der
deutschen Pfingstbewegung, Mülheimer Richtung. Seit
1951 ist Krust außerdem Vorsitzender des „Missionsver-
eins Mülheim/Ruhr", der seinerseits Missionsbuchhandlung und Verlag in Altdorf bei Nürnberg betreibt. In seiner Eigenschaft als Leiter des Mülheimer Gemeinschaftsverbandes ist er Missionsdirektor der von diesem Verband
maßgeblich unterstützten *Geredja Geraka Pentakosta* in
Indonesien. Er hat an der 6. (1958) und 7. revidierten
Auflage (1967) des Neuen Testamentes in der Sprache
der Gegenwart, Neue Mülheimer Ausgabe mit Anmerkungen und Wörterverzeichnis, entscheidend mitgear-
beitet.
Als erster Pfingstprediger sprach er zur Vollversammlung
des Ökumenischen Rats der Kirchen in Uppsala (1968),
ein Ereignis, das innerhalb der Pfingstbewegung weiter zu
reden geben wird[1].

1. DAS ERLEBNIS DER GEISTESTAUFE

Bei Charles Grandison Finney (1792–1876) nach seiner Selbstschilderung

Es war weder Feuer noch Licht in dem betreffenden Raume; dennoch erschien er mir lichterfüllt. Klar und deutlich, von wunder-
barem Glanze umstrahlt, stand das Bild Jesu Christi vor meiner Seele, so
daß ich ihn von Angesicht zu Angesicht zu sehen meinte. Der Gedanke,
daß die Erscheinung nur ein Spiegelbild meiner Phantasie sein könnte,
kam mir gar nicht, sondern es schien mir, als stehe der Herr wirklich
leibhaftig vor mir. Er sagte kein Wort, aber sah mich mit einem Blicke
an, der mich vor Ihm in den Staub warf. Wie gebrochen sank ich zu

seinen Füßen nieder und weinte wie ein Kind, indem ich in abgerissenen Worten das Herz vor Ihm ausschüttete ...
Wie lange ich so in Beugung und Anbetung vor Ihm auf den Knien lag, weiß ich nicht ...
Soeben war ich im Begriffe, mir einen Stuhl zu holen, um mich an den Kamin zu setzen, da strömte plötzlich der Geist Gottes auf mich nieder und überflutete mich ganz und gar nach Geist, Seele und Leib, ohne daß ich je von einer Geistestaufe gehört, geschweige denn eine solche für mich erwartet oder erfleht hatte. Es war mir, als stehe ich unter dem Einflusse eines elektrischen Stromes, der mir durch und durch ging. Liebeswelle auf Liebeswelle schien sich über mich zu ergießen, anders kann ich es nicht beschreiben. Es war wie ein Lebenshauch von oben, und ich fühlte mich wie von unsichtbaren Schwingen hin und her bewegt ...
Als ich am nächsten Morgen erwachte, schien die Sonne hell in mein Zimmer. Beim Anblick der goldnen Strahlen, die sich durch das Fenster ergossen, ward mir ganz eigentümlich zu Mute und ich empfing abermals eine Geistestaufe genau in der gleichen Weise, wie abends zuvor ...
Wie ein leiser Vorwurf klang es aus dem Wehen des Geistes heraus: ‚Willst du noch zweifeln? Kannst du noch zweifeln?' ‚Nein', rief ich, ‚ich kann nicht, ich will nicht zweifeln.' Im Augenblick war mir alles klar geworden, und es wäre mir tatsächlich unmöglich gewesen, ferner zu zweifeln, daß der Geist Gottes Besitz von mir genommen hatte[2]."

Bei Asa Mahan (*1799–1875*)

Eines Abends ging er zu einem Lehrerkollegen im Oberlin-Seminar und sagte zu diesem: „Ich möchte Ihnen sagen, was ich jetzt suche und schon jahrelang gesucht habe. Ich möchte das Geheimnis der Frömmigkeit des Paulus erkennen und dadurch begreifen, wie ich selbst die gleichen geistlichen Erfahrungen machen könnte. Sein Verhältnis zu Christus war wesentlich anders als meins. Wenn ich für Christus etwas zu tun versuche, finde ich oft, daß meine Neigungen und alle Gefühle meiner Natur kalt und tot sind, so daß ich genötigt bin, mich selbst zu gürten und mich vorwärts zu zwingen durch die Stärke eigenen Entschlusses. Mit Paulus war das ganz anders. Zu allen Zeiten und unter allen Umständen, wie er schreibt, ‚drängte ihn die Liebe Christi' und war in seinem Herzen eingeschlossen wie ein brennendes Feuer, stets ihn vorwärts treibend und es ihm unmöglich machend, es zu lassen, zu sprechen und zu handeln für ihn, der ihn liebte und sich selbst gab für ihn. Warum ist meine Liebe so schwach und so kalt und so wenig impulsiv, während die des Paulus unauslöschliche und alles bezwingende Flamme war?"

Während Mahan noch sprach, stand er plötzlich auf und rief: „Ich hab's gefunden!", kehrte in sein Zimmer zurück, fiel auf seine Knie und dankte Gott, daß ihm das Geheimnis enthüllt wurde, nachdem er so lange geforscht. Während er mit seinem Kollegen gesprochen, hatte er zu erfahren angefangen, was der Apostel in Eph. 3, 14 ff. für alle Gläubigen erbittet.

Die Gegenwart der Liebe Christi, unserer Erfahrung geoffenbart durch den Geist Gottes, enthüllte ihm auf einmal alle Geheimnisse göttlichen Lebens. Es war, so bezeugte er, „eine direkte, unmittelbare und offene Vision der Herrlichkeit und Liebe Christi, der Liebe, die alle Erkenntnis übersteigt; ein inwendiges Schauen, dem Geiste mitgeteilt durch den Geist Gottes"[3].

Finney und Mahan gelten als die Väter der Lehre von der Geistestaufe.

Sie erklärten sie als eine Erfüllung mit dem Heiligen Geiste, als der Anfang einer „einwohnenden persönlichen Gegenwart des Geistes im Gläubigen". Als Zweck der Geistestaufe galt ihnen die Begabung mit der Kraft des Geistes zum Dienste Gottes, aber auch die Verleihung von besonderen Geistesgaben. Sie hielten dafür, daß es ein Unterschied sei zwischen der Wirkung des Heiligen Geistes in Buße, Bekehrung und Wiedergeburt und der Geistestaufe. Das Vorhandensein des Geistes in allen Gläubigen wird zwar nicht bestritten, aber „sie haben nur ein gewisses Maß davon". Vor besonderen Aufgaben, Versuchungen und Anfechtungen, so wird bezeugt, wiederholen sich die Geistestaufen. Um die Zeit dieser Glaubenszeugen war noch nirgends die Rede von einer „Pfingstbewegung" und auch nicht davon, daß die Geistestaufe mit dem Zeichen des Zungenredens verbunden sein müsse[4].

Der Methodistenprediger Ch. F. Parham, Leiter und Lehrer einer Bibelschule in Topeka, im Staate Kansas, und seine Schüler kamen 1901 zum erstenmal in der Geschichte mit der Lehre heraus, „daß der biblische Beweis für die Taufe mit dem Heiligen Geist das Reden in Zungen sei, ‚nach dem der Geist ihnen gab auszusprechen' gemäß Apg. 2, 4"[5].

Dieser Lehrsatz sollte ungeahnte Folgen haben; denn er wurde die lehrmäßige Grundlage der Pfingstbewegung des 20. Jahrhunderts.

Es gibt kaum ein Lehrbuch der englischsprechenden Kirchen der Pfingstbewegung, in der dieser Lehrsatz nicht steht:

> „Die Taufe des Gläubigen mit dem Heiligen Geist ist gekennzeichnet durch ein physisches Anfangszeichen des Sprechens mit anderen Zungen, wie der Geist Gottes ihnen auszusprechen gab (Apg. 2, 4; 10, 46)[6]."

Die Bindung an diesen Lehrsatz geht so weit, daß es in den „Lehren und Statuten für Lokalgemeinden des Deutschen Zweiges der Pentecostal

Assemblies of Canada" heißt: „Wir betrachten es als einen ernsten Widerspruch zu den Glaubensgrundsätzen, wenn irgendeiner unserer Prediger im Widerspruch zu unserem Unterscheidungszeugnis lehrt, daß die Taufe mit dem Heiligen Geist nicht regelmäßig von dem physischen Anfangszeichen des Sprechens mit anderen Zungen begleitet ist, wie der Geist Gottes auszusprechen gibt, und wir betrachten es als widerspruchsvoll und unbiblisch, wenn irgendein Prediger Beglaubigungspapiere mit uns hält und unser Unterscheidungszeugnis in dieser Weise als irrig angreift[7]." Schärfer und eindeutiger kann man unseres Erachtens die eigene Lehre nicht abgrenzen.

2. DIE LEHRE VON DER GEISTESTAUFE

Damit dürfte nachgewiesen sein, wie es zu der Lehre von der Geistestaufe gekommen ist: Man hat den verhängnisvollen Fehler gemacht, aus dem persönlichen, geistlichen Glaubenserlebnis ehrenwerter Glaubenszeugen, das für die betreffenden ganz real und unantastbar gewesen ist, eine Lehre und zwar die Lehre von der Geistestaufe mit dem Zeichen des Zungenredens zu konstruieren.

Auf diese Weise wurde das geistliche Leben schematisiert. Ob und inwieweit Gott in seinem souveränen Gnadenwirken durch den Heiligen Geist sich in ein solches Schema einengen läßt, wäre ernstlich zu untersuchen.

3. DIE BEWERTUNG DER GEISTESTAUFE NACH EINEM ZEUGNIS AUF DER WELTPFINGST-KONFERENZ IN STOCKHOLM (13.–20. Juli 1955)

G. R. Wessels aus Südafrika sprach über das Thema: „Die Taufe im Heiligen Geist – Ein Ziel oder ein Durchbruch" und führte dazu unter anderem aus:

„Wenn jemand mit dem Geist erfüllt wird, bedeutet dies, daß er den höchsten geistlichen Stand erreicht hat, oder befindet er sich dann nur in einem neuen geistlichen Bereich, in welchem seiner noch größere und herrlichere Erfahrungen warten? Darauf möchte ich mit aller Bestimmtheit erklären, daß die Taufe im Heiligen Geist bloß ein Durchgang und nicht ein Ziel ist ... Der Zweck der Geistestaufe ist nicht einfach, einen Menschen zu erfüllen und ihm eine wunderbare Erfahrung zu schenken, sondern der Geist Gottes will den Menschen bewohnen und dann etwas durch ihn tun. Er will einen Menschen in ein kraftvolles und heiliges

Leben in dem Herrn hineinführen ... Das große Wunder im Zeitalter des
Heiligen Geistes ist nicht auf die Tatsache begrenzt, daß die Jünger am
Pfingsttag mit dem Geist erfüllt wurden und in neuen Zungen redeten,
sondern es schließt das kraftvolle Zeugnis ein, welches aus dieser Taufe
resultierte.

Welches wäre der Segen des Pfingsttages gewesen, wenn keine kraftvolle
Verkündigung erfolgt wäre, durch welche Tausende bekehrt wurden,
wenn keine Wunder und Zeichen geschehen wären und wenn man kein
siegreiches Leben gesehen hätte, erfüllt mit Freude als Folge davon? ...
Gott wirkte mit denen, die es verstanden, daß die Taufe im Heiligen
Geist das Eingangstor zu einem Leben der Hingabe, des Dienstes und des
Opfers ist. Die Pfingsttaufe ist eine herrliche Offenbarung Gottes, doch
es warten viele weitere göttliche Werke auf diejenigen, die sich nicht
einfach mit einer Erfahrung begnügen, sondern ihre Pfingsterfahrung zur
Ehre des Herrn gebrauchen ... Der Geist Gottes will die Gläubigen nicht
bloß mit einer Erfahrung versiegeln, sondern er will aus ihnen tat-
kräftige Mitarbeiter Gottes heranbilden ..."[8].

Diesem Zeugnis wurde zwar von der Allgemeinheit der Pfingstbewegung nicht widersprochen; leider wurde es aber auch nicht entsprechend
beachtet. Soweit erkennbar, blieb die Mehrheit der Pfingstbewegung in
der ganzen Welt bei ihrem bisherigen Standpunkt: „Die Geistestaufe
wird erkannt durch das anfängliche Zeichen des Zungenredens, wie der
Geist es auszusprechen gibt." „Der Getaufte braucht ein äußeres, nach-
prüfbares Kriterium", schrieb ein holländischer Pfingstprediger (P. van
der Woude in „Volle Evangelie Korier", Oktober 1959).

4. DIE GEISTESTAUFE IN DER SICHT DER VERSCHIEDENEN DEUTSCHEN PFINGSTGRUPPEN (OHNE BERÜCKSICHTIGUNG DES MÜLHEIMER GEMEINSCHAFTSVERBANDES)

Die „Arbeitsgemeinschaft der Christengemeinden in Deutschland", mit
den amerikanischen „Assemblies of God" eng verbunden, veröffentlichte
in einer Schrift des jetzigen Leiters ihrer „Bibelschule ‚Beröa'" in Erzhausen bei Darmstadt über Geistestaufe folgendes:

Jesus, der Sohn Gottes, war zweifellos vom Geiste Gottes gezeugt und
somit im besten Sinne des Wortes ein neuer, ein „sündloser" Mensch.
Trotzdem empfing Er erst bei Seiner Taufe im Jordan Seine „Geistestaufe" (Mt. 3, 16–17), womit bewiesen ist, daß alle Söhne und Töchter
Gottes in ähnlicher Weise dieser Gnadenerfahrung bedürfen.

Die zwölf Apostel Jesu waren schon vor dem Pfingsttage wiedergeboren,
denn sie hatten das Zeugnis, daß ihre Namen im Himmel angeschrieben

waren (Lk. 10, 20), und daß sie in Ihm waren, gleichwie Jesus im Vater war (Joh. 17, 22–23). Sie taten sogar vollmächtigen Dienst kraft ihrer Sendung, so daß sie Kranke heilen und Dämonen austreiben konnten (Mt. 10, 5–8; Mk. 3, 13–15; Lk. 9, 1–2; 10, 17–20). Aus Lk. 9, 55 geht hervor, daß die Jünger vor Pfingsten schon „Kinder des Geistes" (Gottes) waren. Dann erlebten sie im Unterschied zur Wiedergeburt ihre Geistestaufe am Pfingsttage (Apg. 2, 1–4 und 33).

Nach dem Lehrverständnis der meisten Pfingstgemeinden wird zwischen dem Empfang der Gabe des Heiligen Geistes bei der Wiedergeburt und der Geistestaufe unterschieden. Die Verheißung des Trösters (Joh. 14–16) wird nicht mit der Geistestaufe verbunden, obwohl Er am Pfingsttage zum ersten Male kam. Sondern wir verstehen es so, daß der Heilige Geist bei der Wiedergeburt das göttliche Leben wirkt und bei der Geistestaufe die Salbung zum Dienst schenkt ...

In der lehrmäßigen Haltung der meisten Pfingstgemeinden gelten die neuen Zungen als das anfängliche Zeichen der Geistestaufe, dem weitere Beweise im Leben, Dienst und Wandel der Geistgetauften folgen müssen. Es wird von der Gabe der neuen Zungen (1. Kor. 12, 10) unterschieden, da nicht jeder Christ die neuen Zungen als bleibende Gabe empfängt (1. Kor. 12, 30) ...

Hier sei nur erwähnt, daß einige Gruppen der Pfingstbewegung den Unterschied zwischen neuen Zungen als „Zeichen" und als „Geistesgabe" für nicht beweisbar halten.

Von anderen namhaften Gruppen der in Deutschland vertretenen pfingstlichen Gruppen wie der „Apostolischen Kirche" (von Dänemark aus nach Norddeutschland gekommen und bis nach Süddeutschland ausgedehnt), „Biblischen Glaubensgemeinschaft" (Stuttgart-Bad Cannstatt), „Deutschen Volksmission entschiedener Christen" (Schorndorf), „Gemeinde Gottes" (einer amerikanischen Pfingstkirche, Krehwinkel bei Schorndorf), „Gemeinschaft Entschiedener Christen" (Karlsruhe-Durlach), „Maranatha Mission" (Hirzenhain), haben wir keine speziellen Unterlagen über ihre Lehrauffassung von der Geistestaufe.

5. DIE GEISTESTAUFE IN DER SICHT DES CHRISTLICHEN GEMEINSCHAFTSVERBANDES MÜLHEIM AN DER RUHR

Pastor J. Paul (geb. 29. Mai 1853, gest. 25. April 1931) schrieb in „Die Taufe in ihrem Vollsinn":

„Unser hochgelobter Herr sagt in Seinem Gespräch mit Nikodemus (Joh. 3, 3. 5), man kommt nur durch eine Geburt von oben in das Reich

Gottes hinein. Diese Geburt von oben bezeichnet Er näher als eine Geburt aus Wasser und Geist. Da muß es doch die entscheidende Frage sein, wann die Apostel und die ersten Jünger des Herrn diese Geburt von oben erlebt haben. Ich denke, die Antwort kann keine andere sein. Zu Pfingsten kam von oben der Geist über sie. Da wurden sie die neuen Geschöpfe in Christus. Von da ab wohnte Christus durch Seinen Geist in ihnen. Alles, was Jesus in Seinen Abschiedsreden ihnen vom Heiligen Geist in Aussicht gestellt hatte, erfüllte sich an diesem Tage. Er und der Vater machten Wohnung in ihnen durch den Heiligen Geist (Joh. 14, 23). Diese Geistestaufe verhieß er ihnen am Himmelfahrtstag (Agp. 1, 5).

Zu Pfingsten kam die Taufe in ihrem Vollsinn, und ihr grundlegendes Werk ist die geistliche Neugeburt. Es ist von Belang, zu sehen, daß die Reformatoren trotz der sonstigen Lehrunterschiede sich doch in der Erkenntnis zusammenfanden, daß alles vom Kommen des Heiligen Geistes abhängig ist. Und dabei hatten sie ganz mit Recht nicht geistliche Gaben, sondern die Gabe des Heiligen Geistes, daß Er als Person bei uns einkehrt, im Auge; und Er ist soviel mehr als alle geistlichen Gaben, wie eine Person mehr ist, als eine Gabe ... Hiermit stehen wir bei dem Kernpunkt der ganzen Sache. Eine Person kann nicht teilweise da sein. Entweder sie ist da, oder sie ist es nicht. Ihr Einfluß und ihre Gaben können mehr oder weniger da sein, sie selbst, wenn sie erscheint, ungeteilt. Es hat mancherlei Übelstände mit sich gebracht, daß man dies aus dem Auge verloren hat ... Man hat die Pfingstgabe – freilich in gutem Glauben und in bester Meinung – zerteilt. Was ist dabei herausgekommen? Daß man auch nur teilweise empfangen hat ... Man hat die Pfingsttaufe zerteilt, indem man lehrte: man könne schon manche Geistessalbung empfangen haben, jedoch könne man nicht eher wissen, daß der Heilige Geist als Person bei uns eingekehrt sei, als wenn man – wie jene Einhundertzwanzig zu Pfingsten – in Zungen geredet habe, wie es der Heilige Geist gebe auszusprechen. Damit wurde dies Zungenreden als Zeichen der Pfingsttaufe hingestellt. Gewiß ist das Zungenreden eine geistliche Gabe, aber die Person ist mehr als alle ihre Gaben; und es ist außerordentlich verhängnisvoll, wenn man das Zungenreden als Kennzeichen der Geistestaufe ansieht; man läßt dann die Hauptsache – den ‚Christus in uns, die Hoffnung der Herrlichkeit‘ – aus dem Auge[10]." Die hier bekundete Einstellung zur Geistestaufe als dem grundlegenden geistlichen Gnadenerlebnis und die Bewertung des Zungenredens hat Paul schon von Anfang an beim Aufkommen der Pfingstbewegung vertreten, wie aus einem Artikel in der 1. Nummer der „Pfingstgrüße" vom 1. Februar 1909 zu entnehmen ist: „Niemand möge denken, daß das Zungenreden für uns ein ‚Schibboleth‘ ist und als schätzten wir irgendein Gotteskind, das diese

Gabe nicht empfängt, geringer. Dies ist durchaus nicht der Fall. Wir sind nicht der Meinung, daß nur diejenigen den Heiligen Geist empfangen haben, welche zum Zungenreden gelangt sind. Ebenso ist uns das Zungenreden an sich kein Beweis dafür, daß jemand mit dem Heiligen Geist erfüllt ist. Wir wissen, daß wir an den Früchten sehen können, mit wem wir es zu tun haben (Mt. 7, 16). Darum ist uns die Frucht des Geistes (Gal. 5, 22) die Hauptsache. Wo sich dieselbe findet, da hat der Geist Gottes im Herzen Wohnung gemacht …[11]"

Es sei noch auf ein anderes Schriftwort über Geistestaufe hingewiesen, das – besonders innerhalb der Pfingstbewegung – noch viel zu wenig Beachtung gefunden hat, nämlich auf 1. Kor. 12, 13, wo es heißt: „Denn wir sind durch *einen* Geist alle zu *einem* Leibe getauft, wir seien Juden oder Griechen, Unfreie oder Freie, und sind alle mit einem Geist getränkt." Wo man das in seiner ganzen Bedeutung erkennt, hört jede Sektiererei auf.

Im Christlichen Gemeinschaftsverband Mülheim an der Ruhr verstehen wir unter dem Begriff „Geistestaufe" das gleiche, was andere Gruppen der Christenheit „zum lebendigen Glauben kommen", „Bekehrung, Wiedergeburt" oder „Salbung von oben" nennen. Wir bezeugen daher, daß die Kirche – die Gemeinde Jesu – die Schar derer ist, die durch den Glauben an Jesus Christus und durch den Heiligen Geist *Leben aus Gott* empfangen haben, wodurch sie in geistlich lebendiger Weise mit dem Herrn Christus und untereinander verbunden sind[12].

Daher liegt unser Auftrag nicht in der Herausstellung irgendeines besonderen pfingstlichen Erlebnisses (Geistestaufe, nur erkennbar durch das Reden in Zungen – unterschieden von der Wiedergeburt), sondern: im Gehorsam gegen das Wort Gottes und die Leitung Seines Heiligen Geistes bezeugen wir die Notwendigkeit einer tieferen Erfüllung mit dem Heiligen Geist für Leben und Dienst in der Nachfolge Jesu Christi. Wir erkennen, daß das innerhalb der weltweiten Pfingstbewegung lehrmäßig besonders herausgestellte Zeugnis der Geistestaufe trennend wirkt, während das uns aufgetragene Zeugnis von der tieferen Erfüllung mit dem Heiligen Geist einigend und fördernd für die ganze Gemeinde und ihre Vollendung wirkt[13].

ANMERKUNGEN

[1] *Chr. Krust*, Die Pfingstkirchen und die ökumenische Bewegung, in: *N. Goodall* (Hg.), Bericht aus Uppsala, 358–362.

[2] *C. G. Finney*, Lebenserinnerungen, 16–19 (Mehr über Finney: 10.257 und 02a.02.002).

[3] C. O. *Voget*, Lied des Lammes, September 1924, 9–10.

[4] *Krust* I, 20.

[5] F. F. *Bosworth*, Do All Speak With Tongues?

[6] D. *Gee*, P. Movement, 7–8 – P. C. *Nelson*, Bible Doctrines – R. *Riggs*, We Believe.

[7] P. *Assemblies of Canada*, Lehre und Statuten, 11–12.

[8] G. R. *Wessels*, Die Taufe im Heiligen Geist.

[9] L. *Eisenlöffel*, Ein Feuer, 50–51.

[10] J. *Paul*, Die Taufe in ihrem Vollsinn, 88–93.

[11] J. *Paul* (?), Pfingstgrüße 1/1, Februar 1909, 1–2.

[12] *Chr. Krust*, Heilszeugnisse 52/9, September 1967, 135.

[13] *Krust* II, 162.

ZUNGENREDEN UND ZUNGENREDNER

L. M. Vivier-van Eetveldt

Vivier ist Mitglied der südafrikanischen pfingstlichen *Apostolic Faith Mission* und schrieb eine medizinisch-psychiatrische Dissertation über das Zungenreden. Er untersuchte zwei Testgruppen: eine Gruppe von solchen, die regelmäßig in Zungen redeten und eine Gruppe von solchen, die nicht in Zungen redeten. Er faßte seine ausführliche und in psychiatrischer Fachterminologie geschriebene Arbeit in einem Artikel zusammen, der in einem bemerkenswerten Aufsatzband von *Th. Spoerri* 1968 in englischer Sprache erschien[1].

Leider ließen sich die unvollständig nachgewiesenen Zitate in den entsprechenden deutschen Werken von C. G. Jung nicht in jedem Fall genau lokalisieren. Auch das Calvinzitat (S. 187) konnte ich in seinem Kommentar zum 2. Korintherbrief nicht finden. Das in der pfingstlichen Literatur oft anzutreffende Zitat aus E. Sauers *History of the Christian Church* (S. 187), demzufolge Martin Luther alle Geistesgaben, inkl. diejenige des Zungenredens, ausübte, ließ sich bis jetzt auf Grund der Primärquellen nicht belegen. Es besteht Grund, an der Richtigkeit von Sauers Angaben zu zweifeln. Für weiterführende Angaben aus dem sachkundigen Leserkreis ist der Herausgeber dankbar.

1. DEFINITION

Zungenrede ist in der „Encyclopedia Brittanica"[2], definiert als „Fähigkeit zu abnormaler und unartikulierter stimmlicher Äußerung im Zustand religiöser Ekstase". J. Dreyer[3] beschreibt Zungenrede als künstliche Sprache oder Rede in einer unbekannten Zunge, die im Zustand von Hypnose, medialer Trance, gewissen krankhaften geistigen Zuständen und in religiöser Ekstase hervorgebracht wird. Ekstase wird definiert als Zustand von Verzückung, der auftritt als Folge einer äußersten Konzentration auf einen Gegenstand oder einer Zeit anhaltender Betrachtung eines bestimmten Bereiches, in diesem Fall vor allem religiöser Mystik.

Psychologisch ausgedrückt kann Zungenrede beschrieben werden als Erscheinung von Bewußtseinsspaltung oder Auflösung von assoziativen

Verbindungen wie sie zwischen Worten und Gedanken bestehen. Man kann Zungenrede auch beschreiben als Automatismus, wie ihn Jung[4] als vorkommend in halb somnambulen Zuständen darstellt, wobei der Automatismus als eine Aktivität des Unbewußten verstanden wird, losgelöst vom Bewußtsein. Grundsätzlich wird das Zungenreden in einer Linie gesehen mit dem automatischen Schreiben und anderen Automatismen.

Der Schreiber wurde zu einer Untersuchung dieses Phänomens angeregt durch seine Beobachtung von zwei verschiedenen Arten von Zungenrede. Einmal konnte er Zungenrede beobachten als Folge von Massenhysterie und anderen psychopathologischen Stimulantien. Andererseits aber war es zu sehen als Begleiterscheinung von stiller Betrachtung, Meditation und Hingabe, welchen es eine echte religiöse Kraft zu verleihen schien, die in den Gottesdiensten traditioneller Kirchen weitgehend verschwunden ist. Außerdem wird das Zungenreden in der Bibel beschrieben. Soll es also als normale oder abnormale Erscheinung betrachtet werden?

Jung[5] hat seinen Scharfsinn und schöpferischen Genius diesem Gebiet der Religion zugewandt. Durch seine Studien der Archetypen des kollektiven Unbewußten fand er, daß der Mensch eine „religiöse Funktion" besitzt und daß diese ihn ebenso stark beeinflußt wie die Instinkte der Sexualität und Aggression. Jung definiert Religion als „eine besondere Einstellung des menschlichen Geistes, welche man in Übereinstimmung mit dem ursprünglichen Gebrauch des Begriffes ‚religio' formulieren könnte als sorgfältige Berücksichtigung und Beobachtung gewisser dynamischer Faktoren, die aufgefaßt werden als ‚Mächte': Geister, Dämonen, Götter, Gesetze, Ideen, Ideale oder wie immer der Mensch solche Faktoren genannt hat, die er in seiner Welt als mächtig, gefährlich oder hilfreich genug erfahren hat, um ihnen sorgfältige Berücksichtigung angedeihen zu lassen, oder als groß, schön und sinnvoll genug, um sie andächtig anzubeten und zu lieben".

Das entscheidende Wort in dieser Definition ist nach Jung „dynamisch". Es sei der Dynamismus der religiösen Funktion, der es ebenso sinnlos wie gefährlich mache, sie wegzuerklären. Einerseits finde dieser Dynamismus heute seinen Ausdruck in den verschiedenen „-ismen": Kommunismus, Nationalismus, Sozialismus. Andererseits versuche die organisierte Religion – mit unterschiedlichem Erfolg – befriedigende Ausdrucksformen für dieses tiefe menschliche Bedürfnis zu schaffen, das jetzt so gefährliche Ausdrucksformen findet, wie die beschriebenen -ismen, und diesen dynamischen unbewußten Prozeß auf dem Wege von Dogma, Glaubensbekenntnis und Ritual zum Ausdruck zu bringen.

Jung betrachtet letztere als kristallisierte Formen einer ursprünglichen religiösen Erfahrung, die durch die Jahrhunderte bearbeitet und verfeinert worden ist, bis sie die uns heute bekannten Formen erreicht hatte. Auf diese Weise wurden Kanäle geschaffen, die die ungebärdigen und willkürlichen „übernatürlichen" Einwirkungen zu kontrollieren imstande sind.

Die heutige Kirche beschütze den Menschen vor der Kraft einer Erfahrung, die verheerend sein kann. Anstatt dem Zugriff dieses Dynamismus ausgesetzt zu sein, kann der Mensch an einem Ritual partizipieren, das diesen genügend zum Ausdruck bringt, um noch durch seinen Abglanz läuternd zu wirken.

Was eine unmittelbare Erfahrung bedeuten kann, ist in der Bibel sehr lebendig dargestellt in den Geschichten der Propheten, in der Bekehrungsgeschichte des Paulus und in der Beschreibung von Pfingsten. Jung glaubt, daß die westliche Welt mit ihrer starken Objektbetonung dahin tendiert, das Ideal – Christus – in seinen Äußerlichkeiten festzuhalten und ihn so in seiner mystischen Bedeutung für den inneren Menschen zu entkräften.

Das Studium der Zungenrede ist darum für den Psychiater ein Zugang zum Religiösen, wie es durch Jung definiert worden ist. Gleichzeitig aber handelt es sich um ein Gebiet, das angrenzt an das Abnormale, das Paranormale und das „Übernatürliche".

Der Zweck der Untersuchung war folgender:

1. Prüfung und Bestimmung, ob das Phänomen der Bewußtseinsspaltung beim Zungenreden zurückzuführen ist

a) auf das Einwirken einer religiösen Kraft mit all ihrer Macht oder

b) auf eine dem Individuum zugrunde liegende Schwäche, womit es als ein bis dahin unbekanntes Merkmal von Psychopathologie zu betrachten wäre;

2. festzustellen, ob Unterschiede in der Persönlichkeitsstruktur bestehen zwischen Menschen, die häufig in Zungen reden und solchen, die nicht häufig von dieser Gabe Gebrauch machen und andererseits zwischen Zungenrednern und solchen, die diese Fähigkeit nicht haben;

3. festzustellen, ob irgendwelche Kraftfaktoren für das Entstehen der Zungenrede verantwortlich sind und ob sich möglicherweise Schlüsse ziehen lassen auf Mechanismen, die dem Vorgang der Zungenrede zugrunde liegen;

4. zu sehen, ob es vernünftigerweise anerkannt werden muß, daß Zungenrede, verstanden im biblischen Sinne als eine Manifestation des Heiligen Geistes, in unserer heutigen Zeit möglich ist.

2. DER UNTERSUCHUNGSBEREICH

Das Problem wird von drei Gesichtspunkten aus angegangen: biblisch historisch und psychologisch. Praktische Untersuchungen werden gemacht anhand von ausgewählten psychologischen Tests und Fragebogen bei 24 Versuchspersonen (Vp), die das Zungenreden praktizieren, 20 Vp, die an das Zungenreden als Möglichkeit glauben, es aber selber nicht ausüben, und 20 religiös gesinnten Vp, die das Zungenreden lehrmäßig ablehnen.

Biblische Einführung

Das Zungenreden wird zurückgeführt auf die Taufe mit dem Heiligen Geist am Pfingstfest und darnach und zweitens auf die Gaben des Heiligen Geistes. In Apg. 1, 1–8 finden wir den Abschnitt, den man überschreiben kann mit „Die Verheißung des Vaters". Vers 5 sagt: „Johannes hat mit Wasser getauft, ihr aber werdet mit Heiligem Geist getauft werden nicht lange nach diesen Tagen." Und Vers 8: „Aber ihr werdet Kraft empfangen, wenn der Heilige Geist über euch kommt, und werdet meine Zeugen sein in Jerusalem und in ganz Judäa und Samarien und bis ans Ende der Erde." In Apg. 2, 1–18 werden die Pfingstereignisse beschrieben. Vers 4 sagt: „Und sie wurden alle mit dem Heiligen Geist erfüllt und fingen an, in andern Zungen zu reden, wie der Geist ihnen auszusprechen gab." Vers 6 berichtet: „Als aber dieses Getöse sich erhob, lief die Menge zusammen, und sie wurde verwirrt; denn jeder hörte sie in seiner eignen Sprache reden." Vers 8: „Und wie hören wir, jeder in seiner eignen Sprache, in der er geboren ist." Vers 13: „Andere aber spotteten und sagten: ‚Sie sind voll süßen Weines.'" Die Antwort von Petrus in den Versen 15–17 war, daß es sich nicht um Trunkenheit handle und daß diese Ereignisse durch den Propheten Joel prophezeit worden seien.

Weiter wird die Taufe im Heiligen Geist erwähnt im Bericht über die Samariter (Apg. 8, 14–20), über Kornelius (Apg. 10, 44–46) und über die zwölf Jünger (Apg. 19, 2–7). „Und nachdem ihnen Paulus die Hände aufgelegt hatte, kam der Heilige Geist auf sie, und sie redeten in Zungen und predigten aus Eingebung" (Vers 6). Die Gaben des Heiligen Geistes werden erwähnt in 1. Kor. 12, 1–12: „Einem andern aber wirkungskräftige Machttaten, einem andern Rede aus Eingebung, einem andern aber Unterscheidung der Geister, einem andern verschiedene Arten von Zungenreden" (Vers 10).

In 1. Kor. 14, 1–40 gibt Paulus eine Erklärung der Geistesgaben und sagt in Vers 4: „Wer in Zungen redet, erbaut sich selbst, wer aber aus Eingebung redet, erbaut die Gemeinde." „Denn wenn ich in Zungen bete, so betet mein Geist, mein Verstand aber bringt dabei keine Frucht" (Vers 14). „Ich sage Gott Dank, mehr als ihr alle rede ich in Zungen" (Vers 18). Jesus selbst erwähnte dieses Phänomen in Mk. 16, 17: „An Zeichen aber werden folgende die Gläubiggewordenen begleiten: in meinem Namen werden sie Dämonen austreiben; in neuen Zungen werden sie reden."

Die theologischen Meinungen über die geschichtliche Bedingtheit von „Geistestaufe" und „Zungenrede" gehen auseinander. In traditioneller Sicht wird gesagt, daß diese Ereignisse auf Pfingsten beschränkt waren und die Erreichung eines bestimmten Zieles darstellten. Eine Wiederholung sei nicht zu erwarten, und wo ähnliche Phänomene in Erscheinung träten, geschähe dies nicht im Sinne der Bibel, sondern sei als psychologische Verirrung zu verstehen. Pfingstleute sind anderer Meinung. Sie sagen, daß auf Grund der Bibel diese Erscheinungen für alle Zeiten gelten. Sie glauben, daß Zungenreden in der privaten Andacht und mit der Gabe der Auslegung im öffentlichen Anbetungsgottesdienst dazu dient zu erbauen, zu trösten und zu stärken.

Es ist interessant, daß der Vater der Reformation, Martin Luther, Prophet, Evangelist, Zungenredner und Ausleger in einer Person war. Er hatte alle Gaben des Heiligen Geistes[6]. J. Calvin[7] sagt: „Es gibt zur Zeit große Theologen, die gegen diese (Gaben) mit glühendem Eifer wettern", und fährt dann weiter: „Da es feststeht, daß der Heilige Geist hier den Gebrauch der Zungenrede mit nicht-endendem Preise geehrt hat, können wir uns wohl denken, welcher Art der Geist ist, der diese Reformatoren antreibt."

Zungenrede trat in Erscheinung unter den ersten Christen, beschränkt sich aber nicht auf den christlichen Raum allein. Sie kommt vor

a) unter verschiedenen Umständen, z. B. Ledad und Medad in Israel; in Byblos unter den rasenden Jugendlichen in Wenamon's Geschichte[8], unter den bemalten Jugendlichen der syrischen Göttin;

b) unabhängig vom Hintergrund, z. B. bei den Baalspropheten (1. Kön. 18, 14–16), bei den griechischen Dichtern (Plato Ion, 533–534), bei der Cumaeischen Sybille (Aenaeis von Virgil) und beim besessenen Gergesener (Luk. 8, 26–37);

c) unter verschiedenen Leuten, z. B. Moses (4. Mose 11, 7), Miriam (4. Mose 12, 1, 2), in Israel (Jes. 28, 10–13) und bei der Pythia von Delphi in Griechenland[9];

d) in verschiedenen Lebensaltern, z. B. die Prophetensöhne (1. Sam. 10, 1, 13 und 19, 18, 24).

Außerdem kann es jederzeit und irgendwo unter günstigen Umständen vorkommen. Die Kirchengeschichte kennt viele Beispiele: Die „Irvingianer", die „Kleinen Propheten" in den Cevennen, die „Holy Rollers" und die Pfingstkirchen von heute. Zungenrede kann sogar vorkommen außerhalb des Umkreises religiöser Phänomene (Spiritismus).

G. B. Cutten[10] stellt verschiedene Arten von Zungenrede fest. Er zählt z. B. dazu auch schnelle Kieferbewegungen oder Spannung der Nackenmuskeln bis zum Nicht-mehr-gewahr-Werden der Umgebung, wobei aber keine Laute aus dem Munde kommen. Ein nächstes Stadium sei gekennzeichnet durch unartikulierte Laute, die von artikulierten wortähnlichen Lauten gefolgt werden. Eine weitere Art ist eine wirkliche gesprochene Sprache, die dem Sprecher aber nicht bekannt ist. Paulus mag in Röm. 8, 26 an diese Vorstufe der Zungenrede gedacht haben, wenn er sagt: „Denn wir wissen nicht, was wir beten sollen, wie sich's gebührt; aber der Geist selbst tritt für uns ein mit unaussprechlichen Seufzern." Cutten meint, daß eine Pseudosprache (oder artikulierte Laute, die wie eine Sprache anmuten) wahrscheinlich die am häufigsten vorkommende Art von Zungenrede ist. Weil sie keinen Sinn hat, wird sie natürlich nicht verstanden und darum irrtümlicherweise als eine fremde Sprache betrachtet.

Cutten bezieht sich auf die gelegentlich geäußerte Ansicht, daß die Zungensprache gar nicht dazu da sei, erkannt zu werden und gar keine irdische Sprache sei, sondern eine göttliche Sprache, die nur Gott kenne und die Er besonders bevorzugten Menschen für den Zweck der Anbetung gebe. Er glaubt, daß dort, wo wirklich eine fremde Sprache gesprochen wird, dies psychologisch mit einem verstärkten Gedächtnis erklärt werden muß oder, um in Jungs Worten zu sprechen, mit einem Zustand von gesteigerter Gedächtnisfunktion.

Wenn aber Zungenrede nur eine Form von gesteigerter Gedächtnisfunktion ist, dann ist es seltsam, daß die gesprochene Sprache so einheitlich, so überzeugt vorgetragen und von so hohem Niveau ist. Der Schreiber hat Leute mit ziemlich geringer Bildung in einem Prosastil sprechen hören, der weit über ihre normalen Fähigkeiten hinausging. Man müßte also gleichzeitig eine Assoziationssteigerung annehmen, die als Faktor zusammen mit der Gedächtnissteigerung auftritt.

Sadler[11] betrachtet automatisches Schreiben oder Sprechen, Trancezustände und sogenannte Visionen als eng zusammenhängend. Er versteht sie als Manifestationen des Randbewußtseins und weist darauf hin, daß beim automatischen Schreiben lange, sorgfältig aufgebaute und logisch dargestellte Abhandlungen produziert werden, die oft durch außerordentlich feine rhetorische Ausdrucksweise ausgezeichnet sind. Sadler betrachtet automatisches Sprechen als einen Ausdruck von psychischer Projektion.

Jung sieht in Automatismen einen Beweis der Aktivität des unbewußten Selbst, losgelöst vom Bewußtsein. Das Phänomen sei gleichbedeutend mit teilweiser Hypnose.

In seinen Studien von Tischklopfen und automatischem Schreiben stellte Jung fest, daß unter Anfängern intellektuelle Phänomene durch eine ziemlich große Zahl von völlig bedeutungslosen Worten dargestellt werden, ja oft durch eine Serie von bedeutungslosen, einzelnen Buchstaben. Später kommen alle Arten von Absurditäten vor, beispielseise Worte oder ganze Sätze mit Buchstaben, die regellos falsch plaziert wurden oder mit umgekehrten Buchstaben wie bei einer Art Spiegelschrift. Bei fortschreitender Dissoziation gleitet das Subjekt in einen halbsomnambulen Zustand von Ekstase. Jung hatte den Eindruck, daß diese Störungen nur die Oberfläche berührten und daß keine tief genug reichte, um das Grundgefüge des Ichkomplexes anzugreifen.

Jung betrachtet gewisse Formen von automatischem Sprechen als eine „Kryptomnesie" – als ein Beispiel von unbewußtem schöpferischem Schaffen. Unter „Kryptomnesie" versteht man die Bewußtwerdung eines Gedächtnisbildes, das nicht primär vorhanden ist, sondern sozusagen sekundär durch die Wirkung einer nachträglichen Erinnerung oder eines abstrakten Folgerns erzeugt wird. Es trägt nicht die offensichtlichen Merkmale eines Gedächtnisbildes, d. h. es ist nicht verbunden mit dem je eigenen überbewußten Ichkomplex.

Jung fühlte, daß das Gehirn zu Überassoziationen fähig sei und zitierte Nietzsche als ein Beispiel von Inspiration:

„Der Begriff Offenbarung, in dem Sinn, daß plötzlich, mit unsäglicher Sicherheit und Feinheit, etwas sichtbar, hörbar wird, etwas, das einen im Tiefsten erschüttert und umwirft, beschreibt einfach den Tatbestand. Man hört, man sieht nicht; man nimmt, man fragt nicht, wer da gibt." Nietzsche gibt ein Beispiel von Ekstase: „Eine Entzückung, deren ungeheure Spannung sich mitunter in einen Tränenstrom auslöst, bei der der Schritt unwillkürlich bald stürmt, bald langsam wird; ein vollkommenes Außer-sich-Sein mit dem distinktesten Bewußtsein einer Unzahl feiner Schauder und Überrieselungen bis in die Fußzehen; eine Glückstiefe, in der das Schmerzlichste und Düsterste nicht als Gegensatz wirkt, sondern als bedingt, als herausgefordert, als eine notwendige Farbe innerhalb eines solchen Lichtüberflusses."

In diesem ekstatischen Zustand gab Nietzsche eine kryptomnesische Reproduktion von Zarathustras Flug über und in den Vulkan[12]. Jung hatte den Eindruck, daß streng gesprochen in der „Kryptomnesie" kein

Zuwachs im eigentlichen Sinn des Wortes besteht, da das bewußte Gedächtnis keinen Zuwachs seiner Funktionen erfährt, sondern nur eine Bereicherung seiner Inhalte. Er ist der Ansicht, daß Inspirationen und Ekstase nicht nur bei abnormalen Menschen vorkommen. Auch normale können solche Erfahrungen machen.

Der Einstieg ins Problem

Der Schreiber erlebte Zungenrede im religiösen Sinn unter drei verschiedenen Bedingungen: Bei Personen im Zustand hingegebener privater Andacht; dann in einer Versammlung, wo alle Voraussetzungen gegeben waren, um eine Massenhysterie hervorzurufen, und schließlich in Versammlungen, wo der Gottesdienst in geordneter, ruhiger und feierlicher Weise durchgeführt wurde. Der Schreiber entschied sich dazu, die Testpersonen aus der ruhigen, geordneten Kongregation zu wählen. Es sagte ihm sehr zu, daß dort keine Formen von Massenhysterie zu finden waren, die das Phänomen hätten beeinflussen können.

Die Testgruppe umfaßt 24 Versuchspersonen. Dazu wurden noch zwei Kontrollgruppen zusammengestellt. Die Kontrollgruppe A bestand wie die Testgruppe aus Pfingstleuten, während für die Kontrollgruppe B Mitglieder der traditionellen Reformierten Kirche gewählt wurden. Die Gruppen wurden soweit wie möglich gleich gehalten in bezug auf Geschlecht, Familienstand, intellektuelle Fähigkeiten und religiöse Entwicklung.

Das Testmaterial wurde der gruppenweisen Testsituation entsprechend gewählt. Es umfaßte:

1. einen biographischen Fragebogen, mit Fragen, die geeignet waren, über Abergläubigkeit, Anzeichen einer neurotischen Entwicklung, Beziehung zu Eltern und Geschwistern Aufschluß zu geben und der auch Fragen enthielt, die sich auf außersinnliche Wahrnehmungen bezogen;

2. einen Fragebogen, der sich direkter auf den religiösen Hintergrund und die religiöse Entwicklung der Testpersonen bezog; er fragte nach den bei der Bekehrung mitwirkenden Umständen und enthielt spezielle Fragen betreffend Haltung und Empfindung in bezug auf Zungenrede und benachbarte Phänomene;

3. den *Willoughby Scale Questionnaire*, um ein umfassendes Bild des allgemeinen neurotischen Zustandes der verschiedenen Gruppen zu geben;

4. den *Sixteen Personality Factor Test* von Cattell, um Einsicht in die Persönlichkeitsfaktoren zu geben, die zum Zungenredner gehören könnten. Die gemessenen Faktoren waren:

A. Zyklothymie vs. Schizothymie
B. Allgemeine Intelligenz vs. geistiger Defekt
C. Gefühlsstabilität vs. allgemeine Neurotisierung
E. Herrschenwollen vs. Unterwürfigkeit
F. Draufgängertum vs. Zurückhaltung
G. Charaktersicherheit vs. charakterliche Unreife und Abhängigkeit
H. Unternehmungslustige Zyklothymie vs. inhärente zurückgegezogene Schizothymie
I. Gefühlsmäßige Sensibilität vs. robuste Reife
J. Paranoide Schizothymie vs. vertrauensvolle Zugänglichkeit
M. Bohemientum vs. praktische Ausgerichtetheit
N. Kultiviertheit vs. ungehobelte Einfachheit
Q. Sorgendes Mißtrauen vs. ruhiges Vertrauen
Q1. Radikalismus vs. Konservativismus
Q2. Unabhängige Selbstgenügsamkeit vs. Mangel an Entschlußkraft
Q3. Willenskontrolle und Charakterstabilität
Q4. Nervliche Anspannung

Als Projektionstest wurde der *Thematic Apperception Test* (TAT) gewählt. Es war offensichtlich notwendig, für dieses Prüfverfahren eine objektive Bewertungsmethode zusammen mit der Benutzung eines dynamischen Interpretationssystems anzuwenden. Dem wurde dadurch Rechnung getragen, daß die acht Faktoren des Szondi-Testes übernommen wurden, um den TAT zu bewerten. Das Szondi-System[13] arbeitet mit vier Vektoren und acht Faktoren, nämlich:

Die Sexualvektoren (h und s)
die Überraschungs(Paroxysmal)vektoren (e und hy)
die Kontaktvektoren (d und m)
die Ichvektoren (k und p)

Die acht Faktoren werden bewertet mit + oder — oder ± oder o (offen).

Dies ergibt folgende Zusammenstellung:

h   gehört zu Liebe (weibliche Sexualbedürfnisse),
   h+   Neigung zu persönlicher Liebe,
   h—   Neigung zu allgemeiner Menschenliebe,
s   Sexualtrieb (männliche Sexualbedürfnisse),
   s+   Neigung zu persönlichem Hinstreben,
   s—   Neigung zu Ritterlichkeit und Aufopferung,
hy   Streben nach Geltung. Bedürfnis moralischer Lebensanpassung,
   hy+ Neigung, sich zur Geltung zu bringen,
   hy— Neigung, sich schamhaft zu verbergen,

e   Ethische Bedürfnisse zum Guten und zum Bösen,

   e+   Neigung zum Guten, Gerechtigkeit, Frömmigkeit, Wahrheitsliebe,

   e—   Neigung zum Bösen, Haß, Wut, Ungerechtigkeit, Eifersucht,

d   Bedürfnis nach Verharren und Verändern,

   d+   Neigung zum Verändern, Suchen nach Neuem, Neugierde,

   d—   Neigung zum Verharren, Entsagung, Sparsamkeit, Treue,

m   Bedürfnis nach Bindung, Annahme, Bestätigung,

   m+   Neigung, sich zu binden an Personen, Ideen usw., Heiterkeit,

   m—   Neigung nach Sichlösen, Einsamkeit, Haltlosigkeit,

p   Bedürfnis nach Ichausweitung, subjektive Stellungnahme, Idealismus

   p+   Neigung zu Innerlichkeit, Idealbildung, Enthusiasmus, Selbstüberschätzung

   p—   Neigung zur Entlastung und Abwälzung, Projektion, Schuldabwälzung

k   Bedürfnis der Icheinengung, objektive Stellungnahme, Realismus

   k+   Neigung zum Aufbau einer Eigenwelt, Bejahung, Kenntnisdrang, Eigenbezogenheit

   k—   Neigung zur Verneinung, Hemmung, Verdrängung.

5. Teste für Suggestibilität, einschließlich dem *Body* oder *Postural Sway Test*, Arm- oder Hand-Schweben, Cevreal Pendel.

6. *Den Rosenzweig Picture Frustration Test*

Testresultate

Wie bereits erwähnt, gehörten die getesteten Personen zu drei Gruppen:

Testgruppe: Zungenredner;

Kontrollgruppe A: Solche, die das Zungenreden bejahen, aber keine Zungenredner sind;

Kontrollgruppe B: Traditionelle Christen, die das Zungenreden ablehnen.

Biographischer Fragebogen

1. Elternhaussituation.

Testgruppe: gestörte Familienverhältnisse 50 Prozent;

Kontrollgruppe A: gestörte Familienverhältnisse 30 Prozent;

Kontrollgruppe B: gestörte Familienverhältnisse 20 Prozent.

2. Anpassung an die Elternfiguren.
Testgruppe:　　　Schwierigkeiten bei 50 Prozent;
Kontrollgruppe A: Schwierigkeiten bei 30 Prozent;
Kontrollgruppe B: Schwierigkeiten bei 20 Prozent.
3. Psychopathologien in der Familie.
Hier stimmen die Ergebnisse der Testgruppe (40 Prozent) überein mit denen der Kontrollgruppen.
4. Neurotische Tendenzen in der Kindheit.
Neurotisches Benehmen im vorschulpflichtigen Alter war in der Testgruppe zweimal so häufig wie in der Kontrollgruppe B.
5. Anpassung in der Ehe.
Keine Unterschiede zwischen den einzelnen Gruppen.
6. Parapsychologische Phänomene.
Keine der Testpersonen hatte mediale Anlagen oder Neigungen.
7. Faktoren in Sachen Aberglaube.
Die Testgruppe und die Kontrollgruppe A zeigten ein höheres Vorkommen positiver Antworten.
In den folgenden Tests wurde die statistische Evidenz wo möglich durch den „t" Test gesucht. Außerdem wurde die Testgruppe soweit möglich unterteilt in häufige und nichthäufige Zungenredner. Häufig bedeutet täglichen Gebrauch der Zungenrede, und nicht-häufig bis zu zehnmal im Monat. Diese beiden Gruppen wurden auch untereinander verglichen.

Der Willoughby Test

Die drei Gruppen zeigten kein abnormal neurotisches unangepaßtes Angstverhalten. Doch waren bezeichnende Reaktionsunterschiede zu finden in bezug auf Sensitivität, indem die Zungenredner sensitiver waren als die traditionellen Christen. Gemeint ist Sensitivität im Sinne der Bereitschaft, schon auf geringe Anreize oder auf geringe Reizunterschiede zu reagieren.
Hingegen bestanden in dieser Beziehung keine bemerkenswerten Unterschiede zwischen den Gruppen der häufigen und nicht-häufigen Zungenredner.

Der Rosenzweig Picture Frustration Test

Dieser Test zeigte, daß Zungenredner deutlich weniger dazu neigen, sich an hemmenden Situationen zu stoßen, als die traditionellen Christen. Sie haben zudem weniger die Neigung, korrigierend irgendwo einzugreifen. Sie vermeiden aggressive Antworten und sind bemüht, an frustrierenden Situationen das Gute zu sehen.

Die Zungenredner zeigten ferner eine starke Ichverleugnung, denn sie stuften sich bemerkenswert tief ein, was die Ichverteidigungsmechanismen anbelangt. Dies im Gegensatz zu den Traditionalisten, die sich deutlich hoch einreihten, was auf eine vorherrschende Rolle des Ich hinweist. Es scheint, daß bei den ersteren auch wenig Ichverteidigungsmechanismen in Verbindung mit dem Verdrängungsfaktor vorkommen.

Die Traditionalisten zeigten besonders hohe Ichverteidigungsmechanismen und das Bedürfnis, eine frustrierende Situation mit allen Mitteln anzugehen. Selbstbestrafungstendenzen (wo die Aggression nach innen gerichtet ist, meist aus Schuldgefühlen heraus) waren in beiden Kontrollgruppen zu finden. Hingegen ergaben die Vergleiche zwischen häufigen und nicht-häufigen Zungenrednern hier keine Unterschiede.

Suggestibilitäts-Tests

Alle Gruppen zeigen wenig Suggestibilität, die Zungenredner noch etwas weniger als die Kontrollgruppen. Zwischen häufigen und nicht-häufigen Zungenrednern waren keine Unterschiede festzustellen.

Der 16 Personality Factor Test von Cattell

Bezeichnende Testergebnisse waren die folgenden:

1. Die Zungenredner waren weniger draufgängerisch als die Traditionalisten. Sie haben eine Einstellung der Entsagung angenommen, die nicht nur auf äußere Umstände zurückzuführen ist, sondern vor allem unter dem Druck des Überich entstand, das Beschränkungen auferlegte, um das Ziel größerer Vollkommenheit zu erreichen (Faktor F).

2. Die Zungenredner sind mehr interessiert an Gefühlen, als an Gedanken oder Tätigkeiten. Auch sind sie ihrer Unzulänglichkeit deutlich gewahr im Gegensatz zu den Traditionalisten und der Kontrollgruppe A, die mehr zur Geltung kommen möchten und ein stärkeres Selbstbewußtsein und Selbstgefühl haben (Faktor N).

3. Sowohl die Zungenredner wie die Kontrollgruppen zeigten ein geringes Vorhandensein von launischen, zersetzenden Kräften (Faktor M).

4. Die Vergleiche zwischen den häufigen und nicht-häufigen Zungenrednern zeigten, daß letztere eine gute Fähigkeit haben, ihre Gefühle in geordneten, d. h. nicht-impulsiven Wegen zum Ausdruck zu bringen (hohes C). Die häufigen Zungenredner (mit niedrigem C) zeigten eine höhere allgemeine Emotionalität, was zwangsläufig ein stärkeres Bedürfnis nach Klärung von Wunschträumen, lebensgeschichtlichen Erfahrungen und Glaubenserlebnissen mit sich bringt, ungeachtet dessen, welches

dynamische Bedürfnis sich gerade im Zustand der Frustrierung oder des Konfliktes befindet.

5. Faktor Q4 zeigt den Grad von Verdrängungen an. Er war niedrig bei den Zungenrednern.

Der Thematic Apperception Test bewertet anhand des Szondi-Testverfahrens

Es zeigten sich zahlreiche Kombinationen von Triebstrukturen. Die hier ausgewählten sind solche, die in einer Gruppe häufig vorkommen und interessant sind in Beziehung zu den anderen Gruppen.

Zum Beispiel weist die Testgruppe 27 Prozent k— p— auf im Gegensatz zu nur 15 Prozent der Traditionalisten, die ihrerseits 20 Prozent k± p± aufweisen, was in der Testgruppe der Zungenredner nur zu 4,55 Prozent vorkommt. Die folgende Zusammenfassung berücksichtigt daher nur die Triebstrukturen, die, wie erwähnt, interessante Vergleiche abgeben und auf gewisse Tendenzen hinweisen.

Der Ichvektor (k und p). Die Zungenredner sind weniger egoistisch im Verhalten zur Umwelt und in ihrem Denken weniger kritisch, formalistisch und aufnahmefähig. Spannungen werden durch andere Mittel gelöst als durch egoistische Machenschaften. Die Traditionalisten neigen dazu, Gefühle der Unzufriedenheit, Unsicherheit und Elendigkeit zu zeigen, die schließlich zu einem kühlen Rückzug vom zwischenmenschlichen Umgang führen, verbunden mit der Unfähigkeit, sich zufriedenstellende Beziehungen mit der Umwelt zu sichern oder aufrechtzuerhalten.

Der Kontaktvektor (d und m). Hier werden d— m+ in 36 Prozent der Fälle bei den Zungenrednern gefunden, 50 Prozent in Gruppe A und 30 Prozent bei den Traditionalisten, d— m± in 35 Prozent der Fälle bei den Traditionalisten im Gegensatz zu nur 9 Prozent bei den Zungenrednern.

d— m+ zeigen in allen Gruppen die Notwendigkeit, sich an etwas festzuhalten. Man kann sagen, dies sei eine glaubensmäßige Einstellung, die eine Fähigkeit zur Sublimierung und zum Sichfreuen an nicht sichtbaren Werten anzeige.

Bei den Traditionalisten zeigen d— m±, daß einige Schwierigkeiten bestehen in den Beziehungen zur Umwelt, was zu Unsicherheit, Zweifel und dem Gefühl des Unglücklichseins führt.

Der Sexualvektor (h und s). Zungenredner zeigen h+ und s± in 40 Prozent der Fälle im Gegensatz zu nur 10 Prozent bei den Traditionalisten. Die Kontrollgruppe A zeigt dies in 35 Prozent der Fälle. Diese Konfiguration zeigt eine Tendenz, sich von der Realität hinweg zum Außerordentlichen oder Übernatürlichen zu bewegen.

H$\pm$ s— kommt bei nur 9 Prozent der Zungenredner vor, bei 25 Prozent der Traditionalisten und bei 30 Prozent in der Kontrollgruppe A. Dies bezieht sich auf ein Bevorzugen der kultischen Normen, des üblichen Weges etwas zu tun. Es besteht also eine mehr konservative Haltung.

Der Paroxysmalvektor (hy und e). Hy$\pm$ e$\pm$ kommen vor bei 13 Prozent der Testgruppe und in beiden Kontrollgruppen miteinander bei 5 Prozent. In der Kontrollgruppe A kommt hy$\pm$ e+ bei 40 Prozent der Fälle vor; in der Testgruppe überhaupt nicht.

Bei den Traditionalisten finden wir hy$\pm$ e— bei 35 Prozent, im Unterschied zu 13 Prozent bei den Zungenrednern und 20 Prozent in der Kontrollgruppe A.

Hy$\pm$ e$\pm$ in der Testgruppe (13 Prozent) weist hin auf einen Konflikt in der Person zwischen dem Ethischen und dem Naturell. Sie bewegt sich zwischen den beiden Polen von Selbstkontrolle und Sichgehenlassen und versucht, sich selber in Kontrolle zu bekommen. Sie hat Schuldgefühle, wenn es ihr einmal nicht gelang, sich zu beherrschen.

Die Kontrollgruppe A zeigt mit hy$\pm$ e+ in 40 Prozent der Fälle die Bereitschaft, sich in Gesellschaft zu beherrschen und gleichzeitig den Versuch, die Aufmerksamkeit anderer auf höhere Ziele zu lenken.

Kontrollgruppe B (Traditionalisten) zeigt hy$\pm$ e— in 35 Prozent der Fälle im Gegensatz zu 13 Prozent in der Gruppe der Zungenredner. Diese Konfiguration weist auf eine intolerante Zwiespältigkeit hin gegenüber den Menschen der Umgebung. Diese Leute möchten, daß andere sie und ihre Gefühle wahrnehmen, sind aber gleichzeitig bemüht, alle Gefühle von Groll und Unwillen zu verdecken.

Faktorvergleiche zeigten eine Signifikanz im „t"-Test in den Faktoren k und p (Ichreaktion). Die Testgruppe zeigte einen deutlich niedrigeren Wert in k+ und p+ und einen bemerkenswert höheren Wert in k— und p—, verglichen mit beiden Kontrollgruppen. Es kann daher gesagt werden, daß die Zungenredner vorwiegend k— p— sind und beide Kontrollgruppen k+ p+.

Faktor k— (Zungenredner). Die positiven sozialen Züge, die durch k— angezeigt werden, beziehen sich auf die Bereitschaft des Individuums, durch die Umgebung auferlegte Beschränkungen zu akzeptieren, d. h. es besteht eine hohe Fähigkeit und Bereitschaft, sich zurückzuhalten, um eine befriedigende Anpassung an die realen Gegebenheiten zu ermöglichen. Werturteile werden bereitwillig angenommen mit wenig Prüfung in bezug auf Herkunft und Verläßlichkeit.

Faktor p— (Zungenredner). Bedürfnisspannungen werden ausgetragen ohne das Vorbewußte, d. h. sie gelangen nicht bis zur Formulierung. Es besteht eine relativ geringe Fähigkeit zur Formulierung von Gefühlsinhalten. Der schöpferische Ausdruck wird gefunden in nichtverbalen Erzeugnissen, z. B. in Malerei.

Die Ichvektor-Konfiguration k— p— (Zungenredner). Diese Konfiguration ist das Ichbild einer Person, deren Ich mit Erfolg gebrochen wurde durch die überwältigende Strenge der Umwelt. Eine solche Person, ob Erwachsener oder Kind, hat festgestellt, daß die Umwelt stärker ist denn sie selbst und daß der Weg des geringsten Widerstandes in Übereinstimmung mit allem besteht, was die Umgebung erwartet. Man könnte das den Zustand des disziplinierten Ich nennen. Der Mangel an k+-Tendenzen zeigt, daß der Verteidigungsmechanismus auf Grund der eigenen inneren Ideale vollständig aufgegeben wurde. Es ist eine offene Frage, ob die Willigkeit, sich einer Disziplin zu unterwerfen, auf die Erziehung (d. h. Umwelt) zurückzuführen ist oder auf einen mehr natürlichen Reifungsprozeß.

Die Kontrollgruppen

Das Gegenteil von dem, was von der Testgruppe gesagt wurde, gilt für die Kontrollgruppen.

k+ Faktor. Die dem k+ entsprechenden Charakterzüge weisen auf ein Anstreben von Selbstgenügsamkeit, ein Suchen, wenig gefühlvoll zu sein mittels Intellektualisierung der Gefühle. Personen mit k+ haben sehr wahrscheinlich ein gutes Verständnis für gefühlsmäßige Vorgänge. Sie sind willig, ihre Gefühle anzuerkennen. Gleichzeitig aber werden diese mehr zum Gegenstand intellektueller Manipulationen als zur treibenden Kraft für Handlungen gemacht, die aus dem Herzen kommen.

p+ Faktor. Dieser Faktor zeigt die Leichtigkeit an, mit der gefühlsmäßiges Material das Bewußtsein erreicht, was den Durchgang dieses Materials durch das Vorbewußte in sich schließt, welches aus Wortbildungen besteht (gemäß der psychoanalytischen Theorie). p+ zeigt einzig, daß die antreibende Qualität der Gefühle zum Bewußtsein gelangt und irgendwie empfunden wird.

Faktorvergleiche auf Grund des „t"-Tests innerhalb der Testgruppe

Die einzige statistisch signifikante Differenz wurde im Faktor m+ gefunden. Die häufigen Zungenredner zeigten eine im Grunde passive, anhängliche Haltung zum geliebten Objekt. Die Person hat Angst, den emotionellen Kontakt zu verlieren, der der Objektbeziehung innewohnt. Das Vermögen, Frustrationen zu ertragen, ist ziemlich gering.

Fragebogen in bezug auf geistliches Wachstum
und Erfahrungen in der Zungenrede

Allgemein:

1. Alle Mitglieder der Testgruppe sprechen in Zungen. Sieben davon tun es wenig häufig, d. h. weniger als zehnmal im Monat, während der Rest es häufig tut, d. h. täglich.

2. Fünfzehn Mitglieder sprechen seit vielen Jahren in Zungen (zwischen 6 und 23 Jahren).

3. Sechzehn Personen erwarteten in Zungen zu sprechen bei ihrer Taufe im Heiligen Geist. Zu acht von ihnen kam die Zungenrede völlig unerwartet und als sie allein waren.

4. Zwei Personen sagten, daß sie eine Zungensprache gesprochen hätten, die zwar ihnen selber unbekannt war, aber von Hörern verstanden wurde.

5. Zwölf Personen sagten, daß sie eine Sprache sprechen hörten, die ihnen selber bekannt war, jedoch nicht dem Sprecher.

6. Alle Personen sagten, daß Zungensprache am meisten in ihrer privaten Andacht gesprochen werde und eine Sache ihrer persönlichen Frömmigkeit sei.

In der Beschreibung der Erfahrung der Zungensprache scheint „Kraft" das Schlüsselwort zu sein. Es wird in nahezu 75 Prozent der Antworten angeführt. Die anderen beschreiben lediglich, was sich zugetragen hatte.

Beschreibung der Erfahrung. Sie wird Gott als dem Initianten zugeschrieben. Sie wird beschrieben als eine „Salbung mit Kraft von oben", oder es wird hingewiesen auf ein Gefühl von „Erfülltsein mit der himmlischen Kraft Gottes", oder von „Überschattetsein durch eine Kraft", wobei die Kraft „übernatürlich und heilig" war. Oder „Gott wurde erfahren in unbekannter Kraft" oder „Herrlichkeit und Erhabenheit".

Die Erfahrung war vielfältig und unterschiedlich und wurde beschrieben als: „plötzlich", „unbeschreibbar", „unverstehbar", „anhaltend", „Zuerteilung von Kraft", „freudevoll", „herrlich", „wundervoll", „köstlich", „heilig" usw.

Die Kraft, von der gesprochen wird, wurde in der Mehrzahl der Fälle als die Kraft Gottes bezeichnet (60 Prozent). Die restlichen 40 Prozent brauchten das Wort Kraft in bezug auf sich selber, aber verstanden als Kraft für größere geistliche Weihe, also nicht Kraft in einem Ich-gerichteten Sinn sondern in einem Gott-gerichteten.

Beschreibung der Zungenrede. Die folgenden drei Beispiele sollen genügen:

1. Als ich in Zungen sprach, konnte ich hören aber nicht verstehen, sprach aber ununterbrochen und war imstande aufzuhören. Wenn ich

etwas sagen wollte, konnte ich wieder in derselben Zungensprache sprechen.

2. Plötzlich fühlte ich in meiner tiefsten Seele eine überwältigende Freude und hatte das Gefühl, in der Luft zu schweben. Ich sprach dann in einer unbekannten Sprache, und obschon ich nicht wußte, was für eine Zungenrede es war, war ich sicher, daß ich damit Gott pries.

3. Obschon man sich selbst sprechen hört, hat man ein seltsames Gefühl und merkt, daß man nicht aus sich selbst spricht, sondern daß der Geist Gottes durch einen spricht.

Resultate und Wirkungen der Zungenrede. Im folgenden werden zwei Beispiele gegeben, die die Art der Erfahrung der meisten Befragten beschreiben:

1. Ich kann sofort die Differenz angeben zwischen gut und schlecht, recht und unrecht. Sogar das kleinste Innewerden von Unreinheit zeigt mir, daß ich ein reines und aufrichtiges Leben vor Gott und Menschen leben soll. Eine echtere und größere Liebe für Gott und die Mitmenschen wurde in mir bewirkt. Ich fühlte den Wunsch in mir, nach Heiligung zu streben und wahrhaftig für den Herrn zu leben, ihm zu dienen und für ihn zu zeugen. Ich fühle eine Freude in meinem Herzen, die ich immer zu behalten wünsche.

2. Größere Liebe, größere Gewißheit, größerer Eifer, größere Freude, größere Freimütigkeit, größere Kraft, eine weitherzigere Sympathie für meine Mitmenschen.

Gefühlsmäßige Voraussetzungen für Zungenrede. Die folgenden scheinen die Grundlage zu sein: Demut, Ruhe im Gottesdienst, liebende und stille Anbetung, völlige Unterwerfung und Hingabe. In biblischer Sprache ausgedrückt, dient die Zungenrede zur Auferbauung, Ermahnung und Tröstung (1. Kor. 14, 3 und 5).

Auferbauung: Sie wirkt sich aus in neuer Entfaltung und Bestätigung des Glaubens mittels neuer Erkenntnis, die die Seele stärkt.

Ermahnung: Sie ist eine Ermutigung, die an den Willen gerichtet ist, ein kraftgeladener Impuls, der sich auswirkt in Auferweckung oder Wachstum im christlichen Glauben bewirkt durch die Liebe.

Tröstung: wirkt sich lindernd, besänftigend und hoffnungerneuernd aus.

3. ALLGEMEINE FOLGERUNGEN

Biographischer Fragebogen

Etwa 50 Prozent der Zungenredner zeigen in ihrem Lebenslauf Probleme der Anpassung in psychiatrischer und psychopathologischer Hinsicht.

Selbstverständlich braucht dies nicht im Zusammenhang mit dem Zungenreden gesehen zu werden, da die anderen 50 Prozent keine solchen Probleme zeigten.

Es scheint, daß Leute mit psychopathologischen Anpassungsproblemen sich der Religion als einer Anpassungsmöglichkeit zuwenden, ihre Religion sehr ernst nehmen und zum Religiösen hintendieren mit der Absicht, es zu verinnerlichen. Sie scheinen auch angezogen zu werden durch eine Gruppe, in der die Bereitschaft besteht, alle in ihrer Eigenart anzunehmen, und wo die Möglichkeit zu aktiver Beteiligung vorhanden ist.

Es ist interessant, daß bei den Zungenrednern keine mediumistischen Tendenzen gefunden wurden.

Willoughby Test

Man würde erwarten, daß die Zungenredner mit ihrer schweren Bürde von familiärer Psychopathologie und ihrer Geschichte mangelnder Anpassung Zeichen von unangepaßter Ängstlichkeit oder neurotischen Symptomen zeigen würden. Der *Willoughby Test* bringt aber nichts dergleichen zum Vorschein.

Zungenreden zeigt keinen Zusammenhang mit neurotischen Symptomen. Gefunden wurde nur, daß es vorkommt bei Leuten, die in dem Sinne sensitiv sind, daß sie bereits auf Stimulantien von geringer Intensität ansprechen oder auch auf kleine Unterschiede in der Art der Stimulierung reagieren.

Man muß sich wirklich fragen, ob das Phänomen des Zungenredens und seine daraus resultierende gefühlsmäßige Katharsis nicht gleichzeitig eine psychotherapeutische Funktion hat. Außerdem mag es beitragen zu einem gefühlsmäßigen Wohlbefinden.

Der Rosenzweig Picture Frustration Test

Hier finden wir, daß der Verdrängungsfaktor in Zusammenhang zu stehen scheint mit Zungenreden. Es scheint sich dabei eher um Verdrängung als einer Methode zur Anpassung zu handeln als um Spannungszuwachs im pathologischen Sinne, wie in den Kontrollgruppen.

Die Aggressionsrichtung bei den Zungenrednern ist verglichen mit den Kontrollgruppen ohne Schulmeisterei (*impunitive*). Aggression wird vermieden, wenn man versucht, über eine Entbehrung hinwegzukommen. Diese Haltung der Selbstverleugnung wird bestätigt durch die minimalen Ichverteidigungsmechanismen in der frustrierenden Situation. Wir finden also nicht eine Verleugnung des Selbst aus Schuldgefühlen, wie dies z. B. bei den Selbstbestrafungsreaktionen der Fall ist.

Es kann daher gesagt werden, daß die Selbstverleugnung eine Voraussetzung der Zungenrede ist oder aber daß möglicherweise das Zungenreden zur Selbstverleugnung führt. Natürlich muß daran erinnert werden, daß Selbstverleugnung ohnehin zum christlichen Weg gehört. Somit wäre die Praktik der Zungenrede eine Hilfe auf diesem Weg.

Verglichen mit den Traditionalisten fällt auf, daß diese die Beseitigung eines frustrierenden Problems anstreben, während bei den Zungenrednern angestrebt wird, die in ihnen selber liegende, das Frustrationserlebnis verursachende Schwierigkeit zu beseitigen.

Suggestibilität

Hypnotische Suggestibilität wird häufig als der Prototyp aller Formen von Suggestibilität angesehen. Jung betrachtet die Suggestibilität als einen wesentlichen Bestandteil für das Zustandekommen von Automatismen. Es ist darum bemerkenswert, daß das Vorkommen von Suggestibilität bei den Zungenrednern als minimal bezeichnet werden muß. Die Traditionalisten zeigten eine höhere Suggestibilität.

Der 16 Personality Factor Test von Cattell

Zungenredner werden gesehen als Leute, die – wahrscheinlich unter dem Druck des Über-Ich – die Gewohnheit der Selbstverleugnung angenommen haben, um Ziele höherer Vollendung anzustreben. Als Gruppe sind sie mehr dem Gefühlsmäßigen zugewandt als dem Gedanklichen oder Handlungsmäßigen, mehr interessiert am Menschlichen und nachsichtig für menschliche Schwächen.

Sie zeigen keine Tendenzen zur Dissoziation und weisen als Gruppe eine normale Integrierung der emotionellen Aktivität auf. Solche, die nicht häufig in Zungen reden, zeigen eine mehr als normale Fähigkeit, sich gefühlsmäßig einzuordnen, während die, die häufig in Zungen reden, eine geringe gefühlsmäßige Einordnungsfähigkeit zeigen und eine Form von Katharsis zu benötigen scheinen. Zungenredner sind nicht Leute, die unter Verdrängungen mit nervlichen Spannungen leiden.

Es können bei den Zungenrednern keine Gründe gefunden werden für die Annahme, daß Zungenrede ein Phänomen von Bewußtseinsspaltung darstellt. Was bei Cattell als bewußtseinsspaltender Faktor verbleibt, bezieht sich auf Äußerliches und ist zurückzuführen auf eine längere und starke Stimulation gewisser dynamischer Systeme auf Kosten anderer.

Weil die Mehrzahl der Zungenredner in dieser Studie das Zungenreden nur in der privaten Andacht praktiziert und nicht in öffentlicher Anbetung, fällt der Faktor der Massen- und Gruppensuggestion dahin. Die religiöse Dynamik, die Jung beschreibt, kann betrachtet werden als das dynamische System, das auf den Organismus einwirkt und, wenn genügend intensiv, dazu führt, einen Zustand der Bewußtseinsspaltung hervorzubringen.

Der TAT Test geprüft an den Vektor- und Faktor-Konfigurationen nach Szondi

Statistisch auffallende Differenzen wurden in den k— und p— Faktoren gefunden. Diese Faktoren gehören zum Ich-Trieb und zeigen ein Reifen und/oder einen durch Erziehung bedingten Reifeprozeß. Andererseits wurden k+ und p+ in der Kontrollgruppe als signifikant gefunden. Man muß sich wirklich die Frage stellen: Muß ein Zungenredner zuerst ein gewisses Reifestadium erreicht haben, bevor sich die Zungenrede bei ihm einstellt, oder bringt die Teilhabe und Praktik der Zungenrede diese Reifung zustande?

Man kann diese Frage angehen vom Faktum her, daß Zungenrede in der Testgruppe auch bei anderen vorkommt als bei solchen, die k— und p— haben. Es ist also nicht notwendig, daß Zungenrede nur bei Leuten mit k— und p— vorkommt. Andererseits ist zu sagen, daß wenn k— und p— das Resultat von Zungenrede wären, es schwer wäre zu erklären, warum nicht alle Zungenredner diese Faktoren aufweisen. Außerdem ist im Auge zu behalten, daß Reifwerden ein Prozeß ist, nicht ein Zustand.

Auf Grund dieser Überlegungen darf gesagt werden, daß eine Tendenz zu größerer Reife mit dem Phänomen der Zungenrede verbunden ist. Der p— Faktor ist interessant, indem er auf geringere Ausdrucksfähigkeit für emotionale Inhalte hinweist. Könnte es sein, daß Zungenredner bei starker gefühlsmäßiger Ergriffenheit in ihrem normalen Sprechen versagen und daß die Kontrollgruppen unfähig sind, Zungenrede zu erfahren, weil sie stärker befähigt sind, emotionelle Erlebnisse zu verbalisieren?

Nicht alle Zungenredner weisen aber p— auf. Dabei muß immer auch an die Intensität der gefühlsmäßigen Einwirkung gedacht werden. Wenn sie sehr stark ist, würde wahrscheinlich auch ein p+ nicht mehr fähig sein zu verbalisieren. Und wieder muß erinnert werden an die Umstände, unter denen Zungenrede vorkommt. Sie kommt vor bei hingegebener Betrachtung des Heiligsten.

Das Problem kann auch von anderen Phänomenen aus angegangen werden, die im p— Faktor enthalten sind, der ja gedankliche Vorgänge anzeigt, die gewisse intuitive oder mystische Charakteristika enthalten. Diese Denkweise entspricht ja nicht unbedingt den Gesetzen der Logik, sondern ist gekennzeichnet durch plötzliche intuitive Einsichten, ohne daß die Denkschritte, die zum Ergebnis führten, klar dargelegt werden könnten. Die Fähigkeit zu intuitivem und mystischem Denken ist aber auch einem Wachstumsprozeß unterworfen und nimmt zu mit der Erfahrung. Es kann somit gesagt werden, daß diese Denkweise zwar keine Voraussetzung für Zungenrede ist, daß aber die Praktik der letzteren deutlich dazu führt, diesen Zug zu entwickeln.

Was den Zusammenhang mit Ängstlichkeit und Spannung betrifft, scheint wohl die Häufigkeit der Zungenrede damit in einem gewissen Zusammenhang zu stehen, nicht aber ihre Praktik überhaupt.

Die religiösen Aspekte des Zungenredens

Es scheint kein Zweifel darüber zu bestehen, daß der religiöse Gebrauch des Zungenredens zur Erhebung, Adelung, Heiligung, Erbauung, Ermahnung und Tröstung dient. Die Traditionalisten würden daher gut daran tun, ihre negative Meinung im Lichte der Einsichten Luthers und Calvins (siehe oben) zu betrachten.

Psychologische Aspekte des Zungenredens

Es scheint sich bei den Personen, die Zungenrede als religiöse Übung praktizieren, um durchaus normale Leute zu handeln, die keineswegs neurotische Symptome aufweisen.

Das Zungenreden übt eine kathartische Wirkung aus und kann sowohl Änderungen in der Person wie im Ich-Komplex (Jung) herbeiführen. Die Änderung geht in der Richtung eines zunehmenden Reifens und in der Zunahme des Gefühlsreichtums und der Verständnistiefe. Die ekstatische Funktion wirkt sich aus in Richtung gesteigerter Assoziationsfähigkeit bis zu höchster Hypermnesie.

Nach Meinung des Verfassers sind alle diese mit dem Zungenreden verknüpften Faktoren positiv zu bewerten. Eine Person, die Zungenrede als religiöse Übung praktiziert, wird beim Lesen von einschlägigen Texten finden, daß das geschriebene Wort als Anreiz wirkt, noch tiefere und reichere seelisch-geistliche Erfahrungen auf diesem Gebiet zu machen.

Es sei in diesem Zusammenhang auch auf die bekannte Tatsache hingewiesen, daß LSD ebenfalls ekstatische Zustände hervorrufen kann.

Das alles führt zur Annahme, daß es einen „ekstatischen" Hirnfunktionskomplex gibt, der einem bestimmten Zweck dient. Diese Studie mag einen Hinweis auf diese Zweckmäßigkeit geben. Sie zeigt, daß die Testresultate gewisse Unterschiede zwischen den religiösen Persönlichkeiten der drei getesteten Gruppen festzuhalten erlauben. Bei den Zungenrednern beispielsweise wurde deutlich, daß sie sich vom Traditionellen, Formalistischen weggewandt haben zu einer Form der Frömmigkeit, wo jeder Einzelne die Gegenwart des Herrn sucht, das Wirken seines Geistes erfahren möchte und in der erlebten Gemeinschaft mit Gleichgesinnten durch Wort Gottes und Gebet einen spürbaren Zuwachs an seelisch-geistlicher Kraft zu empfangen trachtet. Diese Gruppe stellt einen kleinen Ausschnitt dar aus den wohl über 10 Millionen Christen, die Mitglieder pfingstlich ausgerichteter Kreise sind.

Was die Frage nach einem möglichen Dissoziationsmechanismus anbelangt, zeigen unsere Testversuche, daß die Faktoren der Verdrängung und Suggestibilität eine gewisse Rolle spielen. Cattell hatte ferner gezeigt, daß eine dynamische Verkündigung, die den Anspruch der Alleinrechtmäßigkeit erhebt, bewußtseinsspaltende Auswirkungen haben kann. W. Sargant[14] hat eindrücklich die starke suggestive Wirkung von Massenversammlungen mit ihren Gefühlssteigerungen bei gewissen religiösen Erweckungen dargestellt. Es werden dadurch unter Umständen durch starke Erregungszustände und Hemmungen in verschiedenen Nervenbahnen Persönlichkeitsveränderungen und Zustände von Bewußtseinsspaltung bewirkt. Weil wir uns dies vor Augen hielten, wurden die Personen der Testgruppe aus einem Kreise gewählt, wo Anreize zu erhöhter Suggestionsbereitschaft, wie Händeklatschen, rhythmische Musik usw. fehlen. Sie kamen alle aus einer religiösen Umgebung, in welcher die Geistestaufe mit Zungenreden auf stilles Gebet und hingegebene Betrachtung erfolgte. Viele der Testgruppe sprachen zum ersten Mal in Zungen, als sie ganz allein für sich beteten. Es muß somit an andere als innerseelische Krafteinwirkungen gedacht werden.

In der allgemeinen Einführung zu dieser Untersuchung war eine Beschreibung der Auffassung Jungs über religiösen Dynamismus und urtümliche religiöse Erfahrung angeführt worden. Es wurde von ihm darauf hingewiesen, daß das traditionelle Christentum sein Glaubensbekenntnis und Ritual so organisiert hat, daß nur noch ein in festen Formen erstarrter Widerschein der ursprünglichen religiösen Erfahrung vorhanden ist. Christus wurde zum Objekt gemacht und steht nicht mehr in lebendiger Beziehung zum inneren Menschen.

In der vorliegenden Untersuchung wurde dargelegt, daß Zungenreden erbaut, stärkt und tröstet und zudem gewisse Ichfunktionen im positiven Sinn verändert. Die Praxis des Zungenredens als religiöse Übung scheint auf die Erfahrung einer durchschlagenden religiösen Kraft zurückzugehen. Es scheint, daß dadurch eine ursprüngliche religiöse Erfahrung wieder zugänglich gemacht wird, die in den traditionellen religiösen Kreisen verlorengegangen war.

Der Vollständigkeit halber ist darauf hinzuweisen, daß es auch Zungenrede ohne Zusammenhang mit religiösen Erlebnissen gibt (siehe oben). Auch unter religiösen Begleitumständen kann Zungenrede durch bloße seelische Mechanismen (also ohne Einwirkung einer göttlichen Kraft) zustande kommen, etwa durch hysterische oder hypnotische Isolierung des Sprechzentrums. Ferner kann durch Gefühlsaufreizung oder in Situationen von Massenhysterie Zungenreden in Erscheinung treten. Obwohl wir diesen Tatbeständen nicht näher nachgegangen sind, glauben wir sagen zu dürfen, daß Zungenreden, das unter den eben geschilderten Umständen auftritt, kaum die gleichen wohltuenden Auswirkungen auf die Ichstruktur hat, wie das Zungenreden, das bei demütiger Hingabe des gläubigen Menschen durch den Einbruch einer göttlichen Kraft zustande kommt.

Es mag in diesem Zusammenhang an den Ausspruch von Jesus erinnert werden und wir möchten mit ihm die geistlichen und psychologischen Aspekte des Zungenredens zusammenfassen: „Wer sich selbst erhöht, wird erniedrigt werden, und wer sich selbst erniedrigt, wird erhöht werden" (Lk. 14, 11).

ANMERKUNGEN

[1] *L. M. Vivier*, Glossolalia – Ders., The Glossolalic and His Personality, in *Th. Spörri*, Beiträge zur Ekstase, 153–175.

[2] Enc. Brit. XXII (1962), 288–289.

[3] *J. Dreyer*, Dictionary of Psychology.

[4] *C. G. Jung*, Collected Papers on Analytical Psychology.

[5] *C. G. Jung*, Psychologie und Religion.

[6] *E. Sauer*, History of the Christian Church III, 406; zit. von *C. Brumback*, What Meaneth This? 92.

[7] *J. Calvin*, Commentary on the Epistle of Paul to the Corinthians.

[8] *G. A. Barton*, Archeology and the Bible.

[9] *T. K. Oesterreich*, Die Besessenheit.

[10] *G. B. Cutten*, Speaking With Tongues.

[11] *W. S. Sadler*, The Practice of Psychiatry.

[12] *F. Nietzsche*, Ecce homo.

[13] *E. Schneider*, Der Szondi-Versuch.

[14] *W. Sargant*, Battle for the Mind.

GLAUBE UND HEILUNG

Leonhard Steiner

Leonhard Steiner, geb. 1903 in London als Sohn des Heinrich Steiner aus einer bekannten Zürcher Familie[1]. Während des Studiums an der Eidgenössischen Technischen Hochschule wurde er bekehrt und zum Dienst am Evangelium berufen (1923). „Aber das wußte ich auch klar: Die Geistestaufe war das nicht gewesen. Wenn ich vor Gott mit der offenen Bibel kniete, so fand ich nichts in meiner Erfahrung, noch in Gottes Wort, das mir bewiesen hätte, daß ich schon mit dem Heiligen Geist getauft worden sei ..." In einer Versammlung sah er ein: „Jetzt bin nicht mehr ich es, der wartet, es ist ja der himmlische Vater, der auf mich wartet!" Zwei Tage später empfing er die Gabe der Zungenrede: „Während ich mit einem Freund auf den Knien im Gebet war, öffnete sich Herz und Mund, zuerst ganz leise, dann lauter, und empor zu Gott stieg das anbetende Lob meiner Seele in neuen Zungen[2]." „Es war ein rein geistlicher Vorgang: Eine tiefe, von oben sich einsenkende Gewißheit teilte sich meinem Geist mit. Meine Seele wurde vom Wesen Gottes überflutet ... Meine Geistestaufe war buchstäblich die Erfüllung mit der Liebe Gottes. Ich mußte jubeln, hüpfen, in die Hände klatschen. Ich hätte alle Menschen umarmen können[3]."
1925 besuchte er die Bibelschule der *Assemblies of God* in London. Seit 1927 war er Prediger der „Schweizerischen Pfingstmission", immer in Basel, seit 1945 deren Missionssekretär und 1945–1968 Redaktor der „Verheißung des Vaters". Er war einer der Initianten der ersten Weltpfingstkonferenz (1947 in Zürich) und viele Jahre lang Mitglied des Beratenden Ausschusses der Weltpfingstkonferenzen. Seit mindestens 1935 lehnte er die Zweistufentheorie der Pfingstbewegung mit dem obligatorischen Zeichen des Zungenredens der Geistestaufe ab und trat in Wort und Schrift für eine nüchterne Heilungspraxis ein. Er ist ein Aristokrat unter den Pfingstpredigern, was ihn in neuester Zeit besonders zum Vermittler zwischen Pfingstbewegung und Landeskirchen befähigte. 1966 präsidierte er die im Aufsatz „Die Pfingstbewegung und die andern Kirchen"[4] erwähnte Konsultation zwischen Vertretern des Ökumenischen Rats der Kirchen und europäischen Pfingstpredigern in Gunten (Schweiz).

Seine Veröffentlichungen gehören zum bedeutendsten, was in der Pfingstbewegung publiziert worden ist[5], leider von den außerpfingstlichen Theologen bis heute fast unbeachtet. Der folgende Vortrag wurde an der sogenannten „Einheitskonferenz pfingstlicher Denominationen der Schweiz" am 16. Januar 1957 in Zürich gehalten[6]. Er wurde in etwas veränderter Form an der „Fünften Weltpfingstkonferenz" in Toronto wiederholt[7]. Die wichtigsten Ausführungen des Vortrages erschienen jedoch nicht im Konferenzbuch, denn sie hatten neben lebhafter Zustimmung auch heftiges Mißfallen erregt. Vor allem hatte Steiner darauf hingewiesen, daß die Heilungsevangelisten Gott sozusagen zu ihrem Diener machen wollten und die dem Menschen gebührende Einschränkung in seinem Gebet um Heilung „Dein Wille geschehe!" nicht berücksichtigten. Gott habe deshalb ihre Verkündigung im Laufe der verflossenen zehn Jahre nicht beglaubigt. In den Heilungskampagnen müsse man mit Schmerz feststellen, daß nach dem Rausch der Begeisterung nur ein ganz geringer Prozentsatz wirklich Geheilter zurückbleibe. „Die Apostel praktizierten göttliche Heilung, ohne sie besonders zu predigen, wir aber predigen sie wohl, versäumen aber, sie zu praktizieren[8]."

Die Erkenntnis, daß uns auf dem Weg des Glaubens Heilung von Gott zuteil wird, ist ein kostbarer und wesentlicher Bestandteil unseres Glaubensgutes. Die Wahrheit der göttlichen Heilung wurde in der Pfingstbewegung seit ihrem Beginn auf den Leuchter gehoben. Sie spielt in der Evangelisation und auf dem Missionsfeld sowie in der Auferbauung der Gemeinde eine wichtige Rolle. Sie wird heute durch eine Anzahl feuriger Evangelisten in aller Welt vor einer breiten Öffentlichkeit verkündigt. Es wird mehr darüber geredet und geschrieben als je zuvor. Und auch weite kirchliche Kreise haben begonnen, sich ernstlich mit ihr zu befassen. Dies ist ein Grund zum Loben und Danken.

Wir können allerdings unsere Augen vor der Tatsache nicht verschließen, daß in den Gemeinden der Gläubigen, einschließlich unserer Pfingstgemeinden, nach wie vor viel Krankheitsnot vorhanden ist. Diese stellt oft den Glauben des pfingstgläubigen Seelsorgers auf schwere Proben, und er muß sich mit tiefen und ernsten Problemen auseinandersetzen, die dem stets weiterreisenden Evangelisten unbekannt bleiben. Ist es da verwunderlich, wenn er hinsichtlich der göttlichen Heilung zu einer Dogmatik (lehrhaften Erkenntnis) kommt, die sich vielleicht nicht in allen Punkten mit derjenigen der reisenden Heilungsprediger deckt? Jede richtige

Lehre muß sich in der Erfahrung an Ort und Stelle bewahrheiten. Es ist jedenfalls notwendig, das große Gebiet „Glaube und Heilung" gründlich und nüchtern im Licht der ganzen Heiligen Schrift zu prüfen und seine Erkenntnis, und damit auch den Glauben, nach der Gesamtschau des Wortes Gottes auszurichten. Diesem Anliegen sollen die nachfolgenden Ausführungen eingeräumt sein.

1. DIE BEDEUTUNG DES NATÜRLICHEN GLAUBENS

Daß ein positiver Glaube bei der Heilung des kranken Menschen eine große Rolle spielt, ist eine allgemein bekannte Tatsache. Schon Salomo redet davon (Sprüche 17, 22). Es ist wesenhaft, daß der Kranke zuversichtlich an die Möglichkeit der Heilung glaubt. Er glaubt dabei auch an den Heiler (Arzt) oder an das Heilmittel (Arznei) oder an die Heilmethode oder an die Heilanstalt und alle ihre modernen Einrichtungen. Die heutige Medizin hat richtig die Notwendigkeit einer psychischen Behandlung erkannt, welche letzten Endes dahin zielt, den Glauben des Patienten zu fördern. Daß der Glaube als Heilungsfaktor oft wirksamer ist als die verwendeten Arzneien, ist eine erstaunliche Feststellung. Darüber berichtete im letzten September ein interessanter Artikel in „Reader's Digest" mit der vielsagenden Überschrift „Der ehrliche Schwindel der Medizin" (*Medicine Humble Humbug*).

Mit einer völlig harmlosen Arznei, „Placebo" genannt, wurden während Jahren in ärztlichen Instituten Versuche gemacht und Beobachtungen gesammelt. Dieses Heilmittel, bestehend aus ganz unwirksamen Stoffen – leichtgefärbte Pillen aus Milchzucker, Kapseln aus gewöhnlicher Stärke, Einspritzungen aus unschädlichem Salzwasser – wurde benutzt, um die Wirkung neuer Heilmittel zu vergleichen und auszuprobieren. Die Versuche erstreckten sich auf die verschiedensten Erkrankungen und eine große Zahl von Patienten. Diese hatten sich freiwillig zur Verfügung gestellt, wobei sie jedoch nicht wußten, mit welchen Heilmitteln sie behandelt wurden. Die langjährigen Beobachtungen Tausender von Fällen haben nun die erstaunliche Tatsache ergeben, daß die Heilerfolge in den mit *Placebo* behandelten Fällen denjenigen mit Anwendung anderer Medikamente beharrlich fast ebenbürtig blieben. Der Artikel faßt die gewonnene Erkenntnis in folgende Sätze zusammen:

„Die Medizin erkennt in wachsendem Maß die Tatsache, daß das Gemüt (Mind: Geisteshaltung) an und für sich sowohl Krankheiten hervorrufen als heilen kann. Pessimismus und Kummer bereiten der Erkrankung den Weg. Gesunder Optimismus übt eine die Genesung

fördende Wirkung aus. – Viele Leute wollen krank sein und sind es
auch. Andere wollen gesund sein und richten jede Anstrengung ihres
Gemütes darauf aus. Bei ihnen bringt Placebo Wunder zustande, indem es beiträgt, den Glauben des Patienten zu heben."

2. DER CHRISTLICHE GLAUBE IM ALLGEMEINEN

Wenn schon ein natürlicher Glaube die Heilung fördert, so ist dies noch
viel mehr beim christlichen Glauben der Fall. Es leuchtet ein, daß der
Glaube an einen liebenden Vater im Himmel, an seine Barmherzigkeit
und Güte, Allmacht und Weisheit eine Mobilmachung aller heilenden
Kräfte im Menschen hervorruft. Unter den Vertretern dieser Erkenntnis
befinden sich Namen wie A. Carrell, L. Weatherhead, N. V. Peale, P.
Tournier und andere. L. Weatherhead schreibt in seinem Buch „Glauben
und Heilen":

„Welch ein Unterschied, ob ich sage: ‚Es geht mir jeden Tag in jeder
Hinsicht besser' oder ob ich, im festen Glauben an Christus, sagen
kann: ‚Ich vermag alles durch den, der mich mächtig macht!' ‚Habt
Glauben!' sagen alle Heilkundigen und Psychotherapeuten. Dann
kann es aber sicherlich nur ein Gewinn für mich sein, wenn ich Vertrauen habe in ein Wesen, das mein zerbrochenes Leben nehmen und
wieder zurechtbringen kann, das mir hilft, meine Impulse seinem Plan
einzuordnen, und die Führung in seine Hände nimmt, die der Arzt
nicht dauernd übernehmen kann.
Ich glaube, daß Heilen auf nicht materiellem Weg durch geistige
Methoden eine Zukunft ungeahnter Möglichkeiten hat. – Ich habe
Blicke tun dürfen in die ungeheuren Energien, die der Persönlichkeit
selbst innewohnen, und in solche von außerhalb ihr liegender Quelle,
die unter gewissen Bedingungen durch sie hindurchströmen und die
ich nicht anders als göttlich bezeichnen kann. – Verstünde der
Mensch, die ihm innewohnenden Geisteskräfte zu gebrauchen … und
sich zu verbinden mit Kräften außerhalb seines Seins, die durch Gebet
und Glauben an Gott frei werden, so sollte er fähig sein, die Ernährung
unerwünschter Zellen aufzuhalten und zum Verschwinden zu bringen
(wie z. B. bei Krebsgeschwülsten) und wieder andere im Wachstum
anzuregen bis zur Wiederherstellung lebendigen Zellgewebes."

3. DER GLAUBE AN JESUS

Der Glaube, mit dem wir uns jetzt beschäftigen, ist jedoch nicht irgendein Glaube mit christlicher Färbung. Es ist der Glaube, der uns im Neuen Testament entgegentritt: *der Glaube an die Person des im Fleisch erschienenen Sohnes Gottes.* Es ist der Glaube an seine einzigartige Stellung unter den Menschen, an seine Macht und an sein Erbarmen. Aus manchen Heilungsberichten in den Evangelien geht klar hervor, daß dieser Glaube oft entscheidend zur Heilung beitrug. Jesus fragt die beiden Blinden: „Glaubt ihr, daß ich euch solches tun kann?" (Mt. 9, 28). Dem blutflüssigen Weibe sagt er: „Dein Glaube hat dir geholfen!" (Mt. 9, 22). Zum kanaanäischen Weib spricht er: „Dein Glaube ist groß, dir geschehe wie du willst!" (Mt. 15, 28). Dem kleingläubigen Vater des Mondsüchtigen ruft er zu: „Alles ist möglich dem, der glaubt!" (Mk. 9, 23). Allen, die sich um das Verschwinden von Krankheiten und Schwierigkeiten bemühen, verheißt er: „Wenn jemand ... nicht zweifelt in seinem Herzen, sondern glaubt, ... so wird es ihm zuteil werden" (Mk. 11, 23).

Der Zusammenhang dieser Worte mit dem Gesamtzeugnis des Neuen Testamentes macht es jedoch deutlich, daß Jesus nicht an einen selbsttätigen, allmächtigen Glauben denkt, der unabhängig von seiner Person alle Wunder hervorzubringen imstande wäre. Er meint eindeutig nur jenen Glauben, der sich mit seiner Person verbindet. Das Wort „Alles ist möglich dem, der glaubt", hat den einleuchtenden Sinn: *„Alles, was Jesus will, ist möglich bei denen, die an ihn, seine Macht und sein Erbarmen glauben."*

Dies hat sich nach seiner Himmelfahrt in keiner Weise geändert. Es geht von nun an um den Glauben an den im Wort und Geist gegenwärtigen Herrn. Petrus ruft dem Aeneas zu: „Jesus Christus macht dich gesund!" (Apg. 9, 34). Und immer wirkt auch der Glaube mit, entweder in den Boten des Herrn, welche Heilung vermitteln, oder in den Kranken, die sie empfangen, häufig in beiden zusammen. Über die Heilung des Gelähmten an der Tempelpforte sagt Petrus nachher erklärend: „Weil wir glauben an seinen Namen, hat diesen hier sein Name gestärkt..." (Apg. 3, 16). Bei der Heilung des Gichtbrüchigen in Lystra lesen wir: „Als Paulus sah, daß er Glauben hatte, ihm könnte geholfen werden ..." (Apg. 14, 9). In der Gemeinde ist es der Glaube der Ältesten, mit welchem die Verheißung verbunden ist: „Das Gebet des Glaubens wird dem Kranken helfen" (Jak. 5, 15). Oder es ist der Glaube der ganzen Gemeinde, dem Jesus verheißt: „Diese Zeichen werden folgen denen, die glauben: ... auf Kranke werden sie die Hände legen, und es wird besser mit ihnen werden" (Mk. 16, 17–18).

Als weitere Mittel, durch welche der lebendige Herr Heilung schenkt,

seien noch genannt: die Fürbitte der Gemeinde (Jak. 5, 16), die Handauflegung und Salbung mit Öl durch die Ältesten (Jak. 5, 14) und die besonderen geistlichen Heilungsgaben (1. Kor. 12,9 und 28). Wesenhaft ist
immer und in allen Fällen der Glaube an den lebendigen, gegenwärtigen
Herrn, an seine unbegrenzte Macht, an sein alle umfassendes Erbarmen
und besonders an die uns in seinem Tod zuteil gewordene vergebende
Gnade.

4. GLAUBE UND VERKÜNDIGUNG

Weil eine klare, geistesmächtige Verkündigung der Heilsbotschaft Glauben an den lebendigen Christus erzeugt, ist auch das Wort Gottes Mittel
der Heilung. „Er sandte sein Wort und machte sie gesund" (Ps. 107,20).
„Jesus lehrte ... und predigte ... und heilte" (Mt. 4, 23). „Er predigte
ihnen das Wort" (Mk. 2, 2). Wir tun wohl, auf die Reihenfolge achtzu-
haben. Eingehende Wortverkündigung und Belehrung gingen immer
voraus. Wir wollen uns vergegenwärtigen, worin zusammengefaßt die
im Wort enthaltene Lehre der göttlichen Heilung besteht.

1. *Die Krankheit ist eine Folge des Sündenfalles.* Sie ist eine Folge des von
Gott als Strafe verhängten Gerichtes und eine Auswirkung des seither
über die Menschen herrschenden Todesgesetzes (Röm. 5, 12, 8, 10).
Mit dem in der Welt herrschenden Tode haben die Kräfte des Zerfalls
und der Krankheit in ihren vielen Formen Macht über den Menschen.
Seine natürliche Lebenskraft vermag dem Ansturm der ihn anfallenden
Krankheitserreger und der Belastung der beständigen Abnützung nicht
dauernd zu widerstehen. Dies ist so, weil die Gemeinschaft mit Gott zerstört worden ist und ihm seither der Zugang zum Lebensbaum entzogen
wurde. Dabei ist der ganze Mensch erkrankt, sowohl sein Leib, seine Seele
und sein Geist. Die durch die neuen Forschungsergebnisse erlangte Erkenntnis hat die unteilbare Ganzheit des Menschen, die auf allen Gebieten
ineinander übergende Verwobenheit von Körper, Geist und Seele heraus-
gestellt.

2. *Heilung ist in der Versöhnung im Kreuz Christi.* Weil durch die Versöhnung in Christo die Schuld ausgetilgt, das Gericht aufgehoben und die
Gemeinschaft mit Gott wiederhergestellt wird, kann der ganze Mensch
in dieser Gemeinschaft mit Gott wieder gesund werden, und er wird am
Ende auch von der Herrschaft des Todes wieder frei (Röm. 5, 15; 8, 2. 11).
Alle Heilung kommt vom Kreuze her. Dies bezieht sich indirekt sogar
auf die Wohltat aller natürlichen Heilkräfte, welche in der Schöpfung
Gottes allen seinen Geschöpfen zugut kommen. Im besonderen jedoch
gilt es für die göttliche Heilung durch den Glauben. Darum rühmen wir

Jesu Blut und Wunden. Es ist nicht so, daß das Blut magische Kraft ent-
hielte, welche allein in sich wirksam wäre. Das Blut hat seine Kraft nur
in Verbindung mit Jesus Christus. Es ist das göttliche Mittel der Sühne
und das Zeichen der Versöhnung, das Symbol des für uns auf Golgatha
ausgeschütteten Lebens des Gottessohnes.

3. *Heilungen sind Taten des lebendigen und gegenwärtigen Herrn* (Mk. 16, 20;
Hebr. 2, 4). Sie geschehen stets in seinem Namen, d. h. in seinem Auftrag
und unter seiner Führung. Sein Name zeigt an, wer er ist, was er für uns
vollbracht hat und ebenfalls, was er jetzt zu tun bereit ist, wenn er Glauben findet.

4. *Die Heilung umfaßt den ganzen Menschen.* So wie Geist, Seele und Leib
als Folge des Sündenfalles gleichzeitig erkrankt sind, so ist die durch die
Versöhnung uns zuteil werdende Heilung auf den ganzen Menschen gerichtet. Grundsätzlich ist das eigentliche Anliegen Gottes die Rettung und
Heilung des inwendigen Menschen, der um so viel wichtiger ist, als es
sich dabei um seine unsterbliche Persönlichkeit handelt, während der Leib
jetzt noch irdisch und vergänglich ist. Die Heilung des Körpers tritt als
eine Folge der Genesung des inwendigen Menschen ein oder dann soll sie,
wie z. B. im Fall des Gelähmten (Mk. 2, 10) oder der zehn Aussätzigen
(Lk. 17, 18), als Angeld oder Zeichen zur Erreichung dieses Zieles mit-
wirken. Gar manches weist in der Tätigkeit Jesu darauf hin.

Das Gesamtprogramm seines Wirkens besteht nach Lk. 4, 18 eigentlich
in der Heilung der zerbrochenen Herzen. Bei den Blinden, Gefangenen
und Gebundenen in dieser Bibelstelle geht es in erster Linie um den inwendigen Menschen, und erst in zweiter Linie ist dann auch der äußere
Mensch inbegriffen. Die von Jesus angeführte Stelle in Jes. 61 macht dies
erst recht deutlich. Dasselbe geht auch aus der wichtigen Stelle in Apg.
10, 38 hervor. „Jesus tat wohl und heilte alle, die vom Teufel überwältigt
(d. h. in des Teufels Gewalt, vgl. Menge) waren." Der Sinn dieser Stelle
läßt uns zuerst an den Geist oder das Gemüt der Menschen und erst her-
nach an ihren Leib denken. Das große Wort in Jes. 53, 5: „Durch seine
Wunden sind wir geheilt", bezieht sich nach der Auslegung der Apostel
(1. Petr. 2, 24) zuerst auf die von der Sünde krank gewordene Seele.
Natürlich schließt sie dann auch den Leib ein, was in Mt. 8, 17 bestätigt
wird. Manches Prophetenwort redet vom sündigen Zustand des Men-
schenherzens als von einer Krankheit, für welche es auf Erden kein Heilmittel gibt, von welcher aber Gott heilen kann und will (z. B. Jes. 1, 5–6;
Jer. 30, 12–17). Es entspricht demzufolge nicht dem Sinn der ganzen
Schrift, wenn wir bei der Heilungstätigkeit Jesu diese einseitig oder auch
nur in erster Linie auf die Krankheiten des Leibes beziehen. Dieser Satz
darf aber nicht so verstanden werden, als wäre die Heilung von leiblicher

Krankheit ein unwichtiger oder nebensächlicher Bestandteil des Wirkens Jesu gewesen. Nein, Jesus heilte die kranken Leiber in großer Zahl, und er tat dies mit der Absicht, den Weg zu den Herzen der Menschen zu bahnen und sie für sein ganzes Heil zu gewinnen. Die meisten Heilungen Jesu hatten zeichenhaften Charakter, und sie waren es auch bei der Verkündigung der Apostel (Joh. 4, 18; 12, 37; 20, 30–31).

Es muß hier auf eine überraschende Tatsache hingewiesen werden, nämlich daß sich in der Verkündigung Jesu und der Apostel nicht ein einziges Wort finden läßt, welches als ein generelles Heilungsversprechen an alle leiblich Kranken gedeutet werden könnte. Jesus ließ nie die Kranken aufbieten und versprach ihnen im voraus, sie zu heilen, wenn sie sich nur mit sich beten lassen wollten. „Jesus predigte das Evangelium vom Reich und lehrte in den Synagogen und heilte alle Krankheiten und Gebrechen unter dem Volk." Er sandte mehrmals seine Apostel und Jünger aus mit dem Auftrag, das nahe herbeigekommene Himmelreich zu predigen, die Kranken zu heilen, die Toten aufzuerwecken, die Aussätzigen zu reinigen und die Teufel auszutreiben. (Mt. 10, 7–8; Lk. 10, 9). *Der Inhalt aller Verkündigung war jedoch stets das Reich Gottes.* Wir finden ihre ganze Zusammenfassung in der Bergpredigt. Darin ging es Jesu vornehmlich um die Erfassung und Einordnung des ganzen Menschen unter die Macht und Liebe seines Vaters, um eine ganz neue Stellung und Einstellung gegenüber Welt und Mitmenschen, um die Durchdringung seines Wesens mit den in Christus geoffenbarten neuen sittlichen Kräften. Das Leibliche und Irdische aber wurde dem ganz untergeordnet, und zwar mit dem Hinweis, daß bei einer aufrichtigen Sorge um das Reich Gottes für alles andere vom Himmel her schon gesorgt wird. Dies hat gewiß auch seine Beziehung zu dem Anliegen der Heilung.

Nach seiner Auferstehung sandte Jesus seine Jünger mit dem Auftrag in alle Welt, Buße und Vergebung der Sünden unter allen Völkern zu predigen, und verhieß ihnen, ihr Wort mit Zeichen zu beglaubigen (Mk. 16, 15–18; Lk. 24, 47). Weder die Pfingstpredigt noch die späteren in der Apostelgeschichte aufgezeichneten Predigten des Petrus oder Paulus enthalten ein generelles Heilungsversprechen (Apg. 2, 36; 3, 19–20; 4, 12; 13, 38; 20, 21–28). Dies bestätigt, was schon oben gesagt wurde, so daß wir zusammenfassen können:

Jesus verkündigte das Reich Gottes, d. h. die hereingebrochene Herrschaft und den Sieg Gottes über Satan und sein Reich. Er verkündigte das Heil, d. h. Rettung und Heilung für den ganzen Menschen. Er heilte die Kranken, trieb die Teufel aus und weckte Tote auf dort, wo ihn sein Vater dazu beauftragte. Die Apostel verkündigten das Reich Gottes, die frohe Botschaft von Jesus, der in ihm erschienenen Macht und Gnade Gottes, die Versöhnung mit Gott und die Vergebung der Sünden. Sie heilten die Kranken, trieben die Teufel aus und weckten (in einigen ganz seltenen Fällen) die Toten auf. Sie taten dies aber offensichtlich nur, wann und soweit sie dazu den deutlichen Auftrag hatten. Die Heilungstätigkeit hinsichtlich der leiblich Kranken füllte nicht ihr ganzes Leben aus. Nicht einmal Jesus hat die ganze Zeit seines Dienstes leiblich Kranke geheilt. Die wiederholten Aussagen in den Evangelien, daß er alle Kranken heilte, beziehen sich ganz deutlich nur auf gewisse Perioden seines Wirkens.

5. *Die göttliche Heilung ist ein fortschreitendes Werk.* Sie beginnt in dem Augenblick, wo der kranke Mensch sich im Glauben dem Sohne Gottes zuwendet. Sie kann in plötzlichen Veränderungen und deutlichen Eingriffen durch seine wunderwirkende Hand sichtbar werden. Sie ist jedoch in diesem Leben nie abgeschlossen und soll beständig fortschreiten. Dies tritt uns besonders entgegen in dem Bild von der aufgehenden „Sonne der Gerechtigkeit mit Heilung unter ihren Flügeln" (Mal. 3, 20). In dem Maß als sich der Kranke den Strahlen dieser Sonne aussetzt und sich unter ihren Flügeln bergen läßt, d. h. wie er sich immer tiefer in die Gemeinschaft mit dem lebendigen Herrn hineinziehen und durch sie heiligen und bewahren läßt, um so mehr schreitet seine Heilung voran. Die Heilung des Leibes aber ist bis zur ersten Auferstehung immer erst ein Provisorium, d. h. etwas Vorläufiges und zeitlich Begrenztes.

D. Hoch schreibt in ihrer Schrift „Heil und Heilung" (Eine Untersuchung zur Frage der Heilungswunder der Gegenwart) hierüber folgendes:

„Die Heilungen Jesu sind Begleitwerk seines Hauptwerkes, das in der Rettung von Menschen aus der Macht der Finsternis in seine Nähe und Gemeinschaft besteht. Sie sind sichtbare Zeichen eines verborgenen Geschehens, vorläufige Manifestationen einer Kraft, die auf die endgültige Neuschaffung hinzielt. Sie sind vergängliches ‚Flickwerk' am Alten, wo in Jesus selbst bereits das Neue auf dem Plan ist. – Aber ebenso darf betont werden: Als dieses Flickwerk, als dieses vorläufige sichtbare Zeichen dürfen die Heilungen Jesu dem Menschen Zeugnis geben von der überströmenden Barmherzigkeit Gottes, der sich auch schon des irdischen Leibes erbarmt. – Die Heilungen sind wirklich ‚zeichenhaft aufblitzende Wiederherstellung der Glorie der Schöpfung, Vorwegnahme der Enderfüllung' (K. Barth) und so die bis ins Vergängliche hinein durchbrechenden Strahlen des neuen Tages, der an Ostern schon angebrochen ist und dessen Enthüllung wir noch entgegengehen. Sie sind Kostproben der Macht und Herrlichkeit unseres Gottes, die unsere Sehnsucht nach der (noch kommenden) Fülle wachhalten sollen."

5. DIE FRAGE NACH DEM WILLEN GOTTES

Es wird uns nun erneut die Frage beschäftigen, ob denn nach dem Vorausgegangenen Gott die Kranken überhaupt heilen will. Oder wenn die leiblichen Heilungen bloß „Kostproben" sind, haben dann nicht diejenigen recht, welche lehren, Wunderheilungen seien nur seltene Ausnahmen, um die man nicht bitten dürfe? Sowohl für die Kranken wie auch diejenigen, die ihnen dienen wollen, ist die Frage von brennender Wichtigkeit: *Will Gott die Kranken heilen?*

Darauf antwortet die Schrift mit aller Bestimmtheit, und es dürfte auch bei dem Vorausgegangenen deutlich geblieben sein: *Ja, Gott will!* Er will den ganzen Menschen, Geist, Seele und Leib heilen. Darum dürfen wir auch bestimmt darum bitten. Die Heilung soll sofort beginnen. Es tönt wie ein herrliches Programm aus dem Munde des Petrus: „Jesus Christus macht dich gesund!" Gerade jetzt und fortwährend! Wenn der Sohn Gottes kam, um zu versöhnen und zu heilen, und er lebt und ist derselbe geblieben, dann tut er das gleiche Werk heute und in Ewigkeit (Apg. 9, 34).

Die Frage muß jedoch genauer umschrieben werden. Indem wir festhalten, daß Gott die Heilung des ganzen Menschen im Auge hat, fragen wir: Will er jetzt schon auch den kranken Leib heilen? Darauf antwortet uns die Schrift wiederum ganz eindeutig: *Ja, er will!* Wenn uns sein Wort heißt: „Betet für einander, daß ihr geheilt werdet!" (Jak. 5, 16), dann ist uns damit die ein für allemal gültige Regel gegeben, daß Gott auch den Leib heilen will.

Wir dürfen gläubig um Heilung bitten, auch wenn es sich erst um eine Kostprobe handelt. Kostproben pflegen oft reichlich verteilt zu werden, besonders wenn die einzuführende Ware beim Publikum ganz neu ist. Oder welche Mutter ließe beim Backen auf Weihnachten nicht gerne ihre bettelnden Kinder ein paar „Versucherli" vorauskosten, auch wenn sie bis zum vollen Genießen der Süßigkeiten sich bis zu den Festtagen gedulden müssen? Gab nicht Jesus dem kanaanäischen Weibe etwas wie eine Kostprobe von dem, was den Heiden erst auf einen späteren Zeitpunkt verheißen war?

Nur eine Einschränkung ist vorhanden. Die eigentliche Erlösung unseres Leibes vom Todesgesetz ist erst als etwas Zukünftiges in Aussicht gestellt. Es bleibt somit dem souveränen Willen Gottes überlassen, in welchem Umfang er jetzt schon diese Erlösung im voraus sichtbar macht. Der Regel von Jak. 5, 16 stehen die Worte des Paulus als eine andere Regel gegenüber: „Unser äußerer Mensch verdirbt" (Elberfelder Bibel: verfällt) (2. Kor. 4, 16) und „Wir erwarten mit Seufzen ... die Erlösung

unseres Leibes" als etwas jetzt noch nicht Erschienenes (Röm. 8, 23). Daß
Gott nicht immer heilt, sondern auch auf dem Weg leiblicher Schwachheit oder anhaltender Krankheit mit seinen Kindern seine Ziele verfolgt,
geht aus dem Beispiel des Paulus selbst hervor, sowie einiger seiner Mitarbeiter. Paulus erwähnt eine ihm anhaftende leibliche Schwachheit,
welche den Galatern ein Anstoß hätte werden können (Gal. 4, 13). Er
weist darauf hin, daß Timotheus oft krank war, und empfiehlt ihm eine
besondere Diät (1. Tim. 5, 23). Er teilt mit, daß er seinen Mitarbeiter
Trophimus krank zurücklassen mußte (2. Tim. 4, 20). Es wäre der Schrift
Gewalt angetan, wollte man in diesen Fällen von Unglauben oder Versagen reden. Es geht auch über die Schrift hinaus, zu behaupten, es habe
sich nur um vorübergehende Prüfungen gehandelt und die Krankheiten
wären nachher weggebetet worden. Nein, diese gewichtigen Beispiele
mahnen uns vielmehr, daß die Heilung des Leibes zuletzt in Gottes
souveränem Erbarmen liegt. Als der Herr den todkranken Epaphroditus
aufgerichtet hatte, schrieb Paulus: „Gott hat sich seiner erbarmt"
(Phil. 2, 27).

Psalm 103, 3 und 4 bedürfen in diesem Zusammenhang einer sorgfältigen
Erwägung. Die Worte „Der dir alle deine Sünden vergibt und heilet alle
deine Gebrechen", bestätigen, daß wir auch bei jeder Krankheit gläubig
um Heilung bitten dürfen. „Der dein Leben vom Verderben erlöst
(Grube = vom Grab, d. h. aus tödlicher Krankheit)", sagt nicht, daß der
Leib jetzt schon anders als auf Hoffnung hin vom Tode erlöst ist. Die
Regel einer nüchternen Schriftauslegung läßt im Lichte des Gesamtzeug-
nisses der Bibel auch hinsichtlich Vers 3, „der heilet alle deine Gebrechen",
die Möglichkeit offen, daß die mit der vollen Erlösung vom Todesgesetz
zusammenhängende Heilung zu einem Teil erst zukünftig ist. Gott be-
hält sich souverän jetzt noch vor, uns von allen unseren Gebrechen zu
heilen oder es erst voll in der Auferstehung unseres Leibes zu tun.

Wir führen hier noch einige Stellen aus dem Büchlein von D. Gee
„Trophimus I left sick" (Trophimus ließ ich krank zurück) an, die beachtet werden sollten.

„Eine Lehre der göttlichen Heilung im Versöhnungswerk muß stets
auch einen ähnlichen Platz offen lassen für Krankheit, welche in Gottes Liebe und Weisheit zugelassen werden kann zum Zweck der
Läuterung und Erziehung[9]."

„Das genaue Maß, in welchem wir jetzt von den Folgen des Falles
schon befreit werden, ob der Seele oder dem Leibe nach, ist eine
Sache, bei welcher sorgfältige Unterscheidung notwendig ist[10]."

„Die Lehre, daß Erlösung von der Krankheit in der Versöhnung vorgesehen ist, ist gewiß der Heiligen Schrift entsprechend. Ihre Aus-

legung und Anwendung jedoch muß im Licht des ganzen Wortes
Gottes geschehen. – Die Bibel lehrt mit Nachdruck, daß der himmlische Vater auch Schmerzen für seine Liebeszwecke gebraucht. –
Jede Lehre der göttlichen Heilung, welche keinen Platz für die Rolle
des Schmerzes in der gegenwärtigen Weltordnung hat, ist zu oberflächlich, um wahr zu sein. Sie hält den Proben des Lebens nicht
stand[11]."

„Wir sind in unserer Lehre (von der göttlichen Heilung) zu weit gegangen und haben geirrt, da wir dem souveränen Willen Gottes nicht
genug Rechnung getragen haben. Um göttliche Heilung zu beten
ohne das begleitende ,Nicht wie ich, sondern wie Du willst', entspringt einer inneren Haltung, die im Gegensatz zu der Haltung steht,
die wir sonst allem wahren Beten zugrunde legen.[12]."

6. DIE HEILUNGSKAMPAGNEN

Dies letztere kann uns eine Erklärung geben, weshalb bei den großen
Heilungskampagnen der letzten Jahre stets nur ein so verschwindend
kleiner Teil der Kranken geheilt worden ist. Bei aller Anerkennung des
Glaubensmutes und der Hingabe mancher Knechte Jesu Christi, welche
unentwegt Heilung für alle Kranken durch den Glauben an Christus
gepredigt haben, trat doch häufig in der Verkündigung eine Einseitigkeit
zu tage, welche nicht mehr nüchtern in Gottes Wort begründet war. In
der seit über zehn Jahren in aller Welt geführten Kampagnetätigkeit
wurde im allgemeinen den überaus wichtigen biblischen Richtlinien zu
wenig Beachtung geschenkt, die hier nochmals zusammengefaßt seien:

1. *Der Mensch ist eine Ganzheit, und sein Leib kann nicht von Seele und Geist
getrennt ins Auge gefaßt werden.*
2. *Das eigentliche Anliegen Gottes ist die Heilung des inwendigen Menschen.*
3. *Die göttliche Heilung besteht in einem fortschreitenden Werk, welches erst in
der Auferstehung vollendet wird.*
4. *Auch die herrlichste Wunderheilung in der Gegenwart ist erst eine Kostprobe
einer noch nicht erschienenen Fülle.*

Die größte Zahl wirklicher Wunderheilungen hat stets dort die Verkündigung des Evangeliums begleitet, wo es sich um einen Vorstoß in
noch unerschlossenes Land handelte, vor allem auf neuen Missionsfeldern.
Dort hat Gott beim Beginn der geistlichen Offensive sein Wort hin und
wieder durch mächtige Zeichen und Wunder bekräftigt. Doch scheint
es sich dabei immer nur wie um ein vorübergehendes Aufblitzen seiner
Herrlichkeit zu handeln. Oft genug blieben bei einer etwa späteren

Wiederholung ähnlicher Kampagnen an ein und demselben Ort die Kundgebungen der heilenden Kraft Gottes stark hinter dem ersten Male zurück. Wenn je durch Glauben und Gebet Kranke plötzlich und in großer Zahl geheilt werden, haben wir es mit gnädigen Heimsuchungen Gottes zu tun und mit außerordentlichen Zeichen, ähnlich wie zur Zeit Jesu und der Apostel. Wir dürfen allerdings gewiß um solche Heimsuchungen beten, wir sollten dies vielleicht noch viel inbrünstiger und anhaltender tun.

7. SCHLUSSFOLGERUNGEN

Unsere Ausführungen legen uns ein doppeltes Anliegen nahe.

1. Die Kranken und Leidenden, welche auf dem Weg des Glaubens Heilung suchen, mögen ihren Glauben nur in Gottes Wort wurzeln lassen. Keine noch so ansprechende Heilungsliteratur, keine sensationellen Berichterstattungen, keine Großveranstaltungen mit strömenden Menschenmassen, keine feurigen oder markanten Predigergestalten auf der Plattform, welche mit biblisch klingenden Schlagworten alle nüchternen Erwägungen aus dem Feld schlagen, keine noch so hinreißende Rede eines Menschen vermögen die Glaubensgrundlage zu ersetzen, welche ganz und allein in der biblischen Offenbarung zu finden ist. Gott aber sei Lob und Dank, daß diese Offenbarung genug göttlichen Verheißungsboden enthält, um in Krankheitsnot im Glauben Heilung bei Jesus zu suchen.

2. Die Diener des Wortes und alle, die den Kranken geistlich helfen wollen, finden beim Forschen im biblischen Wort immer aufs neue bestätigt, daß die Wahrheit der göttlichen Heilung feststeht. Laßt uns die Heilung durch Glauben an Christus positiv und klar auf den Leuchter heben! Dabei aber möge es uns mehr als je ein Anliegen sein, daß dies in der rechten biblischen Perspektive geschehe, sowohl im Blick auf die Unteilbarkeit von Leib, Seele und Geist als auch im Blick auf die erst kommende Fülle der verheißenen Erlösung. Unser eigentliches Anliegen bleibe stets die Heilung und Zurechtbringung des inwendigen Menschen. Überdies laßt uns bestrebt sein, in unserem Dienst an den Kranken weniger nach einer Schablone und viel mehr in persönlichem Auftrag und unter persönlicher Führung des Herrn vorzugehen. Das schenke Gott!

ANMERKUNGEN

[1] Lit. dazu: 08.398.

[2] *L. Steiner*, VdV 21/4–5, April/Mai 1928, 4–6 (auch in *L. Eisenlöffel*, Ein Feuer, 27–30).

[3] *L. Steiner*, VdV 56/5, Mai 1963, 5–6, 15.

[4] Vgl. S. 275 f.

[5] 08.399, erwähnt 50 Titel.

[6] Erschienen: VdV 50/4, April 1957, 7–8, 10–11; 50/5, Mai 1957, 2–7.

[7] *L. Steiner*, Divine Healing in God's Redemption, in *D. Gee* (Hg.), Fifth World P. Conference, 139–148.

[8] *L. Steiner*, Brief an W. H. 14. April 1960.

[9] *D. Gee*, Trophimus, 22.

[10] a.a.O., 23.

[11] a.a.O., 25.

[12] a.a.O., 27.

BEISPIEL EINER DÄMONENAUSTREIBUNG

Lester Sumrall

Die folgende deutsche Übersetzung eines amerikanischen
Berichtes[1] erschien im offiziellen Organ der „Schweizerischen Pfingstmission"[2] mit folgender redaktionellen Einleitung: Lester Sumrall (Evangelist der amerikanischen
Assemblies of God) „bereiste in den dreißiger Jahren als
Evangelist-Missionar viele Länder der Erde und ist seither
durch seine spannenden Missions-Publikationen weltbe-
kannt geworden. Von 1947–1951 Prediger in South Bend,
wurde die kleine dortige Pfingstgemeinde unter seinem
Dienst zu einer der größten in den USA und baute ein
eigenes Gotteshaus mit 1000 Sitzplätzen. 1952 hörte er in
einer Nacht den deutlichen Ruf nach Manila im Fernen
Osten, wo er eine nur aus einer Handvoll Leute bestehende
Pfingstgemeinde antraf. Als Gott ihn im Sommer 1954
wiederum hieß, sein Hirtenamt einem andern abzutreten,
war daraus ein großes blühendes Werk mit einer Sonntagsschule von über 1000 und einem modernen Gotteshaus mit 1500 Sitzplätzen und mehreren Außenstationen
geworden. Die nachfolgend von ihm geschilderte Befreiung Clarita Villanuevas spielte bei der einzigartigen
Erweckung eine entscheidende Rolle." (Zur Interpretation
der Besessenheitsphänomene, vgl. *PGG*, 424–431).

1. „DAS DING"

Es war um Mitternacht am 6. Mai 1953, daß die Polizei in Manila ein
siebzehnjähriges Filippina-Straßenmädchen aufgriff, ins Gefängnis
mitnahm und unter Anklage wegen Landstreicherei stellte. Dieser Vorfall war nur einer unter hundert ähnlichen in einer Großstadt wie Manila
und wäre wohl nie anders als bloß nebenbei in den Tageszeitungen erwähnt worden und hätte noch viel weniger weltweite Beachtung auf sich
gezogen, wenn es sich nur um ein gewöhnliches, herumstreichendes ein-
geborenes Mädchen gehandelt hätte.
Jedoch etwa eine Woche später begannen die Manila-Zeitungen über
sonderbare Dinge zu berichten, die sich im Bilibid-Gefängnis abspielten.
Ich war zu der Zeit mit der Grundlegung unseres neuen Kirchenbaues
beschäftigt, so daß ich wenig Zeit fand, eine Zeitung zu lesen. Infolgedessen schenkte ich den mir gelegentlich zu Gesicht kommenden Be-

richten über dieses eingesperrte Mädchen keine besondere Aufmerksamkeit. Um jedoch einen Einblick in die Natur dieser Berichte zu vermitteln, laßt mich aus einem Artikel zitieren, der am 12. Mai im „The Daily Mirror" erschien, durch den die Öffentlichkeit zum ersten Mal von diesem eigenartigen Fall erfuhr:

„Eine Insassin des Stadtgefängnisses verblüffte Polizei und ärztliche Untersuchungsbeamte mit ihrer Geschichte von zwei Dämonen, welche sie letzte Nacht bissen. Leutnant Guillermo Abab detaillierte gestern Nacht, daß das Mädchen behauptete, zwanzigmal gebissen worden zu sein und daß es jedesmal schrie, weil es ihm weh tat. Im Gefängnis beantwortete es gestern die gestellten Fragen, leise, jedoch vernünftig, vor einer Menge von Beobachtern. Plötzlich entstellten sich seine Gesichtszüge in Angst und Schrecken, als wäre es mit ‚dem Ding' konfrontiert. Es blickte wild umher und fing dann an zu schreien und zu kämpfen und seine Arme und Schultern zu winden, als wollte es ‚das Ding' von sich schütteln. Dann ebbte seine äußerste Anstrengung ab, und es sank in den Armen derer zusammen, die es hielten, schwach und halb ohnmächtig."

Dann, etwa zwei Wochen nach der Verhaftung von C. Villanueva, kündeten die Zeitungen eines Tages an:

„Heute um 10 Uhr werden die Angstschreie über den Rundfunk übertragen, welche die Zelle erfüllen, wo Clarita gefangengehalten wird."

Ich kann versichern, daß jetzt meine Aufmerksamkeit voll aufwachte, und ich beschloß, die angekündigte Übertragung der Tonbandaufnahme an jenem Abend um 10 Uhr zu hören.

Der unnatürlichste Schrei auf Erden

Meine Frau und ich saßen bereit, um dieser seltsamen Sendung zu lauschen. Jetzt war es zehn Uhr, und der Ansager leitete das nun Folgende mit den Worten ein: „Meine Damen und Herren, wenn Sie ein schwaches Herz haben, schalten Sie den Apparat lieber sofort aus. Sie möchten sonst sterben, wenn Sie hören, was nun folgen wird."

Unmittelbar darauf wurde das unnatürlichste Geschrei auf Erden hörbar, welches ich je in meinem Leben vernommen hatte. Die Angstschreie wurden unterbrochen durch Worte des Mädchens: „Oh, rettet mich, rettet mich! Das Ding bringt mich um!"

Jetzt merkte ich, daß ich am ganzen Leib zitterte wie ein Blatt im Wind. Diese Schreie und der verzweifelte Hilferuf des Mädchens nach Rettung von „dem Ding" hatten mich buchstäblich innerlich in Stücke zerrissen. Ich sagte zu meiner Frau: „Dieses Mädchen ist nicht krank, es ist von Dämonen besessen."

Die Schreie tönten die ganze Nacht hindurch in meinen Ohren nach. Ich konnte unmöglich schlafen; so verbrachte ich die Nacht im Gebet und bat Gott mir zu helfen, diesem armen Menschenkind zu helfen, das derart vom Teufel besessen und geplagt war. Schließlich sagte mir der Herr: „Gehe du ins Gefängnis und bete mit ihm, und ich werde es befreien!" Der Architekt, welcher die Pläne für unseren Kirchenbau gemacht hatte, war mir freundlich gesinnt, obwohl er ein Katholik war. Da er den Stadtbehörden bekannt war, ging ich zu ihm und sagte ihm, daß ich C. Villanueva im Gefängnis besuchen möchte, um mit ihr zu beten. Er antwortete: „Wenn Sie hingehen, möchte ich Sie gerne begleiten." So brachte er mich zum Bürgermeister, wo wir um die Bewilligung für den Besuch ersuchten.

Keine Simulantin

Clarita wurde vom gesamten Stab der Gefängnisärzte beobachtet. Dr. Lara, der Chef des Stabes, hatte im Verein mit allen andern den Fall Tag und Nacht studiert. Sie hatten eine beständige Kontrolle angeordnet, um zu sehen, ob sich das Mädchen selbst biß und nur simulierte, von unsichtbaren Wesen angefallen und geplagt zu werden. Schließlich überzeugte er sich, daß das Mädchen die Wahrheit sagte. Es behauptete, daß es sich um zwei Dämonen handelte. Einer von ihnen war ein großes Monstrum, viel größer als ein Mensch. Er hatte Hundezähne und einen schrecklichen behaarten Körper. Der andere war klein, schätzungsweise einen halben Meter groß. Es war der große Dämon, der das Beißen besorgte, nach den Aussagen des Mädchens. Er gebärdete sich besonders wütend, wenn Männer in der Nähe waren. Im Augenblick, wenn ein Mann das Mädchen berührte, erfolgte der Anfall. Einmal ergriff einer der Ärzte das Mädchen fest an seinen beiden Handgelenken. Augenblicklich begann es zu schreien, weil der Dämon es zu beißen begann. Die Ärzte hielten es mit vereinten Kräften fest, um die Bewegungen zu verhindern. Dann sank es ohnmächtig zusammen, was nach jedem Anfall eintrat. Dr. Lara untersuchte die Handgelenke, wo es des Arztes Hände festgehalten hatten, und stellte an beiden Gelenken die Spuren von Zähnen fest, und die Stellen, wo die Hände festgehalten hatten, waren mit Speichel bedeckt. Nach diesen Feststellungen waren alle Ärzte in Manila überzeugt, daß das Mädchen keine Simulantin war.

Vorbereitung zum Kampf

Als mir der Bürgermeister die Erlaubnis zum Besuch im Gefängnis erteilt hatte, teilte ich ihm mit, daß ich am andern Tag hingehen wollte. Ich wollte noch einen Tag und eine Nacht haben, um mich für den Kampf

vorzubereiten. Ich ging heim und betete und fastete den ganzen Tag und die Nacht hindurch. Am andern Morgen stand ich mit meinem Freund, dem Architekten, um 8.30 Uhr am Eingang des Gefängnisses. Dr. Lara wußte, daß ich kommen würde, und hatte die Presse benachrichtigt, sowie die Ärzte, Universitätsprofessoren und die Vertreter der Polizei eingeladen. Es hatten sich ungefähr hundert Personen versammelt, um zu sehen, was geschehen würde. Ich äußerte die Bitte, allein mit dem Mädchen beten zu dürfen, doch wurde meine Bitte abgeschlagen. Man sagte mir: „Wir haben diesen Fall vor der Öffentlichkeit zwei Wochen lang untersucht. Alles, was bisher getan worden ist, geschah offen und unter Kontrolle, so daß die Presse und jedermann Einblick erhielt. Wenn wir jetzt Ihnen erlauben, privat hineinzugehen und es sollte irgend etwas schiefgehen, so würde dies von der Öffentlichkeit nicht verstanden."
Ich willigte ein, daß sie mich begleiten sollten, wenn ich mit dem Mädchen beten ging, unter einer einzigen Bedingung. Ich sagte: „Einverstanden, Sie sollen mitkommen. Doch werde ich nur unter der Bedingung mit ihm beten, daß Sie Ihre Behandlung nach dem Gebet ganz einstellen, ihm nicht einmal eine Aspirintablette geben. Gott wird dieses Mädchen befreien. Die Ärzte hatten jetzt zwei Wochen Gelegenheit, ihre Experimente zu machen und ihre Behandlung anzuwenden. Nun will ich nicht, daß dieses Mädchen durch die Kraft Gottes befreit wird, nur damit die Ärzte hinterher sagen, sie hätten es geschafft."
Sie gaben ihre Zustimmung und versprachen, daß sie nach meinem Gebet nichts tun würden, was man als ärztliche Behandlung betrachten könnte.

2. EIN VERZWEIFELTES RINGEN

Wir wurden in eine kleine Kapelle gebracht, die nur für weibliche Insassen bestimmt war. Dann wurde das Mädchen hereingeführt. Es blickte jeden der Anwesenden der Reihe nach an. Da ich zuerst in den Raum getreten war, war ich der letzte, den es anschaute. Schließlich stand es vor mir, blickte mich scheu an und sagte leise in Englisch (!): „Ich mag dich nicht leiden."
Ich wußte in diesem Zeitpunkt noch nicht, daß das Mädchen die englische Sprache nicht kannte. Doch merkte ich, daß seine Worte nicht aus ihm selbst stammten, sondern Worte des Dämons waren, der durch es redete. So schaute ich ihm fest in die Augen und entgegnete: „Ich weiß, daß du mich nicht leiden kannst, du frecher, böser Teufel!"
Dann fing der Dämon an, Gott zu lästern, alles in Englisch. Er beschuldigte Gott, böse zu sein. Er sagte, Gott wäre kein guter Gott, sondern

schlecht. Dann lästerte er Jesus, dann das Blut Jesu. Und dann lästerte er mich. Er überhäufte mich mit derart finsteren und abscheulichen Ausdrücken, daß ich beinahe vergaß, daß es ja nicht das Mädchen, sondern der Teufel war. Ein unwiderstehlicher Trieb ergriff mich, das Mädchen zu ohrfeigen. Dann aber erfaßte ich blitzartig, daß es ja nur der Teufel war, der sich verzweifelt zur Wehr zu setzen begonnen hatte, aus dem menschlichen Haus ausgetrieben zu werden, welches er sich zur Wohnstätte erkoren hatte. So redete ich ihn wieder an. Ich sagte ihm, daß ich gekommen sei, um ihn auszutreiben und daß seine Vernichtung feststehe, daß er durch die Kraft Gottes ausfahren müsse.

Ich begann zu beten, und der Teufel begann zu kämpfen. Seine ganze Wut schien auf den Leib des armen, gequälten Geschöpfes losgelassen zu werden. Ich sah, wie vor meinen Augen die Spuren von Bissen an den Armen des Mädchens auftraten, während er es anfiel. Ich beschalt ihn und gebot ihm im Namen Jesu, auszufahren.

Bis dahin war es immer geschehen, daß das Mädchen, nachdem es von dem Dämon gebissen worden war, in Ohnmacht fiel und es dann ungefähr eine halbe Stunde brauchte, bis es wieder zu sich kam. Jetzt, während ich betete und die Zähneabdrücke an seinen Armen sichtbar wurden, stieß es wieder jene unmenschlichen Schreie aus, die ich am Radio vor zwei Abenden gehört hatte, und begann ohnmächtig zu werden. Ich fühlte, daß die Schlacht verloren würde, wenn das Mädchen wiederum für 30 Minuten in Ohnmacht fiele. Ich schlug mit meiner Hand auf eine seiner Backen und befahl ihm im Namen Jesu, aufzuwachen. Ich gebot dem Dämon: „Halt, du böser Teufel. Du sollst es nicht fertigbringen, daß dieses Mädchen ohnmächtig wird! Ich werde diesen Kampf im Namen Jesu gewinnen!"

Zum Erstaunen der umstehenden Ärzte war das Mädchen in einigen Sekunden bei klarem Bewußtsein.

Der Sieg in Sicht

Es war ein verzweifeltes Ringen. Ich verlor ganz das Gefühl für die verrinnende Zeit. Ich hatte mit dem Gebet um 9 Uhr an jenem Morgen begonnen. Jetzt war es Mittag, und noch dauerte der Kampf fort. Doch ich fühlte, daß der Sieg bevorstand. Das Mädchen war jetzt ruhig, doch ich fühlte mich erschöpft und war in Schweiß gebadet. Die Socken in meinen Schuhen waren vom Schweiß durchtränkt. Der Kampf hatte alle Kraft aus mir gesogen.

Ich sagte zu den Umstehenden: „Der Sieg ist hier, doch ist er noch nicht völlig. Ich werde morgen nochmals zurückkommen." – Ich verließ das

Gebäude und kehrte nach Hause zurück. An jenem Abend kamen die Brüder Ahlberg und McAllister, um mich zu besuchen, und ich erzählte ihnen meine Erfahrung vom Morgen und daß ich am nächsten Tag zurückzukehren beabsichtigte, um die Arbeit zu vollenden. Sie sagten: „Wenn du gehst, wollen wir mit dir kommen und mithelfen." Ich benötigte jemand, der mit mir kam, um zu helfen, die Zuschauer von mir fernzuhalten. Denn als ich am Morgen den Gebetskampf aufgenommen hatte, wurden die Leute derart aufgeregt, daß sie sich an mich herandrückten und ich kaum mehr Atem schöpfen konnte. So sagte ich ihnen, daß ich dankbar wäre, wenn sie mich allein lassen wollten.

Der Name Jesu von Nazareth

Am andern Morgen waren wir wieder dort. Auch die Ärzte, Professoren, Zeitungsberichterstatter hatten sich wieder eingefunden „en masse". Wiederum blickte das Mädchen im Vorbeigehen einen nach dem andern ruhig an, und als es zu mir herantrat, begann es wie ein Blatt zu zittern. Ich wußte, was das bedeutete. Der Dämon in ihm fürchtete sich vor mir. Er glich einem geprügelten Hund, der noch eine Nacht im Raum hatte bleiben dürfen. Als ich das Mädchen vor mir zittern sah, redete ich es jetzt an Stelle des Dämons an. Es war trotz seinen siebzehn Jahren nur ein kleines Mädchen. Ich sagte zu ihm: „Fürchte dich nur nicht vor mir. Ich will dir helfen. Ich werde den Teufel aus dir treiben, so daß er dich nicht länger plagen wird." Der Dolmetscher übersetzte meine Worte in die Tagalogsprache, und diese schienen es zu beruhigen.

Dann redete ich den Teufel an und gebot ihm im Namen Jesu von Nazareth, das Mädchen zu verlassen. Plötzlich leuchtete sein Gesicht auf, seine Augen wurden klar und hell, und ein Friede und eine Ruhe kamen in sein Benehmen, wie man sie bis dahin nicht wahrgenommen hatte.

Wie immer, wenn der Dämon nicht durch es redete, konnte das Mädchen kein Wort Englisch sprechen. So mußte ich es durch den Dolmetscher in seiner Eingeborenen-Sprache anreden. Ich fragte: „Ist der Teufel fortgegangen?"

Es antwortete: „Ja, er ist verschwunden!"

„Wohin ist er gegangen?"

„Er ging durch jenes Fenster."

„Wie konnte er durch jene Eisenstäbe kommen?"

„Oh, er kann durch Eisenstäbe oder durch Mauern dringen. Nichts hält ihn zurück. Er kam immer gerade durch die Mauer, wenn er zu mir kam."

Während ich mit dem Mädchen redete, verzerrte sich plötzlich sein Gesicht wieder in Agonie, und es begann Schreie auszustoßen.

Ich wußte, was sich ereignet hatte. Der Dämon war zurückgekehrt und wollte das Mädchen erneut überfallen. Ich rief: „Du böser Teufel, warum bist du wiedergekommen?"

Er antwortete in vollkommenem Englisch durch den Mund des Mädchens: „Weil dieses Mädchen unrein ist."

Ich entgegnete: „Auch Maria Magdalena war unrein. Es waren sieben böse Geister in ihr von gleicher Art wie du, und Christus trieb sie aus. Ich gebiete dir im Namen Jesu: Fahre aus und laß dieses Mädchen in Ruhe!"

Wieder verschwand er, und erneut war das Mädchen ruhig. Und nochmals war es in seine Muttersprache zurückgekehrt und wußte kein Wort mehr Englisch. So unterhielt ich mich mit ihm mit Hilfe des Dolmetschers, als noch einmal der Dämon zurückzukehren versuchte.

Diesmal wurde ich mit Zorn erfüllt. Ein großer Grimm gegen Satan und seine Macht nahm von mir Besitz. Ich stellte mich ihm in der Macht des Namens Jesu entgegen, um ihn hinauszuwerfen. Nochmals fragte ich, warum er zurückgekehrt wäre ... Er antwortete: „Niemand will, daß ich gehe, außer dir. Das Mädchen will nicht, daß ich gehe. Nur du willst mich fort haben." Ich entgegenete ihm, daß er ein Lügner sei, und befahl ihm zu gehen. Und er machte sich davon. Dann sagte ich dem Mädchen, laut zu beten und dem Dämon im Namen Jesu zu gebieten, es zu verlassen und nicht wiederzukehren.

Ärzte und Pressevertreter auf den Knien

Einen Augenblick darauf schrie plötzlich eine Frau in einer benachbarten Zelle in tödlicher Angst auf. Erschrocken fragte ich, was das zu bedeuten hätte.

Eine der andern Frauen rief zurück: „Sie stand dort und hat über Sie gelacht und dann plötzlich zu schreien begonnen." Man untersuchte sie und entdeckte an ihrem Körper Spuren von Zähnen. Der Dämon war in seiner Wut, weil er das Mädchen hatte verlassen müssen, im Vorübergehen über die spottende Frau hergefallen und hatte sie gebissen.

Unterdessen waren alle anwesenden Beobachter, Zeitungsberichterstatter und Ärzte auf ihre Knie gefallen und hatten ihre Augen geschlossen. Ich hatte ihnen nämlich gesagt: „Der Dämon verläßt dieses Mädchen, und wenn Sie nicht auf Ihre Knie gehen und Ihre Augen schließen, lehne ich jede Verantwortung ab für das, was geschehen mag."

Als sich alle vergewissert hatten, daß das Mädchen wirklich befreit worden und der Dämon verschwunden war, ergriff mich Dr. Lara mit beiden Händen, zog mich in sein Automobil und fuhr mit Vollgas zum Büro des Bürgermeisters, dem er von weitem zurief: „Der Teufel ist tot, der Teufel ist tot!"

Ich sagte: „Nein, der Teufel ist nicht tot, aber das Mädchen ist aus seiner Gewalt befreit worden!"

Bürgermeister A. H. Lacson sagte zu mir: „Ist irgend etwas, was wir für Sie tun können?"

Ich sagte ihm, daß wir uns seit langem bemüht hätten, eine Kirche in Manila zu bauen, daß es uns jedoch beinahe unmöglich geblieben war, von seinem Büro eine Baubewilligung zu erhalten, und daß wir für diese Bewilligung dankbar wären.

Er antwortete: „Sie können bekommen, was Sie nur wollen!" Und er machte sich daran, zu beweisen, daß er meinte, was er sagte.

Er rief den Stadtrat zusammen, erließ eine besondere Verfügung, nach welcher uns die Bewilligung zum Bau einer Kirche erteilt wurde. Zum erstenmal in der Geschichte dieses Landes geschah es, daß einer protestantischen Kirche eine freie Bewilligung zur Errichtung eines Gotteshauses in der Stadt Manila erteilt wurde.

3. DER AUSBRUCH DER ERWECKUNG

Ich war im Juli 1952 auf den Philippinen angekommen, um dort die Gemeinde der „Assemblies of God" zu übernehmen. Die Gläubigen hielten ihre Gottesdienste in einem kleinen Haus, und es waren nur sechs eingeschriebene Glieder, die man dazu rechnen konnte. Wir hatten unsere Schwierigkeiten gehabt, um das Werk aufzubauen. Es herrschte ein starkes Vorurteil gegen jede protestantische Gruppe, und wir hatten wenig, auf das wir aufbauen konnten. Gott aber hatte mir geboten, nach den Philippinen zu gehen, und versprochen, er werde mehr für mich tun, als ich es je bis dahin erlebt hatte. Ich nahm ihn buchstäblich beim Wort. Ich hatte vorher in meiner Heimat ein Gotteshaus gebaut, das Raum für tausend Leute bot. Gott hatte mir zugesagt, daß er hier mehr für mich tun wollte. So machte ich Pläne für ein Gotteshaus mit fünfzehnhundert Sitzplätzen. Meine Freunde meinten, ich wäre verrückt geworden. In ihren Augen versuchte ich nicht bloß zu gehen, bevor ich kriechen konnte, sondern ich wollte sogar fliegen. Jedoch hatte ich das Zeugnis, daß meine Pläne mit dem Willen Gottes übereinstimmten, und so machte ich vorwärts.

Durch die Güte einiger meiner befreundeten Prediger in den Vereinigten Staaten und eines getreuen Laienbruders wurde ich in den Stand gesetzt, auf dem Platz zu bleiben und auf das Ziel hinzuarbeiten, dessen Verwirklichung mir Gott versprochen hatte. Unser erster großer Sieg kam, als Bruder A. C. Valdez jun. mir telegraphierte, daß er bereit wäre, nach

Manila zu einer Erweckungskampagne zu kommen, wenn meine Gemeinde hinter ihm stehen wollte. Ich besprach die Angelegenheit mit meiner Frau, und wir kamen überein, daß unsere Gemeinde eine Kampagne mit Bruder Valdez unterstützen wollte. Wir waren unser acht, meine Frau und ich und die wenigen getreuen Mitglieder.

Bruder Valdez kam, und eine Erweckungskampagne wurde auf dem San Lazaro-Rennplatz durchgeführt. Wir begannen mit etwa 1200 Personen. Die Zuhörerzahl wuchs, bis wir an einem Abend 6000 Personen hatten. 12000 Seelen bekundeten ihre Willigkeit, Christus anzunehmen. In der Schlußversammlung hielten wir einen Taufgottesdienst und tauften 359 Neubekehrte. Es war der größte Taufgottesdienst, welcher je in diesem Land abgehalten worden war. Als Frucht der Kampagne gewannen wir etwa 300 Personen, welche fortan regelmäßig unsere Gottesdienste besuchten.

Das ganze Land horcht auf

Der nächste Durchbruch kam, als C. Villanueva von den Dämonen befreit wurde. Dieses Wunder wurde im ganzen Land bekanntgemacht. Die freie Presse Manilas bezeichnete es als das zweitgrößte Ereignis des Jahres. Dadurch öffneten sich uns die Türen, die sich uns sonst nie geöffnet hätten. Wir wurden in die Häuser von Millionären eingeladen, um mit ihren Kindern zu beten oder jemandem zu helfen, der von Dämonen geplagt wurde. Stadtbeamte, Taxichauffeure, Ärzte, Journalisten, alle stimmten überein, daß das Mädchen vom Teufel gequält gewesen und daß es durch die Kraft Gottes befreit worden war. Etwa zwei Monate nach seiner Befreiung wurde es unter meine Vormundschaft gestellt und im Heim eines Arztes aufgenommen, welcher Mitglied unserer Kirche ist.

Die größte und älteste protestantische Kirche auf den Philippinen ist die Methodistenkirche. Da ich als ein Protestant bekannt war, hatten mich die Berichterstatter in den Berichten von Claritas Befreiung irrtümlicherweise zu einem Methodistenprediger gemacht. Der Superintendent der Methodistenkirche des Maniladistriktes, Rev. Reuben Candalaria, sprach bei mir vor, um herauszufinden, wieso ein Methodistenprediger mit Namen L. Sumrall im Land stationiert worden war, ohne daß man ihn davon in Kenntnis gesetzt hatte. Ich schenkte ihm schnell klaren Wein ein in bezug auf meine Zugehörigkeit, und er versicherte mir, daß, wenn wir auch nicht der gleichen Kirche angehörten, auch er an die Kraft Gottes glaubte und daß er mehr von ihr wünschte. Er wollte mehr Licht über die göttliche Heilung empfangen.

Es war ungefähr um jene Zeit, daß mir der Oral Roberts-Film „Wagnis zum Glauben" zugesandt wurde. Ich erzählte ihm davon und sagte, daß ich ihn gerne in einigen seiner Gemeinden vorführen würde. Er führte mich von Gemeinde zu Gemeinde, und wir führten den Film Tausenden von Menschen vor, und Hunderte von ihnen machten den ersten Schritt auf den Weg zum Himmel.

Später entschloß sich dieser Prediger, der unter dem Namen W. J. Bryan der Philippinen bekannt geworden ist, mit uns gemeinsame Sache zu machen, und er ist heute einer unserer getreuen und erfolgreichen Mitarbeiter des „Bethel Tempels", der schönen Kirche, die wir im Stadtzentrum von Manila gebaut haben.

Die größte Freude meines Lebens

Als im Januar 1954 der Evangelist C. O. Erickson für eine Kampagne kam, war ganz Manila zubereitet. Durch den Einfluß des Bürgermeisters wurde uns für die Versammlungen der letzten vier Wochen die „Sunken Gardens" zur Verfügung gestellt. In jenen vier Wochen machten ein Minimum von einer Viertelmillion Menschen eine öffentliche Entscheidung für Christus.

Jetzt hatte das Werk in Manila tiefen Boden gewonnen. Unser Gotteshaus war eben gerade für die Einweihung fertig geworden, und schon erwies es sich als viel zu klein. Wenn wir ein Haus mit 5000 Sitzplätzen gehabt hätten, hätten wir 5000 Personen darin gehabt. Ich erlebte die größte Freude meines Lebens eines Abends während der Versammlungen mit Bruder Erickson. Er hatte mich gebeten, die Predigt zu halten, und als ich an jenem Abend zur Übergabe an Christus aufforderte, fühlte ich mich geleitet, nur Männer zu ersuchen, nach vorn zu kommen, die gerettet werden wollten. Ich erklärte ihnen, was es bedeuten würde. Ich hob die Forderung eines neuen, gottgeheiligten Lebens hervor, daß sie das Trinken aufgeben mußten, daß sie nicht mehr mehrere Frauen haben durften. Dann, nachdem ich es ihnen so klar und eindeutig wie nur möglich vorgelegt hatte, forderte ich alle Männer auf, die unter diesen Bedingungen gerettet werden wollten, nach vorn zu kommen. Über fünftausend Männer kamen hervor, die ihre Herzen Gott übergaben. Welch ein Anblick war es! Fünftausend Männer! Da standen sie und beteten: Gott sei mir Sünder gnädig!

Dies ist lange nicht die ganze Geschichte der Erweckung auf den Philippinen. Vielleicht wird die ganze Geschichte auf dieser Erde nie aufgeschrieben werden. Wer kann sagen, wieviele gerettet worden sind? Wer kann alles sagen, was Gott für das Volk auf den Philippinen in jenen

Tagen der Erweckung tat? Ich kann es jedenfalls nicht. Gott hat es jedoch in den himmlischen Büchern aufgeschrieben.

Im September 1954 kehrte ich nach den Vereinigten Staaten zurück, um mein Hirtenamt in der Gemeinde in South Bend wieder aufzunehmen. Gott segnet uns weiter hier. Unsere Durchschnittsbesucherzahl der Sonntagschule ist über tausend. Ich bin tief überzeugt, daß es die Botschaft der Befreiung ist, welche die Scharen anzieht. Dieser Dienst besteht darin, Jesus hoch zu erhöhen, damit er von der Welt gesehen werden kann, und dann hat er selbst verheißen:

„Ich, wenn ich von der Erde erhöht sein werde, werde ich alle Menschen zu mir ziehen!"

ANMERKUNGEN

[1] *Amerikanisch:* America's Healing Magazine ausführlicher: *L. Sumrall*, The True Story of Clarita Villanueva.

[2] Deutsch: *L. Sumrall*, Ein herrliches Zeugnis von der Siegesmacht des Namens Jesu: Die Heilung, welche uns die Freundschaft einer Nation verschaffte, VdV 48/8, August 1955, 9–11; 48/9, September 1955, 3–5.

TAUFE UND KIRCHENVERSTÄNDNIS

Ludwig Eisenlöffel

Ludwig Eisenlöffel, 1928 in Jugoslawien geboren, Vorbereitung auf den Lehrerberuf bis 1944, Soldat bis 1945, danach in Deutschland: Kontakte zur Sozialdemokratie, Mitarbeit im Erziehungs- und Pressewesen bis 1950, Ausbildung und pädagogische Tätigkeit bis 1955, dann Prediger. Seit 1960 Sekretär der „Arbeitsgemeinschaft der Christengemeinden in Deutschland" und Lehrer an der „Bibelschule ‚Beröa'" in Erzhausen, ab 1966 Leiter des Seminars[1].

Die Fronten zwischen Pfingstbewegung und Landeskirchen sind in bezug auf das Taufverständnis nicht so eindeutig, wie man im allgemeinen annimmt. Es gibt eine bedeutende Fraktion innerhalb der Pfingstbewegung, die die Säuglingstaufe praktiziert (Chilenische Pfingstbewegung, „Christlicher Gemeinschaftsverband Mülheim/Ruhr GmbH."). Es gibt aber auch eine immer größer werdende Minderheit in den reformatorischen Kirchen, die die generell praktizierte Säuglingstaufe ablehnt (legalisiert in zwei Kantonen der Schweiz (Neuenburg und Genf) und in der „Eglise Réformée de France").

Trotz einer Vielfalt von lehrmäßigen und geschichtlichen Hintergründen kam es innerhalb der Pfingstbewegung schon von Anfang an zu klar umrissenen Vorstellungen über die Taufe und über die Gemeinde.
Die Orientierung geschah gleich nachdem es zur Gründung der ersten Pfingstgemeinden kam.

1. DIE TAUFE

Ein Teil der zu Anfang des 20. Jahrhunderts entstandenen Pfingstbewegung kam aus *baptistischen* Kreisen. In den Zentren der Erweckung, d. h. in Amerika, Skandinavien und Rußland, war es daher nie zu einer „Tauffrage" innerhalb der Pfingstgemeinden gekommen. Sie blieben oder wurden unter dem Einfluß starker baptistischer Tendenzen

die Bekenner der Glaubenstaufe.

Sie knüpften zwar nicht bewußt an die Täuferbewegung der Vergangenheit an, huldigten aber in der Tauffrage doch dem „Linken Flügel der

Reformation"[2]. Es kam selten zu theologischen Formulierungen über das *Wesen* der Taufe, weil man sich der vorhandenen Literatur über die Taufe bedienen konnte. Als vorbildlich und verbindlich wird angesehen, daß sich Jesus selbst taufen ließ und die Taufe der Gläubigen ausdrücklich befohlen hat. So wie Jesu Taufe mit der Ausgießung des Heiligen Geistes verbunden war, erwarten die Pfingstgemeinden auch die Ausgießung des Heiligen Geistes, die Geistestaufe, in Verbindung mit oder nach der Wassertaufe (Apg. 2, 38). Auf einen einfachen Nenner gebracht lautet ihr Lehrsatz: „Die Pfingstler glauben an die Wassertaufe durch Untertauchen. Diese geschieht im Gehorsam gegenüber dem Befehl Jesu in Mt. 28, 19. Die Taufe bewirkt nicht die Rettung der Seele, sondern ist vielmehr ein äußerliches Symbol eines innerlich erfahrenen Gnadenwerkes[3]." Außerdem gilt die Glaubenstaufe als ein *Zeugnis* vor der Öffentlichkeit.

Ausführlicher dagegen werden die *Bedingungen* gelehrt, die *vor* der Taufe erfüllt sein müssen: Getauft wird nur, wer

a) aufrichtig Buße getan hat (Apg. 2, 38);

b) von Herzen glaubt, daß Jesus Christus sein Heiland ist (Mk. 16, 16; Apg. 8, 37);

c) durch die Taufe vor aller Welt bekundet, daß er mit Christo (der Sünde gegenüber) gestorben und (Gott gegenüber) auferstanden ist (Röm. 6, 3–4).

In der Regel erhält der Taufkandidat eine angemessene Frist der Bewährung im Glaubensleben und einen kurzen Taufunterricht, ehe er getauft wird.

Getauft wird – durch Untertauchen – auf verschiedene „Formeln":

1. auf den Namen des Vaters, des Sohnes und des Heiligen Geistes (nach Mt. 28, 19);

2. auf den Namen Jesu Christi (nach Apg. 2, 38 und 19, 5);

3. auf eine kombinierte (aus 1 und 2 bestehende) Formel.

Die unter 2. genannte Formel wird hauptsächlich von gemäßigt antitrinitarischen Gruppen als allein gültig vertreten[4]. Die eigentlich repräsentativen Gruppen der Pfingstbewegungen legen keine besondere Betonung auf die *Formel*. Wesentlich ist bei ihnen, daß der Mensch die Taufe wirklich im Glauben an sich vollziehen läßt. Entgegen der eigentlich römisch-katholischen, aber auch von den meisten Protestanten übernommenen Lehre von der „Taufwiedergeburt", glauben die meisten Pfingstler *nicht*, daß die Wiedergeburt in oder durch die Taufe geschieht (s. Anmerkung 3). Sie ist vielmehr „der Bund eines guten Gewissens mit Gott" (1. Petr. 3, 21), welchen nur der *gläubige* Mensch eingehen kann, der Christus vorher angenommen hat und dadurch bereits wiedergeboren ist (Joh. 1, 12). Es ist jedoch kein ausgesprochener Lehrsatz, daß die Wiedergeburt schon *vor* der Taufe geschehen muß.

Die Interpretation der Taufe als eines „großen Gnadenangebotes Gottes an den Sünder"[5] wird abgelehnt. Das Gnadenangebot ist Jesus Christus und nicht die Taufe. Nur wer IHN als seinen persönlichen Heiland angenommen hat, kann getauft werden. Mit diesem Taufverständnis stehen die Bekenner der Glaubenstaufe in der Pfingstbewegung mit namhaften evangelischen Theologen auf demselben Boden[6].

Die Frage, in welchem Alter jemand im Wasser getauft werden soll, ist offen. Selten geschieht dies vor dem 10. Lebensjahr, bei manchen Gruppen erst vom 14. Lebensjahr an, in der Regel nur beim Erwachsenen.

Die Säuglinge werden in den Pfingstgemeinden zwischen der ersten Lebenswoche und dem ersten Lebensjahr, manchmal auch erst später, in der Gemeinde „gesegnet" (Mk. 10, 16). Getauft werden die Kinder der gläubigen Eltern erst, nachdem sie selbst das Wort Gottes gehört und angenommen haben. Diese Voraussetzung war nach Ansicht der Pfingstler auch bei den sogenannten „Haustaufen" der Apostel erfüllt[7].

Die Taufhandlung selbst wird entweder im Freien, in Flüssen, in Badeanstalten, oder – was weit häufiger der Fall ist – in den Baptisterien der gemeindeeigenen Gotteshäuser vollzogen.

(Der Täufling trägt dabei meist – als Symbol der erlangten Glaubensgerechtigkeit – ein weißes Taufkleid).

Im ganzen hat sich die internationale Pfingstbewegung also in Richtung der Glaubenstaufe orientiert. Ihr Taufverständnis ist darum nicht eigentlich neuartig. Zu einem *Konflikt* ist es in der Tauffrage nur mit den traditionellen Kirchen Europas gekommen, die immer noch vor einer „Wiedertaufe" warnen und die Getauften teilweise sogar mit dem Kirchenausschluß bestrafen[8].

Neben den Bekennern der Glaubenstaufe, wenn auch zahlenmäßig viel geringer, gibt es

die Anhänger der Kindertaufe.

Sie gehören ihrem geschichtlichen Werdegang nach entweder zu methodistischen (wesleyanischen) oder zu älteren reformatorischen Kirchen. Pfingstgemeinden, die die Kindertaufe beibehalten haben, gibt es
a) in Nordamerika: unter den perfektionistischen wesleyanischen Gruppen, im besondern in der „Pentecostal Holiness Church", d. h. die „Pfingstliche Heiligkeits-Kirche". Sie überläßt dem Gläubigen die Wahl der Taufhandlung. Säuglinge werden auf Wunsch der Eltern entweder *gesegnet oder getauft* (mit Wasser besprengt)[10];
b) in Südamerika: in Chile, wo ebenfalls aus dem Methodismus hervor-

gegangene Pfingstgemeinden an der Kindertaufe festgehalten haben[10];
c) in Europa: in Deutschland („Christlicher Gemeinschaftsverband Mülheim/Ruhr") und unter den evangelischen Christen Südosteuropas[11].
Vermutlich die einzige theologische Arbeit eines Pfingstlers über die
Taufe schrieb der deutsche lutherische Pastor J. Paul. Ihm ging es um
„Die Taufe in ihrem Vollsinn"[12]. Die Taufe sollte nach seiner Meinung
die Einheit der Kinder Gottes und die Erbauung des Leibes Christi fördern und nicht hindern. Seine Thesen lassen sich auf den einfachen
Nenner bringen, daß die *eine* von Jesus und den Aposteln verkündigte
Taufe nur die wahre „Taufe mit Geist" sei. „In den neuen Bund führt
nur die *Geistestaufe* ein[13]."
Im Grunde genommen ging es Paul um die Überwindung des Taufstreites: Kindertaufe ... Glaubenstaufe. Er gab daher die Mahnung: „Gebt
die Taufe frei[14]!" Diesem Standpunkt haben sich aber die Pfingstgemeinden auf internationaler Ebene *nicht* angeschlossen. Der „Mülheimer Verband" hat 1949 in Verbindung mit den damals gegründeten „Vereinigten
Pfingstgemeinden von Deutschland" (die sich kurz darauf wieder auflösten) ebenfalls die Glaubenstaufe als biblische Norm anerkannt[15].
Trotzdem besteht in den wenigen Kreisen der Pfingstbewegung, die an
der Kindertaufe festhalten, bis heute die Freiheit, die kleinen Kinder zu
taufen. Die Tatsache, daß neuere kirchengeschichtliche Forschungen die
Kindertaufe in der frühen Kirche nachweisen wollen, mag diese Einstellung begünstigen[16]. *Biblisch* ist sie jedoch nicht zu rechtfertigen. Zusammenfassend kann man sagen, daß gerade die *Glaubenstaufe* – von den
erwähnten seltenen Ausnahmen abgesehen – ein *einigendes* Moment unter
den verschiedenen Pfingstgruppen gewesen ist. Doch sind sich *alle*
Pfingstgemeinden darin einig, daß die Wassertaufe niemals die Geistestaufe ersetzen oder entbehrlich machen kann.

2. DAS KIRCHENVERSTÄNDNIS

Obwohl die Pfingstgemeinden in allen Erdteilen sehr verschiedene Ausgangspunkte haben, hielten sie von Anfang an dafür, daß es nur *eine*
Kirche Christi gibt, nämlich die *Gemeinde* der Kinder Gottes. Diese Gemeinde bestand schon vor dem Auftreten der Pfingstbewegung. Sie ist
die wahre „ecclesia", die Sammlung aller Wiedergeborenen auf Erden,
deren Namen im Himmel angeschrieben sind (Lk. 10, 20; Phil. 4, 3;
Offb. 5, 3). Die Glieder dieser einen Gemeinde sind zugleich Mitglieder
verschiedener Kirchen. Aber nicht alle Kirchenmitglieder sind zugleich
Glieder der wahren Gemeinde. Entscheidend war und ist für das Kirchenverständnis der Pfingstbewegung, daß ein Mensch ganz persönlich zuerst

Glied am Leibe Jesu Christi werden muß. Die Zugehörigkeit zu einer Kirche
ist eher als zweitrangig betrachtet worden. Dies jedoch in dem Sinne, daß
die Zugehörigkeit zu Christus immer auch die Zugehörigkeit zu einer
Gemeinde bedingt. Aber sie behaupten nicht, daß sich diese Zugehörigkeit ausschließlich auf ihre, d. h. *Pfingstgemeinde* bezieht. Trotz dieser –
von Beobachtern gelegentlich als „ökumenisch" bezeichneten – Einstellung der Pfingstbewegung kam sie mit fast allen bestehenden Kirchen
in Konflikt: Die Kirchenleitungen lehnten die neue Bewegung ab. Dadurch kam es zwangsläufig zur Gründung neuer Gemeinden, die man
zuerst verächtlich und später zur Kennzeichnung ihrer Frömmigkeit
„*Pfingst*"-Gemeinden nannte[17]. Über den geschichtlichen Werdegang
dieser neuen Gemeinden wird an anderer Stelle gesprochen. Im Blick auf
das Kirchenverständnis hat sich in der Praxis folgendes gezeigt:
Die Pfingstgemeinden strebten in ihrer Verkündigung und in der Art
ihrer Verfassung stets die Verwirklichung des *Urchristentums* an. Im
Unterschied zu populären theologischen Schulen sehen sie in der Urgemeinde das allezeit gültige Modell der biblischen Gemeinde[18]. Sie glauben, daß eine wirklich geisterfüllte Gemeinde auch im zwanzigsten Jahrhundert möglich ist. Aber sie wissen auch, daß sie dabei mindestens die
gleichen Schwierigkeiten und Enttäuschungen erleben können, die beispielsweise der Apostel Paulus schon zu seiner Zeit in der Urgemeinde
erlebt hat (z. B. in Korinth). Die Pfingstler sind der Überzeugung, daß
es *Gott* selber gefällt, die Gemeinde Jesu in ihre ursprüngliche Dienst- und
Lebensform zurückzubringen.
Um den Dienst der Gemeinde geht es den Pfingstlern immer ganz besonders. Sie kamen ja vielfach aus Gemeinden, deren Zeugnis ihnen zu
schwach erschien. Im Vertrauen zu der Treue Gottes begannen sie den
Kampf des Glaubens und den Sieg ihres Herrn und Erlösers wieder
ernster zu nehmen. Was sie in erster Linie dazu brauchten, war die „Kraft
aus der Höhe". So pflanzte sich ihr Zeugnis durch die Jahrzehnte über
alle Länder fort und trug dazu bei, daß immer neue Gemeinden entstanden. Man kann zu diesem Phänomen stehen wie man will, unleugbar
bleibt die Tatsache, daß in einem halben Jahrhundert rund 12 Millionen
Menschen in den Pfingstgemeinden zu einem lebendigen, frohen Gottesdienst berufen worden sind.
Im Unterschied zu einigen Erweckungsgruppen des 19. Jahrhunderts hat
die Pfingstbewegung trotz ihres rapiden Wachstums nie den Anspruch
erhoben, *die* – also die einzige, wahre – Gemeinde oder Kirche Jesu
Christi zu sein. Sie hat vielmehr immer daran festgehalten, daß die Gemeinde Jesu die Summe aller wiedergeborenen Christen umfaßt und daß
die Pfingstbewegung nur ein Glied unter anderen Gliedern ist.

Freilich geht es in der Praxis auch um die Darstellung, d. h. die *sichtbare* Formung der Gemeinde Jesu. Die These von der „unsichtbaren Kirche" wurde von den Pfingstlern nie angenommen. Denn die Gemeinde Jesu ist – wenn es recht um sie steht – in dieser Welt ein überaus aktiver Faktor, eine Schar, „die den Erdkreis bewegt", ein „Skandalon". Das waren allerdings auch andere Erweckungsbewegungen lange vor der Pfingstbewegung gewesen.

Die Pfingstgemeinden orientierten sich in Richtung einer Freikirche. Auf dem amerikanischen und auf den nichtchristlichen Kontinenten konnte diese Entwicklung ungehindert vor sich gehen. (Dort sind *alle* christlichen Konfessionen als Freikirchen verfaßt.) In Europa verlief die Entwicklung etwas anders: Obwohl auch hier das Verständnis von der *einen* Gemeinde Jesu beibehalten wurde, kam es zu *drei hauptsächlichen* Ausprägungen in der Verfassung der Pfingstgemeinden:

1. Die Freikirchen, 2. die Gemeinschaften, 3. die Werke.

1. Der Anteil der als *Freikirchen*[19] verfaßten Pfingstgemeinden in der Welt ist beinahe hundertprozentig. Man kann sagen, daß diese Verfassung eigentlich die Norm der Pfingstgemeinden geworden ist. Viele betonen die Unabhängigkeit der lokalen Gemeinde und sind gegen eine kirchliche Organisation (hauptsächlich in den skandinavischen Ländern und ihren Einflußgebieten). Andere haben sich zu größeren Verbänden zusammengetan und erhalten von einem gewählten „Vorstand" oder „Ältestenrat" verbindliche Empfehlungen, die vorher von den Delegierten aller dem Verband angehörenden Gemeinden gemeinsam erarbeitet worden sind. Dazu gehören große Pfingstgruppen, wie z. B. die „Assemblies of God" in USA (mit gewählten Amtsträgern, deren Titel sich nach ihrer administrativen Funktion richtet)[20]. Manchmal stehen auch Träger biblischer Amtsbezeichnungen (Apostel und Propheten) an der Spitze einer Pfingstgruppe, z. B. in der „Apostolischen Kirche" Englands und Dänemarks, sowie unter den afrikanischen Pfingstlern. Grundsätzlich gibt es in der Pfingstbewegung *keine Hierarchie* von Menschen oder Einrichtungen. Die Gemeinden haben in jedem Fall ein „Mitspracherecht", das sie in der Praxis nach demokratischen Prinzipien wahrnehmen.

Merkmale der pfingstlichen Freikirchen sind im wesentlichen folgende: a) Freiwilligkeit der Mitglieder; b) Abhängigkeit allein von Gottes Wort und Geist; c) Freiheit von weltlicher und staatlicher Einmischung.

Es zeigt sich auch darin die kontinuierliche Beziehung zum Gedankengut der gesunden Täuferbewegung der Reformationszeit, ohne daß es zu einer bewußten Anknüpfung daran gekommen ist.

Im Bereiche der Lokalgemeinde gilt die im Neuen Testament erkennbare

„Verfassung": An der Spitze der Gemeinde steht der *Hirte*, der in den Pfingstgemeinden (ausgenommen den deutschsprachigen) *Pastor* genannt wird. Ihm stehen *Älteste* (Presbyter) zur Seite, deren Dienst häufig mit dem eines *Diakons* zusammenfällt. Einige Gruppen verstehen die Ordnung des Neuen Testaments so, daß nicht ein einzelner, sondern ein mehr oder weniger zahlreiches „Presbyterium" die Leitung der Gemeinde innehaben soll. In jedem Falle haben die Ältesten einer Gemeinde (einschließlich des Hirten) das Vertrauen der Mitglieder und handeln in allen gemeindlichen Angelegenheiten gemeinsam. Eine Ausnahme bilden die schon erwähnten Pfingstgruppen, die das *Amt* (durch den Heiligen Geist gesetzt) stärker betonen. Bei ihnen gilt in entscheidenden Fragen (z. B. Berufung zum Dienst, Regelung eines Gemeindeproblems) das Wort eines „Apostels" oder „Propheten" höher als das der anderen Ältesten. Aber auch diese auf Eph. 3, 5 und 4, 11 f. gestützte Verfassung wird nur in gemäßigter Form festgehalten.

Die Mehrzahl der verschiedenen Gruppen in der Pfingstbewegung ist trotz aller Betonung der Geistestaufe und Geistesgaben schon bald für eine *schulische* Ausbildung ihrer hauptamtlichen kirchlichen Arbeiter besorgt gewesen. Einige Bibelschulen der Anfangszeit haben inzwischen den Status einer Universität erhalten[21]. Die meisten pfingstlichen Bibelschulen nehmen in ihren Lehrplan auch die „modernen" Fächer wie Psychologie, Soziologie und Naturwissenschaften auf. Trotzdem wollen die Gemeinden keine „vorfabrizierten" Prediger, sondern erwarten von ihren Hirten und Ältesten in erster Linie *geistliche* Vollmacht. Diese muß sich immer auch im Dienst an den Kranken (Gebet zur Heilung) und Besessenen (durch deren Befreiung) als vorhanden erweisen. Die seelsorgerliche Betreuung, eine klare Wortverkündigung und Erfahrung im Umgang mit geistlichen Gaben gehören ferner zur „Normalausrüstung" eines pfingstlichen Pastors. *Diese* Ausrüstung kann er natürlich nicht durch schulische Unterweisung erwerben. Er muß sie sich von Gott selbst schenken lassen. Die Gemeinde kann ihren Hirten selber „wählen", d. h. sie kann seinen Dienst anerkennen oder ablehnen. Zugegeben liegt in dieser Verfassung dann eine Gefahr, wenn die Gemeinde nicht mehr nach geistlichen Motiven entscheidet. Praktisch geschieht die Wahl selten ohne die Mitwirkung einer geistlichen Persönlichkeit, durch deren Dienst eine Pfingstgemeinde gegründet oder entscheidend beeinflußt worden ist.

2. Der Bestand der Pfingstgemeinden ist aber auch dann möglich, wenn sie sich bewußt nur als *Gemeinschaft* von Gläubigen betrachtet. Sie *wollen* keine eigene Kirche sein, sondern vollziehen ihren geistlichen Dienst entweder im Zentrum oder am Rande einer schon bestehenden Kirche. In dieser Form sind sie den landeskirchlichen Gemeinschaften und Gebets-

kreisen ähnlich, denen sie teilweise auch entsprungen sind. Sie haben mit allen Pfingstgemeinden das Kirchenverständnis gemeinsam, nämlich, daß die wahre Gemeinde immer zuerst eine *geistliche* Realität ist. Es erscheint ihnen aber unnötig, eigene Kirchengebilde hervorzubringen. Die Scheu vor der „Pfingstkirche" wird auch von namhaften Anhängern der Freikirchenidee bekundet: „Wir dürfen um die Wahrheit der Geistestaufe keine eigene Kirche bauen. Der Heilige Geist gehört der ganzen Gemeinde[22]."

Die Mitglieder dieser *Gemeinschaften* von Pfingstlern bleiben in der Regel Mitglieder ihrer traditionellen Kirche. Verschieden ist nur ihre aktive Beteiligung am Leben der jeweiligen Kirche. Sie reicht vom Empfang der kirchlichen Taufe für ihre Kinder über die Konfirmation, Trauung und Beerdigung bis hinab zur bloßen passiven Mitgliedschaft. Sie bekennen sich jedenfalls immer noch zu ihrer Kirche, auch wenn diese sie praktisch als „Sektierer" abgetan hat.

Es muß natürlich gesagt werden, daß die Zahl solcher Gemeinschaften innerhalb der Pfingstbewegung sehr gering ist. Am häufigsten dürften sie in Deutschland vertreten sein, wo die Pfingstbewegung – wie in der Tauffrage – stärker als anderswo mit dem kirchlichen Erbe verbunden ist[23]. *Innergemeindlich* wird aber auch in diesen gemeinschaftlichen Pfingstgruppen eine kaum von der Verfassung der Freikirchen abweichende Einstellung vertreten. Auch sie haben einen Hirten und einige Älteste, und auch sie hören mehr auf die Stimme dieser Führer als auf die des offiziellen, kirchlichen Bischofs. Manchmal unterscheiden sie sich von den „Freikirchen" nur dadurch, daß sie nicht formell aus der Kirche ausgetreten sind. Das „pfingstliche" Anliegen wird aber auch von ihnen mit Entschiedenheit vertreten.

Zu den inzwischen schon „klassischen" pfingstlichen Gemeinschaften kommen neuerdings *innerkirchliche* „pfingstliche" Kreise hinzu. Sie bejahen die Wahrheit von der Geistestaufe, empfangen auch geistliche Gaben zum Dienst und bleiben als eine Art „Kerngemeinde" aktiv in ihren Kirchen. Zur eigentlichen Pfingstbewegung haben sie keinen nennenswerten Kontakt. Sie wollen das charismatische Element durch ihr Zeugnis gerade in ihrer „alten" Kirche wecken und pflegen[24]. Die traditionellen Kirchen bringen heute den „pfingstlichen" Phänomenen weit mehr Verständnis entgegen als am Anfang der Pfingstbewegung vor 60 Jahren. Das *Kirchenverständnis* dieser innerkirchlichen Pfingstkreise ist theoretisch ziemlich identisch mit dem der verfaßten Pfingstgemeinden. Lediglich die daraus gezogene Konsequenz ist verschieden.

3. In der Pfingstbewegung gibt es von Anfang an gewisse übergemeindliche Einrichtungen, die man biblisch am ehesten als „Werke" bezeichnen

kann. Sie gehen in vielen Fällen auf eine Gründerpersönlichkeit zurück, oder sie sind als Folge eines Zusammenschlusses mehrerer Einzelpersönlichkeiten, zum Teil auch mehrerer Gemeinden, entstanden. Diese „Werke" unterscheiden sich von der biblischen Gemeinde grundsätzlich dadurch, daß sie *nicht eine Versammlung* von Gläubigen darstellen, sondern einem ganz bestimmten Zweck dienen. Die ältesten Werke dieser Art waren der Evangelisation, dem Heilungsdienst und der Mission im Ausland gewidmet. Später kamen verschiedene Zweige der Öffentlichkeitsarbeit (Radio-Mission, Pressedienst), des sozialen Dienstes (Jugendarbeit, Altenpflege) und die pädagogische Wirksamkeit hinzu[25]. Die Träger dieser Werke sind ihrem Zeugnis nach Pfingstler. Aber sie sehen ihren Auftrag auch außerhalb der Pfingstbewegung und suchen eine breitere Plattform für ihre Wirksamkeit. Sie bekennen sich zum „vollen Evangelium", ohne sich an eine bestimmte Kirche zu binden.

Für die Frage des Kirchenverständnisses sind sie aber insofern auch bedeutsam, als sie die eingangs dargestellte These unterstützen, daß die Pfingstler einen weiten Blick für die universelle Gemeinde haben.

Zusammenfassend kann man sagen: Die Pfingstbewegung hat sich in der Frage der Taufe und des Kirchenverständnisses weitestgehend an der Bibel informiert. Sie hat die Wahrheit von der Geistestaufe nicht einseitig überbetont, sondern sich die Verwirklichung des *ganzen* göttlichen Planes mit der Gemeinde Jesu als Ziel und Auftrag zeigen lassen.

Deshalb wird die Pfingstbewegung weder zu einer unbiblischen Großkirche, noch zu einer ebenso unbiblischen Miniaturkirche ja sagen können. Sie wird vielmehr die Verbindung zu ihrem erhöhten Herrn und damit auch die Gliedschaft mit allen wiedergeborenen Christen festhalten und darum ringen, daß sie als ein Werk des Heiligen Geistes dem lebendigen Gott so lange dienen darf, bis die *ganze* Gemeinde vollendet und an ihrem Ziel angelangt sein wird.

ANMERKUNGEN

[1] Ausführliche Biographie und Bibliographie: 07.402.

[2] Titel eines hervorragenden Werkes über die Glaubenszeugnisse der Täufer von *H. Fast.*

[3] *G. F. Atter*, Third Power, 124.

[4] Führend ist die sog. „Jesus only"-Gruppe in USA und in ihren europäischen Einflußgebieten. Etwas modifiziert taufen Pfingstgemeinden in fast allen Ländern der Erde allein auf den Namen Jesu, ohne daß sie antitrinitarisch sind; vgl. Anhang I/5, S. 354.

[5] Confessio Augustana, Art. 9.

[6] *W. Schmidt*, Die Lehre des Apostels Paulus, 76f. – *B. Weiss*, Lehrbuch der biblischen Theologie – *K. Barth* hat sich in zahlreichen Schriften für die Erwachsenentaufe ausgesprochen.

[7] Im Hause des Kornelius, der Lydia und des Kerkermeisters *hörten* alle das Wort, ehe sie getauft wurden; Apg. 10.33.44.47–48; 16.12–15.40; 18.4.8.

[8] Über Verfolgungen und körperliche Mißhandlungen wegen der Glaubenstaufe der Pfingstler z. B. in Polen und Rußland berichtet *O. Jeske* in seinem Buch „Erweckung oder Revolution".

[9] *K. Kendrick*, Promise Fulfilled, 185.

[10] Iglesia Metodista Pentecostal, nach *D. Gee*, P. Movement und *L. Steiner*, Mit folgenden Zeichen, 88f. (Vgl. die wichtigen Originaldokumente zu diesem Thema im *Chile Pentecostal*, Bibliographie).

[11] Die Duhovna Krscanska Crkva (d. h. „Geistliche Christliche Kirche") in Jugoslawien hat seit 1. Oktober 1967 die Kindertaufe aufgegeben und für ihre Gemeinden die Glaubenstaufe verbindlich empfohlen (Vereinbarung mit einer die Glaubenstaufe ausübenden Pfingstgruppe vom 26. September 1967).

[12] Titel eines Buches von *J. Paul*, vgl. Anhang I/5, S. 354.

[13] *J. Paul*, Taufe in ihrem Vollsinn, 1930, 42, 46.

[14] *J. Paul*, a.a.O., 136, 139.

[15] *Krust I*, 190, Absatz 6c.

[16] *J. Jeremias*, Die Kindertaufe in den ersten vier Jahrhunderten.

[17] Die Gläubigen selbst nennen sich bis heute offiziell selten so. Die Bezeichnungen der einzelnen Gruppen sind verschieden: *Assemblies of God, Church of God, Elim-Foursquare-Church*, oder auch biblische Namen wie *Smyrna, Philadelphia, Hebron, Eben-Ezer*, usw. sind häufig.

[18] Bei der wissenschaftlichen Betrachtungsweise geht die historisch-kritische Theologie davon aus, daß das Urchristentum ein geschichtlich *nicht mehr wiederholbarer* Anfang der Kirche war.

[19] Der Begriff „Freikirche" kennzeichnet eigentlich die „Freiwilligkeitskirche" auf dem Boden der Heiligen Schrift, nicht – wie leider oft mißverstanden wurde – eine freireligiöse, konfessionslose „Kirche".

[20] Amtsbezeichnungen sind etwa: Generalsuperintendent, Generalsekretär, Leiter des ... Departements usw.

[21] Z. B. das Northwest Bible College in Kirkland, Washington (USA) und das Western Pentecostal Bible College in Vancouver, B. C. (Canada). Die jüngste und modernste Universität gründete der pfingstliche Evangelist Oral Roberts 1964 in Tulsa, Okla.

[22] *L. Pethrus*, Stockholm, in einer Stellungnahme zur Frage der Gründung einer weltweiten Organisation der Pfingstbewegung am 9. März 1967 in Erzhausen.

[23] Dazu gehören: „Christlicher Gemeinschaftsverband GmbH., Mülheim/Ruhr", „Volksmission Entschiedener Christen", „Vereinigte Missionsfreunde", teilweise die „Gemeinde der Christen ‚Ecclesia'" und eine Anzahl kleinerer Pfingstgemeinschaften.

24 Bekannt sind die „Zungenredner" in der Lutherischen, der Presbyteriani-
schen, der Kongregationalistischen Kirche in USA, ferner „charismatische
Bewegungen" in Europa, wie die (baptistischen) „Rufer" oder der (landeskirchliche) „Marburger Kreis".

25 Siehe Anm. 21.

MUSIZIERENDE JUGEND

Douglas B. Gray

D. B. Gray, Mitglied der *Royal Society of Art*, stammt aus
einer schottischen Familie. Er war langjähriger Leiter der
Jugendbewegung der britischen *Elim Pentecostal Churches*
und leitet seit 1929 den von ihm gegründeten *Elim Crusader
Chor*. Mit diesem Chor gab er viele Konzerte in England,
Skandinavien, Holland, Kanada, den USA, der Schweiz,
aber auch am englischen Fernsehen, am BBC, in Lon-
doner Gefängnissen, sowie in der berühmten Royal Albert
Hall. Ferner gab er mehrere Schallplatten heraus. Seit 1962
ist er Präsident der *Elim Pentecostal Churches*. Der folgende
Artikel erschien auf englisch im Jugend-Jahrbuch seiner
Kirche (*Youth Challenge*, London 1963, 24–26).

Unsere Jugend überwindet die Probleme und Versuchungen, denen
sie begegnet. Unsere aufgeweckte, scharf denkende und begeisterungsfähige Jugend weiß, daß sie der Sünde nicht verhaftet sein muß. Das
heißt nicht, daß sie so „himmel-froh" ist, daß sie auf Erden zu nichts
Rechtem zu gebrauchen ist und sich in ihre „Stündlerfrömmigkeit" ver-
kriecht. Aber sie weiß, daß Christus der Mittelpunkt ihres Alltagslebens
ist.

Die Jugend ist nicht einfach einer der unwichtigeren Zweige unserer Gemeinden. Sie ist auch nicht eine nur knapp geduldete Minderheit. Sie ist
ein wichtiges Glied am Leibe Christi. Ihre Möglichkeiten müssen aus-
genützt werden. Sie ist begeisterungsfähig, stark, mutig; sie erwartet
etwas von der Zukunft und sie ist begabt. Eine gesunde Gemeinde wird
in ihrem Programm diese Faktoren berücksichtigen.

1. VERNACHLÄSSIGTE MUSIK

Die Musik als Dolmetscherin des Evangeliums wird zu oft vernach-
lässigt. Im allgemeinen waren die Pfingstler in Großbritannien der Musik
gegenüber nicht immer sympathisch eingestellt. Sie übersahen deren
große Möglichkeiten, im Unterschied zu den Pfingstlern in andern
Ländern, in Skandinavien, auf dem europäischen Kontinent, in Nordamerika, wo geisterfüllte Chöre und Orchester die Talentiertesten unter
den Jungen für das musikalische Zeugnis heranzogen.

Es gab eine Zeit, da wir einen lebendigen Gemeindegesang für ausreichend betrachteten. Und vielleicht hatten wir recht: Spontanes gemeinsames Singen wird immer zum Pfingstgottesdienst gehören. Aber das soll uns nicht hindern, besondere Talente in unseren Reihen zu entdecken und zu fördern. Es gibt Gemeinden in unserem Land, in denen solche jungen Talente ausgebildet werden. Die Lektüre von 2. Chron. 29, 25–30 könnte uns allen Mut machen, dafür zu sorgen, daß uns unsere talentierte Jugend nicht davonläuft. Viele Aufgaben könnten wir ihnen übertragen. Einige haben eine anziehende Persönlichkeit; sie würden ausgezeichnete, attraktive Stewards geben. Manchmal sind junge Menschen freundlicher als ältere. Eine Gemeinde kann nur gewinnen, wenn ihre Besucher am Eingang durch freundliche junge Menschen begrüßt würden. Könnte das nicht *deine* Aufgabe sein? Ältere Pfingstler, gebt ihnen eine Chance! Zeugnisse und gut vorbereitete Musik- und Gesangsvorträge müssen gefördert werden. Es gibt dazu genug Talente unter uns. Weltliche Beobachter sagen uns, daß Musikpflege (ich sagte *Musikpflege*!) einen guten Einfluß auf die Charakterbildung ausübt.

2. DIE WIRKUNG DER MUSIK

Nach 27 Jahren Gesangsdienst in den Gefängnissen kann ich die Tatsache bestätigen, daß die Musik einen tiefen Einfluß ausübt auf Charakter und Leben. Wenn das schon von einem rein weltlichen Gesichtspunkt aus richtig ist, wie viel größer muß dann der Einfluß geistlicher Musik sein. Wir müssen die Pflege guter Musik fördern. Das hilft unserer Jugend, ihren Charakter und ihre Gaben zu entwickeln. Es wird die Qualität unserer musikalischen Beiträge und die geistliche Atmosphäre in unseren Gottesdiensten heben. Laßt uns unserer Jugend einen besseren Musikunterricht geben. Dazu brauchen wir ein musikalisches Ausbildungsprogramm, so gut wie wir ein Ausbildungsprogramm für Sonntagschullehrer haben.

Die Jugend will das tun, was sie interessiert und wozu sie begabt ist. Wir müssen also Ausbildungsmöglichkeiten für solche Gaben schaffen. Wie können wir aber junge Menschen mit so verschiedenen Gaben integrieren? Das hängt natürlich weitgehend von den Möglichkeiten der Ortsgemeinde ab. Alle werden nicht musikalisch sein. Aber auch für diese gibt es Dienstmöglichkeiten, z. B. ein Besuchsprogramm. Du kannst weder singen, noch spielen. Aber du kannst Besuche machen. Die in ihre Wohnung Eingeschlossenen, die Alten, die Kranken warten auf Deinen Besuch. Was für ein Missionsfeld! Du kannst ein Tonbandgerät brauchen und so das Wort Gottes, christliche Musik und Lieder von höchster Qualität in die Häuser bringen. Ist das deine Gabe? Spitäler, Gefängnisse, Fabriken, Cafés wären unter Umständen bereit, dir regelmäßig eine gewisse Zeit in ihrem Wochenprogramm einzuräumen. Viele tun dies schon heute – warum du nicht?

3. GESUCHT: LIEDERDICHTER

Wo sind unsere modernen Liederdichter und Komponisten? Ich schätze viele Arten christlicher Musik. Es müssen nicht unbedingt Negro Spirituals sein. Die Hauptsache eines Liedes ist die Aussage. Gewiß, wir hatten ganze Wasserfälle von Musik in den letzten Jahrzehnten und nicht alle diese Musik war von geistlicher Qualität. Vieles jedoch hat seinen Platz im Programm unserer Chöre gefunden. Aber wo sind unsere modernen Liederdichter?

Es scheint, daß der Strom der Inspiration der englischen Liederdichter seit etwa 50 Jahren ausgetrocknet ist. Vielleicht kann die Gemeinde mit dem Schatz der Tradition alles ausdrücken in Anbetung und Lobpreis. Es ist aber doch bezeichnend, daß die volkstümlichen religiösen Lieder unserer Zeit nicht die großen Themen der christlichen Lehre zum Inhalt haben, sondern die Erfahrung des Einzelnen, den Zustand seines Herzens, oft in kitschiger und gefühlsseliger Weise ausgedrückt. Es scheint, daß dies die einzigen Themen sind, die nicht durch die überwältigende Konkurrenz der Tradition aus dem Feld geschlagen werden. Zum Glück ist diese Einseitigkeit durch einige neuere Kompositionen pfingstlicher Dichter im *Redemption Hymnal* (dem Gesangbuch der englischen Pfingstbewegung) korrigiert worden. Wir brauchen aber moderne Lieder für unsere Solisten, Chöre und Gemeinden. Ist das dein Talent?

Das Reich Gottes braucht eine hingegebene Jugend mit unbeschränkten und verschiedenartigen Gaben. Unsere Aufgabe heißt: dieser Jugend entsprechende Ausbildungs- und Betätigungsmöglichkeiten bieten und nicht in den kommenden Jahren in herzerweichenden Gebetsversammlungen den Verlust unserer Jugend beklagen, die wir durch unsere eigene Nachlässigkeit verloren haben.

Bildung und Qualitätsanspruch auch auf musikalischem Gebiet nimmt in der Pfingstbewegung zu. Die Gemeinde kommt nicht darum herum, den Wert dieser Ausbildung anzuerkennen. Nur unter dieser Bedingung wird sie talentierte Musiker behalten können.

Musik ist eine der großen Gaben Gottes. Aber diese Gabe wurde nicht immer intelligent gebraucht. Wenn die Gemeinde vom Dienst der Musik profitieren will, muß sie das Ziel der Musik, die Verherrlichung Gottes, wieder klar in den Blick bekommen und ihr Musikleben im Lichte dieser Zielsetzung examinieren. Das bedeutet, daß sie dem geistlichen Kirchen- musiker nicht verwehrt, sich selber musikalisch treu zu bleiben. Denn nur so kann er auch der Gemeinde treu bleiben.

PFINGSTBEWEGUNG UND PSYCHOLOGIE

Barry Chant

> Der junge australische Pfingstprediger Barry Chant be-
> handelt im folgenden das Verhältnis des Pfingstlers zu
> Psychologie und Psychiatrie und die Deutungsversuche
> der Psychologen über die Pfingstbewegung und kommt
> dabei zu selbständigen, an einigen Stellen von den geläufi-
> gen Meinungen abweichenden Resultaten. Eine kritischere
> Haltung gegenüber der Krankenheilung durch Gebet,
> findet man im Aufsatz von L. Steiner[1], für kritische An-
> fragen an die Zurückhaltung der Pfingstler den Psychia-
> tern gegenüber, vergleiche man D. Gee[2]. Zur Biographie
> Barry Chants, vgl. S. 125.

1. DIE STELLUNG DER PFINGSTLER DER PSYCHOLOGIE GEGENÜBER

Oft werden Werk und Gaben des Heiligen Geistes in der Kirche und im Leben der einzelnen Christen durch Programme, natürliche Gaben und Psychologie ersetzt", klagt ein Pfingstler in einem Artikel über die Geistestaufe[3]. Dieses Zitat ist im allgemeinen repräsentativ für die Stellung der Pfingstler der Psychologie gegenüber. Psychologie ist verdächtig. Manchmal wird sie beschimpft, jedenfalls übt man große Zurückhaltung ihr gegenüber. Zusammen mit „Programmen und natürlichen Gaben" wird sie als Ersatz des modernen Menschen für das einfache Evangelium betrachtet. Viele Pfingstler befürchten, daß sie durch das Studium der Psychologie ihren Glauben verlieren könnten, weil sie die biblische Botschaft „weg-erkläre".

Diese Stellung ist nicht unbegründet. Die Pfingstler sehen in den historischen Kirchen Tendenzen, die sie unter allen Umständen vermeiden wollen. Sie sehen ihre leeren Kirchen, ihre zusammenschrumpfenden Gemeinden, und sie hören prominente Kirchenmänner, die das Übernatürliche der christlichen Botschaft in naturwissenschaftlichen oder psychologischen Kategorien erklären. Und dieser Prozeß wird zum Teil der Universitätsausbildung angelastet. Es scheint ein Konflikt zwischen Charisma und akademischer Ausbildung zu bestehen. Daher opponieren die Pfingstler gegen diesen Intellektualismus.

Hinzu kommt, daß Psychologie und Pfingstbewegung verschiedene Arbeitsmethoden haben. Der Psychologe führt kontrollierbare Experimente durch, um das Verhalten von Einzelnen oder Gruppen zu erklären. Er beschäftigt sich mit beobachtbaren Faktoren und ist bereit, seine Ansicht auf Grund neuer Einsichten zu revidieren.

Der Pfingstler bezieht jedoch seine Einsichten aus der Bibel; sie bestimmen sein Handeln. Mehr als die *Erklärung* eines bestimmten Verhaltens interessiert ihn die *Veränderung* des Verhaltens. Psychologische Erklärungen über das, was geschieht, wenn ein Mensch in Zungen redet, oder wenn ihm die Hände aufgelegt werden, interessieren ihn nicht. Es genügt für ihn, zu wissen, daß diese Phänomene schriftgemäß sind.

Das heißt nun allerdings nicht, daß diese beiden Arbeitsmethoden notwendigerweise miteinander in Konflikt geraten müssen. Der Psychologe kann *auch* an die Bibel glauben; der Pfingstler kann *auch* Psychologe sein. Doch ist dies nicht der Normalfall. Der Pfingstler ist nicht in erster Linie Empiriker. Zum Beispiel wird vom Superintendenten der Assemblies of God in den Vereinigten Staaten folgender Ausspruch berichtet: „Es ist erstaunlich, wieviele Untersuchungen über das Zungenreden in den traditionellen Kirchen durchgeführt werden. Die Pfingstbewegung hat nie viel Zeit aufgewendet, um das Zungenreden zu beurteilen, weil sie diese Erfahrung als außerhalb des Verstehensbereiches sterblicher Menschen sieht ... Zu viel Zeit wird für die Analyse verwandt und zu wenig Zeit für die Verherrlichung Christi ...[4]"

Heute aber verändert sich diese Einstellung. Man beginnt den Wert der Bildung auch unter Pfingstlern einzusehen. Die Gemeinden institutionalisieren sich und man braucht einen besser ausgebildeten Predigerstand. Der sichtbarste Beweis dieser Entwicklung ist die Oral-Roberts-Universität in Amerika, der ein fortschrittliches und modernes pfingstliches *Pentecostal Liberal Arts College* (eine Art Obergymnasium) angeschlossen ist. In Australien sprach kürzlich ein bekannter Psychiater vor einem gesamt-australischen, pfingstlichen Seminar. In Großbritannien schrieb D. Gee: „Am Anfang war die Pfingstbewegung stolz auf ihre Unwissenheit ... Heute schlägt das Pendel auf die andere Seite aus[5]." Das heißt, das Verhältnis zwischen Pfingstbewegung und Psychologie verändert sich. Zwar trifft man immer noch viele Pfingstler, die der Psychologie gegenüber gleichgültig oder feindlich eingestellt sind. Andere jedoch zeigen ein wachsendes Interesse. In beiden Fällen aber bleibt die Bibel die maßgebende Instanz für Glaube und Praxis.

2. DIE STELLUNG DER PSYCHOLOGEN
DER PFINGSTBEWEGUNG GEGENÜBER

Trotz einer weitverbreiteten Kritik der Psychologen an der Pfingstbewegung ist bis jetzt relativ wenig empirische psychologische Forschung über die Pfingstbewegung betrieben worden. Die Gegner der Pfingstbewegung haben die Anklage verbreitet, daß die Krankenheilung durch Gebet eine Art autosuggestive Selbsttäuschung sei, und daß das Zungenreden als hypnoseähnlicher oder schizophrener, jedenfalls unkontrollierter Emotionalismus zu bezeichnen sei. Den Pfingstlern fiel es natürlich leicht, diese dilletantischen Attacken zu widerlegen[6].

Kompetente Psychologen scheinen wenig Interesse an der Pfingstbewegung gefunden zu haben. Religionspsychologische Lehrbücher übergehen sie. M. Kelsey und Stagg, Hinson und Oates fanden auf dem Büchermarkt nur ungefähr zehn psychologische Untersuchungen der Pfingstbewegung[7].

Über die bestehenden Arbeiten sind einige allgemeine Bemerkungen nötig. Erstens sind sie – mit einer Ausnahme – alle von Nichtpfingstlern geschrieben worden. Dies zeigt das weiterhin bestehende Desinteresse der Pfingstler an einer psychologischen Untersuchung ihrer Frömmigkeit, vielleicht auch einen Mangel an qualifizierten Spezialisten für eine solche Arbeit. Ferner zeigt dies ein wachsendes Interesse der Nichtpfingstler gegenüber der Pfingstbewegung. Dieses Interesse ist durch die sogenannte „charismatische Erweckung" in den traditionellen Kirchen[8] und durch die Nachrichten vom rasanten Wachstum der Pfingstbewegung in Südamerika noch gesteigert worden.

Zweitens zeigt sich ein eklatanter Kontrast zwischen den modernen psychologischen Arbeiten, die im großen Ganzen unparteiisch geschrieben sind und der pseudopsychologischen Kritik von früher. Die Gründe für das Wachstum der Pfingstbewegung und die Popularität des Zungenredens scheinen das Interesse dieser modernen Psychologen am meisten gefangen zu nehmen. Ziel dieser Untersuchungen ist weder ein positives noch ein negatives Urteil. Die Verfasser sind mehr interessiert an der Frage: Warum wächst die Pfingstbewegung? Warum nimmt das Zungenreden zu?

Drittens behandeln die meisten Arbeiten die Faktoren, die die Pfingstler veranlaßten das Zungenreden zu suchen, zu praktizieren und sich einer Pfingstgemeinde anzuschließen. Zungenreden steht also in diesen Untersuchungen im Vordergrund. Krankenheilung durch Gebet scheint den Psychologen dagegen weniger wichtig zu sein.

Viertens muß aber festgestellt werden, daß es wenig kompetente und

kontrollierte Analysen gibt. Der Großteil der Diskussion bewegt sich auf
dem Feld der theoretischen Hypothesen. Gründliche Einzeluntersuchun-
gen (*case studies*), Gruppenexperimente und empirische Untersuchungen
fehlen fast ganz, obschon solche Arbeiten sowohl für die Pfingstbewegung, wie auch für die Psychologie von höchstemWert wären. Trotzdem
sind es einige der vorgelegten Theorien wert, diskutiert zu werden[9].

Entspricht einem Bedürfnis

O. Strunk jr. sieht Religion als das Resultat des menschlichen Suchens
nach einer angemessenen Bedürfnisbefriedigung (*self-adequacy*)[10]. Die
meisten Autoren werden dies als psychologischen Grund für die Pfingstbewegung angeben. Fast einstimmig stellen sie fest, daß Menschen sich
der Pfingstbewegung anschließen, weil sie eine bestimmte Bedürfnisbefriedigung von ihr erwarten.

Calley zum Beispiel sieht in der westindischen Pfingstbewegung in
Großbritannien eine Möglichkeit, persönliches Zukurzkommen (*personal
inadequacy*)[11] zu kompensieren in der Übernahme wichtiger Rollen und
Dienste durch Menschen, die in der Gesellschaft auf der Schattenseite des
Lebens stehen. Trotz seiner mangelnden Bildung kann darum ein Mensch
dank seiner natürlichen Gaben Führerrollen übernehmen, während er „in
der Welt" als unbedeutend und unwichtig gilt. Wilson unterstreicht den
gleichen Punkt in seiner Analyse der *Elim Foursquare Gospel Churches*.
Diese bieten ihren Mitgliedern „Sicherheit und Trost"[12]. Selbst im
Reden ungeübte Menschen können – dank der Möglichkeit des Zungenredens – das Wort ergreifen, eine Rolle spielen, und sei es bloß dadurch,
daß sie den Prediger mit „Amen" und „Preis dem Herrn!" unterstützen.
Ähnlich schreibt Lalive: „Die Pfingstbewegung gibt den chilenischen
Massen die Menschenwürde zurück, die ihnen die Gesellschaft verweigert[13]."

Diese dem Menschen angemessene Bedürfnisbefriedigung (*need for self-
adequacy*) ist durch Psychologen folgendermaßen typisiert worden: Als
ersten und wichtigsten Grund für das Wachstum der Pfingstbewegung
wird die *wirtschaftliche Benachteiligung* angegeben. Viele Autoren weisen
auf das auffallende Wachstum der Pfingstbewegung während der
Depressionsjahre hin. In Australien entstanden in diesen Jahren zwei
Pfingstdenominationen. Auch in den Vereinigten Staaten wuchs die
Pfingstbewegung in dieser Zeit beträchtlich[14]. Die britische Pfingstbewegung konsolidierte sich in dieser Zeit[15], und in Chile machten die
Pfingstler in dieser Zeit ihre erste Wachstumsperiode durch[16]. B. Wilson
faßt seine Interpretation folgendermaßen zusammen: „Wirtschaftliche

Benachteiligung ist verantwortlich für die Entstehung der Sekte und ihr Wertsystem. Sie machte ein Zuhause für die Armen nötig ... Sie erlaubte den Rückzug vom hoffnungslos scheinenden Lebenskampf; sie bot Schutz vor den Verletzungen des Alltagslebens[17]."

Als zweiter Grund wird die soziale Sicherheit gesehen, die die Bewegung ihren Gliedern bietet. Soziologen wie Wilson unterstreichen diesen Punkt besonders. Die familienähnliche Gemeinschaft der Pfingstgemeinde wird als eigentliches Ziel gesehen. Die Gemeinde bietet Raum für Freundschaft und gegenseitige persönliche Aufmunterung. Diese sozialen Kontakte sind die Antwort auf die Einsamkeit, unter der viele leiden[18]. Oates weist darauf hin, daß viele Zivilisationserscheinungen – eigene Boote, Plattenspieler, besonders aber das Fernsehen – zu einem Zusammenbruch der menschlichen Beziehungen auf der persönlichen Ebene geführt haben. Insbesondere beschreibt er die „furchtbare Einsamkeit" des erfolgreichen, mittelständischen Bürgertums[19]. Auch diese finden im pfingstlichen Gottesdienst menschliche Sicherheit.

Als dritten Grund sehen verschiedene Autoren die Erfüllung emotionaler Bedürfnisse. Sargant sieht im Gefühlsmäßigen einen wichtigen Faktor aller Erweckungsversammlungen[20]. Wilson sieht einen Zusammenhang zwischen dem sozialen und emotionalen Einfluß, den die Versammlung auf ihre Mitglieder ausübt. Ähnlich beschreibt Calley das Vergnügen, das die westindischen Pfingstler in ihren Versammlungen empfinden; der Gottesdienst macht ihnen Freude. In Übereinstimmung mit Sargant sehen beide Autoren die Wichtigkeit der Musik im pfingstlichen Gottesdienst. Im begeisterten Singen, Händeklatschen und Taktklopfen finden sich die Pfingstler zu Hause[21]. Das Vorherrschen von Frauen in pfingstlichen Gottesdiensten wird im allgemeinen als Beweis für diese These angesehen.

Zweifellos ist einige Wahrheit in diesen Theorien. Die Pfingstler sind die ersten, die unterstreichen würden, daß ihre Verkündigung einem Bedürfnis der Menschen entspricht. Die Wichtigkeit einer Hoffnung weckenden Botschaft, einer Sicherheit inmitten der sozialen und wirtschaftlichen Unsicherheit ist ihnen klar. Darum betonen sie mit Nachdruck die Wiederkunft Christi. Die jetzige Ungleichheit und das gegenwärtige Unglück soll durch das zu errichtende Reich Gottes kompensiert werden. Weiter betonen die Pfingstler die Wichtigkeit der Gemeinschaft und der aktiven Teilnahme am Gottesdienst. Es ist ihnen klar, daß das Gefühlsmäßige ein integrierender Bestandteil von Glaube und Erfahrung ist.

Aber dies als Grund für die Entstehung der Pfingstbewegung anzugeben genügt zweifellos nicht. Man gewinnt den Eindruck, daß die pfingstliche

Religion außerhalb des traditionell Christlichen stände. Aber das trifft nicht zu. Die Pfingstbewegung ist grundsätzlich orthodox und sie betont die zentrale Christusbotschaft. Wenn in der Pfingstbewegung Sicherheit, Befriedigung der gefühlsmäßigen Bedürfnisse und Menschenwürde gefunden werden, so ist das das Resultat des persönlichen Glaubens an Christus und der Geistestaufe.

Ferner zeigt ein flüchtiger Blick auf die Ausbreitungsgeschichte der Pfingstbewegung, daß sie eine universale Anziehungskraft ausübt. Sie begann mit Christen, die ein tieferes geistliches Erleben suchten. Und während eines einzigen Jahrzehntes formierten sich Pfingstgemeinden in so weit entfernten Orten wie Texas, Schweden, Indien und Australien. Sie alle erklärten, daß sie die Erfahrung der Geistestaufe mit dem Beweis des Zungenredens gemacht hatten, obschon wirtschaftliche und gesellschaftliche Umstände sehr verschieden waren.

Die oben erwähnten Faktoren mögen daher die Ausbreitung der Pfingstbewegung beschleunigt haben, aber sie erklären Ursprung und Wesen der Pfingstbewegung nicht. Es ist eine Bewegung, die auf die *geistlichen* Bedürfnisse des Menschen antwortet.

Die Pfingstbotschaft ist für alle Menschen auf der ganzen Welt. Die Tatsache, daß heute viele Pfarrer und Laien in traditionellen Denominationen das Zungenreden und die Gebetsheilung praktizieren, beweist diesen Punkt zur Genüge.

Verdrängung

W. Oates' Aufsatz befaßt sich hauptsächlich mit dem Zungenreden[22]. Er sieht in ihm hauptsächlich eine Reaktion auf die Verdrängung. Er schreibt, daß in Amerika wenigstens eine „Verschwörung des Schweigens" über religiöse Themen herrsche. Die Menschen diskutieren Religion, vor allem auf einer persönlichen Ebene, nur sehr ungern. Ferner findet man in den protestantischen Kirchen im allgemeinen eine erschreckende Oberflächlichkeit. Unter diesen Umständen ist eine Reaktion mit Sicherheit zu erwarten. Diese mag sich im Zungenreden ausdrücken.

Wiederum muß man zugeben, daß in diesen Theorien ein Element von Wahrheit steckt. Zungenreden *ist* eine Reaktion auf verdrängte religiöse Gefühle gegen oberflächliche Frömmigkeit. Die Pfingstler haben immer erklärt, daß ihre Bewegung Gottes Antwort auf die Gleichgültigkeit und Kälte der Kirchen sei.

Aber wer behauptet, das Zungenreden (um bei diesem Beispiel zu bleiben) sei *nur* eine Reaktion auf diese Faktoren, vergißt zwei Dinge.

Erstens entgeht ihm der übernatürliche Ursprung des Zungenredens.

Zweitens scheint er zu erwarten, daß das Zungenreden lediglich als Reaktion auf die Gleichgültigkeit der Kirchen zu verstehen sei. Das ist keineswegs der Fall. In den aggressivsten, missionarischsten und emotionalsten Pfingstversammlungen findet man Zungenreden ebenfalls als Bestandteil des Gottesdienstes. Es scheint, daß Oates zum selben Schluß kommt, wenn er schreibt: „Trotz allem, was ein Pfarrer tun kann …, werden Fälle von Glossolalie auftreten[23]!"

Oates ist der Meinung, daß das Zungenreden eine Methode der Entspannung sei. Im Vergleich mit Insulintherapien und anderen Entspannungsmethoden glaubt er in den Pfingstversammlungen „eine aufgestaute Spannung … und eine ekstatische Entspannung"[24] feststellen zu können.

Gewiß enthält auch diese Beobachtung ein Körnchen Wahrheit. Die Schrift beschreibt das Zungenreden als ein Mittel der Auferbauung und des Trostes (1. Kor. 14, 4.) Viele Pfingstler verstehen die Aussage des Apostels Paulus in Röm. 8, 26 als Hinweis auf das Zungenreden. Paulus schreibt dort, daß der Geist uns „mit unaussprechlichen Seufzern" (Röm. 8, 26) zu Hilfe kommt, wenn wir nicht wissen, was wir beten sollen. Die Pfingstler wissen auch aus Erfahrung, daß das Zungenreden ihnen eine gewisse Erholung bringt. Sehr selten würden sie dies jedoch als ekstatisches Erlebnis beschreiben. Es ist eher ein natürlicher Vorgang, wie das Atemholen. Sie halten weder den dramatischen Aufbau der Spannung, noch deren dramatische Entladung für nötig. Im übrigen ist Oates' Beschreibung des Zungenredens lediglich funktional. Sie untersucht einen der Zwecke des Zungenredens und berührt dessen göttlichen Ursprung nicht.

Das kollektive Unbewußte

M. Kelsey ist ein weiterer Psychologe, der sich ausführlich mit dem Zungenreden beschäftigt hat. Als Christ versucht er allerdings dessen Ursprung und Wesen nicht zu vernachlässigen. Er gibt eine ausführliche Einführung in Jungs Theorie vom Unbewußten. Das führt allerdings zu einer psychologischen Erklärung des Geistlichen. Und aus diesem Raum heraus, so meint Kelsey, komme das Zungenreden. Nach Kelsey ist die Meinung, Zungenreden sei das Resultat von Schizophrenie und Hysterie, unbewiesen. Eher könnte das Zungenreden in den Kategorien des Traums und der Visionen verstanden werden. Beide entspringen dem Unbewußten. Beide bedürfen der Auslegung. Beide sind normale Lebenserscheinungen und beide stehen nicht in Konkurrenz zu bewußtem, rationalen Denken. Trotz Kelseys ungenauer Definition des „kollektiven Unbewußten" ist es klar, daß für ihn das Zungenreden göttlichen Ur-

sprungs und von allgemeinerer Bedeutung ist, als dies bei allen bis jetzt
behandelten Autoren der Fall war[25].

Das ist auch die Überzeugung des Pfingstlers. Er sieht das Zungenreden
als einen Teil des der ganzen Kirche geltenden Dienstes des Heiligen
Geistes. Das Zungenreden ist für den Pfingstler eine Gabe Gottes. Aber
im Gegensatz zum Traum, welcher außerhalb der menschlichen Kontroll-
möglichkeiten liegt, wird das Zungenreden durch den Glauben empfangen. Es ist daher kontrollierbar. Immerhin, Kelseys Untersuchung ist
sehr sympathisch.

3. DER SOZIALPSYCHOLOGISCHE BEITRAG DER PFINGSTLER

Die Pfingstbewegung hat eine psychologische Rolle in der Gesellschaft.
Sie trägt zum sozialpsychologischen Wohl der Allgemeinheit bei. Zwar
versuchen die Pfingstler nicht bewußt die Gesellschaft zu revolutionieren.
B. Wilson hat zu Recht betont, daß sie sich eher vom politischen und
gesellschaftlichen Engagement zurückhalten. Diese Bereiche liegen außerhalb ihrer Berufung. Sie sehen ihre religiöse Aufgabe in sehr eng begrenzten Aufgaben. Sie wollen für Christus Zeugnis ablegen und das
Evangelium direkt verkündigen. „Weltliche" politische Aktivitäten sind
„ungeistlich" und werden daher eher gemieden.

Die Pfingstler wollen den Einzelnen ändern. Dadurch soll die Gesellschaft
geändert werden. Diese Methode wird z. B. auf 2. Kor. 5, 17 gestützt:
„Ist jemand in Christus, so ist er ein neues Geschöpf, das Alte ist ver-
gangen, siehe es ist Neues geworden." Man könnte die pfingstliche
Lebensmaxime so umschreiben: „Sorge für den Einzelnen und die Welt
wird für sich selber sorgen." Wenn der Mensch besser wird, wird auch
die Gesellschaft besser. Aber solche Überlegungen spielen keine allzu-
große Rolle. Die Pfingstler erkennen diese Welt sowieso als eine provisorische, da die Wiederkunft Christi vor der Türe steht. Sie erwarten nicht
die Verwandlung der ganzen Welt, wohl aber deren Verurteilung im
kommenden Gericht Gottes.

4. PFINGSTBEWEGUNG UND PSYCHIATRIE

Selten wird ein Pfingstler die Hilfe eines Psychiaters in Anspruch nehmen. Im allgemeinen betrachten die Pfingstler die Psychiater mit einer
gewissen Herablassung und freuen sich über die Zeugnisse derer, die er-
folglos in psychiatrischer Behandlung standen, seitdem sie aber Christus

gefunden und mit dem Heiligen Geist getauft worden sind, keine psychiatrische Hilfe mehr brauchen. Die Pfingstbotschaft übt eine psychiatrisch-heilende Wirkung aus.

Zum Beispiel predigen die Pfingstler die Sündenvergebung. Der Gläubige wird aus Glauben gerechtfertigt und von aller Schuld befreit in den Augen Gottes (Röm. 5, 1). Infolgedessen braucht er keine psychiatrische Behandlung zur Überwindung des Schuldkomplexes, denn der Pfingstler hat keine Schuldkomplexe.

Ferner predigen die Pfingstler Herzensfrieden und positives Denken. Insbesondere gilt dies für viele populäre Bücher führender Pfingstevangelisten (z. B. O. Roberts[26]). Schlagworte wie „Gott ist ein guter Gott‘, „Glaube nur!" und „Alles ist möglich" werden wiederholt betont. Man nimmt die Worte Jesu (z. B. Mk. 11, 24) wörtlich. Die Gläubigen können ihre Probleme überwinden und Gesundheit, Wohlstand und Herzensfrieden erlangen. Gottes Friede wird Herz und Sinn einnehmen (Phil. 4, 7). Menschen, die gelernt haben, diese Botschaft auf ihr Leben anzuwenden, brauchen keine andere Hilfe.

Die meisten Pfingstler unterstützen den sogenannten „Befreiungs-Dienst". Obschon dieses Wort die Hilfe für Menschen in irgendeiner Not bezeichnet, handelt es sich doch meistens um Befreiung von Dämonenbesessenheit. Die Pfingstler glauben, daß Dämonenbesessenheit relativ häufig vorkommt. Sie glauben nicht, daß es sich um eine primitive Bezeichnung für Beschwerden handelt, die heute unter rationaleren und kultivierteren Namen bekannt sind. Bibelstellen wie Lk. 10, 20 und Eph. 6, 12 werden buchstäblich genommen. „Es gehört zu den Grundlagen christlichen Glaubens, daß der Herr Jesus Christus den Teufel und seine Heerscharen überwunden hat", schreibt ein prominenter australischer Pfingstler[27].

So sehen die Pfingstler die Ursache vieler geistiger und körperlicher Übel in dämonischen Kräften. Demzufolge werden die Leidenden nicht mit Psychiatrie, sondern mit Teufelaustreibung behandelt.

Im übrigen wissen die Pfingstler seit langem vom Zusammenspiel von Leib und Seele in der Krankheit (psychosomatische Krankheiten). Vielen Menschen kann durch eine geistliche Erfahrung geholfen werden. Eine solche Hilfe wird normalerweise nicht besonders kategorisiert. Die meisten Pfingstler kennen das Wort „psychosomatisch" nicht. Aber oft werden Menschen geheilt durch eine neue Haltung und das Vertrauen, das sie durch die Annahme Christi bekommen.

Es wurde schon auf die Geistestaufe und das Zungenreden hingewiesen. In dieser Erfahrung ist eine persönliche Erneuerungskraft, die ausreicht für eine zuversichtliche Lebenshaltung.

Schluß

Für den Durchschnittspfingstler ist sein Glaube seine Psychologie. Er widerspricht der Psychologie nicht – er braucht sie einfach nicht. Er findet, was er für sich persönlich braucht, ganz einfach, indem er Christus kennt.

ANMERKUNGEN

1 *L. Steiner*, Glaube und Heilung, S. 206 ff.
2 *D. Gee* (Hg.), Study Hour 9, 1950, 7–9, 33–35.
3 *C. Carslake*, Revivalist Nr. 303, Juni 1968.
4 *The Australian Evangel* 25/7, August 1960, 5.
5 *D. Gee*, Christian Life, Juli 1966. .
6 Z. B. *H. W. Greenway*, This Emotionalism.
7 *M. Kelsey*, Zungenreden – *F. Stagg, E. G. Hinson, W. E. Oates*, 2000 Jahre Zungenreden.
8 Vgl. *W.-E. Failing*, S. 131 ff.
9 Eine Ausnahme bildet *E. M. Vivier–van Eetveldt*, Glossolalia, unveröff., med. psych. Diss., Universität Witwatersrand, Südafrika (Zusammenfassung: *Vivier*, Zungenreden und Zungenredner, S. 183 ff.).
10 *O. Strunk* Jr., Religion: Psychological Interpretation, 44.
11 *M. Calley*, God's People, 135.
12 *B. Wilson*, Sects and Society, 344–346.
13 *Chr. Lalive d'Epinay*, Chile, S. 103.
14 *Stagg, Hinson, Oates*, 2000 Jahre Zungenreden, 83.
15 *Wilson*, a.a.O., passim.
16 *Lalive d'Epinay*, Chile, S. 103.
17 *Wilson*, a.a.O., 343.
18 Ebda., 346.
19 *Stagg, Wilson, Oates*, a.a.O., 96.
20 *W. Sargant*, Battle For the Mind.
21 *Calley*, God's People, 84–85 – *Wilson*, a.a.O., 346.
22 In *Stagg, Hinson, Oates*, a.a.O., 76 ff.
23 Ebda., 98.
24 Ebda., 94.
25 *Kelsey*, a.a.O., 189 ff.
26 Vgl. *PGG* (Register).
27 *L. Harris*, Victory Over Satan.

POLITIK IN DER
SCHWEDISCHEN PFINGSTBEWEGUNG

Bo Wirmark

Bo Wirmark, geb. 1939, Mitglied der pfingstlichen Filadelfiagemeinde von Uppsala, Student der politischen
Wissenschaften an der Universität Uppsala und Sekretär
des „Schwedischen Ökumenischen Komitees für Internationale Angelegenheiten", untersucht im folgenden Artikel die Entwicklung des politischen Bewußtseins in der
schwedischen Pfingstbewegung.

1937 hatte L. Pethrus geschrieben: „Ein wirklich warmherziger Christ beschäftigt sich nicht mit Politik. Christentum ist etwas unendlich Höheres als Politik, und der
wirkliche Christ muß seine ganze Kraft in der geistigen
Arbeit einsetzen. Kann die Geschichte auch nur einige
Beispiele warmherziger Christen (wie ich sie mir vor-
stelle) aufweisen, die gleichzeitig Politiker waren? Das
weiß ich nicht, aber es kommt wirklich kaum vor. Was
ich dagegen weiß, ist, daß viele Christen ... ihre Zeit derart durch politische Betätigung in Anspruch nehmen
ließen, daß die christliche Gemeinde darunter litt[1]."

1964 aber schrieb derselbe L. Pethrus: „Die Bildung einer
neuen politischen Partei mit christlicher Zielsetzung ist
nichts weniger als der Protest gegen die Unchristlichkeit
und den Verfall, denen unser Land und besonders unsere
Kinder, unsere Jugend, in den letzten Jahren ausgesetzt
sind[2]."

Wie es zu dieser drastischen Wendung gekommen ist,
beschreibt Wirmark im folgenden.

1. FÜR UND WIDER DIE SÄKULARISIERUNG

Die beiden Zitate von dem seit ihrer Entstehung führenden Kopf der
schwedischen Pfingstbewegung bringen die Veränderung in der Beurteilung der Politik innerhalb der Pfingstbewegung sehr gut zum Ausdruck. Die Zitate sind vor allem in zweierlei Hinsicht typisch: Als man
vor dem Zweiten Weltkrieg von politischer Tätigkeit Abstand nahm,
war das hervorstechendste Argument der Gedanke der „geistlichen Wirksamkeit". Es gab Gemeinden, die von diesem Gedanken derart dominiert
waren, daß Mitglieder, die die Politik als Betätigungsfeld christlicher
Verantwortung betrachteten, sich „aufs Eis gelegt" vorkamen und sich

veranlaßt sahen, die Gemeinde zu verlassen. Wenn man später den Standpunkt änderte und das politische Engagement des Christen betonte, so war das im wesentlichen Ausdruck des Protestes gegen die Verdrängung des christlichen Einflusses in der Gesellschaft, in erster Linie auf sexualethischem Gebiet.

Im Hintergrund steht die rasch fortschreitende Säkularisierung der schwedischen Gesellschaft. Das System der Staatskirche und die staatlichen Privilegien des Christentums werden in öffentlichen Debatten immer häufiger bestritten. Zweifellos hat die öffentliche Meinung unter anderem auf sexualethischem Gebiet sich in einer Weise verändert, die zu einer Auflockerung der Normen für die Filmzensur führten.

Ein bedeutender Teil der kirchlichen und freikirchlichen Meinungsäußerungen zeigt, daß man die Säkularisierung akzeptiert, ja positiv bejaht. Das geht nicht zuletzt aus der Debatte hervor, die 1967 durch zwei von Christen vorgelegte Programme ausgelöst worden war. Das eine war durch den „Freikirchlichen Jugendrat", das andere durch den schwedischen „Christlich-Sozialdemokratischen Bund" (einer das ganze Land umfassenden Organisation innerhalb der Sozialdemokratischen Partei mit 10000 Mitgliedern und 12 Vertretern im Reichstag) vorgelegt worden. In diesen beiden Programmen wird die Abschaffung aller staatlichen Privilegien des Christentums verlangt. Es wird behauptet, daß in einer pluralistischen Gesellschaft wie der schwedischen, eine positive Neutralität die einzige Haltung von seiten des Staates sei, die mit voller Religionsfreiheit vereinbar sei. In der Debatte wurde darauf hingewiesen, daß dieser Standpunkt tatsächlich die Konsequenz der von den schwedischen freikirchlichen Bahnbrechern des 19. Jahrhunderts angestrebten vollen Religionsfreiheit sei.

L. Pethrus, bedeutende Gruppen innerhalb der Pfingstbewegung und die mit ihr eng verbundenen Freikirchen (*frikyrkosamfund*), dort vor allem die „Heiligungsvereinigung" (*Helgelseförbundet*) und die pfingstliche „Örebro-Missionsvereinigung" hatten diesen Standpunkt nicht teilen können. Man hatte die Säkularisierung als einen fortschreitenden Verschleiß der moralischen Fundamente, die für das menschliche Zusammenleben in der Gesellschaft notwendig sind, erlebt. Um diesen Prozeß aufzuhalten, sah man sich zum politischen Engagement gezwungen. Daß das Engagement den Charakter des Protestes erhielt und sich auf einige wenige spezielle Problemstellungen richtete, ist eine ganz unvermeidliche Konsequenz der Lagebeurteilung. Aufs Ganze gesehen hat man jedoch außerhalb des schon überzeugten Kreises wenig Gehör gefunden. Das ist vermutlich einer der Gründe, der zur Bildung einer christlichen Partei führte.

2. DIE „CHRISTLICH-DEMOKRATISCHE SAMMLUNG"

Mitte der 50er Jahre ergriff L. Pethrus zusammen mit einem Bischof der schwedischen Staatskirche die Initiative zur Gründung der *Kristet Samhälls Ansvar* (KSA), die als parteipolitisch neutrale „Pressure-Group" zugunsten des oben skizzierten Moralstandpunktes tätig war. Man unternahm hie und da Einzelaktionen, jedoch mit begrenztem Erfolg. Die Tätigkeit nahm in den Jahren 1963/64 zu. Die Gründe dazu sollen im folgenden kurz skizziert werden.

Im Sommer 1963 hatte ein staatliches Komitee einen umfassenden Vorschlag zur Umbildung des Schulunterrichtes vorgelegt. Der Vorschlag enthielt eine starke Beschneidung des Religionsunterrichtes. Da stellten sich die schwedische Staatskirche und die Freikirchen hinter eine Unterschriftensammlung, die für einen unverkürzten Religionsunterricht eintrat. (Es muß hier eingeflochten werden, daß diese kirchliche Reaktion auf den oben genannten Vorschlag keineswegs selbstverständlich war. Seit langem war man sich nämlich einig, daß der Religionsunterricht in den Schulen im Prinzip *objektiv* sein müsse, das heißt, daß er die Schüler in keiner Richtung zu beeinflussen hatte. Es verdient auch angemerkt zu werden, daß das Mißtrauen zwischen Kirche und Staat, das die Unterschriftensammlung zweifellos zum Ausdruck gebracht hatte, unterdessen beinahe beseitigt wurde. Zwischen den Vertretern der verschiedenen Weltanschauungen besteht heute Übereinstimmung über die Gestaltung des Unterrichtes.) Seitens der Pfingstbewegung nahm man an der Unterschriftensammlung aktiv teil. Insgesamt wurden eine Million Unterschriften gesammelt. Das Ergebnis der Kundgebung war ein politischer Kompromiß, der von breiten Gruppen akzeptiert werden konnte.

Zwar war die Aktionsleitung politisch sehr zurückhaltend aufgetreten. Jedoch trug die Unterschriftensammlung dazu bei, den Gruppen um die *Kristet Samhälls Ansvar* einen Eindruck von dem großen Teil der öffentlichen Meinung zu vermitteln, die sie um sich sammeln konnte. Kurz darauf gründete L. Pethrus und andere Interessierte eine neue Partei, die „Christlich-Demokratische Sammlung" (*Kristen Demokratisk Samling*, KDS). Aber man sollte bald entdecken, daß eine Einzelaktion mit sehr begrenzter Aufgabe *eine* Sache ist, jedoch die Bildung einer neuen politischen Partei eine ganz andere. Bei der Wahl des Jahres 1964 erhielt die neue Partei nur 1,8 Prozent der Stimmen. Nichts deutet darauf hin, daß sich dieses Ergebnis in absehbarer Zeit wesentlich ändern wird.

Wenn auch innerhalb der Pfingstbewegung eine weitgehende Übereinstimmung in bezug auf die grundsätzlichen ethischen Standpunkte herrscht, so gilt das nicht von der Haltung der neuen Partei gegenüber. Eine gewisse Uneinigkeit konnte beobachtet werden, die zum Teil auf tägliche Leitartikel zur Rechtfertigung der „Christlich-Demokratischen Sammlung" in der pfingstlichen Tageszeitung (*Dagen*) zurückzuführen ist. Viele Pastoren und Gemeindeglieder haben insofern an L. Pethrus' früherer Überzeugung festgehalten, als sie meinen, daß Christen, deren Priorität die „geistliche Wirksamkeit" sei, sich keinesfalls in der Parteipolitik engagieren sollten.

3. STATT PROTEST POLITISCHES ENGAGEMENT DER CHRISTEN

Gleichzeitig wird die jüngere Generation prinzipiellen Werturteilen und dem „Pressure-Group-Denken" der neuen Partei gegenüber zurückhaltender. Ein Pastor der pfingstlichen „Örebro-Missionsvereinigung" schrieb 1964 unter der Überschrift „Wir glauben auch an Proteste":

„In unserem Eifer, die Unterstützung der Gesellschaft für das Christentum zu gewinnen, sind wir versucht, es mit weltlichen Argumenten an die Politiker zu verkaufen, wie: es sei für die abendländische Kultur und Moral nützlich. Wir tun das, indem wir den Prozeß der Verweltlichung in unverschämter Weise mit aktuellen Gesellschaftsproblemen in Wechselbeziehung setzen. ... Mit diesen Protesten müssen wir sofort aufhören und uns statt dessen mit konstruktivem Denken und konstruktiver Arbeit befassen, mit einer grundsätzlichen Wahrnehmung christlicher Verantwortung in der Gesellschaft ... Das sollte doch unterdessen allen klar geworden sein, daß man diese Probleme nicht mit entrüsteten Protesten und Vorstellungen bei der Regierung löst."[3]

Parallel zur Politik des moralischen Protestes kann man in der heutigen schwedischen Pfingstbewegung eine andere Entwicklung beobachten: eine Tendenz zum steigenden Engagement in internationalen Friedens- und Entwicklungsproblemen. Es gibt seit langem eine starke pazifistische Tendenz innerhalb der Pfingstbewegung. Es ist gar keine Seltenheit, daß in einer Gemeinde 50 Prozent oder mehr der jungen Männer den Waffendienst verweigern. Gewiß war die Ursache dieser Wehrdienstverweigerung allzu oft eine individualistische Haltung von der Art „Ich wasche meine Hände in Unschuld". Trotzdem haben sich nicht wenige in friedlicher Aufbauarbeit engagieren lassen. Vielleicht ist diese Tradition mitverantwortlich für das wachsende Bewußtsein von der Dringlichkeit der internationalen Problematik. Dieses Bewußtsein äußert sich in den zahlreichen Fragen der Jugendlichen im Musterungsalter und in den Antworten der Pastoren.

Am deutlichsten kommt dieses neue Bewußtsein zum Ausdruck in der Tatsache, daß L. Pethrus und einige andere hervorragende schwedische Pfingstpastoren im Januar 1966 den internationalen religiösen Vietnam-Appell „Die wir töten, sind unsere Brüder" unterzeichneten. In diesem Appell, der von vielen tausend Pfarrern und Pastoren in der ganzen Welt unterzeichnet worden war, unter ihnen gut tausend schwedische, appellierten die Unterzeichner an die Vereinigten Staaten, die Bombenangriffe in Vietnam zu beenden und mit der „Nationalen Befreiungsfront" (FNL) zu verhandeln, während man an die letztere appellierte, keine Aktionen zu unternehmen, die die unschuldige Zivilbevölkerung treffen[4].

Ein weiteres Zeichen des internationalen Engagements ist die Aufmerksamkeit, die man dem Entwicklungsproblem widmet. Zwar hatte man in der schwedischen Pfingstbewegung schon seit langem erkannt, daß Entwicklungspolitik ein wichtiger Bestandteil der Mission sei. Aber man blieb nicht dabei stehen. Der *Dagen* berichtet immer häufiger in Spezialartikeln über die verschiedenen Aspekte der Auslandhilfe. Sicher war auch das ein Schritt, der manchen in Erstaunen versetzte, als sich die „Filadelfia-Gemeinde" in Stockholm im Dezember 1966 an einer Demarche bei der Regierung beteiligte, anläßlich der man eine sofortige Erhöhung der staatlichen schwedischen Auslandshilfe auf 1 Prozent des Nationaleinkommens forderte. Unter den jugendlichen Demonstranten, die im Dezember 1967 gegen die Kommerzialisierung des schwedischen Weihnachtsfestes protestierten und dabei forderten, statt dessen die Gelder in die Auslandshilfe zu stecken, gab es auch mehrere Pfingstfreunde.

Die künftige politische Haltung der schwedischen Pfingstbewegung ist höchst unsicher. Die beiden Linien, die ich zeichnete, brauchen nicht notwendigerweise im Gegensatz zueinander zu stehen. Erfahrungsgemäß handelt es sich bei den beiden Linien auch um verschiedene Generationen. Kann man deshalb vorauszusagen wagen, daß sich in nächster Zukunft ein Teil des Engagements der schwedischen Pfingstbewegung von der schwedischen Moralpolitik auf die internationale Entwicklungspolitik verlagern wird?

ANMERKUNGEN

[1] Zitiert in *W. Svensson*, Kristendom och samhällsbyggande, 121.

[2] *Dagen* 21. März 1964, 2.

[3] *S. Nilsson*, Vi tro ock på protester, Kristet Forum 3/1964, 64–67. (Unterdessen wurde Nilsson zum Pastor der Hauptkirche der „Örebro-Missionsvereinigung" berufen).

[4] Seit der Artikel geschrieben wurde, hat sich in der Pfingstbewegung die Unterstützung des vietnamesischen Volkes verstärkt. Ein Beispiel ist die Reaktion einiger junger Pfingstler auf eine Erklärung von L. Pethrus im Februar 1968, in der er den Eindruck erweckte, daß er die amerikanischen Truppen in Vietnam als Verteidiger des Christentums betrachte. Die Veröffentlichung dieser Erklärung führte unmittelbar zu einem scharfen Protest, der von 80 jungen Pfingstlern unterschrieben war. L. Pethrus dementierte später seine Erklärung. Es sei darüber ungenau berichtet worden.

III. Einübung ins gegenseitige Verstehen

DIE PFINGSTBEWEGUNG
UND DIE ANDEREN KIRCHEN

Leonhard Steiner[1]

1. VERPFLICHTUNG UND ENTFREMDUNG

Da die Pfingstbewegung eine Fortsetzung der Heiligungsbewegung innerhalb traditioneller Kirchen darstellt, ist in ihr ein Element der Verpflichtung denselben gegenüber lebendig geblieben. Der Wille, an der Autorität der inspirierten Heiligen Schrift festzuhalten, das Verlangen nach urchristlicher Geistesfülle und das Gebet um eine geistliche Erweckung hatte um die Jahrhundertwende viele protestantische Kirchen und Gemeinschaften durchdrungen. Als sich in den Jahren um 1906 pfingstliche Geistesausgießungen ereigneten, wurden zuerst die Kirchen davon bewegt. Die Kirchenglieder, die die Geistestaufe empfangen hatten, legten davon Zeugnis ab und hofften, daß man den vom Himmel herabgekommenen neuen Segen mit Freude begrüßen würde. Groß war die Enttäuschung, als dies in den meisten Fällen nicht der Fall war. Es kam zu Auseinandersetzungen, die bedauerlicherweise zu Trennungen führten.

Typisch für die Reaktion der meisten Kirchen war das von der deutschen Gemeinschaftsbewegung, dem sogenannten Gnadauerverband 1909 veröffentlichte Verdammungsurteil der Pfingstbewegung, der „Berliner Erklärung", in der unter anderem folgende Sätze stehen:

„Die sogenannte Pfingstbewegung ist nicht von oben, sondern von unten. Sie hat viele Erscheinungen mit dem Spiritismus gemein. Es wirken in ihr Dämonen, welche, von Satan mit List geleitet, Lüge und Wahrheit vermengen, um die Kinder Gottes zu verführen. – Wir bitten hierdurch alle unsere Geschwister um des Herrn und seiner Sache willen: Haltet euch von dieser Bewegung fern! Wer aber von euch unter die Macht dieses Geistes gekommen ist, der sage sich los und bitte Gott um Vergebung und Befreiung[2]!"

Trotzdem haben leitende Männer der Pfingstgemeinschaften mit Geduld und Beharrlichkeit versucht, den Graben der Entfremdung zu überbrücken. Auf pfingstlicher Seite vorgekommene Irrtümer wurden zugegeben, Fehler in Lehre und Praktik berichtigt. Ungerechte Beschuldigungen wurden widerlegt und Aussprachen angestrebt. Am weitesten in diesem Bemühen ging der Mülheimer Gemeinschaftsverband. Chr.

Krust schildert in seinem Buch „50 Jahre deutsche Pfingstbewegung" die fortgesetzten Anstrengungen auf beiden Seiten. Leider vermochten sie nicht, die starre Ablehnung der maßgebenden Gegner auch nur aufzulockern.

Immerhin kam es in den Jahren 1940 und 1941 zu beachtenswerten Gesprächen zwischen den Vorstehern des Bundes der Baptistengemeinden und der Bischöflichen Methodistenkirche in Deutschland und den Vorstehern des Mülheimer Gemeinschaftsverbandes. Die brüderliche Annäherung geht aus einem nachherigen Schreiben der Mülheimer hervor, in dem folgende Sätze stehen:

„Wir glauben also, daß die Gemeinde Gottes in Christo Jesu *eine* Gemeinde ist und daß wir auf Grund des gemeinsamen Lebens aus Gott *eins* sind. Daß dieses Leben aus Gott für uns alle seine Wurzeln und seinen Ursprung durch den ewigen Geist im Tode Jesu hat, ist auch eine der baptistischen wie der methodistischen Lehrbetätigung zugrunde liegende Heilserkenntnis des Evangeliums."

„Wir waren immer und bleiben offen für jeden göttlichen Weg, der zu einer von innen heraus auch sichtbar werdenden Herausgestaltung der Gemeinde Jesu Christi in dieser unserer Zeit nach seinem Willen führt[3]."

2. ABSONDERUNG UND BESINNUNG

Die Isolierung der Pfingstgläubigen aufs Ganze gesehen dauerte bis zum Zweiten Weltkrieg. Diese lange Zeit war gekennzeichnet durch wachsende Zweifel an den Kirchen, ihrer Botschaft und ihrer Struktur einerseits, und andererseits durch vermehrte Besinnung auf Auftrag und gottgewollte Form der eigenen Bewegung, die sich immer klarer zur gesonderten Denomination entwickelte. Es entstanden die verschiedenen pfingstlichen Körperschaften mit mehr oder weniger lockeren Verbänden. Es wurden Bibel- und Missionsschulen gegründet. Es fanden nationale und internationale Konferenzen statt und seit 1947 die Welt-Pfingstkonferenzen.

Worin bestanden die Zweifel an den Kirchen? Man vermißte in ihnen vor allem die klare, christozentrische Botschaft der Apostelzeit, den Hinweis auf das alleinige Heil durch den Glauben an sein versöhnendes Opfer am Kreuz, das lebendige Zeugnis der tatsächlichen Auferstehung und realen Gegenwart des Herrn in der Gemeinde und den Hinweis auf seine persönliche und nahe herbeigekommene Wiederkunft. Es fehlte der Ruf zur Umkehr und zum persönlichen Heilsbekenntnis. Die ganze Struktur der Volkskirchen wurde als schriftwidrig empfunden, die als christliche

Gemeinden angeredet wurden und doch zum großen Teil aus solchen bestanden, die nichts von einer Neugeburt wußten. Die toten Formen des Gottesdienstes, die Kälte der liturgischen Formen, die fehlende Zeugniskraft, der mangelnde Eifer, die Gottfernen zu gewinnen, machten jede Anziehungskraft unmöglich.

Anderseits war eine Neubesinnung auf das Wesen der urchristlichen Gemeinde im Gang. Da in den vorausgegangenen Kapiteln das wesentliche hierüber ausgesagt sein dürfte, mögen hier nur die Hauptpunkte nochmals zusammengefaßt sein.

Die Kirche Jesu Christi entsteht dort, wo das reine Evangelium nach dem Vorbild des Neuen Testaments in der Kraft des Heiligen Geistes verkündigt wird, und wo Menschen beim Hören desselben durch Buße und Glauben zur persönlichen Neugeburt gelangen. Daß dies durch die Taufe bezeugt wird, die der gläubig gewordene Mensch selbst begehrt, wird von den meisten Pfingstrichtungen mit Nachdruck gelehrt. Wichtiger noch als die Taufe ist jedoch das Zeugnis des Geistes, das die Gewißheit der Gotteskindschaft verleiht. Das geistliche Band, das durch das Geisterlebnis der Neugeburt entstanden ist, ist die Grundlage zur Bildung der Kirche. Diese Kirche bedarf, um ihren Zeugenauftrag in der Welt zu erfüllen, der Taufe im Heiligen Geist.

3. BEACHTUNG UND WIEDERANNÄHERUNG

Die erste Welt-Pfingstkonferenz im Jahr 1947 vermittelte den Teilnehmern aus aller Welt ein starkes Bewußtwerden der weltweiten Verbreitung und der Zusammengehörigkeit der Pfingstgläubigen. Zudem stellte man fest, daß die Nöte während des Zweiten Weltkrieges und der Nachkriegszeit und auch der einsetzende Umbruch auf den Missionsfeldern mit seinen neuen Problemen mancherlei Kontakte unter den Gläubigen verschiedener Bekenntnisse und unter verschiedenen Kirchen mit sich gebracht hatten. Auch die pfingstlichen Gemeinschaften waren nicht isoliert geblieben. Man begann beidseitig, einander ganz neu zu beachten, und man suchte den Weg zueinander.

Entscheidend in der gesamten protestantischen Welt für die Entstehung eines neuen Klimas war die Stimme L. Newbigins, Bischof der Südindischen Union. Er veröffentlichte 1953 sein aufsehenerregendes Buch „Von der Spaltung zur Einheit", das eine „ökumenische Schau der Kirche" enthielt, wobei er auf die Bedeutung der Pfingstbewegung als dem dritten Strom christlicher Erkenntnis aufmerksam machte:

Es ist „unerläßlich, sich der Erkenntnis nicht zu verschließen, daß es einen dritten Strom christlicher Erkenntnis gibt, welcher sich zwar in vielen Punkten mit den erwähnten eng berührt (Katholizismus, dem es um die Struktur der Kirche, und Protestantismus, dem es um die ihm aufgetragene Botschaft geht), dennoch seine ganz besondere Art hat. Es ist darum wichtig, das zu sehen, weil dieser Strom gegenwärtig eher außerhalb als innerhalb der ökumenischen Bewegung seinen Lauf nimmt"[4].

„Es sei kurz und vorläufig gesagt, was diese dritte Bewegung kennzeichnet. Es ist dies die Überzeugung, daß christliches Leben darin wurzelt, daß die Gegenwart und Macht des Heiligen Geistes heute erfahren wird, daß weder Reinheit der Lehre, noch Fehlerlosigkeit der Amtsnachfolge jenes ersetzen können, daß eine übertriebene Bewertung dieser unveränderlichen Elemente im Evangelium, worauf orthodoxer Katholizismus wie Protestantismus das Hauptgewicht legen, gar leicht und oft genug tatsächlich zu einem Kirchengebilde führen kann, das bloße Schale ist, welche wohl die Gestalt einer Kirche hat, nicht aber deren Leben[5]." „Da ich nichts Besseres zur Hand habe, schlage ich vor, diesen Typus christlichen Glaubens und Lebens als ‚pfingstlich' zu bezeichnen[6]."

Nach ausführlicher Schilderung des pfingstlichen Typus auf Grund des Neuen Testamentes fährt L. Newbigin fort:

„Aus dem Gesagten erhellt, daß ich von der Notwendigkeit überzeugt bin, den katholisch-protestantischen Dualismus, der das ökumenische Gespräch bisher gekennzeichnet hat, der Kritik und der Erweiterung von dem ‚pfingstlichen Gesichtspunkt' aus zu unterwerfen; das Gespräch müßte somit dreipolig werden[7]." „Die Ganzheit der Kirche kann daher nicht einfach darin gesucht werden, daß der Gegensatz katholisch – protestantisch überwunden wird, wie wir ihn vereinfachend formulierten. Es gibt noch eine dritte Haltung, welche beide gleicherweise zu vergessen geneigt waren. Als der auferstandene Herr der Kirche ihr die apostolische Mission übertrug und sie bevollmächtigte, Seine Mission fortzusetzen, lag der eigentliche Kern jener Handlung in der Verleihung des Heiligen Geistes" (Zitat: Joh. 20, 21–23). Die mit dem Heiligen Geist Gesalbten sind die „Träger Seines Auftrages und nicht anders. In genau derselben Weise ist der Auftrag, Seine Zeugen zu sein, untrennbar an den Empfang des Heiligen Geistes gebunden (Zitat: Apg. 1, 8). Tatsächlich ist, wie wir bereits gesehen haben, der Heilige Geist selbst der erste und maßgebende Zeuge, und es ist lediglich seine Gegenwart in den Jüngern, die es ihnen ermöglicht, in Wahrheit seine Zeugen zu sein[8]."

„Wir müssen der Tatsache ins Auge sehen, daß es dergleichen geben kann: daß eine Körperschaft alle äußern Zeichen einer Kirche tragen und die reine Lehre der Kirche verkündigen kann, und doch ist sie tot. Anderseits verleiht derselbe Heilige Geist sein eigenes Leben Körperschaften, denen in gewissem Maße und in bestimmter Art und Weise die Fülle dessen abgeht, was die wahre Botschaft und Ordnung der Kirche ausmacht. Wenn nun aber solches geschieht, wenn wir offenkundigen Zeichen der Gegenwart des Heiligen Geistes gegenüberstehen, dann dürfen wir nur, wie die Apostel taten, das anerkennen. ‚Wir müssen dann schweigen und Gott die Ehre geben‘ " (Apg. 11, 18; vgl. 15, 12)[9]. „Wo ‚Gott keinen Unterschied machte‘ (Apg. 15, 9), da haben wir nicht das Recht, Unterschiede zu machen. Was Gott bestätigt, dürfen wir nicht verwerfen, ohne Ihn zu entehren[10]."

„Ich bin mir völlig bewußt, daß in diesen Worten gefährliche, revolutionäre Folgerungen enthalten sind. Ich gebrauche sie, weil sie sich mir aus der Treue zur Heiligen Schrift unabweisbar ergeben[11]."

Bischof Newbigin schließt das Kapitel über den „Dritten Strom" mit den Sätzen:

Wir müssen „willig sein zu lernen. In den jüngsten katholisch-protestantischen Gesprächen, welche an einem toten Punkt angekommen zu sein scheinen, ist des öfteren ausgesprochen worden, nur ein neues Verständnis der Lehre vom Heiligen Geist könne den Weg vorwärts frei machen. Aber die Erleuchtung, deren es bedarf, wird sich niemals als Ergebnis eines rein akademischen, theologischen Gespräches einstellen. Ist es undenkbar, daß die großen Kirchen von katholischem und protestantischem Typus die Demut aufbringen, jene Erleuchtung zu empfangen, indem sie in Gemeinschaft treten mit den Brüdern des ‚pfingstlichen‘ Typus in allen seinen Spielarten? Bis jetzt haben sie ja kaum irgendwelche christliche Gemeinschaft. Die Kluft, welche diese Kreise von der ökumenischen Bewegung überhaupt scheidet, ist das Kennzeichen für die Fehler, die hüben und drüben bestehen, und vielleicht wird ein entschlossener Versuch, dieselbe zu überbrücken, die erste Bedingung zu weiterem Vorankommen sein[12]."

In den Kreisen der internationalen Evangelischen Allianz, vor allem in England, erhielten nun auch die pfingstlichen Gemeinschaften vermehrt Zutritt. Diese Annäherung wurde auch stark gefördert durch die Großevangelisationen B. Grahams auf den britischen Inseln und auf dem europäischen Kontinent. Dieser einflußreiche Evangelist gab wiederholt seiner pfingstfreundlichen Einstellung Ausdruck. 1962 kam es zu einem eingehenden Gespräch im Rahmen der Evangelischen Allianz in London, die dann eine auch von pfingstlichen Leitern unterzeichnete Erklärung veröffentlichte. Sie enthält eine Besinnung auf die Natur der Kirche und wird als erste Stufe zu einem ökumenischen Gespräch bezeichnet. Sie lautet auszugsweise:

> „Die Gemeinde (Kirche) Gottes besteht aus Seinen Erwählten in jedem Land und Jahrhundert, die mit Jesus Christus vereinigt worden sind durch Seine Gnade, durch Glauben, und denen der Heilige Geist innewohnt. Diese Vereinigung mit Christus, bezeugt durch die Taufe – obwohl nicht durch sie geschaffen – findet ihren sichtbaren Ausdruck, wenn die Gläubigen zur Anbetung und zum Dienst des Wortes, sowie zum Tisch des Herrn zusammenkommen. Die geistliche Einheit ist ferner zum Ausdruck gebracht, wenn Christen verschiedener Traditionen am Herrenmahl teilnehmen, ohne durch Verschiedenheiten untergeordneter Ordnung gehindert zu sein. Das Vorhandensein dieser gottgegebenen Einheit entbindet jedoch die Christen verschiedener Glaubensüberzeugungen nicht davon, sich um das Verständnis der untergeordneten Belange zu bemühen, wie Formen des Gottesdienstes, Verfassungssysteme und Amtsordnungen.
>
> Es gibt zwar gewisse, wesenhafte Lehren, bei denen kein Kompromiß möglich ist – wie die Dreieinigkeit von Vater, Sohn und Heiligem Geist, die Gottheit Christi, die Allgenugsamkeit seines versöhnenden Werkes zum Heil der Menschen, die höchste Autorität der Heiligen Schriften in allen Angelegenheiten des Glaubens und Wandels, die Rechtfertigung des Sünders durch die Gnade vermittels des Glaubens, und das Priestertum der ganzen Gemeinde, wobei jeder Gläubige unmittelbaren Zugang zu Gott, dem Vater, durch den einen Mittler Jesus Christus hat. In dem Maß, wie Kirchen – ob sie dem Weltkirchenrat angeschlossen sind oder nicht – versäumen, diese Wahrheiten zu bezeugen, in ebendemselben Maß verlieren sie ihr Recht, als Kirchen im Sinn des Neuen Testamentes zu gelten, wenn auch einzelne ihrer Glieder wahre Gläubige sein mögen[13].“

In Nordamerika kam es zwischen Predigern und Pfarrern der „Assemblies of God", der größten pfingstlichen Denomination Nordamerikas, und der „Protestantischen Episkopalianerkirche in USA" zu einem Gespräch in zwei Konferenzen in der zweiten Hälfte 1962, um „gegenseitig voneinander zu lernen hinsichtlich des christlichen Glaubens und Lebens". In einer gemeinsamen Schlußerklärung wurde veröffentlicht, daß der Zweck des Gesprächs nicht darin bestand, zu dogmatischer Übereinstimmung zwischen den beiden Körperschaften zu gelangen, noch eine Verschmelzung herbeizuführen. Der Gedankenaustausch drehte sich um das Werk und die Dienste des Heiligen Geistes in der Kirche heute. Die Vertreter der Assemblies of God erklärten, daß sie erkannt hätten, daß charismatische Kundgebungen des Heiligen Geistes unter den Episkopalianern, sowohl Geistlichen als Laien, vorhanden seien. Ein tiefes Bewußtsein geistlicher Verwandtschaft und des Vertrauens herrschte auf beiden Seiten vor. „Wir fanden, daß wir eine Gemeinschaft sind, die für die Führung des Heiligen Geistes offen ist, wie wir es uns kaum zu erwarten getraut hatten." Die Episkopalianer bezeugten, daß sie das Werk des Heiligen Geistes im apostolischen Dienst und in den Sakramenten sahen. Die Assemblies of God ihrerseits bezeugten das Wirken des Geistes in ihrer Erfahrung der Taufe im Heiligen Geist mit dem begleitenden Zeichen des Zungenredens. Beide Gruppen bekundeten auch bei gewissen Verschiedenheiten der Auffassung „die gegenseitige Anerkennung, daß wir Diener des einen Vaters, des einen Sohnes und des einen Heiligen Geistes sind[14]."

In Norwegen äußerte sich ein lutherischer Pastor, Dr. Bloch-Hoell, Oslo, am 9. Mai 1958 in einem der „Morgonposten" gewährten Interview wie folgt:

> „Die ‚Pfingstfreunde' haben uns vieles zu lehren. Ich glaube, daß sie in einigen Fällen etwas vom Urchristentum wiedererweckt haben. Wir brauchen nur an die Lebendigkeit zu erinnern, die in vielen ihrer Gemeinden vorhanden ist. Sie haben den geistlichen Gaben den Weg freigemacht, während wir in der norwegischen Kirche (Lutheraner) die Gaben gefesselt haben. Großen Eindruck macht ihre Opferfreudigkeit. Die 35 000 Pfingstgläubigen Norwegens unterstützen auf ihren Missionsfeldern 165 Missionare. Verglichen mit den Statistiken anderer Denominationen haben sie etwa die zehnfache Zahl von Missionaren. Ich glaube, daß es in der Bewegung echtes Zungenreden und auch viele Fälle gibt, bei denen Gott durch Heilungen wirkte[15]."

Nach dem Auftreten des amerikanischen Heilungsevangelisten T. L. Osborn im Sommer 1958 in Holland versammelten sich 114 Pfarrer und Prediger, größtenteils aus der Holländischen Reformierten Kirche, um zu der Bewegung Stellung zu nehmen, die in die Kirchen eingedrungen war. Das Hauptreferat wurde von Dr. F. Boerwinkel gehalten über „Der wachsende Appell der pfingstlichen Gruppen und die darauf zu erteilende Antwort der Kirche." Er sagte einleitend, daß er fühlte, „daß es eine Frage von Leben und Tod für die Kirchen sei, die Bedeutung der Pfingstbewegung und ihrer Botschaft vom Heiligen Geist recht zu beurteilen". Im Jahr 1960 veröffentlichte die Generalsynode der Holländischen Reformierten Kirche einen Bericht „Die Kirche und die pfingstlichen Gruppen", in der die Pfingstbewegung und ihre Verkündigung dargelegt und einer eingehenden Prüfung unterzogen wurde. Wenn auch der pfingstliche Lehrstandpunkt hinsichtlich der Taufe im Heiligen Geist nicht geteilt werden konnte, so war der Bericht doch in einem brüderlichen Ton abgefaßt. Die „Bruderschaft pfingstlicher Gemeinden in den Niederlanden" gab daraufhin eine brüderlich gehaltene Entgegnung heraus „Die Pfingstgemeinschaften und die Kirche"[16].

D. J. Du Plessis, der aus der pfingstlichen Denomination „Apostolic Faith Mission" in Südafrika hervorgegangen ist und dann 1947 zunächst einem Ruf zu erweitertem Dienst innerhalb der weltweiten Pfingstbewegung gefolgt war, fand im Laufe der Fünfzigerjahre, daß sich ihm in fortwährend zunehmender Zahl die Türen anderer Kirchen öffneten, um das pfingstliche Zeugnis von der Geistestaufe in ihre Mitte zu tragen. Man begehrte seinen Dienst nicht allein an theologischen Fakultäten, sondern er wurde auch an ökumenische Studienwochen nach Genf eingeladen. Sein Zeugnis hat in der neuen charismatischen Erweckung, die in vielen Denominationen beidseitig des atlantischen Ozeans Eingang gefunden hat, bahnbrechend gewirkt.

Vor der Kommission für Glaube und Kirchenverfassung des Ökumenischen Rats der Kirchen in St. Andrews, Schottland, am 5. August 1960 konnte er bezeugen:

> „Während der letzten zehn Jahre hat sich das Klima in den historischen Kirchen gegenüber der Pfingstbewegung merklich geändert. Auf der ökumenischen Ebene ist ein starkes und aufrichtiges Interesse für das Phänomen des Heiligen Geistes aufgebrochen. Die Frage wird fortwährend gestellt: Welches ist das Geheimnis des Erfolges der Bewegung? Darauf gibt es nur eine Antwort: Christus hat gesagt: ‚Ihr werdet Kraft empfangen, wenn der Heilige Geist auf euch kommt, und werdet mir Zeugen sein' (Apg. 1, 8). Viele meiner Brüder in den Kirchen sind jetzt überzeugt, daß der Herr Jesus Christus, das Haupt der Kirche, seinen Geist auf alle ausgießen will, und daß dadurch die historischen Kirchen erweckt und erneuert und dann durch den Heiligen Geist geeint werden. Viele einzelne Pfarrer, die den nationalen Räten des Weltkirchenrates angehören, haben dieselbe herrliche Erfahrung des Heiligen Geistes gemacht, genau so, wie sie den Pfingstgläubigen vertraut ist. Ich kenne persönlich Prediger der Lutheraner, Reformierten, Episkopalianer, Methodisten, Baptisten und selbst römisch-katholische Priester, die mit dem Geist erfüllt worden sind und ‚in Zungen reden, wie der Geist es ihnen auszusprechen gab'" (Apg. 2, 4)[17].

Ende 1962 wurden die Pfingstgläubigen in aller Welt durch die Nachricht überrascht, daß zwei chilenische Pfingstgemeinden dem Weltkirchenrat beigetreten waren. D. Gee schrieb dazu in dem von ihm redigierten Vierteljahresblatt der Welt-Pfingstkonferenz „Pentecost" wie folgt:

„Die Aufnahme von zwei kleinen Pfingstgemeinden Südamerikas in
den Weltkirchenrat in Neu Delhi im November 1961 war ein Ereignis von besonderem Interesse sowohl für die Pfingstbewegung, wie
für den Ökumenischen Rat der Kirchen. Die Stimmen gegen deren
Aufnahme war verschwindend klein: 8 von 149 Stimmen. D. J. Du
Plessis, der als unabhängiger Beobachter eingeladen war, berichtete,
daß ihre Aufnahme mit Akklamation erfolgte, und fügte bei: ‚Ich
hatte den Eindruck, als wollte die Versammlung in Neu Delhi durch
diesen Akt der Welt ihre Wertschätzung der Pfingsterweckung
demonstrieren.' – Unter den pfingstlichen Denominationen hat bis
dahin eine entschiedene Ablehnung des Ökumenischen Rats der
Kirchen vorgeherrscht. – Doch wenn wir unser letztes Wort gegen
den Ökumenischen Rat der Kirchen und die ökumenische Bewegung
gesprochen haben, bleibt immer noch jenes große Gebet unseres
Herrn um die Einheit aller seiner Jünger bestehen (Joh. 17, 21–23).
Was tragen wir zu seiner Erfüllung bei? Welches ist unsere konstruktive Alternative? Diejenigen, die bezeugen, die Fülle des Geistes
Christi zu besitzen, können nicht unbeteiligt den zersplitterten Zustand der Christenheit, im besondern des protestantischen Teiles hin-
nehmen. Unsere vielen Spaltungen rufen uns zur Buße vor Gott auf.
Sie sind ein fortgesetztes Ärgernis, nicht zuletzt, wenn sie noch auf
unsern Missionsfeldern in Erscheinung treten. Die Pfingstbewegung
hat ihre eigenen Schuldbekenntnisse abzulegen, bevor sie mit der
Kritik anderer beginnt; denn unsere eigenen Spaltungen sind be-
rüchtigt und weltweit.
Die Einheit, für die unser Herr betete, gründet sich auf etwas Grund-
legenderes als ein anderes Glaubensbekenntnis oder eine andere Verfassung. Er wies auf den göttlichen Weg zur Einheit hin, als er sagte,
daß es die ‚Herrlichkeit' sein würde, welche die Jünger eint. Und es
ist eine Tatsache, daß, wenn Christen miteinander im Gebet und in
der Anbetung vor Gott verharren, sehr bald eine Welle göttlicher
Liebe zueinander die Herzen durchflutet.
Die Welt-Pfingstbewegung benötigt, in eine andere Vision erhoben
zu werden, die über der Frage steht, ob wir an den Versammlungen
des Weltkirchenrates teilnehmen sollten oder nicht[18]."

Das Ereignis von Neu Delhi warf starke Wellen in der weltweiten
Pfingstbewegung auf. D. Gee folgte einer Einladung, über den Rundfunk
der BBC das Verhältnis der Bewegung zum Ökumenischen Rat darzu-
legen. Er sprach am 26. Januar 1964 über das Thema „Die Pfingstgemeinschaften und der Ökumenische Rat der Kirchen" wie folgt (gekürzt):

„Laßt mich von allem Anfang an mit Nachdruck erklären, daß die Pfingstgemeinschaften das weltumspannende Verlangen, die Einheit unter allen, die Jesus Christus als ihrem Retter und Herrn anhangen, zu fördern, warm begrüßen. Einige unter uns Pfingstgläubigen haben große Achtung – um nicht zu sagen Liebe – gegenüber einigen der großen Führer der Christenheit, die sich in Vergangenheit und Gegenwart für die edle Sache der christlichen Einheit einsetzten. Wir haben von ihrer Überzeugung Kenntnis genommen, daß die ökumenische Bewegung eine der großen geistlichen Tatsachen unserer Zeit und nach der Ansicht einiger unter ihnen ein Werk des Heiligen Geistes ist. Diese Anerkennung ist zugegebenermaßen meine nur persönliche Stellung. Es gäbe Führer innerhalb der Pfingstbewegung, die ihr nur mit beträchtlichen Vorbehalten zustimmen könnten. Es kann nicht verschwiegen werden, daß die Pfingstbewegung als Ganzes sich nicht in der Lage fühlt, Verbindungen mit dem Ökumenischen Rat aufzunehmen. Die Frage muß jetzt beantwortet werden, welches die Ursachen für diese ablehnende Stellung ist.

Die erste Ursache ist theologischer Natur. Das Geisterlebnis, das den Tausenden von Pfingstgemeinschaften in der Welt zugrunde liegt und das immer noch den wesenhaften Bestandteil ihres fortgesetzten Zeugnisses ausmacht, ist verwurzelt in einer Stellung zur Bibel. Eine gegenwärtig im Gange befindliche Überprüfung ihrer Pneumatologie hat bereits deutlich werden lassen, daß die Pfingstgläubigen unverrückbar auf dem Boden dessen stehen, was man umfassend eine konservativ evangelische oder fundamentalistische Theologie nennt. Dies bedeutet die Annahme der Bibel als des inspirierten Wortes Gottes, was in sich schließt eine kompromißlose Annahme der übernatürlichen Elemente im christlichen Evangelium, den Glauben an das Versöhnungswerk Christi am Kreuz mit seiner stellvertretenden Natur und den Glauben an die wesenhafte Gottheit des Herrn Jesus Christus. Diese eben erwähnten Glaubenssätze sind keineswegs vollständig aufgezählt, doch bleiben sie festgehalten mit einer Zähigkeit, die keine Kompromisse zulassen kann. Selbst wenn Takt und Toleranz ein Maß von Gesprächen mit Andersdenkenden gestatten, so kann doch unmöglich eine echte Gemeinschaft entstehen, und ein Beitritt zum Ökumenischen Rat der Kirchen würde zur bloßen Farce.

Die zweite Ursache liegt in dem wiederholt erklärten Ziel der ökumenischen Bewegung, eine sichtbare, vereinte Kirche auf Erden zu schaffen. Die Pfingstgemeinschaften jedoch fühlen sich der Überzeugung verpflichtet, daß die wahre Kirche eine geistliche Einheit ist, die aus allen jenen besteht, die in Wahrheit in Christo sind auf Grund ihrer persönlich erlebten Wiedergeburt, unabhängig von der Zugehörigkeit zu einer äußerlichen Organisation. Sie betrachten selbst das Streben nach Organisation in ihren eigenen Reihen mit starkem Mißtrauen. Die „Assemblies of God" sind ihrer Verfassung nach kongregationalistisch, während die großen skandinavischen Pfingstgemeinden völlig autonome Gebilde darstellen. Die seit 1947 sich alle drei Jahre wiederholenden Welt-Pfingstkonferenzen wurden erst nach harten Auseinandersetzungen möglich, nachdem jeder Versuch, eine pfingstliche Weltorganisation zu schaffen, in aller Form verworfen worden war. Daraus ergibt sich, daß man in der Pfingstbewegung den Standpunkt vertritt, daß eine Bewegung, die erklärtermaßen das Ziel einer sichtbaren Weltkirche anstrebt, in der alle Denominationen zusammengefaßt sein würden, von Grund auf falsch sein muß.

Die dritte Ursache ist die Tendierung der ökumenischen Bewegung auf Rom hin. Wohl wird unter den Pfingstgläubigen anerkannt, daß es auch innerhalb der römisch-katholischen Kirche viele wiedergeborene Christen gibt, und sie befürworten, mit ihnen Gemeinschaft zu pflegen, wo immer man ihnen begegnet. Doch ist es eine unterschiedliche Angelegenheit, eine große Denomination anzuerkennen, deren Ansprüche abgelehnt werden müssen und die – wenn auch heute in toleranterer Sprache – darnach trachtet, die ganze Christenheit für sich zu beanspruchen. Sie würde offensichtlich eine sichtbare Weltkirche dominieren, wenn sie zustande käme.

Es sieht manchmal aus, wie wenn in den Augen der ökumenischen Bewegung Trennung die Hauptsünde wäre, aus welchen Motiven sie immer geschehen mag. Wenn dies richtig wäre, so müßte jede Form des Protestantismus als sündig erklärt und bekannt werden. Die Pfingstgemeinschaften aber sind von ihrer Wurzel her intensiv überzeugte Protestanten. Ja, manche ihrer Prediger zögern nicht, gewisse biblische Symbole aus der Apokalypse auf die Kirche von Rom anzuwenden. Ich erwähne dies, um das Gewicht des Widerstandes aus Gewissensgründen gegen eine Annäherung an den Ökumenischen Rat zu illustrieren. Und so sage ich abschließend, daß es nur eine ehrliche Feststellung des Sachverhaltes ist, wenn ich erkläre, daß gegenwärtig keine Aussicht auf eine Vereinigung der Pfingstbewegung mit dem Ökumenischen Rat der Kirchen besteht. Irgendwelche formellen Schritte in jener Richtung würden zu einem tiefen Riß innerhalb der Bewegung führen und somit eher der Spaltung als der Einheit dienen[19]."

Am Schluß dieses Kapitels sei noch eine ökumenische Konsultation erwähnt, die auf Einladung des Sekretariates für Fragen der Verkündigung vom 23. bis 24. Oktober 1966 in Gunten, Schweiz, abgehalten wurde und an der Vertreter des Ökumenischen Rats und Prediger einiger europäischer Pfingstgemeinden teilnahmen. Die von den Vertretern der Pfingstbewegung zusammengefaßten Empfehlungen für eine Erneuerung der Kirchen, die die Grundlage des Gespräches bildeten, verdienen, hier wiederholt zu werden:

„Eine Erneuerung der Kirche bedingt zuerst eine Besinnung auf den biblischen Kirchenbegriff. Die Kirche Jesu Christi ist nach dem Neuen Testament die Versammlung aller Wiedergeborenen. Wir glauben nicht, daß jemand durch Spendung von Sakramenten Glied der Kirche werden kann. Erneuerung der Kirche kann allein geschehen durch ein neues Hören und Eingehen auf Gottes Wort. Wir wenden uns entschieden gegen alle rationalistischen, philosophischen und zersetzenden psychologischen Einwirkungen im Raum der Kirchen und Gemeinschaften.

Im Übrigen sind als Hauptbedingungen zu beachten:

a) die Anerkennung des Herrn Jesus Christus als dem alleinigen Haupt seiner Kirche;

b) ernstliches Beten und Ringen um eine Ausgießung des Heiligen Geistes,

c) eine uneingeschränkte Annahme des Heiligen Geistes mit allen seinen Wirkungen in Gaben, Diensten und Kräften. Wir glauben nicht, daß theologische Ausbildung und kirchliche Ordination zum Dienst am Evangelium genügen;

d) das stete, unerschütterliche Bezeugen, daß die persönliche Erfüllung mit dem Heiligen Geist die unerläßliche Voraussetzung für die Erneuerung der Kirche ist;

e) das Festhalten an der Hoffnung auf die Wiederkunft unseres Herrn zur Vollendung der Kirche und zur Wiederherstellung Israels[20].“

ANMERKUNGEN

[1] Zu L. *Steiner*, vgl. S. 206 f.

[2] *Krust*, I, 67.

[3] *Krust*, I, 181.

[4] L. *Newbigin*, Von der Spaltung zur Einheit, 116.

[5] L. *Newbigin*, a.a.O., 116–117.

[6] L. *Newbigin*, a.a.O., 117.

[7] L. *Newbigin*, a.a.O., 124.

[8] *L. Newbigin*, a.a.O., 126–127.

[9] *L. Newbigin*, a.a.O., 127–128.

[10] *L. Newbigin*, a.a.O., 128.

[11] *L. Newbigin*, a.a.O., 128.

[12] *L. Newbigin*, a.a.O., 145.

[13] *D. Gee*, Pentecost 62 (1962/63).

[14] *D. Gee*, Pentecost 63 (1963).

[15] *W. Rudolph*, Pentecost 45 (1958), 6.

[16] Hirtenschreiben – *Broederschap van Pinkstergemeenten*, De Pinkstergemeente en de Kerk.

[17] *D. Gee*, Pentecost 53, 1960, 17.

[18] *D. Gee*, Pentecost 59, 1962, 17.

[19] *D. Gee*, Pentecost 67, 1964 (Deckel).

[20] *L. Steiner*, VdV 59/12, Dezember 1966, 13–14.

DIE PFINGSTBEWEGUNG IN EUROPA –
EINE ÖKUMENISCHE BESCHREIBUNG

Die folgende Beschreibung ist das Resultat einer Zusammenarbeit zwischen europäischen Pfingstpredigern und dem Ökumenischen Rat der Kirchen (ÖRK). Der erste Entwurf wurde von W. J. Hollenweger geschrieben[1]; dieser wurde den Teilnehmern an der Konsultation zwischen europäischen Pfingstpredigern[2] und Vertretern des ÖRK[3] in Gunten (Schweiz, Oktober 1966) zur kritischen Beurteilung unterbreitet. Auf Grund dieser Kritik und daraus folgender Korrespondenz schrieb M. Handspicker (Sekretariat für Glaube und Kirchenverfassung, ÖRK, Genf) den Aufsatz so, daß er von den Vertretern der Pfingstbewegung akzeptiert werden konnte. Er kommentierte dazu: „Eine der Erfahrungen der Menschen, die in der ökumenischen Bewegung mitarbeiten, ist das Verschwinden eingefleischter stereotyper Urteile über Mitchristen. Die folgende Aufsatzreihe[4] ist eine Einübung in gegenseitiges Verstehen, die zur Überwindung solcher stereotyper Urteile führen sollte. Jeder Aufsatz beschreibt eine Kirche, die nicht Mitglied des ÖRK ist. Jeder Aufsatz trägt dazu bei, Fehlurteile über diese Kirchen innerhalb der Mitgliedskirchen des ÖRK zu überwinden.

Unser Ziel war, diese Kirchen so zu beschreiben, daß deren Mitglieder sich in der Beschreibung wiedererkennen können. Die Aufsätze erscheinen anonym, weil keine Einzelperson als Verfasser betrachtet werden kann. Jeder wurde von einem Einzelnen entworfen und dann einer größeren Gruppe Vertreter der betreffenden Kirche zugesandt. Im Lichte der Kritik wurden die Entwürfe umgeschrieben, einige durch einen Verfasser, der am ersten Entwurf unbeteiligt war. Durch diesen Prozeß versuchten wir eine Beschreibung zu erhalten, die weder eine Selbstdarstellung, noch eine Karikatur war. Fremd- und Selbstdarstellungen wurden so in einem einzigen Aufsatz sozusagen zu einer Symbiose vereinigt. Von Anfang an bemühten wir uns darum, die Aufsätze so zu schreiben, daß die dargestellten Kirchen mit der Darstellung übereinstimmen konnten, selbst wenn sie nicht mit allen Einzelheiten einig gingen[5]."

Die Pfingstbewegung ist als „dritter Strom christlicher Tradition" gekennzeichnet worden[6]. Sie kann als notwendiges Zeugnis zur Ergänzung der historischen Ströme des Katholizismus und des Protestantismus verstanden werden. Infolgedessen beschäftigt sich dieser Aufsatz nicht mit *einer* Kirche, wie die übrigen drei in dieser Reihe[7], sondern mit einer Bewegung, einem Strom im Leben der Kirche. Sie ist eine der verbreitetsten und am schnellsten wachsenden Bewegungen im heutigen Christentum. Viele haben von ihrem explosiven Wachstum in Lateinamerika und in anderen Entwicklungsländern gehört. Eine so verbreitete und verschiedenartige Bewegung kann keinesfalls angemessen beschrieben werden in einem kurzen Aufsatz.

Darum beschränken wir uns im folgenden auf Europa. Vorerst muß darauf hingewiesen werden, daß die Bewegung in vielen Ländern innerhalb der traditionellen Kirchen, die zum Ökumenischen Rat der Kirchen gehören, vertreten ist. Seit Anfang dieses Jahrhunderts haben bekannte landeskirchliche Pfarrer in Großbritannien, Deutschland, Skandinavien, Frankreich und der Schweiz über Lehre und Erfahrung der Pfingstbewegung Zeugnis abgelegt[8].

Auch heute noch gibt es Pfarrer in den protestantischen Kirchen Europas, die von der charismatischen Erweckung erfaßt worden sind. Es gibt Vereinigungen solcher Christen in verschiedenen Ländern, die manchmal auch mit den Predigern der Pfingstgemeinden zusammenarbeiten. Die Pfingstbewegung erscheint also sowohl als innerkirchliche Erweckungsbewegung wie auch als freikirchliche Organisation. Die folgenden Abschnitte behandeln die historischen Wurzeln der Bewegung, einige ihrer Lehrpunkte und ihre gegenwärtige Verbreitung in verschiedenen europäischen Ländern.

1. GESCHICHTLICHE WURZELN

Obschon es lokal bedingte Unterschiede zwischen den Pfingstgruppen verschiedener Länder gibt, lassen sich doch drei geschichtliche Hauptwurzeln der Pfingstbewegung identifizieren. Die erste ist die Heiligungsbewegung mit ihrer Betonung des „zweiten Segens", manchmal auch Geistestaufe genannt. Deren Frömmigkeit wurde von Männern wie A. Mahan, D. L. Moody, C. G. Finney, R. Torrey und anderen stark beeinflußt. Sie versuchten, das wesleyanische Heiligungsverständnis wiederzuerwecken. Sie lehrten zwei sachlich und zeitlich zu unterscheidende Kriserlebnisse des Gläubigen; das erste nannten sie „Wiedergeburt" und das zweite „zweiter Segen". Wesley seinerseits war von anglikanischen

(W. Law und J. Taylor) und römisch-katholischen Erbauungsschriftstellern (L. Scopuli, de Renty, J. de Castañiza) beeinflußt[9]. Die zweite Wurzel ist der Fundamentalismus mit seiner Betonung des normativen Charakters der ersten Christengemeinde, wie sie in der Apostelgeschichte dargestellt wird. Eine dritte Wurzel, die allerdings nicht über schriftliche Quellen, sondern eher über ein gemeinsames sozialpsychologisches Klima einwirkte, ist in den amerikanischen Negerkirchen zu suchen mit ihren enthusiastischen Ausbrüchen und spontanen Gottesdiensten. Die Pfingsterweckung war in der zweiten Hälfte des letzten Jahrhunderts an verschiedenen Orten gleichzeitig entstanden. Keine dieser Wurzeln kann als alleinige Ursache gelten. Ferner betonen die Pfingstler, daß – so wichtig diese geschichtlichen Wurzeln auch immer sein mögen – die Bewegung grundsätzlich als eine spontane Ausgießung des Heiligen Geistes verstanden werden müsse. Dabei aber können weder die Pfingstler, noch ihre Widersacher übersehen, daß die Pfingstbewegung in Los Angeles sich am stärksten in jenen Kreisen verbreitete, aus denen die berühmten Negro Spirituals und die Jazzmusik entstanden[10].

Von Los Angeles breitete sich die Pfingstbewegung in Windeseile über die ganze Welt aus. Die Pfingstler betonen zu Recht, daß unabhängig von der Erweckung in Los Angeles an verschiedenen Orten ähnliche Erweckungen entstanden sind. Der Pfingstprediger versteht sich als Diener der letzten, vor der Wiederkunft Jesu die Welt noch einmal heimsuchenden Erweckungen. Es gibt Pfingstler, die die Kirchengeschichte zwischen dem „Frühregen" des ersten Pfingstfestes in Jerusalem und dem „Spätregen" der modernen Pfingstbewegung als trockene Wüstenzeit betrachten. Nur wenige „Tropfen der Gnade" fielen in dieser Trockenzeit auf die durstige Menschheit. Aber jetzt ist der „Spätregen", der „Regen des Segens" gekommen, „die Ströme rauschen mächtig schon herab"[11]. Andere jedoch betrachten schon das erste Pfingstfest als Ausgießung des „Spätregens". Alle unterstreichen jedoch die eschatologische Bedeutung der Ausgießung des Heiligen Geistes.

2. LEHRE

Es gibt kein allgemein gültiges Bekenntnis der Pfingstbewegung. Die meisten Pfingstler weisen auf die gemeinsame *Erfahrung* der Geistestaufe mit dem Zeichen der Zungenrede hin. (Diese Definition würde allerdings eine beträchtliche Minderheit ausschließen, die sich ebenfalls zur Pfingstbewegung zählt.) Die umfassendste Definition ist möglicherweise diejenige, die Hollenweger in seinem Handbuch angibt: Diejenigen

Gruppen werden als Pfingstler bezeichnet, „die mindestens zwei zeitlich und sachlich getrennte und gestufte religiöse Erlebnisse (1. Bekehrung oder Wiedergeburt, 2. Geistestaufe) lehren, wobei das zweite meist, aber nicht immer, mit dem Zungenreden verbunden ist"[12].

Für Leser, die die Pfingstbewegung überhaupt nicht kennen, wird im folgenden ein kurzes pfingstliches Glaubensbekenntnis abgedruckt. Es ist nicht notwendigerweise für alle Pfingstgruppen repräsentativ und soll lediglich als Beispiel eines Bekenntnisses dienen, das man unter Pfingstlern häufig finden kann:

> „Wir glauben an die Bibel als das inspirierte Wort Gottes, die unfehlbare und völlig genügende Regel für Glaube, Praxis und Sitte; an die Einheit des wahren und lebendigen Gottes, geoffenbart in drei Personen: Vater, Sohn und Heiliger Geist; an den Sündenfall; an das Heil durch Christus; an die Taufe durch Untertauchen; an die Geistestaufe mit dem Beweis des Zungenredens; an die Heiligung des Lebens; an die Befreiung von Krankheit durch Gebet; an das Brotbrechen; an die Wiederkunft Christi vor dem Tausendjährigen Reich; an die ewige Bestrafung derer, die nicht im Buche des Lebens geschrieben stehen; an die Gaben und Ämter des Heiligen Geistes, die Gott in der Kirche nach dem Zeugnis des Neuen Testamentes eingesetzt hat[13]."

Wie gesagt, nicht alle Pfingstler würden dieses Bekenntnis unterschreiben. Es gibt einen breiten Spielraum für Lehrerkenntnis und eine wirkliche Offenheit dem Dogma gegenüber. Diese Offenheit ist eine der Stärken (vielleicht auch eine der Schwächen) der Pfingstbewegung. Sie macht verschiedene Ausprägungen des Pfingstglaubens möglich. Mit anderen Worten: die Verheißungen und Schwierigkeiten der ökumenischen Bewegung finden sich bereits innerhalb der Pfingstbewegung.

Diese Tatsache wird nicht immer klar gesehen in den von Pfingstlern geschriebenen Büchern, da sich diese auf die besondere Ausprägung ihrer Gruppe konzentrieren und andere Pfingstdenominationen als kleine Randgruppen betrachten. Diese Verfasser verstehen unter einer „objektiven Beschreibung" der Pfingstbewegung eine Darstellung, die die Pfingstbewegung von den hermeneutischen Voraussetzungen ihrer eigenen Gruppe her interpretiert. So werden dann oft andere Pfingstgruppen als nicht zur Pfingstbewegung gehörend ausgeschieden.

Dies soll keine polemische Feststellung sein, denn diese Einstellung ist leider sehr verbreitet unter christlichen Verfassern, wenn sie eine ihnen fremde Konfession beschreiben. Diese Feststellung soll lediglich dem Leser pfingstlicher Literatur helfen, diese Literatur besser zu verstehen, und sich von deren Vielfalt nicht verwirren zu lassen.

Da dieser Aufsatz nicht nur *eine* Pfingstdenomination beschreibt, soll
hier keine allgemein gültige Zusammenfassung gegeben werden. In
Übereinstimmung mit der pfingstlichen Betonung der Erfahrung geben
die folgenden Abschnitte Beispiele der verschiedenen Erfahrungsmög-
lichkeiten pfingstlicher Lehre im Leben einzelner Pfingstler.

3. BEISPIELE

Geistestaufe

Wer die Pfingstbewegung schlecht kennt, identifiziert sie mit dem
„Zungenreden" und meint, dies sei alles, was mit dem Ausdruck „Geistestaufe" gemeint sei. Aber nicht alle Pfingstler betrachten das Zungenreden als *das* Zeichen der Geistestaufe. Alle jedoch betonen die Notwendigkeit und Möglichkeiten eines zweiten religiösen „Krisiserleb-
nisses". Was ist sein Kennzeichen?
Die Geistestaufe muß als ein befreiendes, enthemmendes, das Emotionale
integrierendes Erlebnis verstanden werden, das für diejenigen, die es
spontan und echt erlebt haben – im Klima des psychologischen Gruppen-
druckes einer Pfingstversammlung gibt es auch forcierte und gequälte
Geistestaufen –, befreiend und integrierend wirkt. Eine der schönsten
Beschreibungen der Geistestaufe stammt von dem finnischen Pfingstprediger V. Pylkkänen:

> „... am 28. Januar um ½ 11 Uhr abends erfüllte Jesus sein Gelübde[14]
> und taufte mich mit dem Heiligen Geist. Dies ist das größte Erlebnis
> meines Lebens gewesen ..., als ich plötzlich empfand, wie meine
> Schultern zuckten, und zugleich kam es wie ein elektrischer Schlag
> von außen, der durch meinen Körper und mein ganzes Wesen ging.
> Ich begriff, daß der heilige Gott sich mir genähert hatte. Ich fühlte,
> wie die untere Hälfte meines Körpers an allen Gliedern zu zittern
> anfing, und ich fühlte, wie unfreiwillige Bewegungen und eine außer-
> ordentliche Kraft mich durchströmten. Durch diese Kraft nahm das
> Zittern meines Körpers immer mehr zu, und zugleich stieg die An-
> dacht meines Gebetes, so daß ich niemals so etwas erlebt hatte ...
> Mein Reden zerfloß in meinem Mund, und die stillen Gebetslaute
> nahmen an Stärke zu und verwandelten sich in eine fremde Sprache.
> Es schwindelte mir. Meine Hände, die ich zum Gebet gefaltet hatte,
> schlugen gegen die Bettkante. Ich war nicht mehr ich selbst, obgleich
> ich mir die ganze Zeit bewußt war, was geschah. Meine Zunge zuckte
> so heftig, daß ich glaubte, sie würde mir aus dem Munde gerissen,

aber mit eigener Kraft konnte ich doch meinen Mund nicht öffnen. Aber plötzlich fühlte ich, wie er sich öffnete, und nun strömten aus ihm Worte in fremden Sprachen. Zuerst ab und zu und still, aber bald schwoll meine Stimme an, und die Worte kamen in aller Klarheit; wie ein Strom kamen sie von meinen Lippen. Die Stimme wurde immer lauter und lauter und klang zuerst schön, aber plötzlich verwandelte sie sich in ein schreckliches Klagegeschrei, und ich merkte, daß ich weinte. Ich war wie ein Horn, in das man bläst. Vor mir war eine große Öffnung, in die ich hineinrief, und ich verstand gleich den Sinn von dem, was ich äußerte, wenn die Worte mir auch fremd waren. Dieses Reden und dieses Singen dauerte nach der Behauptung von Personen, die in einem angrenzenden Zimmer waren, etwa 10 Minuten. Als es aufhörte, wurde es ganz still, es folgte nun ein beinahe lautloses Gebet, das auch in fremder Sprache geäußert wurde ... Als es vorüber war, erfüllte sich meine Seele mit einem unaussprechlichen Gefühl des Glücks und der Seligkeit. Ich konnte nicht anders als danken und laut danken. Das Gefühl der Nähe Gottes war so wunderbar, als ob der Himmel auf die Erde gekommen wäre. Und der Himmel war ja auch in meiner Seele ...[15]"

In diesem Beispiel wird die Geistestaufe vom Zungenreden begleitet. Aber das Zungenreden ist nicht die Hauptsache der Geistestaufe. Wichtiger ist das Erlebnis des Überwältigt- und Erfülltwerdens mit dem Heiligen Geist. Das ist das „zweite Krisiserlebnis", die „zweite Taufe", von der die Pfingstler Zeugnis ablegen.

Zungenreden

Oben wurde schon darauf hingewiesen, daß das Zungenreden nicht für alle Pfingstler obligatorisch zur Geistestaufe gehört. Ferner ist das Zungenreden als Zeichen der erlebten Geistestaufe (initial sign) nicht die einzige Funktion des Zungenredens. Neben dem „Zeichen der Geistestaufe" sprechen die Pfingstler auch vom Zungenreden als *eine* der Geistesgaben. Diese Geistesgabe des Zungenredens erfüllt zwei wichtige Funktionen. Erstens kann man in pfingstlichen Versammlungen öffentliches Zungenreden beobachten. Dies wird im Sinne der Anordnungen des Apostels Paulus (1. Kor. 14, 27) interpretiert. Zweitens gibt es ein privates und persönliches Zungenreden als nicht-intellektuelles Gebet und stammelnde Danksagung (Röm. 8, 26).

Im besonderen verstehen die Pfingstler das Zungenreden als eine Menschen- oder Engelsprache (1. Kor. 13, 1), die einer spricht, ohne sie je gelernt zu haben. In ihrer Literatur zitieren sie viele Zeugnisse solcher

Zungenrede in identifizierten menschlichen Sprachen: Pfarrer, die in
Pfingstversammlungen auf lateinisch angesprochen und evangelisiert
wurden, Rabbiner, die das Evangelium auf hebräisch hörten usw.[16]
Wissenschaftlich wäre die Frage, ob es sich hier wirklich um identifizier-
bare menschliche Sprachen handelt nur abzuklären, wenn genügend
Tonbänder von Zungenrede vorliegen würden. Auf alle Fälle aber ist die
psychohygienische Bedeutung des Zungenredens auch innerhalb der
historischen Kirchen erkannt worden[17].

Wiedergeburt

Wenn die Wichtigkeit der Erfahrung der Bekehrung betont wird, so
ist der Einfluß dieses Erlebnisses auf das Alltagsleben des Einzelnen nach-
zuweisen. Die Wiedergeburt wird hier *nach* der Geistestaufe behandelt,
obschon im Selbstverständnis der Pfingstler die Wiedergeburt das erste
und wichtigere Krisiserlebnis ist. Diese Reihenfolge wurde gewählt, damit der Leser an diesem Beispiel erkennen kann, daß religiöse Erlebnisse
nicht nur individuelle Konsequenzen haben.
Wir erwähnen das Beispiel der italienischen Pfingstbewegung. Der Aufruf zur Bekehrung, zum ersten Krisiserlebnis, lautet manchmal so:
„Wenn du willst, daß Jesus zu dir kommt, öffne die Türe *von innen*[18]."
Es ist ein schlichter und direkter Aufruf zu persönlicher Entscheidung.
Aber dessen Beantwortung kann zu tiefen sozialen Umwälzungen füh-
ren, was man an folgendem Zitat aus der italienischen Zeitschrift „Il
Mondo" ersehen kann:

> „In gewissen Ortschaften haben die Pfingstler eine Anhängerschaft
> von Tausend erreicht ... Umsonst schimpfen in den verwaisten Kir-
> chen die Priester von der Höhe ihrer Kanzeln herab. In der Einfach-
> heit der neuen Religion ist etwas, das diese Bauern im Tiefsten trifft
> und gleichzeitig bildet[19]."

Was geschieht denn hier? In der Pfingstbewegung entdeckt der ver-
achtete und ausgebeutete Landarbeiter seine menschliche Würde. Er
wird als Gotteskind neben anderen Gotteskindern ernst genommen. Er
bekommt einen Auftrag. Mit einem auswendig gelernten Liedervers und
einer Guitarre geht er ins Nachbardorf und singt:

> „Bring mir die Kunde von Jesu,
> Schreib auf mein Herz jedes Wort.
> Bring mir die Kunde so herrlich,
> Von unserm köstlichsten Hort[20]."

Daraus entspringt eine Veränderung der soziologischen Struktur:

„Was in Süditalien heute vor sich geht, greift das Herzstück der führenden Schicht Italiens an. Daß eine süditalienische Bevölkerung den Roten anhängt, ist schon schlimm genug. Aber es geht vorbei! Sie werden trotzdem für den Advokaten, den Professor stimmen. Sie werden trotzdem noch kontrolliert von Elementen, die aus dem Bürgertum stammen. Aber daß sie das Heft selber in die Hand nehmen und auf den Advokaten und den Professor pfeifen, ah, das ist in Wahrheit etwas, das man in Italien nicht mehr zulassen kann[21]."

Die Wiedergeburt verändert gewiß persönliche Gewohnheiten und Orientierungen. Sie ist nicht nur von großer biographischer, sondern auch von sozialpsychologischer Bedeutung. Der italienische Landarbeiter bekommt ein neues Selbstvertrauen und eine Selbstachtung, die ihm gestattet, selbständig zu entscheiden. Er kann in der Verherrlichung, Auferstehung und Herrschaft Christi seine eigene Menschwerdung und Auferstehung zu einem neuen Leben miterleben.

Die Sakramente

Außenstehende beurteilen eine Gruppe oft auf Grund von in der eigenen Gruppe unbekannten Besonderheiten. Aber das führt unweigerlich zu einer Karikatur. Auf Grund dieser eingefleischten Vorurteile sind sich viele der wichtigen Funktion der Sakramente im pfingstlichen Gottesdienst nicht bewußt.

In bezug auf die Taufe lehren die meisten Pfingstler eine der baptistischen ähnliche Tauflehre, obschon es auch eine beträchtliche Minderheit gibt, die die Säuglingstaufe praktiziert. Aber nochmals muß betont werden, daß für die Pfingstler die Tauf*erfahrung* wichtiger ist als die Tauflehre.

Hier folgt die Beschreibung eines Taufgottesdienstes. Es ist Sonntagmorgen, fünf Uhr, und die Pfingstler versammeln sich am Seeufer. Die Täuflinge treten in langen, wallenden, weißen Moltongewändern auf. Die Gemeinde singt und die Prediger erscheinen im weißen Tennisanzug, mit weißem Hemd und weißer Krawatte. Die Täuflinge werden vor der ganzen Gemeinde gefragt: „Glaubt ihr an den Herrn Jesus Christus, den Sohn des lebendigen Gottes ...? Habt ihr mit jeder ungöttlichen Verbindung mit der Welt ..., sowie mit jeder erkannten Sünde gebrochen ...? Wollt ihr ... die Interessen des Reiches Gottes unter allen Umständen und an jedem Ort über eure irdischen und eigenen Interessen stellen[22]?" Darauf antworten sie mit „Ja". Einzeln steigen sie ins Wasser hinein. Ein Ältester ruft jedem einen Bibelvers zu und die Prediger taufen sie, während die Gemeinde singt und betet. Ein solcher dramatischer

Gottesdienst ist ein unvergeßliches Erlebnis, weil die Bedeutung der Taufe sichtbar gemacht und nicht nur verbal verkündigt wird.

Ähnlich verhält es sich mit dem Abendmahl. Eine ausgebaute Abendmahlslehre gibt es zwar nicht in der Pfingstbewegung. Meist wird es als Gedächtnismahl des Todes Christi gedeutet. Wichtiger als die Abendmahlslehre ist die Abendmahlspraxis. Das Abendmahl ist der Mittelpunkt pfingstlicher Frömmigkeit. Hier ist sozusagen das Allerheiligste, wenn die „Blutserkauften", die „ihre Kleider rein gewaschen haben im Blut des Lammes", zusammenkommen, um „der göttlichen Natur teilhaft" (1. Petr. 1, 4) zu werden[23]. In diesen Gottesdiensten singen die Pfingstler mit geschlossenen Augen auswendig viele der mystischen Gebete, an denen die pfingstliche Liturgie überaus reich ist.

Zusammenfassung

Keine Pfingstgruppe wird sich in allen hier gegebenen Beispielen völlig wiedererkennen. Die Verschiedenheit ist zu groß. Wir konnten nur einen Eindruck des Wichtigsten vermitteln. Die meisten sind sich jedoch darin einig, daß das Wichtigste in allen Beispielen die überwältigende Erfahrung der Gegenwart Gottes und das persönliche Engagement ist – ob in der Geistestaufe oder am Abendmahlstisch. Diese Erfahrungselemente sind verantwortlich sowohl für die Dynamik der Pfingstbewegung wie auch für ihren Zusammenhalt[24].

4. SCHLUSSFOLGERUNGEN

Pfingstler und traditionelle Kirchen

Die neutestamentlichen Exegeten haben gezeigt, daß das Neue Testament kein einheitliches systematisch-theologisches Lehrbuch ist, das auf eine einzige Dogmatik verpflichtet wäre. Es kennt eine Vielfalt verschiedener Frömmigkeitstypen. Die Differenzen ergeben sich aus den verschiedenen Situationen, in die hinein die neutestamentlichen Schriftsteller ihre Botschaft auszurichten hatten. Sie mußten *einseitig* das eine, was in ihrer Situation not tat, sagen. Hätten sie das nicht getan, so kämen sie uns wie viele heutige Predigten vor: korrekt, aber langweilig und wirkungslos. Auch die heutige Verkündigung muß, wenn sie etwas zu sagen hat, einseitig sein.

Es ist daher ein Kurzschluß, wenn Vertreter verschiedener Konfessionen denken, sie könnten einander „die Botschaft der Bibel" entgegenhalten.

Diese Apologetik übersieht, daß einerseits die Bibel eine Sammlung theologischer Entwürfe ist und andererseits, daß nicht nur damals, sondern auch heute mit Menschen aus verschiedenen Kultur- und Gesellschaftsschichten verschieden von dem einen Evangelium geredet werden muß. Dies ist eine Lektion, die die am ökumenischen Gespräch beteiligten Kirchen gelernt haben sollten; sie könnte ihnen helfen, Fehlschlüsse in ihrer Kritik an der Pfingstbewegung zu vermeiden, wenn sie sie manchmal als Perversion der biblischen Zeugnisse bezeichnen.

Es *gibt* große Verschiedenheiten in der Bibel. Aber diese Verschiedenheit ist zusammengefaßt im Kanon des Neuen Testaments, so für die „Katholizität" der Kirche Zeugnis ablegend. Auf der Suche nach einer authentischen Variabilität weisen die Pfingstler die übrigen Christen auf einen Aspekt dieser neutestamentlichen Variabilität hin, den viele bis heute übersehen haben. Ein ökumenisches Gespräch mit den Pfingstlern (und mit anderen Christen) kann zur Entdeckung einer Sicht verhelfen, die den Reichtum der neutestamentlichen Verschiedenheit in der einen Kirche Christi heute zusammenfaßt, anstatt ihn zum Anlaß kirchlicher Spaltungen zu machen.

Sektentum und Kirche

Sind die Pfingstler Sektierer? Vielleicht. Aber was ist ein Sektierer? Einer, der sich selbst aus der Gemeinschaft der allgemeinen Kirche ausgeschlossen hat, einer der behauptet, daß in *seiner* kirchlichen Organisation, in seiner Theologie, in seinen religiösen Erfahrungen Gott letztgültig Fleisch geworden ist. Ein Sektierer ist einer, der seine Theologie oder seine religiöse Erfahrung als Maßstab braucht, auf Grund derer er die übrigen Christen als Nichtchristen beurteilt. Das heißt natürlich nicht, daß denominationelle Unterschiede unwichtig seien, oder daß alle theologischen Aussagen gleicherweise richtig seien. Solche Gleichgültigkeit würde der Wahrheit wenig helfen. Aber es heißt, daß wer immer dem Gespräch mit anderen, die Christus bekennen, ausweicht, sich selbst zum Sektierer macht.

Unter diesen Voraussetzungen gibt es keine Pfingstgruppe – abgesehen von einigen unbedeutenden Ausnahmen – ,die man als Sekte betrachten könnte. Sozusagen keine der Pfingstgruppen behauptet, daß die Annahme ihrer Lehre oder Mitgliedschaft zu ihrer Organisation für das ewige Heil nötig wäre.

In der Pfingstbewegung gibt es bereits so viele verschiedene Ausprägungen des pfingstlichen Glaubens, daß sich das ökumenische Problem schon innerhalb der Pfingstbewegung zeigt. Eines aber ist sicher: Es gibt keine Pfingstdenomination, die die Basisformel des Ökumenischen Rats der

Kirchen nicht unterschreiben könnte. Sie lautet folgendermaßen: „Der Ökumenische Rat der Kirchen ist eine Gemeinschaft von Kirchen, die den Herrn Jesus Christus gemäß der Heiligen Schrift als Gott und Heiland bekennen und darum gemeinsam zu erfüllen trachten, wozu sie berufen sind, zur Ehre Gottes, des Vaters, des Sohnes und des Heiligen Geistes."

ANMERKUNGEN

[1] *W. J. Hollenweger*, Die Pfingstbewegung im Spiegel von Selbst- und Fremddarstellungen, ÖRK, Genf, SE 66:35.

[2] F. Burke (Assemblies of God, Südafrika), Ch. E. Butterfield (Assemblies of God, USA), E. Czajko (Zjednoczony Kościół Ewangeliczny, Polen), J. H. Davies (Elim Pentecostal Church, England), L. *Eisenlöffel* (Arbeitsgemeinschaft der Christengemeinden, Deutschland), J. Fábian (ungarische Pfingstbewegung), N. P. Jensen (Den Apostolske Kirke i Danmark, Dänemark), H. Johansson (Filadelfia, Schweden), S. Keller (Christlicher Gemeinschaftsverband GmbH. Mülheim/Ruhr, Deutschland), Chr. Krust (do.), Th. Lachat (Den Apostolske Kirke i Danmark, Dänemark), C. Lemke (Arbeitsgemeinschaft der Christengemeinden in Deutschland), A. Lindskog, (Freie Christengemeinden, Schweiz), E. Lorenz (Arbeitsgemeinschaft der Christengemeinden in Deutschland), A. Rhyner (Freie Christengemeinden, Schweiz), A. Rutz (Freie Christengemeinden, Schweiz), W. Säwe (Filadelfia, Schweden), W. Scherrer (Gemeinde für Urchristentum, Schweiz), F. Schmutz (Gemeinde für Urchristentum, Schweiz), K. Schneider (Schweizerische Pfingstmission, Schweiz), L. Steiner (Schweizerische Pfingstmission, Schweiz), G. Stengel (Freie Christengemeinde, Deutschland), M. Suski (Zjednoczony Kościół Ewangeliczny, Polen), D. Volf (Kristova Pentekostna Crkva, Jugoslawien), R. Willenegger (Gemeinde für Urchristentum, Schweiz). (Verfasser von vorbereitenden papers *kursiv*).

[3] *A. Bittlinger* (uniert, Deutschland), V. Borovoy (russ.-orth., Sowjetunion; ÖRK, Genf), *M. Handspicker* (United Church of Christ, USA; ÖRK, Genf), *A. van den Heuvel* (ref., Holland; ÖRK, Genf), *W. J. Hollenweger* (ref., Schweiz; ÖRK, Genf), L. Meyhoffer (ref., Schweiz; ÖRK, Genf), M. Niemöller (uniert, Deutschland), S. Palotay (Freikirche, Ungarn), R. Robert (ref., Schweiz), A. Ungar (Brüdergemeinde, Deutschland), H.-R. Weber (ref., Schweiz, ÖRK, Genf), Ralph Young (uniert, Kanada; ÖRK, Genf). (Verfasser von vorbereitenden papers *kursiv*)

[4] Die übrigen behandelten Kirchen waren: Südbaptisten in USA; Adventisten; L'Eglise de Jesus Christ sur la Terre par le prophète Simon Kimbangu, im Kongo; Ecumenical Review 19/1, Januar 1967, 1–48; SA: An Ecumenical Exercise, Faith and Order Paper No 49, Genf, ÖRK, 1967

[5] a.a.O., 1.

[6] *L. Newbigin*, Von der Spaltung zur Einheit, 116.

[7] Vgl. Anm. 4.

[8] Ein Beispiel ist *F. de Rougemont*, ein Schweizer reformierter Pfarrer. Er war ein gemäßigter Fundamentalist und predigte die pfingstliche Lehre von der Geistestaufe und den Geistesgaben. Er taufte die Säuglinge in der Kirche und die Erwachsenen im Neuenburgersee. In seiner Verkündigung unterstrich er die Notwendigkeit und Möglichkeit persönlicher Bekehrung in den Landeskirchen im Licht der erwarteten Wiederkunft Christi. Vgl. auch *W.-E. Failing*, S. 131 ff.

[9] Einzelheiten bei *M. Schmidt*, Johannes Wesley, I.

[10] Beste Untersuchung der Erweckung von Los Angeles bei *Bloch-Hoell* II, 30–52.

[11] Zitate aus *Pfingstjubel* 1956, Nr. 119.

[12] *PGG, XXII.*

[13] Statement of Fundamental Truths Approved by the General Council of the Assemblies of God in Great Britain and Ireland, erscheint periodisch in *Redemption Tidings.*

[14] Der deutsche Fachbegriff lautet: „Verheißung".

[15] *V. Pylkkänen*, Toivon Tähti 1914/8, 68 ff.; zit. *W. Schmidt*, Pfingstbewegung in Finnland, 115–117.

[16] Beispiele bei *K. Ecke*, Der Durchbruch des Urchristentums seit Luther, 118 ff.

[17] Diskussion der Literatur: PGG, 389–393.

[18] Predigt von *H. Parli*, Schallplatte „Uomini Nuovi", BIEM UN 4501, Lugano.

[19] *N. Finnochiaro*, Il Mondo 9/412, 8. Januar 1957, 5–6.

[20] Schallplatte „Uomini Nuovi", BIEM UN 4501: Dimmi la storia di Cristo, gesungen von Remigio und Delia Nussio. Im Text wird aus der deutschen Fassung des gleichen Liedes (*Pfingstjubel* 1956, Nr. 467) zitiert.

[21] *G. Salvemini*, Il Mondo 4/32, 9. August 1952, 3–4.

[22] Taufgelübde der *Schweizerischen Pfingstmission.*

[23] *Kristova Pentekostna Crkva*, Temeljne istine Svetog Pisma o vjeri i nauci Kristove Pentekostne Crkve u FNR Jugoslaviji, Art. 6.

[24] Die Einheit der Pfingstbewegung findet einen organisatorischen Ausdruck in dreijährigen Weltkonferenzen und in der (unterdessen leider eingegangenen) Zeitschrift „Pentecost".

ÖKUMENE UND PFINGSTBEWEGUNG
IN BRASILIEN

Manoel de Melo

Manoel de Melo war ursprünglich Evangelist der brasilianischen *Assembléias de Deus*; heute ist er der Führer der pfingstlichen *Igreja Evangélica Pentecostal "Brasil para Cristo"*, die innerhalb von 16 Jahren auf 1 000 000 Anhänger gewachsen ist. In São Paulo baut er gegenwärtig die größte Kirche der Welt mit 25 000 Sitzplätzen und diversen Nebenräumen für Erwachsenenbildung, Berufsschulen, Werkstätten usw.[1].

De Melo war einer jener lateinamerikanischen Pfingstler, die an der Vierten Vollversammlung des ÖRK in Uppsala teilgenommen hatten. Im folgenden Bericht[2] teilt er den Beschluß seiner Kirche mit, dem ÖRK beizutreten. Die portugiesische Veröffentlichung des nachfolgenden Berichtes wurde mit folgendem bemerkenswerten redaktionellen Satz eingeleitet: „Mit diesem ökumenischen, auf Erneuerung gerichteten Bewußtsein dürften die Pfingstler zu einer der größten revolutionären Kraft im brasilianischen Denken werden."

1. PARTIZIPATION IST ALLES

Brasilien muß eine neue Weise des Gottesdienstes entdecken. In den traditionellen Kirchen wird der Gottesdienst vom Pfarrer veranstaltet. Die Gottesdienstbesucher schauen dabei zu. Als ich daher vor 16 Jahren die Bewegung „Brasilien für Christus" ins Leben rief, spürte ich, daß für die Brasilianer nur eine Gottesdienstform in Frage kam, bei der die Teilnehmer wirklich mitmachen konnten. Wie jede Erneuerungsbewegung wurden wir am Anfang heftig angegriffen. Ich sehe auch ein, daß ich manches Radikale unternommen habe, was ich heute unterlassen würde. Aber die Grundeinsicht, daß beim Gottesdienst alles auf die Partizipation der Teilnehmer ankommt, blieb für mich bestehen.

Einmal machte ich ein Experiment. Ich bereitete absichtlich drei sehr feierliche und drei spontane Gottesdienste vor. Die ersten drei wurden in der Art der Methodisten und Reformierten abgehalten: feierlich und schön. Im Saal waren etwa 2500 Personen versammelt. Ich lud die Leute zum folgenden Abend ein: Kommt morgen wieder. Es wird ein Gottesdienst sein, genau wie der heutige, nur mit einem anderen Prediger.

Ungefähr 1000 kamen. Ich wiederholte meine Einladung: Kommt morgen wieder, denn wir werden noch einen Gottesdienst wie heute abhalten mit einem anderen Prediger. Wir hatten dann nur noch ungefähr 500 oder 400 Personen!

Nach dieser Gottesdienstreihe ohne Teilnahme der Leute veranstaltete ich eine zweite von ganz anderer Art, Gottesdienste mit voller Beteiligung der Besucher. Am ersten Abend kamen 2500, am zweiten 5000 Menschen, am dritten stockte der Straßenverkehr. Auf die Beteiligung der Leute am Gottesdienstgeschehen kommt es an! Die Leute müssen sich in der Kirche zu Hause fühlen. Ich erlaube zum Beispiel den Menschen, daß sie bis zum Beginn des Gottesdienstes miteinander so viel sprechen, wie sie Lust haben: „Wie geht's deiner Mutter? Und das Pferd, das du da gekauft hast?" Alle reden. Wenn der Gottesdienst beginnt, spreche ich über die ernsten Dinge. Aber die Meinung, daß der Gottesdienst eine Art Bestattungsfeier sei, ist unhaltbar. Weil diese Meinung in vielen traditionellen Kirchen vorherrscht, gibt es Leute, die auf der Straße warten, bis die Predigt beginnt. Sie warten draußen, weil sie sich nicht der Quälerei der Langeweile ausliefern wollen.

Für uns in der *Igreja Evangélica Pentecostal „Brasil para Cristo"* ist das Kirchengebäude nicht heilig. Heilig ist, was darin geschieht. Die Kirche selbst hat nur die Funktion, uns vor Sonne und Regen zu schützen. Darum können es sich die Leute in der Kirche ruhig bequem machen, wenn sie wollen.

In den Gottesdiensten der traditionellen Kirchen jedoch hören die Leute nur zu. Wortverkündigung ist das Vorrecht des Pfarrers. Im Gottesdienst der Pfingstler machen aber alle mit und bekunden dies durch Worte der Zustimmung oder Ablehnung. Sie loben Gott miteinander, abgesehen davon, daß jeder Laie das Wort verkündigen kann, wenn er dafür geeignet ist.

2. EVANGELISATION CONTRA STATUS QUO

Ich sehe die wichtigste Aufgabe der Kirche in der Evangelisation. Das verstehe ich folgendermaßen: Es gibt eine Art der Evangelisation, die nichts als Frömmler produziert. Aber es gibt auch eine andere Evangelisation, die neue Menschen hervorbringt. Diese Art der Evangelisation schafft keine Kirchenbankgläubigen, sondern Christen, die fähig sind, in der Gesellschaft, in der sie leben, ein Zeugnis zu sein. Diese Evangelisation schafft ein neues Bewußtsein, eine Offenheit für das Reich Gottes hier und jetzt, in unserem konkreten Leben.

Ein Beispiel solcher Evangelisation gibt der katholische Bischof Dom

Helder Câmara. Er gewinnt Menschen, weil er ihnen klar macht, daß die Kirche sich nicht an das herrschende System anpassen darf. Die Kirchen sind zu sehr in die Gesellschaftsstruktur des Landes verwickelt. Und diese ertragen die Leute nicht mehr. Die Kirche, die kein kritisches Bewußtsein bei ihren Mitgliedern schafft, kann ihre Beerdigung für die nächsten 30 Jahre vorbereiten. Ich glaube allerdings, daß das Evangelium Kraft genug hat, um diesen Bewußtseinsprozeß durchzuführen. Nur sehe ich im Augenblick keinen Prediger, der das Evangelium in seiner ganzen Fülle und Reinheit verkündet, in seinem ganzen revolutionären Inhalt, der gegen die Ungerechtigkeit protestiert.

3. MEINE STELLUNG ZUM ÖKUMENISCHEN RAT

Ich habe an der Vierten Vollversammlung des Ökumenischen Rates der Kirchen in Uppsala teilgenommen. Ich habe die Einladung deshalb angenommen, weil ich die tollsten Dinge über den Ökumenischen Rat gehört hatte. Alles was bekämpft wird, ist interessant. So habe ich angenommen, um mir selbst Kenntnis zu verschaffen. Ich spreche also nur über das, was ich selbst kenne. Darum mußte ich den so sehr umstrittenen Ökumenischen Rat kennen lernen. Ich kam nach Uppsala und fühlte mich wie ein Hesekiel im Tal der ausgedörrten Gebeine. Obschon wir im Zeitalter der Düsenflugzeuge leben, fährt der Ökumenische Rat in bezug auf sein Gottesdienstleben noch mit dem Fahrrad. Hingegen tut er ein gewaltiges Werk auf dem Gebiet der sozialen Aktion, ein Werk, das wir mit all unseren Gottesdiensten nicht vollbringen können.

Was nützt es, wenn man einen Menschen bekehrt und ihn in die verfaulte brasilianische Gesellschaft zurückschickt? „Brasilien für Christus" hat seinen leitenden Rat zusammengerufen und beschlossen, Mitglied des Ökumenischen Rates der Kirchen zu werden. Wir werden um Aufnahme ersuchen mit dem einen Vorbehalt: In Anbetracht, daß der Ökumenische Rat der Kirchen auf religiöser Ebene noch nicht so weit ist wie wir, werden wir nicht beitreten, um religiöse Orientierung zu erhalten, sondern vielmehr soziale Orientierung. Während wir eine Million bekehren, ent-bekehrt der Teufel zehn Millionen durch den Hunger, das Elend, den Militarismus, die Diktatur. Und die Kirchen passen sich weiter an. Der Atheismus wächst wegen der ungerechten Verhältnisse, wegen des Elends, in dem die Leute leben. Die Prediger predigen über eine ferne schöne Zukunft und vergessen, daß Jesus der Gegenwart der Menschen Wert und Aufmerksamkeit zumaß.

Aber der Ökumenische Rat sorgt sich um die Gegenwart des Menschen. „Brasilien für Christus" wird daher dem Ökumenischen Rat wegen dessen sozialer Mission in der heutigen Welt beitreten. Aber es gibt noch einen andern Grund: Wir müssen mit diesem kleinen Geist, der die Menschen in Denominationen aufteilt, Schluß machen. Dazu hilft uns die ökumenische Bewegung.

4. DIE KIRCHE IN DER GESELLSCHAFT

Die Kirche hier auf der Erde muß sich klarmachen, daß sie ein Teil der Gesellschaft ist. Sie darf nicht nur an ihr zahlenmäßiges Wachstum denken. Die Kirche gelangt an einen Punkt, wo sie nicht mehr innerhalb dieser Strukturen wachsen kann. Setzt sie nicht neue Grenzen, so wird die Stunde kommen, wo intelligente Menschen nichts mehr von ihr wissen wollen. Das religiöse Feld ist begrenzt. Die Sorge wird groß, wenn diese Menschenmengen anfangen, etwas von uns zu verlangen. Bis vor 15 Jahren war es leicht, die Leute zu dirigieren. Heute hat der einfachste Hinterwäldler Zugang zu den Tatsachen. Die Kirche, die nicht wächst, befriedigt die Leute nicht, und diese wenden sich enttäuscht anderen Kirchen zu, die auch nicht befriedigen.

Ich habe etwas geschrieben, das übersetzt und der Universität von Chicago zugesandt wurde. Als Antwort darauf erhielt ich folgenden Vorschlag:

- Warum errichten Sie in Brasilien nicht auf ungenutztem Land Landwirtschaftsschulen?
- Warum machen Sie aus den Hunderten von Kirchen nicht während der Tagesstunden Schulen und sogar Zentralen für Gewerkschaften und Berufsvereinigungen, um die Leute zu orientieren und ihnen zu dienen?

Die Kirche ist in der heutigen Situation an einen Punkt gekommen, wo sie nichts mehr zu geben hat. Sie versammelt die Leute, singt ein Lied, betet, liefert eine Predigt und „schickt die Leute Kartoffeln pflanzen" (überläßt sie ihren Problemen). Das heißt, daß die Menschen nicht auf eine ernsthafte Aufgabe in den Strukturen der Gesellschaft verwiesen werden.

ANMERKUNGEN

[1] Mehr über de Melo und seine Kirche in *PGG*, 106–108, passim; die neueste Entwicklung in der englischen Ausgabe von *PGG*. Im Sommer 1969 wurde de Melos Kirche in den ÖRK aufgenommen.

[2] Er erschien zuerst als Interview im methodistischen *O Expositor Cristão*, dann gekürzt und ohne die Fragen im „Mitteilungsblatt des *Centro Evangélico de informação*"; deutsch: „Informationsbrief über Evangelisation", 1969/2–3; Genf, ÖRK.

FUNKTIONEN PFINGSTLICHER FRÖMMIGKEIT

Beatriz Muñiz de Souza

Beatriz de Souza ist eine junge Soziologin aus São Paulo. Sie schrieb ihre Doktorarbeit über die „Pfingstbewegung in São Paulo"[1]. Diese Arbeit enthält einen geschichtlichen Überblick, eine Zusammenfassung der Lehre der brasilianischen Pfingstbewegung, eine Typologie der Pfingstkirchen in São Paulo, wobei die Verfasserin eine Skala aufstellte, die vom Typ „Sekte" bis zum Typ „Kirche" reicht, sowie eine Charakterisierung der pfingstlichen Führer. Der folgende Aufsatz ist eine leicht gekürzte Übersetzung ihres letzten zusammenfassenden Kapitels. Fräulein de Souza ist reformiert.

Zum Thema „Krankenheilung durch Gebet", das von B. de Souza besonders ausführlich dargestellt wird, vergleiche man auch den Aufsatz von L. Steiner und den im Anhang zitierten Text von G. Jeffreys[2].

1. VERHALTENSORIENTIERUNG

Trotz des Säkularisierungsprozesses in São Paulo gestattet die Pfingstbewegung ihren Anhängern in hohem Maße, die Wirklichkeit zu erfassen und ein Bezugssystem für ihr Handeln im praktischen Leben zu finden. Das bemerkenswerte Wachstum der Pfingstbewegung, das ihre Nützlichkeit als verhaltensorientierende Institution zeigt, ist auf bestimmte Eigenschaften der Lehre und der Organisation der religiösen Gemeinschaft zurückzuführen. Für den Soziologen ist es besonders wichtig, diejenigen Aspekte der Pfingstbewegung zu erläutern, die sich als konkurrenzfähig mit anderen Institutionen der Lebensorientierung erwiesen haben.

Die „puritanische Moral", von der Leitung vorgeschrieben und durch die Mechanismen der Gruppenpsychologie verstärkt, liefert der religiösen Gemeinschaft klare Verhaltensnormen und Anweisungen für die gesellschaftliche Integration. Sowohl in den während den Gottesdiensten abgelegten „Zeugnissen", wie auch im Verlauf der Befragungen, zeigen sich die Gläubigen dessen bewußt, daß die Religion ihre Ethik und ihr praktisches Verhalten bestimmt. Die Überzeugung wird betont, daß der „gute Christ" als Belohnung glücklich ist und allen Problemen vertrauensvoll entgegentreten kann.

Grundlegend für die Verhaltensorientierung ist die tiefsakrale Deutung alles Geschehens. Es gibt keinen Zufall, denn „die bösen Dinge kommen immer vom Teufel und die guten von Gott". Alltägliche Fakten und Umstände werden als „Hinweise", „Prüfungen", „Strafen" angesehen, die den Gläubigen die göttliche Vorsehung offenbaren und ihnen „den rechten Weg" zeigen sollen. Dieser Aspekt zeigt sich schon in der Biographie der Gründer der *Assembléias de Deus* und der *Congregação Cristã do Brasil*[3]. Er wird auch in den Befragungen häufig genannt. Eine unserer Informantinnen, die den *Assembléias de Deus* angehört, sagte:

„Die Krankheit ist eine Strafe Gottes. Wenn er auch nicht die Krankheit schickt, so gestattet er doch dem Teufel, daß dieser sie dem schlechten Christen als Strafe schickt oder jenen Gläubigen, deren Glauben Gott auf die Probe stellen will. So wie Gott Menschen, die seinen Willen erfüllen auf tausend Generationen segnet, so straft er auch durch den Teufel bis zur dritten Generation. Darum erkranken die Kinder manchmal wegen der Sünden der Väter oder zur Verherrlichung Gottes durch den Glauben."

Eine andere Informantin, die angibt, die Kraft der Heilung zu besitzen, bestätigt manche der oben genannten Aspekte und betont die Beziehung zwischen der Ursache der Krankheit und der sündigen Natur des Menschen:

„Die Krankheit kommt von der Sünde, ja sogar von der Erbsünde. Wenn ein Mensch oder seine Vorfahren die Wahrheit erkannt haben und danach etwas vor Gott Böses taten, so werden sie von ihm gestraft. Gott straft nur die, welche gläubig wurden und dann sündigten. Wir sind hier, um zu wachen und zu beten, damit wir nicht fallen und dabei zu Krüppeln werden, damit wir keinen Krebs bekommen. Um zu Christus zu gelangen, müssen wir jeden Tag mit viel Glauben beten, damit Jesus uns vor den Angriffen des Teufels beschützt, der uns die Krankheiten bringt."

Obschon die verschiedenen Pfingstdenominationen grundsätzlich über Wesen und Ursachen der Krankheiten gleich lehren, bemerken wir doch Haltungen, die Leiter und Gläubige je nach ihrem Platz auf der Skala „Sekte-Kirche" unterscheiden. Im Gegensatz zu den Gliedern der sektenartigen Gruppen bemühen sich die Angehörigen der verkirchlichten Pfingstgruppen in ihren Aussagen Behauptungen zu vermeiden, die die Krankheit als Strafe und direkte Folge der Sünde hinstellen würden, obschon sie die Wirksamkeit der „Glaubensheilung" nicht abstreiten. Der folgende Abschnitt aus einer Befragung kennzeichnet dies deutlich:

„Die Krankheit ist eine Prüfung für unseren Glauben. Wir sind nicht Fanatiker oder gegen die Medizin, denn Gott hat die Wissenschaft begründet und Lukas war Arzt. Medikamente, Behandlungen, Operationen sind manchmal notwendig, obgleich sie nicht das gläubige Gebet um Heilung überflüssig machen. In allen Religionen geschieht das, denn alle, die an Gott glauben, wissen, daß er allein unsere Heilung zuläßt. Manchmal erfolgt die Heilung nur durch Glauben und Gebet, wie man es immer wieder in unseren Pfingstkirchen sehen kann, in anderen Fällen ist sie langsamer, und die Krankheit verschwindet erst nach langer ärztlicher Behandlung. In allen Krankheitsfällen ist der Glaube an die Heilung durch Gott unerläßlich."

Im Zwischenfeld der vorgeschlagenen „Skala" sind die Haltungen der Extreme „Sekte" und „Kirche" miteinander versöhnt, wenn der Informant erläutert:

„Alle Krankheiten kommen vom Teufel, aber man kann ihnen durch Anstrengung und Enthaltsamkeit entgehen. Im ewigen Leben wird es keine Krankheiten und Prüfungen mehr geben. Der Arzt kann mit Erlaubnis Gottes heilen. Wenn ich krank werde, bete ich und bitte Gott, daß ich gesund werde; wenn ich nicht gesund werde, versuche ich, meinen Glauben zu mehren; gelingt es nicht, wende ich mich an die Medizin."

2. GLAUBENSHEILUNG

Die Heilung nimmt analoge Funktionen wahr wie die in medialen Religionen vorkommenden[4]. Sie ist der Hauptgrund für die Bekehrung bei unseren Informanten. Die lehrmäßigen Erklärungen über Ursachen und Heilung der Krankheiten, wie auch die Verfahren und Techniken, welche die Träger der „Heilungsgaben" anwenden, weisen in der Pfingstbewegung jedoch besondere Züge auf, deren Variationsbreite der Skala „Sekte-Kirche" entspricht.

Theorien über die Krankheitsursache

Die Pfingstler nehmen grundsätzlich zwei Krankheiten verursachende Prinzipien an. Sie sehen sie als direkte Folge der Sünde oder als „Werk des Teufels". Beide Ursachen sind häufig miteinander verbunden, wie folgendes Zitat zu erkennen gibt:

„Sünde, Krankheit und Tod kamen zur gleichen Zeit in die Welt, an dem Tag, als Satan den Menschen versuchte, damit er sich gegen Gott auflehnte. Den Tod gibt es wegen der Sünde. Die Krankheit gibt es wegen der Sünde. Die Sünde ist *das Ergebnis* des Ungehorsams des Menschen gegen Gott[5]."

Die aus den „Versuchungen Satans" folgenden Sünden der Menschen be-

wirken, daß alle den Erregern ausgesetzt sind, die die Krankheiten verursachen, den „Geistern der Krankheit".

Der Erreger, der ein Eigenleben führt, entwickelt sich im Körper des
Menschen und verursacht dann die verschiedenartigsten Krankheiten.
Die offizielle Medizin vermag nichts gegen manche Leiden, wenn Gott
nicht erlaubt, daß die Heilung stattfindet[6]. Wie ein Leiter aus dem
Sektenflügel sagt, „gibt es für Gott keine unheilbare Krankheit, denn so
wie er es zuläßt, daß Satan den Menschen, der keinen Glauben hat, quält,
so kann er ihn auch von allen seinen Leiden befreien, wenn er ihm seine
Sünden vergibt". So ergibt sich nach Ansicht der meisten Gläubigen,
besonders wenn sie den sektenartigen Pfingstgruppen angehören, eine
enge Entsprechung zwischen der die Krankheit verursachenden Sünde
und der Erlösung, die die Heilung ermöglicht. Viele Befragte behaupteten sogar, daß sie die Furcht vor der Krankheit verloren hätten, nachdem
sie sich bekehrt und ein moralisches Leben gemäß den von der Religion
gesetzten Normen begonnen hätten. Gesundheit wird so als Belohnung
Gottes gesehen für die, welche „den rechten, von der Kirche Jesu auf
Erden vorgeschriebenen Weg gehen". Der Empfang von Gnadengaben,
besonders der „Heilungsgabe", bekräftigt nach Ansicht der Religionsgemeinschaft die Gewißheit vollkommener Heiligung, die den „Aus-
erwählten Gottes aufgetragen ist".

Bekehrte, die sich nicht vor den Angriffen Satans hüten, werden dagegen
durch ständige Krankheitssorgen verfolgt. So sagte uns ein Befragter:
„Ich habe schon Beweise für die Belohnung Gottes erhalten. Ich
arbeitete immer bei Familien und war diese Arbeit schon leid, ich
hatte zuviel Arbeit. Immer bat ich den Herrn, er solle mich an eine
andere Stelle führen. Es gelang nicht. Aber ich betete weiter, denn ich
hatte den Glauben, daß ich erhört würde. Eines Tages traf ich im
Omnibus eine Schwester (auch gläubig), die mir von einer Ausschreibung erzählte (Hilfsarbeiterin bei der Sozialversicherung) und
mich fragte, ob ich mich bewerben wolle. Niemals hatte ich dieser
Schwester etwas von meinem Wunsch nach einer anderen Stelle gesagt. Trotzdem erschien sie mit dieser Nachricht. Gott erscheint nicht
vor einem und sagt, was man tun soll. Er gebraucht einen anderen
Menschen als Werkzeug. Er gebrauchte diese Schwester, die von der
Ausschreibung erzählte. Ich bewarb mich und wurde bald darauf
angestellt. Jetzt arbeite ich in einer guten Stellung, als Hilfsarbeiterin,
aber ich arbeite im Archiv."

Die verheirateten Frauen beziehen sich in ihren Aussagen oft auf die
„Segnungen, die Gott ihrer Familie sandte", wobei gewöhnlich die
folgenden genannt werden:

- der Segen, daß der Ehemann „den Weg zum Bösen und zum Verderben" verlassen hat „und jetzt ganz für die Familie lebt".
- das Glück, die Kinder, die ständig Sorge bereiteten, „weil sie in schlechter Gesellschaft waren", „durch die Gnade Gottes" verändert zu sehen.

Die Männer sprechen häufig von Veränderungen im Verhältnis zu ihrer Arbeit, denn „durch Gottes Wirken" gewinnen sie größeres Verständnis für ihre Kollegen und Vorgesetzten. Diese neue Haltung, die allein einem „guten Christen" geziemt, hat nach Ansicht der Befragten immer Belohnung und Ansehen bei der Arbeitsgruppe zur Folge. Als Beispiel diene die Erklärung eines Informanten:

> „Wenn ein Gläubiger eine Arbeit anfängt, so beginnt er still, arbeitet immer weiter, versucht immer gute Arbeit zu leisten, bis der Chef Gefallen daran findet und seine Stellung verbessert. Das ist eine Belohnung dafür, daß er ein guter Christ ist."

Die oben zitierte Haltung kennzeichnet stärker die Anhänger der „Sekte", besonders wenn man sie mit folgender Aussage vergleicht, welche die von der „Kirche" ausgehenden Verhaltensideale widerspiegelt:

> „Der Gläubige muß sich anders verhalten, einen besseren Charakter haben. Er muß immer ein gutes Zeugnis ablegen, in Übereinstimmung mit der Schrift leben, Gott suchen, lernen und beten. Bevor ich mich bekehrte, hatte ich Laster und war ungebildet. Nun aber habe ich die Gabe der Weisheit empfangen und einen besseren Charakter erworben. Beruflich bin ich vorangekommen, weil ein Mensch mit besserem Charakter geschätzt wird."

Gläubige, die zu sektenartigen Gruppen gehören, sagen oft, daß sie sich schämen, zum Arzt zu gehen oder Medikamente einzunehmen, denn „dies kann ein Mittel Satans sein, um unseren Glauben an die Heilung durch Jesus zu schwächen". Einer der Befragten schloß mit Überzeugung:

> „Wer keinen Glauben hat, kann vom Arzt geheilt werden. Die eben erst zum Glauben Gekommenen sind manchmal zu schwach, sie zweifeln an der Heilung, darum gehen sie zum Arzt. Aber später überzeugen sie sich, daß nur Gott heilt."

Wir beobachten besonders bei den sektenartigen Religionsgemeinschaften die Ansicht, daß die Heilungen des Spiritismus „trügerisch sind und daß Satan sich ihrer bedient, um Seelen zu gewinnen".

Einer unserer Informanten, der zum sektenartigen Typ gehört und früher Umbandakultstätten aufsuchte und an spiritistischen Sitzungen teilnahm, bevor er die Pfingstbewegung kennenlernte, erklärt:

> „Die Heilung des Spiritismus ist Heilung des Leibes, aber die Heilung der Seele geht verloren. Auch Satan hat die Gabe, Wunder zu tun,

aber er tut es zum Bösen. Der Dämon ist ein grauenvolles Geschöpf. Er vollbringt Heilungen, aber der Unterschied besteht darin, daß der Mensch, der durch Spiritismus geheilt wird, an nichts glaubt, er ändert sich nicht, weil er nicht glaubt. Er bleibt ein Weltmensch. Ich bin selber durch den Spiritismus geheilt worden, bevor ich mich bekehrte. Ich ging zum Spiritistenzentrum, nahm die Medizin, die sie anordneten und wurde gesund. Aber das Übel blieb in mir, denn ich glaubte an nichts. Jetzt bin ich anders, weil ich gerettet bin – durch Jesus."

Die Heilung

Die Pfingstler glauben, daß die zur Wiederherstellung der Gesundheit praktizierten Maßnahmen sich auf die Tatsache gründen, daß „nur Jesus heilt". Gläubige und Freunde der Pfingstbewegung unterziehen sich in der Hoffnung auf Erlösung von ihren Leiden den therapeutischen Techniken, die die Träger der „Heilungsgaben" unter folgenden auswählen:
Handauflegung, begleitet von Gebet und Fürbitte für alle der Heilung Bedürftigen „im Namen Jesu": Die Leiter, die Heilungen durchführen, besonders diejenigen aus den sektenartigen Pfingstgruppen, zitieren verschiedene biblische Texte[7] und erklären, daß sie sich mit Kraft und göttlicher Autorität gerüstet fühlen, um „den Dämonen zu befehlen, den Leib der Kranken zu verlassen". Die Glieder der verkirchlichten Gruppen, die die Krankheit als Prüfung ansehen, beziehen sich oft auf das „Gebet des Glaubens", das die Handauflegung begleitet. Obschon sie dasselbe Verfahren anwenden, unterscheidet sich die Religionsgemeinschaft, wie aus dem Gesagten hervorgeht, gemäß ihrem Platz auf der Skala „Sekte-Kirche".
Salbung mit Öl und darauf folgendes Segensgebet nach Jak. 5, 14: Diese in der „Sekte" gebräuchlichere Handlung muß nach Ansicht der Leiter in Extremfällen sehr schwerer Krankheit angewandt werden. Wir stellten jedoch fest, daß die Salbung mit Öl bei einigen Pfingstgemeinden durch die Leiter gewohnheitsmäßig Anwendung findet. Wir hatten Gelegenheit, vor Beginn der Gottesdienste der „Salbung" beizuwohnen, die sogar von Frauen an allen Kranken vollzogen wurde, die sie aufsuchten und die „Heilungsgebete" wünschten.
Übereinkunft zweier im Gebet vereinigter *Menschen*, wobei es genügt, daß einer von den beiden die „Heilungsgabe" besitzt: Die dogmatischen Schriften der Pfingstbewegung und die Inhaber von „Heilungsgaben" erklären unter Berufung auf Mt. 18, 19, daß auf diese Weise eine „mächtige Kette des Gebets und des Glaubens" entsteht. Dieses in allen Abschnitten der Skala „Sekte-Kirche" gebräuchliche Verfahren wird be-

sonders dann angewandt, wenn es um die Heilung von kleinen Kindern oder Menschen im Zustand der Ohnmacht geht. *Segnung von Gegenständen oder Kleidungsstücken* in Übereinstimmung mit dem biblischen Text in Apg. 19, 11-12: Häufig sieht man, wie weiße Taschentücher oder Photographien, die Menschen gehören, die nicht selber kommen konnten, den Vollziehern des Heilungsgebets gebracht werden. Diese Gegenstände werden zurückgegeben, nachdem sie durch Träger von „Heilungsgaben" mittels Handauflegung „gesegnet" worden sind. Diese Praxis, die bei den sektenartigen Gruppen gebräuchlich und bei den verkirchlichten Denominationen nicht zu finden ist, zeigt unter einem weiteren Aspekt die Unterschiede der untersuchten Skala[8].

ANMERKUNGEN

[1] *B. Muñiz de Souza*, Pentecostalismo em São Paulo.
[2] *L. Steiner*, Glaube und Heilung, S. 206 ff.; Anhang I/3, S. 353.
[3] Vgl. dazu *PGG*, 79 ff.
[4] Gemeint vermutlich die brasilianischen „Spiritisten" (W. H.) – *C. P. Ferreira de Camargo*, Kardecismo e Umbanda, 93-110.
[5] *R. McAlister*, Perguntas e Respostas, 10. Der Autor stützt sich auf folgende Bibeltexte, um den Ursprung der Krankheiten zu erklären: Röm. 3, 23; Hebr. 9, 27; Hiob 2, 7; Mk 9, 25; Mt 12, 22; Lk. 13, 11 und 16; Apg. 10, 38.
[6] *T. L. Osborn*, A cura de Cristo, 15-16 – *L. Schiliró*, Liberta-te dos demônios, 38-42 – *R. McAlister*, Perguntas e Respostas, 17 – *T. L. Osborn*, Curai enfermos e expeli demônios, 1963[2], 27-33.
[7] Die am häufigsten zitierten Bibeltexte sind Apg. 16, 8; Mt. 8, 16 und 12, 45; Lk. 9, 1; Mk. 5,8 und 10.
[8] Eine theologische, medizinische und sozialpsychologische Diskussion des ganzen Komplexes „Heilung durch Gebet" und Exorzismus versuchte ich in *PGG*, 396-423.

EIN PFINGSTGOTTESDIENST IM URTEIL
EINES KATHOLISCHEN PRIESTERS

Lothar Zenetti

Von einigen Ausnahmen abgesehen, lehnt die Pfingstbewegung die katholische Kirche ab. Zu den Ausnahmen
gehören gemeinsame Gottesdienste in Chile und Holland[1]
und das ausgesprochen positive Urteil M. de Melos über
den katholischen Erzbischof Dom Helder Câmara[2].
Auf katholischer Seite hat sich die ursprünglich steife Ablehnung der Pfingstbewegung an vielen Orten in wohlwollende Verwunderung verwandelt. Ja, man beginnt zu
entdecken, daß in der Pfingstbewegung katholisches Tra-
ditionsgut, das im übrigen Protestantismus untergegangen
ist, bewahrt wurde. Dazu kommt eine pfingstliche Erweckung innerhalb der katholischen Kirche, z. B. an der
wichtigsten katholischen Universität der Vereinigten
Staaten (Notre Dame, Indiana), wo 2000 katholische Studenten und Professoren die Geistestaufe mit Zungenreden
nach pfingstlichem Vorbild erlebten.
Der folgende Abschnitt ist einem von L. Zenetti heraus-
gegebenen Buch über liturgische Reformen entnommen[3].
Der Verfasser wurde 1926 in Frankfurt/Main geboren.
Nach Kriegsdienst und Gefangenschaft in Frankreich studierte er Theologie und Philosophie am Seminar Chartres
und an der Hochschule St. Georgen, Frankfurt. 1952
wurde er zum Priester geweiht. Er amtete als Kaplan in
Oberbrechen, Kölbingen, Königstein, Wiesbaden und ist
seit 1962 Stadtjugendpfarrer in Frankfurt. Er ist Mitglied
des Liturgischen Rates und der Kirchenmusikkommission
der Diözese Limburg. Seine Ehrenmitgliedschaft in einigen Jazzclubs hindert ihn nicht an einem sehr differenzier-
ten Urteil über die Verwendung von Elementen moderner
Musik im Gottesdienst.

1. JEDER BETET IN SEINER WEISE

Es regnet in Strömen an diesem Sonntagmorgen. In der Kirche der
„Freien Christengemeinde" ist um 9.30 Uhr und nachmittags um
17 Uhr Gottesdienst. Ich trete ein. Ein junger Mann reicht mir an der Tür
ein Gesangbuch. Er tut es freundlich, aber nicht aufdringlich. Ich nehme
in einer der Stuhlreihen Platz neben einem jungen Mann und zwei älteren

Damen. Sie nicken mir zu. Ich sehe, daß die meisten Leute sich begrüßen
und leise ein paar Worte wechseln, wenn sie sich zueinander setzen. Vorne
ist eine Art Bühne zu sehen mit vier nach hinten ansteigenden Stuhlreihen
für den Chor. Etwa fünfundzwanzig meist jüngere Leute haben dort
Platz genommen, vier oder fünf mit Gitarren. Rechts steht eine Ham-
mondorgel. In der Mitte der Bühne ein Predigtpult. Und an der Rück-
wand mit großen Leuchtbuchstaben der Name „JESUS". Der Raum
erinnert an eine große Schul-Aula, sehr hell und freundlich, mit vielen
Blattpflanzen. Trotz der Größe – ich zähle: unten rund zweihundert
Sitze, oben eine an den Seiten nach vorne gezogene, jetzt unbesetzte
Empore mit vielleicht nochmals hundert Plätzen – wirkt alles sehr fami-
liär. Der Gottesdienst beginnt mit einer – für mein Empfinden – ein wenig
zu herzlichen Begrüßung durch den Prediger, einen schmalen jungen
Mann in hellgrauem Anzug. Nach dem Lied, das alle aus voller Kehle
mitsingen, kündigt der Prediger an, nun werde Bruder Schneider ein
paar Worte der Eröffnung sagen. Der Angesprochene hat rechts in einer
der Reihen gesessen und kommt nun vor ans Pult. Er weist auf eine Stelle
im Jakobusbrief hin (4, 13–17), über die er sich manchmal seine Gedanken
mache, morgens auf dem Weg zur Bank, wo er arbeite. Er spricht einfach und gebraucht Vergleiche aus dem alltäglichen Leben. Anschließend
singt der Chor mit Gitarren und Orgel ein Lied von Jesu Güte und Treue;
die Melodie erinnert mich an die rührend zuversichtlichen Gesänge der
Heilsarmee. – Nachher kündigt der Prediger an, man wolle nun fürbittend vor Gott treten, und er empfehle dem Gebet besonders die
Schwester, die Mitte der Woche gestürzt sei und sich ein Bein gebrochen
habe. Auf der linken Seite fragt eine Frau, in welchem Krankenhaus sie
liege, und der Prediger nennt das Bürgerhospital. Ein Mann meint, man
solle die Schwester K. nicht vergessen; sie könne schon so lange wegen
ihrer Krankheit den Gottesdienst nicht besuchen. Andere Namen werden
genannt. Dann beginnt der Prediger das Gebet. Nach ihm spricht eine
Frau in der zweiten Reihe vorne, ein junger Mann vom Chor, ein Mädchen, eine alte Frau, ein Mann gerade vor mir, und so noch drei oder vier
Leute mitten aus der Gemeinde. Jeder betet in seiner Weise, aber jeder
echt und mit großem Ernst, ganz aus dem Augenblick. Keiner benutzt
einen geschriebenen Text oder einen Notizzettel. Und dennoch gibt es
eigentlich niemals eine Unsicherheit, ein Stocken, eine mißglückte
Wendung: „O Jesus, du hast jeden von uns an seinen Platz gestellt, schaue
deine Jünger jetzt in Liebe an. Laß uns in diesem Gottesdienst aufs neue
erfüllt werden mit deinem heiligen Geist, mit deiner Kraft, mit deiner
Freude! So viele Gaben haben wir schon empfangen; jeder von uns kann
bezeugen, wie du ihm nahe gewesen bist sein Leben lang. Und doch er-

bitten wir immer wieder deine Nähe und dein helfendes Wort. Laß uns
nie vergessen, daß wir deine Gemeinde sind. Laß uns Frieden bringen zu
allen Menschen in allem Unfrieden dieser Welt. Und laß uns zu dir gelangen in den ewigen Frieden!" – Alle sagen „Amen". Dann spricht der
nächste. Während des Betens haben alle die Augen geschlossen und denken mit ungeheurem Ernst, ja einer gewissen Anstrengung, das Gebet mit.
Manchmal kommt es leise wie eine Bestätigung: „Ja, Herr!" oder „Bleibe
bei uns!" von den Lippen. Der Prediger spricht ebenfalls Anrufungen da-
zwischen, wie „Ja, du bist der Weg!" oder „Dank dir, halleluja!" Die verschiedenen freien Gebete aus dem Munde der Gläubigen scheinen aus
einer Tiefe und Glaubenskraft zu kommen, wie sie nur wirkliches und
lange geübtes Gebetsleben bringen kann. Die Formulierungen überzeugen nicht nur persönlich, sondern sind auch sicher und durchweg von
großer Schönheit. Das Ganze geht an die zehn Minuten, und es gibt
keinerlei Unordnung, aber auch kein Reglement. Da man aufeinander
hört, ergibt sich alles wie von selbst, und die einzelnen Stimmen fügen
sich wie zu einem einzigen Gebet zusammen. Und dies in einer Gemeinschaft von mehr als hundertfünfzig Menschen, also wenn man will einer
Frühmesse oder Andacht, so daß das Argument, unsere Gemeinden oder
Gottesdienstversammlungen seien dafür zu groß, nicht unbedingt sticht. –
Ich will nicht mehr von der sehr langen Predigt sprechen, die viele praktische und stellenweise familiäre Hinweise bringt, aber trotz eines Textes
aus dem Propheten Joel aus der ganzen Bibel argumentiert. Am Schluß
des Gottesdienstes wird – wiederum aus dem Kreis der Gläubigen – auf
ähnliche Weise wie vorher der Dank ausgesprochen und die Bitte um
Segen. Nachher steht man lange beisammen, und der Prediger spricht
mit den Leuten.

2. VORGEDRUCKTE BITTEN

Genau eineinhalb Stunden vor dem Gottesdienst dieser pfingstbewegten
„Freien Christengemeinde" hatte ich die Meßfeier in einer katholischen
Kirche erlebt. Die Pfarrei gilt als eine der besten in der Stadt, und die
Form, wie die Messe gestaltet war, konnte im Sinne der Neuregelung
der Liturgie durch das Konzil durchaus würdig und gerecht genannt
werden. – Ich bin mir darüber im klaren, daß man einen freien Ge-
meindegottesdienst nicht mit der Kultfeier der Eucharistie vergleichen
kann. Wie steht es aber mit dem Wortgottesdienst, der ja nun als eigener,
vollwertiger Bestandteil der Liturgie erkannt wurde und dessen Form
weiterentwickelt werden soll? Und wie steht es mit dem, was an Fami-
liarität und Herzlichkeit mich so beeindruckt hatte?

Am Eingang jedenfalls stand niemand, der die Kommenden begrüßt oder einem Fremden ein Buch angeboten hätte. Keiner nahm Notiz vom andern. Jeder suchte sich einen Platz in der Bank, betete kurz und setzte sich nieder. Die hohen Gewölbe der Kirche taten ein übriges, Herzlichkeit und Wärme fernzuhalten. Auch der Gottesdienst begann ohne ein Wort der Eröffnung oder Begrüßung. Die Orgel intonierte sehr laut das erste Lied, aber es sang kaum jemand mit. Die Leute blieben reserviert. Sie lasen in mitgebrachten Büchern oder schauten vor sich hin. Ich denke, es waren ebenso viele wie in dem Gottesdienst der Freien Gemeinde gewesen. Aber während dort alle merklich beteiligt waren, so spürte man in der Messe bei allem, was auch geschah, eine eigenartige Distanz und Kühle. Es befremdete mich, daß der Priester während des Gemeindeliedes zum Gloria an seinem Pult allen sichtbar laut sein „eigentliches" Gloria für sich aufsagte. – Die Predigt war ohne Zweifel kürzer und auch schlichter als die des Sektenpredigers, die Lieder klangen weniger schwülstig (dafür aber schleppender und, wie gesagt, es sangen nur wenige mit, und die mit halber Kraft), am Altar vollzog sich alles mit Würde und Feierlichkeit. Und doch schien es, als gehe das Rituell weit da vorne niemanden aus dem Volk in Wirklichkeit etwas an.

Besonders deutlich wurde das bei den Fürbitten:

Allmächtiger Gott! Du verläßt niemand, der zu Dir ruft und auf Deinen Beistand vertraut.

Mahne uns allezeit an die Kürze und Vergänglichkeit unseres Erdenlebens ...

Nimm uns alle Verzagtheit in den Stunden der Mühsal und Trauer ...

Nimm uns alle Hoffnung auf irdische Paradiese ...

Bewahre uns vor Täuschung und falscher Hoffnung auf irdisches Glück ...

Denn in Deiner Gnade bist du allezeit bei uns. So leite uns durch das Licht Deiner Wahrheit und rette uns. Durch Christus unsern Herrn. Amen.

Diese Fürbitten las der Pfarrer aus einem Buch vor. Aber was außer frommen Gemeinplätzen war da eigentlich ausgesprochen? Abgesehen davon, daß eigentlich nur Bitten für uns selber, also keine wirklichen Fürbitten für andere ausgesprochen waren. Manche solcher vorgedruckten Bitten sind mit ihrem „daß Du ... wollest" auch sprachlich schlimm. Und landauf, landab nehmen die Geistlichen sonntags solche ärmlichen oder ärgerlichen Vorlagen her, um die Bitten ihrer Gemeinde an diesem Sonntag vor Gott zu tragen. Man sollte doch meinen, wenn die so oft und gern „mündig" genannten Christen der Gemeinde schon nicht zu Wort kommen (wollen?), dann sollte wenigstens der Priester so weit ein

Mann Gottes sein, daß er die aktuellen Anliegen ohne Briefsteller formulieren könnte. Neulich allerdings sagte einer: „Ich bin froh, daß unser Pfarrer aus einem Buch vorliest, dadurch wird das Schlimmste verhütet ..." Aber ist das nicht schlimm genug?

3. DAS NEUE WÄCHST VON INNEN

Wir sind dabei, die Liturgie neu zu ordnen. Wir freuen uns über jeden echten guten Schritt nach vorn. Aber vertrauen wir nicht doch zu sehr auf neue Rubriken, die von oben angeordnet sind? Das wirklich Neue wächst von innen. Wenn wir unser Vertrauen zuerst auf äußere Änderungen setzen: „Bisher hatte der Priester das Volk hinter sich. Nun zelebriert er gegen das Volk" – man beachte den Doppelsinn der Formulierung! – dann haben wir den Geist der Liturgiekonstitution nicht erfaßt. Vielleicht darf ich das verdeutlichen:

Als ich einer jungen Ordensschwester, die im Schwesternhaus bei der Messe vorzubeten pflegt, von dem freien Beten in jener Freien Gemeinde erzählte, sozusagen mit dem Hinweis, ähnlich solle man es doch auch einmal versuchen, da äußerte sie erschrocken: Nein, so etwas könne sie nicht, da würde sie sich selbst im kleinen Kreis ihrer Mitschwestern genieren. – „Sie waren ein Herz und eine Seele", so heißt es von den ersten Christen. – Aber wenn heute offensichtlich nicht einmal Priester und Schwestern es mehr vermögen oder wagen, von Herzen zu beten, selbst im kleinen Kreis der Werktagsmesse oder Andacht nicht, wie sollen dann die Gläubigen aktiv werden und im Gottesdienst einmütig und frei um etwas bitten? Noch immer ist bei uns der Gottesdienst Sache des Klerus, der dazu bestellten Leute – und nicht die Sache aller. Es kommt ja auch sonst niemand zu Wort, selbst da nicht, wo es leicht möglich wäre, etwa bei den Fürbitten. Und die meisten sind wohl sogar zufrieden damit. Sie suchen ihre Ruhe und ihre Andacht und wollen nicht weiter behelligt sein. Man mache einmal den Versuch, in einer Stadtpfarrei bei Ausfallen eines Vorbeters etwa einen der nächstbesten Gläubigen (!) zum Vorbeten zu bitten oder zu ministrieren oder den Sammelkorb zu nehmen. Wer wird schon, wenn kein Organist da sein sollte, aus sich, ohne Weisung, nur um des Gottesdienstes willen, ein Lied anstimmen?

Immer wieder fordert die Liturgiekonstitution des Konzils die tätige Teilnahme der Christen: „Die Mutter Kirche wünscht sehr, alle Gläubigen möchten zu der vollen, bewußten und tätigen Teilnahme an den liturgischen Feiern geführt werden, wie sie das Wesen der Liturgie selbst verlangt und zu der das christliche Volk ‚das auserwählte Geschlecht, das

königliche Priestertum, der heilige Stamm des Eigentumsvolks' (1. Petr.
2, 9), kraft der Taufe Recht und Amt besitzt. Diese volle und tätige Teilnahme des ganzen Volkes ist bei der Erneuerung und Förderung der
heiligen Liturgie aufs stärkste zu beachten, ist sie doch die erste und not-
wendigste Quelle, aus der die Christen wahrhaft christlichen Geist
schöpfen sollen" (Art. 14).
Sie scheint mir zugleich die Quelle, aus der allein neuer Gemeindegesang
entstehen kann. Erst wenn eine brüderliche, geistliche Atmosphäre entsteht (entstehen darf!), in der – ähnlich den Neger- und vielen Sekten-
kirchen – Herzlichkeit, Spontaneität und leibseelische Beteiligung aller
bestimmend sind, wird eine wirklich „tätige Teilnahme" der Gemeinde
möglich werden. ...

ANMERKUNGEN

[1] *PGG*, 492–496.
[2] *M. de Melo*, Ökumene und Pfingstbewegung in Brasilien, S. 290 ff.
[3] *L. Zenetti*, Heiße (W)Eisen, Jazz, Spirituals, Beatsongs und Schlager in der
   Kirche, Verlag J. Pfeiffer, München 1966, S. 304–309.

EIN FORSCHUNGSBERICHT

Walter J. Hollenweger

Obschon die Pfingstbewegung in den letzten Jahren die Kirchen aller Kontinente beunruhigte und über sie und von ihr eine umfangreiche Literatur produziert wurde, fehlt bis heute eine systematische Erfassung dieser Veröffentlichungen. Davon kann sich leicht überzeugen, wer die zufälligen bibliographischen Angaben über die Pfingstbewegung in den wissenschaftlichen Standardwerken konsultiert, eingeschlossen die Artikel „Pfingstbewegung" in den großen theologischen Lexika.

Eine systematische Erfassung dieser Literatur war daher geboten, bereitet aber große Schwierigkeiten, da bis heute keine Vorarbeiten auf diesem Gebiet geleistet worden sind. In mein „Handbuch der Pfingstbewegung"[1] nahm ich

- ungefähr 4700 Titel pfingstlicher Selbstdarstellungen (1673 Autoren)
- ungefähr 1100 Titel von Fremddarstellungen über die Pfingstbewegung (763 Autoren)
- ungefähr 2500 Titel von Fremd- und Selbstdarstellungen der Heiligungsbewegung (1004 Autoren)
- 400 Kurzbiographien von Pfingstpredigern auf[2].

Im folgenden Aufsatz wird aus dieser Bibliographie eine Auswahl getroffen, die zugleich einem Bibliothekar die Möglichkeit gibt, seine Bestände in bezug auf die Pfingstbewegung zu prüfen. Um den Anmerkungsapparat nicht unnötig anschwellen zu lassen, erscheinen im Text und in den Anmerkungen nur minimale bibliographische Angaben. Die besprochenen Werke sind jedoch mit Hilfe der Bibliographie am Ende dieses Bandes eindeutig zu identifizieren.

Meines Erachtens sollte eine wissenschaftliche Bibliothek mit einer theologischen, soziologischen oder religionswissenschaftlichen Abteilung, ebenso wie eine Bibelschule der Pfingstbewegung, die ihre Prediger über die Geschichte der Pfingstbewegung zuverlässig informieren will, folgende Bestände über die Pfingstbewegung aufweisen: von Zeitschriften (1a), Zeugnissen und Kontroversen (1b), Berichten und Reportagen (2b) eine Auswahl; die übrigen aufgeführten Werke sollten, wenn möglich, vollständig vorhanden sein; die anspruchsvollere Literatur jenes Landes, in dem sich die Bibliothek befindet, sollte wenigstens in *einer* Bibliothek des betreffenden Landes greifbar sein (eine Forderung, die heute weder von den großen wissenschaftlichen, noch von den pfingstlichen Bibliotheken auch nur in etwa erfüllt wird). Nach meinen Erfahrungen trifft man normalerweise an europäischen und amerikanischen Bibliotheken folgendes Bild: Die polemischen Fremdberichte (2a) sind am zahlreichsten vertreten, gefolgt von den theologischen Interpretationsversuchen (2c). Soziologische Interpretationsversuche sind vorhanden, aber unvollständig. Die pfingstlichen Zeitschriften und Quellen (1a; 1c) fehlen fast ganz. Katechismen, Glaubensbekenntnisse und dogmatische Abhandlungen (1d) sind aus zufälligen Gründen vorhanden (Schenkungen!), und die wissenschaftlichen Selbstdarstellungen (1e) fehlen in Europa meist ganz, in den USA sind sie wenigstens in Mikrofilmen zugänglich.

Eine der schwierigsten Aufgaben bei der Einteilung der Literatur über die Pfingstbewegung ist die Entscheidung darüber, welche Autoren unter die Selbst- und welche unter die Fremddarstellungen einzureihen seien. Der Außenstehende nimmt an, die Aufteilung in Pfingstler und Nicht-Pfingstler biete keine besonderen Probleme, da man schließlich wisse, wer zur Pfingstbewegung gehöre und wer nicht. Aber ganz abgesehen davon, daß es schwer hält, die Pfingstbewegung genau abzugrenzen, fehlen bis heute eindeutige Kriterien zur Bestimmung eines pfingstlichen Autors. Soll man sich auf das Selbstverständnis des Autors stützten? Was aber, wenn der Autor seine Darstellungskategorien je nach Leserschaft wählt? Wo sollen – um nur ein Beispiel zu wählen – die in den Landeskirchen amtierenden Pfarrer eingereiht werden, die pfingstliche Lehre und Praxis vertreten? Wo soll die Literatur jener pfingstlichen Denominationen eingeordnet werden, die im Laufe ihrer Geschichte die pfingstliche Stufenlehre aufgegeben haben[3]? Noch schwieriger gestaltete sich die Abgrenzung zwischen der Pfingst- und Heiligungsbewegung[4]. Im großen und ganzen wurde alles zur Pfingstbewegung gerechnet, was einen zwei- oder mehrstufigen Heilsweg lehrt und die letzte Stufe hauptsächlich, wenn auch nicht immer, mit dem Zungenreden charakterisiert.

Abgesehen von der Einteilung in Fremd- und Selbstdarstellungen folgt dieser Forschungsbericht folgendem Prinzip: Die Selbstdarstellungen beginnen mit den Quellen und den weniger anspruchsvollen Berichten und schließen mit den wissenschaftlichen, hohe Ansprüche zufriedenstellenden Darstellungen. Bei den Fremddarstellungen wird ein ähnliches Prinzip verfolgt. Sie beginnen mit den Polemiken und Reportagen, gefolgt von den konfessionellen Interpretationsversuchen, denen allerdings einige ökumenisch oder exegetisch orientierte Arbeiten vorangestellt werden; sie enden mit den soziologischen Interpretationsversuchen. Spezialprobleme wie die japanische „Nicht-Kirche-Bewegung", der indische Sadhu Sundar Singh, die afrikanischen unabhängigen Bewegungen oder den deutschen Heilungsevangelisten H. Zaiss[5] werden nicht im einzelnen behandelt.

I. TYPEN VON SELBSTDARSTELLUNGEN

a) Verlage, Zeitschriften

Die Pfingstler fanden für ihre Bücher und Broschüren ursprünglich keine Verleger, zum Teil aus stilistischen, meist aber aus dogmatischen Gründen. Zudem verkannten die Verleger völlig die Marktlage. Mit pfingstlichen Büchern läßt sich nämlich heute ein großes Geschäft machen. Pfingstler kaufen für sich, für ihre Verwandten und Bekannten Bücher. Man beachte nur die große Produktion des Gospel Publishing Houses. Die *Druckerei* dieses Verlages druckte 1963 täglich 10 Tonnen Literatur. Sie verkaufte schon 1958/59 für 5½ Millionen Dollar Bücher und Zeitschriften. (Die Zahlen sind unterdessen erheblich gestiegen.) Der brasilianische pfingstliche Verleger O. S. Boyer verkauft in Brasilien jährlich zwei Millionen Bücher und Traktate und gilt als der meistgelesene heutige portugiesische Autor[6]. Die *All Nations Gospel Publishers* in Südafrika drucken Literatur in vielen afrikanischen und einigen asiatischen Sprachen.

Das sind nur einige Beispiele. Da die Pfingstler gezwungen waren, ihren eigenen Verteilerapparat aufzubauen, finden sich ihre Bücher weder in den offiziellen Bibliographien, noch in den Bibliotheken, noch in den Listen der Buchhändler. Das ändert nichts daran, daß pfingstliche Bücher in großen Auflagen gedruckt und gelesen werden, und zwar nicht nur von den Pfingstlern. Davon kann sich jeder Pfarrer selbst überzeugen; es wird z. B. wenige Städte in der Welt geben, in denen der „Herold Seines Kommens" in irgendeiner Übersetzung nicht von den Gliedern traditioneller Kirchen gelesen wird. Es wird wenige Ortschaften und kaum ein Pfarrhaus in Holland geben, in denen man „Kracht van Omhoog" nicht findet. Und man wird nicht viele Kirchgemeinden in der Schweiz und in Deutschland finden, in denen der „Sieg des Kreuzes" von niemandem gelesen wird. Auch wird es wenige Spitäler in Europa und Amerika geben, in denen nicht einige Patienten oder Krankenschwestern die Literatur der Heilungsevangelisten lesen und verteilen.

Ein wichtiger Aspekt der pfingstlichen Zeitschriftenliteratur ist ihre Internationalität. Man findet in pfingstlichen Zeitschriften leicht Artikel über die Pfingstbewegung in Ländern hinter dem Eisernen Vorhang oder selbst in China. Meist werden diese Artikel über schwedische oder englische Übersetzungen vermittelt. Die internationale Zusammenarbeit der pfingstlichen Zeitschriften kann am besten mit der Zusammenarbeit der Banken verglichen werden. Manchmal entsprechen die Namen der Zweigfilialen in Hamburg oder New York der Muttergesellschaft.

Manchmal aber ist dem Namen einer Zeitschrift nicht anzumerken, daß sie hauptsächlich Nachrichten aus einer bestimmten amerikanischen oder schwedischen Pfingstdenomination bringt. Auch hier vollzieht sich die Nachrichtenvermittlung über ein unsichtbares Pilzfädengeflecht, das aber vom Kenner eindeutig entwirrt werden kann.

Es fällt darum einem Redaktor in Stockholm, Basel oder New York nicht schwer, über eine laufende Evangelisation in Lagos oder Rio de Janeiro zu berichten. Will man aber von ihm frühere Nummern seines Blattes erhalten, so könnte sich leicht herausstellen, daß die Redaktion kein Archiv ihres eigenen Blattes besitzt. Will man von ihm gar den Namen des ersten Redaktors des Blattes erfahren, so muß er sich meist auf sein Gedächtnis verlassen.

Das erschwert natürlich die Rekonstruktion der Frühgeschichte der Pfingstbewegung. Zugegeben, einzelne große Denominationen haben mit großen Anstrengungen nachträglich mehr oder weniger vollständige Sammlungen ihrer Zeitschriften zusammengestellt. Aber man stelle sich die Mühe vor, die ein Historiker aufwenden muß, um die frühen Nummern verschiedener Denominationen in verschiedenen Städten Europas, Amerikas und Asiens zu suchen! Eine zentrale Stelle pfingstlicher Zeitschriften gibt es nicht einmal für die deutschen Pfingstblätter, ebenso wenig wie für die englischen, amerikanischen oder schwedischen. Aus diesem Grunde hat die Oral-Roberts-Universität seit einigen Jahren alte Jahrgänge der meisten amerikanischen und einiger weniger außeramerikanischer Zeitschriften gesammelt. Eine Auswahl internationaler Zeitschriften besitzt der Verfasser. Im Anhang findet der Leser eine Liste der wichtigsten pfingstlichen Zeitschriften (vollständig im erwähnten Handbuch).

Nicht zu unterschätzen sind die Schallplattenverlage und die hunderte von Radiosendungen, die aber in dieser Arbeit nicht berücksichtigt werden.

Um einen Einblick in die pfingstliche Frömmigkeit zu bekommen, eignen sich am besten die schon erwähnten Zeitschriften. Es gibt davon Hunderte. Jede Denomination veröffentlicht zwischen einer und einem Dutzend, gelegentlich auch bis zu 30–40 Zeitschriften. Die Gesamtauflage sämtlicher Zeitschriften der amerikanischen *Assemblies of God* betrug z. B. 1961 über zwei Millionen. Gewisse Nummern von „Mehr Licht" brachten es auf eine Auflage von über 100000. Das ist jedoch die Ausnahme. Normalerweise produziert jede Denomination eine Anzahl Zeitschriften für verschiedene Leserkreise. Da gibt es das (nach dem Tode Gees leider eingegangene) illustrierte Nachrichtenblatt *Pentecost*, den graphisch und drucktechnisch ziemlich anspruchsvollen *Pentecostal*

Evangel der *Assemblies of God*, die schwedische Tageszeitung *Dagen*, die reißerischen Propagandaschriften der Heilungsevangelisten, die konservativen *Heilszeugnisse* des „Christlichen Gemeinschaftsverbandes GmbH Mülheim/Ruhr", das Schweizer Blatt „*Wort und Geist*" (das ab 1969 von den drei Schweizer Pfingstgruppen „Schweizerische Pfingstmission", „Gemeinde für Urchristentum" und „Freie Christengemeinden" gemeinsam herausgegeben wird). Es gibt Fachblätter für Prediger, für Sonntagschullehrer, Sonntagschulsuperintendenten, für Kinder, Teenager, Studenten, für Blinde, für Taubstumme, für Soldaten, für pfingstliche Feldprediger, für Musiker und Chordirigenten usw. Fast jedes Land und jede Sprache hat ihre Pfingstliteratur. Selbstverständlich herrschen die englischen Zeitschriften vor. Daneben gibt es aber eine Fülle von Zeitschriften in unerwarteten Sprachen: finnisch, russisch, neugriechisch, serbokroatisch, rumänisch, viele afrikanische und asiatische Sprachen.

b) Zeugnisse und Kontroversen

Der pfingstlichen Frömmigkeit entspricht das *Zeugnis*. Das Schreiben lohnt sich für den Pfingstler nur, wenn er in einer der Situation und dem Gegenstand seines Berichtes angepaßten Form Zeugnis für seinen Herrn ablegen kann.

Unter den Zeugnissen im engeren Sinn gibt es viele Bekehrungsgeschichten und Autobiographien[7]. Ferner fallen die theoretischen und die berichtenden Broschüren und Bücher über Krankenheilung durch Gebet[8], Totenauferweckungen[9], Teufelaustreibungen[10] und Geistestaufen[11] in diese Kategorie. Predigten[12] und Erbauungsschriften[13], darunter auch sprachlich anspruchsvolle[14], werden ebenfalls publiziert. Gelegentlich wird ein solcher Bericht auch vom nichtpfingstlichen Buchhandel ins Sortiment aufgenommen[15]. Einige Pfingstmissionare haben sich um die Schaffung einer Eingeborenen-Literatur bemüht[16]. An polemischer Literatur gegen andere Kirchen[17] oder Sekten[18] hat die Pfingstbewegung verhältnismäßig wenig hervorgebracht.

Gelegentlich werden eigene Romane veröffentlicht[19]. Der brasilianische Pfingstprediger und Bundestagsabgeordnete L. Tavares publizierte seine Reden im brasilianischen Bundestag. Darunter fallen vor allem seine Reden über „Vergeudung von Geldern für die Aufrüstung", „Humanisierung des Geldmarktes", „Unterdrückung der Religionsfreiheit in *Süd*vietnam", „Nobelpreis für einen Negerprediger" auf.

Die Literatur der Heiligungsbewegung wird fleißig gelesen[20]. Jedoch spielen Evangelisationstraktate nicht die große Rolle, die man erwarten würde, da die Pfingstler dem gesprochenen Wort in der Freiversamm-

lung, dem Zeugnis von Mann zu Mann, mehr Überzeugungskraft zu-
trauen. Das Traktat wird eher zur Unterstützung des gesprochenen Wortes verwendet.

c) Quellen, Berichte, Protokolle

Die besten Quellen sind die schon erwähnten Zeitschriften. Dazu treten
noch die Tagebücher (z. B. T. B. Barratt, F. J. Lee, A. J. Tomlinson) und
die Aufzeichnungen der Pioniere der Pfingstbewegung. Sie sind oft in
der Form von Autobiographien geschrieben, enthalten aber manchmal
genaue Angaben über Zeit, Ort und Personen, so daß mit Geduld und
Ausdauer eine Kontrolle der berichteten Ereignisse durch die gleich-
zeitige Berücksichtigung der betreffenden Tagespresse und der kirchlichen Blätter möglich ist. Selten findet man mit Hilfe dieser Berichte
Personen, die sich bei gezielten Fragen noch an Einzelheiten erinnern
können. Solche frühen Quellen stehen vor allem für die Geschichte der
Pfingstbewegung in Europa, Amerika und Afrika zur Verfügung. Es
muß sie auch in Asien geben. Mit Sicherheit ist mit Quellen aus China,
Indonesien und Korea zu rechnen.

Wichtige Quellen über die *Frühgeschichte der europäischen Pfingstbewegung*
finden sich in folgenden Arbeiten:

T. B. Barratt	Norwegen
A. Blomquist, G. E. Söderholm,	Schweden
L. Pethrus	
A. A. Boddy	Großbritannien
R. Bracco	Italien
P. Brofeldt	Finnland
N. Nikoloff	Bulgarien
J. Paul	Deutschland
G. H. Schmidt	Danzig

Über die *amerikanische Frühgeschichte* sind als Quellen zu berücksichtigen:
A. H. Argue, D. Awrey, F. Bartleman, G. Bond, J. W. Buckalew, E. A.
Buckles, R. Crayne, A. B. Crumpler, F. J. Ewart, W. M. Hayes, J. H.
Ingram, F. J. Lee, A. S. McPherson, C. F. Parham, W. J. Seymour, A. J.,
H. A. und M. Tomlinson.

Als wichtigste Quellen für *Lateinamerika* kommen die frühen Nummern
des Mensageiro de la Paz (Brasilien), des Mensajero Pentecostés (Mexiko),
des Chile Pentecostal (Chile) und des Fuego de Pentecostés (Chile), sowie
die Schriften von W. J. Archer (Mexiko), D. Berg (Brasilien), A. E. Campos
(Chile), L. Francescon (Brasilien) und W. Hoover (Chile) in Frage. Ge-

wisse Pfingstdenominationen Lateinamerikas haben gut eingerichtete Archive, in denen es noch viele unbekannte Schätze zu heben gibt.

In *Afrika* ist ebenfalls noch viel Quellenmaterial zu entdecken, das aber meist nicht in europäischen Sprachen verfaßt ist. Zugänglich sind bis jetzt die Arbeiten von J. W. Appia, T. O. Ranger (der aus südafrikanischen und rhodesischen Archiven zitiert), H. W. Turner (der die nigerianischen Archive hervorragend kennt), J. W. Westgarth und C. Wovenu.

Die *asiatischen Primärquellen* sind mir aus sprachlichen Gründen nicht zugänglich. Sie sind aber vorhanden. An dieser Stelle sei lediglich auf den wichtigen Aufsatz von *M. Abrahams* über die Geistestaufe in Indien hingewiesen.

Die *sekundären Berichte und Übersichten* sind von unterschiedlichem Wert. Am genauesten sind diejenigen Arbeiten, die sich auf *eine* Denomination oder ein Land konzentrieren. Die wichtigsten dieser Darstellungen sind:

Afrika	E. A. G. Wilson
Australien	P. Duncan – E. Kramer
Brasilien	E. Conde
Dänemark	W. Hagstrøm
Deutschland	Chr. Krust
Finnland	J. Siipi – T. Koilo
Großbritannien	D. Gee – T. N. Turnbull
Holland	J. W. Embregts
Kanada	G. Kulbeck
Kongo	W. Burton
Norwegen	K. Juul (inkl. norwegische Missionen) – M. Ski
Polen	T. Maksymowicz – C. Czajko
Schweden	B. Davidsson – C. Björkquist
USA	Apostolic Faith – G. Atter – C. Brumback – C. C. Burnett – E. E. Goss.

Die internationalen Überblicke vermögen auch bescheidene Ansprüche nicht zu befriedigen[21]. Eine Ausnahme bildet lediglich *L. Steiners* Geschichte der Pfingstbewegung, die aber leider keine Fundstellen angibt. Ebenso sind die beiden Manuskripte Du Plessis'[22] zwar unentbehrlich, aber sehr unterschiedlich in der Behandlung der einzelnen Gruppen. Sitzungsprotokolle, Statuten, Prospekte usw. existieren vor allem von amerikanischen Pfingstgemeinden[23].

d) Katechismen, Glaubensbekenntnisse, dogmatische Abhandlungen

Wenn ein Kunstmaler an einer Technischen Hochschule für Architektur sein Bild über die Champs-Elysées vorstellen muß, wird er gezwungen, sich auf die Einwände der Architekten (schiefe Proportionen, ungenaue Farben usw.) einzulassen. Indem er sich auf diese Diskussion einläßt, beschreibt er sein Bild in diesem nicht entsprechenden Kategorien. Wenn ein Pfingstler anfängt, theologisch zu argumentieren, bedient er sich der rationalistischen Denkkategorien der Fundamentalisten, weil dies die einzigen, ihm bekannten theologischen Denkkategorien sind. Indem er dies aber tut, beschreibt er die „Sache mit dem Geist" in Kategorien, die dieser Sache nicht gerecht werden.

Trotzdem haben die meisten Pfingstdenominationen ein Glaubensbekenntnis, einige sogar Katechismen[24], Liturgien[25] und Kirchenordnungen[26] formuliert. Man muß sich dabei bewußt sein, daß sich die Selbstdarstellung der pfingstlichen Frömmigkeit von der pfingstlichen Frömmigkeit wesentlich unterscheidet. Diese Differenz ist dem Pfingstler nicht bekannt. Der Forscher jedoch wird sich dieser Differenz bewußt sein müssen, wenn er nicht zu falschen Schlüssen kommen will; d. h. eine adäquate Kenntnis der Pfingstbewegung lediglich auf Grund ihrer Literatur läßt sich *nicht* erarbeiten. Mindestens müssen die soziologischen Arbeiten (II, 2) mit berücksichtigt werden.

Die folgende Auswahl von Katechismen und dogmatischen Abhandlungen wird nach den verschiedenen dogmatischen Unterfamilien der Pfingstbewegung eingeteilt. Ich folge dabei meinem „Versuch einer theologischen Typologie" der Pfingstbewegung[27].

Pfingstler mit zweistufigem Heilsweg: Diese mit Abstand größte Gruppe von Organisationen lehrt *zwei* sachlich und zeitlich zu unterscheidende religiöse Krisiserlebnisse (Bekehrung und Geistestaufe). Ihre wichtigsten Vertreter sind die Assemblies of God und ihre Verwandten, die „Arbeitsgemeinschaft freier Christengemeinden", ein Teil der „Schweizerischen Pfingstmission", die amerikanische innerkirchliche Pfingstbewegung und andere[28]. *Chr. Krust, F. F. Bosworth* und *L. Steiner* gehörten ursprünglich auch in diese Kategorie. Sie haben sich aber unterdessen weit von der pfingstlichen Normaldogmatik entfernt. Die skandinavische Pfingstbewegung, die größtenteils auch zu diesem Typ zu zählen ist, hat bis jetzt keine Dogmatik hervorgebracht.

Pfingstler mit dreistufigem Heilsweg: Diese lehren *drei*, zeitlich und sachlich zu unterscheidende religiöse Krisiserlebnisse (Bekehrung, Heiligung, Geistestaufe[29]). Ihre wichtigsten Vertreter sind die verschiedenen Churches of God und die Pentecostal Holiness Church[30].

Pfingstler mit einer quäkerischen, reformierten, lutherischen oder methodistischen Lehre: Diese Pfingstler findet man nicht, wie man vielleicht vermuten würde, vor allem in der innerkichlichen Pfingstbewegung. Im Gegenteil, die amerikanische und britische innerkirchliche Pfingstbewegung gehört zum Typus der „Pfingstler mit zweistufigem Heilsweg". Lediglich die deutsche innerkirchliche charismatische Bewegung[31] kann als Versuch einer lutherischen Interpretation der Pfingstbewegung verstanden werden. Weitere Vertreter: fast die gesamte chilenische Pfingstbewegung (meth.), „Christlicher Gemeinschaftsverband GmbH. Mülheim/Ruhr" (luth., ref.)[32], „Schweizerische Pfingstmission" (teilweise meth.), die quäkerischen Pfingstler[33] der Vereinigten Staaten.

„Jesus only"-Gruppen: Sie akzeptieren nur die Taufformel „im Namen Jesu"[34]. Wichtigste Vertreter: United Pentecostal Church[35] und fast die ganze indonesische Pfingstbewegung[36].

Spätregenbewegung: Es handelt sich bei dieser Bewegung um eine enthusiastische junge Protestgruppe, die sich nach und nach von den älteren Gemeinden abspaltete. Vertreter in Südafrika[37] und Deutschland[38].

Pfingstler des apostolischen Typs: Diese Gruppe institutionalisierte die Ämter des Apostels und des Propheten. Im Frühstadium der Denomination spielte die Prophetie eine große, kirchenleitende Rolle. Vertreter: „Gemeinde für Urchristentum", Apostolic Church, „Apostolische Kirche" (nicht zu verwechseln mit der Neuapostolischen und der Altapostolischen Kirche)[39].

Als besondere Kategorie muß die kleine Minderheit *pfingstlicher Sabbatisten*[40], von Anhängern der „Britisch-Israel-Theorie" (die besagt, daß die angelsächsichen Völker die Nachkommen der zehn verlorenen Stämme Israel seien)[41], sowie die *russische und polnische* Pfingstbewegung[42] gewertet werden. Die afrikanischen, unabhängigen Gruppen können schwerlich in eine Einheit zusammengefaßt werden, da die Unterschiede zwischen den südafrikanischen Zionisten und den westafrikanischen Aladura beispielsweise zu groß sind. Es gibt daher keine für alle afrikanischen unabhängigen Pfingstgruppen typische Dogmatiken, sondern nur Beispiele, die für die entsprechende Gruppe verbindlich sind[43].

Für die Pfarrer, die die Geistestaufe mit Zungenreden erlebt haben, aber in ihren Kirchen blieben, ist für die gegenwärtige charismatische Erweckung in Deutschland auf den Beitrag von W. E. Failing[44] und die dort angegebene Literatur[45] hinzuweisen. Für die gegenwärtige amerikanische innerkirchliche Bewegung sind die Arbeiten von L. Christenson und J. Jensen maßgebend, für Großbritannien M. Harper.

Solche pfingstliche Erweckungen in den Landeskrichen gab es aber schon früher in Frankreich[46], Deutschland[47], Großbritannien[48], der Schweiz[49] und andern Ländern.

e) Wissenschaftliche Arbeiten

Es gibt eine Reihe wissenschaftlichen Ansprüchen genügende Selbstdarstellungen. Naturgemäß sind sie um so genauer, je kleiner das zu er-
forschende Gebiet war. Das ist meines Erachtens überhaupt die Arbeits-
methode, die in Zukunft die Forschung auf diesem schwierigen Gebiet
weiter treiben wird. Leider steht sie im Gegensatz zu den Bedürfnissen
der Verleger, die meist internationale Darstellungen verlangen und
kaum für die Publikation von Spezialuntersuchungen zu gewinnen
sind.

Unter den guten, auf genauen Quellenkenntnissen und historisch zuver-
lässigen Untersuchungen sind die Arbeiten von *Ch. Conn* über die Church
of God und ihre Missionskirchen, diejenige von *O. T. Hargrave* über die
Church of God in Mexiko, das großartige, leider ungedruckte „Handbook of Pentecostal Denominations in USA" von *E. L. Moore, H. V.
Synans* hervorragend dokumentierte Geschichte der Pfingstbewegung in
den Vereinigten Staaten, die Darstellung einiger amerikanischer Pfingstdenominationen von *K. Kendrick*, eine Spezialuntersuchung von *G. H.
Paul* über die Pentecostal Holiness Church in Oklahoma, *St. Durasoffs*
Geschichte der russischen Pfingstbewegung, die auf fünf Bände voran-
schlagte Darstellung der schwedischen Pfingstbewegung von *A. Sundstedt*
und die dreibändige Darstellung der norwegischen Pfingstbewegung von
E. Strand, E. Strøm, M. Ski zu erwähnen. Die Dissertation von *J. Campbell*
über die Pentecostal Holiness Church ist zwar unentbehrlich, genügt aber
nicht allen Ansprüchen. Es gibt noch weitere amerikanische, historische,
von Pfingstlern geschriebene Master- oder Doktorarbeiten; diese waren
mir aber nicht zugänglich[50].

Zu den wissenschaftlichen Selbstdarstellungen im weiteren Sinn sind
noch die reformations- und kirchengeschichtlichen Arbeiten von *K. Ecke*
zu zählen, die Biographie von *R. F. Edel* über Thiersch, den Führer der
altapostolischen Gemeinden in Deutschland und die medizinisch-
psychiatrische Dissertation von *L. M. Vivier-van Eetveldt* über das Zungenreden, sowie die polnische Untersuchung über D. L. Moody (*Akademia
Teologiczna*).

Unter den *dogmatisch-wissenschaftlichen* Schriften ist zu unterscheiden
zwischen den Arbeiten, die die pfingstliche Normaldogmatik (meist vom
Typ: zweistufiger Heilsweg) in wissenschaftlicher Form darstellen[51] und
jenen Autoren, die im Gespräch mit der neutestamentlichen Wissenschaft diese Position überwinden wollen[52].

2. TYPEN VON FREMDDARSTELLUNGEN

a) Polemiken

Es lohnt sich nicht, die vielen Polemiken gegen die Pfingstbewegung im einzelnen zu besprechen. Bedauerlich ist nur, daß sie in nicht wenigen sogenannten Standardwerken und Lexikonartikeln als Quellen über die Pfingstbewegung angegeben werden. Diese Polemiken bedienen sich des alten Mittels der moralischen Verdächtigung und der gesellschaftlichen Disqualifizierung. Man kann sie sowohl im russischen *Antireligioznik*, wie auch in der *Allgemeinen Evangelisch-Lutherischen Kirchenzeitung* finden. Manchmal wurden diese Polemiken von Verfassern geschrieben, die die Anfänge der Pfingstbewegung begrüßt, dann aber von den impulsiven Ausbrüchen überwältigt und erschreckt wurden und nun lautstark vor der dämonischen Verführung warnen[53]. Überhaupt spielt in dieser Kategorie die Furcht vor dem Dämonischen in der Pfingstbewegung eine große Rolle[54]. Gelegentlich wird mit dem meines Erachtens unbrauchbar gewordenen, unklaren und emotional geladenen Begriff der Schwärmerei operiert, wobei dann der lutherische Autor mit der Heiligungsbewegung gleich auch die Reformierten der Schwärmerei anklagt[55].

Andererseits hat der Erfolg der Pfingstbewegung und die Abwerbung vieler Glieder aus den traditionellen Kirchen andere wieder veranlaßt zu ihrer Polemik gegen die Pfingstler[56]. Letzteres mag auch das Motiv einiger katholischer Polemiken gegen die Pfingstbewegung sein[57].

b) Berichte und Reportagen

Bei einer sorgfältigen Durchsicht von Zeitungen, Zeitschriften, Lexika und Darstellungen der Kirchengeschichte finden sich genaue Beschreibungen von pfingstlichen Gottesdiensten und Organisationen. So kann man zum Beispiel ein recht anschauliches Bild der Evangelisationstätigkeit der Gebrüder Jeffreys[58], Barratts[59], Parhams[60], A. S. McPhersons[61] und anderer Pfingstevangelisten gewinnen auf Grund der zahlreichen Reportagen in der Tagespresse. Oft sind die Berichte von kritischen und ablehnenden Beobachtern verfaßt[62]; manchmal aber bemühen sie sich, die Pfingstler zu verstehen und verteidigen sie gegen die üblichen Angriffe[63]. Man findet diese Berichte an unerwarteten Orten. Wer würde den *Mondo*[64], *Time Magazine*, die ägyptische Zeitung *El-Ahram*, die chilenischen Zeitungen *El Siglo*[65], *Revista del Domingo*[66] und *Mercurio*, den schwedischen *Dagens Nyheter*, den *Aurore*, den *Figaro Littéraire* und

Constellation[67], die amerikanische Illustrierte _Life_, das kanadische Unter-
haltungsmagazin _Maclean's Reports_[68], das italienische Boulevardblatt
Oggi[69], die _Frankfurter Rundschau_[70], nebst vielen anderen deutschen
Tageszeitungen[71], _Meyers Handbuch_ über Literatur, zahlreiche _afrika-
nische_[72] und _russische_[73] Publikationen als Quelle für die Geschichte der
Pfingstbewegung vermuten? Eher schon erwartete man dies von den
verschiedenen Missionszeitschriften[74], Lexika, Nachschlagewerken[75],
Sektenkunden und Darstellungen der Kirchengeschichte[76]. Wertvolle
und genaue Beschreibungen einzelner Gruppen verdanken wir _H. Kruska_
(Polen), _F. Lovsky_ und _D. Maurer_ (Frankreich), _M. Colinon_ und _Ph. de
Félice_ (französische Heiler), _V. Rees_ und _C. West_ (China), _E. Gerber_
(Schweiz), _H. W. Debrunner_ (Westafrika), _J. W. C. Dougall_ (Afrika), _H. J.
Greschat_ (Afrika), _W. R. Read_ (Lateinamerika), _I. Winehouse_ (USA,
journalistisch), _M. Bourdeaux_ (Sovjetunion).
Unentbehrlich sind _Fleischs_ sorgfältige Darstellungen der deutschen
Pfingstbewegung, _F. G. Henkes_ früher Aufsatz über die Anfänge der
Glossolalie in den USA, _J. T. Nichols_ Gesamtdarstellung der Pfingst-
bewegung (1966), sowie die ausgezeichnet informierenden Spezialzeit-
schriften für Sektenkunde, der Materialdienst (Stuttgart) und das Informationsblatt (Zürich).

c) Theologische Interpretationsversuche

Bevor die theologischen Interpretationsversuche besprochen werden, die
von einem konfessionellen hermeneutischen Ansatz aus (etwa dem reformatorischen, dem fundamentalistischen, dem anglikanischen, dem methodistischen) die Pfingstbewegung beurteilen, müssen einige Arbeiten genannt werden, die in der Auseinandersetzung mit der Pfingstbewegnng
die Tatsache ernst nehmen, daß die Bibel eine Pluralität von Theologien,
Frömmigkeiten und Ekklesiologien enthält, daß darum der Pfingstbewegung nicht einfach _die_ Schrift, _der_ evangelische Glaube, entgegen-
gestellt werden kann, wie dies in den meisten Darstellungen heute noch
geschieht, 50 Jahre nach K. L. Schmidts „Rahmen der Geschichte Jesu"
und Bultmanns „Geschichte der synoptischen Tradition" und bald 10 Jahre
nach _E. Schweizers_ „Gemeinde und Gemeindeordnung im Neuen Testament" und seinem Artikel „pneuma" im Theologischen Wörterbuch
(um nur diese für die Auseinandersetzung mit der Pfingstbewegung besonders wichtigen exegetischen Arbeiten zu nennen).
Am wichtigsten für das Verständnis der Pfingstbewegung sind die
exegetischen Arbeiten von _E. Schweizer_ und _E. Käsemann_, obschon sie
sich nicht ausdrücklich mit der Pfingstbewegung beschäftigen und sie

vermutlich auch nicht kennen. Aber ihre Auseinandersetzung mit dem Enthusiasmus des Neuen Testamentes ist für das Gespräch mit der Pfingstbewegung grundlegend.
Leider werden die meisten Auseinandersetzungen mit Sekten und sekten-ähnlichen Gebilden unter Absehung der exegetischen Wissenschaften geschrieben. Unter den wenigen, die vom Pluralismus der Frömmigkeiten im Neuen Testament ausgehen, ist *W. Köhler* zu nennen, der die Pfingst-bewegung aus eigener Anschauung kennt[77]; Köhler weiß, daß es unter Umständen unmöglich ist, den Sektierer – Köhler bezeichnet die Pfingst-ler als Sektierer – mit der Bibel schlagen zu wollen, dann nämlich, wenn er „der Biblische" ist. *F. Simon* schrieb schon 1908, daß man das „Zungen-reden" im 20. Jahrhundert nur dann als Schwärmerei zurückweisen könne, wenn man bereit sei, auch das Vorhandensein „unterchristlicher Bestandteile" im Neuen Testament anzuerkennen. „Der Enthusiasmus ist so sehr ein wesentliches Element im Leben der neutestamentlichen Gemeinde, daß man einer ähnlichen Ausartung innerhalb der Gemein-schaftsbewegung nicht durch ein Zurückrufen zu einer ‚biblischen Nüchternheit' Herr werden kann." *A. Bruckner* wies ebenfalls schon 1909 darauf hin, daß „die von den Gemeinschaften als ‚satanisch' verabscheute Theologie ihr die wertvollsten Dienste" hätte leisten können[78].
Einen Schritt weiter gehen die französischen Theologen. *F. Brissaud*, der in der Pfingstbewegung eine „junge Kirche" sieht, und *F. Lovsky*, der sie als eine Ausprägung des Fundamentalismus bezeichnet. Das *Centre Protestant d'Etudes et de Documentation* in Paris besitzt eine hervorragende Dokumentationsmappe über die Pfingstbewegung. Man hat dort richtig erkannt: „Es ist völlig ausgeschlossen, Moody der Frömmigkeit der Pfingstbewegung entgegenzustellen", wie dies die unten (S. 322) auf-geführten fundamentalistischen Autoren immer noch zu tun pflegen. Die französischen Verfasser lassen es aber nicht bei der obigen Feststellung bewenden. Sie sehen die Schwächen der Pfingstbewegung klar, bemühen sich aber doch erfolgreich, ähnlich wie die holländische Kirche, um ein theologisch-kritisches, aber menschlich freundschaftliches Gespräch. Dies hat Früchte gebracht, sendet doch die Pfingstbewegung an die *Assemblée Générale du Protestantisme Français* jeweils ihre Beobachter und arbeitet sie doch in verschiedenen Städten mit der protestantischen und gelegentlich mit der katholischen Kirche zusammen[79].
In einem längeren Artikel hat auch der lutherische Theologe *H. Meyer*[80] versucht, die allgemeine Einstellung der brasilianischen Lutheraner der Pfingstbewegung gegenüber herauszufordern. Im allgemeinen schätzt man dort den Eifer der Pfingstler, hält sie aber für religiös überhitzt. H. Meyer, der an einer wichtigen Konsultation zwischen Adventisten, Bap-

tisten, Methodisten, Reformierten, Katholiken, Prediger der Heiligungsdenominationen, Lutheranern und Anglikanern teilnahm[81], ist mit dieser
lutherischen Interpretation nicht einverstanden. Er ist der Meinung, daß
die *Praxis* der Pfingstbewegung als *theologischer* Beitrag zu werten sei,
auch wenn die Pfingstler selber nicht in der Lage seien, ihre Praxis in
adäquater theologischer Terminologie zu beschreiben. Sie beginnen mit
dem Problem, das das brasilianische Volk drückt, mit ihrer Krankheit
(darum üben sie die Krankenheilung durch Gebet), mit ihrer unartiku-
lierten Ausdrucksweise von Freude und Furcht (darum üben sie das
Zungenreden), mit ihren archetypischen Kommunikationsmitteln (darum
spielt Musik, Gesang und Tanz in ihrem Gottesdienst eine große Rolle)
und geben dadurch ein Beispiel für das Schlagwort der ökumenischen
Studie über die „missionarische Struktur der Gemeinde"[82]: „Die Welt
stellt die Tagesordnung für die Kirche auf." Das heißt: Für die brasilianischen Pfingstler gibt der brasilianische Kontext die Themen für ihre
Verkündigung (und nicht die kirchliche Tradition). Das heißt natürlich
nicht, daß die Pfingstler wiederholen, was die Brasilianer sowieso schon
wissen und sagen. Aber es bedeutet, daß sie die Krankheit, die Arbeitslosigkeit, die unartikulierte Angst über die wirtschaftliche und politische
Fäulnis Brasiliens zum Thema ihrer Evangelisation machen[83].

In seinem außerordentlich anschaulich geschriebenen Buch „Der Heilige
Geist in Amerika" beschreibt *E. Benz* seine Entdeckung der Pfingstbewegung, die für ihn zu einem „überraschenden Neuheitserlebnis"
wird, besonders in den schwarzen Gemeinden, die von den europäischen
Pfingstlern gerne unterschätzt werden. Benz sieht in dieser schwarzen
Pfingstfrömmigkeit nicht Kümmerformen europäischen Christentums,
sondern eine revolutionäre Macht der Gewaltlosigkeit, die Implikationen
nicht nur für die „Katholizität der Kirche", sondern auch für die „Einheit
der Menschheit" mit sich bringt.

Besonders zu beachten ist, daß sich im Raume der katholischen Forschung,
sowohl unter den katholischen Soziologen, wie auch unter katholischen
Theologen, mehr und mehr eine theologisch-kritische, jedoch ökume-
nisch-offene und auf gute Quellenkenntnisse und persönliche Feld-
forschung sich stützende Behandlung der Pfingstbewegung zeigt, die
sich sehr vorteilhaft von den früheren polemischen Schriften abhebt[84].

In Holland ist aus Gesprächen zwischen den reformierten Kirchen und
der Pfingstbewegung[85] das hervorragende *Hirtenschreiben*[86] der reformierten Kirche Hollands entstanden. Diese Hirtenschrift ist ein Mark-
stein im Verhältnis zwischen Landeskirchen und Pfingstbewegung und
darf in keiner theologischen Bibliothek fehlen.

Dieselbe Haltung spricht auch aus den Veröffentlichungen der *All Africa*

Conference of Churches und denjenigen des *Ökumenischen Rates der Kirchen*[87]. *H. W. Turner* schrieb mit einem Forschungsstipendium des Ökumenischen Rates der Kirchen eine umfangreiche und kompetente Untersuchung über die Aladurabewegung in Nigeria, ihre Beziehung zur anglikanischen Kirche und zu den pfingstlichen Missionaren. Er versucht, die Aladurabewegung so positiv wie möglich zu beurteilen, verschweigt auch ihre Schwächen nicht, hat aber große Achtung vor der Kraft ihrer Frömmigkeit und ihrem missionarischen Geschick, das nicht als blinder Eifer abgewertet werden darf, sondern vielleicht für Nigeria sogar politische Bedeutung hat, ist die Aladurabewegung doch neben dem Islam und dem Kommunismus die einzige über die Stammesgrenzen hinweggehende afrikanische Bewegung. *Chr. Baëta*, ehemals Präsident des *International Missionary Council*, sucht das Gespräch mit den unabhängigen Kirchen Afrikas *vor* dem theologischen Urteil aus den S. 330f. angegebenen Gründen.

Um dieses Gespräch zu erleichtern, faßt mein „Handbuch der Pfingstbewegung" die wichtigsten Quellen der Pfingstbewegung zusammen. Das Handbuch hat drei Teile: erster Teil (ein Band): Überblick der Frömmigkeit, Geschichte und Lehre; zweiter Teil (sechs Bände): Darstellung der verschiedenen pfingstlichen Denominationen, nach Ländern geordnet; dritter Teil (drei Bände): kommentierte Bibliographie, 400 Kurzbiographien wichtiger Pfingstprediger. Der erste Teil ist der Schlüssel zum ganzen Handbuch. Er wurde 1969 in erweiterter Form, zusammen mit Ausschnitten aus dem zweiten und dritten Teil, als Buch veröffentlicht (PGG). Jedes Kapitel hat einen „pfingstlichen" und einen wissenschaftlichen Titel, d. h. ich versuchte, Dolmetscher zu sein zwischen Pfingstbewegung und reformatorischen Kirchen, getreu der dem ganzen Werk vorangestellten Widmung: „Meinen Freunden und Lehrern aus der Pfingstbewegung, die mich die Bibel lieben, und meinen Lehrern und Freunden aus der reformierten Kirche, die sie mich verstehen lehrten." In der theologischen Beurteilung versuchte ich, streng von der exegetischen Erkenntnis auszugehen, daß das Neue Testament verschiedene Frömmigkeitstypen, darunter auch den enthusiastischen enthält. Dies spricht aber weder für noch würde die Abwesenheit des enthusiastischen Typus im Neuen Testament gegen die Pfingstbewegung sprechen. Es könnte ja sein, daß eine für die neutestamentliche Zeit mögliche oder notwendige Frömmigkeit heute funktionslos würde. Andererseits könnte es sein, daß wir heute neue, im Neuen Testament nicht vorhandene charismatische Frömmigkeitsformen benötigen. Es ist daher zu prüfen, ob die pfingstliche Frömmigkeit eine theologisch zu verantwortende Funktion erfüllt. Hier ist der Punkt, wo die theologische Arbeit notwendigerweise auf die Mitarbeit von Soziologie, Psychologie, Politologie und Nationalökonomie angewiesen ist.

Der zweite Hauptteil des Handbuches bringt erstmalig eine Darstellung sämtlicher Pfingstgruppen der Welt. Die Glaubensbekenntnisse werden im Orginal zitiert. Soziologische, psychologische und politische Aspekte werden hervorgehoben.

Im folgenden werden im Gegensatz zu den oben besprochenen Arbeiten diejenigen theologischen Interpretationen untersucht, die bewußt von konfessionellen (resp. weltanschaulichen) Voraussetzungen ausgehen.

Fundamentalisten, Gemeinschaftsbewegung

Die *Fundamentalisten*[88] verfolgen die äußere und innere Entwicklung der Pfingstbewegung aufmerksam, wobei besonders die mögliche Annäherung an die theologischen Wissenschaften und den Ökumenischen Rat der Kirchen sehr ungern gesehen wird.

Autoren aus der Gemeinschaftsbewegung und dem Fundamentalismus beurteilen die Pfingstbewegung unterschiedlich. Die angelsächsischen Fundamentalisten haben ein positives Verhältnis zur Pfingstbewegung und versuchen, sie für die fundamentalistischen Nationalverbände und Weltorganisationen zu gewinnen[89], während die deutsche Gemeinschaftsbewegung mehrheitlich[90], die brasilianische Adventistenkirche gelegentlich[91] in starrer Ablehnung beharrt. Ein differenzierteres Urteil bewahrten sich *A. Essen* und *W. Michaelis*, beides beachtenswerte Interpretationsversuche im Rahmen der Gemeinschaftsbewegung. Der Holländer *J. B. A. Kessler* hat eine sehr schöne, auf vielen unbekannten Quellen beruhende Dissertation über den chilenischen und peruanischen Protestantismus geschrieben; Kessler hat darin die fundamentalistische Schematisierung weit hinter sich gelassen und die beste mir bekannte historische Darstellung und eine interessante Deutung dieses Protestantismus geliefert. Der Titel (*Older Protestant Missions and Churches in Peru and Chile*) könnte allerdings einen Nichtfachmann in die Irre leiten. Zu den „älteren Kirchen in Peru und Chile" gehören nämlich die Pfingstkirchen ausgesprochen.

Lutheraner

Die lutherischen Arbeiten über die Pfingstbewegung zeichnen sich – von einigen Ausnahmen abgesehen[92] – durch den Versuch aus, unpolemisch, aber unmißverständlich den Gegensatz zwischen dem lutherischen *sola gratia* und dem pfingstlichen *ordo salutis* herauszuarbeiten. So sieht *F. D. Bruner* in seiner gut dokumentierten Dissertation die Pfingstbewegung als „heresy with vitality" und macht mit Recht auf die verschiedenen

Berührungspunkte mit der römisch-katholischen Frömmigkeit aufmerksam. In Weiterverfolgung dieses Ansatzes könnte man die Pfingstbewegung sogar als einen Versuch bezeichnen, katholisch zu werden (oder zu bleiben), ohne der katholischen Hierarchie untertan zu sein; jedenfalls würde diese Hypothese durch die starke Verbreitung der Pfingstbewegung in katholischen Ländern gestützt.

Anders beurteilt *E. Briem*, ein hervorragender Kenner und objektiver Beurteiler, die Pfingstbewegung. Dieser schwedische Lutheraner sieht in der Pfingstbewegung eine Abart des Calvinismus. „Wie Calvin hat auch die Pfingstbewegung einen strengen Biblizismus auf die Spitze getrieben. Das Wort Gottes ist das absolute Gesetz nicht nur in geistigen Fragen, sondern in allem." Unentbehrlich für die Kenntnis der skandinavischen Pfingstbewegung ist das wissenschaftliche dreibändige Werk von *E. Linderholm*. Leider sind mir die Arbeiten der finnischen Theologen[93] über die Pfingstbewegung sprachlich nicht zugänglich. *E. Giese*, lutherischer Pfarrer und Mitarbeiter des pfingstlichen „Christlichen Gemeinschaftsverbandes GmbH. Mülheim/Ruhr", versucht in verschiedenen Arbeiten, besonders aber in seiner Biographie J. Pauls, zu zeigen, daß die deutsche Pfingstbewegung auch als lutherischer Pietismus verstanden werden kann, was sich mindestens für J. Paul (trotz seiner Heiligungslehre) wahrscheinlich machen läßt: man bedenke nur sein zähes Festhalten an der Säuglingstaufe und seine Ablehnung des Fundamentalismus.

W. Metzger faßt in einem bemerkenswerten Aufsatz die „Pfingstbewegung als Frage an die Kirche" auf, wie überhaupt das ganze Fuldaer Heft 15, das Metzgers Aufsatz enthält, mit Vorteil von den Pfingstlern und ihren Gegnern studiert wird. Die Fünfte Vollversammlung des Lutherischen Weltbundes in Evian (*Evian* 1970) verlangte einen systematischen Dialog zwischen den reformatorischen Kirchen und der Pfingstbewegung.

Sehr kritisch geht *P. Beyerhaus* mit den aus der pfingstlichen Missionstätigkeit hervorgegangenen südafrikanischen, zionistischen, unabhängigen Kirchen ins Gericht. Sie sind für Beyerhaus ein Versuch, dem Kreuz auszuweichen, obschon andererseits Beyerhaus zugibt, daß hinter den uns gestellten Problemen Rückfragen stehen, „die die sendenden Kirchen des Westens selbst noch nicht gelöst haben"[94].

Eine sehr schöne, heute leider veraltete, aber durch keine neueren Untersuchungen ersetzte Studie über die finnische Pfingstbewegung verfaßte der finnische Kirchenhistoriker *W. Schmidt*.

Abschließend müssen drei lutherische Forscher erwähnt werden, die sich in besonderem Maße um die Erforschung der Pfingstbewegung verdient gemacht haben: K. Hutten, N. Bloch-Hoell, P. Fleisch.

Fleisch ist wohl der beste Kenner der Geschichte der deutschen Pfingstbewegung bis 1945. Seine Arbeit wurde auch von den Pfingstlern selber anerkannt. Für den hohen wissenschaftlichen Ernst und seine bescheidene Selbsteinschätzung zeugt das Vorwort zu dem Band „Die Pfingstbewegung in Deutschland": „Von einer Beurteilung habe ich abgesehen. Ich wollte nur das Material liefern und erhalten helfen, das zu einer gründlichen theologischen und psychologischen Beurteilung erforderlich ist."

K. *Hutten* hat in seinem Taschenbuch „Die Glaubenswelt des Sektierers" eine interessante psychologische Analyse der Pfingstbewegung vorgelegt. Er wirft der Pfingstbewegung „religiösen Schmalz, oft auch Schund" vor. Zwar berechtigt das Urteil „abstoßend, kitschig" noch nicht zu theologischen Schlüssen – zudem pflegt das Urteil über das, was Kitsch ist, sehr subjektiv zu sein: Kitsch ist, was einem heimlich gefällt! –, es wäre aber für die Pfingstbewegung doch von Gutem, wenn sie ihre sprachlichen, musikalischen und liturgischen Entgleisungen nicht nur als belanglose Äußerlichkeiten abtäte. Ernsthafter ist jedoch Huttens theologisches Urteil zu prüfen. Nach Hutten besteht der Unterschied zwischen den enthusiastischen Erscheinungen des Neuen Testamentes und der Pfingstbewegung darin, daß jene sporadischer Art waren. Die Pfingstbewegung aber hat daraus eine reguläre Endstation des christlichen Weges zur Vollkommenheit, ein System gemacht. Hutten verwendet hier Quantität (Häufigkeit) und Qualität (Spontaneität) eines enthusiastischen Erlebnisses als Kriterium. In seiner Sicht wird die Pfingstbewegung schuldig des Manipulierens mit Phänomenen, die spontan segensreich sein können, gehäuft und organisiert auftretend aber von Hutten als sektiererisch empfunden werden. Warum aber sollen die gleichen Manifestationen, wenn sie sporadisch oder spontan auftreten, weniger bedenklich sein, als wenn ihr Auftreten geordnet, gewissen methodischen und liturgischen Prinzipien unterworfen und unter Umständen auch durch psychologische Maßnahmen (vgl. 2. Kön. 3, 15!) hervorgerufen werden? Wenn sich zeigen ließe – was wahrscheinlich der Fall ist –, daß ein künstlich herbeigeführtes Zungenreden psychologisch wertlos ist, wäre allerdings ein Urteil gegen die Manipulationen in gewissen Pfingstkreisen gesprochen. Aber nicht deswegen, weil sie den Heiligen Geist manipulieren, weil das „Künstliche" weniger geistgewirkt ist als das „Spontane", – dies ist eine in der Religionsgeschichte weit verbreitete Ansicht und kommt sowohl in der Pfingstbewegung wie auch in der Didache und bei Hermes vor, wurde aber von Paulus (1. Kor. 14, 27–33) abgelehnt, wo er die Kontrolle des Verstandes über die spontanen Phänomene fordert –, sondern weil sie alle ihnen anvertrauten Menschen in eine ihnen nicht entsprechende uniforme Frömmigkeit manipulieren wollen.

Trotz diesem grundsätzlichen Einspruch – der sich übrigens gegen die meisten Darstellungen der Pfingstbewegung aus dem protestantischen Lager erheben ließe; bei Hutten kommt diese Auffassung am deutlichsten zum Ausdruck – muß Huttens Bemühung um die Darstellung der deutschen Pfingstbewegung als genaue und zuverlässige Arbeit gewürdigt werden. Nur wer die unendlichen Mühen kennt, die mit der Datenbeschaffung in der Pfingstbewegung verbunden sind, kann Huttens zuverlässige Arbeit schätzen. Er ließ es sich nicht nehmen, das Kapitel über die Pfingstbewegung in seinem Sektenbuch von Auflage zu Auflage neu zu überarbeiten und hat sich auch persönlich für klärende Gespräche zwischen den deutschen Landeskirchen und der Pfingstbewegung eingesetzt. Darüber hinaus berichtet er im *Materialdienst* laufend das Wichtigste (mit Quellenangaben).

Bloch-Hoells Arbeit wird allgemein und zu Recht als das derzeitige Standardwerk über die Pfingstbewegung bezeichnet. Zwar ist der Titel „The Pentecostal Movement, Its Origin, Development, and Distinctive Character" zu breit. Bloch-Hoell beschreibt die Geschichte der pfingstlichen Frömmigkeit in Norwegen, dazu einige Aspekte in England und Nordamerika. Aber diese Abschnitte hat er mit wissenschaftlicher Sachkenntnis bearbeitet. Besonders interessant an seinem Buch ist die Aufgabenstellung, eine *Dogmen-* und *Frömmigkeitsgeschichte* zu schreiben. Er benutzt dazu ein großes, aber bei weitem nicht vollständiges oder auch nur die wichtigsten Organisationen innerhalb der Pfingstbewegung umfassendes Quellenmaterial. Aber sein Material genügt vollkommen, um die theologische und soziologische Entwicklung der *norwegischen* und *amerikanischen* Pfingstbewegung zu skizzieren.

Reformierte

Unter den reformierten Forschern ragen die Holländer hervor. Sie kennen die holländische Pfingstbewegung gründlich. Das „Herderlijk Schrijven van de Generale Synode der Nederlandse Hervormde Kerk" über „De Kerk en de Pinkstergroepen" ist das Resultat längerer Kontakte zwischen Pfingstbewegung und reformierter Kirche in Holland. Die „Hirtenschrift" ist eindeutig ein reformiertes Dokument, aber es legt die reformierte Auffassung in einer solchen Weise dar, daß es für die Pfingstler möglich wurde, die Hirtenschrift nicht als „aufgehobenen Zeigefinger", sondern als „entgegengestreckte Hand" zu verstehen.[95] Ähnliche Reaktionen auf *O. Eggenbergers* Arbeiten sind mir bis jetzt nicht zu Gesicht gekommen. Das kann aber daran liegen, daß die Schweizer Pfingstler weniger gesprächsfähig sind als die holländischen. Es kann aber auch daran liegen, daß Eggenberger – sachlich durchaus mit der „Hirtenschrift" übereinstimmend – den Pfingstlern den Vorwurf macht, über die reformierte Rechtfertigungslehre hinauszugehen, ein Vorwurf, dem kaum widersprochen werden kann. Die Frage ist nur – für die Pfingstler und für die die Pluralität des Neuen Testamentes ernst nehmende Forschung –, ob nicht bestimmte Teile des Neuen Testamentes und weite Kreise der reformierten Kirche (ganz zu schweigen von den Anglikanern und Orthodoxen) nicht ebenfalls über die reformierte Rechtfertigungslehre hinausgehen. Das wird klar bei der Lektüre gewisser positiver Urteile von Pfarrern über die Pfingstbewegung[96]. Es ist gerade die Überwindung (man sagt dann vielleicht ungefährlicher „Ergänzung", aber eine reformierte Rechtfertigungslehre, die ergänzt werden muß, ist genau das, was Eggenberger als „über die Rechtfertigungslehre hinausgehen" bezeichnet) der Rechtfertigungslehre, die geschätzt wird.

Die Waldenser *M. Miegge* und *G. Peyrot* zeigen, wie gerade diese bestimmte, nicht streng auf die Rechtfertigung konzentrierte Frömmigkeit der italienischen Pfingstbewegung, dem süditalienischen Katholiken den Zugang zur Bibel öffnet, während *M. L. Martin* in ihrer Arbeit über die unabhängigen, pfingstähnlichen Kirchen Südafrikas zwar den Erfolg dieser Kirchen nicht bestreitet, aber andererseits ihre Besorgnis über die Aushöhlung der reformierten Frömmigkeit nicht verhehlen kann, gegen die eine theologische Belehrung erwiesenermaßen vorderhand ein untaugliches Mittel ist[97].

F. Blanke unterscheidet zwischen den „freikirchlich-christozentrischen" und den „sektiererisch-ausschließlichen" Pfingstgruppen. Als Unterscheidungsmerkmal dient ihm die Lehre von der Geistestaufe mit obligatorischem Zungenreden für die sektiererischen Gruppen. Nun ist dieses Unterscheidungsmerkmal nicht bedeutungslos. Es spielt jedenfalls für die Selbstidentifikation der Pfingstbewegung eine große Rolle. Aber Blanke führt unter den gemäßigten fast lauter Gruppen auf, die die typisch pfingstliche Geistestauflehre vertreten. Zu diesen Vertretern gehört bekanntlich auch der von allen Beurteilern als „gemäßigt" bezeichnete D. Gee. Blankes Ansatz ist daher folgendermaßen zu erweitern: zu den sektiererisch-ausschließlichen Pfingstgruppen sind diejenigen Pfingstdenominationen zu zählen, die eine typische „Stammesreligion" vertreten und nicht in theologischen und kulturellen Austausch mit anderen Subkulturen treten wollen, wobei der besondere Typ der Geistestauflehre vorderhand unberücksichtigt bleiben kann.

Methodisten

Von methodistischen Autoren sind vor allem die Veröffentlichungen im „*Schweizer Evangelist*"[98] und im „*Evangéliste*" zu erwähnen, die bis zur

Schaffung einer eigenen pfingstlichen Organisation die Pfingstbewegung positiv beurteilen (inkl. Barratts Zungenreden)[99]. Dies ist verständlich, lehrten doch die schweizerischen Methodisten um die Jahrhundertwende eine Geistestauflehre, die mit der pfingstlichen beinahe identisch war. Ab 1909 mehrten sich die kritischen Stimmen[100]. *E. Clark* verfaßte ein fleißig zitiertes Standardwerk über die „kleinen Sekten in Amerika". Clark hat für die von ihm beschriebene Periode genaue und farbige Einzelheiten beigebracht. Die meisten Pfingstler schätzen allerdings sein Buch nicht, weil er sich über die Geschichte der Pfingstbewegung fast ausschließlich von *H. A. Tomlinson* unterrichten ließ. Nach der Darstellung Tomlinson/Clark stammt die gesamte Pfingstbewegung von H. A. Tomlinson und seinem Vater *A. J. Tomlinson* ab. Diese Darstellung ist unhaltbar, obschon sie unterdessen auch von der RGG übernommen wurde[101].

Baptisten

Außer zwei schwedischen soziologischen Untersuchungen[102] über die Entstehung der Pfingstbewegung im Schoße der schwedischen Baptisten und einer Streitschrift von *E. Krajewski* sind mir mit Ausnahme einer guten psychologischen Analyse von *W. E. Oates*[103] und einem Bericht über die brasilianische Pfingstbewegung durch den schwedischen Historiker *A. Hermansson* keine bemerkenswerten baptistischen Arbeiten bekannt, es sei denn, man zähle die gelegentlichen Äußerungen *B. Grahams* zu dieser Kategorie.

Anglikaner

Der ehemalige Direktor der Abteilung für Weltmission und Evangelisation im Ökumenischen Rat der Kirchen, *L. Newbigin*, teilte in seinem Buch „Von der Spaltung zur Einheit" die gesamte Christenheit in drei Hauptäste ein: in die katholischen, den protestantischen und den pfingstlerischen und führte damit den von *H. P. van Dusen* eingeführten Begriff der „dritten Kraft" als Bezeichnung für die Pfingstbewegung weiter. Er gibt eine sehr positive – vielleicht zu positive – und von großer Achtung getragene Beschreibung der Pfingstbewegung, die er durch persönliche Kontakte kennt, und plädiert dafür, daß die drei Hauptströmungen des Christentums sich gegenseitig ergänzen.

Bei den Anglikanern verbindet sich oft eine hochkirchliche anglokatholische Theologie und Liturgie mit der Ausübung pfingstlerischer Frömmigkeit[104]. Dieser pfingstliche Einbruch in die anglikanische Kirche wird allerdings im offiziellen Organ der amerikanischen anglikanischen Kirchen, *The Living Church*, kritisch beurteilt.

Katholiken

Wichtiger als vorerst erwartet würde, sind die hervorragenden katholischen Untersuchungen. Da sind zuerst die Arbeiten des italienischen Kirchenrechtlers *A. C. Jemolo*[105] zu erwähnen, die neben den Arbeiten der italienischen Nichtkatholiken[106] für das Verständnis der italienischen Pfingstbewegung unentbehrlich sind[107]. Jemolo befürwortet eine volkskirchliche Struktur der katholischen Kirche in Italien, plädiert aber gleichzeitig für die religiöse und politische Freiheit der Andersgläubigen, insbesondere der Pfingstler.

H.-Ch. Chéry hat in seinem Werk „Offensive des Sectes" mit Hilfe eines Teams von Feldarbeitern eine genaue Bestandesaufnahme der französischen Pfingstler vorgenommen. Seine Beurteilung bewegt sich in einem von einem französischen Priester zu erwartenden Rahmen.

Die katholischen Beobachter der chilenischen Pfingstbewegung[108] bemühen sich mit Erfolg um eine genaue Bestandsaufnahme dieser „wahrhaft proletarischen Bewegung voll geistlicher Dynamik"[109]. Im Gegensatz aber zu seinen Kollegen Muñoz, R. Ph. Gaëte und Vergara zeigt sich Damboriena besorgt über die „protestantische Penetration" in Südamerika, über die Protestanten, die in Genf große Worte sprechen von der Einheit aller Kirchen, in Südafrika aber der katholischen Kirche ihre Mitglieder rauben. Und ausgerechnet die Pfingstler, die am meisten Katholiken bekehren, sollen noch in den Ökumenischen Rat aufgenommen werden[110]! Damboriena dürfte aber mit seiner Meinung selbst in Lateinamerika unpopulär werden. Gaëta jedenfalls fiel die Verwandtschaft zwischen Katholizismus und Pfingstbewegung auf. Nach seiner Meinung leben die Pfingstler in Chile nicht vom Angriff auf die katholische Kirche, sondern von der Wahrheit der katholischen Kirche, die sie oft besser verstanden hätten als viele Katholiken. Dieser Meinung ist auch *F. Lepargneur*, der darum seinen Vortrag am Symposium zwischen Protestanten, Pfingstlern und Katholiken in São Paulo (1965) nicht zu einer „apologetischen Widerlegung der Pfingstbewegung machen wollte", andererseits aber einige dieser Pfingstlern und Katholiken gemeinsamen Wahrheiten als nicht schriftgemäß nachwies[111].

Unter den holländischen[112], deutschen[113], besonders aber unter den nordamerikanischen Katholiken ist in den letzten zwei Jahren das Interesse an der Pfingstbewegung gewaltig gewachsen. Man bemüht sich um eine faire Darstellung[114], fragt nach der „ökumenischen Bedeutung der Pfingstbewegung" und würdigt ihre Arbeit unter den Rauschgiftsüchtigen[115]. In der wichtigsten katholischen Universität der Vereinigten Staaten (Notre Dame, Indiana) ist eine pfingstliche Erweckung ausgebrochen. 2000 katholische Studenten und Professoren erlebten die Geistestaufe mit Zungenreden nach pfingstlichem Vorbild. Auch Du Plessis scheint in Rom mehr als höfliche Verwunderung angetroffen zu haben. Er berichtet, daß er von hohen katholischen Würdenträgern um Handauflegung zum Empfang der Geistestaufe gebeten worden sei. Nicht unkritisch, aber sehr wohlwollend versuchen die katholischen Theologen die pfingstliche Erfahrung in die katholische Frömmigkeit einzubauen[116].

Juden

Hier ist auf die Vorträge *Ben Gurions* und des Stadtpräsidenten von Jerusalem *Ish-Shalom* anläßlich der sechsten Weltpfingstkonferenz in Jerusalem (1961) hinzuweisen und den Bericht über diese Konferenz durch den Rabbiner *A. Gilbert*.

Kommunisten

Die kommunistischen Autoren unter die konfessionell gerichteten theologischen Interpretationsversuche einzureihen, mag vielleicht etwas gesucht erscheinen. Man kann diese Einteilung rechtfertigen, wenn man die kommunistische Darstellung der Pfingstbewegung als Beschreibung betrachtet, die diese von bestimmten, weltanschaulichen Voraussetzungen aus beurteilt[117]. Insbesondere die italienischen Linksintellektuellen[118], aber auch der Russe *Bontsch-Bruevitsch* beurteilen die Pfingstler wohlwollend. *Falconi* legte eine gut dokumentierte, spritzig geschriebene, von einem linksorientierten, politischen Gesichtspunkt aus konzipierte Darstellung vor, die sich der klassenkämpferischen und polemischen Zwischentöne enthält. *Pestalozza* schrieb eine gut dokumentierte Apologie gegen die Verfolgungen der katholischen Kirche und des italienischen Staates, die er folgendermaßen zusammenfaßt: „Die Pfingstler haben der gegenwärtigen Gesellschaftsordnung keine konstruktive Alternative entgegenzusetzen, indem sie sich über die Mühen dieser Erde hinwegtrösten mit der Gewißheit einer jenseitigen Freude. Die mystische Teilnahme am religiösen Leben der Gemeinde, das Lesen des Evangeliums löst die menschlichen Probleme nicht, sondern entschärft sie höchstens durch ein bejahtes Erleiden. Gewiß, das sind vom Gesichtspunkt des Klassenkampfes aus negative Aspekte. Aber die ins Gewebe meridionaler atavistischer Suggestion und Unterdrückung eingespannten Pfingstler erfahren hier eine Verminderung der geistlichen Bevormundung durch die traditionellen Autoritäten. Das allein ist ein sozialer Faktor, der individualisierende Konsequenzen haben wird."
Einen Überblick über die russische Literatur kann ich nur schwer gewinnen. Sicher ist, daß *Bontsch-Bruevitsch* nicht die einzige wohlwollende

Stimme unter den russischen Kommunisten ist. Jedoch scheinen die gesellschaftlichen und moralischen Verunglimpfungen in der Mehrzahl zu sein. Trotzdem sind sie als Quelle für die russische Pfingstbewegung verwendbar[119]; z. B. lassen die in jüngster Zeit in den russischen Zeitschriften auftretenden Polemiken gegen einen radikalen, evangelistischen Flügel innerhalb der Union der Evangeliumschristen / Baptisten / Pfingstler darauf schließen, daß parallel mit einem missionarischen Aufschwung eine neue Verfolgungswelle über die Pfingstler in Rußland geht. Das wird auch durch direkte Berichte aus Rußland bestätigt.

d) Soziologische und psychologische Interpretationsversuche

Für Soziologen und Anthropologen bietet die Pfingstbewegung hervorragendes Anschauungs- und Untersuchungsmaterial. Einzelne Gemeinden oder Gemeindegruppen bilden ein fast geschlossenes soziales System, die Außenkontakte können leicht typisiert und überblickt werden, die sozialen Innenbezüge lassen sich in einer Pfingstgemeinde mit Geduld und Ausdauer aufdecken, da der Pfingstler auf mündliche Fragen nicht unangenehm reagiert, wenigstens solange der Enqueteur von den Pfingstlern als Missionsobjekt verstanden werden kann.

Diese Tatsache ist von einigen Forschern ausgenutzt worden. Sie besuchten regelmäßig die Gottesdienste, befreundeten sich mit den Pfingstlern und ihrem Prediger, wurden von Gemeindegliedern und Predigern nach Hause eingeladen, lasen ihre Literatur gründlich, lernten ihre Lieder, ja, einige gingen so weit in der Identifikation, daß sie in pfingstlicher Weise predigen lernten. Die Schwierigkeiten, die dabei entstehen, beschreibt *M. J. Calley* ausführlich. Sie zählten die Gottesdienstbesucher und fertigten Tabellen an über die Häufigkeit des Besuches, das Verhalten während des Gottesdienstes und besprachen gelegentlich das Ergebnis mit den Pfingstlern, um deren eigene Interpretation eines entsprechenden Verhaltens mitberücksichtigen zu können.

Diese soziologischen Darstellungen sind auch für den Theologen wertvoll: *erstens* weil sie erstklassige Informationen bieten über den Gottesdienst und das außergottesdienstliche Verhalten der Pfingstler; diese Beschreibungen sind so genau, daß der Kenner selten Mühe hat, auf Grund der beschriebenen Phänomene die theologische Unterfamilie der betreffenden Pfingstgemeinde zu bestimmen; *zweitens* ist für den Theologen die Beschreibung der sozialen Funktionen einer Pfingstversammlung in Afrika, Italien, Großbritannien, Australien, Lateinamerika oder in den Vereinigten Staaten wichtig[120].

Erst *nach* Berücksichtigung dieser sozialen Funktion einer Pfingstgemeinde – oder auch einer Körperschaft, die ein Theologe zum voraus als Sekte bezeichnet – kann ein *theologisches* Urteil über die betreffende Gruppe abgegeben werden; Exegese und Kirchengeschichte haben nämlich gezeigt, daß eine Lehre und Praxis, die in Frankfurt oder im sozialen Milieu des gehobeneren Bürgerstandes dysfunktional erscheint, in einem anderen Milieu, unter den Yorubas von Lagos, bei den französischen Zigeunern, eine wichtige humanisierende Funktion ausüben kann. Was von einem konfessionellen Standpunkt aus Irrlehre ist, könnte für die sich langweilenden Kaufleute von Los Angeles, denen intellektuelle Gottesdienste unzugänglich sind, der Zugang zu dem ihr Gewissen schärfenden Wort Gottes werden. Sollte diese Annahme stimmen, so wären Kriterien aufzustellen, unter denen eine Orthodoxie zur Häresie wird – eine Aufgabe. die sich W. A. Visser't Hooft in einem anderen Zusammenhang gestellt hat[121] – und eine Häresie zur Orthodoxie wird. Für die Beurteilung einer Sekte ergäbe sich ein vierfaches:

1. Was Irrlehre ist, kann nicht mehr losgelöst vom sozialen und geographischen Kontext bestimmt werden. Es könnte etwas in Frankfurt Irrlehre sein, was in Los Angeles heilsame Lehre ist.
2. Das wäre aber das Ende der weltumspannenden konfessionellen Bekenntnisse. Diese würden lediglich als Richtungsweiser in bestimmten soziologischen Konstellationen gelten.
3. Die Pfingstbewegung ist eine Konfession, die *nicht* durch ein konfessionelles Bekenntnis zusammengehalten wird.
4. Die Untersuchung der rechten Lehre kann nicht mehr losgelöst werden vom Gespräch mit den Soziologen und Psychologen.

Die klassische soziologische Untersuchung

Im folgenden werden einige Beispiele jener Untersuchungen herausgegriffen, die sich auf genau bestimmbare Gemeinden begrenzen, ihr Beobachtungsmaterial und ihre Statistiken vorlegen und die Methode ihrer Untersuchung angeben. Dazu gehört z. B. *B. R. Wilsons* Dissertation, aus der später die hervorragende Analyse der *Elim Foursquare Gospel Alliance* und eine Beschreibung der Rolle des Pfingstpredigers hervorgingen. *M. J. Calley* lernte die Sprache der australischen eingeborenen Pfingstler und schrieb ein vierbändiges, wertvolles Manuskript über ihre Geschichte, ihre Frömmigkeit und ihr soziales Verhalten. Die gleiche Methode wandte er später für eine Untersuchung der westindischen Pfingstler in Großbritannien an. *K. Schlosser, B. A. Pauw* und *Ph. Mayer* untersuchten einige pfingstliche Eingeborenenkirchen in Südafrika. Besonders interessant für unseren Zusammenhang ist die Beschreibung des Negerpredigers *N. Bhengu*[122] durch *K. Schlosser* und *Ph. Mayer*.

W. E. Mann untersuchte Pfingstler in einem Distrikt Kanadas und *L. Pope* schloß in seinem faszinierenden Werk „Fabrikarbeiter und Prediger" viele Beobachtungen aus Pfingstversammlungen der Vereinigten Staaten ein. *Ch. Lalive d'Epinay* untersuchte in einem großangelegten Werk im Auftrag des Ökumenischen Rates der Kirchen die chilenischen Pfingstler. *B. Muñiz de Souza* untersuchte die verschiedenen Pfingstgruppen von São Paulo. Das Resultat ihrer Untersuchungen erscheint in diesem Band in gekürzter Form[123]. *W. R. Read* entdeckte in der Pfingstbewegung „ein neues Modell für das Wachstum der Kirchen". *C. Procópio F. de Camargo* beschreibt die Pfingstgemeinde als „Großfamilie", die mit ihren persönlichen und direkten Kontakten das Klima des Unpersönlichen in der Großstadt überwindet und das unbeachtete Alltagsleben des Brasilianers in einem religiösen Wertschema so interpretiert, daß die kleinen Entscheidungen des täglichen Lebens in einem heilsgeschichtlichen Zusammenhang eingeordnet werden.

Im Gegensatz zur herrschenden amerikanischen Soziologie[124], die die Pfingstbewegung hauptsächlich als Ausdruck der gesellschaftlichen Entbehrung verstehen will, weisen *L. P. Gerlach* und *V. H. Hine* in mehreren Veröffentlichungen[125] nach, daß „gesellschaftliche Entbehrung" nur einer der möglichen Faktoren und nicht einmal der wichtigste für das Wachstum der Pfingstbewegung ist. Verantwortlich für das Wachstum ist nach diesen Forschern:

1. die akephale Organisation;

2. die persönliche Einladung, die in der modernen, anonymen Massengesellschaft fast konkurrenzlos das Kommunikationsnetz informeller, aber wirksamer persönlicher Beziehungen (Nachbarschaft, Freundschaft, Verwandtschaft, Arbeitskollegen) ausnützt;

3. durch eine verifizierbare Erfahrung gestützte Treue zur religiösen Gruppe;

4. eine Frömmigkeit, die in einem bestimmten Bereich zur Lebens- und Wertwandlung hilft;

5. wirklicher (oder eingebildeter) Widerstand der Gesellschaft gegen die religiöse Gruppe. Die durch diesen Prozeß entstehende Subkultur darf nicht als minderwertig, als Ausdruck lediglich gesellschaftlicher, intellektueller oder wirtschaftlicher Benachteiligung verstanden werden.

Aus dieser Aufstellung geht hervor, daß die Pfingstbewegung das Interesse der Soziologen in aller Welt[126], außer im deutschen Sprachgebiet gefunden hat. Dabei würde sich die europäische Pfingstbewegung für solche Untersuchungen hervorragend eignen. Folgende Untersuchungsmöglichkeiten liegen unmittelbar auf der Hand:

- Vergleich von Pfingstgemeinden verschiedenen Alters in der Schweiz (Vorteile: kleine Distanzen, die Denominationen sind klein, darum überschaubar).
- Untersuchung derjenigen Pfingstler in Schweden, die ins politische Leben eintreten oder eintreten wollen (Prediger, Studenten; was für politische Programme vertreten sie? Was für Rückwirkungen hat dies auf die Pfingstbewegung?).
- Untersuchung des radikalen Flügels innerhalb der Baptisten / Evangeliumschristen / Pfingstler in Rußland. Welche Gruppen haben sich für eine aggressive Evangelisationspolitik entschieden? Meine Vermutung ist, daß sich aus dieser evangelistischen Haltung keine antikommunistische Propaganda ableiten läßt. Im Gegenteil, die radikalen Evangelischen in Rußland scheinen mir noch an die Weltmission Rußlands zu glauben. Parallele zu den radikalen Kommunisten in China.
- Untersuchung der Pfingstler in Italien.
- Eine soziologische Untersuchung der gespannten Verhältnisse zwischen dem Gnadauer Verband und der Pfingstbewegung in Deutschland würde vielleicht die festgefahrene theologische Diskussion lockern.

Bis heute liegen für den europäischen Kontinent erst Ansätze zu einer Untersuchung der sozialen Rolle der „Kleinreligionen"[127] vor. Wenn aber ein theologisches Urteil nur möglich ist unter Berücksichtigung der sozialen und psychologischen Funktionen, bedeutet das Fehlen genauer soziologischer Untersuchungen auf dem europäischen Kontinent für die theologische Debatte um die Pfingstbewegung und andere ähnliche Gruppen ein schweres Handicap.

ÜBERSICHT ÜBER SOZIOLOGISCHE LITERATUR
(Auswahl, geographisch geordnet)

Afrika

G. Balandier – Barnet – E. Benz (Hg.) – A. Brou – H. W. Debrunner – A. A. Dubb – J. Eberhardt – D. Emmet – J. B. Grimley und G. E. Robinson – B. Holas – A. J. F. Köbben – S. P. Lediga – C. Loram – V. Maag – L.-P. Mair – Ph. Mayer – R. C. Mitchell und H. W. Turner – Mpumlwana – L. Mqotsi und N. Mkele – G. R. Norton – G. Parrinder – B. A. Pauw – O. Ranger – W. Ringwald – Th. Schneider – K. Schlosser – R. H. Shepherd – H. v. Sicard – B. Sundkler – J. D. Taylor – H. W. Turner – F. B. Welbourn – D. Westerman – B. E. Ward – H. Weman – L. M. v. Vivier – D. B. Barrett – J. D. Y. Peel.

Kanada

W. E. Mann.

USA
H. Ellinson – L. P. Gerlach – N. L. Gerrard – V. H. Hine – M. T. Kelsey –
N. B. Mavity – L. Pope – R. L. Short – W. W. Wood.

Lateinamerika
C. Procópio de Camargo – J. D. Y. Peel – Chr. Lalive d'Epinay – E. G. Léonard –
B. Muñiz de Souza – W. D. und M. F. Reyburn – W. St. Rycroft – E. Willems.

Australien
M. J. Calley.

Europa
M. J. Calley – E. Cassin – Jansen (medizinische Untersuchung, Deutschland) –
A. Lechler (medizinische Untersuchung, Deutschland) – J. Lehmann (wichtige,
juristische Untersuchung, Deutschland) – E. Linderholm (Schweden) – M.
Miegge (Italien) – Fr. Mohr (medizinische Untersuchung, Deutschland) – L.
Pestalozza (Italien) – O. Pfister (Schweiz) – G. Spini (Italien) – Zeitschrift für
Rel'psych (Deutschland) – B. R. Wilson (Großbritannien).

Untersuchungen, die sich auf eine Person oder bestimmte Phänomene begrenzen

Man kann den oben beschriebenen Untersuchungshorizont erweitern
(vgl. unten) oder einengen. Die Einengung kann auf eine Person oder
auf bestimmte Phänomene der Pfingstbewegung erfolgen. Ob die Untersuchung von *N. B. Mavity* über das Leben des „Reichgottes-Stars" Aimee
Semple Mc Pherson[128] als soziologische Untersuchung im klassischen
Sinn beurteilt werden kann, ist zu bezweifeln. Aber N. B. Mavity legt
einen genauen, mit Quellen belegten Bericht über das Leben von A. S.
McPherson vor und versucht, deren Leben als Resultierende verschiedener sozialpsychologischer Kräfte zu deuten. Biographien dieser Art
über hervorragende Persönlichkeiten in der Pfingstbewegung, zum Beispiel über L. Pethrus[129], S. Wigglesworth[130] oder F. de Rougemont[131]
wären sehr zu wünschen.

Einige amerikanische Forscher[132] haben sich der kleinen Gruppe jener
Pfingstler angenommen, die sich durch kultisches Berühren giftiger
Schlangen im Gottesdienst auszeichnet (Mk. 16, 17–18: „An Zeichen
werden folgende die Gläubiggewordenen begleiten: ... Schlangen werden sie aufheben ..."). Die Resultate der psychologischen Untersuchung
wurden in individuellen Psychogrammen festgehalten und mit einer
gleichen Anzahl Psychogramme von Anhängern einer traditionellen
Kirche verglichen. Dabei stellte sich heraus, daß – wider Erwarten – die
Pfingstgruppe einen tieferen Prozentsatz anormaler Psychogramme
(37 Prozent) aufwies als die Gruppe traditioneller Christen (45 Prozent).
Die traditionellen Christen waren defensiver, weniger bereit, Fehler zu-

zugeben, zeigten mehr Verdrängungen und depressive Störungen, während die Pfingstler spontaner, freier und unabhängiger wirkten. Insbesondere im Alter werden die Pfingstler dieser Gruppe „normaler", die traditionellen Christen verschlossener, abweisender und ängstlicher. Es scheint, so schließt diese Untersuchung, daß die Pfingstler aus ihrem Gottesdienst, aus ihrer Subkultur, mehr Trost und Elastizität gewinnen zur Meisterung des Lebens als die traditionellen Christen[133].

M. T. Kelsey hat seine Untersuchung auf einen kleinen geographischen Bezirk (seine eigene anglikanische Gemeinde) und auf ein bestimmtes Phänomen (das Zungenreden) eingeengt. Eine solche Untersuchung birgt große Gefahren in sich, vor allem, wenn das Zungenreden von seinem sozialpsychologischen Bezug isoliert wird. Dabei gelingt bestenfalls eine psychologische Deutung. Diese aber ist meines Erachtens Kelsey in hervorragendem Maße gelungen.

Der baptistische Psychologe *W. E. Oates* macht in seiner Analyse des Zungenredens darauf aufmerksam, daß auch der moderne, intellektuell gebildete Mensch eine Krise der Inartikuliertheit durchmacht, welche durch die „Verschwörung des Schweigens" in bezug auf religiöse Gesprächsthemen verschärft wird und durch die oberflächliche Konversation anläßlich des amerikanischen „Kirchenkaffees" nicht durchbrochen wird. Zu ähnlichen Ergebnissen kommt der Pfingstprediger *B. Chant*[134]. Unter den älteren Arbeiten über das Zungenreden sind die objektiven, heute aber veralteten Untersuchungen von *E. Lombard* und *E. Mosimann* zu erwähnen, während *J. Behms* Artikel im Theologischen Wörterbuch eine erstaunliche Unkenntnis der psychologischen und exegetischen Diskussion verrät. Der südafrikanische Pfingstler *E. L. M. v. Vivier*[135] beschränkte sich in seiner Dissertation ebenfalls auf das Phänomen des Zungenredens bei einer Anzahl von Testpersonen, untersuchte aber zusätzlich deren sozialpsychologisches Verhalten. Andererseits versucht der Schweizer Psychologe *Th. Spörri* das Zungenreden als unartikulierte, psychologisch aber wertvolle Imitationssprache zu deuten, zu vergleichen mit den Sprachimitationen einiger heutiger Kabarettisten.

Das letzte Wort über das Zungenreden dürfte sowohl in psychologischer, wie auch in exegetischer Hinsicht noch nicht gesprochen sein.

Verschiedene Sekundärliteratur

Wenn ein Forscher seinen Beobachtungsgegenstand so ausweitet, daß er die Daten nicht mehr selber beibringen kann, muß er sich auf die Beobachtungen anderer verlassen. Die Auswertung von Beobachtungen anderer ist nicht unproblematisch, da verschiedene Forscher verschiedene statistische Schemata – je nach Gegenstand – verwenden. Es müssen dabei möglicherweise Phänomene verglichen werden, die nicht unbedingt vergleichbar sind.

Als Beispiel einer psychologischen Interpretation, die sich auf *spontane, aber nicht systematisch und statistisch ausgewertete Beobachtungen* stützt, erwähne ich den Theologen *W. Köhler*:

> „Wenn der Pfingstgemeindler Wigglesworth Kette stehen läßt, die Kraft seiner Handauflegung vom ersten bis zum letzten Gliede dringt, wenn er Tücher segnet und diese heilbringend wirken, so berichtet die Apostelgeschichte (19, 21) von Paulus, ‚daß sie von seiner Haut die Schweißtüchlein und Binden über die Kranken hielten, und die Seuchen von ihnen wichen, und die bösen Geister von ihnen ausfuhren‘, oder von Petrus (5, 15), daß man Kranke auf Betten und Bahren legte, ‚auf daß wenn Petrus käme, sein Schatten ihrer Etliche überschattete‘ – solche Dinge sind also in alten Christenkreisen, vorsichtig ausgedrückt, geglaubt worden.“

Und so wie diese Frömmigkeitsform in der ersten Christenheit einem psychologischen Bedürfnis entsprach, so entspricht die Sekte auch heute noch einem Bedürfnis. Die ersten Christen waren nicht so grausam wie manche Theologen heute, die sagen, das Bedürfnis des Menschen sei kein Maßstab für die Ausformung der Frömmigkeit. „Es gibt Menschen, die nur mit Pauken und Trompeten aus ihrem Elend herausgerissen werden können.“

Als Beispiel soziologischer Interpretationen, die sich auf das gesammelte Material verschiedener Feldforscher stützen, können *E. G. Léonard, H.-Ch. Chéry* und viele der in der Tabelle (S. 333) erwähnten Untersuchungen afrikanischer pfingstlicher Frömmigkeit dienen.

Bei den *medizinischen* Untersuchungen erstaunt die kontroverse Beurteilung. Eine sogenannte streng naturwissenschaftliche Untersuchung garantiert jedenfalls kein einhelliges Urteil. Man vergleiche z. B. die Untersuchungen von *Fr. Mohr* und *Jansen* mit denjenigen *E. L. M. v. Viviers* und *A. Lechlers*. Die Differenz kommt davon her, daß es offenbar in der medizinischen Wissenschaft keine Kriterien gibt für das, was als „gesund“ und „normal“ zu bezeichnen ist, und schlimmer noch, daß man sich scheinbar oft nicht einmal bewußt ist, daß der Mensch nicht spontan und natürlicherweise die Grenze zwischen „krank“ und „gesund“ bestimmen kann. Die neuere medizinische Forschung ist da wesentlich bescheidener geworden[136], hat aber meines Wissens diese neue Optik noch nicht in einer Detailuntersuchung der pfingstlichen Frömmigkeit angewandt. Hingegen hat ein Theologe, *H. Doebert*, die medizinische und theologische Literatur über das „Charisma der Krankenheilung“ kritisch gesichtet. Wohltuend bei Doebert ist die Tatsache, daß er exegetisch kritisch arbeitet, die psychologischen „Erklärungen" der Krankenheilung durch Gebet kennt und teilweise gelten läßt, trotzdem aber an der Notwendigkeit des „Charismas der Krankenheilung" als einer „Grundfunktion der Kirche" festhält.

3. AUSBLICK

Dieses Quellenwerk über die Pfingstbewegung, das mit einer kurzen Charakterisierung des ehemaligen Pfingstpredigers J. Baldwin[137] begann, soll mit einem Hinweis auf einen anderen berühmten Schriftsteller aus der Pfingstbewegung beschlossen werden, in dem deren eine Entwicklungsmöglichkeit, der radikale Rückzug auf die eigene Seele, das Streben nach schonungsloser Offenheit, das „Ausbekennen" allen Unrats[138]bis zur grotesken Übertreibung dargestellt wird. Es ist der Schwede *S. Lidman*. Lidman, heute ein berühmter Schriftsteller, wurde 1882 geboren. Nach dem Studium der Rechtswissenschaften veröffentlichte er zwischen 1904 und 1913 eine Anzahl erotischer Romane[139]. 1917 wandte er sich dem Christentum zu. „Aber die schwedische Staatskirche verlockte ihn wenig. Er war nahe daran, sich der ihm fernen katholischen Kirche – er entstammt einem Pastorengeschlecht – anzuschließen: wenn ein Pater bei ihm angeläutet hätte, wäre er bereit gewesen, den Schritt zu tun. Es kam aber kein Pater." Statt dessen schloß er sich 1921 der Pfingstbewegung an. Er schrieb damals: „Ich verstehe jetzt, daß es für die Menschenseele einen anderen Weg gibt als den der katholischen Kirche, nämlich den radikalen Pietismus. Der erste macht sie zu seiner Gattin, der letztere stellt sie in eine Gewissensehe mit Gott – ein unerhört steilerer und gefährlicherer Weg[140]." Als Pfingstprediger besorgte er von 1922 bis 1948 die Redaktion des schwedischen Pfingstblattes „Evangelii Härold" und gab Augustins Bekenntnisse heraus[141]. E. Briem und L. Stampe finden die publizierten Predigten Lidmans faszinierend[142].

Daß eine so stark geprägte Persönlichkeit mit dem mehr volkstümlichen Schriftsteller und Pfingstführer L. Pethrus in Konflikt kommen mußte, ist klar. 1948 wurde Lidman aus der schwedischen Filadelfiagemeinde ausgeschlossen. Lidman und Pethrus warfen sich gegenseitig Ungeistlichkeit, Herrschsucht und Kommerzialisierung der Erweckung vor. Lidman schloß sich nun der „Freien Pfingstgemeinde Oestermalm" an.

R. Braun, offenbar ein katholischer Verfasser, befaßt sich in seinem kritischen Buch über die schwedische Literatur ausführlich mit Lidman. Nach seiner Deutung bot der „radikale Pietismus" dem Dichter und Schriftsteller Lidman einen zu begrenzten Lebensraum, in dem er auf die

Dauer nicht existieren konnte. „Vielleicht bin ich nur ein kleiner Sing-vogel", schreibt Lidman in seinem Abschiedsbrief an die Filadelfia-gemeinde, „der fühlt, daß die Atmosphäre allmählich vergiftet wird, und nun um seines Lebens willen flieht, und – um die Seele zu retten"[143]. Nach der in Buchform erschienenen Abrechnung mit L. Pethrus „verän-derte sich Lidmans Produktion: er begann seineMemoiren zu schreiben. Es handelt sich dabei jedoch nicht um idyllische Erinnerungen eines alten Mannes, sondern eher um eine Rückkehr zu seiner vor über einem Viertel-jahrhundert verlassenen Haltung. Die Memoiren wissen nichts mehr von Predigt und Erbauung. Es komme darauf an, sagt er jetzt, sein eigenstes Wesen zum Ausdruck zu bringen, und er verweist dabei auf Th. Mann. Wer sich nicht mit sich selbst beschäftigt, sei verloren. Freilich möchte er die Konsequenz dieser Flucht in das Ich, die ihn wieder ins Lager anderer weltlicher Autoren bringt, nicht wahrhaben, sondern sucht, das neue Unternehmen mit dem früheren Verkünderdasein zu verbinden, ja zu legitimieren[144]."

Die drei Memoirenbände[145] haben in Schweden ungeheures Aufsehen hervorgerufen. Sie erreichten Auflagen von 60000 und mehr Exempla-ren, was für ein Sieben-Millionen-Volk nicht wenig ist. Die große Er-regung, die Schweden wegen dieser Memoiren ergriff, läßt sich an den Kritiken und Diskussionen ablesen, die monatelang die Spalten der Zeitungen füllten.

Das Neue und Schlagende in Lidmans Memoiren liegt in der Sensation „einer sexuellen Schaustellung seiner selbst, in der er weit über die andern, darin maßlosen Rebellen des Nordens hinausgeht. Der Zweiundsiebzig-jährige übertrifft sie alle". Der Autor ist erfaßt von der glühenden Ehr-lichkeit, bis zum Bodensatz seiner Seele zu gehen, und er tut es mit der Besessenheit eines Amokläufers[146]. Diese „ehrliche, sachliche, nackte Schilderung" seiner selbst, diese „Reise eines Christen in die Kloake" ist eine bis ins Einzelne gehende Beschreibung seiner erotischen Erlebnisse, zum Teil bis in seine früheste Knabenzeit zurückreichend und kein Tabu schonend, selbst nicht die Erzählung einer an Noahs Söhne erinnernden Handlung an seinem im Sarge liegenden toten Vater. „In Lidmans Me-moiren zieht ein Mann, der Anspruch erhebt, ebenso Schriftsteller von Rang, wie führender Christ zu sein, zum erstenmal (wenigstens in Schwe-den) die Konsequenzen aus seiner Vorstellung von souveräner Freiheit und christlicher Beichte", eine Haltung, die von Braun aufs schärfste kritisiert wird[147].

Meyers Handbuch über die Literatur weist jedoch auf den „besonderen Wert" dieser schonungslos aufrichtigen, jedoch sehr subjektiven auto-biographischen Werke hin[148] und Elovson sieht in Lidmans Entwicklung eine gewisse Konsequenz. Das Verbindende sei ein „lyrischer Ästhetizismus", „der römische, moralische Heroismus", die sich beide in der Religion des Pfingstpredigers als „Leidenschaftlichkeit, Abscheu vor Lauheit und Ehrsucht, und in seiner nachdenklichen Menschlichkeit" wiedererkennen lassen[149].

Eines ist jedoch sicher, Lidmans Entwicklung zeigt eine der beiden Entwicklungsmöglichkeiten der Pfingstbewegung. Der „radikale Pietist" zieht sich vor der Ungerechtigkeit der Welt und der Lauheit der Kirchen in die innersten Kammern seiner eigenen Erinnerung zurück, selbst dann, wenn das die Reise des Christen in die Kloake einschließt. Es ist die Konzentration auf die eigene Seele, auf ihre Reinigung und Heiligung. Würde die Pfingstbewegung diesen Weg beschreiten, so hieße das noch nicht, daß sie ihn mit der Radikalität und der Leidenschaft des schriftstellerischen Genies Lidmans gehen müßte. Sie könnte diesen Prozeß auch liturgiesch und rational einfangen, wie das heute in vielen traditionellen Kirchen geschieht – man denke nur an unsere radikal individualistischen Sündenbekenntnisformulare und Lieder.

Die andere Möglichkeit geht in die Richtung, die J. Baldwin anzeigt. Was für ein Unterschied zwischen Lidman und Baldwin: Der eine steigt bis zum Bodensatz *seiner Seele* hinab, der andere stellt uns vor die Abfallprodukte *unserer Gesellschaft* und läßt uns deren Mist buchstäblich riechen, damit wir etwas zu seiner Entfernung tun.

Welche von den beiden Möglichkeiten wird die Pfingstbewegung wählen? Wird sie sich in eine Religion der Innerlichkeit verwandeln oder wird sie zu einer wirklich proletarischen Kirche werden, in der die in den traditionellen Kirchen Benachteiligten nicht nur eine Chance haben, durch liturgische und gruppenpsychologische Zelebration, ihre eigene Kloake und diejenige der Welt zu ertragen, sondern wo sie auch konkrete Hoffnung zur Veränderung der Welt finden?

ANMERKUNGEN

[1] Genauere Angaben in der Bibliographie, im folgenden wird das Handbuch nur noch mit der Laufnummer zitiert; vgl. S. 321.

[2] Zu einer Interpretation dieser Biographie, vgl. *PGG*, 541–565.

[3] Beide werden unter den Selbstdarstellungen eingereiht.

[4] Literatur der Heiligungsbewegung wird in diesem Forschungsbericht nur ausnahmsweise berücksichtigt.

[5] Ausführlich: 03.12.023; 03.07.014a; 01.36.042, 01.12.008, 01.28.017 (vgl. auch S. 115ff.); 05.07.030, 08.663.

[6] *Revista Bibliográfica*, zit. Pentecost 55, 1961, 3.

[7] Zusammengefaßt vgl. Anm. 2.

[8] Zusammengefaßt in *PGG*, 396 ff.

[9] L. J. Grubb, Living – E. Humburg, Pfingstgrüße 2/17, 26. Juni 1910, 135–136 – *Pfingstgrüße* 3/36, 4. Juni 1911, 287–288.

[10] L. Sumrall, True Story (vgl. seinen Artikel in diesem Band, S. 220 ff..) – *Joh. Widmer*, Im Kampf – L. Jeevaratnam, Concerning Demons – *MD* 22, 1959, 66–70 – A. A. Allen, Curse – Zusammengefaßt *PGG*, 424 ff.

[11] Zusammengefaßt *PGG*, 359 ff.

[12] F. M. Britton, Pentecostal Truth – *AoG*, P. Pulpit – *Korsets Evangeliums Forlag*, Herlighedsglimt.

[13] P. Mink, Neutestamentliche Gemeinde.

[14] R. Bracco, Battesimo; Ders., Risveglio P.; Ders., Verità – S. Lidman (vgl. Bibliographie).

[15] D. R. Wilkerson, Cross (Bestseller!); Ders., Twelve.

[16] F. Burke, Litaba – C. A. Chawner, Timhaka – W. H. Turner schrieb 18 Bücher und Broschüren auf chinesisch.

[17] *Kritische* Auseinandersetzung mit den traditionellen Kirchen: R. W. Harris, Cults – H. Hilder, Warum – R. Breite, Leuchter 15/4, April 1963, 4–6 – D. H. Macmillan, Pattern 20/11, November 1959 – A.Reichenbach, VdV 55/10, Oktober 1962, 3–5, 14–15; 55/11, November 1962, 12–14 – J. Zopfi, S. 73 ff. in diesem Band.
Positive Berichte über die traditionellen Kirchen: J. Paul, Taufe im Vollsinn – P. Schertenleib, VdV 51/11, November 1958, 13–14 – H. J. Hegger, Pinksterboodschap 2/6, Juni 1961, 6–7 – A. v. Polen, Pinksterboodschap 3/11, November 1962, 2–3 – *Broederschap van Pinkstergemeenten*, De Pinkstergemeente en de Kerk.

[18] Gegen den Spiritismus: R. Gasson, Challenging Counterfeit (hochinteressant).

[19] M. E. Frey – A. Pryor.

[20] Vor allem M. Hauser (*PGG*, 252–254), A. Murray (*PGG*, 117–123), C. G. Finney (10.257), D. L. Moody (10.574), A. Mahan (10.526), O. Stockmayer (10.879).

[21] Beispiele: E. Conde, Testemunho – L. Eisenlöffel, Ein Feuer (sein Kapitel über Deutschland zuverlässig) – G. F. Atter, Third – St. H. Frodsham, With Signs (von ihm sind die meisten Gesamtdarstellungen abhängig).

[22] D. J. Du Plessis, History. Eine Zusammenfassung davon in RGG[3]; vgl. auch *McAlister* in Enc. Can.

[23] Ausführlich: 08.347.001 – 08.391.003.

[24] Beispiele: P. F. Beacham, Questions – *Apostolic Church*, Fundamentals – *Arbeitsgemeinschaft pfingstlicher Gemeinden der Schweiz*, Lehrgang.

[25] Beispiele: *Apostolic Church*, Minister's Manual – *AoG*, Minister's Service

[26] Beispiel: *AoG*, Constitution.   [Book.

[27] Zur Terminologie: *PGG*, 26, 77–78.

[28] Beispiele: Arbeitsgemeinschaft der Freien Christengemeinden in Deutschland – Arbeitsgemeinschaft pfingstlicher Gemeinden der Schweiz – AoG

(USA und Australien) – AdD (Brasilien) – H. H. Barber – F. M. Boyd (USA) – Broederschap van Pinkstergemeenten (Holland) – C. Brumback (USA) – H. Carter (USA und Großbritannien) – C. Le Cossec (Frankreich) – E. Conde (Brasilien) – D. Gee (Großbritannien) – J. v. Gijs (Holland) – H. W. Greenway (Großbritannien) – H. Horton (USA und Großbritannien) – Kristova Pentekostna Crkva (Jugoslawien) – W. G. MacDonald (USA) – H. Melvin (USA) – F. Möller (Südafrika) – P. C. Nelson (USA) – PAoC – R. M. Riggs – E. S. Williams (USA).

[29] Vgl. den Artikel von R. H. Gause, Heiligung (S. 166 ff.).

[30] P. F. Beacham (USA) – die verschiedenen Churches of God (USA, vollständig 07.281, 08.358–08.362; 02a.02.D.I) – R. B. Hayes – H. und B. Lauster (USA und Deutschland) – E. P. Paulk.

[31] Vgl. 131 ff.

[32] Vgl. den Artikel von *Chr. Krust*, S. 174 ff.

[33] 02a.02.D.V.

[34] *PGG*, 30–31.

[35] 02a.02.140.

[36] F. J. Ewart (USA) – O. Vouga (USA).

[37] M. Fraser – A. V. Krige.

[38] K. Born.

[39] Apostolic Church (Großbritannien) – S. Beck (Dänemark) – W. H. Lewis (Großbritannien) – T. N. Turnbull (Großbritannien) – R. Willenegger (Schweiz).

[40] P. Mikkonen (Finnland).

[41] A. J. Ferris (Großbritannien) – D. H. Macmillan (Großbritannien) – H. D. Houghton (Großbritannien).

[42] N. I. Pejsti – Vgl. St. Durasoff, S. 50 ff.. – Statut Zjednoczonego.

[43] C. K. N. Wovenu (Ghana).

[44] *W. E. Failing*, S. 131 ff.

[45] A. Bittlinger – W. Becker – R. F. Edel – W. Hümmer – R. Bohren – H. Doebert – K. Hess – E. Schweizer – E. Käsemann.

[46] L. Dallière.

[47] R. Lettau.

[48] A. A. Boddy.

[49] F. de Rougemont – W. Lachat – L. Secrétan.

[50] I. J. Harrison (über die AoG) – G. F. Bruland (über Open Bible Standard Churches).

[51] Ch. Glardon – F. de Rougemont – R. C. Dalton – O. S. von Bibra – L. Dallière – W. Lachat – H. Thulin.

[52] P. Gericke – A. Bittlinger – J. Paul (Übersetzung des Neuen Testaments).

[53] Beispiele: E. Lohmann – A. und Hch. Dallmeyer – J. Seitz – B. Kühn – Ev. Allianzblatt.

[54] Beispiele: A. Müller – F. Nagel – Prüfet die Geister! – Ev. Kirchenblatt für Württemberg – H. Grossmann – W. Grün – J. Rubanowitsch – L. Vogel – A. White.

[55] Th. Hardeland.

[56] Beispiele: Estandarte – Expositor Cristão – W. Geppert.

[57] Beispiele: S. Lener – E. Ospina – S. Maschek.

[58] Beispiele: Daily Express – Daily Chronicle – Morning Post – Daily Echo – Sunday Chronicle – Sunday Express (07.701.001, 07.702.001, 05.13.024e).

[59] Beispiele: Social-Demokraten – Morgenbladet (05.21.007h).

[60] Beispiele: Kansas City Times – Topeka State Journal – Cincinnati Inquirer (02a.02.061c).

[61] Beispiele: New York Times – Life (02a.02.124c).

[62] Beispiele: Neue Zürcher Zeitung – Berner Tagblatt – Heilbronner Stimme – Badische Neueste Nachrichten.

[63] Beispiele: N. Finnochiaro, G. Russo, G. Salvemini im Mondo – Bund – H. Calet im Figaro Littéraire – E. le Carrec im Aurore – A. Girardet in der Nouvelle Revue de Lausanne – A. Glardon im Journal de Morges – R. Stéphan im Christianisme au XX siècle – D. de Rham in Constellation.

[64] Vgl. auch Anm. 63.

[65] V. Vidal.

[66] G. Romero.

[67] Vgl. Anm. 63.

[68] A. Ferry.

[69] G. Gullace.

[70] Die gezeichneten Artikel finden sich in der Bibliographie unter dem Namen des Verfassers, die ungezeichneten unter dem Namen der Zeitung.

[71] Beispiele: Berliner Tagblatt – Frankfurter Zeitung – Kieler Neueste Nachrichten – Ulmer Tagblatt – Schwarzwälder Bote.

[72] Beispiele: Africa – African World – African Challenge – Daily Dispatch – Drum – Natal Mercury.

[73] Beispiele: Baptist (Moskau) – Bratskij Vestnik (Moskau) – A. Dolotov – I. Y. Eliaschevitsch – Evangelist (Odessa) – F. L. Garkavenko – E. Gromov – V. M. Kalugin – A. V. Karev – P. Kauschanski – Kratkij nautschno – ateistitscheskij slovar' – G. M. Livschic – V. A. Mecencev – E. V. Majat und N. N. Uzkov – A. I. Mickevitsch – Molodoj Kommunist – Nauka i religija – D. I. Ponomartschuk – A. Reinmarus und G. Friezen – V. S. – I. I. Schidkov und A. Karev – N. Schtanko – G. Ul'ianov – I. Voevodin – Sekundärliteratur: St. Durasoff (phil. Diss., Lit., vgl. auch seine Zusammenfassung in diesem Buch) – B. Gerland – P. Hauptmann – J. Lawrence – P. Miliukov – J. Müller – J. Prochanov – R. Stupperich – *PGG*, 303–318.

[74] Besonders *EMM* und *IRM* (Register!).

[75] Beispiele: L. Stampe in „Illustreret Religionsleksikon" – E. Briem, H. Elovson und A. Werin in „Svensk Uppslagsbok" – J. Gründler in Lexikon der christlichen Kirchen und Sekten (viele Angaben ungenau) – F. E. Mayer (einige Angaben veraltet) – F. S. Mead – „Yearbook of American Churches" (B. Y. Landis) – WChH – „Japan Christian Handbook" (K. Hirai) – G. Guariglia – K. Schlosser. Die Artikel in RGG, EKL und anderen theologischen Standardwerken werden unter Verfassernamen besprochen. N. R.

Burrs Abschnitt über die Pfingstbewegung in seiner sonst sorgfältigen Bibliography of Religion in America ist ein unvollständiges Konglomerat zufällig zusammengetragener Literaturhinweise.

[76] Beispiele: J. Highet (Schottland) – F. Blanke (Schweiz) – G. Dagon (Frankreich) – H. Davies (Großbritannien und USA) – K. Hutten (Deutschland).

[77] Vgl. unten, S. 336.

[78] *F. Simon*, Christl. Welt 22, 1908, 211–212 – *A. Bruckner*, Erweckungsbewegungen, 177 ff.

[79] Vgl. L. Dallière – B. de Perrot.

[80] *H. Meyer*, Pfingstbewegung.

[81] Protokoll: *ASTE*, O Espírito Santo.

[82] ÖRK, Die Kirche für andere.

[83] Vgl. dazu *W. J. Hollenweger*, Ec. Review 20/20, April 1968, 163–170.

[84] Sie werden 2 a (S. 317) und 2 c (S. 328 f.) aufgeführt.

[85] Beispiele: W. Glashouwer – F. Boerwinkel – H. R. Boer – D. G. Molenaar – W. W. Verhoef – J. Verkuyl – G. A. Wumkes – die Gruppe umdi e

[86] Vgl. unten 2 c, S. 325 f. [Zeitschrift „Vuur".

[87] V. E. W. Hayward.

[88] Beispiele: F. Farrel – C. F. Henry – W. H. Guiton – W. Malgo.

[89] Beispiele: C. F. Henry – E. C. Miller – T. J McCrossan – B. Graham.

[90] Beispiele: A. und Hch. Dallmeyer – F. Eichin – E. v. Eicken – K. Eisele – A. Müller – W. Geppert – E. Schrenk – B. Kühn – W. und Th. Haarbeck.

[91] E. Hasse.

[92] H. J. Stolee – O. L. Haavik.

[93] A. Haavio – A. J. Pietilä – S. A. Teinonen – O. Tiililä.

[94] *P. Beyerhaus*, Zschr. für Theol. und Kirche 64/4, November 1967, 517 – Ausführlich zu Beyerhaus: *PGG*, 180–181, 188–189.

[95] Broederschap van Pinkstergemeenten.

[96] Beispiele: Max Bernoulli – O. Witt u. a.

[97] Literatur der afrikanischen unabhängigen Kirchen: 01.36.042; 01.12.008; 01.28.008. Diskussion dieser Literatur in *PGG*, 179 ff.

[98] Beispiele: E. Hug – S. Joshua – E. Roberts – Esslinger – SE.

[99] *E. Hug*, SE 12. März 1907, 115.

[100] Zum einzelnen vgl. 05.28.004.

[101] *R. C. Wolf*, RGG³ V, 310.

[102] B. Gustafsson – G. Kjellander.

[103] In *F. Stagg, E. G. Hinson, W. E. Oates*, Glossolalia. Vgl. S. 250 ff. Der neutestamentliche Beitrag von *F. Stagg* im gleichen Band glaubt mit dem Nachweis, daß Mk. 16 sekundär sei, den Streit gegen das Zungenreden entscheiden zu können. Die starken pro-glossolalischen Stellen bei Paulus werden in üblicher Weise abgeschwächt. Act 2 wird ebenfalls mit dem Hinweis auf Unhistorizität abgebogen. Dem historischen Urteil Staggs ist zuzustimmen, aber seine theologischen Konsequenzen sind primitiv.

[104] Beispiele: A. A. Boddy – C. E. D. Delabilière – J. E. Purdie – Jean Stone und der Kreis um Trinity.

[105] Die Veröffentlichungen der meisten übrigen katholischen Autoren Italiens können hier übergangen werden. Sie scheinen die Arbeiten Jemolos und diejenigen ihrer ausländischen Kollegen zu ignorieren (vgl. z. B. den Artikel *Cristianis* in der Enc. Catt.). Das Gleiche muß leider auch von den Publikationen des deutschen katholischen Sektenforschers *K. Algermissen* gesagt werden.

[106] Beispiele: M. Miegge – G. Peyrot – E. Cassin – L. Pestalozza – G. Spini.

[107] Ausführlich diskutiert 05.15.006c und *PGG*, 284–302.

[108] R. Muñoz – A. Gaëte – I. Vergara – P. Carlos Pape – Phro. Humberto Muñoz R. – Mensaje.

[109] *P. Damboriena*, Mensaje 6/59, Juni 1957, 145–154.

[110] *Ders.*, Arbor 50/192, Dezember 1961, 60–75.

[111] Vgl ausführlich *W. J. Hollenweger*, Ec. Review 20/2, April 1968, 163–170

[112] P. v. Dongen.

[113] *L. Zenetti*, Heiße (W)eisen, 304–306.

[114] Th. F. O'Dea – W. J. Whalen – H. J. M. Nouwen – D. J. O'Hanlon – M. Sandoval.

[115] K. McDonnell – Ed Wakin.

[116] St. B. Clark – Report on the Leader's Workshop, Lansing, Mich. – Ph. Thibodeau – J. Cavnar – J. M. Ford – L. O'Docharty – E. O'Connor – F. J. Schulgen – K. und D. Ranaghan – vgl. auch *PGG*, 492–496. Seit Abschluß dieses Forschungsberichtes sind zahlreiche wichtige katholische Arbeiten über die Pfingstbewegung erschienen; zusammengefaßt: *W. J. Hollenweger*, Una Sancta, Juni 1970, 150–159.

[117] Dieser Satz auf die Konfessionen übertragen, setzt „weltanschaulich" mit „konfessionell" gleich, eine vielleicht nicht unerlaubte Vergröberung, wenn man beachtet, daß in *allen* Kategorien (lutherische, katholische und kommunistische), also von einer kommunistischen, wie von einer lutherischen usw. Weltanschauung aus, grobe Verzeichnungen *und* verständnisvolle Darstellungen der Pfingstbewegung möglich sind. Was das für die allgemeine erkenntnistheoretische Brauchbarkeit beispielsweise der kommunistischen, katholischen oder lutherischen Voraussetzungen aussagt, vermag ich nicht zu überblicken und muß in diesem Rahmen nicht weiter untersucht werden.

[118] C. Falconi – L. Pestalozza.

[119] Beispiele: A. Dolotov – F. L. Garkavenko – E. Gromov – V. M. Kalugin – A. Karcev – P. Kauschanski – Kommunistitscheskoe Prosveschtschenie – Komsomolskaja Pravda – S. I. Kovalev – A. P. Kurantov – Kratkij nautschno-ateistitscheskij slovar' – G. M. Livschic – E. V. Majat und N. N. Uzkov – V. A. Mecencev – Molodoj Kommunist – N. Schtanko – G. Ul'ianov. Zur Pfingstbewegung in Rußland, vgl. auch *St. Durasoff* und *PGG*, 303–318.

[120] Vgl. S. 333 f.

[121] An der Vierten Vollversammlung des ÖRK sagte *W. A. Visser't Hooft:* „Uns muß klarwerden, daß die Kirchenglieder, die ihre Verantwortung für die Bedürftigen in irgendeinem anderen Teil der Welt praktisch leugnen, ebenso der Ketzerei schuldig sind wie die, welche die eine oder andere

Glaubenswahrheit verwerfen " (*W. A. Visser't Hooft*, Der Auftrag der ökumenischen Bewegung, 337).

122 Vgl. seinen Aufsatz, S 157ff.

123 Vgl. S. 294ff.

124 W. W. Wood (dazu Rez.: K. G. Götestan).

125 Besonders *L. P. Gerlach* und *V. H. Hine*, Five factors crucial to the growth
and spread of a modern religious movement, J. for the Scientific Study of
Religion 7/1, Frühjahr 1968, 23–40.

126 Vgl. Tabelle.

127 Zum Begriff vgl. *S. von Kortzfleisch*, Religion im Säkularismus, 41.

128 Zu A. S. McPherson, vgl. 07.932 und *PGG*, 559f. und passim.

129 Zu L. Pethrus, vgl. 07.124.

130 Zu S. Wigglesworth, vgl. 08.606 und *PGG*, 546f. und passim.

131 Zu F. de Rougemont, vgl. 08.212 und *PGG*, 275ff. und passim.

132 W. LaBarre – B. Schwarz.

133 N. L. Gerrard.

134 Vgl. seinen Aufsatz in diesem Band, S. 246ff.

135 Vgl. seine Zusammenfassung in diesem Band, S. 183ff.

136 Man vergleiche z. B. das Buch von *Hans Schaefer* (Die Medizin in unserer
Zeit, München 1963²), das mit der lapidaren Feststellung beginnt: „Die
Medizin hat es mit kranken Menschen zu tun. Es wird sich aber herausstellen, daß man nicht definieren kann, was ‚Krankheit' ist und wann ein
Mensch ‚wirklich' krank ist. Kranksein ist zwar in zahllosen Grenzfällen
ein naturwissenschaftlich faßbares und beeinflußbares Phänomen, nicht
aber in der Mehrzahl der Fälle. Eine ‚Wirklichkeit', die wir Krankheit
nennen können, existiert nicht."

137 Vgl. S. 15ff.

138 Diese Tendenz ist besonders stark in der sog „Spätregenbewegung" an-
zutreffen; man vergleiche aber auch zum Thema der Überwindung der
Sündennatur, des Rückzugs auf innerseelische Vorgänge den Aufsatz von
R. H. Gause (S. 166ff.

139 Paisphaë (1904), Primavera (1905), Källorna (1906), Elden och altaret (1907),
Imperia (Schauspiel, o. J.), Härskare (1908), Stensborg (1910), Thure-
Gabriel Silfverståähl (o. J.), Köpman och krigare (1911), Carl Silverståähls
upplefversen (1912), Tre dräktens barn (1913) (Lidmans Romane werden
in der Bibl. nicht aufgeführt).

140 Nach *R. Braun*, Was geht in Schweden eigentlich vor? 105.

141 Werke dieser Zeit: Bruggan håller (1923), Personlig frälsning (1924),
Bethlehemsstjärnen och båglampen (1926), Förgangelsens träler och frihetens
söner (1928), Människan och tidsandan (1932), Ovoligt var mitt hjärta tills
de fick find i dig. En själs biografi i dikter (1933), På resan genom livet
(1934), Guds eviga nu (1935), Blodsarv (1937), Var inte förskräckt! (1939),
Utvald av Gud (1940), Glädjebudbärare (1941), Från Coventry till Bethle-
hem (1942), Uppenbarat (1943), Ingen lurar Gud (1945), Fjäril och vilddjur
(1947).

142 *E. Briem*, Svensk Uppslagsbok XII, 1066–67 – *L. Stampe*, Illustreret Religionsleksikon III, 125–128.
143 Zit. *R. Braun*, a.a.O., 105.
144 A.a.O., 106.
145 „Gossen i grottan" (1950), „Logan och lindansaren" (1952), „Mandoms möda" (1954).
146 *R. Braun*, a.a.O., 106.
147 A.a.O., 108.
148 *Meyers Handbuch* über die Literatur, 552.
149 *Werin und Elovson*, Svensk Uppslagsbok XVIII, 50–51.

Anhang

I. DOKUMENTE

1. ZUR BEKEHRUNG

Das folgende *Zeugnis eines bekehrten, französischen Zigeuners* wird in Zigeunerfranzösisch wiedergegeben. Man beachte den Namen für „Gott" (Barodével = Gegenteufel?):

„Moi, j' étais à Paris, j'aimais beaucoup la vie du monde et moi ce que j'aimais beaucoup, voyez je vous le dis franchement, j'aimais le bal. Pas question de boisson, mais comme j'étais dedans, je buvais un petit coup. Moi pour m'amuser, il fallait que je sois chaud. Et une fois que j'étais chaud, c'était pas la danse qui m'intéressait, mais c'était de faire des misères dans le bal, de faire rigoler tout le monde et faire du chahut, voilà ce que j'aimais moi. J'avais entendu dire qu'il y avait des réunions et ma belle-mère allait dans ces réunions, elle me disait: ,Mon gendre, tu devrais venir à la réunion, tu verrais comme „Barodével" (Dieu) est bon, tu sais Il m'a touchée, tu sais comme j'étais une grande malade.' J'y dis, ,Tu as 50 ans, tu n'as plus rien à faire, ta vie est faite à toi, moi j'ai 25 ans, je veux m'amuser, j'ai peut-être plus confiance que toi en Dieu.' J'aimais beaucoup l'amusement aussi, alors comme je revenais des fois à 2 ou 3 heures du matin chez moi, c'était la vie. Et puis, je me mettais à genoux et je disais: Ah mon Dieu, c'est fini, demain je le fais plus, et puis je jurais par tous les côtés. Et puis le lendemain, je voyais les camarades qui repartaient, ah ben tant pis, je retournais et je recommençais toujours pareil. Après on m'a dit qu'Archange, il avait complètement changé sa vie. Archange qui prêchait la Parole de Dieu? On me disait ça! Comment Archange qui prêche la Parole de Dieu? Alors quand je verrai Archange, j'y croiras; mais pas maintenant j'y crois pas. Moi je connais trop Archange, on sortait ensemble, on a fait les 400 coups ensemble. Si moi, j'étais terrible, lui était encore pire que moi, parce qu'il m'entraînait partout. J'étais toujours avec lui. Et on m'avait dit que sa vie était complètement changée. Si sa vie était changée, comme je le verrais, là je croirai, mais en ce moment, moi j'y crois pas. Il devait venir au 12 rue du Renard faire une réunion, avec le frère Mandz et le frère Jean Nédélec. Enfin j'attends le dimanche; mais le dimanche ils n'sont pas venus. J'y voyais bien qu'Archange ne suivait pas la Parole de Dieu, sont encore tous des menteurs ceux-là qui disent ça! Enfin le dimanche prochain, moi j'entre dans la réunion, il lisait la Bible quoi. Mais la Parole de Dieu, cela me passait là et sortait là. Moi je voulais voir Archange pour y parler, pour voir comment que c'était sa vie. Enfin la réunion était finie, dehors j'y ai parlé. Et puis là, je l'ai vu, c'était plus pareil. Ce n'était plus le même caractère, c'était plus pareil. Je me disais en moi-même, mais pourtant il y a bien quelque chose de changé. Je me disais en moi-même si le ,Barodével' l'a rendu comme ça, Il peut le faire pour moi aussi que je disais. Alors j'avais senti comme une puissance et comme Archange, il a parti à Beauvais avec sa voiture, moi j'y retournai avec ma femme chez moi. Sur la route (d'habitude et avant, jamais je n'avais pleuré. Même que j'avais perdu ma mère la veille, j'allais danser le lendemain, je pouvais pas pleurer, voilà comme j'étais) et d'un seul coup dans l'auto, voilà que je commence à pleurer. Qu'est-ce que j'ai que je dis à ma femme, moi demain je prends le baptême d'eau. Je m'en vas suivre les autres, j'm'en vas prendre le baptême d'eau. Elle dit: qu'est-ce que t'as? – J'sais pas ce que j'ai, j'y pleure jamais et pi là j'pleure. Là, comment que ça se fait, je me sens plus pareil. Et après tout le temps ça me tracassait, j'avais quitté les autres; et Archange devait me téléphoner trois jours après. Je patientai ces trois jours-là et le lendemain je partis de ma mère, elle a encore disputé avec moi; elle a dit: où est-ce que tu vas? j'dis, j'm'en vas trouver les autres, j'm'en vas, j'y reste plus à Paris, je m'en vas, je veux partir. Elle dit qu'est-ce que t'as? J'sais pas. J'veux partir. Je suis parti pour avoir des nouvelles d'Archange. Trois jours après, il téléphonait pas. Qu'est-ce qu'ils ont, ils promettent et ils téléphonent pas, j'dis. J'ai pris mon auto avec Coquolo et j'ai été à Beauvais. Je les ai vus à Beauvais, j'arrivai sur la place, j'ai pas même dit bonjour, j'en fait le tour et j'ai retourné à Paris pour aller chercher ma voiture, pour arriver le soir. Enfin j'avais quelque chose qui me poussait de partir de Paris, quoi. Et comme je suis arrivé vers eusse, le lendemain soir on a fait une réunion, avec Mandz, Archange et Nédélec. Moi, je ne connaissait pas la Parole de Dieu, alors on était tous dans ma voiture. On a lu la Bible, on a prêché la Parole et puis après on a fait des prières. Alors je sentais une puissance qui faisait le tour comme ça sur chacun de nous. Et puis moi, je me disais: Ah! ma bonne mère, s'ils arrêtent pas de prier, j'vas tomber par terre! Je disais: permets qu'ils arrêtent de prier, qu'ils arrêtent seulement. Et puis après je compris que c'était la puissance de Dieu qui passait sur nous. Je disais: ça y est, Seigneur te v'là encore. Te v'là encore sur moi! Et alors, de d'là comme j'ai vu comme la Parole de Dieu était bonne, ce n'est pas de moi-même que j'ai changé parce que je n'avais pas pu me changer. De d'là, j'ai suivi les réunions avec eux, je voulais plus partir. Et puis j'ai senti que ma vie était transformé à moi aussi, parce que ça me disait rien la vie du monde. Il m'a enlevé tout, quoi! Quoique j'allais au bal pour m'amuser, Il m'a tout enlevé. Ça me disait plus rien, je sentais que quelque chose me poussait loin de d'là. Et de d'là nous avons suivi les réunions, puis de d'là nous avons été à Dieppe. Et dans la voiture de Coquolo, le soir, on a fait une réunion et le soir j'ai été baptisé du Saint-Esprit. Je crois que c'était le plus beau jour de ma vie que j'ai reçu. Jamais j'été si heureux de ma vie parce que j'ai descendu de la voiture, je croyais que j'allais m'envoler. J'étais plus pareil. Et puis je sentais dans mon cœur, que je respirais que c'était plus le même souffle, que ce n'était plus pareil. Et c'est pour ça que j'veux suivre le Seigneur de tout mon cœur. Et ce qu'Il a fait pour moi, Il peut le faire pour vous tous, parce qu'Il n'a pas de préféré, le Seigneur Jésus, gloire à Son saint nom! Alléluia! Amen!"

(Text: *Roger Durig*, Ce que fut la Convention des Tziganes à Montpellier les 8, 9, 10 et 11 décembre 1955, Promesse du Père 20/1, Januar 1956, 4–6).

Mehr über die französischen pfingstlichen Zigeuner: 05.09.003. Vgl. auch die Beschreibung eines ihrer Gottesdienste durch eine Journalistin (Anhang I/6, S. 354 f.

2. ZUM ZUNGENREDEN UND ZUR GEISTESTAUFE

Assemblies of God (USA) (und die meisten von ihr gegründeten, oder theologisch von ihr abhängigen Pfingstdenominationen):

„*The Promise of the Father:* All believers are entitled to, and should ardently expect, and earnestly seek, the promise of the Father, the Baptism of the Holy Ghost and fire, according to the command of our Lord Jesus Christ. This was the normal experience of all in the early Christian Church. With it comes the enduement of power for life and service, the bestowment of the gifts and their uses in the work of the ministry (Lk. 24, 49; Apg. 1, 4; 1. Kor. 12, 1–31). This wonderful experience is distinct from and subsequent to the experience of the new birth (Apg. 10, 44–46; 11, 14–16; 15, 7–9).

The Evidence of the Baptism in the Holy Ghost: The Baptism of believers in the Holy Ghost is witnessed by the initial physical sign of speaking with other tongues as the Spirit of God gives them utterance (Apg. 2, 4). The speaking in tongues in this instance is the same in essence as the gift of tongues (1. Kor. 12, 4–10, 28) but different in purpose and use."
(Text aus: *AoG*, Early History, 17–19; ganzes Bekenntnis zit. *PGG*, 584–588; vgl. auch S. 174 ff und S. 183 ff.).

Arbeitsgemeinschaft der Christengemeinden in Deutschland

„Gott hat also in unseren Tagen Seinen Heiligen Geist erneut ausgegossen und dies in übernatürlichen Zeichen und Kräften kundwerden lassen. Dazu gehört im besonderen das Reden mit neuen Zungen, Weissagung und Krankenheilung, sowie die übrigen Geistesgaben nach 1. Kor. 12 und 14. Diese urchristlichen Merkmale sind Zeichen dafür, daß der auferstandene Christus heute noch derselbe ist, und daß Er einer armen Welt als Heiland und Retter immer noch helfen will.

Die ‚pfingstliche' Erfahrung, die wir als Erlebnis bezeugen, kann jeder Christ machen, wenn er sich im Glauben und Gehorsam dem Ruf Gottes wirklich entschlossen hingibt, wie die Tatsachen bis in unsere Zeit eindeutig beweisen ..."
(Text aus Traktat „Wer wir sind und was wir wollen" der „Arbeitsgemeinschaft der Christengemeinden in Deutschland", Erzhausen, Leuchter-Verlag, o. J.; ganzes Bekenntnis zit. *PGG*, 591; vgl. auch S. 174 ff. und S. 183 ff).

Christlicher Gemeinschaftsverband Mülheim/Ruhr GmbH.

„*Sind nur diejenigen getauft, die mit Zungen reden?* Über diese Frage ist in unserm Blatt schon öfter geredet worden. Wenn wir jetzt in ganz normalen Verhältnissen lebten, würde man diese Frage ohne weiteres und unbedenklich mit Ja beantworten müssen. Das Zungenreden, wie es in Verbindung mit den Geistesausgießungen in Jerusalem, Cäsarea und Ephesus ausdrücklich erwähnt wird, war eben das Erkennungszeichen dafür, daß der Geist wirklich Besitz genommen hatte von den Herzen. Vergleichen Sie bitte die Aufsätze von Pastor Boddy über ‚Zungenreden – was ist das?' und manche andere in diesem Blatt. –

Da wir aber nicht in normalen Zeiten und Verhältnissen leben, müssen wir uns hüten, den umgekehrten Satz aufzustellen. Es ist ja eine bekannte Tatsache, daß man an sich richtige Sätze nicht umkehren darf, z. B. ‚Wenn es regnet, ist das Pflaster naß.' Dieser Satz ist gewiß richtig. Würde man ihn aber umkehren und behaupten, ‚wenn das Pflaster naß ist, so regnet es', dann würde man etwas Falsches aussprechen, was gewiß jedermann sofort einleuchtet. So darf man auch jenen an sich richtigen Satz nicht ohne weiteres umkehren und etwa die Behauptung aufstellen: ‚Wer nicht in Zungen redet, ist nicht mit dem Heiligen Geist getauft.' Wir müssen vielmehr sagen: Es kommt heutzutage häufig vor, daß teure Gotteskinder den Heiligen Geist empfangen haben, auch viel von dem Leben Jesu ausstrahlen, obwohl sie nicht in Zungen reden. Aber wir dürfen hinzusetzen: *Das ist unnormal und entspricht nicht der Absicht Gottes.* Da liegt ein Fehler vor, der korrigiert werden muß. Es ist der *Wille Gottes, daß Kinder Gottes nicht bloß die Frucht des Geistes, sondern auch die Gaben des Geistes, also auch das Zungenreden besitzen.* Soviel für heute."

„Als Geistesgetaufte sind nach 1. Kor. 12, 13 alle wahren Kinder Gottes anzusehen, die in den Tod Jesu eingegangen sind und Sein Leben durch den Heiligen Geist empfangen haben."

(Text: *Pfingstgrüße* 2, 1910, 151: Beantwortung von Fragen – *Verlag der Gesellschaft für Mission, Diakonie und Kolportage mbH.*, Mülheim a. d. Ruhr, Der Kampf um die Pfingstbewegung, Sonderabdruck aus den Pfingstgrüßen, 6–7).

Jonathan Paul

„Eph. 4, 5 – one Lord, one Faith, one baptism, must by us be understood thus, that we recognize every one as being baptised in the Spirit, in whom the life of Jesus does exist, in whom therefore Christ lives ... I believe it would be of great importance, if all Pentecostal circles would arrive to an agreement, based upon 1. Kor. 12, 7, saying, that one may acknowledge a complete baptism in the Spirit, even when the manifestation of the Spirit has not yet taken place."

(Text: *Jonathan Paul* in einem Brief an T. B. Barratt vom 28. Oktober 1910, vorhanden in den nachgelassenen Papieren Barratts, zit. von *Bloch-Hoell* I, 222, Anm. 39).

T. B. Barratt

„... I am perfectly convinced that the Apostles, when tongues were heard in Jerusalem and Caesarea, considered this to be a sure sign of the baptism of the Holy Ghost ... Still I believe that many have had, and that people may obtain in our day mighty baptisms without these signs. This arises then, as we have seen, mainly from ignorance of the subject, prejudice, unbelief, or some other cause. Of course, their experience will not then, as far as this outward sign is concerned, be perfectly similar to those recorded in Apg. 2, 10 and 19.

If I could find that the churches of our day were better than the first churches, that they exhibited more love to God, more love to men, and more power in their inner life and evangelistic work, I should be inclined to say that we were so far ahead of the first churches, in the most important thing, that we need not consider seriously the lack of spiritual gifts that adorned the bride of Christ

in the first Christian ages. But this is so far from being the case, that the Christian churches of our day are in many cases far below the standard."
(Text: *T. B. Barratt*, In the Days of the Latter Rain, London 1909, 149–150; 1928², 152–153.)

Schweizerische Pfingstmission

Glaubensbekenntnis	*Interpretation von H. Müller*
„Wir glauben und lehren … die Taufe des Heiligen Geistes mit den schriftgemäßen Zeichen (Lk. 3, 16; Apg. 1, 4–5; 2, 4; 10, 44–46; 11, 15–16; 19, 6)."	„… ein Erfülltwerden mit dem Heiligen Geist und ein Wandeln im Geist in der Gesinnung Jesu und seines Wortes."

(Text: Das „Glaubensbekenntnis" jeweils auf dem Deckel der (eingegangenen) VdV; ganzes Bekenntnis zit. *PGG*, 591–592 (dort auch Abweichungen des franz. Textes); die Interpretation von *H. Müller* (Stellvertretender Vorsitzender der Schweizerischen Pfingstmission) in Badener Tagblatt, 13. Juni 1959 (Baden/AG)).

3. ZUR KRANKENHEILUNG

George Jeffreys

„*Question:* Are we to presume that all saints suffering from bodily affliction are out of line with the will of God?
Answer: There is no authority in Scripture for the view that every saint who is suffering from sickness and disease is out of line with the will of God. The most devoted saints, such as Paul, Timothy, and Epaphroditus, suffered in body, but were certainly not out of God's will. The reason why God sometimes allows His saints to suffer is that they may be schooled and disciplined in the things pertaining the kingdom of God (Hebr. 12, 6; 2. Kor. 12, 7; Jak. 5, 11).
Question: If healing is of grace, is there not the danger of mixing works and grace by using natural curative means?
Answer: Salvation is entirely of grace, but most natural means are legitimately used in order that men may experience it. Buildings are erected, organizations formed, and preachers are trained; yet works are not mixed with grace by so doing."
(Text: *George Jeffreys*, Healing Rays, 81, 91; vgl. auch S. 206 ff.)

4. ZUM VERSTÄNDNIS DER DÄMONEN

Roberto Bracco

„Noi crediamo che oltre alla caduta dell'uomo, e prima di questa, c'è stata la caduta degli angeli che nella ribellione a Dio hanno esperimentata la potenza della Sua autorità e che oggi rappresentano nel mondo spirituale le potenze malefiche capaci di influenzare negativamente la volontà degli uomini, e crediamo altresì che questa potenza sarà definitivamente debellata nel compimento del piano di Dio. (Jud. 6)"
(Text: *Roberto Bracco*. Il battesimo. Istruzioni per catecumeni, 15; vgl. S. 220 ff.)

5. ZUM TAUF- UND KIRCHENVERSTÄNDNIS

Jonathan Paul

„Es finden sich nämlich in der Bibel Stellen, welche zu der baptistischen Tauflehre nicht stimmen. Die Baptisten fordern bekanntlich, daß nur Wiedergeborene getauft werden sollen und dementsprechend taufen sie auch nur solche,
welche es bezeugen, daß sie wiedergeboren seien. Sie verlangen also die Wiedergeburt vor der Taufe, und sie verfahren nach dem Satz: Erst wiedergeboren,
dann getauft. Petrus aber sagt in seiner Predigt (Apg. 2, 38): ‚Tut Buße und
lasse sich ein jeglicher *taufen* auf den Namen Jesu Christi zur *Vergebung der
Sünden*, so werdet ihr empfangen die Gabe des Heiligen Geistes!' Petrus fordert
also: man soll sich taufen lassen *zur* Vergebung der Sünden, *dann werde man den
Heiligen Geist empfangen*. Dies stimmt nicht zu dem, was die Baptisten sagen:
denn ein wiedergeborener hat schon Vergebung der Sünden und den Heiligen Geist,
er kann sich also nicht mehr taufen lassen zur Vergebung der Sünden, damit er
den Heiligen Geist empfange. Wir sehen schon hieraus, daß Petrus nicht ein
Vertreter der baptistischen Taufanschauung und Taufpraxis ist ...
Es ist ja bekannt, daß schon manche sich als Erwachsene mehr als einmal haben
taufen lassen, weil sie Zweifel über die Echtheit ihrer Taufe hatten; das hilft
nicht. Nur der ist getauft, in dessen Seele es zum Sterben des alten Menschen
gekommen ist! Nur der ist getauft, welcher mit dem Heiligen Geist und mit
Feuer getauft ist. Man erkennt nun auch sofort ganz klar, warum der Heiland
nie selbst mit Wasser taufte, sondern dies durch Seine Jünger tun ließ. Die
Jünger ließ der Herr Jesus das äußerliche Zeichen vor der Welt geben. Er selbst
aber taufte nicht den Leib, sondern die Seele ... Die Taufe des Herrn ist also
die Geistes- und Feuertaufe ...
Diejenigen Gegner der Kindertaufe also, welche behaupten, daß nur Wiedergeborene getauft werden dürfen, haben für diese Behauptung keinen biblischen
Grund ... Die Bibel stellt nicht die Forderung auf: Erst wiedergeboren und
dann getauft!"
(Text: *J. Paul*, Taufe und Geistestaufe, 27–48.)

United Pentecostal Church

„Fundamental Doctrine: The basic and fundamental doctrine of this organization shall be the Bible standard of full salvation, which is repentance, baptism
in water by immersion in the name of the Lord Jesus Christ, and the baptism
of the Holy Ghost with the initial sign of speaking with other tongues as the
Spirit gives utterance."
(Text: *United Pentecostal Church*, What We Believe and Teach, zum Ganzen
vgl. S. 231 ff.)

6. GOTTESDIENST

Ein französischer pfingstlicher Zigeuner-Gottesdienst im Urteil einer Journalistin
„Et les chants, d'une beauté et d'un rhythme exceptionnels, se succédaient.
Toute la foi d'un peuple, tout son enthousiasme s'exaltaient avec eux et montaient

vers le ciel sans nuage. La prédication reprit. Les femmes, la tête cachée dans leurs mains, priaient. L'une d'elles, toute jeune, portait sur ses genoux deux enfants aux traits fins et racés, et, d'une main, berçait un landeau où dormait un nouveau-né."
(Text: *Eveline le Carrec*, Venues des quatre coins de France ..., L'Aurore ★ 19. Mai 1957; Promesse du Père 21/7–8, Juli/August 1957, 7; vgl. auch das Zeugnis eines französischen Zigeuners, Anhang I/1, S. 349 f.)

Ein Gottesdienst des ÖRK im Urteil eines chilenischen Pfingstlers

„Los dirigentes tenían programado para el día Domingo 14, una visita a la ciudad de Estocolmo, capital de Suecia, donde participamos la mayoría de los Delegados. Llegamos a la estación de ferrocarriles de esa capital después de un alegre viaje donde íbamos algunos latinoamericanos en un mismo coche, cantando himnos al Jesucristo bendito y dando glorias al Dios de los Cielos. En la Estación se nos ordenó que debíamos formar fila de a cuatro en fondo, para efectuar un desfile por las calles de esa ciudad hasta un lugar para actos públicos, de amplias dimensiones que estaba preparado para realizar un Servicio Espiritual al aire libre, al que se dió principio minutos después de nuestra llegada, la asistencia de público era muy numerosa, de varios miles.
Se dió principio a este servicio cantando el himno „Firmes y Adelante" y todos cantamos a un mismo tiempo en nuestros lenguaje. Oh que hermoso oir cantar en diferentes lenguas, inolvidable fué el desarrollo de todo el servicio, como inolvidable será para mí el haber escuchado ese orfeón de ciento veinte instrumentales de viento que tocaron los himnos en forma tan divina, que estuve a punto de ser tomado en danza por el Espíritu del Señor, si, mis estimados hermanos, a punto. A causa de esto me hice la siguiente pregunta: Que habrían dicho estos hermanos que no creen en la manifestación del Espíritu Santo? Quizás algunos se hubiesen escandalizado al verme danzar al Cordero de Dios. Gracias a Dios que no se llevó a efecto esa manifestación espiritual en mí."
(Text: *A. Ramírez-Ramírez*, in seinem Bericht über Uppsala vor der Generalversammlung der Pastoren der Iglesia Metodista Pentecostal de Chile, Monatl. Informationsbrief über Evangelisation, Genf, ÖRK, Oktober 1969.)

7. ZUM POLITISCHEN ENGAGEMENT

Philadelphia-Verein

„Ich war kein politischer Gegner von den Nazis, sondern habe das Gute, was Adolf Hitler dem deutschen Volk gebracht hat, stets anerkannt und hervorgehoben. Als Vater von vier Kindern gehörte ich zu den Kinderreichen, sodaß ich persönlich gar keinen Grund hatte, mit Hitler unzufrieden zu sein. Mit seinem politischen Programm konnte man, abgesehen von seiner Stellung zu den Juden, einverstanden sein."
(Text: *Chr. Röckle*, Die Fußspuren Gottes in meinem Leben, 231; geschrieben 1962! Mehr zu diesem Thema in *PGG*, 217–221.)

Apostolic Faith Mission, Südafrika

„The reference you quote as should there be no complete religious liberty in South Africa is not true. I know of no country in the world where there is more religious liberty. We have no state Church, or a church favoured by the state. While there is religious liberty it is on the other hand impossible to have each of the $\pm$ 2500 Bantu sects registered Church bodies. That will mean endless headaches for the registrar of companies and would amount to an administrative chaos. And it is because many of these tiny sects cannot be registered as companies that they are not entitled to hold properties in the name of their ‚churches'. At the same time there is no restriction as far as any creed or form of worship is concerned. As a matter of fact, the Republic of South Africa and Southern Rhodesia are the only countries on the continent of Africa where you still have religious liberty."

(Text: *F. P. Möller*, einer der leitenden Funktionäre der Apostolic Faith Mission, Südafrika, in einem Brief an W. J. Hollenweger, 4. Juni 1964; mehr zum Thema: *PGG*, 162–190.)

Gemeinde für Urchristentum

Pfr. R. Willenegger, einer der Leiter der schweizerischen Gemeinde für Urchristentum, verfaßte als Spitzenkandidat der „Überparteilichen Bewegung Christlicher Bürger" für die Nationalratswahlen folgendes politische Manifest: *„7 wichtige Grundsäulen zur Erhaltung des Schweizerhauses*
1. Mit der Liste 7 wählen Sie Männer, die sich mit Überzeugung zum biblischen Christentum bekennen und dafür eintreten, daß die Gebote Gottes in allen Belangen des privaten und öffentlichen Lebens zur Geltung gebracht werden.
2. Mit Liste 7 wählen Sie Männer, die das durch die bisherige Politik Erreichte dankbar anerkennen, die aber den Kurs des Staatsschiffes noch zielbewußter und vorbehaltloser in Richtung der sittlichen Maßstäbe der Bibel lenken möchten.
3. Mit Liste 7 wählen Sie Männer, die sich aufgerufen wissen, ein öffentliches Mandat als Dienst für Gott und am Nächsten aufzufassen und das Leben des Staates nach den Grundsätzen der biblischen Weltanschauung gestalten zu helfen.
4. Mit Liste 7 wählen Sie Männer, die sich dafür verantwortlich wissen, einen gesunden Mittelstand zu erhalten, dem Selbständigerwerbenden die Existenz sichern zu helfen und den wirtschaftlich Schwachen gegen Mißbräuche der Gewerbefreiheit zu schützen.
5. Mit Liste 7 wählen Sie Männer, die beunruhigt sind über den sittlichen Stand unseres Volkes; Materialismus, Vergnügungssucht, Erziehungsnöte, Unsittlichkeit, Kriminalität, Veruntreuungen, Ehescheidungen, Raub- und Selbstmorde usw. haben einen Grad erreicht, der die sittliche Substanz unseres Volkes anzugreifen droht. Männer tun deshalb not, die gegen diese Flut der Sittenlosigkeit auftreten und Dämme der Abwehr bauen helfen.
6. Mit Liste 7 wählen Sie Männer, die sich einsetzen für den Grundsatz der Nächstenliebe, für Gerechtigkeit und Barmherzigkeit, für sozialen Ausgleich und für die Verantwortung gegenüber den Benachteiligten und Behinderten.

Trotz Hochkonjunktur ist noch vielfache geistige und körperliche Not im Lande, gegen die mutig die Stimme erhoben werden muß.

7. Mit Liste 7 wählen Sie Männer, die sich im klaren sind, daß ohne Gottes schützende Hand unsere militärische Landesverteidigung auf tönernen Füßen stehen würde. Geistige Landesverteidigung ist fällig: Ehrfurcht vor Gottes Namen, Rückkehr zu den Forderungen der Bibel, Bitte um Schutz der Grenzen und Einsatz für die Erhaltung und Festigung des Friedens auf Erden."
(Text: *R. Willenegger*, Die Nationalratswahlen im Lichte der Bibel, Ich komme bald! 16, 1958, 239; Kommentar dazu in *PGG*, 283. Zum Ganzen vgl. S. 256 ff.)

Arbeitsgemeinschaft der Christengemeinden in Deutschland

Im Zusammenhang mit der Änderung des seinerzeit von Hitler verschärften § 175 des deutschen Strafgesetzbuches (Strafbarkeit von Ehebruch und Homosexualität) empfiehlt die „Arbeitsgemeinschaft der Christengemeinden in Deutschland" ihren Mitgliedern, ihren betreffenden Bundestagsabgeordneten vor dem 28. September 1969, also vor der Bundestagswahl, folgendes Schreiben zuzustellen:
„Sehr geehrter Herr Abgeordneter, Direktor usw.! Ich erlaube mir, Ihre Aufmerksamkeit auf ein Problem zu lenken, das – wie mir bekannt ist – vielen Mitbürgern Sorge macht.

Es ist Ihnen bekannt, daß die so kostbare Freiheit unseres öffentlichen Lebens, eben unsere demokratische Grundordnung, ständig bedroht ist. Sicher tun auch Sie unermüdlich das Ihre, um möglichst schon den Anfängen zu wehren. Viel wird über die Bedrohung unserer demokratischen Grundordnung durch politische Extremisten geschrieben.

Was geschieht aber, um unsere freiheitliche Grundordnung gegen die immer mehr zunehmende Sexualisierung des öffentlichen Lebens zu schützen? Halten Sie es auch für normal, daß schon die 10jährigen in den Schulen rein physiologischen Sex-Unterricht bekommen sollen? Halten Sie Dauerberieselung mit immer schamloserer Beschreibung der Sexvorgänge für richtig? Glauben Sie, daß die Abwertung solcher Begriffe wie „Reinheit vor der Ehe", „Anstand" und „Treue" in den Massenmedien zu verantworten ist? Meinen Sie auch, daß die zunehmende Kultivierung sexueller Abarten auch in der sogenannten Kunst und Literatur zu begrüßen ist?

Ich weiß, daß mit mir unzählige zunehmend besorgt sind. Die soeben verabschiedeten Anfänge der Strafrechtsreform werden das Ihre tun, um auch die letzten Hemmungen zu beseitigen.

So möchte ich Sie herzlich bitten, mir einmal mitzuteilen, ob Sie etwas zu tun gedenken. In Ihrer Position tragen Sie ein beachtliches Maß an Verantwortung für die weitere Entwicklung der Dinge. Radikale politische Kräfte versuchen bereits jetzt, aus der auffallenden Trägheit der Parteien und Parlamente Kapital zu ziehen. Ich bin überzeugt, daß Sie mithelfen können, auch hier den Anfängen zu wehren.

Darf ich Sie höflich bitten, mir noch rechtzeitig *vor* der Bundestagswahl am 28. September mitzuteilen, was Sie zu tun gedenken? Es ist dies auch für meine Wahlentscheidung von Bedeutung.

Ihnen und Ihrer verantwortungsvollen Arbeit darf ich bei dieser Gelegenheit Gottes Segen wünschen. Ihrer Antwort sehe ich gern entgegen. Mit freundlichem Gruß.

PS. Ich erlaube mir, Ihnen beiliegend das Buch „Eltern vor Gericht" des Pastors David Wilkerson, beizulegen. Vielleicht können Sie oder jemand, der von Ihnen beauftragt ist, sich einmal Zeit nehmen, hineinzuschauen."
(Text: *Der Leuchter* 20/7, Juli 1969, 9)

8. BEISPIEL EINES BEKENNTNISSES

1. Bibelen er Guds inspirerede ord.

   Die Bibel ist Gottes inspiriertes Wort.

2. Der er en treenig Gud.

   Es gibt einen dreieinigen Gott.

3. Jesus Kristus er Guds evige Søn; kommen i kjødet (1. Joh. 4, 1–6)

   Jesus Christus ist der ewige Fleisch gewordene Sohn (1. Joh. 4, 1–6).

4. Hans forsonende gjerning på Golgata, og Hans opstandelse er grundlaget for vort haab, baade i aandelig, fysisk og timelig forstand ...

   Seine Versöhnung auf Golgatha, seine Auferstehung sind die Grundlage für unsere geistliche, physische und zeitliche Hoffnung ...

5. Vi retfaerdiggjøres ved tro og gjenfødes af Aanden. At denne frelse er en personlig erfaring, som den Hellig-Aand vidner om indeni os.

   Wir werden gerechtfertigt durch Glauben und wiedergeboren vom Geist. Dieses Heil ist eine persönliche Erfahrung, von der der Heilige Geist in uns zeugt.

6. Den enkelte kristen kan erfare hjerterenselse ...

   Jeder Gläubige kann das ‚reine Herz' erfahren ...

7. Alle kan bli fyldte af den Helligaand og ild, paa samme maade som disciplene paa pinsefestens dag.

   Alle können mit dem Heiligen Geist und Feuer erfüllt werden wie die Jünger an Pfingsten ...

8. Tungerne, saavelsom alle de andre af Aandens gaver (1. Kor. 12) blir nu tilbagegivet de troende og dot i større udstraekning end ved nogen tidligere leilighed siden apostlernes dage, hvilket er et bevis for Brudgommens naerforestaaende gjenkomst.

   Zungenrede und die anderen Gaben des Geistes (1. Kor. 12), werden den Gläubigen in größerem Ausmaße gegeben als je seit den Tagen der Apostel, ein Beweis für die Nähe des Bräutigams.

   Der, hvor tungerne ledsager daaben med den Helligaand og ild, har vi et specielt og dyrebart vidnesbyrd om den Heilligaands iboende naerhed (Apg. 10, 46).

   Wenn die Geistestaufe durch das Zungenreden begleitet wird, haben wir ein besonderes, teures Zeichen der Einwohnung des Geistes bekommen (Apg. 10, 46).

9. Der var aldrig en tid, da den Helligaands gaver tiltraengtes mere end

   Die Geistesgaben waren nie nötiger als heute. Aber sie allein, ohne Liebe,

nu, men at disse alene, uden Kjaer-
lighed, Aandens frugt (Gal. 5, 22),
er til ingen nytte ...

ohne Geistesfrucht (Gal. 5, 22) sind
nichts ...

10. Vor Konges komme er naerforestaaende, der gjør det endnu mere
nødvendigt for de troende at vaere
lysvaagne. Vi arbeider ikke for en
forsamling eller et samfund, men for
Jesus!

Die Wiederkunft des Königs ist
nahe. Darum müssen die Gläubigen
wachsam sein.
Wir arbeiten nicht für eine Gemeinde, noch für eine Denomination,
sondern für Jesus!

(Text: *T. B. Barratt*, Pinsevaekkelsen. Almindelige principer ...)

9. KURZBIOGRAPHIEN DREIER REPRÄSENTATIVER EUROPÄISCHER PFINGSTPIONIERE

Thomas Ball Barratt (1862–1940)

Barratt wurde geboren am 22. Juli 1862 im keltischen Städtchen Albaston,
Cornwall (G. B.). Sein Vater, A. Barratt, war ein Bergwerkfachmann. 1867
verlegte sein Vater den Wohnsitz nach Hardanger in Norwegen, wo er Ver-
walter eines kleinen Schwefelbergwerkes wurde. Barratt besuchte aber die
Schulen vom 11. bis 16. Jahr in England (Wesley College, Taunton, Sommer-
setsh.). Englisch war seine Muttersprache, jedoch machte er sich als Dichter und
Schriftsteller auch im Norwegischen einen Namen. Über seine Schulausbildung
sagt er: „I dare not boast of any great attainments in my studies, with the ex-
ception of drawing and music." Das ist wohl richtig. Barratts Begabung lag
im Künstlerischen. Wäre er nicht Pfingstprediger geworden, so hätte es aus
ihm einen Schriftsteller, Musiker (er studierte bei Grieg Harmonielehre) oder
Maler (Unterricht bei Olaf Dahl, Bergen) gegeben.
Mit 12 Jahren wurde er bekehrt; er arbeitete in der norwegischen Abstinenz-
bewegung und hielt Sonntagschule. Nach einer Erweckung mit L. Petersen
(1879) begann er mit 17 Jahren Predigten Moodys vorzulesen. Mit 18 Jahren
hielt er seine eigene erste Predigt. 1882 wurde er Prediger der Methodistenkirche. Ab 1885 war er Methodistenprediger in Oslo, wo er im Laufe einer
raschen Karriere bis zum Distriktsvorsteher des Distriktes Oslo und zum Vorsteher der methodistischen Sozialarbeit aufstieg. Als Vertreter des Abstinenten-
verbandes war er auch Mitglied des Osloer Stadtrates (*bysturet*). 1902 gründete
er die Stadtmission Oslo und 1904 die „Stadtpost" (*Byposten*); das Blatt wurde
ab 1906 Bannerträger der Pfingsterweckung. Während einer Kollektenreise
nach Amerika erlebte er am 7. Oktober 1906 die Geistestaufe mit sichtbaren
Feuerzungen über seinem Kopf (ausführlich 05.21.007). Er schrieb begeisterte
Berichte nach Norwegen. Seine Geistestaufe hat er autobiographisch mehrmals
beschrieben.
Nach seiner Rückkehr fand die erste Pfingstversammlung in Norwegen im
Saal der Treider'schen Bewegung (Møllergd 20) am 26. Dezember 1906 statt.
Das Lokal war gedrängt voll. B. erklärte, in acht verschiedenen Sprachen ge-

redet zu haben, darunter französisch und italienisch. Er war so außer sich vor Freude, daß er anfing, im Geist zu tanzen. Die Öffentlichkeit wurde auf die Versammlungen aufmerksam. Die Presse berichtete auf den Titelseiten über die „Idiotenfabrik" und „Barratts religiösen Wahnsinn". Auf Anraten seines Bischofs (Burt) trat Barratt als Methodistenprediger, später auch als Mitglied der Methodistenkirche zurück.

Anfangs 1912 noch vertrat er die Säuglingstaufe. Im September 1912 ließ er sich vom Gründer der schwedischen Pfingstbewegung, dem ehemaligen Baptistenprediger L. Pethrus, in Stockholm taufen.

Im September 1907 predigte Barratt bei dem anglikanischen Pfarrer A. A. Boddy in der *All Saints Parish Church*, Sunderland (G. B.). In der darauffolgenden Gebetsstunde, die in der Sakristei der Kirche stattfand und bis morgens 4 Uhr dauerte, „drangen einige zu einer schriftgemäßen Geistestaufe durch, ‚denn wir hörten sie in Zungen reden und Gott lobpreisen'." (Gee)

Zweimal war er längere Zeit in Zürich. Er war während Jahren Koredaktor der „Verheißung des Vaters". Bloch-Hoell bezeichnet ihn als Apostel der europäischen Pfingstbewegung. Viele Pfingstführer (Pfr. J. Paul, L. Pethrus, Pfr. A. A. Boddy), sowie die berühmte dänische Schauspielerin A. Larsen-Bjørner waren durch ihn für die Pfingstbewegung gewonnen worden.

An seiner Beerdigung sollen ungefähr 20000 Personen teilgenommen haben. Barratt bezeichnete sich selber als Gefühlsmenschen (Kelte!). Darin lag seine Stärke und seine Schwäche. Leider fehlt bis heute trotz der hervorragenden Quellenlage eine Biographie.

Literatur: Die Literatur von und über Barratt ist unübersehbar. Die wichtigsten Publikationen von Barratt sind in der Bibliographie aufgeführt. Bloch-Hoell n(orwegische Ausgabe) hat die englische und norwegische Literatur ausgezeichnet verarbeitet, vor allem auch die 19 Tagebücher Barratts, die dieser auf eng-1ch abgefaßt hat. Dazu existiert die gesamte wichtige Korrespondenz Barratts noch, auszugsweise publiziert (in norwegischer Übersetzung) von *S. Barratt-Lange* (T. B. Barratt et herrens sendebud, Oslo 1962).

George Jeffreys (1899–1962)

Jeffreys wurde in Maesteg (Wales) geboren und 1904 bekehrt. Bereits 1907 half er seinem Pfarrer, W. Glasnant Jones, in den Freiversammlungen. Er war ursprünglich Angestellter des Konsumvereins. Entscheidend beeinflußt wurde er durch die Erweckung von Wales. 1914 besuchte er die Bibelschule von T. Myerscough in Preston und wurde darauf vom kongregationalistischen Pfarrer M. Morgan ordiniert. Bis mindestens 1916 arbeitete er mit den Kongregationalisten zusammen. Neue Gemeinden entstanden aber bald wegen des Selbstbewußtseins der Neubekehrten, die aus seinen Evangelisationen hervorgingen; „their profound subjective experience was a rebuke to the stable Christian assembly" (Wilson). 1915 gründete er die „Elim Evangelistic Band". Er führte gewaltige Evangelisationen mit Tausenden von Zuhörern und vielen Geistestaufen, Krankenheilungen und Bekehrungen durch. Ab 1926 hielt er große Osterkonferenzen im berühmtesten Konzertsaal Londons, der Royal

Albert Hall, ab. Die Presse berichtete in unzähligen, meist wohlwollenden und positiven Artikeln über den berühmten Evangelisten (Beispiele bei *L. Steiner*, mit folgenden Zeichen, 45–46, *St. H. Frodsham*, With Signs Following, 64–68 und im Forschungsbericht in diesem Band, S. 317f.). Von 1933–1936 führte er auch in der Schweiz große Evangelisationen durch. Er gewann seine Zuhörer durch seine musikalische Stimme, aber ebenso durch die logische Klarheit seiner immer kurzen, aber zupackenden Predigten. „His entry on the platform produced an effect that could be felt throughout the audience. In this comparatively unschooled man, who a few short years before had been an obscure young evangelist in Ulster, we gladly recognise there was manifested a spiritual gift for ministry from the Ascended Christ." (Gee) Er hat innerhalb seines fundamentalistischen Bibelverständnisses in seinen jungen Jahren eine erstaunliche ökumenische Haltung an den Tag gelegt: „Thank God, we are living in days, when, as far as spiritual people are concerned, denominational walls are falling flat before the trumpet call to stand uncompromisingly for the whole Bible and nothing but the Bible." (*Jeffreys*, Miraculous Foursquare Gospel II, 2). B. Wilson, der eine tiefgründige Analyse über die von Jeffreys gegründete Foursquare Gospel Alliance geschrieben hat, stellt allerdings zu diesem Zitat fest: In Tat und Wahrheit fand der umgekehrte Prozeß statt. Die Neubekehrten wurden von einer gewissen Zeit an angehalten, Mitglieder der neuen, dogmatisch korrekten Elimkirche zu werden. „Wie sehr einer auch seine angestammte Kirche lieben mag, wenn sie nicht das volle Evangelium lehrt, wird sie zur Gefahr für sein Heil," warnte Brewster, der spätere Präsident der *Elim Foursquare Gospel Alliance* (zit. in *Wilson*, Sects and Society, 41).

Seit Mitte der dreißiger Jahre kam es zu Spannungen zwischen dem „charismatischen Führer" und der Administration der Elimbewegung. „Offiziell blieb er zwar der leitende Kopf, privat aber war seine Macht beschnitten worden durch die neue organisatorische Struktur (der Bewegung), deren Machtmittel nun juristische Dokumente und verfassungstechnische Routinearbeit waren, die der charismatische Führer weder gebrauchen, noch vielleicht verstehen konnte." (Wilson) Jeffreys sagte selber darüber: „Pastor J. E. Phillips (der Sekretär) came back determined to fight with legal weapons for a continuation of the system where as I could do no other than return to fight with the Word of God against the system." Das System, welches Jeffreys bekämpfte, war eine zentralistische Kirchenorganisation im Gegensatz zur kongregationalistischen. Nicht mehr der Heilige Geist, sondern eine Oligarchie von Funktionären, habe den Ton angegeben. Wilson hält Jeffreys Kampf nicht einfach für einen Kampf um Macht, sondern dieser sei zutiefst besorgt gewesen über die wachsende Institutionalisierung der Bewegung. Andererseits habe die Bewegung, um in der Konkurrenz mit den anderen Denominationen bestehen zu können, die unpersönliche Maschinerie der routinemäßigen Verwaltung einführen müssen. Diese Darstellung Wilsons wird von der Leitung der „Elim Foursquare Gospel Alliance" heftig bestritten.

Im Dezember 1939 zog sich Jeffreys zurück und gründete 1940 mit seiner „Revival Party" die „Bible Pattern Fellowship". Seither ist der ehemals gefeierte Evangelist immer mehr zu einem Außenseiter in der Pfingstbewegung geworden.

Der „Clapham Observer" bezeichnete Jeffreys als den letzten großen Erweckungsprediger, und ein nicht zu seiner Kirche gehörender Nachbar schrieb auf seinen Kranz: „Er liebte seine Mitmenschen und hielt das elfte Gebot und niemand kann mehr tun; wir wissen es, weil wir ihn als Türnachbarn während Jahren beobachteten."

Literatur: Viele und gute Quellen, hauptsächlich in den englischen Tages-Zeitungen (vgl. 07.701.001; 05.13.024; 05.13.036). Eine Biographie fehlt. Vgl. auch die englische Ausgabe von *PGG*.

Jonathan Anton Alexander Benjamin Paul (1853–1931)

Pauls Vater (ursprünglich Schulrektor, 1847 Diakonus und Prediger an der Stephanskirche in Gartz a. d. Oder) stammte aus einer Arzt-, seine Mutter aus einer Pfarrersfamilie. Sein Vater gab ihm den Namen Jonathan, „indem er mich dazu weihte, dermaleinst ein Prediger des Evangeliums zu sein … Mein Vater hatte im ganzen fünf Söhne. Mich allein hat er nach Gottes Vorsehung zum Pastorenberuf gestempelt. Ich bin auch allein darauf eingegangen. Ich kann demnach nicht leugnen, daß es (bei meiner Taufe) nach Gottes Ratschluß prophetisch zugegangen ist." (*Heilszeugnisse* 1931, 165). Dieses positive Urteil über die Säuglingstaufe ist charakteristisch für Paul.

Paul war ein Musterknabe und hat „seinen Eltern nie auch nur eine Stunde Kummer bereitet … Bewußt erweckt wurde er als kleines Kind durch eine Predigt seines Vaters." (Krust) Er besuchte das Marienstiftgymnasium in Stettin, wo er die Liebe zu den Dichtern seiner deutschen Muttersprache entdeckte und absolvierte 1872 das Abitur. Eigentlich hätte er lieber Medizin studiert und sah sich während seiner Studienzeit auch gründlich um in der medizinischen Fakultät. „Darum kannte er sich in Krankheitsbildern, besonders in pathologischen Verbildungen gut aus und schätzte auch während seines ganzen Lebens die ärztliche Kunst sehr. Aber aus kindlichem Gehorsam zu seinem Vater erwählte er nun doch das Studium der Theologie." (Giese)

Nach theologischen Studien in Greifswald und Leipzig absolvierte er das zweite theologische Examen mit einer lateinischen Abhandlung über „Die Lehre vom Heiligen Geist". Als Kandidat in Belkow, Pommern, fand er seine Frau. Bevor er sie heiratete, erprobte er sie, indem er den weißen Schal der jungen Dame von der Stuhllehne nahm und die Bierlachen auf dem Tisch abwischte. „Warum ich das tat? Ich hätte ja auch Papier oder mein Taschentuch nehmen können. Aber ich wollte feststellen, ob sie mir ganz gehöre. Sie hat mir, auch später als meine Frau nie deshalb einen Vorwurf gemacht." (*Giese*, 21)

Als Rektor und Hilfsprediger in Nörenberg, Hinterpommern, ging er – obschon er in seiner Jugend tüchtig Sport getrieben hatte – durch eine gesundheitliche Krise und glaubte, nur noch zwei Jahre leben zu können. „Bei Kinderbegräbnissen pflegte er jene ernste Bibelstelle vorzulesen: Wie sich ein Vater über seine Kinder erbarmt, so erbarmt sich der Herr über die, so Ihn fürchten, – bis zu den Worten: Bei denen, die Seinen Bund halten und gedenken an Seine

Gebote, daß sie darnach tun. – O wie oft mußte ich diese Worte hören: ‚Daß sie darnach tun.‘ Sie schlugen an mein Herz. Dies war ein fortwährendes Mürbemachen für mich. ‚Du Pastor‘, hieß es in mir, ‚willst du denn nicht einmal anfangen darauf einzugehen?‘ Ach, dieses Gotteswort war mir höchst unbequem, und dieses Mürbemachen brachte es dahin, daß ich, wenn wieder ein Kinderbegräbnis war, schon vor dem Vorlesen mich vor diesen Worten fürchtete. Da merkte ich: In deiner Seele und in deinem Christentum steht es noch nicht richtig" (*Heilszeugnisse* 1931, 165–166). 1889 wurde er Pfarrer in Ravenstein. Er wurde vom Rauchen befreit. „Was ich bisher verraucht habe, gebe ich jetzt der Mission … Ich möchte aber zugleich bemerken: Ich will nicht das Rauchen an und für sich als einen Götzendienst hinstellen." (ebda) Damit hing ein Erlebnis zusammen, das er als „Pniel" oder „Durchströmung mit dem Heiligen Geist" bezeichnete, als Vision des himmlischen Jerusalem beschrieb und später auf verschiedene Weise, als Heiligung oder Wiedergeburt, interpretierte. Giese bemerkt dazu: „Dieses Kernerlebnis ist in keiner Weise von mystisch-ekstatischer Art. Liest man diesen Bericht genau, so ist eindeutig zu erkennen, daß von keiner besonderen Gemütsbewegung, von keiner Steigerung des Gefühls, sondern von einer durchaus nüchternen Selbstkritik berichtet wird, die dieses Kernerlebnis auslöste. Paul hat sich darum auch niemals als Mystiker oder Ekstatiker angesehen."

1899 wurde Paul freier Evangelist mit Sitz in Berlin. Er leitete die pommerschen Gemeinschaften der Reichsbrüder in die organisierte Gemeinschaftsbewegung über. Unter dem Einfluß von Stockmayer und D. Trudel entwickelte er eine Vollkommenheitslehre im Sinne Wesleys und erklärte in seiner Schrift „Jesus wird": Schon seit einer Reihe von Jahren hatte ich in der Erfahrung gelebt und sie auch bezeugt, daß man nicht sündigt, wenn man in Jesus bleibt (1. Joh. 3, 6). Bei alledem jedoch fehlte mir noch das ununterbrochene Bleiben im Herrn." Das änderte sich aber später. „Jetzt ist mein Glück grenzenlos. Der sündliche Hang ist von mir genommen, und statt dessen bin ich, wie 2. Petr. 1, 4 bezeugt wird, der göttlichen Natur teilhaftig geworden. Das entspricht genau dem, was Paulus 2. Kor. 5, 17 sagt …" (*Krust* I, 206). Unter dem Druck der Kritik von Freunden und Gegnern widerrief er 1919 diese Heiligungslehre (Kommentare dazu bei *Fleisch*, Gemeinschaftsbewegung I, 259; *Heiligung*, September 1919; *Krust* I, 133, 209; *Giese, J. P.*, 218–222; zusammengefaßt 05.07.008 a).

Paul war die überragende Persönlichkeit in der deutschen Pfingstbewegung gewesen. Freund und Feind hatten von ihm den Eindruck eines heiligen Menschen. Ein Vorfall anläßlich der massiven Verurteilung des deutschen Theologen Lepsius wegen dessen Zweifel an der Verbalinspiration der Schrift beleuchtet schlagartig Pauls Wesen. Als Lepsius an der 18. Allianzkonferenz (1903) von allen seinen Freunden verlassen und von vielen beschimpft wurde, meldete sich Paul zum Wort: „Liebe Brüder, eigentlich ist es doch merkwürdig …, wenn Martin Luther heutzutage mit seinen Ansichten von der Schrift in der Gemeinschaftsbewegung auftreten würde, müßten wir ihn gerade so verurteilen wie Bruder Lepsius." (zit. von *E. v. Eicken*, Heiliger Geist, 86–87)

Bemerkenswert ist, wie sich bei Paul osteuropäische mit angelsächsischer Frömmigkeit verband. Seine Dichtungen sind volksliedhaft, ohne aufs Niveau des „religiösen Schlagers" abzusinken. Sie entstanden meist aus konkreten Situationen. Krust urteilt: „Er war ein Mann, der sich nicht fürchtete, mit Gott vorwärts zu gehen." Giese verteidigt ihn gegen den Vorwurf der Schwarmgeisterei. Paul habe nicht nur eine ganze Generation zum lebendigen Glauben an Christus gerufen, sondern auch erzogen, aus diesem Glauben heraus als Christen zu leben. Sein Schwiegersohn Vietheer aber war der Meinung, Paul sei in der Pfingstbewegung, die Humburg, Geyer, Edel und zuletzt Voget und Schober gemacht hätten, am falschen Platz gewesen.

Am besten wird Paul durch sein kurz vor dem Tode verfaßtes, inzwischen im Pfingstjubel vertontes „Geständnis und Bekenntnis" charakterisiert:

„Einer von den Deinen, Jesu, darf ich sein.
Groß will ich nicht scheinen: halte mich stets klein!
Einer von den Deinen, das sei mir genug;
Denn Gott schreibt die Seinen in das Lebensbuch.
Einer von den Deinen, der sich selbst verflucht
und in Lorbeerhainen keinen Kranz mehr sucht."

Heute scheint Pauls ökumenische Gesinnung, seine theologische Offenheit, seine Kultur, seine Sportbegeisterung, seine Verteidigung der Säuglingstaufe, sein Verzicht auf gesetzliche Verurteilung der Raucher usw. sowohl bei den Freunden, wie auch bei den Gegnern der Pfingstbewegung in Vergessenheit zu geraten.

Literatur: Viel Autobiographisches in der Bibliographie. Wissenschaftliche, auf Quellen beruhende Biographie von *E. Giese* (Vgl. auch Register und *PGG*, passim).

II. ADRESSENVERZEICHNIS

Nach Kontinenten und Ländern geordnet.
Die folgenden Statistiken und Adressenangaben sind von unterschiedlicher Genauigkeit. Die Adressen wurden mir von den Pfingstlern selbst geliefert. Ein Teil ist in *D. J. Du Plessis*' zweibändigem Manuskript[1] aufgeführt. Vor ungefähr fünf Jahren habe ich mit vielen dieser Kontaktadressen noch korrespondiert, allerdings nicht von allen Antwort erhalten. Wo es sich um Adressen von Personen handelt, können diese unterdessen verzogen sein. Auch ist es möglich, daß einzelne der erwähnten Gruppen mit anderen fusioniert haben. Selbstverständlich gebe ich nicht alle mir bekannten Adressen an. Dies würde ein Adreßbuch von ungefähr hundert Seiten geben. Diese und weitere detaillierte Angaben sind in meinem „Handbuch" zu finden. Für Fehlerberichtigungen bin ich sehr dankbar. Zu den Abkürzungen vgl. das Abkürzungsverzeichnis. Für eine Charakterisierung der einzelnen Typen (T) pfingstlicher Frömmigkeit, vgl. S. 314 ff.).

1. AFRIKA

Ägypten
Assemblies of God, 86 23rd July Street, Port Said. St: 15000 (01.01.006)
Pentecostal Church of God (Cleveland), Boutros Labib, Dair El Yarnous, Aba El Walf. St: 5000. T: dreistufig (01.01.005).
afr.: :12000.

Ghana
Apostolic Church, H. L. Copp, Box 633, Accra. St: 5000. T: ap (01.12.003).
Assemblies of God, W. W. Anderson, Box 43, Tamale. St: 15000. T: zweistufig (01.12.004).
Church of God of Pentecost, J. McKeown, Box 2194, Accra. St: 25000. T: ap (01.12.005).
afr.: 200000.

Kenya
Pentecostal Assemblies of East Africa, Nyang'ori, Kisumu. St: 100000. T: zweistufig (01.17.013).
afr.: 600000.

Kongo (Kinshasha).
Assemblées de Dieu du Congo, La Mission, Nundu, Post Uvira, Kivu.
Andudu par Paulis, Kibali, Ituri. St: 80000. T: zweistufig (01.18.003; 01.18.004).
Association des Eglises de Kivu, Bideka, Kabare-Territorium, Süd-Kivu Distrikt, Provinz Kivu. ZS: Shahidi la kweli. St: 13000 (01.18.005).
Eglise de Pentecôte au Congo. A. Andersson, Box 239, Asumbura, Urundi.
ZS: Shahidi la kweli. St: 38000. T: zweistufig (01.18.007).

---

[1] *Du Plessis*, History (vgl. Bibl.).

Eglise Pentecôtiste du Congo, Congo Evangelistic Mission, Mwanza, D. P. Malemba Nkulu. St: 65000. T: zweistufig (01.18.006). afr.: 1000000.

Liberia
Assemblies of God. Box 37, Monrovia. St: 18000. T: zweistufig (01.20.004). Pentecostal Assemblies of Canada, Box 37, Monrovia. St: 15000. T: zweistufig (01.20.006). afr.: 30000.

Nigerien
Apostolic Church, P. O. Box 8, Ilesha, W. Nigeria, St.: 127000. T: ap. (01.28.008).
Assemblies of God, Box 71, Umuahia, ZS: Nigerian Evangel. St: 27000. T: zweistufig (01.28.007). afr.: 500000 (zu Nigerien, vgl. S. 115ff.).

Rhodesien
Pentecostal Assemblies of Canada, James Bush, 6 Taylor Ave., Morningside, Umtali. ZS: The Lamp. St: 10000. T: zweistufig (01.38.012). afr.: 500000.

Südafrikanische Republik
Apostolic Faith Mission of South Africa, Box 1636, Johannesburg. ZS: Trooster-Comforter. St: 100000. T: zweistufig (01.36.018).
Assemblies of God, P. O. Box 7, Nelspruit, Transvaal. ZS: Back to God. St: 80000. T: zweistufig (01.36.019).
Full Gospel Churches of God of Southern Africa, P. O. Box 2230, Johannesburg. ZS: Full Gospel Herald. St: 141000. T: dreistufig (01.36.013).
Pentecostal Holiness Church, D. D. Freeman, P. O. Box 36, Krugersdorp, Tvl. St: 14000 (01.36.015).
afr.: 3130000 (zu Südafrika, vgl. *PGG*, 117–190).

Tanzania
Pentecostal Assemblies of God, C. C. Harris, Box 165, Mbeya. St: 10000. T: zweistufig (01.40.004; 01.40.009).
Pentecostal Churches in Tanzania, B. Anderson, S. F. M., Private Bag, Puga, P. O. Nzega. St: 25000. T: zweistufig (01.40.007, 01.40.008, 01.40.010). afr.: 25000.

Togo
Assemblées de Dieu, William E. Lovick, Bassari via Lome. St: 16000. T: zweistufig (01.41.001). afr.: 1000.

Uganda
Pentecostal Assemblies of God, Mbale. St: 10000. T: zweistufig (01.44.002). afr.: 10000.

Volta

Assemblées de Dieu, P. H. Moore, Boîte Postale 29, Ouagadougou. St: 24000.
T: zweistufig (01.45.002).

Zentralafrikanische Republik

Örebro Missionsförening, Mission Baptiste, Bania, Berberati. St: 30000. T:
zweistufig (01.46.002).
Schweiz. Pfingstmission, Mission Elim, Alindao, Oubangui-Chari. St: 6400
(01.46.003).

2. NORDAMERIKA

Kanada

Apostolic Church of Pentecost of Canada, G. S. McLean, Box 579, Eston,
Sask. ZS: End Times' Messenger. St: 5000. T: Jesus only (02a.01.016).
International Church of the Foursquare Gospel, St: 4600. T: zweistufig.
(02a.01.012).
Open Bible Standard Churches of America, St: 5000. T: zweistufig (02a.02.126).
Pentecostal Assemblies of Canada, 50 Euston Ave., Toronto 6. ZS: Pentecostal
Testimony. St: 150000. T: zweistufig (02a.01.013).

USA

Apostolic Faith, Northwest Sixth and Burnside, Portland 9, Oregon, ZS: The
Light of Hope. St: 5000. T: dreistufig (02a.02.063).
Apostolic Overcoming Holy Church of God, W. T. Phillips, 1803 Stone St.,
Mobile, Ala. St: 75000. T: Jesus only (02a.02.135).
Assemblies of God, 1445 Boonville Ave., Springfield, Mo. ZS: Pentecostal
Evangel. St: 600000. T: zweistufig (02a.02.115; *PGG*, 28–47).
Calvary Pentecostal Church, Inc., 416 S. 12th Ave., Seattle, Wash. ZS: Calvary
Tidings. St: 8000. T: zweistufig (02a.02.119).
Christian Church of North America, General Council, 241 Shady Ave., Pitts-
burgh, Pa. ZS: The Lighthouse. St: 8000. T: zweistufig (02a.02.120).
Church of Christ (Holiness) USA, 329 East Monument St., Jackson, Miss.
ZS: Truth. St: 9200. T: dreistufig (02a.02.066).
Church of God (Cleveland), Keith St. at 25th, Cleveland, Tenn., ZS: Church
of God Evangel. St: 220000. T: dreistufig (02a.02.067; *PGG*, 48–64 passim).
Church of God (Queens Village), 9305 224th Street, Queens Village 28, New
York. ZS: The Church of God. St: 74000. T: dreistufig (02a.02.072).
Church of God in Christ, 958 Mason St., Memphis, Tenn. ZS: Whole Truth.
St: 1000000. T: dreistufig (02a.02.075).
Church of God of Prophecy, Bible Place, Cleveland, Tenn. ZS: The White
Wing Messenger, St: 43000. T: dreistufig (02a.02.077).
Church of Our Lord Jesus Christ of the Apostolic Faith, Inc., 112–118 East
125th St., New York, N. Y. ZS: The Contender for the Faith. St: 45000.
T: Jesus only (02a.02.137).
Church of the Living God (Christian Workers for Fellowship), F. C. Scott,
801 N. E. 17th St., Oklahoma City, Okla. ZS: National Bulletin. St: 45000.
T: dreistufig (02a.02.082).

Churches of God (Holiness), 170 N. W. Ashby Street, Atlanta, Ga., St: 25000. T: dreistufig (02a.02.084).

Congregational Holiness Church, Griffin, Ga. ZS: Gospel Messenger. St: 5000. T: dreistufig (02a.02.085).

Free Christian Zion Church of Christ, Nashville, Ark. ZS: Zion Trumpet. St: 22000. T: dreistufig (02a.02.089).

Independent Assemblies of God, 3840 5th Ave., San Diego, Calif. ZS: The Herald of Faith. St: 7000. T: zweistufig (02a.02.123).

International Church of the Foursquare Gospel, Angelus Temple, 1100 Glendale Blvd., Los Angeles, Calif. ZS: Foursquare World Advance. St: 90000. T: zweistufig (02a.02.124).

International Pentecostal Assemblies, 892 Berne Str., S. E., Atlanta 16, Ga. ZS: The Bridegroom's Messenger. St: 15000. T: dreistufig (02a.02.099).

National David Spiritual Temple of Christ Church Union (Inc.) USA, 536 W. 120th St., Los Angeles 44. ZS: The Christian Spiritual Voice Publication. St: 40000. T: zweistufig (02a.02.125).

Open Bible Standard Churches, 1120 Walnut, P. O. Box 1737, Des Moines, Iowa. ZS: Message of the Open Bible. St: 30000. T: zweistufig (02a.02.126).

The (Original) Church of God, Inc., 2214 E. 17th St., Chattanooga, Tenn. ZS: The Messenger. St: 18000. T: dreistufig (02a.02.104).

Pentecostal Assemblies of the World, Inc., 3040 N. Illinois St., Indianapolis, Ind. ZS: Christian Outlook. St: 45000. T: Jesus only (02a.02.139).

Pentecostal Church of God of America, 312–316 Joplin Ave., Joplin, Mo. ZS: The Pentecostal Messenger. St: 115000. T: zweistufig (02a.02.126).

The Pentecostal Free Will Baptist Church, Inc., Herbert Carter, P. O. Box 966, Dunn, N. C. ZS: Advance. St: 10000. T: dreistufig (02a.02.108).

Pentecostal Holiness Church, Inc., Franklin Springs, Ga. ZS: The Pentecostal Holiness Advocate. St: 67000. T: dreistufig (02a.02.110).

Triumph the Church and Kingdom of God in Christ, 213 Furrington Ave., S. E. Atlanta, Ga. St: 45000. T: dreistufig (02a.02.112).

United Holy Church of America, Inc., 159 W. Coulter St., Philadelphia, Pa. ZS: The Holiness Union. St: 29000. T: dreistufig (02a.02.113).

United Pentecostal Church, 3645 S. Grand Blvd., St. Louis, Mo. ZS: The Pentecostal Herald. St: 225000. T: Jesus only (02a.02.140).

3. LATEINAMERIKA

Argentinien

Asamblea Cristiana, Avenida Salvador María del Carril Nr. 5069, Buenos Aires. St: (plus weitere Asambleas Cristianas): 30000. T: zweistufig.

Asociación Evangélica Asambleas de Dios, S. Andersson, Av. Evita 1659, Corrientes. ZS: El Heraldo de Paz. St: 23000 (02b.01.014).

Iglesia de Dios, Marco Mazzucco, Isla Maciel, Buenos Aires. St: 30000. T: drei- oder zweistufig (02b.01.006).

Movimiento Cristiano Misionero, Mar del Plata. St: 5000. T: zweistufig.

Norske Pinsevenners Ytremisjon, F. Magersnes, Independencia 371, Embarcación, Salta. St: 10000. T: zweistufig.
Pentecostal Assemblies of Canada, Erling Andresen, Casilla 4536, Buenos Aires. St: 25000. T: zweistufig (02b.01.013).
Union de las Asambleas de Dios, Hidalgo 353, Buenos Aires. St: 8600. T: zweistufig (02b.01.016).
Daneben zahlreiche unabhängige Gemeinden, chilenische und brasilianische pfingstliche Missionen.

Bahamas
Iglesia de Dios (Cleveland), E. Ray Kirk, Box 1708, Nassau. ZS: Church of God Evangel. St: 18000. T: dreistufig (02b.02.002).
Iglesia de Dios de Profecia, Alvin S. Moss, Box 1427, Grantstown, Nassau. ZS: White Wing Messenger. St: 9000. T: dreistufig (02b.02.003).

Barbados
Church of God (Cleveland), T. Neston Ward, No. 3 Carlton Terrace, St. Michael, St: 12000. T: dreistufig (02b.13.007).

Bolivien
Asambleas de Dios, Monroe D. Grams, Casilla 1448, La Paz. St: 4600. T: zweistufig (02b.04.006).

Brasilien
Assembléias de Deus, Rua São Luiz Conzaga 1951, Rio de Janeiro. ZS: O Mensageiro da Paz. St: 1900000. T: zweistufig (02b.05.012; *PGG*, 79ff.).
Congregação Cristã do Brasil, Rua Visconde de Parnaiba 1616, S. Paulo. St: 700000. T: zweistufig (02b.05.017; *PGG*, 89ff.).
Igreja Baptista Bethel, Caixa Postal 638, Porto Alegre, St: 4500. T: zweistufig (02b.05.020).
Igreja de Deus (Cleveland), Rua Obidos 399, Villa Valquiere, Via Cascaduras, D. F. ZS: O Evangelho da Igreja de Deus. St: 4000. T: dreistufig (02b.05.010).
Igreja do Evangelho Quadrangular, Rua Brigadeiro Galvao, 723, S. Paulo. St: 32000. T: zweistufig (02b.05.028).
Igreja Evangélica Pentecostal, „Brasil para Cristo", Manoel de Melo, Caixa Postal 4064, São Paulo. St: 900000. T: zweistufig (02b.05.037; *PGG*, 106ff., vgl. S. 290ff.).
Die Mitgliedschaft unabhängiger, freier Pfingstgemeinden wird auf gegen eine Million geschätzt.

Britisch Guayana
Assemblies of God. U.B.E. Chow, 182 Murray St., Georgetown. St: 8000. T: zweistufig (02b.06.006).

Chile
Asambleas de Dios, David Scott, Casilla 77–D, Santiago. St: 6000. T: zweistufig (02b.08.009).
Corporación Evangélica de Vitacura, Santaigo, ZS: Maranatha. St: 8000. T: zweistufig (02b.08.015).

Corporación Evangélica Pentecostal (Coronel), Iglesia de Schwager, Coronel. St: 15000. T: meth. (02b.08.016).

Ejército Evangélico de Chile, José Segundo Pérez, Talcahuano. St: 6000. T: meth. (02b.08.018).

Iglesia de Dios (Cleveland), Edmund F. Outhouse, Casilla 10367, Correo Central, Santiago. St: 5000. T: dreistufig (02b.08.007).

Iglesia de Dios Pentecostal, Arturo Espinoza Campos, calle Tres Antonios, Santiago, ZS: El Despertar. St: 60000 (02b.08.028).

Iglesia Evangélica Metodista Pentecostal, Reunida en el Nombre de Jesús, Julio Rodríguez, Melipilla, St: 60000. T: meth. (02b.08.041).

Iglesia Evangélica Pentecostal, Casilla 7008, Santiago. ZS: Fuego de Pentecostés. St: 300000. T: meth. (02b.08.045).

Iglesia Metodista Pentecostal de Chile, Mamerto Mancilla, Casilla 744, Temuco. ZS: Chile Pentecostal, St: 480000. T: meth. (02b.08.049).

Iglesia Pentecostal de Chile, Enrique Chávez, Casilla 2, Curicó. St: 20000. T: meth. (02b.08.054).

Misión Iglesia Pentecostal, Miguer Calvez Mena, Casilla 8, La Granja, Santiago. St: 10000. T: meth. (02b.08.061).

Congregación Evangélica de la Fe Apostólica del 7⁰ Día, Guillermo Fuentes, Villa Mora, Coronel (Concepción). St: 3000 (02b.08.066).

(Zu Chile vgl. S. 96ff.).

El Salvador

Asambleas de Dios, Artur Lindvall, Apartado 99, Santa Ana. St: 26000. T: zweistufig (02b.12.004).

Iglesia de Dios (Cleveland), O'Neil McCullough, 16th Ave, Sur Santa Tecla. ZS: Evangelio de la Iglesia de Dios. St: 10000. T: dreistufig (02b.12.002).

Guatemala

Asambleas de Dios, Walter H. Haydus, Apartado 103, Guatemala City. ZS: Avanza la Luz. St: 27000. T: zweistufig (02b.15.005).

Iglesia de Dios del Evangelio Completo (Cleveland), McCall, Iglesia de Dios, Quiché. ZS: Evangelio de la Iglesia de Dios. St: 10000. T: dreistufig (02b.15.003).

Iglesia de Dios de Profecia, Ramón Ruano Peña, 16 Calle No 4–26, Zona 3, Guatemala. St: 2000. T: dreistufig (02b.15.004).

Principe de Paz, José Maria Muñoz, Apartado Postal 786, Guatemala. St: 15000. T: zweistufig.

Haiti

Church of God in Christ, St. Joseph Juste, 165 Rue des Front-Forts, Port-au-Prince. St: 10000. T: dreistufig (02b.16.07).

L'Eglise de Dieu (Cleveland), James M. Beaty, Box 592, Port-au-Prince. ZS: Evangile. St: 54000. T: dreistufig (02b.16.009).

Eglise de Dieu Pentecôtiste, J. W. Harmon, Boîte Postale 562, Port-au-Prince. St: 9000. T: zweistufig (02b.16.011).

Iglesia de Dios de Profecia, J. Vital Herne, Port-au-Prince. St: 33 000. T: drei-stufig (02 b.16.008).

Honduras
Asambleas de Dios, Paul Cooper, Apartado 117, San Pedro Sula. St: 5000.
T: zweistufig (02 b.17.005).
Iglesia de Dios (Cleveland), N. E. Skaggs, Barrio Alvarado, La Ceiba. ZS: El
Evangelio de la Iglesia de Dios. St: 6600. T: dreistufig (02 b.17.003).

Jamaica
Church of God (Cleveland), Preston F. Taylor, 14 Rochester Ave., Constant
Spring P. O., Jamaica. St: 67000. T: dreistufig (02 b.13.007).
Church of God of Prophecy, R. C. Smith, 36 Maxfield Ave., Whitfield Town
P. O., Jamaica. St: 16000. T: dreistufig (02 b.13.009).

Kolumbien
Asambleas de Dios, Harry K. Bartel, Apartado Aéreo 7739, Bogotá. St: 4000.
T: zweistufig (02 b.20.006).
Iglesia del Evangelio Cuadrangular, Paul Anderson, Apartado 650, Bucara-manga. St: 5000. T: zweistufig (02 b.20.009).
Iglesia Pentecostal Unida, Apdo aéreo 1006, Barranquilla. St: 20000. T: Jesus
only (02 b.20.010).

Kuba
Asambleas de Dios. St: 13 000. T: zweistufig (02 b.21.011).
Pentecostal Evangelical Church. St: 15 000 (02 b.21.016).

Mexiko
Iglesia Cristiana Independiente Pentecostés, Pedro Ma. Anaya 10, Pachuco,
Hgo. ZS: El Mensajero Pentecostés. St: 150000. T: zweistufig.
Iglesia Cristiana Interdenominacional, Dragon 29, Mexico 13. ZS: La Nueva
Raza. St: 30000. T: zweistufig.
Iglesia Cristiana Nacional las Asambleas de Dios, Guillermo O. Fuentes,
Apdo 67557, Plomeros 87, Mexico 2 ZS: Poder. St: 30000. T: zweistufig
(02 b.22.012).
Iglesia de Dios (Cleveland), Alejandro Portugal, Norte 76 No 5218, Mexico 14.
ZS: El Evangelio de la Iglesia de Dios. St: 35000. T: dreistufig (02 b.22.009).
Iglesia Evangélica Pentecostal Independiente. ZS: El Consejero Fiel. St: 150000.
T: zweistufig.
Movimiento de Iglesias Evangélicas Pentecostés Independientes, Carretones 123,
Mexico. St: 20000. T: zweistufig.

Panama
Iglesia del Evangelio Cuadrangular, Leland Edwards, Apartado 1772, Panama
City. St: 18000. T: zweistufig (02 b.24.006).

Peru
Asambleas de Dios del Perú, Forrest G. Barker, Apartado 2258, Lima. ZS:
Pentecostal Peruano. St: 26000. T: zweistufig (02 b.26.007).
Iglesias Pentecostales Autónomas, St: 5000. T: zweistufig (0.2b.26.014).

Puerto Rico

Iglesia de Dios (Cleveland), W. D. Alton, Box 8212, Santurce. ZS: El Evangelio de la Iglesia de Dios. St: 17000. T: dreistufig (02b.27.006).

Iglesia de Dios Pentecostal, Pedro Alvarado, Calle America No. 1473, Parada 22, Santurce. ZS: El Evangelista Pentecostal. St: 50000. T: zweistufig (02b.27.009).

Trinidad

Open Bible Standard Churches, K. Wilhelmsen, P. O. Box 82, San Fernando, Trinidad. St: 1500. T: zweistufig (02b.13.016).

Pentecostal Assemblies of the West Indies, C. A. Barker, No. 4, Bridge, Maracas Royal Road, Curepe, Trinidad. St: 4500. T: zweistufig (02b.13.017).

4. ASIEN

Burma

Assemblies of God, E. Walter Erola, 11 Windermere Road, Rangoon. St: 12000. T: zweistufig (03.03.001).

Hongkong

Assemblies of God, Corner Argyle Street and Kadoorie Avenue. St: 3200. T: zweistufig (03.06.005).

Pentecostal Assemblies of Canada, B. L. Embree, Box 5049, Kowloon, Hongkong. St: 5400. T: dreistufig (03.06.009).

Pentecostal Holiness Church, 6, Dorset Crescent, Kowloon, Hongkong. St: 5400. T: dreistufig (03.06.003).

Indien

Apostolic Church of Pentecost, G. W. Neilsen, Muttambalam P. O., Kottayam, S. Indien. St: 2500. T: Jesus only (03.07.037).

Assemblies of God, 8 Fyzabad Road, Lucknov, U. P. (North India); Bethel Bible School, Punalur P. O., Kerala (South India) ZS: Agni. St: 26000. T: zweistufig (03.07.021).

India Pentecostal Church of God, P. M. Samuel, Faith Home, Bezwada 2, Andhra. ZS: The Gospel Illuminator (auch Hindi und Telugu). St: 30000. T: zweistufig, indisch (03.07.045).

Church of God in India (Cleveland), William Pospisil, Mulakuzha, Changannur, Kerala, ZS: India's Challenge. St: 35000. T: dreistufig (03.07.015).

United Pentecostal Church, Ellis L. Scism, Mission Bungalow, Adur, Quilon District, Kerala State, S. India. St: 10000. T: Jesus only.

Indonesien[2]

Centrale Pfingstgemeinde von Surabaja, Surabaja. St: 3000. T: indonesisch.

Geredja Bethel Indjil Sepenuh, Bethel Evangelistic Training School, Djati-petamburan 253, Djakarta. ZS: Penjuluh. St: 50000. T: zweistufig (03.08.010).

---

[2] I. Lew, ein indonesischer Pfingstführer, schätzt die Gesamtzahl der Pfingstler in Indonesien auf 6 Millionen. Sollte dies zutreffen, so wären die obigen Zahlen alle überholt (Total ca. 1000000; vgl. MD 32, 1969, 143).

Geredja Isa Almasih (Sing Ling Kauw Hwee), Tan Hok Tjoan, Semarang, Zentral-Java. St: 2400. T: zweistufig (03.08.015).

Geredja Pentakosta di Indonesia, E. Lesnussa, Djalan W. R. Supratman 5, Malang, Djava Timur, Ost-Java. ZS: Pusaka Rohani. St: 500000. T: Jesus only (03.08.016).

Geredja Pantekosta Siburian (zwei verschiedene), St: 17000. T: zweistufig (03.019/20).

Penggerakan Kristus, Thiessen, Bandung, Java. St: 5000, T: zweistufig (03.08.030).

Pentecostal Church of God of America, W. A. Parsons, Calvary Mission, Ternate, St: 10000. T: zweistufig (03.08.003).

Sidang Djemaat Allah, Raymond A. Busby, Kotak Pos 2156, Djakarta. St: 10000. T: zweistufig (03.08.004).

Sidang Pantekosta (Celebes und Molukken), St: 2660. T: zweistufig (03.08.036).

Sing Ling Pantekosta, Semarang, St: 2000. T: zweistufig (03.08.037).

United Pentecostal Church, W. R. Pardue, Dj. Mataram 970, Semarang, Java. St: 2000. T: Jesus only.

Utasan Pantekosta, ZS: Gandoem Mas. St: 2500. T: zweistufig (03.08.038).

Japan
Missionskirchen

Nihon Assemburizu Kyodan, 430–1, Komagome, 3-chome, Toshima ku Tokio, ZS: Megumi no otozure. St: 11000. T: zweistufig (03.12.027; 03.12.32; 03.12.033).

Japanische, unabhängige Pfingstgemeinden

Iesu-No Mitama Kyokai, 151, 3 chome, Ogikubo, Suginami, Tokio. St: 37000. T: japanisch, Jesus only (03.12.047).

Nihon Iesu Kirisuto Kyokai, 130 Aio Machi 1 chome, Akashi Shi. St: 10000. T: japanisch (03.12.051).

Original Gospel Movement. St. 15000. T: japanisch, zweistufig (03.12.48).

Korea

Assemblies of God, St: 15000. T: zweistufig (03.15.004).

Philippinen

Assemblies of God, A. J. Ahlberg, Box 273, Cebu City, Cebu. St: 50000. T: zweistufig (03.23.013).

Church of God (Cleveland), F. R. Cortez, Box 123, Cabatuan, Isabela. St: 3000. T: dreistufig (03.23.009).

International Church of the Foursquare Gospel, International Calvary Foursquare Church, 3975 Sta Mesa Boulevard, Manila. St: 6000. T: zweistufig (03.23.014).

Taiwan

Chu Hui So (Little Flock). St: 8000. T: chinesisch (03.26.014).

True Jesus Church. St: 23 000. T: chinesisch (03.26.015).

5. AUSTRALIEN

Assemblies of God, Glad Tidings Tabernacle, Brisbane, Queensland, Australien, ZS: Australian Evangel. St: 3000. T: zweistufig (04.01.007; S. 128).
National Revival Crusade, Leo Harris, Sunrise House, 95 Wattle Str., Fullarton, South Australia. ZS: Revivalist. St: 30 Gemeinden. T: zweistufig (04.01.009; S. 129).

6. EUROPA
Belgien
Assemblées de Dieu, Pasteur D. Vandenabecle, Prudent Bvd 83, Bruxelles. St: 4200. T: zweistufig (05.03.007).
Vereniging van de Evangelische Pinkster Kerken in België, 38, rue des Rabots, Fleurus, ZS: La Voix Chrétienne. St: 2000. T: zweistufig (05.03.010).

Dänemark
Den Apostolske Kirke i Danmark, Lykkegårdsvej 100, Kolding. ZS: Evangeliebladet. St: 9000. T: ap (05.05.002).
Elimforsamlingen, Kronprinsengade 7, Kopenhagen. ZS: Korsets Evangelium St: 6000. T: zweistufig (05.05.003).

Deutschland (BRD)[3]
Arbeitsgemeinschaft der Christengemeinden in Deutschland, Bibelschule „Beröa", Erzhausen bei Darmstadt. ZS: Der Leuchter. St: 10000. T: zweistufig (05.07.015; *PGG*, 231–243, passim).
Christl. Gemeinschaftsverband GmbH, Mülheim-Ruhr, Christian Krust, Mollerstr. 40, Darmstadt. HS: Heilsgrüße. St: 22000. T: ref./luth./meth. (05.07.008; *PGG*, 216–30, passim).
Christl. Missionsunternehmen (früher: Freie Volksmission), Gerhard Krüger, Weidenweg 11, Aachen. ZS: Glaube, Liebe, Hoffnung. St: 1000. T: zweistufig (05.07.017).
Deutsche Spätregenmission, Glaubenshaus „Libanon", Beilstein/Württ., ZS: Die Spätregen-Gemeinden von Deutschland. St: 900. T: Spätregen (05.07.034).
Gemeinde der Christen „Ecclesia", Clara Zaiss, Meteorstr. 47, Solingen-Ohligs, ZS: Fröhliche Nachrichten. St: 10000. T: zweistufig (05.07.030).
Gemeinde Gottes, Lambert DeLong, Krehwinkel/Württ. ZS: Die Wahrheit. St: 4500. T: dreistufig (05.07.028).
Philadelphia-Verein e. V., Leonberg/Württ. ZS: Philadelphia-Briefe. St: 5000. T: zwei- bis vierstufig (05.07.028).
Volksmission entschiedener Christen, Oskar Siering, Stuttgart, Uhlbacher Str. 203. ZS: Der Volksmissionar. St: 10000. T: zweistufig (05.07.018).

---

[3] Neueste und detaillierte Adressen, nebst kurzen Charakterisierungen der verschiedenen Gruppen – auch der kleinen, hier nicht aufgeführten – in O. *Eggenberger*, Kirchen, Sondergruppen, 66 ff.; weitere Lit.: *Hutten*, 1968[11], 502 ff.; *PGG*, 201 ff.; vgl. S. 61 ff.).

Finnland

Helluntal-Ystävät, Verlag „Ristin Voitto": Kannokkitie 288, Tikkurila. ZS: Korsets Seger; Kristitty. St: 70 000. T: zweistufig (05.08.005; vgl. S. 45 ff.).

Frankreich

Assemblées de Dieu, 29, rue des Capucins, Les Andelys (Eure), ZS: Vie et Lumière; Viens et Vois. St: 29 000. T: zweistufig (05.09.003).

Eglise Apostolique, 4 Rue Kirchener, Sanvic, S. I. ZS: La Foi Victorieuse. St: 1000. T: ap (05.09.009).

Fédération des Assemblées de Réveil, Salle „Bonne Nouvelle", Grasse, A. M. St: 3000. T: zweistufig (05.09.013).

Griechenland

Assemblies of God, E. A. Dictos, Andreou Miaouli 8, Katerina. St: 1900. T: zweistufig (05.11.002).

Ekklesia Theou Pentekostis, Paul P. Costas, 136 Thessaloniki Str., Athen 307. St: 420. T: zweistufig (05.11.005)

Großbritannien

Apostolic Church, Bible School, Bryn Road, Penygroes (Wales) ZS: The Apostolic Herald; Riches of Grace. St: 7000. T: ap (05.13.022).

Assemblies of God, 51, Newington Causeway, London, S. E. 1. ZS: Redemption Tidings. St: 66 000. T: zweistufig (05.13.023; PGG, 191–200).

Bible Pattern Fellowship, 8–10, Clarence Avenue, Clapham Park, London, S. W. 4. ZS: The Pattern. St: 1200. T: zweistufig, British Israel. (05.13.036).

Elim Foursquare Gospel Alliance, 20, Clarence Avenue, Clapham Park, London, S. W. 4. ZS: Elim Evangel. St: 44 000. T: zweistufig/meth. (05.13.024).

Elim Pentecostal Churches, 79, Mildmay Road, Chelmsford, Essex. St: 2000. T: zweistufig (05.13.025).

New Testament Church of God, O. A. Lyseight, Wolverhampton Road, Sedgley, Nr. Dudley, Worcs. ZS: New Testament Church of God Bulletin. St: 5400. T: dreistufig (05.13.029).

Pentecostal Holiness Church, Noel Brooks, 24, Sydenham Road, Cotham, Bristol 6. ZS: British News Letters. St: 1500. T: dreistufig (05.13.034).

(zu Großbritannien, vgl. die englische Ausgabe von PGG).

Italien

Assemblee di Dio, Via dei Bruzi 11, Rom. ZS: Il Risveglio Pentecostale. St: 120 000. T: zweistufig (05.15.006; PGG, 284 ff.).

Chiesa Apostolica, Via Oberdan 39, Grosseto. ZS: Richiezza di Grazia. St: 2500. T: ap (05.15.007).

Chiesa Evangelica Internazionale, Via Chiorenda 57, Rom. ZS: Diálogo Cristiano. St: 20 000. T: zweistufig.

Jugoslawien

Kristova Pentekostna Crkva, Ilica 200, Zagreb. St: 3500. T: zweistufig (05.16.004).

Kristova Duhovna Crkva „Malkrštenih", Subotica Bartok Bela 24, Rac Franjo. ZS: Öröm Hit (ungar.). St: 2000. T: zweistufig (05.16.005).
Kristova Duhovna Crkva „Nogopranih", Pavlov Milivoj, Praninska 43, Srem Mitrovica. St: 2000. T: Jesus only (05.16.006).

Niederlande
Broederschap van Pinkstergemeenten in Nederland, P. v. d. Woude, 's-Gravendeelstraat 12, Rotterdam 20. ZS: Pinksterboodschap. St: 10000. T: zweistufig (05.20.004).

Norwegen
Filadelfia, 24 St. Olavsgate, Oslo. ZS: Korsets Seier. St: 70000. T: zweistufig (05.21.007; vgl. S. 38 ff.).

Österreich
Freie Christengemeinden, Halbgasse 17, Wien VII. ZS: Lebensbotschaft. St: 1200. T: zweistufig (05.22.003).

Polen
Die meisten Pfingstgruppen sind Mitglied der freikirchlichen Vereinigung Zjednoczony Kościół Ewangeliczny, Al. Jerozolimskie 99, m. 37, Warschau. Z: Chrześcijanin. St: 10000 (davon etwa ein Drittel Pfingstler). T: zweistufig (05.23.004; vgl. S. 91 ff.).

Portugal
Assembléias de Deus, Rua Senhora do Monte 14 (à Graça, Lissabon, ZS: Novas de Alegria. St: 11000. T: zweistufig (05.24.002).

Rumänien
Penticostal Biserica Lui Dumnezeu Apostolica Din R.P.R., Str. Carol Davila 81, Bukarest. ZS: Buletinul Cultului Penticostal. St: 80000. T: zweistufig (05.25.003; vgl. S. 82 ff.).

Schweden
Örebro Missionsförening, Skolgatan 11, Box 76, Örebro ZS: Hemmets Vän St: 20000. T: zweistufig (05.27.005; vgl. S. 42 ff.).
Svenska Fria Missionen (Filadelfia), Box 6082, Stockholm 6. ZS: Dagen; Evangelii Härold. St: 115000. T: zweistufig (05.27.006; vgl. S. 42 ff.).

Schweiz[4]
Eglise Evangélique de Réveil, A. Hunziker, 25, rue Merle d'Aubigné, Genf. St: 1000. T: zweistufig (05.28.015; vgl. S. 72 f.).
Freie Christengemeinden, A. Rutz, Wiesenweg 15, Ebnat-Kappel. ZS: Wort und Geist. St: 800. T: zweistufig (05.28.020; vgl. S. 71 f.).
Gemeinde für Urchristentum, Robert Willenegger, VDM, Pension Burgheim,

---

[4] Neueste und detaillierte Adressen, nebst kurzen Charakterisierungen der verschiedenenGruppen – auch der kleinen, hier nicht aufgeführten – in: O. *Eggenberger*, Kirchen, Sondergruppen, 72 ff.

Oberhofen/BE. ZS: Wort und Geist. St: 2000. T: ap (05.28.024; *PGG*, 276–283; vgl. S. 70f.).

Schweiz. Pfingstmission, Seehofstr. 16, Zürich. ZS: Wort und Geist. St: 3000. T: zweistufig/meth. (05.28.025; *PGG*, 252–275; vgl. S. 69ff.).

UdSSR
Die meisten Pfingstgemeinden sind der All-Union der Baptisten/Evangeliums-christen (Postamt 9, Jaschek 520, Moskau) angeschlossen. Daneben gibt es noch mindestens 100000 sog. unregistrierte Pfingstler. Die Schätzungen über die Anzahl der Pfingstler in Rußland schwanken zwischen 300000 und einigen Millionen (vgl. *PGG*, 303–318; S. 50ff.) ZS: Bratskij Vestnik. St: 700000. T: zweistufig mit charakteristischen Abweichungen.

Ungarn
Evangeliumi Punkosdi Egyaz, Kalman Buth, Pilis, Aray Janos u. 60. St: 3000. T: zweistufig (05.33.006)
Gemeinde Gottes, Bekefi Mihaly, Budapest. St: 3700. T: dreistufig (05.33.005).
Oskeresztyen Felekezet, Sarkany Gyozo, Miscolc, Balso Bela u. 75. St: 2500. T: ap (05.33.007).

III. ZUSAMMENFASSENDE STATISTIK

Die folgende Statistik erhebt ungefähr 1½ Millionen Mitglieder von Pfingstgemeinden in Europa, 3 Millionen in Nordamerika, 7 Millionen in Lateinamerika, gegen 1½ Millionen in Asien und über eine Million in Afrika, zu
denen noch die annähernd 7 Millionen Anhänger afrikanischer, unabhängiger
Kirchen und eine unbekannte Zahl von Charismatikern[1] in den traditionellen
Kirchen (inkl. der katholischen) zu zählen sind. Das bedeutet, daß es auf der
Welt mindestens 13 Millionen *Mitglieder* pfingstlicher Freikirchen gibt. Will
man aber die *Anhängerschaft* der Pfingstbewegung erheben (d. h. Mitglieder
plus gelegentliche Gottesdienstbesucher, plus Familienangehörige und Kinder
der Pfingstler, plus Kinder, die die pfingstliche Sonntagsschule besuchen, deren
Eltern aber nicht zur Pfingstbewegung gehören usw.), so wird man mit einer
Zahl von mindestens *30 Millionen* rechnen müssen. *Diese Zahl* muß mit entsprechenden volkskirchlichen Statistiken verglichen werden. Ich habe darum
beim Ausrechnen des Prozentsatzes der Bevölkerung jeweils die Mitgliederzahl
der Pfingstler mit dem Faktor Drei multipliziert, da die Pfingstler bekanntlich
in ihren Statistiken nur erwachsene Mitglieder zählen. Wo dieser Anteil unter
1 Prozent sinkt, wurde auf eine Angabe des Prozentsatzes verzichtet.

Ein aufmerksamer Leser, der die einzelnen Positionen im „Adressenverzeichnis"
(S. 363 ff.) zusammenzählt, wird feststellen, daß diese Summe nicht der betreffenden Länderkolonne in der „zusammenfassenden Statistik" entspricht. Der
Grund liegt darin, daß die Summe in der Zusammenfassung *alle* Pfingstler des
betreffenden Landes umfaßt, also auch die nicht im „Adressenverzeichnis" aufgeführten Denominationen.

Ein besonderes Problem bilden die unabhängigen, afrikanischen Kirchen. Hier
muß auf die Diskussion, ob diese Kirchen überhaupt zur Pfingstbewegung zu
zählen sind, verzichtet werden[2]. Auf Grund der von mir untersuchten Gruppen
in Südafrika, Ghana und Nigeria mußte ich allerdings zum Schluß gelangen,
daß der größere Teil von ihnen (in den erwähnten Ländern) sowohl historisch,
wie auch phänomenologisch zur Pfingstbewegung zu zählen ist. Für die Kimbanguisten im Kongo gilt allerdings lediglich das letztere Kriterium. Für die
Statistik dieser afrikanischen Gruppen stützte ich mich auf die Untersuchungen
von *D. B. Barrett*[3]. Da aber meine Statistik der pfingstlichen Missionsgemeinden
Mitglieder (und nicht wie bei Barratt Anhänger) umfaßt, mußte ich für die
Eruierung des Prozentsatzes der pfingstlichen und unabhängigen afrikanischen
Kirchen in der Bevölkerung Afrikas folgendermaßen vorgehen: Die Anzahl
der Pfingstler multiplizierte ich mit dem Faktor Drei, die Anzahl der Anhänger
der unabhängigen, afrikanischen Kirchen addierte ich zu dieser Zahl.

---

[1] Zur charismatischen innerkirchlichen Bewegung in Deutschland vgl. *W. E.
Failing* (S. 131 ff.), in USA, vgl. *PGG*, 3–19.

[2] Vgl. *PGG*, 162–190.

[3] *D. B. Barrett*, Schism and Renewal in Africa.

	Anzahl		Prozent der
	Missions-kirchen	afrikanische Kirchen	Bevölkerung

Afrika

	Missions-kirchen	afrikanische Kirchen	Bevölkerung
Ägypten	22000	12000	
Algerien	1000		
Angola	10000	10000	
Äthiopien		25000	
Botswana		10000	2,0
Burundi	160000	20000	19,2
Dahomey		4500	6,6
Elfenbeinküste	3000	200000	5,8
Gabon	1000	10000	
Ghana	45000	200000	4,4
Kamerun	12000	60000	1,9
Kenya	105000	600000	10,4
Kongo (Brazzaville)	12000	20000	7,0
Kongo (Kinshasha)	202000	1000000	10,6
Lesotho	1000	50000	7,5
Liberia	32000	30000	12,6
Madagaskar	9000	200000	3,8
Mozambique	9500	50000	1,1
Nigeria	165000	500000	1,6
Rhodesien	13000	500000	13,2
Ruanda	4000		
Senegal	2000		
Sierra Leone	3000	3000	
Südafrikanische Republik	340000	3130000	23,5
Swaziland	2000	29000	13,0
Tanzania	35000	25000	1,4
Togo	16000	1000	3,3
Uganda	10000	10000	
Volta	24000		1,5
Zambia	3000	100000	3,0
Zentralafrikanische Republik	36000		8,3
	1277500	6799500	

	Anzahl	Prozent der Bevölkerung
Nordamerika		
Kanada	170000	2,7
USA	3000000	4,9
	3170000	
Lateinamerika		
Argentinien	220000	3,0
Bahamas	28000	21,5
Barbados	12000	15,0
Bolivien	6000	
Brasilien	4500000	16,4
Britisch Guayana	6000	4,5
Chile	1020000	36,0
El Salvador	49000	5,4
Guatemala	60000	4,2
Haiti	115000	11,1
Jamaica	100000	17,6
Honduras	12500	3,8
Kolumbien	32000	
Kuba	35000	1,5
Leeward und Windward Inseln	5000	13,9
Mexiko	700000	5,5
Nicaragua	7700	1,5
Panama	22000	6,0
Peru	35000	1,0
Puerto Rico	80000	4,0
Trinidad	7500	23,0
Uruguay	3000	
	7055700	

	Anzahl	Prozent der Bevölkerung
Europa		
Belgien	6 500	
Bulgarien	10 000	
Dänemark	10 000	
Deutschland (BRD)	70 000	
Finnland	70 000	4,5
Frankreich	35 000	
Griechenland	1 600	
Großbritannien	125 000	
Italien	145 000	
Jugoslawien	10 000	
Niederlande	10 000	
Norwegen	70 000	5,7
Österreich	1 500	
Polen	3 300	
Portugal	11 000	
Rumänien	80 000	1,3
Schweden	135 000	5,3
Schweiz	7 500	
Sowjet-Union	700 000	1,0
Spanien	1 000	
Ungarn	10 000	
	1 512 400	

	Anzahl	Prozent der Bevölkerung
Asien		
Burma	13 000	
China	?	
Hongkong	15 000	
Indien	130 000	
Indonesien	1 000 000	3,1
Japan	95 000	
Korea	62 000	
Taiwan	35 000	
	1 350 000	
Australien und Ozeanien		
Australien	15 000	
Fidschi-Inseln	8 500	5,7
	23 500	

IV. WIE SIE WACHSEN

Es gibt Pfingstdenominationen, die nach einer gewissen Zeit nicht mehr weiter wachsen. Eine Stagnation ist in Zukunft von den *Assemblies of God*, USA, (Tabelle 2a, S. 386) zu erwarten. Hingegen wird die schwarze *Church of God in Christ* (ebd.), jedenfalls was den Anteil der Schwarzen betrifft, die von den *Assemblies of God* nicht mehr Erreichten übernehmen. Ob ähnliches für die Weißen von der *Church of God* (*Cleveland*) (ebd.) zu erwarten ist, bleibt ungewiß. Wie weit die *Assemblies of God* schon verkirchlicht sind, zeigen Tabellen 2b und 2c. Zwar ist die missionarische Tätigkeit ungeheuer (Tabelle 2c). Man gewinnt jedoch den Eindruck, daß die Mitglieder der *Assemblies of God* die direkte Werbung für ihre Gemeinden den berufsmäßigen Predigern (vgl. Zunahme der Prediger) und den dafür bezahlten Missionaren überlassen, wofür sie allerdings namhafte Summen auszulegen bereit sind. Tabelle 2d (S. 389) zeigt eine kleinere Gruppe, die *Pentecostal Holiness Church*, mit einigen interessanten Einzelheiten über die Bezahlung der Prediger.

Im Gegensatz zu den *Assemblies of God*, USA, scheinen sämtliche brasilianischen Pfingstgruppen den Höhepunkt ihres Wachstums noch nicht überschritten zu haben (Tabelle 3, S. 390). Tabelle 4 (S. 391) zeigt, wie in der Schweiz gleichzeitig mit der Stagnation der Schweizerischen Pfingstmission eine neue, frische Gemeinschaft, die Gemeinde für Urchristentum, deren Funktion übernahm. Ähnliche Statistiken für Deutschland aufzustellen ist schwierig, da die geographisch detaillierten Zahlen, die für eine solche Arbeit wegen der Teilung Deutschlands nötig wären, nur schwer erhältlich sind.

Tabelle 1 (S. 385) zeigt den prozentualen Anteil der Pfingstler an der Bevölkerung in einigen ausgewählten Ländern.

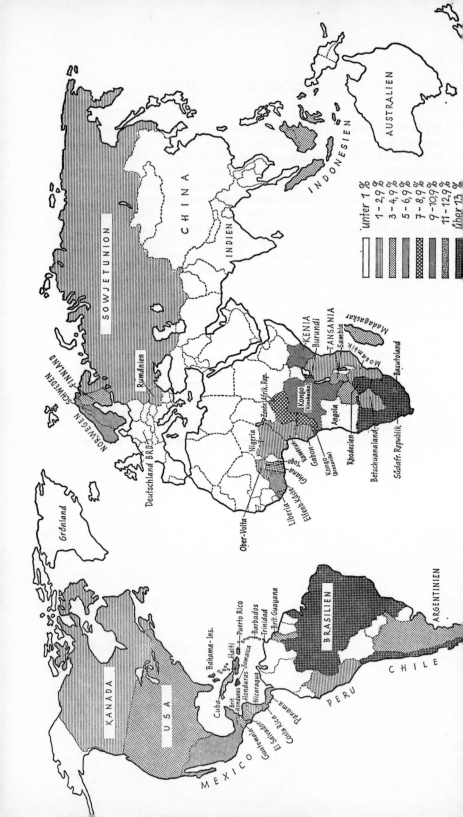

KANADA

U S A

MEXICO

Grönland

Guatemala
El Salvador
Costa Rica
Panama

Cuba
Brit.
Honduras
Honduras
Nicaragua

Bahama-Ins.
Haiti
Jamaica
Puerto Rico
Barbados
Trinidad
Brit. Guayana

PERU

CHILE

BRASILIEN

ARGENTINIEN

NORWEGEN
SCHWEDEN
FINNLAND

SOWJETUNION

Deutschland BRD

Rumänien

CHINA

INDIEN

INDONESIEN

AUSTRALIEN

Liberia
Elfenbeinküste
Ghana
Togo
Kamerun
Gabon
Kongo
(Brazzaville)

Ober-Volta

Nigeria

Zentralafrik. Rep.

Kongo
(Léopoldville)

Angola

Rhodesien

Betschuanaland

Südafr. Republik

KENIA
Burundi
TANSANIA
Sambia
Mosambik

Madagaskar

Basutoland

unter 1 %
1 – 2,9 %
3 – 4,9 %
5 – 6,9 %
7 – 8,9 %
9 –10,9 %
11 –12,9 %
über 13 %

1. DIE PFINGSTBEWEGUNG IN PROZENTEN
DER BEVÖLKERUNG
IN EINIGEN AUSGEWÄHLTEN LÄNDERN

(Die Schattierungen entsprechen der Karte [S. 384, vgl. auch S. 383])

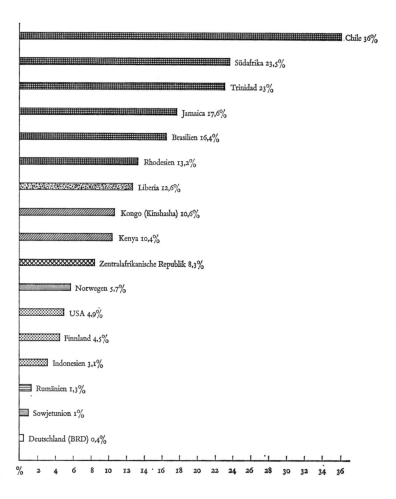

Chile 36%
Südafrika 23,5%
Trinidad 23%
Jamaica 17,6%
Brasilien 16,4%
Rhodesien 13,2%
Liberia 12,6%
Kongo (Kinshasha) 10,6%
Kenya 10,4%
Zentralafrikanische Republik 8,3%
Norwegen 5,7%
USA 4,9%
Finnland 4,5%
Indonesien 3,1%
Rumänien 1,3%
Sowjetunion 1%
Deutschland (BRD) 0,4%

% 2 4 6 8 10 12 14 · 16 18 20 22 24 26 28 30 32 34 36

2. STATISTIK USA

a) Wachstumskurven der drei größten Pfingstdenominationen in USA

Assemblies of God (02a.02.115),
Church of God in Christ (Neger, 02a.02.075),
Church of God (Cleveland) (02a.02.067).

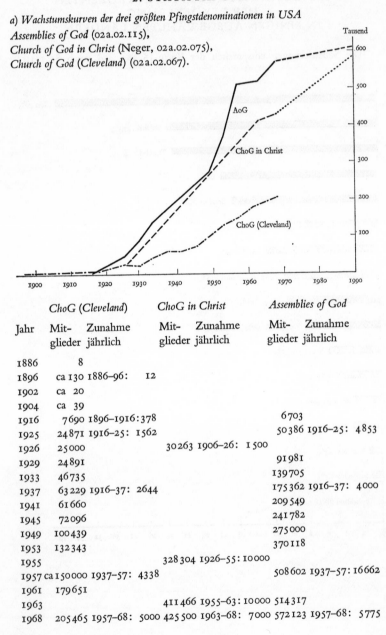

Jahr	ChoG (Cleveland)		ChoG in Christ		Assemblies of God	
	Mit-glieder	Zunahme jährlich	Mit-glieder	Zunahme jährlich	Mit-glieder	Zunahme jährlich
1886	8					
1896	ca 130	1886–96: 12				
1902	ca 20					
1904	ca 39					
1916	7690	1896–1916:378			6703	
1925	24871	1916–25: 1562			50386	1916–25: 4853
1926	25000		30263	1906–26: 1500		
1929	24891				91981	
1933	46735				139705	
1937	63229	1916–37: 2644			175362	1916–37: 4000
1941	61660				209549	
1945	72096				241782	
1949	100439				275000	
1953	132343				370118	
1955			328304	1926–55: 10000		
1957	ca150000	1937–57: 4338			508602	1937–57:16662
1961	179651					
1963			411466	1955–63:10000	514317	
1968	205465	1957–68: 5000	425500	1963–68: 7000	572123	1957–68: 5775

b) *Assemblies of God* (USA, 02a.02.115), Wachstumskurven

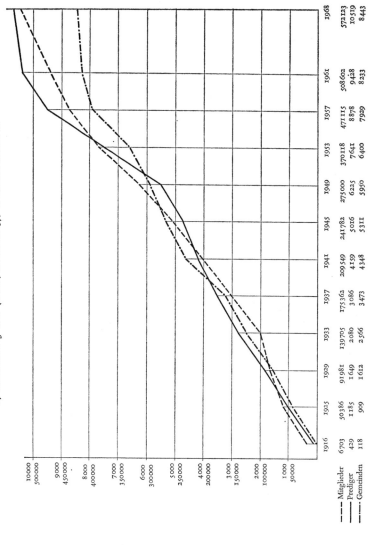

c) *Assemblies of God* (USA, 02a.02.115), Mission

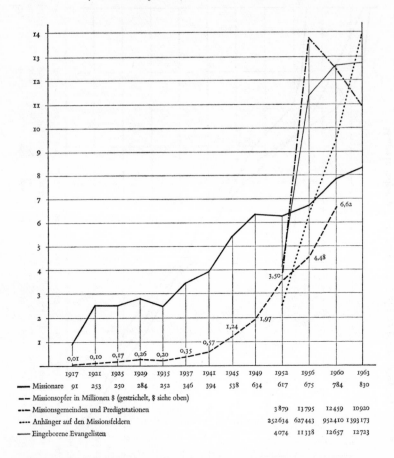

	1917	1921	1925	1929	1935	1937	1941	1945	1949	1952	1956	1960	1963
── Missionare	91	253	250	284	252	346	394	538	634	617	675	784	830
─ ─ Missionsopfer in Millionen $ (gestrichelt, $ siehe oben)													
▪▪▪ Missionsgemeinden und Predigtstationen										3 879	13 795	12 459	10 920
▪▪▪▪ Anhänger auf den Missionsfeldern										252 634	627 443	952 410	1 393 173
── Eingeborene Evangelisten										4 074	11 338	12 657	12 723

d) *Pentecostal Holiness Church* (USA, 02a.02.110)

Statistik	Gemeinden	Mitglieder	Sonntagschüler
1916	192	5353	
1926	252	8096	
1936	375	12955	
1955	1082	44826	
1963	1293	58802	136380
1968	1343	64000	

Totaleinnahmen: $ 254901 (1936); $ 20000000 (1953). 50% der Einnahmen gehen in die Mission. Das Jahrbuch 1960 gibt aber nur $ 6270349,81 Einnahmen an. Der Durchschnittslohn eines Predigers betrug 1960 $ 1845,22 jährlich.

34 Prediger verdienten über	$ 5000,–
77 Prediger verdienten zwischen	$ 4000,– und 4999,–
151 Prediger verdienten zwischen	$ 3000,– und 3999,–
90 Prediger verdienten zwischen	$ 2500,– und 2999,–
77 Prediger verdienten zwischen	$ 2000,– und 2499,–
102 Prediger verdienten zwischen	$ 1500,– und 1999,–
167 Prediger verdienten zwischen	$ 1000,– und 1499.–
200 Prediger verdienten zwischen	$ 500,– und 999,– (Jahrbuch 1960)

1936 kamen auf 100 Frauen 47,7 Männer.

3. WACHSTUMSKURVEN ZWEIER BRASILIANISCHER PFINGSTDENOMINATIONEN

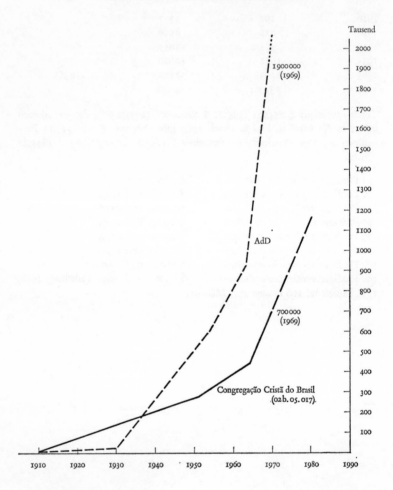

4. WACHSTUMSKURVEN
DER SCHWEIZER PFINGSTBEWEGUNG

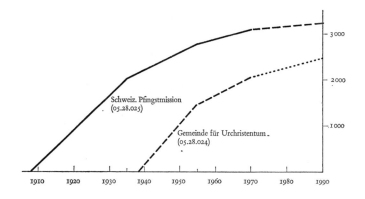

Schweiz. Pfingstmission
(05.28.025)

Gemeinde für Urchristentum
(05.28.024)

	Schweiz. Pfingstmission		Gemeinde für Urchristentum	
Jahr	Mitglieder	Zunahme jährl.	Mitglieder	Zunahme jährl.
1935	2000	1910–1935: 80		
1955	2800	1935–1955: 40	1500	1938–1955: 88
1970	3100	1955–1970: 25	2100	1955–1970: 33
1980				
Extrapolation	3200	1970–1980: 10	2300	1970–1980: 20

V. AUSWAHL PFINGSTLICHER ZEITSCHRIFTEN

Folgende Aufstellung ist eine Auswahl. Ein vollständiges Zeitschriftenverzeichnis würde über 30 Seiten beanspruchen. Normalerweise wird von einer Denomination nur die wichtigste Zeitschrift erwähnt. Eingegangene oder nicht an eine Denomination gebundene Zeitschriften, sowie solche, die mit nichtlateinischen Buchstaben gedruckt werden (Asien!), werden nur ausnahmsweise aufgeführt.

Advance, Blaney, S.C., USA (Pentecostal Free Will Baptists Church).

Agni, Somayia, Tamaria Road, Jamshedpur, Bihar, Indien (AoG, Indien).

The Apostolic Herald, Great Herton Road, Bradford 7, Yorksh., G.B. (Apostolic Church, Großbritannien).

Australian Evangel, Ralph R. Read, 24 Bowen Str., Oakleigh, Victoria, Australien (AoG).

Bratskij Vestnik, Postamt 9, Jaschek 320, Moskau (All-Union der Baptisten/Evangeliumschristen, Sowjet-Union).

The Bridegroom's Messenger, 892 Berne St. S.E., Atlanta, Ga. (Int. Pent. Assemblies).

British News Letters, „Bethany", 28 Bramley Lane, Lightclif, Halifax. (PHCh, Großbritannien).

Buletinul Cultului Penticostal, Str. Carol Davila 81, Bukarest (Penticostal Biserica Lui Dumnezeu Apostolica).

Calvary Tidings, 2253 E. Childs Ave., Merced, Calif. USA (Calvary Pentecostal Church, Inc.).

Chile Pentecostal, Casilla 744, Temuco, Chile (Iglesia Metodista Pentecostal).

Christ for the Nations, P.O. Box 8658, Dallas, Texas (ursprünglich „Voice of Healing").

El Consejero Fiel (Iglesia Evangélica Pentecostal Independiente, Mexiko).

The Contender for the Faith, 112–118 East 125th St., New York 35 (Church of Our Lord Jesus Christ of the Apostolic Faith, Inc.).

Chrześcijanin, Al. Jerozolimskie 99, m. 37, Warschau (Zjednoczony Kościół Ewangeliczny).

The Christian Outlook, 228 S. Orange Ave., South Orange, N.J. (Pentecostal Assemblies of the World, Inc.).

The Christian Spiritual Voice Publication, 536 W. 120th St., Los Angeles 44 (National David Spiritual Temple of Christ Church Union, Inc.).

The Church of God, 9305 224th St., Queens Village, N.Y. (ChoG [Queens Village]).

The Church of God Evangel, Keith St., at 25th, Cleveland, Tenn. (ChoG [Cleveland]).

Dagen, Box 6082, Stockholm 6 (Svenska Fria Missionen, Tageszeitung).

El Despertar, Arturo Espinoza Campos, calle Tres Antonios, Santiago, Chile (Iglesia de Dios Pentecostal).

Diálogo Cristiano, Via Chiovenda 57, Rom (Chiesa Evangelica Internazionale).

Elim Evangel, 20, Clarence Avenue, Clapham Park, London, S.W.4 (Elim Foursquare Gospel Alliance).

End Times' Messenger, Eston, Sask., Kanada (Apostolic Church of Pentecost).

O Evangelho da Igreja de Deus, Publicação Pentecostal para os paises de idioma português, Caixa Postal 367, Goiânia, Goiás, Brasilien (Igreja de Deus [Cleveland]).

Evangelii Härold, Box 6082, Stockholm 6 (Svenska Fria Missionen).

El Evangelio de la Iglesia de Dios, para la Obra Hispana, Editorial Evangélica, 5142 W. Commerce St., San Antonio, Texas, USA (Zeitschrift für die spanischsprachigen Kirchen der Iglesia de Dios [Cleveland]).

Evangile, James M. Beaty, Box 592, Port-au-Prince, Haiti. (L'Eglise de Dieu [Cleveland]).

El Evangelista Pentecostal, Pedro J. Alvarado, Calle America No. 1473, Parada 22, Santurce, Puerto Rico (Iglesia de Dios Pentecostal).

La Foi Victorieuse, François Jéquier, 29, rue du Dr. Babault, Le Havre-Sanvic, S.-M., Frankreich (Eglise Apostolique).

Foursquare World Advance, 1100 Glendale Blvd., Los Angeles (International Church of the Foursquare Gospel).

Fröhliche Nachrichten, Clara Zaiss, Meteorstr. 47, Solingen-Ohligs, Deutschland (Gemeinde der Christen „Ecclesia").

Fuego de Pentecostés, Casilla 7008, Santiago (Iglesia Evangélica Pentecostal, Chile).

Full Gospel Herald, P.O. Box 375, Kroonstad, Südafrikanische Republik (Full Gospel Churches of God of Southern Africa).

Gandoem Mas, J. Sigmond, Arnhemsweg 578, Beekbergen, Holland (Utasan Pantekosta, Indonesien).

Glaube, Liebe, Hoffnung, „eine kleine Monatsschrift für solche, die in den Genuß des ganzen Heils, das Gott uns gab, kommen wollen." Gerhard Krüger, Weidenweg 11, Aachen, Deutschland (Christliche Missionsunternehmen).

The Gospel Illuminator, P. M. Samuel, Faith Home, Bezwada 2, Andhra, Indien (englisch, telugu und hindi, India Pentecostal ChoG).

The Gospel Messenger, 701 Davis St., Monroe, Ga. (Congregational Holiness Church).

Heilsgrüße, Missions-Buchhandlung Verlag, Altdorf bei Nürnberg (Christlicher Gemeinschaftsverband GmbH Mülheim/Ruhr, Deutschland).

Hemmets Vän, Evangelii Press, 18 Nygatan, Örebro, Schweden (Örebro Missionsförening).

The Herald of Faith, 3840 5th Ave., San Diego, Calif. (Independent AoG).

El Heraldo de Paz, Luis Siri, Juan B. Alberdi 2260, Buenos Aires, Argentinien (Asociación Evangélica AdD).

The Holiness Union, 133 N. Fullerton Ave., Montclair, N.J., USA (United Holy Church of America, Inc.).

Ich komme bald! (eingegangen, Gemeinde für Urchristentum, Schweiz).

Id, Hidalgo 355, Buenos Aires (Unión de las AdD).

India's Challenge, William Pospisil, Mulakuzha, Changannur, Kerala, S. Indien (Church of God [Cleveland]).

Korsets Evangelium, Kronprinsengade 7, Kopenhagen (Elimforsamlingen).

Korsets Seger, „Ristin Voitto", Kannokkitie 288, Tikkurila, Finnland (schwedisch Helluntal-Ystävät).

Korsets Seier, 24 St. Olavsgate, Oslo (Filadelfia).

Kracht van Omhoog, J. E. v. d. Brink, Postbus 84, Groningen, Holland (unabhängige ZS).

Kristitty, „Ristin Voitto", Kannokkitie 288, Tikkurila, Finnland (finnisch, Helluntal-Ystävät).

The Lamp, James Bush, 6 Taylor Ave., Morningside, Umtali, Rhodesien (Pent. Ass. of Canada).

Lebensbotschaft, Halbgasse 17, Wien VII (Freie Christengemeinden).

Der Leuchter, Leuchter-Verlag GmbH, Erzhausen, Deutschland (Arbeitsgemeinschaft der Christengemeinden).

The Lighthouse, P.O. Box 117, Beaver Falls, Pa. (Christian Church of North America).

The Light of Hope, 2 N. W. Sixth Ave., Portland, Ore. (The Apostolic Faith, USA).

Megumi no otozure, Leonard Nipper, 30–1, Komagome, 3-chome, Toshima ku Tokio (Nihon Assemburizu Kyodan, Japan).

O Mensageiro da Paz, Casa Publicadora das AdD, Caixa Postal 15, Rio de Janeiro (AdD, Brasilien).

Message of the Open Bible, 1159 24th St., Des Moines, Iowa (Open Bible Standard Churches, Inc.).

The Messenger, 2214 E. 17th St., Chattanooga, Tenn. (The [Original] ChoG, Inc.).

National Bulletin, F. C. Scott, 801 N.E. 17th St., Oklahoma City, Okla. (Church of the Living God [Christian Workers for Fellowship]).

New Testament Church of God Bulletin, O. A. Lyseight, Wolverhampton Rd, Sedgley, Nr. Dudley, Worcs., Großbritannien (New Testament ChoG).

Novas de Alegria, Rua Senhora do Monte 14 (à Graça), Lissabon (AdD).

La Nueva Raza, Libertad y Reforma, Gran. Anaya, Mexico, D. F. (Iglesia Cristiana Interdenominacional).

The Pattern, 8–10, Clarence Avenue, Clapham Park, London, S.W.4 (Bible Pattern Church Fellowship).

The Pentecostal Evangel, GPH, 1445 Boonville Ave., Springfield, Mo. (AoG)

The Pentecostal Herald, 3645 S. Grand Blvd., St. Louis, Mo. (United Pentecostal Church).

The Pentecostal Holiness Advocate, Franklin Springs, Ga., USA (PHCh).

The Pentecostal Messenger, 312–16 Joplin Ave., Joplin, Mo. (Pent. ChoG of America).

Pentecostal Peruano, Forrest G. Barker, Apartado 2258, Lima (AdD del Perú).

The Pentecostal Testimony, 10 Overlea Blvd., Toronto 17 (Pent. Assemblies of Canada).

Philadelphia-Briefe, Philadelphia-Verein e. V. Leonberg/Württ., Deutschland (Philadelphiabewegung).

Pinksterboodschap, Nieuwe Boteringestr. 50, Groningen, Holland (Broederschap van Pinkstergemeenten in Nederland).

Pusaka Rohani, E. Lesnussa, Djalan W. R. Supratman 5, Malang, Djava Timur, Ost-Java, Indonesien (Geredja Pentakosta).

Redemption Tidings, 51, Newington Causeway, London, S.E.1 (AoG, Großbritannien).

Revivalist, Leo Harris, Sunrise House, 95 Wattle Str., Fullarton, South Australia (National Revival Crusade).

Riches of Grace, The Puritan Press, 353 Great Horton Road, Bradford, Yorks., Großbritannien (Apostolic Church).

Richiezza di Grazia, Via Oberdan 39, Grosseto, Italien (Chiesa Apostolica).

Il Risveglio Pentecostale, Via dei Bruzi 11, Rom (AdD).

Shahidi la kweli, Bideka, Kabare Territorium, Süd-Kivu Distrikt, Provinz Kivu, Kongo (Kinshasha) (Association des Eglises de Kivu; Eglise de Pentecôte au Congo).

Der Sieg des Kreuzes, Eimsbütteler Straße 30, Hamburg-Altona (unabhängig).

Sinar Rohani, Joe Tjien Goan, Geredja Pentakosta, Fjil. Magalang 281, Temanggung, Indonesien (unabhängig).

Die Spätregen-Gemeinden von Deutschland, Glaubenshaus „Libanon", Beilstein/Württ., (Deutsche Spätregenmission).

Trooster-Comforter, A. G. S. Drukkers, Solomonstr. 29, Vrededorp, Johannesburg, Südafrikanische Republik (Apostolic Faith Mission of South Africa).

Truth, 552 E. 44th St., Chicago, Ill. (Church of Christ (Holiness) USA).

Urchristliche Botschaft, Gaben, Dienste, Kräfte Missionsverlag und Buchhandlung für urchristliche Botschaft, Memmingen, Herrenstraße 1, Deutschland (Apostolische Kirche in Deutschland, Urchristliche Mission).

Die Verheißung des Vaters (Schweizerische Pfingstmission, eingegangen).

Vie et Lumière, J. Sannier, Centre International Tzigane, 45 Les Choux, Frankreich (AdD).

Viens et Vois, 29, rue des Capucins, Les Andelys (Eure), Frankreich (AdD).

La Voix Chrétienne, Maurice Knops, 62, rue de Stalle, Bruxelles 18 (Vereniging van de Evangelische Pinkster Kerken in België).

Der Volksmissionar, Oskar Siering, Uhlbacher Straße 203, Stuttgart (Volksmission entschiedener Christen).

Die Wahrheit, Lambert DeLong, Krehwinkel bei Schorndorf/Württ., Deutschland (Gemeinde Gottes [Cleveland]).

White Wing Messenger, Bible Place, Cleveland, Tenn. (ChoG of Prophecy.)

Whole Truth, 930 Mason St., Memphis, Tenn. (ChoG in Christ).

Wort und Geist, Neufeldstr. 42c, Thun, Schweiz (Schweizerische Pfingstmission, Freie Christengemeinde, Gemeinde für Urchristentum).

Zion Trumpet, Nashville, Ark. (Free Christian Zion Church of Christ).

VI. BIBLIOGRAPHIE

(Enthält im Wesentlichen die in diesem Buch zitierten, sowie die im Forschungsbericht (S. 307ff.) besprochenen Werke; der Stern (*) bedeutet, daß mir diese
Veröffentlichungen nur indirekt zugänglich waren)

Abrahams Minnie, The Baptism of the Holy Spirit at Mukti, The Indian Witness
  *26 April 1906; The Missionary Review of the World 19/8, August 1906,
  619–620; deutsch: Die Taufe des heiligen Geistes in Mukti, Auf der Warte
  3/39, 23. September 1906, 6–7.
- The Baptism of the Holy Ghost and Fire, Kegdaon, Indien, ca. *1907.
- Gebetskriegsdienste, Basel, Verein für entschiedenes Christentum, *o. J.;
  5. Auflage unter dem Titel: Gebets-Kämpfer, aus dem Englischen übersetzt
  von B. v. B., Basel, Verein für entschiedenes Christentum, o. J.[5], 32 S.
Adams, R. F. G., A New African Language and Script, Africa 17/1, Januar 1947,
AdD, Frankreich, Annuaire des AdD en France, *1948.   [24–34.
Africa, *12. Februar 1962.
African Challenge, *April 1957.
African World, *Juli 1957.
Ahlstrom, S. E., Art. Fundamentalismus, RGG[3] II (1958), 1178.
Algermissen, Konrad, Art. Pfingstbewegung, Lexikon für Theologie und Kirche
  VIII (1936), 202–03.
- Art. Gemeinde Gottes (Church of God), Lexikon für Theologie und Kirche[2]
  (1960), 645–46.
All Africa Conference of Churches, Consultation on African Independent Churches,
  September 1962: The African Israel Church History, Genf, OeRK, 1962, 2 S.
  (vervielf.).
Allen, A. A., The Curse of Madness. One of every two seen by doctors com-
  plains connected with mental illness. 17 000 000 Americans are mentally ill.
  300 000 new patients will enter mental hospitals this year. You can think
  yourself into pain. Is insanity a disease or a curse? What are the symptoms of
  mental illness? What is its cause? How can it be cured? Contains actual
  pictures and descriptions of demons, by people who saw them, and were
  visited by them, Miracle Valley, Ariz., A. A. Allen, o. J., 84 S.
Allgemeine Evangelisch-Lutherische Kirchenzeitung 40, 1907, 110–112, 261–62,
  520–21: Norwegen.
- 40, 1907, 188–90: Der Kampf gegen die neueste schwarmgeistige Bewegung
  (Widerruf Dallmeyers).
- 40, 1907, 764–65, 788–89, 800–05, 814–15, 905–06, 980–81: Kassel.
- 40, 1907, 851–53: Von Erweckungen und vom Zungenreden.
- 40, 1907, 876–78: Die Blankenburger Allianzkonferenz und das deutsche Ge-
  meinschaftswesen.
- 40, 1907, 933–34, 1246; 43, 1910, 502–03: Wales.
- 40, 1910, 927: Die Blankenburger Allianzkonferenz.
- 44, 1911, 283, 618–19: Gnadauer Gemeinschaftskonferenz.

- 45, 1912, 237, 474–75: Pfingstbewegung.
- 45, 1912, 502: Regehly gestorben.
- 46, 1913, 618–19: Der Kampf der Gemeinschaften gegen die falsche Heiligungslehre.
- 46, 1913, 689–90: Der zunehmende Niedergang der Pfingstbewegung.

Akademia Teologiczna, D. L. Moody jako ewangelista na tle życia religijno-kościelnego w Stanach Zjednoczonych AP (1962) (Vf unbekannt, nach J. *Mrózek*, u. a., Kalendarz 1963, 180, Master-Thesis an der Akademia Teolo-

Antireligioznik *1931/10, 57.   [giczna, Warschau, 1962).

Apostolic Church (Australien), The Apostolic Church, Victoria, Australien, Apostolic Church, o. J.

Apostolic Church (Großbritannien), Fundamentals, being „Things most surely believed". A brief statement of fundamental truths contained in the Scriptures and believed and taught by the Apostolic Church, Bradford, Puritan Press, o. J., 30 S.
- The Guide Book of the Apostolic Church, Bradford, Puritan Press, o. J., 52 S.
- The Minister's Manual, Bradford, Puritan Press, *o. J.

Apostolic Faith, A Historical Account of the Apostolic Faith, Portland, Oregon, Apostolic Faith Publ. House, 1965.

Appia, Joseph William Egyanka (Akaboha), Mazan Sika Mbiwdu, Musama Disco Christo Church, 1943, 46 S. (Geschichte der Musama Disco Christo Church in Fante, gedruckt von Fanzaar Press, Koforidua).

Arbeitsgemeinschaft der Christengemeinden in Deutschland e. V., Wer wir sind und was wir wollen, Erzhausen bei Darmstadt, Leuchter-Verlag, o. J., 4 S.

Arbeitsgemeinschaft Pfingstlicher Gemeinden der Schweiz (Hg.), Lehrgang für Unterricht und Bibelstudium, Baden, Christliche Buchhandlung, o. J., unpag.

Archer, J. Willis, Down Mexico Way, ChoG Evangel 32, *16. August 1941 7, 17.
- Down Mexico With the Archers, ChoG Evangel 32, *14. Februar 1942, 7.
- Churches With Us Before the Union With Brother Ruesga, Report of the Mission Board of the ChoG, *o. J. (Masch.).

Argue, A. H., Winnipeg, Canada, Brief an E. N. Bell, Springfield, Mo., 17. November 1921, A. L. S., 4 S. (Pentecostal File, GPH, Springfield, Mo.).
- More Than Thirty Years Ago, Glad Tidings 11/7, Juli 1936.
- Als Gott den Spätregen sandte, VdV 31/6, Juni 1938, 8–9; 31/7, Juli 1938, 5–7 (über Los Angeles).
- Azusa Street Revival Reaches Winnipeg, Pentecostal Testimony *37/9, Mai 1959.

Assemblies of God (Australien), Doctrinal Basis, o. O., o. J. (vervielf.).
- United Constitution of the AoG in Australia, o. O., o. J. (vervielf.).
- You Have Accepted Christ. And Now? Brisbane, Quld, Australien, Executive Presbytery of the AoG in Australia, o. J., 16 S.

Assemblies of God (USA), Minutes of the General Council of the AoG, Springfield, Mo., GPH, 1914 ff.
- The Minister's Service Book, Springfield, Mo., GPH, 1942, 147 S. (Liturgiebuch!).

- The General Council, its Organization and Beliefs, Springfield, Mo., GPH, 1959 (Traktat 4660).
- Constitution and By-Laws of the General Council of the AoG, Springfield, Mo., GPH, o. J., revidiert 1961.
- In the Last Days. An Early History of the AoG, prepared by the AoG Public Relations Department, with appreciation of C. C. Burnett for original research, Springfield, Mo., GPH, 1962, 32 S.
- Our Mission in Today's World. Council on Evangelism. Official Papers and Reports. Editorial Committee: Richard Champion, Edward S. Caldwell, Gary Leggett, Springfield, Mo., GPH, 1968, 217 S.
- Suggested Constitution and By-Laws for Local Assemblies, Springfield, Mo., GPH, o. J.
- Official Statistics of the AoG, Springfield, Mo., AoG (laufend).
- The Pentecostal Pulpit, 3 Bde (Predigten von Ernest S. Williams, J. Narver Gortner, Wesley R. Steelberg, R. M. Riggs, J. Roswell Flower, Noel Perkin, W. I. Evans, Myer Pearlman, P. C. Nelson, Gayle F. Lewis, Stanley H. Frodsham, Robert Cummings, Harvey McAlister, T. J. Jones, William E. Long, Don F. Lehmann, H. C. McKinney, Ben Hardin, Aaron A. Wilson), Springfield, Mo., GPH, o. J., je 60 S.
- Concerning the AoG, Springfield, Mo., GPH, o. J., 6 S. (Traktat 4102).

Associação de Seminários Teológicos Evangélicos (ASTE), O Espírito Santo e o Movimento Pentecostal, Simpósio, São Paulo, ASTE, 1966, 93 S. (vervielf.).

Atter, Gordon, F., The Third Force. A pentecostal answer to the questions so often asked by our own young people and by the members of other churches: „Who are the Pentecostals?" Peterborough, Ont., The Book Nook, 1962, XI, 314 S. (Ein Lehrbuch der Geschichte der Pfingstbewegung für kanadische pfingstliche Bibelschulen, zusammengestückeltes, sehr unterschiedliches Material aus aller Welt, genügt den Anforderungen einer wissenschaftlichen Geschichtsschreibung nicht, gibt aber einen guten Einblick in das pfingstliche Selbstverständnis).

Auf der Warte 2/14, 2. April 1905, 1: Pandita Ramabais Mission.
- 2/52, 24. Dezember 1905, 4–5: Das himmlische Feuer in Indien.
- 3/30, 22. Juli 1906, 9–10: Von der Mission in Mukti.
- 3/38, 16. September 1906, 9–10: Eindrücke von der Erweckung in den Khassia-Bergen.

Awrey, Daniel, Marvels and Miracles, Indianapolis *1922 (zit., *Brumback,* Suddenly From Heaven, 13–14, über die Anfänge der Pfingstbewegung).

Badische Neueste Nachrichten *27. Dezember 1955: Noch ein Maschinengewehr Gottes (unter dem Titel „Begegnung mit Tommy Hicks" nachgedruckt in: Ich komme bald! 14, 1956, 49–52).

Baëta, Christian G., Conflict in Mission: Historical and Separatist Churches, in: *Gerald H. Anderson* (Hg.), The Theology of Christian Mission, London, McGraw-Hill, 1961, 291–99 (Baëta will den Terminus „Sekte" vermeiden und spricht darum von „Separatisten", wobei er die von amerikanischen

Missionsgesellschaften unterstützten Separatisten nicht behandelt und sich auf die unabhängigen, afrikanischen Separatisten beschränkt. Die Situation wird dadurch kompliziert, daß einige dieser Kirchen um Aufnahme in den ghanesischen National Council nachsuchten. Nach Beëta besteht ein fundamentaler Unterschied im Verständnis des Evangeliums: Für die historischen Kirchen sei das Evangelium in erster Linie Bußruf, für die neueren Separatisten „power for overcoming the ills of the secular aspect of life". Sünde sei infolgedessen nur als Störung der psychischen und physischen Gesundheit in Sicht, und Glaube sei die Überzeugung, daß die in der betreffenden Gruppe gültigen Praktiken hilfreich und heilkräftig seien. Baëta läßt die Frage der Zusammenarbeit offen).

- Prophetism in Ghana. A Study of Some „Spiritual" Churches. London, SCM, 1962, 169 S. (hervorragende Darstellung unabhängiger ghanesischer Kirchen, positivere Beurteilung als in obigem Artikel).

Baklanoff, Eric N. (Hg.), New Perspectives of Brazil, Nashville, Tenn., Vanderbilt U. P., 1966, 328 S.

Balandier, Georges, Messianismes et Nationalismes, Cahiers Int. de Sociologie 14, 1953, 41–65 (behandelt Südafrika und Kongo; unabhängige Kirchen treten auf, wo die christliche Mission am stärksten und der Rassengegensatz am ausgeprägtesten ist).

Baldwin, James, Go Tell It On the Mountain, New York, Alfred A. Knopf, 1952, 1953, 1954; deutsch von Jürgen Manthey: Gehe hin und verkünde es vom Berge, Hamburg, Rowohlt, *1966; Zürich, Buchclub Ex Libris, o. J., 271 S.

- Weißer Rassismus oder Weltgemeinschaft, Evangelische Kommentare 1/8, August 1968, 448–450.

Baptist (Moskau) Nr. 11–12, *1926, 26–27 („Das Werk des Durcheinander-Schüttlers", „Falsche Propheten").

Barber, H. H., Science and the Christian, Toronto, Testimony Press, o. J.

Barratt, Thomas Ball, Barratts dagbøker fra ca. 1906–1910 og andre etterlatte papier. I fru Solveig Barratt Langes sie. („Barratts Tagebücher von ca. 1906 bis 1910 und andere nachgelassene Papiere, in Frau Solveig Barratt Langes Besitz", sehr wichtig, teilweise ausgewertet von N. Bloch-Hoell).

- Da jeg fik min pintsedaab og tungemaalsgaven, Oslo *1907 („Als ich meine Pfingsttaufe mit Zungenreden bekam", biographisch wichtig).

- When the Fire Fell, or God's Dealings With One of His Children (ca. *1907), unter dem Titel: When the Fire Fell and an Outline of My Life, Larvink *1927² (biographisch wichtig).

- Indvendinger mod tungemaalsgaven og den paagaaende bevaegelse besvarede ved, Oslo *1907 („Einwendungen gegen die Gabe des Zungenredens ...").

- The Pentecostal Vision. The Pentecost With Tongues – Not of the Devil (ca. *1907).

- Pentecost for Children. The Two First Cases in England, (ca. *1907).

- Das Wesen der Geistestaufe, Pfingstgrüße *1908; VdV 43/7, Juli 1950, 30–31; Sieg des Kreuzes 1/9–10, September–Oktober 1950, 3–6; SA: Neue Schriften der Volksmission Nr. 45, Vaihingen/Enz, Karl Fix; Aarburg (AG), H. Lack, o. J., 15 S.

Barratt, The Outpouring of the Spirit in Norway, a Letter From Pastor Barratt, Free Gospel Mission Journal, Millvale Station, Alleghany, Pa., *no. 10, Leaf 3, zit. in *G. H. Henke*, Am. Journal of Theol. 13, 1909, 193–206.

– In the Days of the Latter Rain, London, Simpkin, Marschall, Hamilton, Kent & Co., 1909, 224 S.; London, Elim Publ. Co., 1928² (rev.) 222 S.

– Pinsevaekkelsen. Almindelige principer for vedligeholdelsen og forfremmelsen af broderskabsbaandet mellem pinsevenner, Oslo 1911 („Die Pfingsterweckung. Allgemeine Grundsätze für Pflege und Förderung der Bruderschaft unter Pfingstfreunden"; unter etwas anderem Titel in: Korsets Seir *1. Januar 1911, 1 ff., zit. *Bloch-Hoell* I, 212; vgl. Anhang I/8, S. 358f.).

– Den evangeliske mission i Møllergaten 38, Oslo *1912.

– Hvad jeg tror og forkynder, Oslo *1913.

– Braendende spørgsmaal, Oslo *1913.

– Eindrücke von meinem letzten Besuch in der Schweiz, VdV 41, November 1913, 3–5.

– Sandheten om „pinsevaekkelsen", Oslo *1916; deutsch: Die Wahrheit über die Pfingstbewegung, aus dem Englischen übersetzt von B. v. B., Mühlheim/Ruhr, o. J.

– Aandens daap eller ilddaapen (3 foredrag), Nordstrand *1916

– Die Taufe des Heiligen Geistes, VdV 9/7, Juli 1916, 3–7; 9/8, August 1916, 1–6.

– Den kristne daap, Oslo *1919 (Hier erscheint zum ersten Mal bei Barratt die baptistische Taufauffassung).

– Hvad tror „Pinsevennerne"? (De kristne menigheter) Larvik *1926.

– *og Laura B.*, Aimee Semple McPherson. Liv, virke og praedikener, Oslo *1927².

– Helliggjørelsen, Larvik *1929.

– Helliggjørelsens nådeverk. Har vi to naturer? Synd – „Syndfri". Johannes Brandtzaegs bok „Helliggjørelsen", Oslo *1931 („Das Gnadenwerk der Heiligung. Haben wir zwei Naturen? Sünde – ‚sündenfrei'. Das Buch der ‚Heiligung' von Johannes Brandtzaeg".).

– de kristne menigheter, Oslo *1933.

– Åndsdåp og Tungetale, Oslo *1933; franz.: La Pentecôte accompagnée de signes, Lausanne, M. Schwarz, rue du Midi 14, o. J. (ca. 1933).

– Urkristendommen gjenoplivet. Pinsevekkelsen, Oslo *1934 („Auferstandenes Urchristentum, Pfingsterweckung.").

– Råd og vink for forstandere og de ledende venner innen pinsemenighetene, Oslo *1935.

– Står Jesu gjenkomst for døren? Tusenårsriket og de siste ting. Oslo *1935.

– „Pinsevennene" in: Norsk Teologisk Tidsskrift *1936, 106 ff.

– Den hellige Ånd. Svar til professor Karl Vold, Oslo *1937.

– Bak død og grav Mellemtilstanden og evigheten. Finnes det et helvete? Oslo *1939; deutsch: Hinter Tod und Grab. Gibt es eine Hölle? Aus dem Norwegischen übersetzt und erweitert von OttoWitt, Reisach, Karl Fix, 1948.

– Beantwortung der Frage Nr. 1, VdV 33/3, März 1940, 12–14; schwedisch:

Förlaget Filadelfia (Hg.), Europeiska Pingstkonferensen ..., 57–62, 66–72 (behandelt das Verhältnis von Zungenrede und Geistestaufe).

– Beantwortung von Frage Nr. 3, in: *Förlaget Filadelfia* (Hg.), Europeiska Pingstkonferensen ..., 116–119 (betrifft Lehrdefinition und Einheit).

– Beantwortung von Frage Nr. 4, in: *Förlaget Filadelfia* (Hg.), Europeiska Pingstkonferensen ..., 161–164 (betrifft zentrale Organisation).

– Erindringer. Ausgabe von Solveig Barratt Lange, Oslo *1941 (Autobiographie).

– Ledetråd i Guds ord. Revidiert und umgearbeitet von Osvald Orlien, Oslo *1948.

– Minnentgave, Skriftes iutvalg, Oslo, Filadelfiaforlaget 1949/50, 4 Bde.

– The Baptism With the Holy Ghost and Fire, Springfield, Mo., GPH, *o. J.

La Barre, Weston, They Shall Take up Serpents. Psychology of the Southern Snake-Handling Cult. Minneapolis, University of Minnesota Press. 1962, 208 (Wissenschaftliche und verständnisvolle Interpretation der pfingstlichen Gottesdienste, in denen die kultische Berührung von Giftschlangen geübt wird, Mk. 16, 18).

Barrett, David B., Schism and Renewal in Africa. An Analysis of Six Thousand Contemporary Religious Movements, London, OUP, 1968, 361 S. (gilt gegenwärtig als Standardwerk und zusammenfassende Darstellung des ganzen Phänomens der „unabhängigen Kirchen". Barrett erwartet weitere starke Ausbreitung).

Bartleman, Frank, Evangelii Härold *1916, 118, 170, 173.

– How „Pentecost" Came to Los Angeles, Los Angeles, F. Bartleman, 1925[2], 167 S.; weitere Ausgabe unter dem Titel: What really happened at Azusa St. The true story of the great revival compiled by Frank Bartleman himself from his diary, Northridge, Calif., Voice Christian Publ. Inc., 1962, 97 S. (edited by John Walker); deutsche Übersetzung der zweiten Auflage durch Emil Will: Wie Pfingsten nach Los Angeles kam, Leonberg/Württ., Philadelphia Verlag, o. J.

– Another Wave Rolls In, Voice in the Wilderness No. 11, Oktober–Dezember 1963, 17–24.

Barton, G. A., Archeology and the Bible, Philadelphia, American Sunday School Union, *1937[7].

Beacham, Paul F., Questions and Answers On the Scriptures, Franklin Springs, Ga., Advocate Publ. House, 1950, 577 S. (Ein Kompendium, das allen schwierigen Bibelstellen nachgeht und fundamentalistisch erklärt).

– Advanced Catechism. For the Home, Sunday-School and Bible Classes. Franklin Springs, Ga., Advocate Publ. House, o. J., 32 S.

– Primary Catechism. For the Home, Sunday-School and Bible Classes, Franklin Springs, Ga., Advocate Press, o. J., 31 S. (enthält eine Seite: The English Alphabet).

Beck, Sigfrid, Daaben med den Helligaand, Kolding, Den Apostolske Kirkes Forlag, 1941, 63 S.; deutsch: Die Taufe im Heiligen Geist, Berlin-Neukölln, Missionsverlag für urchristliche Botschaft, 1957, 72 S.

Becker, Wilhard, Die Charismen in der evangelischen Kirche heute, in: *R. F. Edel* (Hg.), Kirche und Charisma, 157–167.

Behm, Johannes, Artikel „Glossa", TWB I (1933), 719 ff.

Ben Gurion, Brief an die Weltpfingstkonferenz (englische Übersetzung des hebräischen Textes) in: *Sixth Pentecostal World Conference,* XVII–XVIII.

Benz, Ernst (Hg.), Messianische Kirchen, Sekten und Bewegungen im heutigen Afrika, Leiden, Brill, 1965.

– Der Heilige Geist in Amerika, Düsseldorf, Eugen Diederichs Verlag, 1970, 230 S. (Der bekannte Kirchenhistoriker beschreibt die Entdeckung der amerikanischen Pfingstgemeinden (vor allem der Schwarzen) als „überraschendes Neuheitserlebnis" und „Eintauchen in den Universalbereich sprachlicher Ausdrucksmöglichkeiten, in die Vorform aller konkreten Sprachen, in den Bereich einer Universalphonetik").

Berg, Daniel, Enviado por Deus, Memórias de Daniel Berg, S. Paulo, [AdD, 1959], 144 S.

Berger, Peter L., A Sociological View of the Secularization of Theology, Journ. for the Scientific Study of Religion 6/1, April 1967, 3–16.

Bergmann, Gerhard, Alarm um die Bibel. Warum die Bibelkritik der modernen Theologen falsch ist. Gladbeck. Schriftenmissionsverlag, 1963, 128 S. (Rez.: *C. Lemke,* Leuchter 14/4, April 1963, 10–11).

– Kirche am Scheideweg, Gladbeck, Schriftenmissionsverlag, *1967.

Berkhof, Louis, Systematic Theology, Grand Rapids, Eerdmans, *1946.

Berliner Tagblatt *16. August 1907 (über Kassel).

Berner Tagblatt Nr. 112, *24. April 1956; Tommy Hicks; nachgedruckt: Ich komme bald! 14, 1956, 107–108.

Bernoulli, Max, Les Pentecôtistes, Le Semeur, Lausanne, 27. September 1958, 2–3; deutsch: Die Pfingstler, VdV 51/12, Dezember 1958, 6–7.

Besson, Henri, Le mouvement de sanctification et le réveil d'Oxford, Neuenburg 1914.

Besson, Jean, A propos du Mouvement de Pentecôtes, Dialogue par J. M., publié par le Conseil synodal Bernois, Neuveville 1921.

– L'Histoire du Mouvement de Pentecôte en Allemagne de 1907–1912, La Neuveville 1921.

Beyerhaus, Peter, What Is Our Answer to Sects, Ministry Theological Review (Morija, Basutoland) 1/4, Juli 1961, 4–13; deutsch von Gerhard Hoffmann: Was ist unsere Antwort auf die Sekten? Ev. Missionszeitschr. 1961, 65–80.

– (Hg.), Begegnung mit messianischen Bewegungen, Weltmission heute 33/34, Stuttgart, Ev. Missionsverlag, 1967, 72 S.

– Begegnungen mit messianischen Bewegungen, Zeitschrift für Theologie und Kirche 64/4, November 1967, 496–518.

– Kann es eine Zusammenarbeit zwischen den christlichen Kirchen und den prophetisch-messianischen Bewegungen Afrikas geben? Ev. Missionsmagazin 111/1967, 12–27, 78–87.

– Die Kirchen und die messianischen Bewegungen, in: *P. Beyerhaus* (Hg.), Weltmission heute 33/34, 1967, 57–72.

Bhengu, Nicholas B. H., Revival Fire in South Africa, Philadelphia, Afro-American Missionary Crusade Inc., 1949, 15 S.

Bibra, O. S. von, Die Bevollmächtigten des Christus. Das Wesen ihres Dienstes im Lichte des Neuen Testamentes. Eine Untersuchung über die Kennzeichen der echten Diener am Wort nach dem Neuen Testament. Gladbeck, Schriftenmissions-Verlag, 1947, 103 S., Stuttgart, Otto Bauder, 1958[6], 153 S. (mit Geleitworten von Prof. D. Strathmann, Bischof Dr. Stählin, Prof. D. Dr. Karl Heim, Miss.-Dir. P. W. Brauer; versucht in ständigem Gespräch mit der theologischen Literatur der kirchlichen Rechte und Mitte die intellektuellen und geistlichen Aspekte der Vollmacht zu klären).

– Reden im Namen Jesu (Zungenreden), Der Leuchter 12/10, Oktober 1961, 2–3.

– *und Karl Ecke*, Die Reformation in neuer Sicht, Altdorf bei Nürnberg, Pranz, 1952.

Bittlinger, Arnold, Disziplinierte Charismen? Deutsches Pfarrerblatt 63, 1963, 333–334.

– Die Bedeutung der Charismen für den Gemeindeaufbau, in: R. F. Edel (Hg.), Die Bedeutung der Gnadengaben für die Gemeinde Jesu Christi, 1964, 5–18.

– Die Gnadengaben in der Bibel (1. Kor. 12,7–11) in: R. F. Edel (Hg.), Die Bedeutung der Gnadengaben für die Gemeinde Jesu Christi, 1964, 24–47.

– Der frühchristliche Gottesdienst und seine Wiederbelebung innerhalb der reformatorischen Kirchen der Gegenwart, Marburg/Lahn, Edel, 1964, 32 S. (OeTSt 30).

– Gemeinde und Charisma, Das missionarische Wort 17, 1964, 231–235.

– Das Sprachenreden in der Kirche. Seine Bedeutung und Problematik in Vergangenheit und Gegenwart, 29 S. (vervielf., wichtiges Vorwort), (1965).

– Liebe und Charisma. Eine Besinnung über 1. Kor. 13, Hannover, Rufer-Zentrale, o. J. (1965), 16 S.

– Auslegung von 1. Kor. 12–14, in: R. F. Edel (Hg.), Kirche und Charisma, 1966, 28–77.

– Gnadengaben. Eine Auslegung von 1. Kor. 12–14, Marburg/Lahn, R. F. Edel, 1966, 104 S.; zweite, erweiterte Auflage unter dem Titel: Im Kraftfeld des Heiligen Geistes, Marburg/Lahn, R. F. Edel, 1968, 218 S.; englisch: Gifts and Graces. A commentary on I Cor. 12–14 (translation by Herbert Klassen), London, Hodder and Stoughton, 1967, 123 S.

– Glossolalia, Wert und Problematik des Sprachenredens, Eine Materialsammlung für Mitarbeiter, Hannover, Rolf Kühne, 1966[2], 100 S.

– Gemeinde ist anders. Calwer Hefte 79, Stuttgart, Calwer Verlag, 1966, 48 S.

– Fragen der Kirche an die Pfingstbewegung, Genf, ÖRK, 1967 (vervielf.), SE 67:3, teilweise zitiert in MD 30, 1967, 163–168: Pfingstbewegung: Diskussion zwischen Ökumene und Pfingstgemeinschaften.

– Charisma und Amt, Calwer Hefte 85, Stuttgart, Calwer Verlag, 1967, 48 S.

Bjerre, Martinus, Jeg fik det i tilgift. Kolding, Den Apostolske Kirkes Forlag, *o. J.; deutsch: Ich erhielt es als Zugabe. Memmingen, Missionsverlag und Buchhandlung für urchristliche Botschaft, 1960, 138 S.

Blanke, Fritz, Kirchen und Sekten. Führer durch die religiösen Gruppen der Gegenwart, Zürich, Zwingli-Verlag, 1954, 1955[2], 1959[3], 1963[5], 125 S. (Die Pfingstbewegung wird in freikirchlich-christozentrische und sektenmäßig-ausschließliche Gruppen eingeteilt.)

Blass, Friedrich, und Albert Debrunner, Grammatik des neutestamentlichen Griechisch, Göttingen, Vandenhoeck & Ruprecht, 1954[9], 368 S.

Bloch-Hoell, Nils, Pinsebevegelsen. En undersøkelse av Pinsebevegelsens tilblivelse, utvikling og saerpreg med saerlig henblikk på bevegelsens utformning i Norge, Oslo, Universitetsforlaget, 1956, VII, 459 S.; englisch: The Pentecostal Movement, Its Origin, Development, and Distinctive Character. The Norwegian Research Council for Science and the Humanities, Kopenhagen, Stockholm, Göteborg, Universitetsforlaget (Scandinavian University), London, Allen & Unwin, 1964[2], 256 S. (englische Übersetzung vom Autor stark revidiert); Rez.: *H. Davies*, Expository Times, 197–199; *W. J. Hollenweger*, Nederlands Theologisch Tijdschrift 19, 1965, 326–27 (wichtiges Standardwerk).

– Kirke og økumenikk. Pinsebevegelsen og økumenikken. Tidsskrift for teologi og kirke 39, 1968, 121–30 (Wichtiger Überblick über die Beziehungen des ÖRK zur Pfingstbewegung. Bloch-Hoell begrüßt die Tatsache, „daß die Ökumene die Pfingstbewegung aktiv in ihr Interessefeld einbezogen hat."

Blomqvist, Axel (Hg.), Svenska pingstväckelsen femtio år. En krönika i ord och bild, Stockholm, Förlaget Filadelfia, 1957, 295 S. (hervorragende Zusammenstellung der wichtigsten Dokumente, Briefe, Photographien, Zeitungsartikel aus der Geschichte der schwedischen Pfingstbewegung).

Boddy, Alexander A., The Laying On of Hands. A Bible Ordinance. Talks and Testimonies from a Northern Parish, Brighton, New York (Young), London, Society for Promoting Christian Knowledge, 1895, 116 S.

– Tongues in Norway, *o. J. (1907).

– The Revival in Scandinavia, *The Layman; The New Acts 3/4, Juli/August 1907, 12.

– Leaflet on Tongues. Tongues in Sunderland. The Beginnings of a Pentecost in England, *1907.

– Die Hamburger Dezember-Konferenz, Pfingstgrüße 1/1, Februar 1909, 4–9.

– Unity, not Uniformity, Confidence, *März 1911 (gegen freikirchliche Organisierung der Pfingstbewegung).

– Über Land und Meer, Pfingstgrüße 5/6, 10. November 1912, 47; 5/7, 17. November 1912, 54–55 (Negerkirchen); 5/8, 24. November 1912, 63 (Negerproblem); 5/11, 15. Dezember 1912, 86–87; 5/12, 22. Dezember 1912, 94–95 (Los Angeles); 5/13, 29. Dezember 1912, 103–104; 5/14, 5. Januar 1913, 110–111; 5/15, 12. Januar 1913, 116–117; 5/18, 2. Februar 1913, 141–142 (Los Angeles); 5/21, 23. Februar 1913, 164–165; 5/33, 18. Mai 1913, 259–60 (Zion); 5/34, 25. Mai 1913, 269–70 (Zion); 5/3, 29. Juni 1913, 310–311; 5/45, 10. August 1913, 355–56 (Mrs. Brown); (wichtige, fast unbeachtet gebliebene Dokumente der frühen, *innerkirchlichen* Pfingstbewegung).

Boer, Henry R., Pentecost and Missions, with a foreword by W. A. Visser't Hooft, London, Lutterworth, 1961, 270 S.

– The Spirit: Tongues and Message, Christianity Today 7/7, 4. Januar 1963, 314–15.

Boerwinkel, F., Kerk en Secte, s'Gravenhage, Boekencentrum N. V., 1953 (Pfingstbewegung 31–32, 150–51).

– De Pinkstergroepen, Oekumenischer Lehrgang No. 5, Den Haag, Plein, 1963, 15 S. (sehr guter Überblick über die holländische Pfingstbewegung).

Bohren, Rudolf, Der Laie als Frage nach der Predigt, Pfälzisches Pfarrerblatt 1963, 45 ff.

– Predigt und Gemeinde (Beiträge zur praktischen Theologie), Zürich, Zwingli-Verlag, 1963, 243 S.

– Die Laienfrage als Frage nach der Predigt, Ev. Theologie, 26, 1966, 75–95.

Bond, Georgia, The Life Story of the Rev. O. H. Bond, Oakgrove, Ark., o. J. (1958), 186 S.

Bonhoeffer, Dietrich, Gesammelte Schriften, hg. von Eberhard Bethge, München, Kaiser-Verlag, 1958–1961, 4 Bde.

Bontsch-Bruevitsch, V. D., K sektantam, Rassvet, Genf 1904/1 (russische, kommunistische Zeitschrift, die in Genf herauskam).

– Iz mira sektantov, Moskau *1922 („Aus der Welt der Sektierer").

– Pravda 1924/Nr. 108 (beschreibt die Sektierer als beispielhafte Arbeiter).

– Izbrannye Sočinenia, Moskau, Izdatelstvo Akademii Nauk SSSR, 1959, Bd. I, 407 S. (Bd. I: O religii, religioznom sektantstve i Cerkvi).

Born, Karl, Die waarheid oor die Spade Reën Gemeentes van Suid-Afrika. Die herstelling en voltooiing van die nuwe-testamentiese Gemeente deur die onbeperkte openbaring van die Heilige Gees. My persoonlike ondervindings in die Europese en Suid-Afrikaanse Geloofshuise van die Spade Reën Gemeente. Benoni, Südafrika, Spade Reën Gemeentes van Suid-Afrika, 1960, 66 S.; deutsch: Die Wahrheit über die südafrikanischen Spätregengemeinden. Die Ausgießung des neutestamentlichen Spätregens und die Wiederherstellung und Vollendung der neutestamentlichen Gemeinde durch die uneingeschränkte Offenbarung des Heiligen Geistes. Meine persönlichen Erfahrungen in den europäischen und südafrikanischen Glaubenshäusern der Spätregen-Gemeinde, Beilstein/Württ., Deutsche Spätregenmission, o. J., 79 S.

Bosworth, F. F., Do All Speak With Tongues? An open letter to the ministers and saints of the Pentecostal Movement, *o. J.

Bourdeaux, Michael, Religious Ferment in Russia. Protestant Opposition to Soviet Religious Policy, London, Macmillan; New York, St. Martin's Press, 1968, 255 S.

Boyd, Frank Mathews, God's Wonderful Book, The Origin, Lineage and Influence of the Bible, Springfield, Mo., GPH, 1933, 136 S.

– Prophetic Light. Correspondence School of the General Council of the AoG, Springfield, Mo., GPH, 1948, 77 S.

– Ezekiel, Springfield, Mo., GPH, 1951, 232 S.

– Introduction to Prophecy, Springfield, Mo., GPH, 1948, 153 S.

- The Books of the Minor Prophets, Springfield, Mo., GPH, 1953, 248 S.
- Ecumenicity – False and True, P. E. 2526, 7. Oktober 1962, 4–5, 19
- Holy Spirit, Teacher's Manual, Springfield, Mo., GPH, 1963, 96 S.
- Christ, Teacher's Manual, Springfield, Mo., GPH, o. J. (1963), 96 S.
- Signs of the Time, Springfield, Mo., GPH, *o. J.
- Ages and Dispensations, Springfield, Mo., GPH, 106 S.

Bracco, Roberto, Ordine di Culto, Risveglio P. 8/10, Oktober 1953, 12–13.
- Un felice esperimento, Risveglio P. 8/9, September 1953, 10–11.
- Perchè predichiamo il battesimo dello Spirito Santo? Risveglio P. 11/6, Juni 1956, 3–4.
- La Glossolalia e la critica, Risveglio P. 11/7–8, Juli–August 1956, 10f.
- Nascita del Movimento Pentecostale in Italia. Cinquantennio Pentecostale, Risveglio P. 11/11, November 1956, 3–6.
- Dottrine Nuove? Breve risposta al Dizionario Biblico, Risveglio P. 12/5, Mai 1957, 6–9 (vgl. dazu *Miegge,* Imortalità o Resurrezione? Risveglio P. 12/7–8, Juli–August 1957, 18–20).
- Verità dimenticate e … punti controversi, Rom, Vf, o. J., 68 S.
- Il Risveglio Pentecostale in Italia, Rom, Vf, o. J., 92 S.
- Il battesimo. Istruzioni per catecumeni, Rom, Vf., o. J.
- Persecuzione in Italia, Rom, *o. J.

Bratskij Vestnik *1962, Nr. 3, 11 („Gedanken über den Heiligen Geist").
- *1963, Nr. 6, 53 („Brüderliches Schreiben an alle Evangeliumschristen/Baptisten, Christen ev. Glaubens und Mennoniten").
- *1964, Nr. 2, 70, 71 („Nachricht an alle Brüder und Schwestern der ‚Christen evangelischen Glaubens (Pfingstler)' außerhalb der Union").

Breite, Richard, Und führe uns nicht in Versuchung. Ökumene im christlichen Alltag, Leuchter 15/4, April 1963, 4–6.

Briem, Efraim, Den moderna pingströrelsen, Stockholm, Svenska Diakonistyrelses Bokförlag, *1924.
- Den evangeliska kyrkan och de nutida väckelserörelserna. Protokoll vid nordiska prästmötet i Helsingfors 1933, Helsinki *1933.
- Art. T. B. Barratt, Svensk Uppslagsbok III (1947), 175.
- Art. Glossolali, Svensk Uppslagsbok XI, 839.
- Art. Lewi Pethrus, Svensk Uppslagsbok XXII (1951), 913–14.
- Art. Pingströrelsen, Svensk Uppslagsbok XXII (1951), 1066–67 (Briem ist ein hervorragender Kenner und objektiver Beurteiler der schwedischen Pfingstbewegung).

Brissaud, F., Nos rapports avec les Pentecôtistes, Revue de l'Ev. 12/67, 1956, 535–538 (Pfingstbewegung gehört zu den „jungen Kirchen").

Britton, Francis Marion, Pentecostal Truth. Sermons on Regeneration, Sanctification, the Baptism of the Holy Spirit, Divine Healing, the Second Coming of Jesus, together with a chapter of the life of the author, Royston, Ga., PHCh, 1919, 255 S. (instruktiv für die Frühzeit der Pfingstbewegung).

Broederschap van Pinkstergemeenten in Nederland, De Pinkstergemeente en de Kerk. De Broederschap van Pinkstergemeenten in Nederland geeft antwoord op het Herderlijk schrijven van de Generale Synode der Nederlands Hervormde Kerk over: De Kerk en de Pinkstergroepen, Rotterdam/Groningen, Stichting Volle Evangelie Lectuur, 1962, 21 S. Rez.: *W. W. Verhoef*, Vuur 7/4, Juni 1963, 9 (wertvoller ökumenischer Beitrag).

Brofeldt, Pekka, Helluntaiherätys Suomessa, Mikkeli 1933/34 (gute Quellensammlung, finnisch „Die Pfingsterweckung in Finnland").

Brou, Alexandre S. J., Le prophétisme dans les églises protestantes d'Afrique, Revue d'Histoire des Missions, 8, 1931, 71–83.

Bruckner, A., Erweckungsbewegungen, Frucht und Geschichte, Hamburg 1909 (hervorragende, leider fast unbeachtet gebliebene Interpretation, die mit aller wünschenswerten Deutlichkeit zeigt – bei aller Sympathie für die Gemeinschafts- und Pfingstbewegung –, daß die Verurteilung der Pfingstbewegung als „dämonisch" durch die psychologische Unwissenheit der Gemeinschaftstheologen und die Ablehnung der hilfreichen kritischen Theologie bedingt war.).

Bruland, Gotfred F., The Origin and Development of the Open Bible Church in Iowa, unpublished M. A. thesis, Drake University, Des Moines, Iowa, *1945.

Brumback, Carl, „What Meaneth This?" A Pentecostal Answer to a Pentecostal Question, Springfield, Mo., GPH, 1946 und London, AoG Publ. House, 1946 (Pfingstliches Standardwerk über das Zungenreden als Zeichen der Geistestaufe).

– God in Three Persons, Cleveland, Tenn., Pathway Press, *1960, 192 S.

– Suddenly ... From Heaven. A History of the AoG, Springfield, Mo., GPH, 1961, 380 S. (gut geschriebene, aber im Interesse der AoG zurecht gerückte Geschichte der amerikanischen Pfingstbewegung).

– Tongues in Church History, Pentecostal Testimony, Special Edition: The Strength of the Family – its Faith in God, Toronto, Full Gospel Publ. House, o. J., 10–11.

Bruner, Frederick Dale, The Doctrine and Experience of the Holy Spirit in the Pentecostal Movement and Correspondingly in the New Testament, 2 Bde., Theologische Dissertation, Hamburg, 1963 (Manuskript) (Bruner kommt zur „conclusion, that Pentecostalism is heresy with vitality" (I 388); er sieht sie in folgerichtiger Weiterentwicklung der Heiligungsbewegung und erkennt auch richtig und belegt diese Beobachtung mit guten amerikanischen Quellennachweisen, daß katholische Frömmigkeit in die Pfingstbewegung eingedrungen ist.)

– A Theology of the Holy Spirit. The Pentecostal Experience and the New Testament Witness, Grand Rapids, Mich., Eerdmans, 1970, 390 S. (Überarbeitete Ausgabe der obigen Dissertation für den Druck).

Bruns, H., Pandita Ramabai, Basel, *o. J.

Buchner, Eberhard, Bei den Zungenrednern von Großalmerode. Hessische Post und Casseler Stadtanzeiger *13. September 1907.

– Die Pfingstleute, Christliche Welt 25, 1911, 29–34.

Buckalew, J. W., The Evening Light and ChoG Evangel *1. November 1910, 6.

- Preachers Behind the Bars Shouting and Praising God, Evening Light and ChoG Evangel 15. Oktober 1910; nachgedruckt in *Ch. Conn*, Evangel Reader, 152–153.
- Teloga, Georgia, Evening Light and ChoG Evangel 19. Februar 1916; nachgedruckt in *Conn*, Evangel Reader, 154–155.
  Incidents in the Life of J. W. Buckalew, Cleveland, Tenn., ChoG Publ. House, ca. * 1920.
Buckles, E. A., The Sabbath Question, Guthrie, Okla., Press of the Full Gospel Message, 1923, 30 S.
- A Brief History. The Church of God of the Apostolic Faith, Drumright, Okla., Buckles, 1935, 20 S.
- God's Plan of Salvation, Ozark, Ark., & 4, Box 178, o. J., 14 S.
- A Brief History of the Church of God of the Apostolic Faith (vervielf.), o. J., 3 S.
Der Bund Nr. 191, *25. April 1956; Nr. 199, *30. April 1956: Tommy Hicks; nachgedruckt: Ich komme bald! 14, 1956, 108–109.
- Nr. 270, *12 Juni 1956: Fromme Jugend aus sieben Ländern. Ein religiöses Treffen in Bern; nachgedruckt in: Ich komme bald! 14, 1956, 178–179 und *Ed. Gerber*, Kurs zur Sektenkunde, Münsingen, 1962, 1 (vervielf.).
Burke, Fred, We Teach Bishops, Fellowship 4/4–5, April–Mai 1963, 11, 15.
- Unterricht für „Bischöfe". Ökumenischer Kontakt mit unabhängigen afrikanischen Kirchen, Monatlicher Informationsbrief über Evangelisation, Dezember 1966/Januar 1967, Genf, ÖRK.
- Litaba tsa Mohlanka Oa Molimoa, Pretoria, All Nations Gospel Publ., *o. J. (Sesuto: Der Knecht des Herrn).
Burnett, C. C., Forty Years Ago, P. E. 2081, 28. März 1954, 12.
Burr, Nelson R., A Critical Bibliography of Religion in America, Princeton, N. J., Princeton University Press, 1961, 4 Bde. (über Pfingstler IV/2, 327–329, unvollständig und zufällig).
Burton, William F. P., Auf biblischem Wege an den Kongo gesandt, *Latter Rain Evangel; VdV 15/6–7, Juni/Juli 1922, 14–19.
- When God Changes a Man. A True Story of This Great Change in the Life of a Slave-Trader, London, Victory Press, 1929, 124 S.
- When God Changes a Village, London, Victory Press, 1933, 162 S.
- God Working With Them, Being 18 Years Congo Evangelistic Mission History, London, Victory Press, 1933, XIV, 264 S.
- When God Makes a Pastor, London, Victory Press, 1934, 122 S.
- When God Makes a Missionary, Being the life Story of Edgar Mahon, London, Victory Press, 1936, 124 S.; deutsch: Diener Gottes im schwarzen Erdteil, übersetzt von J. R. Gschwend, Wetzikon/ZH, Bantu-Klänge, 1938, 127 S.
- What Mean Ye By These Stones? Bible Talks On the Lord's Table, London, Victory Press, *1947, 1952².
- Signs Following, London, Elim Publ. Cy., *1949, *1950², 1956⁴, 40 S.
- Mafundijyo a ku mukanda a Leza, Mwanza, Elisabethville, o. J. (ca. 1950)

(Kiluba: „Die Lehre des Buches Gottes". Enthält die vereinfachte Dogmatik der englischen AoG in Kiluba).
- Mudishi, the Congo Hunter, London, AoG Publ. House, *o. J.
- Congo Sketches, AoG Publ. House, *o. J.
- My Personal Experience of Receiving the Holy Spirit, London, AoG Publ. House, *o. J.

Calet, Henri, En cherchant la santé au son des jitterbugs, Figaro littéraire 20. März 1954, 3 (Paris) (gut beobachteter Evangelisationsgottesdienst einer AdD in Paris, wohlwollend ironisch).

Calley, Malcolm J., Aboriginal Pentecostalism. A Study of Changes in Religion, M. A. Thesis Universität Sydney, 1955, 4 Bde. (Manuskript) (grundlegende, anthropologische Untersuchung über pfingstliche Eingeborene in Australien).
- Pentecostal Sects Among West Indian Migrants, Race, Journal of the Institute of Race Relations 3, 1962, 55–64.
- West Indian Churches in England, New Society, 6. August 1964, 15–18.
- God's People. West Indian Pentecostal Sects in England, London und New York, OUP, 1965, 182 S.; Rez.: Hollenweger, IRM 60/218, 228–231 (beste Darstellung der westindischen Pfingstler in England und wichtiger Interpretationsversuch).

Calvin, Johannes, Commentary on the Epistles of Paul to the Corinthians, translated from the original Latin, and collated with the author's French version, by the Rev. John Pringle, Grand Rapids, Mich., Wm. B. Eerdmans Publ., Cy., 1948, 474 S.

Camargo, C. Procópio Ferreira de, Kardecismo e Umbanda. S. Paulo, Livraria Pioneira Editôra, *1961.
- Igrejas e Religiões em S. Paulo, in: *J. V. Freitas Marcondes, Osmar Pimentel,* S. Paulo, Espírito, Povo, Instituções, S. Paulo, Livraria Pioneira Editôra, 1968, 365–382.

Campbell, Joseph E., The Pentecostal Holiness Church 1898–1948. Its Background and History. Presenting complete background material which adequately explains the existence of this organization, also the existence of other kindred Pentecostal and Holiness groups, as an essential and integral part of the total church set-up, Franklin Springs, Ga., PHCh, 1951, 573 S. (gründliche, manchmal etwas langatmige Darstellung der Vorläufer und Entstehung der PHCh. Interessant vor allem in der Auseinandersetzung mit *H. R. Niebuhr,* Social Sources of Denominationalism, New York 1929, und *L. Pope,* Millhands and Preachers, New Haven, 1942. Soziale, wirtschaftliche und psychologische Faktoren werden richtig gesehen und verständnisvoll beschrieben).

Campos, Arturo Espinoza, Mi renuncia a la Iglesia Evangélica Pentecostal, Despertar 1/1, November 1951, 8–12 (Beginn der Iglesia de Dios Pentecostal).

Carrec, Eveline le, Venus des quatre coins de la France 2000 tziganes ont fait halte à Pontcarré (S & M), afin de participer au pélérinage évangélique organisé par un pasteur breton, L'Aurore *19. Mai 1957; Promesse du Père

21/7–8, Juli–August, 1957, 6–9; deutsch: Großtreffen des evangelischen Zigeunervolkes, VdV 50/9, September 1957, 1–4 (vgl. Anhang I/6, S. 354 f.).

Carter, Howard, Beantwortung von Frage Nr. 3, in: *Förlaget Filadelfia*, Europeiska Pingstkonferensen i Stockholm 1939, 119–121 (Lehrdefinition und Einheit).

– Beantwortung von Frage Nr. 4, in: *Förlaget Filadelfia*, aaO., 164–172 (Zentrale Organisation).

– Questions and Answers on the Gifts of the Spirit, Slough, Bucks., Ambassador Productions, Gospel Tabernacle, Pitts Road, 1946, 134 S.; London, AoG Publ. House, 1953³, 131 S.; deutsch: Die Gaben des Geistes, übersetzt von W. Chmieliwski, o. O., o. J., 72 S.

– When Time Flew By. Adventures in Many Lands, Being the experiences of Howard Carter and his travelling companions in various parts of the world, London, AoG Publ. House, o. J., 130 S.

Carslake, C., The Need for the Baptism in the Holy Spirit, Revivalist Nr. 303, Juni 1968.

Cavnar, Jim, Prayer Meetings (vervielfältigte Nachschrift eines Vortrages, 21. Januar 1968, Willimaston Day of Renewal).

Chawner, C. Austin, Timhaka ta Manyana e ku Pfumeleni, Nelspruit, Transvaal, Emmanuel Press, *o. J. (Shangaan: „Geschichten aus dem Glaubensleben").

Chéry, H.-Ch., Les Sectes, Lumière et Vie, Revue de formation doctrinale chrétienne, Saint-Alban-Leysse (Savoie), Nr. 6, Oktober 1952, 67–108.

– Offensive des Sectes, Paris, Rencontres 44, 1954² (ausgezeichnet informiert durch ein Team von Feldarbeitern, genau, wohlwollende Kritik).

– Les sectes nous accusent, Signes du Temps, Januar 1960, 9–11 (Paris).

Chile Pentecostal 1/8, 6. April 1911, 7–8: Crónica (Verfolgung).

– Nr. 122, August 1925, 1–3: Editorial: El bautismo con agua (neu abgedruckt in Fuego de Pentecostés Nr. 88, Januar 1936, 2–7) (vertritt die Säuglingstaufe).

– Nr. 123, September 1925, 1–2; Nr. 125, Dezember 1925, 1: Editorial: Circuncisión. El bautismo con agua; beide neu abgedruckt in Fuego de Pentecostés Nr. 88, Januar 1936, 2–7 (gegen die Tauflehre der Voz Bautista).

Christenson, Larry, How a Lutheran Pastor Was Baptized With the Holy Spirit, *Foursquare Magazine; P. E. 2493, 18. Februar 1962, 25.

– I sensed something in the early Christians missing in me: My first answer came from the Episcopal healing ministry, and my final answer came when I asked for prayer, because I wanted a Spirit-filled ministry! Testimony 1/1, Oktober–Dezember 1962, 15–17.

– Speaking in Tongues? Trinity 2/4, 13–16; auch SA., Fresno, Calif., 6 S.; deutsch: Die Gabe des Zungenredens in der Lutherischen Kirche, Ludwigshafen/Rhein, Christiane Buchholz, Richard-Wagner-Str .3, 1963, 25 S. (übersetzt und vervielf. von Chr. Buchholz); gedruckt: Marburg/Lahn, ÖTSt 27, Edel, 1963, 30 S.

– Demonstration of the Spirit, End Times' Messenger 27/3, März 1963, 4.

– Das Charisma des Zungenredens, in *R. F. Edel*, Die Bedeutung der Gnadengaben für die Gemeinde Jesu Christi, 1963, 72–86.

- Die verschiedenen Funktionen des Leibes Christi, 1964.
- Bericht aus der Lutherischen Kirche in Amerika, in: *R. F. Edel*, Kirche und Charisma, 1966, 171–176.
- Not Words ... but – Demonstration of the Spirit, 1. Kor. 2, 4, Foursquare Magazine; P. Testimony, Special Edition „Pentecost" in the Church Today, 11–13.

Christlicher Gemeinschaftsverband GmbH (Mülheim/Ruhr), Unsere Ziele und Richtlinien für die Erbauung und Vollendung des Leibes Christi, hg. vom Hauptbrüdertag der deutschen Pfingstbewegung zu Berlin 1917, Mülheim/Ruhr, *1917.

Church of God (Cleveland), Minutes of the General Assembly of the ChoG (Cleveland), Cleveland, Tenn., ChoG, 1906 ff.

Church of God in Christ, Manual of the ChoG in Christ, Memphis, O. T. Jones, J. E. Bryant, *1947[4].
- Yearbooks, Memphis, Tenn., mindestens 1951 ff.

Church of God of Prophecy, Minutes, Cleveland, Tenn., ChoG of Prophecy, 1923 ff.

Church of the Lord (Aladura), Catechism of the Church of the Lord (Aladura) ... And the Holy Litany ... with the Church Prayer Drill, Ogere Headquarters, Nigeria, *1948.
- Constitution, *o. J.

Church of God of the Mountain Assembly, Minutes of the 56th Assembly, 1962, o. O. (Jellico, Tenn.), o. J. (1962), 46 S.

Cincinnati Inquirer, *27. Januar 1901 (Parham).

Clark, Elmer, The Small Sects in America. An authentic study of almost 300 little-known religious groups, New York, Abingdon, *1937, 1949[2], 256 S. (Ausführliche Arbeit, gilt als Standardwerk in den USA auf dem Gebiet der Sekten, im Kapitel über die Pfingstbewegung stützt er sich einseitig auf die Auskünfte von H. A. Tomlinson, der alle Pfingstgemeinden von seiner eigenen Arbeit, respektive derjenigen seines Vaters ableitet).
- Modern Speaking With Tongues, in *L. A. Loetscher* (Hg.), Twentieth Century Encyclopedia of Religious Knowledge. An Extension of the New Schaff-Herzog Encyclopedia of Religious Knowledge, Grand Rapids, Mich., Baker Book House, 1955, 1148.
- Art. Pentecostal Churches, in: *L. A. Loetscher* (Hg.), a.a.O., 864–866.
- Art. Holiness Churches, in: *L. A. Loetscher* (Hg.) a.a.O., 520–522.
- Art. The Int. Church of the Foursquare Gospel, in: *L. A. Loetscher* (Hg.), a.a.O., 439.
- Art. Church of God, Weltkirchenlexikon 1960, 243–244 (ungenau).

Clark, Stephen B., Confirmation and „The Baptism of the Holy Spirit", Ann Arbor, 1968 (vervielf. paper).

Colinon, Maurice, Les Guérisseurs. Collection Bilan du Mystère, publiée sous la direction de Gaetan Bernoville avec la collaboration de Robert Amadou, Nr. 1, Paris, Grasset, 1957; Rez. *J. Maitre*, Archive de Soc. des Rel. 3/5, Januar–Juni 1958, 178–179.

Conde, Emilio, Pentecoste para todos, Rio de Janeiro, Casa Publicadora da AdD, 1951³, 109 S.

- Etapas da vida espiritual, Rio de Janeiro, Casa Publicadora da AdD, 1951², 110 S.
- Igrejas sem brilho, Rio de Janeiro, Casa Publicadora da AdD, 1951, 82 S.
- Phenomenal Growth in Brazil, Pentecost 44, 1958, 1; deutsch: Pfingsten im Vormarsch in Brasilien, VdV 51/7, Juli 1958, 14; Mehr Licht 32/8, August 1958.
- O testemunho dos séculos, Rio de Janeiro, Livros Evangélicos, O. S. Boyer, 1960³, 194 (fußt weitgehend auf *Frodsham*, With Signs Following).
- História das Assembléias de Deus no Brasil, Rio de Janeiro, Casa Publicadora das AdD, 1960, 355 S.; Rez.: *Hollenweger*, Reformatio 13, 1964, 506-507 (wichtige Quelle, aber keine wissenschaftliche Darstellung).
- Brazilian Assemblies of God Celebrate 50th Anniversary. More than 40000 people crowded into the Maracanazinho Stadium and at least 10000 were turned away. Present were State governors, high military personnel, congressmen and representatives from other religious bodies, P. 57, 1961, 1.

Conn, Charles W., Like A Mighty Army Moves the Church of God, Cleveland, Tenn., ChoG Publ. House, 1955, 380 S. (hervorragende Geschichte der ChoG (Cleveland) auf Grund eines sorgfältigen Quellenstudiums, wissenschaftlichste, mir bekannte Geschichte einer pfingstlichen Denomination, die von einem Pfingstler geschrieben wurde. Die faire Darstellung des Schismas mit Tomlinson und anderer Schwierigkeiten verdient besonders hervorgehoben zu werden. Zu bedauern, aber verständlich ist, daß die Geschichte der abgesplitterten Zweige der ChoG nicht weiter verfolgt wird).

- Where the Saints Have Trod. A History of the Church of God Missions, Cleveland, Tenn., Pathway Press, 1959, 312 S.; Rez.: *D. Gee*, P. 51, 1960, 17 (hervorragende Darstellung der Missionsgeschichte der ChoG (Cleveland) auf Grund von Quellen. Gee bedauert zu Recht, daß die verschiedenen Pfingstdenominationen, die auf den gleichen Missionsfeldern arbeiten, miteinander keine Beziehungen haben, was Conns Buch unfreiwilligerweise klar zeigt).

Cossec, C. Le, Le vrai Baptême. L'Eglise. La Sanctification (Vérité à connaître 2), Rennes, Le Cossec, o. J., 51 S.

- Le Saint-Esprit et les dons spirituels. Toute la vérité concernant le surnaturel divin (Vérité à connaître 3), Rennes, Le Cossec, o. J., 55 S.
- La guérison miraculeuse de toute maladie et de toute infirmité (Vérité à connaître 4), Rennes, Le Cossec, o. J., 53 S.

Crayne, Richard, Early 20th Century Pentecost, Morristown, Tenn., 1960 (wichtige Quelle, weil sie die Kontroversen der frühen Pfingstbewegung erwähnt, jedoch kritisch zu benützen).

Cristiani, Leone, Art. Pentecostali, Enc. Catt. 9, 1952, 1153-54 (unbrauchbar, kennt die Bewegung in Europa und Italien überhaupt nicht, „scarso successo in Europa"!).

Crumpler, A. B., The Discipline of the Holiness Church, Goldboro, N. C., Nash Brothers and Job Printers, *1901.

Curry, Donald Edward, Messianism and Protestantism in Brazil's Sertão, Journal of Inter-American Studies and World Affairs 12/3, Juli 1970, 416–438.

Cutten, George B., Speaking With Tongues, New Haven, Yale Univ. Press, 1927 (wertvolle historische Darstellung).

Czajko, Edward, Z życia T. B. Barratta, in: *J. Mrózek, E. Czajko, M. Kwiecień, B. Winnik* (Hg.), Kalendarz jubileuszowy 1963, Warschau 1963, 187–190.

– Ruch zielonoświątkowy, in: *J. Mrózek* usw., a.a.O., 79–90 (gute Darstellung der polnischen Pfingstbewegung).

– O Kościele, in: *J. Mrózek* usw., a.a.O., 207–208 (Kennzeichen der Kirche).

Dagens Nyheter 13. Juli 1968, 7: Pingstkyrkorna i Sydamerika bör främja jordreform.

Dagon, Gérard, Petites églises et grandes sectes en France aujourd'hui, Paris, Sté Centrale d'Ev., 1951, 26–36.

Daily Chronicle *24. November 1919: Revival Cures in South Wales. Pastor (Stephen) Jeffreys and his followers.

Daily Dispatch (East London) *15. Februar 1952: Much Stolen Property Surrendered to Church. Natives want non of it. Religious Renaissance Among E(ast) L(ondon) Natives.

– *15. April 1952: Many Baptised at River Service, Tears Rolled Unchecked as Sinners Repented.

– *25. Dezember 1957: New Native Church Opens Tomorrow.

– *27. Dezember 1957: 3000 at Opening of New Native Church.

Daily Echo (Bournemouth) *August 1926 (G. Jeffreys).

Daily Express *6. April 1926; *24. März 1927; *7. April 1928; *11. November 1929 (G. Jeffreys).

– *25. Januar 1963: Church Members „Ejected" by Former Pastor.

Dallière, Louis, D'aplomb sur la parole de Dieu, Courte étude sur le Réveil de Pentecôte. Valence, Imprimerie Charpin et Reyne, 1932, 54 S. (positive Stellungnahme eines französischen reformierten Pfarrers).

– Semeur, *November 1932.

– Die Einsegnung der kleinen Kinder, *Esprit et Vie; VdV 27/2, Februar 1935, 6–10.

Dallmeyer, August, Briefkasten, Reichgottesarbeiter:

2, 1906, 17–19, 116–119, 137–139, 157–159 („göttliche Ordnung", wenn viele mit- und durcheinander beten), 178–180;

4, 1907, 155–159 („Es war die Kraft Gottes, die sich in diesen Tagen in den Versammlungen offenbarte. Mein Bruder ist der eigentliche Träger der Arbeit in Kassel gewesen." Schrenk und Haarbeck urteilen positiv.)

175–179 (Acta 2 kann „buchstäblich auf unsere Versammlung Anwendung finden".)

196–198 (Antwort an Schopf: „Ich bin in der Kasseler Bewegung tiefer gesegnet worden als je in meinem Leben." Schopf habe ungenau zitiert. Öffentliche Erwähnung von Sünden erkannte D. „als ein heiliges Vorgehen des Herrn.")

221–238 (Dezember 1907) („Satan unter den Heiligen. Die Kasseler Bewegung im Lichte der Erfahrung." Auch SA: Neumünster, Ihloff, 24 S., mit Vorwort von J. Seitz)

6, 1909, 37–39 (Fleischs Schriften „sind es wirklich nicht wert, daß wir auf dieselben zurückkommen. Schriften von historischem Wert sind es nicht und wenn der Verfasser das glaubt, überschätzt er seine eigene Arbeit."), 57–60, 137–140, 195–199, 216–220, 218–220;

7, 1910, 17–18, 37–40, 56–58 („Die psychologische Erklärung der Bewegung ist sicher nicht die rechte Erklärung für das Geheimnisvolle in ihr. Diese Erklärung hätte Inspektor Haarbeck, der selbst in der Bewegung stand, ihr nicht geben sollen.")

99–100 (Die psychologische Erklärung wird von solchen gegeben, „die einmal selbst dem Geist der Bewegung dienten und nun Stellung gegen ihn nehmen, ohne sich gründlich durch einen ehrlichen Rückgang von demselben gelöst zu haben."), 117–120, 136–139, 155–159, 166–179.

Dallmeyer, Heinrich, Die Gemeinschaftsbewegung, ihre Arbeit und Aufgabe, Neumünster, Ihloff, *1913, 47 S.; *1914, 55 S.

– (Hg.), Die sogenannte Pfingstbewegung im Lichte der Heiligen Schrift, Gotha, Ott, 1922, 61 S. (enthält Aufsätze von Seitz, Kühn, mit je einem Vor- und Nachwort von Dallmeyer).

– Die Zungenbewegung. Ein Beitrag zu ihrer Geschichte und eine Kennzeichnung ihres Geistes, Lindhorst (Schaumburg-Lippe), Adastra-Verlag und Hannover, Buchhandlung der Landeskirchlichen Gemeinschaft, 1924, 144 S.; Langenthal, Schweiz, o. J.², 143 S.

– Erfahrungen in der Pfingstbewegung, Neumünster, Ihloff, o. J.

– Kraft von oben und von unten, *o. J.

Dalton, Robert Chandler, Glossolalia (unveröff. B. D. Thesis, Eastern Baptist Theological Seminary, 1940, Vorarbeiten zu „Tongues Like as of Fire").

– Tongues Like As of Fire. A critical study of modern tongue movements in the light of apostolic and patristic times, Springfield, Mo., GPH, 1940, 127 S. (Überblick über das Zungenreden in der Kirchengeschichte. Dalton ist die Grundlage der meisten pfingstlichen geschichtlichen Darstellungen des Zungenredens. Geschichtlicher Teil ungenügend. Im dogmatischen Teil wird die bekannte pfingstliche Position dargestellt, eine sehr unkritische Studie; Myer Pearlmans fundamentalistisches „Knowing the Doctrine of the Bible" wird zum Beispiel als „masterpiece of theology" bezeichnet, S. 62.)

Damboriena, Prudencio, s. j., El protestantismo in Chile, Mensaje 6/59, Juni 1957 145–154 (Pfingstbewegung „verdaderamente proletaria y popular … dotada de un dinamismo espiritual extraordinario", Albert Rembao, S. 145).

– Algunos aspectos de la penetración protestante en Jberoamerica, Arbor (Madrid) 50/192 (Druckfehler 49/192), Dezember 1961, 60–75 (624–639) (Bekämpft die Clichémeldungen über den südamerikanischen Katholizismus Man streiche nur immer das Fehlen von Priestern, den Aberglauben heraus und von den heldenhaften Anstrengungen der Priester und Bischöfe spreche kein Mensch. Den nordamerikanischen Katholiken wird vorgeworfen, daß sie die Protestanten ruhig in Südamerika missionieren lassen. Die protestantische Penetration in Südamerika stelle für den ÖRK eines der größten Probleme dar, denn die gleichen Protestanten, die in Genf große Worte von der Einheit aller Kirchen machten, geben sich in Südamerika der Aufspaltung der Kirche hin „a sembrar la división y a robar miembras a la Iglesia católica".)

- „Pentecostal Fury", Catholic World *202/201, Januar 1966.
- Tongues As of Fire. Pentecostalism in Contemporary Christianity, Washington, Corpus Books, 1969, 256 S.

Dammann, Ernst, Das Christusverständnis in nachchristlichen Kirchen und Sekten Afrikas, in: *E. Benz* (Hg.), Messianische Kirchen, Sekten und Bewegungen im heutigen Afrika, Leiden, Brill, 1965, 1–21.

Davidsson, Birger, Det började med ett bönemöte. En presentation av Missionssällskapet Helgelseförbundets uppkomst, utveckling och verksamhet, Kumla, Helgelseförbundets Förlag, 1955 (kurze Geschichte des Helgelseförbundet).

Davis, J. Merle, How the Church Grows in Brazil. A study of the economic and social basis of the Evangelical Church in Brazil, London, IMC, 1943, 167 S.

Debrunner, Hans W., Witchcraft in Ghana. A study on the belief in destructive witches and its effect on the Akan tribes. Theol. Diss. Zürich. Kumasi, Ghana, Presbyterian Book Depot, 1959, 209 S.

- A Church Between Colonial Powers. A study of the Church in Togo. World Studies of Churches in Mission, London, Lutterworth, 1965, 368 S. (Geschichte der Kirche in Togo, enthält wichtige Informationen über pfingstliche Evangelisten und pfingstliche, unabhängige Kirchen, zuverlässige, wissenschaftliche Darstellung von einem ehemaligen Missionar, für Togo unentbehrlich).

Delabilière, C. E. D., Editoriell, VdV *1/1, August 1909.

Dodd, C. H., The Interpretation of the Fourth Gospel, Cambridge University Press, 1953.

Doebert, Heinz, Das Charisma der Krankenheilung. Eine biblisch-theologische Untersuchung über eine vergessene Grundfunktion der Kirche, Hamburg, Furche-Verlag, 1960, 140 S. (Furche-Studien 29).

Dolotov, A., Cerkov i Sektantsvo v Sibiri, Novosibirsk *1930 („Kirche und Sektierer in Sibirien").

Dongen, P. v., Kroniek: De Pinksterbeweging, Ökumene 5/5, 1966, 26–28.

Dougall, J. W. C., African Separitist Churches, IRM 45/179, Juli 1956, 257–266.

Dreyer, J., Dictionary of Psychology (Penguin 1953).

Drum (Johannesburg), Juli 1954, 11–13: Mr. Drum Visits the „Zion Christian Church".

Dubb, A. A., The Role of the Church in an Urban African Society, Cape Town, Rhodes University, *1962 (ungedruckte Dissertation, enthält wichtige Informationen über Bhengu).

Duncan, F., Pentecost in Australia, Selbstverlag, *o. J.

Durasoff, Steve, The All-Union Council of Evangelical Christians-Baptists in the Soviet-Union: 1944–1964, Ph. D. Diss. New York, 1967, 347 S. (Manuskript, zusammengefaßt in diesem Buch, S. 50ff.).

Dusen, Henry P. van, Carribean Holiday, Christian Century *17. August 1955.
– Great Worldwide Phenomenon, Life 24/13, 7. Juli 1958, 80–82.

Eberhardt, Jacqueline, Messianisme en Afrique du Sud, Arch. de Soc. des Rel. 2/4, Juli–Dezember 1957, 31–56.

Ecke, Karl, Schwenckfeld, Luther und der Gedanke einer apostolischen Reformation, Berlin, Martin Warneck, 1911, 345 S. Gekürzte, im Apparat stark reduzierte und um eine Auseinandersetzung mit seinen Kritikern vermehrte zweite Auflage: Kaspar Schwenckfeld, Ungelöste Geistesfragen der Reformationszeit (Alte und neue Wege zur lebendigen Gemeinde, hg. von K. Ecke und O. S. Freiherr von Bibra 1), Gütersloh, Bertelsmann, 1952[2], 120 S. Leicht veränderte dritte Auflage: Fortsetzung der Reformation. Kaspar von Schwenckfeld's Schau einer apostolischen Reformation, hg. von H. D. Gruschka, Publikation in Verbindung mit der Schwenkfelder Library Pennsburg, Pa, Memmingen, Missionsverlag für urchristliche Botschaft, 1965[3], 111 S. (Eckes theologische Lizentiatsarbeit hilft nach O. Weber mit, „etwas von der historischen Schuld abzutragen, daß unsere reformatorischen Väter den sogenannten Schwärmern nicht als Brüdern, sondern als Richter begegnet sind". Ecke war bis an sein Lebensende einer der Führer der deutschen Pfingstbewegung *und* lutherischer Gemeindepfarrer. Seine Schwenckfeldarbeit ist der einzige mir bekannte wissenschaftliche Versuch der Pfingstbewegung, bei den Spiritualisten der Reformationszeit anzuknüpfen.).
– Der Durchbruch des Urchristentums seit Luthers Reformation. Lesestücke aus einem vergessenen Kapitel der Kirchengeschichte, Altdorf bei Nürnberg, Süddeutscher Missionsverlag Fritz Pranz, o. J.[2] (1950), 131 S.
– Die Pfingstbewegung. Ein Gutachten von kirchlicher Seite, Mülheim/Ruhr, Christlicher Gemeinschaftsverband GmbH, 1950.
– Sektierer oder wertvolle Brüder. Randglossen zu einem Sektenbuch, Mülheim/Ruhr, E. Humburg, Verlagsbuchhandlung, 1951, 8 S. (gegen Hutten).
– Der reformierende Protestantismus. Streiflichter auf die Entwicklung lebendiger Gemeinde von Luther bis heute (Alte und neue Wege zur lebendigen Gemeinde 2), Gütersloh, Bertelsmann, 1952, 52 S. (Temperamentvolle Abrechnung mit einer gewissen Liturgie, die die Gemeinde entmündigt. Ecke bleibt aber im Rahmen der Volkskirche. Säuglingstaufe!).
– und O. S. *von Bibra*, Die Reformation in neuer Sicht, Altdorf bei Nürnberg, Süddeutscher Missionsverlag Fritz Pranz, 1952.

Edel, Eugen, Der Kampf um die Pfingstbewegung, Mülheim/Ruhr, Emil Humburg, 1949, 63 S.

Edel, Reiner-Friedemann, Heinrich Thiersch als ökumenische Gestalt. Ein Beitrag zum ökumenischen Anliegen der katholisch-apostolischen Gemeinden, Marburg/Lahn, Verlag Dr. R. F. Edel, 1962, 389 S. (ÖTSt 18) (*Rez.* W. J. Hollenweger in Reformatio 13, 1964, 56–57; Ecumenical Review, 15/3, April 1963, 341–342. Gründliche, sorgfältig dokumentierte theologische Dissertation, in der Thiersch als echte Alternative zur Heiligungsbewegung und Vorausnahme der ökumenischen Bewegung dargestellt wird).

- (Hg.), Die Bedeutung der Gnadengaben für die Gemeinde Jesu Christi, Marburg/Lahn, Ökumenischer Verlag R. F. Edel, 1964, 125 S. (ÖTSt 33) (Mit Beiträgen von A. Bittlinger, L. Christenson, H. Doebert, W. Hümmer, A. Richter und einem Vorwort von K. Hutten. Wichtige Arbeit, die die pfingstlichen Phänomene aus der pfingstlich-fundamentalistischen Deutung herausnimmt und im Rahmen einer reformatorischen Theologie der Gesamtkirche zugänglich machen will.)
- (Hg.) Amt und Charisma. Die Gaben des Heiligen Geistes im Neuen Testament, in der Kirchengeschichte und in der Gegenwart, Marburg/Lahn, Ökumenischer Verlag R. F. Edel, 1966, 206 S.
- Die Charismen in der Geschichte der ev. Kirchen, in: *R. F. Edel* (Hg.), Kirche und Charisma, 107–128.

Eggenberger, Oswald, Evangelischer Glaube und Pfingstbewegung, Zürich, EVZ, 1946, 61 S.

- Erweckungsprediger H. Zaiss im Hallenstadion, Kirchenblatt für die reformierte Schweiz, 8. Oktober 1953.
- Zur Beurteilung der Pfingstbewegung, Kirchenbote des Kantons Zürich, 3. November 1955.
- Die Geistestaufe in der gegenwärtigen Pfingstbewegung, Theologische Zeitschrift 11, 1955, 272–295.
- Die Pfingstbewegung, Mitteilungsblatt des Protestantischen Volksbundes 8/4, August 1956, 34–36 (Zürich).
- Pfingsten – Pfingstbewegung? Kirchenbote des Kantons Zürich, Juni 1957.
- Art. Pfingstbewegung, RGG³ V (1961), 308–310.
- Die Freikirchen in Deutschland und in der Schweiz und ihr Verhältnis zu den Volkskirchen, Zürich, Zwingli-Verlag, 1964, 193 S.
- Die neue Zungenbewegung in Amerika, Theologische Zeitschrift 21, 1965, 427–446 (gute Zusammenfassung).
- Die Kirchen, Sondergruppen und religiösen Vereinigungen. Ein Handbuch, Zürich, EVZ, 1969, 158 S.

Eichholz, Georg, Was heißt charismatische Gemeinde, 1. Kor. 12, Theologische Existenz 17, München, Kaiser-Verlag, 1960.

Eichin, Fritz, Prüfet die Geister. Eine kleine Hilfe in großen Fragen in Form von Thesen, Zürich, Landeskirchlicher Evangelisationsverlag, o. J., 37 S.

Eicken, Erich von, Unsere theologische Stellungnahme zu Chr. Krusts „50 Jahre Pfingstbewegung, Mülheimer Richtung", 28 S. (vervielf., ca. 1963).

- Heiliger Geist, Menschengeist, Schwarmgeist. Ein Beitrag zur Geschichte der Pfingstbewegung in Deutschland, Wuppertal, R. Brockhaus-Verlag, 1964, 92 S.

Eisele, Karl, Das Zungenreden. Der biblische Tatbestand und das geschichtliche Zeugnis, Wort und Tat, Zeitschrift für den Dienst am Evangelium und an der Gemeinde 9, 1955, 70–76.

Eisenlöffel, Ludwig, Ein Feuer auf Erden. Einführung in Lehre und Leben der

Pfingstbewegung, Erzhausen, Leuchter-Verlag, 1963 (vermittelnde, die Gegensätze zwischen Pfingstbewegung und anderen Kirchen und innerhalb der Pfingstbewegung ausgleichende Darstellung).

El-Ahram ★9. Juli 1955 (über Lillian Trasher).

Eliaschevitsch, I. Y., Pravda o Čurikova i Čurikovcach, Leningrad ★1928 (über religiöse Kolchosen).

Eliaschvili, Religija v borbe za rabočuju molodož, Leningrad ★1928.

Ellinson, Howard, The Implications of Pentecostal Religion for Intellectualism, Politics, and Race Relations, Americ. Journ. of Soc. 70, 1964, 403.

E[lovson, Harald,] Art. Dagen, in Svensk Uppslagsbok VI (1956), 799—800 („Dagen" ist die Tageszeitung der schwedischen Pfingstler. Bemerkenswert, daß das schwedische, allgemeine Nachschlagwerk einen längeren Artikel über „Dagen" bringt).

Embregts, J. W., mehrere Artikel über einzelne holländische Pfingstgemeinden in De Pinksterboodschap, 1960/1963.

Emmet, Dorothy, Prophets and Their Society, The Henry Myers Lecture 1956, Journ. of the Royal Anthropological Inst. 86, 1956, 13–23 (Ein Prophet kann seine Funktion nur erfüllen, wenn er ein Prophetenbewußtsein [Berufung] hat, das ihn aus der Gesellschaft heraushebt, ohne ihn von ihr zu isolieren.).

Essen, Adolf, Gemeinschaftsbewegung und Zungenbewegung in Schlesien, ★1931.

Estandarte ★7. Januar 1943.

Ev. Allianzblatt 19, 1909, 372–374: Erschütternde Mitteilungen zur „Pfingstbewegung".

Ev. Kirchenblatt für Württemberg 68, 1907, 379–380; 72, 1911, 31, 38, 166–167, 197–198 (Pfingstbewegung in Deutschland).

Ev. Marienschwesternschaft, Komm, Heiliger Geist, Darmstadt, Vf., o. J.

Ev. Missionsmagazin 8, 1951, 56–57 (Pfingstler in China); 14, 1957, 16–17 (Ägypten), 14, 1957, 179–180 (Thailand); 17, 1960, 155 (Italien).

Evangelist 1/1 (Odessa 1928).

Evangéliste ★14. April 1905 (über den walisischen Erweckungsprediger D. Roberts).

– 57/37, 13. September 1907, 146: Un réveil en Allemagne (positiver Bericht über die Erweckung von Kassel).

Ewart, Frank J., From Brother McAlister, Meat in Due Season ★15. Dezember 1915 (Wiedertaufe von R. E. McAlister „auf den Namen Jesu").

– The Phenomenon of Pentecost. A History of the Latter Rain, St. Louis, P. Publ. House, 1947, 111S. (Darstellung der Geschichte der Pfingstbewegung vom Standpunkt eines Pioniers der „Jesus-only"-Gruppen aus).

Expositor Cristão ★22. Juni 1950.

Falconi, Carlo, La Chiesa e le organizzazioni cattoliche in Italia 1945–1955, Saggi per una storia del cattolecesimo italiano ne dopoguerra, Turin, Einaudi, 1956, 670 S. (gut dokumentierte, spritzig geschriebene Darstellung von einem linksorientierten, politischen Gesichtspunkt aus, aber ohne klassenkämpferische und polemische Zwischentöne).

Falconi, V., La Costituzione ed i culti non cattolici, Milano *1953.

Farrel, Frank, Outburst of Tongues: The New Penetration, Christianity Today 7/24, 13. September 1963, 3–7 (1163–1167).

Fast, Heinold, Der linke Flügel der Reformation, Glaubenszeugnisse der Täufer, Spiritualisten, Schwärmer und Antitrinitarier. (Klassiker des Protestantismus IV), Bremen, Carl-Schünemann-Verlag, 1962, XXXV, 431 S.

Félice, Ph. de, Poisons sacrées, ivresses divines. Essai sur quelques formes inférieures de la mystique. Paris, A. Michel, 1936.

– Foules en délire. Exstases collectives. Essai sur quelques formes inférieures de la mystique. Paris, A. Michel, 1947, 403 S.

– L'enchantement des danses et de la magie du verbe. Essai sur quelques formes inférieures de la mystique, Paris, A. Michel, 1957, 417 S.

Ferris, A. J., What Is Wrong With the Churches? … And the Remedy, London, Marshall Press Ltd., 1946, 127 S.

– Great Britain and the USA Revealed as Israel, the New Order, London, S. E. 3, Vf., *o. J.

– The British Commonwealth and the United States Foretold in the Bible, London, S. E. 3, Vf., *o. J.

Ferry, Antony, „Oh, sing it, you precious Pentecostal people!" A portrait of a church that swings – the Pentecostal Assemblies – and the new kind of old-time religion that is sweeping Canada and the world, Maclean's Reports, Canada's National Magazine 3. November 1962, 20–23, 63–68.

Finnochiaro, Nello, Communisti e Protestanti, Il Mondo 9/412, 8. Januar 1957, 5–6.

Fleisch, Paul, Die moderne Gemeinschaftsbewegung in Deutschland. Erster Band: Geschichte der deutschen Gemeinschaftsbewegung bis zum Auftreten des Zungenredens 1878–1907, Leipzig *1903, *1906², 1912³ (hervorragendes, unentbehrliches Werk für die Kenntnis der Geschichte der Gemeinschaftsbewegung).

– Die moderne Gemeinschaftsbewegung in Deutschland, 2. Band, 1. Teil: Die Zungenbewegung in Deutschland, Leipzig 1914³ (Unentbehrliches Quellenwerk für die Entstehungsgeschichte der Pfingstbewegung in Deutschland).

– Das Zungenreden in Norwegen, Hamburgisches Kirchenbl. 4, 1907, 289–293.

– Das Zungenreden in Los Angeles, Christiana und Kassel, Allgemeine Evangelisch-Lutherische Kirchenzeitung 41, 1908, 12–14, 34–36, 59–62, 1089–91, 1113–16, 1139–41 (genau, sehr gute Quelle, besonnenes Urteil).

– Die modernen „Pfingstbewegungen", Allgemeine Evangelisch-Lutherische Kirchenzeitung 42, 1909, 1089–91, 1113–16, 1139–41 (genaue Angaben über de Anfänge in den USA).

– Zur Geschichte der Heiligungsbewegung. 1. Heft: Die Heiligungsbewegung von Wesley bis Boardman, Leipzig 1910.

– Die Heiligungslehre der Oxforder Bewegung, Neue Kirchliche Zeitschrift 1924, 49–87.

– Die Entstehung der deutschen Heiligungsbewegung vor 50 Jahren, Neue Kirchliche Zeitschrift 1927, 663–716.

–Wichtige Artikel in RGG² (1927–1931): Blankenburger Allianz (I, 1141f.),
W. E. Boardman (I, 1161), C. G. Finney (II, 599), J. W. Fletcher (II, 618),
Gnadauer Verband (II, 1253), Heiligungsbewegung (II, 1151ff.), Th. Jelling-
haus (III, 66), Chr. Kukat (III, 1336), Asa Mahan (III, 1852), Modersohn (IV,
128), J. Paul (IV, 1015f.), Graf v. Pückler (IV, 1654), Evan Roberts (IV,2060),
E. Schrenk (V, 263f.), P. R. Smith (V, 589), J. Vetter (V, 1578). Man beachte
auch den Art. „Heiligungsbewegung" in Lexikon für Theologie und Kirche
(II [1958] 84–85), den Art. „Gemeinschaftsbewegung" im Ev. Kirchenlexikon (I [1958] 1484–1492) und den Art. Evan Roberts in RGG³(V [1961]
1129).
– Die Pfingstbewegung in Deutschland, Band II, 2. Teil von „Die moderne
Gemeinschaftsbewegung in Deutschland", Hannover 1957 (umfassende
Quellenkenntnis, sehr genau, enthält sich eines Urteils. Für die Zeit nach
1945 genügt Fleisch nicht mehr; *Rez.*: *Informationsblatt für die Gemeinden der
Niederdeutschen Lutherischen Landeskirchen* 8, 1959, 156 – C. Lemke, Leuchter
8/6, Juni 1957, 2 („ein objektiv-sachliches Bild", die Pfingstbewegung sollte
allerdings im Zusammenhang mit der Entwicklung im Ausland dargestellt
werden) – *Wort und Tat* 13, 1959, 174–216).
Ford, Josephine Massingberd, Catholic Pentecostalism. New Testament Chri-
stianity or Twentieth-Century Hysteria, Jubilee 16/2, Juni 1968, 13–17.
Förlaget Filadelfia (Hg.), Europeiska Pingstkonferensen i Stockholm, den 5–12
Juni 1939. Tal, samtal och predikningar, Stockholm, Förlaget Filadelfia,
1939, 436 S. (Wichtige, fast unbekannte Quelle über die erste europäische
Pfingstkonferenz).
Francescon, Luigi, Resumo de uma ramificação da obra de Deus, pelo Espírito
Santo, no século atual, S. Paulo, Congregação Cristã do Brasil, *1942,
*1953², 1958³, 30 S.
Frankfurter Rundschau *31. März 1953 (Zaiss).
Frankfurter Zeitung *31. Juli 1907; *3. August 1907; *22. Oktober 1907.
Fraser, Mara M., The Deplorable State of Pentecostal Movements in South
Africa, Benoni, S.A.U., The Latter Rain Assemblies of South Africa, 1957
(unpag.); afrikaans: Waarom Pinkster in Suid-Afrika in so'n treurige toestand
verkeer, Benoni, Spade Reën Gemeentes, *1949, 1961 (unpag.) (kritisch
gegen die Pfingstbewegung).
– Getuienis van Geestelike Groei, van Geloofslewe en van Werkinge van die
Heilige Gees. Benoni, S.A.U., Postfach 416, *1952, 1962², 98 S.; deutsch:
Persönliche Erfahrungen über das Glaubensleben und die verschiedenen
Wirkungen des Heiligen Geistes, Benoni, Südafrikanische Union, Postfach
416, Vf., und Beilstein, Kr. Heilbronn, Glaubenshaus der deutschen Spät-
regen-Mission, o. J., 83 S.
– Verdere Geestelike Ondervindings en Lesse, Benoni, S.A.U., Postfach 416,
1960 (unpag.); deutsch: Weitere geistliche Erfahrungen und Lektionen
Benoni, S.A.U., Postfach 416, 1960 und Beilstein, Kr. Heilbronn, Deutsche
Spätregenmission, 48 S.
Frey, Mae Eleanor, The Minister, Springfield, Mo., GPH, 1939, 180 S. (Roman,

in dem der Wunschtraum des pfingstlichen Evangelisten Wirklichkeit wird. Er kommt nach Ferndale in Kalifornien, das schönste Mädchen der reichsten und angesehensten Kirche von Ferndale bekehrt sich in seiner Zeltevangelisation. Mutig gibt sie die Verlobung mit dem berühmten Pfarrer ihrer Kirche auf, um mit den Pfingstlern das volle Evangelium genießen zu können. Weitere sehr reiche Glieder derselben Kirche treten zu den Pfingstlern über. Äußerst instruktives Buch, das die geheimen und offenen Wünsche des jungen Pfingstevangelisten in einem leicht lesbaren, nicht schwülstigen, aber etwas schablonenhaften Stil darstellt.).

Friedrich, G., Geist und Amt. Jahrbuch der Theologischen Schule Bethel, *1952.
– Fragen des Neuen Testamentes an die Homiletik. Wort und Dienst, Jahrbuch der Theologischen Schule Bethel 6, 1959, 70–110.
Frodsham, Stanley Howard, With Signs Following. The Story of the Pentecostal Revival in the 20th Century, Springfield, Mo., GPH; London, AoG Publ. House, 1926, 254 S., *1928², 1946³, 279 S. (Diese erste Darstellung der Pfingstbewegung unter einem weltweiten Aspekt bildet die Grundlage für zahlreiche weitere „Geschichten der Pfingstbewegung". Sie ist lebendig geschrieben, bringt gute Detailnachrichten, ist aber für wissenschaftliche Zwecke nur mit Vorsicht zu gebrauchen, da alle Zitate unbelegt sind. Das Buch will nicht historisch berichten, sondern „erbauen". Frodsham trat gegen Ende seines Lebens zum Latter Rain Movement über.).
– Smith Wigglesworth, Apostle of Faith, London, Elim Publ. Cy.; London AoG Publ. House, 1949, 108 S.; deutsch: Smith Wigglesworth. Apostel des Glaubens. Erzhausen, Leuchter-Verlag, *o. J. (gute und instruktive Biographie über einen der eigenwilligsten und interessantesten Pioniere der Pfingstbewegung).
Fuego de Pentecostés Nr. 1, Januar 1928: El Chile Pentecostal.
– Nr. 56, Mai 1933, 1–3: Aclaración.
– Nr. 79, April 1935, 3–5: A las Iglesias Metodistas Pentecostales.

Gaëte, Arturo, s. j., Un cas d'adaption: Les „Pentecostales" au Chili, in: R. P. Abd-el-Jali, D. Rops, R. P. Houang, O. Lacombe, P.-H. Simon, L'Eglise, l'occident, le monde, Paris, Libr. Arthème Fayard (Recherches et Débats 15), 1956, 142–149.
Gagg, Robert, Kirche im Feuer. Das Leben der südfranzösischen Hugenottenkirche nach dem Todesurteil durch Ludwig XIV., Zürich, Zwingli-Verlag, 1961, 342 S.
Garkavenko, F. L., Čto takoe religioznoe sektantstvo, Moskau, Naučno-populjarnaja biblioteka, *1961.
Gasson, Raphael, The Challenging Counterfeit. A Study of Spiritualism. London, AoG Publ. House, o. J., 92 S. (Darstellung des Spiritismus durch ein ehemaliges Medium. Gasson kennt die verschiedenen spiritistischen Organisationen gut und diskutiert die Phänomene gründlich. Er gehört heute zur Pfingstbewegung. Zu seinen Schlußfolgerungen vgl. 05.13.023 d, cc).
Gause, R. Hollis, Church of God Polity, Cleveland, Tenn., ChoG, *1956.

Gee, Donald, The Initial Evidence of the Baptism of the Holy Spirit, Redemption
Tidings, *Dezember 1925; SA mit Additional Considerations, Kenley,
Surrey, AoG Bible College, 1959, 20 S.
- Concerning Spiritual Gifts, *1928; London, AoG Publ. House, 1937 (erw.);
Springfield, Mo., GPH, o. J., 119 S.; deutsch: Über die geistlichen Gaben.
Eine Reihe von Bibelstudien, Danzig, Ost-Europäische Mission, ca. 1928,
Übersetzung von L. Steiner; Vaihingen/Enz, Karl Fix, 1946², überarbeitet
von K. Fix; Vaihingen/Enz, Karl Fix, 1953³, 96 S.
- The Ministry Gifts of Christ, Springfield, Mo., GPH, 1930, 110 S.; deutsch:
Die Gaben Christi für den geistlichen Dienst, Vaihingen/Enz, Karl Fix, o. J.
62 S. (übersetzt von Justus Meier).
- The Phenomena of Pentecost, in: *D. Gee, P. C. Nelson, M. Pearlman, G.
Jeffreys, D. W. Kerr,* The Phenomena of Pentecost, Springfield, Mo., GPH,
1931, 5–13.
- Pentecost, Springfield, Mo., GPH, und London, AoG Publ. House, 1932,
95 S.; deutsch: Pfingsten, Reisach, Kr. Heilbronn, Karl Fix, o. J.
- L'Histoire du Movement de Pentecôte, L'Ami 1932, 203–211.
- Der rechte Gebrauch der Gabe der Zungen, VdV 25/5, Mai 1932, 1–6.
- The Fruit of the Spirit, Springfield, Mo., GPH, 1934, 94 S.; deutsch: Die
Früchte des Geistes. Eine pfingstliche Betrachtung. Reisach, Kr. Heilbronn,
Karl Fix, 1949, 48 S. (übersetzt von Justus Meier).
- Upon All Flesh, Springfield, Mo., GPH, und London, AoG Publ. House, 1935,
107 S., 1947, 118 S. (Beschreibung von Gees Weltreisen mit guten histori-
schen Reminiszenzen über die Entstehung der Pfingstbewegung in aller Welt.)
- Proverbs for Pentecost, Springfield, GPH, 1936, 83 S. (eine Art pfingstlicher
Knigge, sehr humoristisch geschrieben).
- This is the Will of God, Elim Publ. House, *1940 (Ethik).
- The Pentecostal Movement, London, Elim Publ. House, 1941, 199 S.; 1949²,
236 S. (Gee kennt die meisten Personen persönlich. Gut geschrieben, aber
kein wissenschaftliches Werk, keine Quellen. Weite Gebiete der Pfingst-
bewegung werden nicht erwähnt).
- Bonnington Toll, The Story of a First Pastorate, London, Victory Press,
1943, 49 S. (außerordentlich lebendig geschriebenes Stimmungsbild seiner
Predigertätigkeit in Edinburg, wo er 1920 eine kleine Versammlung in einem
- kleinen gemieteten Ladenlokal zu pastorieren hatte. Eindrückliche Stim-
mungsbilder einer Pfingstversammlung aus der Frühzeit durch einen, dessen
Liebe zur Pfingstbewegung eine genaue und kritische Beobachtung ihrer
Schwächen nicht verhinderte).
Why „Pentecost"? London *1944.
- How to Lead a Meeting. The Breaking of Bread Service, Study Hour 5/2,
15. Februar 1946, 27–29 (gegen eine unliturgische Abendmahlsfeier).
- Amsterdam and Pentecost, P. 6, 1948, 17; deutsch: Amsterdam und Pfingsten,
VdV 41/12, Dezember 1947, 6–7.
- (Hg.), Christ and the Distressed Mind. By a Pentecostal Nurse, Study Hour
9, 1950, 7–9, 33–35.

Gee, Donald, The End of Acts 2, P. 14, 1950, 17 („We may find excellent reasons for rejecting the idea of communism, but those professing to be filled with the spirit of Christ have the responsibility fo showing a realistic alternative."").

– Looking Around: Communism or War? Study Hour 9, 1950, 166–167 (unter dem Pseudonym „Circumspectus"").

– Looking Around, Study Hour 9, 1950, 54–55, 53 (Unter dem Pseudonym „Circumspectus" kritisiert er die pfingstlichen Biographien und bezeichnet sie als „worst examples of unctious flattery". „The type of cheap ‚Heroes' series beloved among the assemblies for Sunday School prices is responsible for a lot of false ideals and ideas about famous preachers and missionaries and missionary work."").

– Looking Around, Study Houre 9, 1950, 36–37 (Gee kritisiert die jungen Pfingstler, die sich in die überfüllten Bibelschulen drängen, um wenn irgend möglich irgendwo Prediger einer kleinen Versammlung zu werden. Demgegenüber werden die katholischen Arbeiterpriester als Beispiel hingestellt.).

– Keeping in Touch. Studies on „Walking in the Spirit", London. Elim Publ. Cy., 1951, 81 S. (Untersucht die Frage, warum viele nach ihrer Bekehrung rückfällig werden).

– The Initial Evidence, P. 17, 1951, 17.

– The „Latter Rain", P. 20, 1952, 17.

– Trophimus, I Left Sick. Our Problems of Divine Healing. London, Elim Publ. Co., und Springfield, Mo., GPH, 1952, 30 S.

– What Others Are Saying About Us, P. 22, 1952, 17; deutsch: Was andere von uns sagen, Pfingsten 22, 1952, 11–12.

– David J. Du Plessis, A Well Deserved Tribute, P. 21, 1952, 12.

– Centre and Circumference, P. 24, 1953, 17; deutsch: Zentrum und Peripherie, Pfingsten 24, Iuni 1953, 15–16 (über Du Plessis an der Sitzung des Internationalen Missionsrates in Willingen).

– „Tongues" and Truth, P. 25, 1953, 17; deutsch: „Zungen" und Wahrheit, Pfingsten 25, September 1953, 19–20; VdV 46/10, Oktober 1953, 8.

– Pentecost and Evanston, P. 30, 1954, 17.

– Speaking With Tongues and Prophecying, P. 34, 1955, 10–11; deutsch: Zungenreden und Weissagung, VdV 49/1, Januar 1956, 7–8, 14.

– The „Deliverance Campaigns", P. 36, 1956, 17; deutsch: Die Befreiungs-Kampagnen, VdV 49/8, August 1956, 6–9 (wider die Heilungsevangelisten).

– Reicht die Fackel weiter! *Redemption Tidings; VdV 49/9, September 1956, 15–16; 49/10, Oktober 1956, 14–15; 49/11, November 1956, 8, 14–16.

– Das falsche Evangelium der Wohlfahrt, *Redemption Tidings; VdV 50/12 Dezember 1957, 5–6 (gegen die Verwechslung von Segen mit Erfolg in der Full Gospel Business Men's Fellowship Int.).

– Pentecost and Politics, P. 47, 1957, 17; P. Testimony 40/4, April 1959, 2, 30; 41/2, Februar 1960, 8.

– „Bible Schools Are Unnecessary", P. Testimony 38/8, August 1957, 8.

– The Preaching at Toronto, P. 46, 1958, 17.

Gee, Donald, Do „Tongues" Matter? P. 45, 1958, 17.

- (Hg.), Fifth World Pentecostal Conference, Pentecostal World Conference Messages, preached at the Fifth Triennial World Conference held in the Coliseum Arena, Exhibition Grounds, Toronto, Canada, from September 14–21, 1958. Published by the Advisory Committee for the Conference, edited by D. Gee. Toronto, Testimony Press, 1958, 188 S.

- The Pentecostal Experience, in *D. Gee* (Hg.), Fifth, 43–52; deutsch: Die Pfingsterfahrung. Referat an der pfingstlichen Weltkonferenz 1958 in Toronto, VdV 50/12, Dezember 1958, 3–6, 15; Leuchter 10/2, Februar 1959, 10/3, März 1959, 6–8.

- Contact is Not Compromise, P. 53, 1960, 17.

- Divorce, Herald of His Coming 20/9 (237), September 1961, 5.

- Is God Sentimental, P. 55, 1961, 17.

- Are We Fundamental Enough? „What manner of spirit?" P. 57, 1961, 17.

- Fruitful or Barren. Studies in the Fruit of the Spirit, Springfield, Mo., GPH, 1961, 89 S.

- Millions Read About Revival of Speaking With Tongues, P. 54, 1961; deutsch: Was andere über uns sagen, Leuchter 12/4, April 1961, 2.

- All With One Accord, Springfield, Mo., GPH, 1961, 61 S.

- Donald Gee and the WCC, P. 57, 1961, 16; P. Testimony, Juni 1964, 8, 9, 35 (Gee wurde nach New Delhi eingeladen, mußte die Einladung aber aus Rücksicht auf die amerikanischen Pfingstler ablehnen).

- Pentecostals at New Delhi, P. 59, 1962, 17.

- Der Wind weht vom Himmel und weiter! Die Wahrheit 15/10, Oktober 1962, 4–5 (aus P. 59 und 60, 1962).

- To Our New Pentecostal Friends, P. 58, 1962, 17; Trinity 1/3, 1962, 51–52.

- Das Besondere der Pfingstversammlung, VdV 55/7, Juli 1962, 4–6; Die Wahrheit 15/10, Oktober 1962, 1–2; Der Leuchter 13/9, September 1962, 3–4.

- Ein bleibendes Pfingsten, VdV 56/6, Juni 1963, 14–15 (P. *1963) (ein Plädoyer für liturgische Formen).

- The Pentecostal Churches and the WCC, P. 67, 1964 (Deckel).

- Remote or Realistic, P. 68, 1964, 17.

- To the Uttermost Part, The Missionary Results of the Pentecostal Movement in the British Isles, Stockport, Redemption Tidings, o. J., 28 S.

- Story of a Great Revival, London, AoG Publ. House, *o. J. (kurze Geschichte der AoG in England).

- The Glory of the AoG, publ. by the Executive Council of the AoG in Great Britain and Ireland, London, AoG Publ. House, o. J., 19 S. (ursprünglich in „Study Hour" erschienen).

- Einheit im Geist. Fünfte Einheitskonferenz pfingstlicher Gemeinden der Schweiz im Parkhotel Gunten vom 25.–29. Oktober 1965, Baden, Verlag Mission für das volle Evangelium, o. J., 46 S.

- *und J. N. Gartner und H. Pickering,* Water Baptism and the Trinity, London, AoG Publ. House, o. J.

Geppert, W., Die Pfingstbewegung weder ..., noch ..., nur menschlich-allzumenschlich, Neuffen/Württ., Sonnenweg-Verlag, o. J., 40 S. (Heft 3 der Reihe „Irrläufer frommer Sehnsüchte und religiöser Leidenschaften").

Gerber, Ed., Kurs zur Sektenkunde 1962: „Gemeinde für Urchristentum", Münsingen/BE, Reformierte Kirchgemeinde, 1962, 8 S. (vervielf.).

Gericke, P., Christliche Vollkommenheit und Geisteserlebnisse, Rietenau/Württ., Vf., 1950, 224 S.

Gerlach, L. P. und V. H. Hine, Five Factors Crucial to the Growth and Spread of a Modern Religious Movement, J. for the Scientific Study of Religion 7/1 Frühjahr 1968, 23–40.

Gerland, Brigitte, Große christliche Jugendbewegung in Rußland, *Vart Land; *Korsets Seier; *Redemption Tidings; VdV 49/4, April 1956, 3.

Gerrard, Nathan Lewis, Scrabble Creek Folk, Part II, Mental Health (vervielf.)
– The Serpent-Handling Religions of West Virginia, Trans-Action, Mai 1968, 22–30.

Giese, Ernst, Pastor Jonathan Paul, ein Knecht Jesu Christi. Leben und Werk, Altdorf bei Nürnberg, Missionsbuchhandlung, 1963, 354 S. (Ein kriegserblindeter lutherischer Pfarrer und Dr. theol., der Paul persönlich gekannt hatte, verfaßte diese hervorragende, wissenschaftliche Biographie über den Gründer der deutschen Pfingstbewegung; zum Inhalt vgl. 08.097.001).

Gijs, Jan van, Wat is spreken in tongen? Kracht van Omhoog 24/1, 9. Juli 1960, 4–6 („In allerlei Büchern und Broschüren kann man immer wieder lesen, daß es nicht um die Gaben, sondern um die Frucht gehe … Das erinnert mich an das Sprichwort, daß eine halbe Wahrheit ärger ist als eine ganze Lüge, denn es muß mit allem Nachdruck festgestellt werden, daß es nicht um Gaben *oder* Frucht, sondern um Gaben *in* der Frucht geht.").
– Het feest gaat door! Gorinchem, Kracht van Omhoog 1962, 154 S. (Die Pfingstbewegung ist eine Reaktion auf das ‚zu-Tode-Theologisieren' des Wortes Gottes.).
– Waarom bad Paulus zo veel in tongen? Vuur 6/6, November 1962, 2–5.

Gilbert, Arthur, Pentecost Among the Pentecostals. An American Rabbi's Eyewitness' Description of an International Conference of Pentecostal Christians Held Recently in Jerusalem. Christian Century 78, 1961, 794–796 (kritischer intelligenter Kommentar).

Girardet, A., Billet de l'aumônier. La religion aux actualités, Nouvelle Revue de Lausanne, 24. September 1955 (positive Beurteilung Branhams).
– Merci Mr. le préfet, Nouvelle Revue de Lausanne, 15. Oktober 1955.

Glardon, A., L'affaire Branham, Journal de Morges 27. September 1955 (positive Beurteilung Branhams).

Glardon, Christian, Les dons spirituels dans la première épître de Paul au Corinthiens. Thèse, présentée à la Faculté de Théologie de l'Eglise évangélique libre du Canton de Vaud pour obtenir le grade de licencié en théologie, Lausanne, Universität, 1966, 123 S. (vervielf.).

Goodall, Norman und Walter Müller-Römheld (Hg.), Bericht aus Uppsala 1968. Offizieller Bericht über die Vierte Vollversammlung des ÖRK, Uppsala, 4.–20. Juli 1968, Genf, ÖRK, 1968, 524 S.

Goss, Ethel E., The Winds of God. The Story of the Early Pentecostal Days, 1901–1914, in the Life of Howard A. Goss, New York, Comet Press, 1958, 178 S.

Graham, Billy, Billy Graham Speaks to the Churches. A sermon delivered by the Evangelist Billy Graham to the ministers at Sacramento, California, in his 1958 crusade, P. E. 2348, 10. Mai 1959, 6–7; Revivalist 223, Oktober 1961, 6; Full Gospel Men's Voice 9/12, Januar 1962, 20–21 (Titel: The time has come to give the Holy Spirit His rightful place! We need to go back, study and learn again what it means to be baptized with the Holy Spirit!); deutsch: Pfingsten macht sich bemerkbar, Verborgenes Manna 9/4, Dezember 1962, 11–12; Geschäftsmann und Christ 1/9, Juni 1962, 5–6.

- Baptized With the Holy Spirit, P. Testimony, Juli 1963, 5; deutsch: Billy Graham über die Pfingstbewegung, Geschäftsmann und Christ 3/8, Mai 1963, 36; VdV 56/8, August 1963, 11 (Titel: Mit dem Heiligen Geist getauft).

- Something Is Happening, in: *Jerry Jensen* (Hg.), The Baptists and the Baptism of the Holy Spirit, 16–18, 31.

Grass, Karl Konrad, Die russischen Sekten, 2 Bde., Leipzig *1907/14.

Greenway, H. W., Labourers With God, being a brief account of the activities of the Elim Movement, London, Elim Publ. Cy., 1946, 52 S.

- (Hg.), Power Age, London, Elim Publ. Cy., 1951, 35 S. (Aufsatzsammlung von Elimpredigern).

- (Hg.), World Pentecostal Conference 1952, London. A brochure setting forth interesting aspects of the great world-wide Pentecostal Revival and the Third World Conference of Pentecostal Churches, London, Elim Publ. Cy., 1952, 76 S.

- This Emotionalism, London, Victory Press, 1954, 151 S. (bemerkenswerte Auseinandersetzung mit den positiven Aspekten des pfingstlichen Emotionalismus und kritische Untersuchung der üblichen Einwände gegen eine Religion, die das Gefühl miteinbezieht.).

- The Purpose and Power of Pentecost, in: *Sixth Pentecostal World Conference* 1961, 7–10; gekürzt in: Revivalist 223, Oktober 1961, 15 (Titel: God's Answer for the Last Days); deutsch: Der Zweck von Pfingsten, VdV 54/9, September 1961, 1–3, 13–14; 54/10, Oktober 1961, 6; Der Leuchter 12/10, Oktober 1961, 4–6.

Greeven, H. Die Geistesgaben bei Paulus, Wort und Dienst, Jahrbuch der Theologischen Schule Bethel 6, 1959, 111–120.

Greulich, Horst, Sekten in der Ökumene? Potsdamer Kirche, Sonntagsblatt für evangelische Gemeinden in der Mark Brandenburg Nr. 39, 30. September 1962; Die Christenlehre, Zeitschrift für den katechetischen Dienst 15/11, November 1962, S. U 214–216.

Greschat, Hans-Jürgen, Vorläufige Bibliographie zum Problem nachchristlicher Kirchen, Sekten und Bewegungen in Afrika, in: *E. Benz* (Hg.), Messianische Kirchen, Sekten und Bewegungen im heutigen Afrika, 105–127.

- „Witchcraft" und kirchlicher Separatismus in Zentral-Afrika, in: *E. Benz* (Hg.), Messianische Kirchen, Sekten und Bewegungen im heutigen Afrika, 89–104.

Grimley, J. B. und G. E. Robinson, Church Growth in Central and Southern Nigeria, Grand Rapids, Mich., 1966 (299–316 Prophetismus, 346–348 AoG).

Gromov, E., Nauka i religija, *Nr. 5, 1962, 89.

Grossmann, H., Ist das heutige Zungenreden biblisch? oder: Furchtbare Erfahrungen unter den Zungenrednern, Berlin-Rixdorf, Weichselstraße 10, Vf., o. J., 10 S.

Grubb, Lura Johnson, Living to Tell of Death, Memphis, Tenn., Vf., 1947, 98 S.; deutsch: Vom Tode erweckt: Übersetzt von Rechtsanwalt Westphal, Hamburg, Mehr Licht 30/15, 1956 (gekürzt; Geschichte einer Totenauferweckung, von der Erweckten selbst erzählt).

Grün, Willi, Und die Zungenrede? Wort und Tat 18, 1964, 50–52 (Rez. zu E. *Koch*, Unter der Führung Jesu. Meine Erlebnisse auf vier Kontinenten).

Gründler, Johannes, Lexikon der christlichen Kirchen und Sekten unter Berücksichtigung der Missionsgesellschaften und zwischenkirchlichen Organisationen. Wien, Freiburg, Basel, Herder, 1961, 2 Bde. (1378, 211 S.). (Das Lexikon ist ein Versuch, alle Kirchen und Sekten statistisch zu erfassen. Dabei wird klar, daß auch eine reine Aufzählung schon eine theologische Stellungnahme bedeuten kann, z. B. erscheint die Darstellung der katholischen Kirche am Anfang des ersten Bandes separat. Darauf folgen alle übrigen Kirchen in alphabetischer Reihenfolge. „Katholisch" kommt also nicht unter „K" nach den Katharern, wie dies eigentlich zu erwarten wäre. Die Angaben über die Pfingstler sind unterschiedlich genau, wie das bei einer so schwierigen Materie nicht anders zu erwarten ist. Trotz mancher Mängel ist das Lexikon für die Bestandesaufnahme pfingstlicher Gruppen – wenn kritisch verwendet – hilfreich.).

Guiton, W. H., Le „Mouvement de Pentecôte" (Pentecôtisme) et la Bible, Paris, Edition des Bons Semeurs, o. J. (ca. 1935), 57 S. (fundamentalistische Gegenschrift).

Gullace, Gino, Il re dei guaritori. Oral Roberts è uomo di affari, guarisce i malati sotto una grande tenta illuminata da potenti lampade, Oggi 13/1, 3. Januar 1957, 31 (oberflächlicher Journalismus).

Gundry, R. H., Ecstatic Utterance, J. of Theol. Studies *17, Oktober 1966, 299–307

Gustafsson, Berndt, The Pentecostal Movement and the Swedish Baptist Union 1901–1920, Bulletin of the Division of Studies VI/1, Spring 1966, 9–12, Genf, ÖRK (genau und aufschlußreich).

Haarbeck, Th., Die Pfingstbewegung, Barmen *1910.

– Die geistlichen Gaben oder Gnadengaben nach 1. Kor. 12 und 14 (Abschnitt aus der 4. Aufl. meiner Glaubenslehre), Der Johanneumsbote Nr. 25, März 1910, 1–2.

Haarbeck, Wilh., Die Gaben des Geistes, Der Johanneumsbote Nr. 22, Juni 1909, 1–15.

– Die sogenannte Pfingstbewegung, Johanneumsbote Nr. 25, Dezember 1909,

1–6 (Anhänger der Pfingstbewegung werden aus dem Johanneumskreis ausgeschlossen).
- Für einen Toten, Johanneumsbote Nr. 28, Dezember 1910, 1–6 (Antwort auf Edels „Die Pfingstbewegung im Lichte der Kirchengeschichte").

Haavik, O. L., Pentecostalism, Lutheran Herald (Minneapolis, Minn.) *1934,

Haavio, Ari, Suomen uskonnolliset liikkeet, Helsinki *1965 („Die religiösen Bewegungen Finnlands", luth.).

Hagström, Villy, Andreas Endersen Retires After 34 Years Pastorate, P. 54, 1961, 9.
- Vor ydre missions nuvaerende stilling, Korsets Evangelium 39/37, 15. September 1962, 6 (Mission der dänischen Elimforsamlingen).
- Søndagsskolen i Elim, København, 1932–1962, Børnevennens Røst 34/37, 1962, 147.
- Helligåndens dåb er for alle, Korsets Evangelium 39/48, 1962, 5.
- 100 år siden T. B. Barratt blev født, Korsets Evangelium 39/29, 21. Juli 1962, 3, 7.
- Menighedens suveraenitet i bibelsk belysning, Korsets Evangelium 40/4, 26. Januar 1963, 5.
- Opening New Churches in Scandinavia, P. 71, 1965, 9 (Grönland).
- Hoved og ikke Hale, in: *Korsets Evangeliums Forlag,* Herlighedsglimt, 95–103.
- Nogle Traek af Elimforsamlingens Historie i de forløbne Aar, in *V. Hagstrøm und A. Endersen,* Elimforsamlingen 1926–1946, Jubilaeums Haefte, udgivet i anledning af Menighedens 20 aars Højtid, o. O., o. J. (Kopenhagen, Elimforsamlingen, 1946; enthält wichtige Angaben über die Anfänge der dänischen Pfingstbewegung).

Handspicker, Meredith B. und Lukas Vischer (Hg.), An Ecumenical Exercise, Genf ÖRK (Faith and Order 49), 1967 (auch in Ecumenical Review 19/1, Januar 1967, 1–47).

Hargrave, O. T., A History of the Church of God in Mexico, M. A. Thesis, Trinity University, 1958, 195 S. (Masch., hervorragend, auf Grund von Protokollen, Statistiken, vielen persönlichen Interviews, Briefen und einer genauen Durchsicht der Mexiko betreffenden englischen und spanischen Zeitschriftenartikel der ChoG).

Hardeland, Th., Die Evangelisation mit besonderer Berücksichtigung der Heiligungsbewegung, Neue Kirchliche Zeitschrift 1898, 42–92.

Harper, Michael, Power for the Body of Christ, London, Fountain Trust, 1964, 1965², 56 S.
- Prophecy. A gift for the body of Christ, London, Vf., 1964, 32 S.
- The Third Force in the body of Christ, London, Fountain Trust, 1965, 32 S.
- Bericht aus der anglikanischen Kirche Englands, in *R. F. Edel* (Hg.), Kirche und Charisma, 167–171.

Harris, Leo, Victory Over Satan, Adelaide, Crusader Publications, o. J.

Harris, Ralph W., The Cults, Teacher's Manual, Springfield, Mo., GPH, 1962, 96 S. (oberflächlich, aber für die Beurteilung europäischer Theologie unter amerikanischen Pfingstlern typisch. Barth erscheint unter den Sektierern. Er wird als deutscher Pfarrer vorgestellt).

Harrison, Irvine J., A History of the AoG, Th. D. Thesis, Berkeley Baptist Divinity School, Berkeley, Calif., *1954 (Masch.).

Häselbarth, Hans, Die Zion Christian Church in evangelischer Sicht, in: *Peter Beyerhaus* (Hg.), Weltmission heute 33/34, 1967, 11–25.

Hasse, Elemer, Luz sôbre o fenômeno Pentecostal, S. Paulo, Campinas, Vf., C. Postal 572, 1964, 246 S. (adventistische Gegenschrift).

Hauptmann, Peter, Symbolik der ostkirchlichen Sekten, in: *E. Hammerschmidt, P. Hauptmann, P. Krüger, L. Ouspensky, H.-J. Schulz*, Symbolik des orthodoxen und orientalischen Christentums (Heft 10 der „Symbolik der Religionen"), Stuttgart, Hiersemann, 1962, 91–119.

Hayes, W. M., Memoirs of Richard Baxter Hayes, Greer, S. C., Hayes, P. O. Box 502, 1945, 204 S. (eindrückliche Biographie).

Hayward, Victor E. W. (Hg.), African Independent Church Movements, Research Pamphlet 11, publ. for the WCC, CWME, London, Edinbourgh House Press, 1963, 94 S. (Die Erklärung des ÖRK über die unabhängigen Kirchen des ÖRK (All Africa Council of Churches, Mindola 1962), 70–82, identisch mit Ecumenical Review 15/2, Januar 1963, 192–202).

Hegger, H. J., J. Braaksma, W.W. Verhoef, P. v. d. Woude, Aandacht gevraagd voor het herderlijk schrijven van de hervormde synode over de Pinkstergroepen, Pinksterboodschap 2/6, Juni 1961, 6–7 (zur „Hirtenschrift").

Heilbronner Stimme *10. Mai 1955, *9. Dezember 1955 (Zaiss).

Henke, Frederick G., The Gift of Tongues and Related Phenomena at the Present Day, Am. J. of Theol. 13, 1909, 193–206 (frühe Beschreibung und sachgemäße Interpretation des Zungenredens).

Henry, Carl, Pentecostal Meeting Makes Holy Land History, Christianity Today 5, 1961, 737, 742.

Hermansson, Åke, Religion och samhälle i Latinamerika, Svenska Missionstidskrift 53, 1965, 200–206.

– Den växande Pingströrelsen i Brasilien, Svenska Missionstidskrift 54, 1966, 137–154.

Hess, K., Gebrauch der Charismen in der Christenheit, *o. J.

Heuvel, Albert van den, What Impulses for Renewal Does the WCC Expect From the Pentecostal Churches? Genf, ÖRK (vervielf., Y: 66/21).

Highet, John, The Scottish Churches, London, Skeffington, 1960, 224 S. (genaue Angaben über Pfingstler in Schottland).

Hilder, H., Warum ist unsere Kirche unglaubwürdig geworden? Ein „Laie" sieht die Schäden unserer Kirche im Lichte des Wortes Gottes, Schorndorf/Württ., Karl Fix, 1951, 1952², 1953³, 40 S. (wichtig das Nachwort, in dem der Vf. beschreibt, daß er auf Grund dieser Schrift persönlichen Verunglimpfungen ausgesetzt wurde und geschäftlichen Schaden erleiden mußte).

Hine, Virginia H., Non-Pathological Pentecostal Glossolalia – a Summary of Psychological Literature. Unpubl. Report of The Pentecostal Movement Research Committee, Dept. of Anthropology, University of Minnesota, *1967.

Hirai, Kiyoshi (Hg.), The Japan Christian Handbook, Tokio, Christian Literature Sty (Kyo Bun Kwan), 2 Ginza 4-chome: New York, Friendship Press, 1957 (424 S.), 1958 (356 S.), 1959 (616 S.).

Hoch, Dorothea, Heil und Heilung. Eine Untersuchung zur Frage der Heilungswunder in der Gegenwart, Basel *1954.

Hoek, A. L., Bericht über die reformierte Vuur-Bewegung in Holland, in: R. F. *Edel* (Hg.), Kirche und Charisma, 176–178.

Holas, B., Bref aperçu sur les principaux cultes syncrétiques de la Basse Côte d'Ivoire, Africa *24/1, Januar 1954.

Hollenweger, Walter J., Wurzeln der Theologie Emil Brunners (aus Brunners theologischer Entwicklung von ca. 1913–1918), Reformatio 12/10, Oktober 1963, 579–587.

– Aus dem weltweiten Echo auf Emil Brunners Theologie, Reformatio 12/8, August 1963, 441–448.

– Not und Verheißung unserer Bibelarbeit, Die Pflugschar 56/4, Januar 1963, 55–58.

– Das Prophetische und das Kirchliche in der Reformationszeit, Der Aufbau 45/37, 8. Oktober 1964, 299–303.

– Der 1. Korintherbrief. Eine Arbeitshilfe zur Bibelwoche 1964/65, Klingenmünster/Pfalz, Volksmissionarisches Amt der Pfälzischen Landeskirche, 1965, 36 S.

– Literatur von der und über die Pfingstbewegung (Weltkonferenzen, Belgien, Holland), Nederlands Theol. Tijdschrift 18/4, April 1964, 289–306.

– *Georges Casalis und Paul Keller* (Hg.), Vers une église pour les autres. A la recherche de structures pour des communautés missionaires, Genf, Labor et Fides, 1966, 192 S.

– Die Kirche der Zukunft – eine Realutopie, Reformatio 15/2, Februar 1966 90–98; dazu gehört Reformatio 15/8, 483–485; unter dem Titel: Kirche und Charisma, in R. F. *Edel* (Hg.), Kirche und Charisma, 191–199.

– Ungewohnte Evangelisationsmethoden der Pfingstbewegung in China, Monatliche Informationsbriefe über Evangelisation, November/Dezember 1965, Genf, ÖRK.

– Handbuch der Pfingstbewegung, 10 Bde., Genf 1965/7, vervielf. vorhanden: Berlin (EkiD), Bern (Landesbibliothek), Bochum (Ök. Institut der Abt. Evangelische Theologie der Ruhr-Universität), Chicago (University), Cleveland, Tenn. (Lee College), Collegeville, Minn. (St. John's University), Dallas (Southern Methodist University), Darmstadt (Chr. Krust, Christlicher Gemeinschaftsverband GmbH.), Genf (ÖRK), Hamburg (Universität, ökumenisch-missionarisches Institut), New Haven, Conn. (University, Divinity School), Tulsa, Okla. (Oral Roberts University), Vancouver (University), Zürich (Zentralbibliothek; Theol. Seminar). Kopien (in Buchform und als Mikrofilm) sind von ATLAS Board of Microtexts, Divinity School, Yale University, New Haven, Conn., erhältlich.

Das Handbuch besteht aus drei Teilen; der erste Teil (1 Bd.) enthält eine allgemeine Einführung; der zweite Teil (6 Bde.) behandelt alle bekannten

Pfingstdenominationen in jedem Land und informiert über deren Glaubensbekenntnisse, Statistik, soziologische Bedeutung; der dritte Teil (3 Bde.) ist
eine kommentierte Bibliographie; er enthält zusätzlich die Kurzbiographie
von 400 wichtigen Pfingstpredigern.

- The Pentecostal Movement and the World Council of Churches, Ecumenical
  Review, 19/3, Juli 1966, 310–320; auch in: World Christian Digest, (Bala,
  North Wales) 18/212, Dezember 1966, 26–33; deutsch: Die Pfingstbewegung
  und der Ökumenische Rat der Kirchen, Materialdienst der Ökumenischen
  Centrale, Frankfurt/Main, Mat. 2.04, Oktober 1966 (auf deutsche Verhält-
  nisse umgeschrieben).
- Emil Brunner, in *H. J. Schultz* (Hg.), Tendenzen der Theologie im 20. Jahr-
  hundert, Stuttgart, Kreuz-Verlag, 1966, 306–367.
- Präsenz, Wort und Zeichen als Formen christlichen Zeugnisses in der Welt,
  Das missionarische Wort 19/2, März/April 1966, 58–63.
- Agenda: the World, Concept XI, September 1966, 19–20 (ÖRK, Genf).
- La conversion et les questions sociales, La Vie Protestante 29/42, 18. Novem-
  ber 1966, 5.
- Ein Schweizer Concept, Schweizer Concept V, September 1966, 3–9.
- The Common Search, Experiment and Tradition, Pax Romana Journal
  1966/4, 19–21; franz.: La recherche commune. Expérience et tradition, Pax
  Romana Journal 1966/4, 19–21.
- Vollmacht in der Kirche, Neue Zürcher Zeitung 3140, 23. Juli 1967, 5; auch
  in: *Hanno Helbling* (Hg.), Kirche im Wandel der Zeit, Zürich, Buchverlag
  der Neuen Zürcher Zeitung, 1968, 26–32.
- Der Regisseur als Liturg, Monatlicher Informationsbrief über Evangelisation,
  Februar/März 1967 (ÖRK, Genf); auch in: Deutsches Pfarrerblatt 67/14, Juli
  1967, 460–463.
- Kann die Kirche aktuell sein? Von des Christen Freude und Freiheit 24/281,
  März 1967, 20–22; 24/282, April 1967, 24–27; auch in: Semesterzeitschrift
  (Kassel) 15, 1967/68, 23–24.
- Verläßt die „Kirche" die Kirche? Zürcher Student 44/8, Februar 1967, 9.
- und *M. B. Handspicker*, Pentecostals and the Ecumenical Movement, The
  Outlook, Official journal of the Presbyterian Church of New Zealand 74/2,
  Februar 1967, 16–17, 21.
- Gemeinde für andere. Eine Diskussion in romanischen Ländern Europas,
  Ök. Diskussion 3/2, 1967, 97–110.
- Johannes Christian Hoekendijk: Pluriformität der Kirche, Reformatio 16/10,
  Oktober 1967, 663–677.
- Funktionen der ekstatischen Frömmigkeit der Pfingstbewegung, in: *Th.
  Spörri* (Hg.), Beiträge zur Ekstase, Bibl. psychiat. neurol., Basel, New York,
  S. Karger 1968, Nr. 134, 53–72.
- Beispiel einer Gemeindeanalyse, Monatlicher Informationsbrief über Evange-
  listen, April/Mai 1968; Neue Zürcher Zeitung Nr. 378, 23. Juni 1968, 21.
- Editorial (on Church Growth), IRM 57/227, Juli 1968, 271–277.

Hollenweger. Walter J., Evangelism and Brazilian Pentecostalism, Ecumenical Review 20/2, April 1968, 163–170.
- Amt und Struktur der Gemeinde. Sechs Fragen. Ev. Missionsmagazin 112/1, Januar 1968, 7–16.
- Der Pfingstprediger, Von des Christen Freude und Freiheit 25/292, Februar 1968, 26–27; 25/293, März 1968, 26–27; 25/294, April 1968, 26–27.
- Enthusiastisches Christentum. Die Pfingstbewegung in Geschichte und Gegenwart, Wuppertal, Theologischer Verlag R. Brockhaus; Zürich, Zwingli-Verlag, 1969, XXIII, 640 S. (abgk. PGG; behandelt einige ausgewählte Kapitel aus der Geschichte der Pfingstbewegung (USA, Brasilien, Südafrika, Großbritannien, Schweiz, Deutschland, Italien, Rußland) und versucht, die wichtigsten Punkte ihrer Frömmigkeit (Bibelverständnis, Wunderverständnis, Zungenreden, Bekehrung, Eschatologie, Ekklesiologie) darzustellen und theologisch und soziologisch zu beurteilen. Das Buch stützt sich auf die im „Handbuch" gesammelten Originaldokumente der Pfingstbewegung).
- Gottesdienst: Tote Tradition oder Ort des Lebens? in: *H. J. Girock* (Hg.), Notstand der Kirche. Gemeinde zwischen Tradition und Auftrag, Gütersloher Verlagshaus, 1969, 67–94.
- Bibelarbeit im nachliterarischen Zeitalter. Monatlicher Informationsbrief über Evangelisation, Januar 1969 (Genf, ÖRK).
- Die ausstehende Reformation. Zur Verbindlichkeit von Zwinglis Gottesdienstmodell, Neue Zürcher Zeitung Nr. 4, 3. Januar 1969, 15.
- Zwingli Writes the Gospel in His World's Agenda. The Story of the Swiss Reformer's Beginnings (1515–1522) Told „in the Mood of Theological Reflection", Mennonite Quarterly Review 43/1, Januar 1969, 70–94.
- The Church for Others, Discussion in the DDR, Study Encounter 5/1, 1969, 26–35.
- Pentecostalism and the Third World, Lutheran Standard (Minneapolis) 9/19, 16. September 1969, 2–4.
- Die Pfingstbewegung und die Dritte Welt, Ök. Pressedienst 35/24, 3. Juli 1969, 11–12 (zahlreiche Nachdrucke).
- Laienapostolat und Kirchenreform, Neue Zürcher Zeitung 170/738, 21. Dezember 1969, 52.
- Risquer même ce qui est interdit, Tribune de Genève, Nr. 290, 11. Dezember 1969, I, III.
- Liturgiereform als Sozialreform, Neues Forum (Wien), 16/192, Dezember 1969, 711–713.
- El Movimiento Pentecostal y el Movimiento Ecuménico, Estudios ecuménicos (Mexiko) 1969/2, April/Mai 1969, 11–14; Concept 26 (Genf), März 1970, 12–13.
- Schwarze Pfingstler in den USA – Stiefkinder der Kirchengeschichte, Ök. Pressedienst (Monatsausgabe), April 1970, 12–13.
- Dialogisch predigen, in: Predigtstudien für das Kirchenjahr 1969/70, Perikopenreihe IV, Erster Halbband, hg. von Ernst Lange in Verbindung mit Peter Krusche und Dietrich Rössler, Stuttgart, Kreuz-Verlag, 1969, 203–210.

- Die Pfingstkirchen in der ökumenischen Bewegung, Ök. Pressedienst (Monatsausgabe), Genf, Februar 1970, 5–6.
- Redécouvrir le Pentecôtisme, Communion (Taizé) 1/1, 1970, 74–78.
- Pentecostalism and the Third World, Dialogue (Minneapolis) 9/2, 1970, 122–29.
- Sieben Worte zu „Das Heil der Welt heute", Reformatio 19/9, September 1970, 594–606.
- A Black Pentecostal Concept: A Forgotten Chapter of Black History: The Black Pentecostals' Contribution to the Church Universal, Concept Nr. 30, Juni 1970 (Genf).
- Charisma und Oekumene. Der Beitrag der Pfingstbewegung zur weltweiten Kirche, Rondom het Woord (Hilversum) 12/3, Juli 1970, 300–316.
- Spiel als eine Form von Theologie. Zum geplanten Dialog mit der Pfingstbewegung, Lutherische Monatshefte 9/10, Oktober 1970, 532–34.
- Apostolat in lutherisch. Zwischenbericht von der Fünften Vollversammlung des Lutherischen Weltbundes in Evian (14.–24. Juli 1970), IDOC International, August 1970, 4–7.
- Heil inmitten der Welt. IDOC International, Oktober 1970, 47–51.
- Das Charisma in der Oekumene. Der Beitrag der Pfingstbewegung an die allgemeine Kirche, Una Sancta, Juni 1970, 150–159.
- Blumen und Lieder. Ein mexikanischer Beitrag zum theologischen Verstehensprozeß, Evangelische Theologie 1971.
- Die Pfingstbewegung im ökumenischen Gespräch, Das Wort in der Welt (Hamburg) 50/5, Oktober 1970, 133–136.

Holtz, G., Art. Frömmigkeit, Ev. Kirchenlexikon I, 1404.

Horton, Harold, The Gifts of the Spirit, London, F. J. Lamb, 1934, 211 S.; London, AoG Publ. House, 1946², 1949³; Springfield, Mo., GPH, 1953⁵; London, AoG Publ. House, *1960⁶, 1962⁷, 228 S.
- What Is the Good of Speaking With Tongues, Redemption Tidings *1944; SA London, AoG Publ. House, 1953, 36 S.; deutsch: Was nützt das Reden in Zungen, VdV 37/5, Mai 1944, 7–9; 37/6, Juni 1944, 6–8; 37/7, Juli 1944, 4–6; 37/8, August 1944, 3–5; 37/9, September 1944, 2–4; 37/11, November 1944, 7–9; 38/2, Februar 1945, 2–4; 38/3, März 1945, 6–8; 38/5, Mai 1945, 7–9; 38/6, Juni 1945, 4–5 (mit kritischen Anmerkungen von L. Steiner; wichtiger Aufsatz, der das durchschnittliche Verständnis des Zungenredens in der Pfingstbewegung knapp, übersichtlich und systematisch darstellt).
- Preaching and Homiletics. Presenting a scriptural ideal for all preachers and offering instruction in sermon-making for those who are seeking it, London, AoG Publ. House, 1949², 119 S.
- More About „Gifts", Study Hour 9, 1950, 21–25, 46–49, 50 (streng übernatürlich).
- Baptism in the Holy Spirit, A challenge to whole-hearted seekers after God. London, AoG Publ. House, 1956, 23 S.; deutsch: Die Taufe mit dem Heiligen Geist. Eine klare, handgreifliche Belehrung über eine wunderbare, notwendige biblische Erfahrung, und wie man sie erlangen kann; mit überzeugenden

Antworten auf allgemeine Fragen und schriftliche Lösungen persönlicher Schwierigkeiten. North Battleford, Saskatchewan, Kanada, Christliche Schriftenmission „Heimwärts", o. J., 32 S.
- Receiving Without Tarrying, London, AoG Publ. House, *o. J.
Hoover, W. C., Historia del avivamiento Pentecostal en Chile, Valparaiso, Imprenta Excelsior, 1948, 128 S. (1909 aus dem Englischen übersetzt, wichtige, aber einseitige Quelle über die Entstehung der chilenischen Pfingstbewegung).
- Noticias de obra, Chile Pentecostal 4/53, 10. August 1914, 6–7 (Brief aus Chicago).
- Editorial, Chile Pentecostal, Nr. 119, Mai 1925, 1–4 (Polemik gegen Allversöhnung).
- Correspondencia, Chile Pentecostal 2/20, 1. Mai 1912, 4–6 (Bericht einer Amerikareise von Hoover).
- Pentecostés en Chile, Fuego de Pentecostés Nr. 54, Juni 1932, 1–4.
- Pfingsten in Chile, *P. E.; World Dominion Press, *April 1932; VdV 26/8, August 1933, 9–13.
- Vom Tode erweckt, *P. E.; VdV 29/10, Oktober 1936, 21–22.
Houghton, Henry D., The Marks of Israel. The only true test of identity. Nottingham, H. D. Houghton & Sons Ltd., 1941, 45 S. (British Israel).
- If the British Are Israel – What Good Is It? Nottingham, H. D. Houghton & Sons Ltd., *o. J.
Humburg, Emil, Berichte vom Arbeitsfeld, Pfingstgrüße 2/17, 26. Juni 1910, 135–136 (Totenerweckung).
Hümmer, Walter, Prophetie im Neuen Testament und heute, 1966.
Hutten, Kurt, Seher, Grübler, Enthusiasten. Sekten und religiöse Sondergemeinschaften der Gegenwart, Stuttgart, Quell-Verlag, *1950, 1962[8], 1968[11], 822 S.
- Art. Geistestaufe, RGG[3] II (1958), 1303–1304.
- Die Glaubenswelt des Sektierers. Anspruch und Tragödie. Hamburg, Furche-Verlag, 1962, 129 S. (Stundenbuch 6).
- Was glauben die Sekten? Modelle, Wege, Fragezeichen. Stuttgart, Quell-Verlag, 1965, 142 S.

Ingram, J. H., zahlreiche Artikel im ChoG Evangel.
Ish-Shalom, Address of Welcome, in: *Sixth Pentecostal World Conference*, 1961, 1–2 (Ish-Shalom war Stadtpräsident von Jerusalem).
Ivanov-Klitschnikov, Baptist Times *27. September 1928.

Jansen, Die psychische Epidemie in Hessen, Zeitschrift für Religionspsychologie, 1, 1907, 321–337.
Jeevaratnam, Lam, Concerning Demons. Questions and Answers, Gudivada P. O., Kistna District, South India, *1936; New York *1937[2]; Gudivada P. O., 1937[3]; Madras 1948[4], 63 S. (eine Art Katechismus der Dämonologie).
Jeffreys, George, The Miraculous Foursquare Gospel – Supernatural. London, Elim Publ. Co., 1929/30, 2 Bde. (vgl. Anhang I/3 S. 353).
- Healing Rays, London, Elim Publ. Co. *1932, *1935[2]; London, Henry E.

Walter Ltd., 1952³, 121 S. (Jeffreys' Heilungslehre, erstaunlich nüchterne Behandlung).

Jemolo, Carlo Arturo, Per la pace religiose d'Italia, Florenz, La Nuova Italia, 1944, 51 S. (Jemolo, Professor an der Universität Rom, plädiert vom Standpunkt eines Liberalen aus für die volkskirchliche Struktur der katholischen Kirche in Italien *und* die Toleranz Andersgläubigen gegenüber).

Jeremias, Joachim, Die Kindertaufe in den ersten vier Jahrhunderten, Göttingen, Vandenhoeck & Rupprecht, 1958, 127 S.

Jeske, Oskar, Erweckung oder Revolution, Erzhausen, Leuchter-Verlag, *1967.

Jung, C. G., Psychologie und Religion, Zürich, Rascher-Verlag, 1940.

– Collected papers on Analytical Psychology, ed. Constance E. Long, London, Bailliere, *1917.

Juul, Kåre (Hg.), Til jordens ender. Norsk pinsemisjon gjennom 50 år, Oslo, Filadelfiaforlaget, 1960, 293 S. (Übersicht über die norwegischen Pfingstmissionen).

Kalugin, Valerij Maksimovitsch, Sovremennoe religioznoe sektantstvo, ego raznovidnosti i ideologija, Moskau, Gosudarstvennoe iz'vo, *1962.

Kansas City Times *22. Januar 1901: Was a Pentecost. „Apostolic Faith Believers" Claim Speaking in Tongues, Strange Testimonials at a Strange Meeting Last Night.

– *27. Januar 1901: Parhams New Religion, Practiced at 'Stone's Folly'.

Karcev, A., Sekta Evangelskich Christian, Moskau, *1944 („Die Sekte der evangelischen Christen").

Karev, A. V., Bratskij Vestnik Nr. 3, 1960, 18 (über den Heiligen Geist).

Käsemann, Ernst, Amt und Gemeinde im Neuen Testament, in: *E. Käsemann*, Exegetische Versuche und Besinnungen, Göttingen, Vandenhoeck & Rupprecht, 1960, I, 109–134.

– Der gottesdienstliche Schrei nach Freiheit.

Kauschanski, P., Nauka i religija *Nr. 12, 18–20.

Kayes, Richard, Der Heilige Geist, Hannover, *1964.

Kelsey, Morton T., Tongue Speaking. An experiment in spiritual experience, New York, Doubleday, 1964, 253 S.; deutsch: Zungenreden. Mit einer Einführung von Kurt Hutten und einem Vorwort von Upton Sinclair. Konstanz, Christliche Verlagsanstalt, 1970, 264 S. (Interpretation des Zungenredens im Rahmen der Jung'schen Psychologie. Unentbehrlich).

Kendrick, Klaude, The Promised Fulfilled. A History of the Modern Pentecostal Movement, Springfield, Mo., GPH, 1961, X, 237 S.; *Rez.: D. M. Tarkenton*, Christianity Today 5, 1961, 870 (Gute Darstellung der amerikanischen Pfingstbewegung vom Standpunkt der AoG aus).

Kessler, Jean Baptiste August Jr., A Study of the Older Protestant Missions and Churches in Peru and Chile. With special reference to the problems of division, nationalism and native ministry. Goes (Holland), Oosterbaan & Le Cointre N. V., 1967, 369 S. (gründliche theologische Dissertation, Utrecht. Vergleich zwischen den Protestanten in Chile und Peru, gründliche Auf-

arbeitung der bis jetzt unbekannten Archive, meines Wissens die erste wissenschaftliche Kirchengeschichte der protestantischen Kirchen dieser beiden
Länder).

Kieler Neueste Nachrichten *7. November 1907: „Zungenreden" in Schlesien.

Kjellander, Gunnar, Some Notes on the Pentecostal Movement in Sweden and
its Signification on the Swedish Baptist Union with Emphasis on the Period
1906–1917 (unveröff. Semesterarbeit im Baptist Theological Seminary,
Rüschlikon), 18 S.

Köbben, A. J. F., Prophetic Movements as an Expression of Social Protest,
Int. Archiv für Ethnographie 49, 1960, 117–164.

Köhler, Walther, Wesen und Recht der Sekte im religiösen Leben Deutschlands
(Aus der Welt der Religion ..., Religionswissenschaftliche Reihe 16), Gießen,
Töpelmann, 1930, 44 S.

Koilo, Toivo, Helluntaiherätyksen vaiheita Suomessa 1911–1961, Helsinki *1962
(„Die Entwicklung der Pfingstbewegung in Finnland". Manuskript im Verlag Ristin Voitto, Helsinki).

Kommunističeskoe Prosveščenie 1927, *No. 1, 31.

Komsomolskaja Pravda *28. April 1957.

Korsets Evangeliums Forlag, Herlighedsglimt. Praedikener af danske Pinsepraedi-
kanter, Kopenhagen, Korsets Evangeliums Forlag, o. J., 120 S. („Herrlich-
keitsschimmer. Predigten dänischer Pfingstprediger". Enthält wichtige bio-
graphische Angaben).

Kortzfleisch, Siegfried von, Religion im Säkularismus, Stuttgart, Kreuz-Verlag,
1967, 78 S.

Kovalev, S. I., Sputnik ateista, Moskau, Gosudarstvennoe izdatel'stvo politi-
českoj literatury, *1961².

Kovelevski, Eugraph (Bischof Johannes), Die Charismen in der Geschichte der
orthodoxen Kirche, in: *R. F. Edel* (Hg.), Kirche und Charisma, 78–88.

– Die Charismen in der orthodoxen Kirche heute, ebda, 129–137.

Krajewski, Ekkehard, Schwärmerei oder geistliches Leben, Die Gemeinde 1961,
Nr. 44–48; SA unter dem Titel „Geistesgaben, eine Bibelarbeit über 1. Kor.
12–14", Kassel, Oncken, 64 S. (*Rez.: C. Lemke,* Leuchter 14/6, Juni 1963, 11).

Kramer, E., Caravan Mission to Bush People and Aboriginals, Melbourne,
Victory Press, ca. *1922.

Kratkij nautschno-ateistitscheskij slovar', Moskau, Iz-vo nauka, *1964.

Krause, Christian, und Müller-Römheld, Walter (Hg.), Evian 1970. Offizieller
Bericht der Fünften Vollversammlung des Lutherischen Weltbundes, Witten,
Eckart-Verlag, 1970.

Krige, A. V., 'n Paar Grondwaarhede in die volmaakte Verlossingsplan en 'n
Getuienis, Die Spade Reën Boodskapper *3, 1930; SA: Benoni, S.A.U., Post-
fach 416, Vf., 1951, 50 S.; deutsch: Einige Grundwahrheiten im völligen
Erlösungsplan und ein Zeugnis, Benoni, S.A.U., Postfach 416, Vf., o. J., 50 S.

– Die betekenis en die bediening van die Heilige Doop, Benoni, Spade Reën
Gemeentes, o. J., (unpag.); deutsch: Bedeutung und Vollzug der Heiligen
Taufe, Rundbrief Deutsche Spätregen-Mission 3/10, Dezember 1961, 1–16.

– Das Wesen der Wiedergeburt und der Kern der Heiligung, Rundbrief der Deutschen Spätregenmission 3/7, September 1961.

– Der Christ und das Alte Testament, Rundbrief der Deutschen Spätregenmission 3/6, August 1961, 1–13.

Kristova Pentekostna Crkva u FNR Jugoslaviji, Temeljne istine Svetog Pisma o vjeri i nauci Kristove Pentekostne Crkve u FNR Jugoslaviji, Osijek, K[ristova] P[entekostna] C[rkva], 1959, 15 S. (vervielf.; „Grundsätzliche Wahrheiten der Heiligen Schrift über Glauben und Lehre der Kristova Pentekostna Crkva in der Föderativen Volksrepublik Jugoslawien").

Kruska, Harald, Die Vereinigte Evangeliumskirche in Polen, Theologia Viatorum 9, Jahrbuch der Kirchlichen Hochschule Berlin 1963, 113–121 (gute, aber etwas kurze Zusammenfassung auf Grund polnischer Quellen, insbesondere des Kalendarz Jubileuszowy 1963).

Krust, Christian, 50 Jahre Deutsche Pfingstbewegung, Mülheimer Richtung, Altdorf bei Nürnberg, Missionsbuchhandlung Pranz, 1958.

– Was wir glauben, lehren und bekennen, Altdorf bei Nürnberg, Missionsbuchhandlung Pranz, 1963.

– Ausbildung unseres Predigernachwuchses, Heilszeugnisse 48/1, Januar 1963.

– Wie sich die Pfingstbewegung im Lichte des Neuen Testamentes als Kirche versteht. Heilszeugnisse 52/9, September 1967, 131–136.

– Die Pfingstkirchen und die ökumenische Bewegung, in: *N. Goodall* und *W. Müller-Römheld*, (Hg.), Bericht aus Uppsala, 358–362 (Zu den Arbeiten Krusts, vgl. S. 174ff.).

Kühn, Bernhard, Zur Unterscheidung der Geister, in: *Hch. Dallmeyer* (Hg.), Die sogenannte Pfingstbewegung, 23–40.

– (Hg.), Die Pfingstbewegung im Lichte der Heiligen Schrift und ihrer eigenen Geschichte, zweite vollständig neubearbeitete und bedeutend vermehrte Auflage von „In kritischer Stunde" (Aufsätze von J. Seitz, B. Kühn u. a.), Gotha, Missionsbuchhandlung P. Ott, o. J., 105 S.

Kulbeck, Gloria G., What God Hath Wrought. A History of the Pentecostal Assemblies of Canada, edited by Walter E. McAlister and George R. Upton, foreword by A. G. Ward, Toronto, Pentecostal Assemblies of Canada, 1958, 364 S. (ausführliche Darstellung, gutes Register, viele Quellen, wissenschaftlich ungenügend, aber unentbehrlich).

– The Pope's Ecumenical Proposal, P. Testimony 40/4, April 1959, 2.

Kulbeck, E. N. O., Let's Discuss Union With Evangelicals, P. Testimony, Juli 1964, 2, 32.

Küng, Hans, Strukturen der Kirche, Wien, Herder, 1962, 356 S. (Quaestiones Disputatae 17).

Kurantov, Alexander P. (Hg.), Znanie i vera v boga, Moskau, Izdatel'stvo „Znanie", *1960.

LaBarre, Weston, They Shall Take Up Serpents, Minneapolis, University of Minnesota Press, *1962.

Lachat, W., Zeugnis, VdV 43/7, Juli 1950, 8.

– (Hg.), Le Baptême dans l'Eglise reformée. Textes commentés par un groupe de pasteurs. Neuenburg, Lachat, 1954, 100 S.

Lalive d'Epinay, Christian, El movimiento pentecostal y el poder de Dios, Tribuna evangélica Nr. 4, November–Dezember 1967, 11, 16.

– Pastores chilenos y abertura hacia el ecumenismo, Mensaje 16/163, Oktober 1967.

– Le Pentecôtisme dans la société chilienne. Essai d'approche sociologique, Genf (thèse lic. théol.), 1967 331 S. (vervielf.); engl.: Haven of the Masses. A study of the Pentecostal Movement in Chile (World Studies in Mission), London, Lutterworth, 1969; spanisch: El Refugio de las Masas. Estudio Sociológico del Pentecostalismo Chileno. Santiago, Chile, Editorial del Pacífico, 1968 (Wichtigste, im Auftrag des ÖRK geschriebene Studie über die chilenische Pfingstbewegung).

– Theological Education for Mission, IRM 56/22, April 1967, 185–192.

– Enquête au Chili, La Vie Protestante 24. März 1967, 3.

Lauster, Hermann, Wer sind Sekten, die Staatskirchen oder die Pfingstgemeinden? Die Wahrheit 15/8, August 1962, 4–5 (auch SA).

– The Hand of God and the Gestapo, Cleveland, Tenn., ChoG Missions Dpt., 1952.

– Vom Pflug zur Kanzel, Krehfeld/Württ., 1964, ursprünglich in „Die Wahrheit" 1962/63).

Lawrence, John, Soviet Russia, London, Ernest Benn Ltd., 1967, 89–96, 127.

Lechler, Alfred, Zum Kampf gegen die Pfingstbewegung, Witten/Ruhr, Bundes-Verlag, o. J.², 18 S.

Lediga, S. P., The Discipline of Jesus Christ Facing African Religions, Ministry (Morija) *2/2, April 1962.

Lee, Flavius J., Diary (4 Bde.), *1914–1926 (unveröff. Manuskript).

– Book of General Instruction for the Ministry and Membership, Cleveland, Tenn., ChoG Publ. House, 1927.

– (Frau), Life Sketch and Sermons of F. J. Lee, Cleveland, Tenn., ChoG Publ. House, ca. *1929.

Lee, R. H., A Passion for Lost Souls, Franklin Springs, Ga., P. Holiness Church, *o. J.

– Your Friend, Franklin Springs, Ga., P. Holiness Church, *o. J.

– Can a Man Be Born Again? Franklin Springs, Ga., P. Holiness Church, *o. J.

– und G. H. *Montgomery,* Edward D. Reeves, His Life and Message, Franklin Springs, Ga., P. Holiness Church, 1940, 268 S.

Lehmann, Jürgen, Die kleinen Religionsgemeinschaften des öffentlichen Rechts im heutigen Staatskirchenrecht (Juristische Dissertation Frankfurt/Main 1959) o. O. (Der Gegensatz Sekte–Kirche juristisch gegenstandslos).

Lener, S., s. j., Religione dello Stato e principio democratico nella Costituzione repubblicana, La Civiltà Cattolica 1951, vol. III, 394–405, 610–622.

– Principio d'Uguaglianza e religione di stato, Civiltà Cattolica, 1951, vol. IV, 505–516.

– Equivoci e pregiudizi sull'uguaglianza in materia di religione, Civiltà Cattolica, 1952, vol. I, 402–416, 611–622, vol. III, 467–479.

– Esercizio di culti acattolici e propaganda di religioni diverse da quella dello Stato, Civiltà Cattolica, 1952, vol. IV, 143–155, 400–415.

– La propaganda dei protestanti in Italia, Civiltà Cattolica, 1953, vol. IV, 254–269.

– Libertà di culto e ordine pubblico, Civiltà Cattolica, 1953, vol. I, 48–61, 641–653.

– Apertura non autorizzata di templi acattolici e riunioni a scopo di culto, ivi tenute, senza preavviso, Il diritto ecclesiastico, 1953, II, 421–442.

– Nuove figure di destinazione anomala nel processo coincidente di costituzionalità? Civiltà Cattolica 1956, vol. III, 1113–1128 (Lener bestreitet den italienischen Pfingstlern rundweg das Recht auf Kultausübung. Sie seien unitalienisch, übten einen ungesunden Einfluß aus und zerstörten mit unredlichen Mitteln den traditionellen italienischen Katholizismus).

Léonard, Emile G., L'illuminisme dans un protestantisme de constitution récente (Brésil), Bibl. de l'école des Hautes Etudes, Section des Sciences Religieuses, Vol. LXV, Paris 1953 (Gute, heute aber bereits überholte Beschreibung der brasilianischen Pfingstbewegung).

– L'Evangile au Brésil, Revue de l'Ev. 7/38, Juli–August 1952, 208–235.

– O Protestantismo Brasileiro. Estudo de eclesiologia e de história social. (ursprünglich in Revista de História) SA: S. Paulo, Associação de Seminários Teológicos Evangélicos, o. J., 354 S.

Lepargneur, Francisco, o. p., Reflexões católicas em face do Movimento Pentecostal no Brasil, in: *Associação de Seminários Teológicos Evangélicos*, O Espírito Santo, 1966, 47–67.

Lettau, R., Die Bedeutung des prophetischen Dienstes für den Aufbau der Gemeinde, Mülheim/Ruhr, Humburg, 1910.

– Rechtfertigung allein durch den Glauben, ein Schlüssel zum Verständnis der Lehre vom vollen Heil und von Geisteswirkungen, Pfingstgrüße 2, 1910, 153–158.

– Wiedergeburt in der Taufe, Kirche und Gemeinschaft, Hefte zur Verständigung, Heft *2.

Lewis, A. H., The Divine Inspiration and Authority of the Holy Scriptures (Tenets of the Apostolic Church 8), Bradford, Puritan Press, o. J., 23 S.

Lewis, William Henry, And He Gave Some Apostles. A Bible Reading on this important subject, Bradford, Puritan Press, 1954, 25 S.

Lidman, Sven, Beantwortung von Frage Nr. 1 (Zungenrede und Geistestaufe), in: *Filadelfia Förlaget*, Europeiska Pingstkonferensen, 72–79; deutsch: VdV

– 33/4, April 1940, 5–9.

Beantwortung von Frage Nr. 3 (Lehrdefinition und Einheit), in: *Filadelfia Förlaget*, Europeiska Pingstkonferensen, 135–140; deutsch: VdV 33/9, September 1940, 10–12 (zu Lidman vgl. S. 337 ff.).

Life 17, 20. Oktober 1944, 85–89: Aimee Semple McPherson, Thousands Mourn at Famed Evangelist's Funeral.

Life 24/13, 7. Juli 1958, 71–79: The Third Force in Christendom.
– 9. Juni 1958, 113–124: The Third Force in Christendom.

Linderholm, Emanuel, Pingströrelsen. I: Dess forutsättningar och uppkomst Ekstas, under och apokalyptik i bibel och nutida folkreligiositet. Stockholm, Bonniers Förlag AB, *1924, *1929². II: Pingströrelsen i Sverige. Ekstas, under och apokalyptik i nutida svensk folkreligiositet. Stockholm, Bonniers Förlag AB, *1925, *1933². Suppl. Bd.: Den svenska pinkstväckelsens spridning, Stockholm, Bonniers Förlag AB, *1925, *1933² (Linderholm, Professor in Uppsala, widmete der Pfingstbewegung ein dreibändiges, religionsgeschichtliches Werk, das im ersten Band „Voraussetzungen, Aufkommen, Ekstase, Wunder und Apokalyptik in Bibel und jetziger Volksreligiosität", im zweiten Band „die Pfingsterweckung in Schweden, Ekstase, Wunder und Apokalyptik in der schwedischen Volksreligiosität" und im Ergänzungsband die Ausbreitungsgeschichte behandelt. Das Buch ist eine wertvolle, unentbehrliche Quelle zur Kenntnis von Frömmigkeit und Geschichte der Pfingstbewegung, insbesondere in Skandinavien, leider aber in der internationalen Forschung so gut wie unbekannt und außerhalb Schwedens in einer Bibliothek kaum anzutreffen.).

Living Church 140/23, 5. Juni 1960, 16: The Pentecostal Temper.
– 141/2, 10. Juli 1960, 5, 9: Pentecostal Voices, Closely Guarded Secret. (Newsweek *4. Juli 1960)
– 141/3, 17. Juli 1960, 5: Investigation on Tongues.
– 142/1, 1. Januar 1961, 10–11; 18: The Diocese of Chicago's Report on Spiritual Speaking.
– 142/1, 1. Januar 1961, 15: Questions Remain.

Livschic, G. M., Religija i cerkov' v prošlom i nastojaščem, Minsk, Izdatel'stvo ministerstva vysšego srednogo special'nogo i professional'nogo obrazovanija BSSR, *1961.

Lohmann, E., Neues vom Kampf wider die Bibel, Auf der Warte 3/2, 8. Januar 1905, 3.
– Wie kommt es? Auf der Warte 3/43, 22. Oktober 1905, 3–4.
– Die Pfingstbewegung unserer Tage, Auf der Warte 2/44, 29. Oktober 1905, 7–8; 2/45, 5. November 1905, 6; 2/46, 12. November 1905, 5–6; 2/47, 19. November 1905, 7–8; 2/48, 26. November 1905, 3–4; 2/49, 3. Dezember 1905, 3–4 (diese und weitere Artikel *sehr positiv* über die beginnende Pfingstbewegung).
– Aus der Erweckungsbewegung in Deutschland, Auf der Warte 3/1, 1. Januar 1906, 7–8.
– Die Geistesgaben in der Gemeinde, Auf der Warte 3/3, 4. Januar 1906, 3–4; 3/5, 28. Januar 1906, 3–4; 3/6, 4. Februar 1906, 3–4; 3/7, 11. Februar 1906 3–4.
– „Pfingstbewegung und Spiritismus, Frankfurt/Main, Verlag Orient, Buchhandlung des Deutschen Hilfsbundes für christliches Liebeswerk im Orient, 1910, 81 S.; *Rez.*: Brosamen 20. Februar 1910 (jetzt gehören Spiritismus und Pfingstbewegung zusammen).

Lohmann, Johannes, Sabbathklänge *21. Juli 1906, 460; 4. August 1906, 489; zit. bei *A. Goetz*, Mehr Licht 28/19–20, 1954.

Lombard, E., Essai d'une classification des glossolalies, Arch. de Psych. 7, 1907, 1–51.

– Faits récents de glossolalie, Arch. de Psych. 7, 1907, 300–303.

– De la glossolalie chez les premiers chrétiens, Lausanne *1910.

Loram, C., The Separatist Church Movement, IRM 15, 1926, 476–482.

Lovsky, F., La venue à Paris de Georges Jeffreys peut-elle remettre en question nos points de vue sur l'évangélisation, Réforme 6/266, 22. April 1950, 2.

– Le caractère protestant du Pentecôtisme, Rev. de l'Ev. 7/35, Januar–Februar 1952, 18–27 (kritische Auseinandersetzung mit *M. V. Hoff*, L'Eglise et les sectes).

Maag, Viktor, Religiöse Heilserwartung in Gebieten des Kulturkontaktes, Volkshochschule 32, 1963, 65–76.

Mair, L. P., Independent Religious Movements in Three Continents, Comparative Studies in Society and History, Int. Quarterly 1, 1959, 113–136.

MacDonald, William G., Glossolalia in the New Testament, GPH, Springfield, Mo., 65802, o. J.

MacMillan, D. H., The True Ecclesia of the New Testament and Her Identification, London, Covenant Publ. Cy., 1955, 36 S.

– True Christian Unity – or Strong Delusion? *Churchman Magazine; Pattern 20/11, November 1959; SA.

– Israel and Sacred Scripture. Misconceptions of a Bible Teacher Answered, Pattern 21/9, September 1960, 6–9, 12–15 (gegen D. Gee).

– The Take-Over-Technique in Modern Church History. Transition from charisma to legalism, Pattern 22/10, Oktober 1961; SA (Rez. von *R. B. Wilson*, Sects and Society).

– I Interviewed a Roman Catholic Bishop; *English Churchman; Pattern 23/6, 23/6, Juni 1962; SA.

Majat, E. V. und *N. N. Uzkov*, „Brat'ja" i „sestry" vo Christi, Moskau, Izd: Sovetskaja Rossija, *1960.

Maksymowicz, T., Kościół Chrześcijan Wiary Ewangelicznej w Polsce (maschinenschriftliche Geschichte der „Kirche des evangelischen Glaubens in Polen"), 5 S.

Malgo, Wim, Briefkasten, Mitternachtsruf 6/7, Oktober 1961, 16; 7/9, Dezember 1962, 19–20; 7/7, Oktober 1962, 18; 8/7, Oktober 1963, 19; 8/6, September 1963, 14–15.

Marcondes, J. V. Freitas und Osmar Pimentel, S. Paulo, Espírito, povo instituições, S. Paulo, Livraria Pioneira Editôra, 1968.

Martin, Marie-Louise, The Church Facing Prophetic and Messianic Movements, Ministry (Lesotho) 3/2, Januar 1963, 49–61.

– The Biblical Concept of Messianism and Messianism in Southern Africa. Doctoral thesis presented to the department of Theology of the University of South Africa, 1964, 211 S. (vervielf.).

– Afrikanischer Messianismus und der Messias der biblischen Offenbarung, in: *P. Beyerhaus* (Hg.), Weltmission heute 33/34, 1967, 40–56.

Maschek, P. Salvator, Die Sekten und wir Katholiken, Freiburg, Konstanz, München, Kanisiusverlag, 1954, 32 S. (Pfingstbewegung, 14–16).

Maurer, Daniel, Pentecôtisme et nous, Réforme 3/115, 31. Mai 1947, 2.

Mayer, F. E., The Religious Bodies of America (revised by Arthur Piepkorn), Saint Louis, Mo., Concordia Publ. House, 1961, 598 S. (Darstellung und Bibliographie über Pfingstbewegung veraltet).

Mayer, Philip, Townsmen or Tribesmen. Conservatism and the Process of Urbanization in a South-African City, Cape Town, OUP, 1963, 301 S. (Xhosa in Town, Studies of the Bantu-Speaking Population of East London, Cape Province, 2), 306 S. (hervorragende soziologische Untersuchung, berücksichtigt ausführlich N. Bhengu).

Mann, William E., Sect, Cult and Church in Alberta, 1955.

Margull, Hans-Jochen, Mission als Strukturprinzip. Ein Arbeitsbuch zur Frage missionarischer Gemeinden, Genf, ÖRK, 1965, 1968[3], 246 S.

Mavity, Nancy Barr, Sister Aimee, New York, Doubleday, Doran & Co., 1931, XXIII, 360 S. (Sorgfältige Biographie über A. S. McPherson, bemerkenswerte Deutung und unparteiische Darstellung des gesamten Materials betr. die ,,Entführung" von A. S. McPherson. Leider wurde es schon 1931 geschrieben, so daß die letzte Etappe ihres Lebens nicht mehr berücksichtigt werden konnte)..

McAlister, Robert Edward, Perguntas e respostas sôbre cura divina, Rio de Janeiro, Caixa Postal 2734, McAlister, 1960, 1961[3], 32 S.

McAlister, Walter E., Art. P. Assemblies, Enc. Canadiana, Ottawa, Canadian Cy., VIII (1958), 149–150.

McCrossan, T. J., Speaking With Other Tongues, Sign or Gift Which, Seattle, Wash., Vf., 1937, 55 S.; Harrisburg, Pa., *o. J. (McCrossan gehört zur Christian and Missionary Alliance. Positive Beurteilung der *Gabe* des Zungenredens.).

McDonnell, Kilian, The Ideology of Pentecostal Conversion, J. of Ecumenical Studies 5/1, Winter 1968, 105–126.

– The Pentecostals and Drug Addiction, America 118/13, 20. März 1968, 402–406.

– The Ecumenical Significance of the Pentecostal Movement, Worship 40/10, Dezember 1966, 608–629.

McPherson, Aimee Semple, This is That. Personal Experiences, Sermons and Writings, Los Angeles, Calif., Echo Park Evangelistic Ass., 1923[3], 791 S. (eine Art Autobiographie).

– In the Service of the King, Story of My Life, New York, Boni Liveright, 1927, 316 S.

– Give Me My Own God, New York, H. C. Kinsey & Co. Inc., 1936, 310 S.

– The Foursquare Gospel, Los Angeles, Echo Park Evangelistic Ass. Inc., 1946, 199 S. (unter Mitarbeit von G. Stiffler).

– The Story of My Life, In Memoriam. Los Angeles, Echo Park Evangelistic Ass., 1951, 246 S. (bearbeitet von R. McPherson).

– Declaration of Faith, compiled by A. S. McPherson for the Int. Church of the Foursquare Gospel, Los Angeles, Int. Church of the Foursquare Gospel, o. J.

Mead, Frank S., Handbook of Denominations in the United States, New York, Abingdon Press, *1951, 1961³, 272 S.

Mederlet, Eugen, OFM, Die Charismen in der römisch-katholischen Kirche heute, in *R. F. Edel* (Hg.), Kirche und Charisma, 137–157.

Medina, J., Consideraciones sociológicas sobre el desarrollo económico, Buenos Aires, Solar/Hachette, *1964.

Meister, J. (Hg.), Bericht über den Kongreß der Europäischen Baptisten, 26.–31. Juli 1958 in Berlin, Kassel, Oncken-Verlag, 1959.

Melo, Manoel de, Salvação pelo fé, *o. J.
– Catolicismo Roman, S. Paulo, Jorge Lyra, R. Consolação, *o. J.
– História Geral da Biblia, *o. J.

Mensaje 6/44, November 1955, 421: Cuantos protestantes hay en Chile?

Mercurio, Santiago, 16. Mai 1968, 22: Jornadas Nacionales de Ecumenismo en Chile.

Metzger, Wolfgang, Die Pfingstbewegung als Frage an die Kirche zur Lehre vom Heiligen Geist, Fuldaer Hefte 15, Schriften des Theologischen Konvents Augsburgischen Bekenntnisses, 1964, 46–90 (gute Interpretation).

Meyers Handbuch über Literatur, hg. und bearbeitet von den Fachredaktoren des Bibliographischen Institutes Mannheim, Bibliographisches Institut 1964 (S. 552 einen kurzen, aber aufschlußreichen Artikel über den schwedischen Dichter und Pfingstprediger Sven Lidman).

Meyer, Harding, Die Pfingstbewegung in Brasilien, Jahrbuch „Die evangelische Diaspora" 39, 1968, 9–50 (sehr gute Darstellung und Interpretation).

Meyriat, Jean (Hg.), La Calabria, Mailand, Lerici, 1960, 463 S.

Mecencev, V. A. (Hg.), My porvali s religiej, Moskau, Voennoe izdatel'stvo ministerstva oborony, 1963.

Michaelis, Walter, Erkenntnisse und Erfahrungen aus 50jährigem Dienst am Evangelium, Gießen, Brunnen-Verlag, ca. 1940, 270 S. (Michaelis, Dozent für praktische Theologie in Bethel (1906–1911), Vorsitzender des Gnadauer Verbandes (1920–1953), Bruder von G. Michaelis, der 1917 Reichskanzler war, betont zu Recht, daß die Pfingstbewegung einen Siegeszug durch viele *landeskirchliche* Gemeinschaften angetreten habe, von dem die freikirchlichen Gemeinschaften im großen und ganzen unberührt geblieben seien. „Alle, die jene Zeit miterlebt haben, wissen, daß es auf der ganzen Front herrschende Verkündigung und Praxis war, daß dem Empfang der Geistestaufe der Empfang des reinen Herzens vorangehen müsse." (S. 210) Paul beurteilt er eher positiv, die Pfingstbewegung hält er für dämonisch beeinflußt. Seine Kriterien sind ein merkwürdiges Ineinander klarer theologischer Erkenntnisse und Glauben an direkte Eingriffe supranaturaler Kräfte.).

Mickevitsch, A. I., Bratskij Vestnik Nr. 2, *1959, 49: („Gedanken über die Tätigkeiten des Heiligen Geistes").

Miegge, Mario, La diffusion du protestantisme dans les zones sous-developpés de l'Italie méridionale", Arch. de Soc. des religions 4/8, Juli–Dezember 1959, 81–96.

Mikkonen, Pekka, Vapauden laki, Porvoo *1918 („Gesetz der Freiheit").

– I: Rakkauden Voima; II: Tosi onneen johto, Porvoo *1918 (I: „Kraft der Liebe", II: „Wahre Führung des Glücks").

– Kehotus Herran Kansalle. Jatkuvaa Herran työtä, Porvoo *1919 („Ermahnungen an das Volk des Herrn. Weitere Arbeit des Herrn.").

– Kuka hän on, Porvoo *1919 („Wer ist er?").

Miliukov, Paul, Outlines of Russian Culture, Part I: Religion and the Church, perp. ed., New York, A. S. Barens & Co., 1960.

Miller, Elmer C., Pentecost Examined by a Baptist Lawyer, Springfield, GPH, 1936, 131 S.) (fundamentalistische Verteidigung der Pfingstler).

Mink, Paul, Unser Glaubensbekenntnis, Maranatha *15/4, Quartal 1960.

– Neutestamentliche Gemeinde, Betrachtungen über den ersten Korintherbrief.

– Ich bin der Herr, dein Arzt! Betrachtungen über die Heilung durch den Glauben nach dem Wort Gottes, Hirzenhain, Oberhessen, Maranatha-Mission, o. J., 48 S.

– Wird die Einheitskirche kommen? Hirzenhain, Oberhessen, Maranatha-Mission, o. J., 8 S.

Mitchell, R. C. und H. W. Turner, A Comprehensive Bibliography of Modern African Religious Movements, Evanston, Ill., 1967.

Mohr, Fr., Das moderne „Zungenreden". Eine psychische Massenepidemie, Psychiatrisch-Neurologische Wochenschrift 10, 1908, 61–65, 70–72.

Molenaar, D. G., De doop met de Heilige Geest, Kampen, J. H. Kok, 1963, 272 S. Rez.: Vuur 7/9 September 1963, 12 (Molenaar ist holländischer Pfarrer).

Möller, F. P., Die apostoliese leer, Johannesburg, Evangelie Uitgewers, 1961, 73 S. (pfingstlicher Katechismus).

Molodoj Kommunist, *Mai 1959, Nr. 5.

Mondo 5, 1953, Nr. 211, 2: Ritorno dell'inquisizione.

Moore, Everett LeRoy, Handbook of Pentecostal Denominations in the United States, Unpublished M. A. thesis, Pasadena College, 1954, 346 S. (genau dokumentiertes und gründliches Lexikon der nordamerikanischen Pfingstbewegung. Schade, daß diese beste mir bekannte Darstellung der amerikanischen Pfingstbewegung nicht gedruckt wurde).

Morning Post *19. April 1927 (über G. Jeffreys).

Moura, Abdalazis de, Importância das igrejas pentecostais para a igreja católica, Recife (Vf., Boa Vista, Rua Jiriquiti 48), 1969, 44 S. vervielf. (Außerordentlich wichtige Interpretation der brasilianischen Pfingstbewegung durch den Regional von Nordeste II der brasilianischen Bischofskonferenz und Mitarbeiter Câmaras.)

Mpumlwana, Indigenisation of Christianity, Ichthys *XIV, Stellenbosch 1962.

Mqotsi, L. und N. Mkele, A Separatist Church, I6andla lika Krestu, African Studies *1946.

Mrózek, Józef, Edward Czajko, Mieczysław Kwiecien, Bolesław Winnik (Hg.),

Kalendarz jubileuszowy 1963, Warschau, Zjednoczony Kościół Ewangeliczny, 1963, 334 S.

Müller, Alexander, Die internationale Pfingstbewegung, Informationsblatt für die Gemeinden in den Niederdeutschen Lutherischen Landeskirchen 8/10, Mai 1959, 157–161; Das missionarische Wort 13/5, Mai 1959, 135–147; Evangelisches Allianzblatt, Oktober 1959.

Müller, Hermann, Was will die Pfingstmission, Badener Tagblatt 13. Juni 1959 (Baden/AG).

Müller, Joachim, Wie sie ihres Glaubens leben. Bericht von den evangelischen Christen in der Sowjet-Union, Stuttgart 1963 (Manuskript).

Muñoz, Phro Humberto, Situación del protestantismo en Chile, Mensaje 5/49, Juni 1956, 166–169.

– Hacia dónde va el protestantismo? Mensaje 5/54, November 1956, 408–410.

Muñoz, Ramírez, Sociologia religiosa en Chile, *1958.

Mosimann, Eddison, Das Zungenreden geschichtlich und psychologisch untersucht, Tübingen, J. C. B. Mohr, 1911, 137 S. (Schade, daß Mosimanns Arbeit, die die unselige Alternative „dämonisch" oder „göttlich" überwindet, im Streit um die Pfingstbewegung unberücksichtigt blieb. Die Unterschätzung der intuitiven und meditativen Kräfte bei Mosimann ist unterdessen von der Psychologie korrigiert worden.).

Myachin, Fjodor, Moj razryv s sektantami trjasunami; Rasskaz byvšego propovednika, Wladiwostok *1958 („Mein Bruch mit den Sektierern-Zitterern. Die Geschichte eines Ex-Predigers.").

Nagel, Los Angeles in Indien, *Evangelisches Allianzblatt; in: *B. Kühn,* Pfingstbewegung, 51–56.

Natal Mercury *11. Januar 1957: Evangelist at Cato Manor (Bhengu).

Nationalzeitung (Basel) 30./31. Mai 1964: In feurigen Zungen.

Nauka i religija Nr. 9, *1961, 40–43 („Kreuzzug im zwanzigsten Jahrhundert").

Nederlands Hervormde Kerk, De Kerk en de Pinkstergroepen, Herderlijk Schrijven van de Generale Synode der Nederlands Hervormde Kerk, 's-Gravenhage, Boekencentrum N. V., 1960, 1961³, 79 S. (vgl. dazu S. 325f.).

Nelson, P. C., Is the Baptism in the Holy Spirit a Necessity, in: *D. Gee* (Hg.), The Phenomena of Pentecost, 14–19.

– Bible Doctrines, a Handbook of Pentecostal Theology, Based on Scriptures and Following the Lines of the Statement of Fundamental Truths as Adopted by the General Council of the Assemblies of God, Enid, Okla., Southwestern Press, *1934; revised and enlarged: Enid, Okla., Southwestern Press, *1936², 177 S.; Springfield, Mo., GPH, *1940; revised: Springfield, Mo., GPH, London, AoG Publ. House, 1962, 160 S.

Neue Zürcher Zeitung 125/152, 2. Juni 1904 (Beilage): Dowie tauft seine neuen Zionskinder (Vf.: A. W.).

– 5. Oktober 1910 (Gottesdienst in der Pfingstmission Zürich. Vf.: J. M.).

Neve, Herbert T. (Hg.), Sources for Change, Searching For Flexible Church Structures, Genf, ÖRK, 1968, 126 S.; deutsch: Quellen der Erneuerung. Auf der Suche nach beweglichen Strukturen für die Kirche, Genf, ÖRK, 1968, 118 S.

Newbigin, Lesslie, The Household of God, Lectures on the Nature of the Church, London, SCM, 1953, 155 S.; deutsch: Von der Spaltung zur Einheit, ökumenische Schau der Kirche. Aus dem Englischen übersetzt von A. Graf, mit einem Geleitwort von W. Metzger, Basel, Basler Missionsbuchhandlung; Stuttgart, Evangelischer Missionsverlag, 1956, 201 S.

New York Times *30. September 1962, 1, 6; Mother Collapses in McPherson Trial.

Nichol, John T., Pentecostalism, New York, Harper & Row, 1966, 264 S. (Wissenschaftliche und systematische Zusammenfassung der englischen, amerikanischen, nebst einigen deutschen und polnischen Dokumenten und Quellen über die Pfingstbewegung vom Standpunkt eines Amerikaners aus; unentbehrliche Übersicht).

Nikoloff, Nicholas, Kleine Füchse, VdV 28/1, Januar 1935, 11–13.

– in: *Förlaget Filadelfia* (Hg.), Europeiska Pingstkonferensen, 296–302 (Überblick über die bulgarische Pfingstbewegung).

– Beantwortung von Frage Nr. 4 (Zentrale Organisation), in: *Förlaget Filadelfia* (Hg.), Europeiska Pingstkonferensen, 153–158; deutsch: VdV 33/10, Oktober 1940, 6–7.

Nilsson, Sven, Vi tro ock på protester, Kristet Forum 3/1964, 64–67 („Wir glauben auch an Proteste").

Nissiotis, Nikos, Le sacerdoce charismatique, Le laïcat et l'autorité pastorale, Verbum Caro, Nr. 55, 1960, 217–238.

Norton, G. R., The Emergence of New Religious Organizations in South Africa, Journal of the Royal African Society 40, 1941, 48–67.

Nouwen, Henri, A Critical Analysis, Ave Maria, *3. Juni 1967.

O'Connor, Edward D., Baptism of the Spirit: Emotional Therapy? The Catholic Pentecostal movement is not primarily an emotional experience. Ave Maria *3. Juni 1967.

– Pentecost and Catholicism, The Ecumenist 6/5, Juli–August 1968, 161–164.

O'Dea, Thomas, Anomie and the „Quest for Community" Among the Puerto Ricans of New York, Amer. Catholic Sociological Review 21, 1960, 18–36.

O'Docharty, Laurie, I Tried To Be A Good Christian But Something Was Missing; receiving the baptism in the holy Spirit brought God near. Now I am a better Catholic! Testimony 4/1, Erstes Vierteljahr 1964, 8.

OeRK, The Church for Others, and The Church for the World. A Quest for Structures for Missionary Congregations. Final Report of the Western European Working Group and the North American Working Group of the Department on Studies in Evangelism, Genf, ÖRK, 1967, 135 S.; deutsch: Die Kirche für andere und Die Kirche für die Welt im Ringen um Strukturen missionarischer Gemeinden. Schlußberichte der Westeuropäischen Arbeitsgruppe und der Nordamerikanischen Arbeitsgruppe des Referates für Fragen der Verkündigung, Genf, ÖRK, 1967, 149 S.

Osborn, T. L., Healing From Christ. Seven Steps to Receive Healing From

Christ. The cream of T. L. Osborn's sermons on faith which have brought healing and deliverance to multitudes around the world. Discloses in seven simple steps your Bible rights to freedom from sickness and sin, Tulsa, Okla., Osborn, *1955, *1956³, 1961⁴; deutsch: Heilung durch Christus. Die Grundwahrheiten der göttlichen Heilung, welche Hunderttausende von Leidenden in aller Welt Glauben und Befreiung gebracht haben, Erzhausen bei Darmstadt, Leuchter-Verlag, o. J., 63 S. (Übersetzung L. Eisenlöffel); port.: A cura de Cristo. Como recebê-la. Rio de Janeiro, O. S. Boyer, *1963 (Übersetzung O. S. Boyer).

- The Revelation of Faith, Tulsa, Okla., Osborn, *o. J.; deutsch: Die Bezeugung des Glaubens, Zürich, *1959² (Übersetzung P. Hostettler, Vorwort S. Unger und F. Busse); port.: O testemunho da fé, Rio de Janeiro, O. S. Boyer, *1963² (Übersetzung O. S. Boyer).

Ospina, Eduardo, The Protestant Denominations in Colombia, Bogotà, Imprenta Nacional, 1954 (extrem katholische Darstellung).

Pape, P. Carlos, Los evangélicos somos así ... Reflexiones sobre el 1er ciclo de conferencias de la Comunidad Teológica Evangélica de Santiago, Mensaje 16/156, Januar/Februar 1967, 35–39.

Parham, Charles Fox, Kol kare bomidbar. A Voice Crying in the Wilderness, *1902, *1910², 1944⁴, Baxter Springs, Kansas, R. L. Parham, 138 S. (Biographie Parhams, Britisch-Israel-Theorie mit lückenloser Genealogie von Adam über David bis zur englischen Königin Victoria).

- The Everlasting Gospel, Baxter Springs, Kansas, Apostolic Faith Paper (1911, o. O.) 1942², 122 S.

- The Story of the Origin of the Apostolic or Pentecostal Movements, Apostolic Faith *3/7, Juli 1926, 5.

- (Mrs), The Life of Charles F. Parham, Founder of the Apostolic Faith Movement, Joplin, Miss., Tri-State Printing Cy., 1930, 452 S. (wichtiges Quellenwerk).

- The First Shower of the Latter Rain, Apostolic Faith, *Juni 1927, 6–7.

- The Apostolic Faith, *Dezember 1950–Januar 1951 (über Geistestaufen in Parhams Bibelschule, Topeka).

- The Latter Rain, Apostolic Faith (Baxter Springs, Kansas) 28/4, April 1951, 3–4, 13.

- Parhams scrapbook (enthält Zeitungsausschnitte, Briefe, Traktate in bezug, auf Parhams Predigttätigkeit. Im Besitz seiner Tochter, Frau P. Parham Baxter Springs, Kansas).

Parham, Robert L. (Hg.), Charles F. and Sarah E. Parham, Selected Sermons of the late Charles F. Parham and Sarah E. Parham, compiled by Robert L. Parham, o. O. (Hg.), *1941.

Parrinder, G., Die Sektenbildung in Westafrika, Welt-Evangelisation (World-Dominion) 1/11, November 1952, 12–14.

- Religion in an African City, London, OUP; Rez.: Africa 14, 1954, 69–70

(Parrinder ist überzeugt, daß das Christentum „durch heidnische Quellen" bereichert werden kann).

– West African Psychology, London, Lutterworth, *o. J.

Paul, George Harold, The Religious Frontier in Oklahoma: Dan T. Muse and the Pentecostal Holiness Church, Ph. D. Diss., Universität Oklahoma, 302 S. (Manuskript, wissenschaftlich).

Paul, Jonathan, Die Gabe des Heiligen Geistes. Ein Herzenswort über die Neubelebung unserer Kirche zumal an alle Geistlichen der evangelisch-lutherischen Kirche, sowie an die Kandidaten und Studierenden der Theologie, Berlin, Verlag der Deutschen Evangelischen Buch- und Tractat-Gesellschaft, 1891, 32 S.

– (Hg.), Verhandlungen der Gnadauer Pfingstkonferenz über das Einwohnen des Heiligen Geistes, den Gehorsam des Glaubens und Gemeinschaftspflege in Deutschland, hg. im Auftrag des Konferenz-Komitees, Berlin, Deutsche Evangelische Buch- und Tractat-Gesellschaft, 1894, 1896, 1898.

– Taufe und Geistestaufe. Ein Beitrag zur Lösung einer ungemein wichtigen Frage, besonders auch für solche, welche in Gewissensbedenken sich befinden. Berlin, Deutsche Evangelische Buch- und Tractat-Gesellschaft, 1895, 87 S. (vgl. Anhang I/5, S. 354).

– Ihr werdet die Kraft des Heiligen Geistes empfangen, Berlin, Evangelische Tractat-Gesellschaft; Elmshorn (Holstein), Bramstad, *1896, 540 S.; Altdorf bei Nürnberg, Pranz, 1956³, 224 S. (gekürzt, grundlegendes Buch für Paul).

– Die Notwendigkeit der Taufe mit dem Heiligen Geist. Erst geleert vom Ich, und dann gelehrt von Ihm. Gottes Führung fordert Stille. Drei Aufsätze in: Unser Verhältnis zum Heiligen Geist, Konferenzberichte Königsberg, Osterode *1903.

– Was sollen und wollen die Pfingstgrüße? Pfingstgrüße 1/1, Februar 1909, 1–2 (wichtig).

– Pfingsten wie zur Apostelzeit, 1909 („Ein zweimaliges Kommen Jesu scheint mir die Bibel deutlich zu lehren", nämlich 1. Thess. 4, 17 und Jud. 14–15).

– Beantwortung von Fragen, Pfingstgrüße 2/1, Oktober 1909, 8.

– Das reine Herz, Die Heiligung 139, April 1910, 1–20.

– Haben wir echte Gaben? Pfingstgrüße 3, 1911, 137–138, 148–149, 153–156, 161–162, 172–173, 188–190, 195–197, 210–211, 228–229, 234–235 (betrifft vor allem Zungenreden).

– Briefkasten, Pfingstgrüße 3/14, 1911, 111.

– Unsere biblische gottgewollte Stellung zu Krankheit und Tod, Pfingstgrüße 3, 1911, 297–299.

– Zur Dämonenfrage. Ein Wort zur Verständigung, *1912 (Paul weist Ungenauigkeiten in den Daten bei Seitz nach).

– Vier Jahre in der Pfingstbewegung, Pfingstgrüße 4/18, 28. Januar 1912, 139–141.

– Wie ich in die Pfingstbewegung kam, Pfingstgrüße 5/26, 30. März 1913, 201–203; 5/27, 6. April 1913, 210–213; auch SA, Mülheim/Ruhr, Humburg, o. J., 16 S.

- Antwort an Pastor Thimme, Pfingstgrüße 6/22, 1. März 1914, 168–171.
- Das Verhältnis von natürlicher Begabung und Geistesgaben, Pfingstgrüße 8/26, 26. März 1916, 201–203; 8/27, 2. April 1916, 109–211.
- Das Neue Testament in der Sprache der Gegenwart, Mülheim/Ruhr, *1914; Altdorf bei Nürnberg, Pranz, mehrere revidierte Auflagen (Diese Übersetzung mit Anmerkungen gehört zum interessantesten, was die Pfingstbewegung hervorgebracht hat).
- Die Taufe in ihrem Vollsinn, Mülheim/Ruhr, 1930 (wichtiges Bekenntnis Pauls zur Säuglingstaufe).
- Das Geheimnis der fünf Bücher Mose durch neueste Forschungen enthüllt. Ein Zeugnis eines von der Tagesmeinung unabhängigen Theologen, Elmshorn bei Hamburg, Bramstedt, o. J., 96 S. (Verfasserschaft des Moses).
- Die Einheit der Kinder Gottes und der Austritt aus der Kirche oder Kirchengemeinschaft, *o. J.

Paulk, Earl P. (Hg.), Your Pentecostal Neighbour, Cleveland, Tenn., Pathway, 1958, 237 S. (gute, moderne Einführung in die Lehre der Pfingstbewegung durch einen Pfingstler).

Pauw, B. A., Religion in a Tswana Chiefdom, published for the International African Institute by the Oxford University Press, London, OUP, 1960, 258 S.

Peel, J. D. Y., Aladura: A Religious Movement Among the Yoruba, London, Oxford University Press, 1968, 338 S.

Pejsti, O. N. I., Zasady wiary Kościoła Chrześcijan Wiary Ewangelicznej w Polsce, Kętrzyn, 1948, 24 S. (Glaubensgrundsätze der „Kirche der Christen des Evangelischen Glaubens" in Polen; Übersetzung aus dem Russischen. Wichtiges Dokument, deutsch und polnisch: 05.23.004).

Pentecostal Assemblies of Canada, Lehre und Statuten für Lokalgemeinden des Deutschen Zweiges der P. Assemblies of Canada, *o. J.

Pentecostal Holiness Church, What You Should Know About the P. Holiness Church, Franklin Springs, Ga., Advocate Press, o. J., 8 S.
- Year Books, Franklin Springs, Ga., P. Holiness Church, 1929 ff.
- Annual Conference Minutes, Franklin Springs, Ga., P. Holiness Church, 1911 ff.

Perrot, Brd de, Le Baptême du Saint-Esprit. Faut-il l'attendre? Etudes rédigées pour la méditation personnelle avec Supplément pour Cercles d'Etudes, Cernier/NE, Editions du Chène, ca. 1933, 83 S.
- Christianisme au XXe siècle *6. April 1933, 164.

Pestalozza, Luigi, Il diritto di non tremolare. La condizione delle minoranze religiose in Italia (... che, se si nega ai Tremolanti il diritto di tremolare, dove va a finire il mio diritto di non tremolare?), L'Attualità 14, Mailand, Rom, Edizioni Avanti, 1956, 64 S.; *Rez.*: La Luce 50/1, 4. Januar 1957, 3 (gut dokumentierte Darstellung der italienischen Pfingstbewegung in der Sicht eines Links-Sozialisten).

Pethrus, Lewi, Pingstväckelsens riktlinjer. Utgiven av en pingstkonferens i Berlin med förord av L(ewi) P(ethrus), Stockholm 1917.

– Die Wiedergeburt und die Geistestaufe, *Der Heilsbote; VdV 19/5–6, Mai–Juni 1926, 4–6.

– Verschiedene Interventionen an der Europäischen Pfingstkonferenz in Stockholm 1939, in: *Förlaget Filadelfia* (Hg.), Europeiska Pingstkonferensen, 62–66; deutsch: VdV 33/3, März 1940, 14–16 (Geistestaufe); ebd., 129–132; deutsch: VdV 33/6, Juni 1940, 16–17; 33/7, Juli 1940, 11–12; ebda. 129–132; deutsch: VdV 33/8, August 1940, 15–16 (Lehrdefinition und Einheit); ebd., 143–153; deutsch: VdV 33/10, Oktober 1940, 3–5 (Zentrale Organisation); ebd., 183–189; deutsch: VdV 33/12, Dezember 1940, 4–6 (Zentrale Organisation); 207–208, 210; deutsch: VdV 33/11, November 1940, 6–7 (Zentrale Organisation).

– Die Taufe im heiligen Geist, die normale Erfahrung des Christen, *Evangelii Härold; VdV 39/5, Mai 1946, 1–6.

– The Wind Bloweth Where It Listeth, Chicago, Philadelphia Book Concern, 1945.

– Dieu n'a pas oublié le vent. Etude sur le baptême du Saint-Esprit, Appel du Maître 9, 1952, 1778–1780.

– Memoarer, 5 Bde., 1953–1956, Stockholm, C. E. Fritzes Bokförlags AB. I: Den anständiga sanningen En början på historien om vallpojken som blev herde, 1953 (,Die anständige Wahrheit. Ein Anfang der Geschichte vom Hirtenjungen, der Hirte blieb). II: Medan du stärnorna räknar. Vallpojken och vår Herre, 1953 („Wenn du die Sterne zählst. Der Hirtenjunge und unser Herr") III: Hänryckningens tid. Vallpojken som herde, 1954 („Die Zeit der Begeisterung, Der Hirtenjunge, der Hirte bleibt") IV: Hos Herren är makten, 1955 („Beim Herrn ist Macht") V: En såningsman gick ut, 1956 („Ein Sämann ging aus").

– Samlade skrifter. Stockholm, Förlaget Filadelfia, *1958/59, 10 Bde. (Gesammelte Schriften).

– Die Wiedergeburt und die Taufe im Heiligen Geist sind *zwei* Erfahrungen, Leuchter 11/6, Juni 1960, 6–7; 11/8, August 1960, 8.

– The Promise, in: *Sixth Pentecostal World Conference*, 1961, 39–44.

– Kvinnefiendtlig moral, Korsets Seier 60/4, 26. Januar 1963, 49–51, 61 („Frauenfeindliche Moral").

– Allianz oder geistliche Einheit, *Heilsbote; VdV 20/7, Juli 1927, 13–15.

– The Pentecostal Movement and the World Council of Churches, Dagen *2 März 1963, European Evangel 12/5, Mai 1963, 5 (kritisch gegen Du Plessis).

– Ny mark, Stockholm, Lewi Pethrus-förlags AB, 1966² (enthält das politische Programm Pethrus'. Hauptbegründung für christliches politisches Engagement ist die Sorge Pethrus' in Richtung einer Auflösung der christlichen Moral.).

Peyrot, Giorgio, Commissione per gli Affari Internazionali del Consiglio Federale delle Chiese Evangeliche d'Italia, L'Intolleranza religiosa in Italia nell'ultimo quinquennio, Protestantesimo 8/1, Januar–März 1953, 1–39; englisch: Religious Intolerance in Italy, 1947/52, Genf, ÖRK, 1953 (enthält die juristische

Fachliteratur, zitiert ausführlich aus Regierungserlassen, belegt mit erdrückenden Beispielen die Verfolgung der Protestanten, insbesondere der Pfingstler in Italien).

– La circolare Buffarini-Guidi e i Pentecostali. „Attuare la costituzione 26", Rom, Associazione Italiana per la Libertà della Cultura, 1955, 62 S.

Pfingstgrüße 2, 1910, 151: Beantwortung von Fragen (vgl. Anhang I/2, S. 351 f.).

– 3/36, 4. Juni 1911, 287–288: Briefkasten (Totenerweckung).

Pfingstjubel, Altdorf bei Nürnberg, Missionsbuchhandlung, 1956 (viele frühere und spätere Auflagen).

Pfister, Oskar, Die psychologische Enträtselung der religiösen Glossolalie und der automatischen Kryptographie, Jahrbuch für psychoanalytische und psychopathologische Forschungen 3, 1911/2, 427–466, 730–794 („Alle diese oft unglaublich weitläufigen Abhandlungen verraten auf den ersten Blick, daß ihre Verfasser die Zungenrede niemals sahen oder doch an ihre psychologische Untersuchung beim lebenden Menschen niemals herantraten.").

Pietilä, Antti J., Helluntailiike, Helsinki *1913 („Die Pfingstbewegung", lutherisch).

Pinto, A., Chile, un caso de desarrollo frustrado, Santiago, Ed. Universitaria, *1958.

Plessis, David J. Du, Christliche Gemeinschaft in Nord-Amerika, VdV 42/5, Mai 1958, 13–14.

– A statement by Pentecostal Leaders Issued by the World Conference of International Pentecostal Churches, London, 5. Juli 1952, submitted by David J. Du Plessis, observer at the Enlarged Committee of the Int. Missionary Council, Willingen 1952, and until July 1952, the Secretary of the World Conference of Int. Pentecostal Churches, in: N. Goodall (Hg.), Missions under the Cross, Addresses delivered at the Enlarged Meeting of the Committee of the Int. Missionary Council at Willingen, in Germany, 1952, with statements issued by the meeting, London, Edinburgh House Press, 1953, 249–250.

– A Brief History of American Pentecostal Movements, masch., unveröff., unpag. ca. 1955 (wichtiges Quellenwerk, enthält unterschiedlich gute Informationen, zum Teil aus eigenen Beobachtungen, auf Grund von Selbstdarstellungen der Pfingstler).

– A Brief History of Pentecostal Movements, masch., unveröff., unpag., ca. 1955 (betrifft die Pfingstbewegung außerhalb der USA).

– The World Council of Churches, P. 30, 1954, 10–11.

– Are We Going Back to the Churches, P. 35, 1955.

– Azusa Street Revival of 1906, P. Testimony *37/2, Mai 1956.

– Inizio della Pentecoste in Germania, Risveglio P. 11/10, Oktober 1956, 3–5.

– Pinksteropwekkingen over de gehele wereld 1906–1956, Volle Evangelie Koerier 19/8, Februar 1957, 6–7.

– Confidential report to pentecostal leaders, 7. Januar 1957, 6 S. (wichtiges Material über Du Plessis' ökumenische Gespräche in Ghana und Nigeria, Verteidigung des ÖRK).

Plessis, David J. Du, Tommy Hicks in Finnland, *Voice of Healing; Ich komme bald 15, 1957, 87–89.

– World Awakening. Thousands outside the movement receiving Acts 2.4 experience, P. 44, 1958, 2–3; deutsch: Welterwachen. Tausende außerhalb der Pfingstbewegung empfangen eine Erfahrung nach Apg. 2.4, VdV 51/7, Juli 1958, 12–14.

– In einer afrikanischen Pfingstgemeinde in Accra, Ghana, VdV 51/6, Juni 1958, 14–16; 51/7, Juli 1958, 10–11.

– Golden Jubilees of Twentieth-Century Pentecostal Movements, IRM April 1958.

– Het vuur van de Heilige Geest contra Diepvriestheologie, Volle Evangelie Koerier 21/2, August 1959, 4–5.

– P. Revival Inside the Historic Churches, P. 50, 1959, 1–2.

– Pentecost Outside „Pentecost". The astounding move of God in the denominational churches, o. O. (wahrscheinlich Dallas, Texas), o. J. (ca. 1961), 30 S.

– The Spirit Bade Me Go, Dallas, Texas, Selbstverlag, 1961, 96 S.; Oakland, Calif., Du Plessis, 1963², 122 S. (spannende Erzählung seiner Kontakte mit Kirchenführern aller Konfessionen und dem ÖRK).

– 1400 „Christian Congregations" (Pentecostal) in Brazil, David J. Du Plessis talks with the 94 years old founder, P. 54, 1961, 5; deutsch: Eine wenig bekannte Pfingstbewegung, VdV 54/4, April 1961, 8.

– Art. Mission der Pfingstbewegung, RGG³ (1961), 310–311 (wissenschaftliche Vorarbeiten für einen solchen Artikel fehlten 1961 noch).

– The „Changed Climate" Towards the Pentecostal Testimony, P. 58, 1962, 8–9; deutsch: Das veränderte Klima, VdV 55/3, März 1962, 8–9.

– Glossolalia, P. Testimony, Februar 1963, 7–9; März 1963, 4, 34.

Polen, Apollonius van, De Pinkstergemeente en de Kerk, Pinksterboodschap 3/11, November 1962, 2–3 (freundliche Rez. der „Hirtenschrift").

Pollock, J. C., The Keswick Story, London, Hodder & Stoughton, *1964.

Ponomartschuk, D. I., Bratskij vestnik *Nr. 5–6, 1960, 74 („Über die Einheit der Kinder Gottes").

Pope, Liston, Millhands and Preachers. A study of Gastonia, New Haven, Yale University Press, *1942, 1958,⁴ 369 S. (Yale Studies in Religious Education XV) (Hervorragende soziologische Untersuchung des Verhältnisses zwischen „Fabrikarbeitern und Predigern" in Gastonia in den Umbruchzeiten der 30er Jahre).

Pravda *23. Mai 1924; *22. Juni 1929.

Pravda o Sektantach, Wladiwostock *1958 („Die Wahrheit über die Sektierer").

Prochanov, J., Erfolge des Evangeliums in Rußland, deutsch *1939.

Prüfet die Geister! Blätter zur Abwehr gefährlicher Irrtümer 4, Stuttgart, Quell-Verlag, Evangelische Gesellschaft, o. J., 4 S.

Pryor, Adel, Tangled Paths, Springfield, Mo., GPH, o. J., 192 S. (Ein pfingst-licher Liebesroman! Das Photomodell Dawn Ashley bekehrt sich durch die Predigt des jungen Predigers Martin Shann, der sich dabei in Dawn verliebt. Aber Dawn heiratet einige Tage nach ihrer Bekehrung den geschliffenen, intellektuellen Londoner Lebemann Neil Fairfield. Die unglückliche Ehe aber bringt Dawn Ashley bis zum Tode ihres Mannes nichts als Traurigkeit und Enttäuschung. Endlich findet sie das wahre Glück in der Ehe mit jenem Mann, durch dessen Dienst sie bekehrt worden ist.

Purdie, James Eustace, The Spiritual Gifts, Toronto *1921.
- Christianity and the Supernatural, Trinity 1/3, 1962, 24–25.
- Concerning the Faith, Toronto, Full Gospel Publ. House, *o. J.
- (Hg.), What We Believe. A summary of the foundation truth of the Christian faith with concise explanations, Toronto, P. Assemblies of Canada, o. J., 32 S.
Putincev, Kabalnoe bratstvo sektantov, Moskau *1931.

Ramírez-Ramírez, Alfredo, Ich hätte tanzen mögen ... Monatliche Informationsbriefe über Evangelisation, Genf, ÖRK, Oktober 1969 (vgl. Anhang I/6, S. 355; bemerkenswerter Bericht eines chilenischen Pfingstlers über die Vierte Vollversammlung des ÖRK in Uppsala, 1968).
Ranaghan, Kevin and Dorothy, Catholic Pentecostals, New York, Paulist Press Deus Books, 266 S. (erste umfassende Darstellung der Pfingstbewegung *innerhalb* der römisch-katholischen Kirche).
Ranger, T. O., State and Church in Southern Rhodesia 1919–1939, Historical Association of Rhodesia and Nyasaland, Local Series Nr. 4, o. J. (ca. 1961, P. Bag 167 H, Salisbury, 28 S. (vervielf.).
- Pentecostal extracts from the first draft of an article on Independency in S. Rhodesia, Masch. 1964.
Read, William R., New Patterns of Church Growth in Brazil, Grand Rapids, Mich., W. B. Eerdmans Publ. Co., 1965, 250 S.
- und *Monterroso, Victor M.* und *Johnson, Harmon A.*, Latin American Church Growth, Grand Rapids, Mich., Eerdmans, 1969, 421 S.
Reichenbach, A., Sind wir deshalb eine Sekte? VdV 55/10, Oktober 1962, 3–5; 14–15; 55/11, November 1962, 12–14; auch SA: Basel, Mission für das volle Evangelium, o. J., 24 S.
Reinmarus, A. und *G. Friezen*, Mennonity, Moskau, aktz-izd-o-vo „Bezbožnik", *1930.
Religion in Communist Dominated Areas 5/21, 15. November 1966, 165–169 (zitiert einen Bericht der sowjetischen Nachrichtenagentur Novosti Press über den Landeskongreß der Evangeliumchristen/Baptisten).
Report on the Leader's Workshop, Lansing, Mich., 12. März 1968 (vervielf.).
Revista Bibliográfica, zit. P. 55, 1961, 3: What Others Are Saying.
Revista del Domingo (Santiago), 20. Oktober 1968, 2–3: Frontera entre lo humano y lo divino (Briefe an die Redaktion als Reaktion auf den Artikel von G. Romero).
Reyburn, William D. und *Marie F.*, Toba Caciqueship and the Gospel, IRM 45, 1956, 194–204 (genaue Beobachtung).
Rham, Dian de, D'une secte a l'autre, Constellation 246, Oktober 1968, 9–37 (gute Bilder, behandelt vor allem die Fraternité Chrétienne).
Riggs, Ralph Meredith, We Believe ... A Comprehensive Statement of Christian

Faith, Springfield, Mo., GPH; London, AoG Publ. House, 1954 (4 Bde. in einem); revised 1960.

Ringwald, Walter, Westafrikanische Propheten, Ev. Missionszeitschr. 1, 1940, 118–122, 145–155.

– Experiment Goldküste. Ein Bericht nach Pressemeldungen von Goldküste-Zeitungen, Evangelische Missionszeitschrift 12, 1955, 1–18, 40–48, 72–83.

Roberts, Oral, My Trip to Russia for Christ, Abundant Life *Nr. 8, 14.

Röckle, Christian, Die Fußspuren Gottes in meinem Leben, Leonberg/Württ., Philadelphia-Verlag, 1962, 272 S. (Autobiographie).

Romero, Graciela, Los Canutos, coléricos de la fe, Revista del Domingo (Santiago) 22. September 1968, 8–11 (Besprechung des Buches von Lalive d'Epinay).

Rougemont, Fritz de (?), Le Baptême du St. Esprit, anonymes Manuskript, näheres 05.28.048.

– in: *Förlaget Filadelfia* (Hg.), Europeiska Pingstkonferensen, 302–304.

Rubanowitsch, Johannes, Das heutige Zungenreden, Neumünster, Vereinsbuchhandlung G. Ihloff, o. J., 120 S.

Rudolph, Willy, Norwegian Theologian Says Pentecostal Movement Has Much to Teach the State (Lutheran) Church, P. 45, 1958, 6.

Russo, Giovanni, La Bibbia a Benevento, Mondo 10/645, 14. Januar 1958, 5.

Rycroft, Stanley W., Latin America: The Church's Task. For the vast majority of the people of Latin America God seems to have become irrelevant, Christian Century 79, 1962, 563–565.

Sadler, W. S., The Practice of Psychiatry, London, Kimpton, *1953.

Salvemini, Gaetano, Protestanti in Italia, Mondo 4/32, 9. August 1952, 3–4.

Sandoval, Moises, Pentecostals see how they fit in. A non-stop *pray*-in. National Catholic Reporter (Kansas City) 12. Juni 1968.

– „I'm Fine", He Lied, National Catholic Reporter, 12. Juni 1968.

Santos, Geraldino dos, Diversidade e integração dos grupos pentecostais, *Associação de Seminários Teológicos Evangélicos* (ASTE), O Espírito Santo, 1966, 30–32.

Sargant, W., Battle for the Mind. A physiology of conversion and brainwashing, London, Heinemann, 1957, 1959.

Sauer, E., History of the Christian Church, *o. J.

Schamoni, Wilhelm, Die Charismen in der Geschichte der römisch-katholischen Kirche, in: *R. F. Edel* (Hg.), Kirche und Charisma, 88–107.

Schertenleib, Paul, Frohlockende Pfingstgemeinde in der Landeskirche, VdV 51/11, November 1958, 13–14.

Schidkov, I. I. und A. Karev, Bratskij Vestnik *Nr. 1, 1955, 5 („An alle Ältesten der Gemeinden der Evangeliumschristen".).

Schiliró, Luiz, Liberta-te dos demônios! São Paulo, Sociedade Evangelística Mundial, Caixa Postal 9251, 1960, 56 S.

Schlosser, Katesa, Propheten in Afrika (Kulturgeschichtliche Forschungen 3), Braunschweig, Limbachverlag, 1949 (Katalog sämtlicher Propheten Afrikas).

– Eingeborenen-Kirchen in Süd- und Südwestafrika, ihre Geschichte und

Sozialstruktur, Erlebnisse einer völkerkundlichen Studienreise, Mühlau, Walter, 1953, 355 S. (Die Arbeit ging aus einer Habilitationsschrift „Neue Sozialverbände der Eingeborenen in Süd- und Südwestafrika. Ihre Entstehung und Struktur. Ergebnisse einer Studienreise" 1953, hervor. Darstellung und Interpretation befriedigen höchste Ansprüche. Viele Bilder.).

– Profane Ursachen des Anschlusses an Separatistenkirchen in Süd- und Südwestafrika, in: *E. Benz* (Hg.), Messianische Kirchen, Sekten und Bewegungen im heutigen Afrika, Leiden, Brill, 1967, 25–45.

Schmidt, G. Herbert, Brief, VdV 29/7, Juli 1946, 15.

– Lieder der Nacht, VdV 39/1, Januar 1946, 19–21.

– Wiedergeburt und Geistestaufe, Ich komme bald 4, 1946, 171–176, 178–184.

– Lobgesänge in der Nacht, Mehr Licht 27/12, 1953.

Schmidt, Karl Ludwig, Der Rahmen der Geschichte Jesu, *1919.

Schmidt, Martin, John Wesley, Zürich und Frankfurt, Gotthelf-Verlag, 1953 bis 1966, 2 Bde.

Schmidt, W., Die Lehre des Apostels Paulus, *o. J.

Schmidt, Wolfgang, Die Pfingstbewegung in Finnland (Kirchengeschichtliche Gesellschaft Finnlands 27), Helsinki 1935, 256 S. (grundlegend, leider heute veraltet).

Schneider, Ed., Der Szondi-Versuch, Bern, Hans Huber, *1952.

Schneider, Théo, Les églises indépendantes africaines en Afrique du Sud, Verbum Caro 6/33, 1952, 116–126 (instruktiver Feldbericht).

Schrenk, Elias, Die Casseler Bewegung (Zungenreden, Prophetie, Erweckungen 1907), oder: Was lehrt uns die Casseler Bewegung? Cassel, Ernst Röttgers Verlag, 1907, 20 S.

– Die Pfingstbewegung, Stuttgart, Verlag der Buchhandlung des Deutschen Philadelphiavereins, 1911, 24 S.

Schtanko, N., Izvestija *20. Juni 1962, 6 („Hinter verhängten Fenstern").

Schulgen, Francis Joseph, I knew that heaven begins on earth or it does not begin at all. After seeking God many years in a Franciscan monastery I found Jesus is the way, the truth and the life! Testimony 4/1, Viertes Vierteljahr 1965, 1–7.

Schwarz, Berthold, Ordeal by Serpents, Fire and Strychnine, Psychiatric Quarterly 1960, 405–429.

Schwarzwälder Bote *13. Dezember 1955 (Zaiss).

Schweizer, Eduard, Das Leben des Herrn in der Gemeinde und ihren Diensten, Zürich, Zwingli-Verlag, 1946.

– Wie sah eine urchristliche Gemeinde aus? (Vortrag in) Appenzeller-Zeitung *17. Januar 1951; Ich komme bald 9, 1951, 61, 62.

– Der Heilige Geist im Neuen Testament, Reformatio 3, 1954, 195–209.

– Gemeinde und Gemeindeordnung im Neuen Testament (Abhandlung zur Theologie des Alten und Neuen Testaments), Zürich, Zwingli-Verlag, *1959, 1962², 220 S.

– Art. „pneuma", Theologisches Wörterbuch zum Neuen Testament VI (1959), 394 ff.

– Geist und Gemeinde, Theologische Existenz heute, NF 32, München, Kaiser-Verlag, 1952, 50 S.

– Gegenwart des Geistes und eschatologische Hoffnung bei Zarathustra, spätjüdischen Gruppen, Gnostikern und Zeugen des Neuen Testaments, in: *E. Schweizer*, Neotestamentica. Deutsche und englische Aufsätze 1951–1963, Zürich, Zwingli-Verlag, 1963, 447 S.

– Zu den Reden der Apostelgeschichte, in: *E. Schweizer*, a.a.O., 418–428.

Schweizer Evangelist 8. Februar 1902, 47: Austritt Clibborns aus der Heilsarmee.

– 7. Februar 1903, 44: Austritt Clibborns bei Dowie.

– 10. Juni 1905, 180: Das neue Pfingsten.

– 18. März 1905, 184; 25. März 1905, 92; 1. April 1905, 100; 8. April 1905, 108: Die große Erweckung in Wales und was wir daraus lernen können.

– 6. Mai 1905, 143: III. Ostschweizerische Allianzkonferenz in Winterthur.

– 12. Februar 1910, 104: Ein Wort zur sogenannten Pfingstbewegung.

– 30. Juli 1910, 491: Vom Bezirk Oerlikon.

Schweizerische Pfingstmission, Protokolle der Sitzungen des Ältestenrates, vervielfältigt (nicht vollständig erhalten und der Öffentlichkeit nicht zugänglich, vorhanden bei L. Steiner, Basel).

– Grundsätze der Pfingstmission Zürich, Zürich 1946.

– Grundsätze der Schweizerischen Pfingstmission, Zürich 1943.

– Statuten der Schweizerischen Pfingstmission, Zürich o. J.

Secrétan, Louis, Baptême des croyants et baptême des enfants? La Chaux-de-Fonds, Editions du Grenier 20, 1946, 78 S.

Seitz, Joh., Die Erweckung in Wales, Auf der Warte 2/9, 25. Februar 1905, 7; 2/11, 12. März 1905, 6–7 (sehr positiv).

– und *Ernst F. Ströter*, Die Selbstentlarvung von „Pfingst"-Geistern, Barmen, Montanus und Ehrenstein, 1911, 29 S. (Neuausgabe Prediger Richard Ising *1962).

Seymour, W. J., Brief an Carothers, Houston, Texas, 12. Juli 1906, (in *Parhams* scrapbook, 108) (Seymour bittet um credentials).

– Brief an Ch. F. Parham, 27. August 1906, zit. in *Parham*, Parham, 154–155,

– Brief an Byposten *23. März 1907, 3; *22. Dezember 1906, 107.

Shepherd, R. H. W., The Separatist Churches of Africa, IRM 26, 1937, 453–463.

Sherrill, John L., They Speak With Other Tongues. An age-old miracle on the march in a scientific age and what happened to the reporter in search of its story, McGraw-Hill edition 1964; 1965; Pyramid edition 1965; Spire edition 1965, Westwood, N. J., Spire books, 1965, 143 S.; deutsch: Sie sprechen in anderen Zungen, Schorndorf/Württ., Karl-Fix-Verlag; Aarburg, Harfe-Verlag, 1967, 186 S. (übersetzt von R. Ebbinghaus).

Short, Robert L., The Gospel According to Peanuts, Richmond, Va., John Knox Press, 1964, 1965[11], 127 S. (Untersuchung über die Theologie in den humoristischen Cartoons von Peanuts [Schulz]. Peanuts [Schulz] ist Prediger der Church of God [Anderson]).

Sicard, H. v., Art. Die afrikanischen Religionen und die christliche Botschaft, RGG[3] I (1957) 150–152.

Siipi, Jouko, Luopumisen aika, Helsinki *1965 („Die Zeit des Abfalls").

Simon, Friedrich, Gedanken zur „Gemeinschaftsbewegung", Christliche Welt
21, 1907, 335–336.

– Gedanken zur Gemeinschaftsbewegung", Christliche Welt 22, 1908, 211–212.

Sixth Pentecostal World Conference, published by the Conference Advisory
Committee, Toronto, Testimony Press, 1961, 60 S.

Ski, Martin, vgl. *Egil Strand* u. a.

Skibsted, Werner, Åndens dåp i bibelens lys, Oslo, Filadelfia, *1939; deutsch von
Pfarrer O. Witt; Die Geistestaufe im Lichte der Bibel, Vaihingen/Enz, Karl
Fix (von Witt mit einer Einführung und Ergänzung versehen, 125 S.);
Schorndorf/Württ. Karl Fix, o. J.², 71 S. (ohne Einführung) (grundlegendes
Werk für das Verständnis der Geistestaufe in der norwegischen Pfingst-
bewegung; ebenso bemerkenswert die Ergänzungen durch einen deutschen
Pfarrer).

Social-Demokraten *4. Januar 1907, 1: En idiotfabrik.

– *5. Januar 1907, 2: Høvelflis.

Söderholm, G E., Den svenska pingstväckelsens historia 1907–1933, 2 Bde.,
Stockholm, Förlaget Filadelfia, *1929, *1933 (wichtiges Quellenwerk).

– Den svenska pingstväckelsens spridning utom och inom Sverige. Supplement
till „Den svenska pingstväckelsens historia", Stockholm, Förlaget Filadelfia,
*o. J.

Souza, Beatriz Muñiz de, A experiência da salvação. Pentecostais em São Paulo
(Coleção: Religião e Sociedade 1), São Paulo, Livraria Duas Cidades, 1969,
181 S. (soziologische Dissertation an der Universität Campinas, São Paulo,
verfaßt von einer jungen, reformierten Soziologin, hauptsächlich auf Troeltsch
fußend. Gute Beobachtungen, eindrückliche Quellen [Tonbandinterviews]).

Spini, Giorgio, La persecuzione contro gli Evangelici in Italia, Il Ponte 9/1,
1953, 1–14.

Spoerri, Th. (Hg.), Beiträge zur Ekstase, Bibl. Psych. et Neur. 135, Basel &
New York, S. Karger, 1968, 207 S.

– Zum Begriff der Ekstase, in: *Th. Spoerri* (Hg.), a.a.O., 1–10.

– Ekstatische Rede und Glossolalie, in: *Th. Spoerri*, Beiträge zur Ekstase, 1968,
137–153.

Stagg, Frank, E. Glenn Hinson, Wayne E. Oates, Glossolalia, Tongue Speaking
in Biblical, Historical and Psychological Perspective, New York, Abingdon
Press, 1967, 110 S.; deutsch: 2000 Jahre Zungenreden, Glossolalie in biblischer,
historischer und psychologischer Sicht. Kassel, J. G. Oncken Verlag, 1968,
99 S. (Ungenügende exegetische, gute psychologische Analyse).

Stampe, Laurids, Art. Pinsebevegelsen, Illustreret Religionsleksikon III, 125–128
(Kopenhagen 1950).

Statut Zjednoczonego Kościoła Ewangelicznego w Polskiej Rzeczypospolitej
Ludowej, Warschau *1959.

Stefano, F., I protestanti nella diocesi di Teggiano, Fides, Mai–Juni 1958,
151–157.

Steiner, Leonhard, Wie ich meine Geistestaufe empfing, VdV 21/4–5, April/Mai 1928, 4–6.

– Mit folgenden Zeichen. Eine Darstellung der Pfingstbewegung, Basel, Mission für das volle Evangelium, 1954; *Rez.*: A. J. Appasamy, IRM 46, 1957, 325–326 (beste deutschsprachige Selbstdarstellung, leider ohne Quellenangaben).

– Die fünfte pfingstliche Weltkonferenz VdV 51/11, November 1958, 1–5; 51/12, Dezember 1958, 9–11; 52/1, Januar 1959, 5–9.

– Sind wir nun keine Pfingstler mehr? Vervielfältigtes Memorandum 1960 zur Versendung an alle wichtigen Pfingstführer der Welt bestimmt.

– Pfingsten tiefer erlebt, VdV 56/5, Mai 1963, 5–6, 15.

– Ökumenische Konsultation in Gunten, VdV 59/12, Dezember 1966, 13–14.

– Le baptême de l'Esprit et l'appartenance au Corps de Christ, d'après 1 Cor. 12/13 (une explication de la doctrine du baptême de l'Esprit) (vervielf., o. J. 7. S.).

Stéphan, Raoul, Voyage chez nos frères séparés. Le mouvement de Pentecôte, Le Christianisme au XXe siècle, 17. Februar 1949, 54–55.

Stolee, H. J., Pentecostalism, the Problem of the Modern Tongues Movement, Minneapolis, Augsburg Publ. House, 1936. Unter dem Titel: Speaking in Tongues, neu aufgelegt im selben Verlag, 1963, 142 S. (Ablehnung des Zungenredens von einem lutherischen Standpunkt aus).

Stone, Jean, What Is Happening in the Episcopal Church? Christian Life, *November 1961; Trinity 1/2, 1962, 8–11.

– Dear Father, Trinity 1/3, 1962, 22–23 (Lehre vom „initial sign").

– By My Spirit, Saith the Lord, Trinity 1/4, 1962, 52–53.

– California Episcopalians Receive Pentecostal Baptism, P. Testimony 43/6, Juni 1962, 8–9, 31–32.

Strand, Egil, Erling Strøm, Martin Ski (Hg.), Fram til urkristendommen, Pinsevekkelsen, gjennom 50 år, Oslo, Filadelfiaforlaget, 1956–1959, 3 Bde. (Hervorragende Dokumentation, Geschichte der norwegischen Pfingstbewegung im Überblick, Missionsgeschichte, Geschichte einzelner Gemeinden, Statistik).

Strunk, Otto, Religion: A Psychological Interpretation, New York, Abingdon, *o. J.

Stupperich, Robert, Die russische Evangeliumsbewegung, Die Furche 20, 1934, 136–149.

– Russische Sektenbewegungen der Nachrevolutionszeit, Zeitschrift für systematische Theologie 13, 1936, 241–274.

– Religion und Kirche in der UdSSR, in: Die Sowjetunion in Europa (Vorträge), Wiesbaden, Otto Harrassowitz, 1963, 86–95.

Sumrall, Lester, The True Story of Clarita Villanueva. How a seven-teen year old girl was bitten by devils, Bilibid Prison, Manila, Philippines. In collaboration with Dr. Mariano B. Larra, Chief Medical Examiner, Manila Police Department, Professor and Department Head of Pathology and Legal Medicine, Manila, Central University, and by Rev. Ruben Candelaria, former

Superintendent of the Manila District of the Methodist Conference and now pastor in Bethel Temple, South Bend, Ind., Sumrall, o. J., 177 S.

Sunday Chronicle *16. November 1919: Big Welsh Revival. More „visions" in a colliery village (Stephen Jeffreys).

– (San Francisco) 99/132, 12. Mai 1963: Uproar Over „Tongues". The Church Quarrel. Bishop's Stand on Glossolalia – „A Danger".

Sunday Express *19. April 1925 (St. Jeffreys).

Sundkler, Bengt G. M., Bantu Prophets in South Africa, London, OUP, 1948, 1961², 381 S. (published for the International African Institute. Deutsch: Bantupropheten in Südafrika (Die Kirchen der Welt B/III), Stuttgart, Evangelisches Verlagswerk, 1964, 407 S. (Grundlegendes, unentbehrliches Werk für die Kenntnis der südafrikanischen Kirchen.)

– Bantu Messiah and White Christ, Frontier 1, 1960, 15–32.

– Sektenwesen in den jungen Kirchen, RGG³ V (1961), 1664–1666.

Sundstedt, Arthur, Pingstväckelsen – dess uppkomst och första utvecklingsskede, Stockholm, Normans Förlag, 1969, 304 S. (Erster Band einer in fünf Bänden geplanten Geschichte der schwedischen Pfingstbewegung).

Svensson, Waldemar, Kristendom och samhällsbyggande, *1937.

Synan, Harold Vinson, The Pentecostal Movement in the United States, Diss. University of Georgia, Athens, Georgia, 1967, 296 S. (Hervorragende historische Arbeit, bringt neue Quellen zu Tage, nur in Xeroxkopien zugänglich).

Tavares, Levy, Minha pátria para Cristo. Discursos e comentários, Sao Paulo, L. Tavares, 1965, 74 S. (Reden des Pfingstpredigers und Bundestagsabgeordneten Tavares im brasilianischen Bundestag).

Teinonen, Seppo A., Nykyajan lahkot, Helsinki *1965 („Die modernen Sekten," lutherisch).

Thibodeau, Philippe, Catholics and the Spirit of Pentecost, St. Mary's Chapel (Ann Arbor, Mich.), 4. Februar 1968, 1–3.

Thulin, Henning, En präst vaknar, Stockholm *1941.

– Kring Kyrkan och pingstväckelsen, Stockholm *1944.

– Predigt und Zeugnis, VdV 37/8, August 1944, 9–13.

– Pingströrelsen – en sociologisk orientering, Förlaget Filadelfia, Stockholm *1945.

Tiililä, Osmo, Kirstilleset kirkot ja muut yhteisöt, Helsinki *1963 („Die christlichen Kirchen und andere Gemeinschaften").

Time *5. Juli 1926, 19: Return (über A. S. McPherson).

– *2. April 1951, 81 (AoG Wachstum).

– *11. Juli 1955, 14: „Deadline for God: Rev. Oral Roberts".

– *15. August 1960: Speaking in Tongues.

– 78, 15. August 1960, 55 (Zungenreden).

– *9. Februar 1962: Religious Quackery.

– *2. November 1962, 38: Fastest-Growing Church in the Hemisphere.

– 81, 29. März 1963, 52: Blue Tongues.

- 28. Juli 1967, 49: Protestants: Pentecostal Tongues and Converts.
- 14. Juni 1968, 64: Cultism – or a cure for hyperintellects.

Tomlinson, A. J., Journal of Happenings, 5 Bde., 1901–1923 (Manuskript, vorhanden in der Library of Congress, Washington; zum Druck vgl. Homer A. Tomlinson).
- The Church of God Marches On, Cleveland, Tenn., White Wing Publ. House, *1939, 127 S.
- God's Twentieth Century Pioneer, A compilation of some of the writings of A. J. Tomlinson, Cleveland, Tenn., White Wing Publ. House, 1962, 200 S.
- The All Nations Flag, Cleveland, White Wing Publ. House, o. J.
- Feet Washing, Cleveland, Tenn., White Wing Publ. House, o. J., 4 S.
- Sanctification, a Second Work of Grace, Cleveland, Tenn., White Wing Publ. House, o. J., 4 S.
- Answering the Call of God. The marvellous experience of A. J. Tomlinson. As farmer in Indiana, mountain preacher and general overseer of the Church of God. Written by his own hand, Cleveland, Tenn., White Wing Publ. House, *o. J.

Tomlinson, Homer A., Diary of A. J. Tomlinson, 3 Bde., New York, Church of God (Queens Village), 1949–1955 (267 S., 128 S., 168 S.) (Bd. 1 bringt die Tagebücher von 1901–1923, die „A. J. Tomlinson, wie vierhundert Jahre vor ihm Martin Luther und 200 Jahre vor ihm John Wesley, wegen der Größe der Geschehnisse getrieben wurde, zu schreiben." [Deckel zu III]. Bd. II bringt die Tagebücher von 1923–1943 und den Bericht über die Spaltung zwischen Homer und Milton Tomlinson. Bd. III bringt die Tagebücher von 1897–1923 und 1924–1943 und macht den Eindruck einer Fälschung. Sicherheit ließe sich nur durch Vergleich mit dem *Manuskript* A. J. Tomlinsons [Journal of Happenings] gewinnen. Da aber Homer A. Tomlinson seitenlang aus dem Manuskript seines Vaters zitert und ausführlich über die Streitereien zwischen den verschiedenen Churches of God referiert, sind die drei Bände als unentbehrliche, wenn auch kritisch zu verwendende Quelle zu betrachten).
- The Church Marches On, New York, ChoG (Queens Village), *o. J.
- Theocracy, New York, ChoG (Queens Village), o. J.

Tomlinson, Milton A., Basic Bible Beliefs of the Church of God of Prophecy, Cleveland, Tenn., White Wing Publ. House, 1961, 128 S.

Tognini, Enéas, Batismo no Espírito Santo, in: *Associação de Seminários Teológicos Evangélicos*, O Espírito Santo, 1966, 76–82.

Topeka State Journal *20. Oktober 1900: He Got Money (Parham).
- *8. Januar 1901: Row at Bethel.
- *9. Januar 1901: Hindoo and Zulu, Both Are Represented at Bethel School.
- *15. Januar 1901: Prayer Tower.

Trinity 1/1, 1961, 51–52: Why Tongues?
- Return to the Charismata, Van Nuys, Calif., The Blessed Trinity Sty, 1962, 8 S.
- 1/4, 1962, 2–4: An Episcopal Priest Explains: The Origin and Meaning of Confirmation; auch SA: Van Nuys, Calif., The Blessed Trinity Sty, 1962, 8 S.

- The Ministries of the Holy Spirit in the Church, Van Nuys, Calif., The Blessed Trinity Sty, o. J., 34 S.
- Have Ye Received the Holy Ghost Since Ye Believed? Van Nuys, Calif., Blessed Trinity Sty, o. J., 34 S.
- What has Happened to the Trinity? Van Nuys, Calif., Blessed Trinity Sty., o. J., 4 S.

Turnbull, Thomas Napier, What God Hath Wrought, A short history of the „Apostolic Church", Bradford, Puritan Press, 1959, 186 S. (wichtiges Quellenwerk).
- Nigerien – Land der offenen Türen, Ich komme bald, 18, 1960, 205–211.

Turner, Harold W., The Litany of an Independent West African Church, The Sierra Leone Bulletin of Religion 1, 1959, 48–55.
- Searching and Syncretism. A West African Documentation, IRM 49, 1960, 189–194.
- The Catechism of an Independent West African Church, The Sierra Leone Bulletin of Religion 2/2, 1960, 45–57; auch: Occasional Papers issued by the Department of Missonary Studies, Genf, ÖRK, 1961, 10 S.
- Katechismen unabhängiger westafrikanischer Kirchen, in: *E. Benz* (Hg.), Messianische Kirchen, Sekten und Bewegungen im heutigen Afrika, 1965, 71–88.
- Profile Through Preaching, A Study of the Sermon Texts Used in a West African Independent Church, London, Edinburgh House Press, 1965, 88 S. (published for the WCC, CWME, Research Pamphlets No. 13).
- African Independent Church, The Life and Faith of the Church of the Lord (Aladura), London, OUP, 1967, 2 Bde. (271 S., 391 S.) (Grundlegendes Werk über die Aladurakirchen. Turner besuchte 90% der Gemeinden und konnte die Kirchenarchive benutzen.).

Turner, William Holmes, Pioneering in China, Franklin Springs, Ga., Advocate Publ. House, *o. J.

Ul'ianov, G., Nauka i religija, *Nr. 5, 1961, 90–91 („Die Straße der Dunkelheit").

*Ulmer Tagblatt *31. Januar 1963 (Seiss).

United Pentecostal Church, Manual. The whole Gospel to the whole world, Articles of Faith. Constitution. St. Louis, United Pentecostal Church, *1949, 1963, 94 S.
- What We Believe and Teach; Articles of Faith, St. Louis, Mo., Pent. Publ. House, o. J. (vgl. Anhang I/5, S. 354).

Vergara, Ignacio, s. j., El protestantismo en Chile, Santiago de Chile, Editorial del Pacifico, 1962, 256 S. (Der Vf. hat sich zum Ziel gesetzt, „en la forma más objetiva posible" über den chilenischen Protestantismus zu berichten und entledigt sich dieser Aufgabe fast durchgehend mit Geschick und Anstand. Er informiert außerordentlich gut und verhehlt seine offene Bewunderung der Pfingstler auf weiten Strecken nicht, sieht aber auch deren Schwächen. Faire Kritik an der Pfingstbewegung).

- Avance de los „Evangélicos" en Chile, Mensaje 3/41, August 1955, 257–262.

Verghese, Paul, Ich glaube an den Heiligen Geist, in: *R. F. Edel* (Hg.), Kirche und Charisma, 11–27.

Verhoef, W. W., Eenheid der gelovigen of eenheid der kerken? Vuur 6/7, September 1962, 2–5.

– *J. Braaksma, H. J. Hegger, P. v. d.Woude*, Aandacht gevraagd voor het Herderlijk schrijven van de Hervormde Synode over de Pinkstergroepen, Pinksterboodschap 2/6, Juni 1961, 6–7.

– Worden geheimen onthuld? Vuur 6/10, Dezember 1962, 2–6.

– Samuel Doctorian in Nederland, Vuur 6/7, September 1962, 8–9.

– De Pinkstergemeente en de Kerk, Vuur 7/4, Juni 1963, 9 (Rez. von *Broederschap van Pinkstergemeenten*, De Pinkstergemeente en de Kerk).

– Uit de praktijk van het spreken in tongen, Vuur 6/12, Februar 1963, 11–12; 7/1, März 1963, 2–4; 7/2, April 1963, 8–10; 7/5–6, Juli/August 1963, 2–4.

– Door één Geest tot één lichaam gedoopt, Rijswijk-ZH, Vuur, *o. J.

– Pinksteren, Rijswijk-ZH, Vuur, *o. J.

Verkuyl, J., Geredja Dan Bidat², Djakarta, Badan Penerbit Kristen, 1962, 200 S. („Kirche und Sekte", wichtige Quelle für Indonesien).

Verlag der Gesellschaft für Mission, Diakonie und Kolportage mbH, Mülheim/Ruhr, Der Kampf um die Pfingstbewegung (Sonderabdruck aus den Pfingstgrüßen, vgl. Anhang I/2).

Vidal, Virginia, Pentecostales tienen conciencia de su responsabilidad con Chile, El Siglo (Santiago) 17. November 1968, 8–9.

Vie et Lumière (Le Mans). Nr. 30 (1967) und Nr. 46 (1970) enthalten wichtige Nachrichten zum Verhältnis Ökumene und Pfingstbewegung.

Visser't Hooft, W. A., Der Auftrag der ökumenischen Bewegung, in: *N. Goodall* und *W. Müller-Römheld* (Hg.), Bericht aus Uppsala, 329–341.

Vivier, van Eetveldt L. M., Glossolalia, Med. Diss. University of Witwatersrand Südafrika, 1960.

Vogel, L., Warnung vor dem Pfingst-Irrgeist, dazu Nachtrag, Zürich, o. J., (polemisch).

Voevodin, I., Komsomolskaja Pravda *25. September 1962. („Komsomolführer müssen eine größere Rolle in der Propaganda für den Atheismus spielen.")

Vouga, Oscar, Our Gospel Message, St. Louis, Mo., P. Publ. House, o. J., 31 S.

Wakin, Ed., Dave Wilkerson Casts Out Devils. His phenomenal success with teen-age drug addicts is rooted in faith and prayer, Sign 48/3, Oktober 1968, 27–32.

Ward, Barbara E., Some Observations on Religious Cults in Ashanti, Africa 26, 1956, 47–61.

Weiss, Bernhard, Lehrbuch der biblischen Theologie, *1868, *1903⁷.

Welbourn, F. B., East African Rebels. A study of some independent churches, London, SCM, 1961, 258 S. (World Mission Studies).

Weman, Henry, African Music and the Church in Africa, Studia Missionalia Upsaliensia 3, Uppsala, Svenska Institutet för Missionsforskning, 1960, 296 S.

Werin, Algot; *Harold Elovson*, Art. Carl Hindrik Sven Rudolphsson Lidman, Svensk Uppslagsbok XVIII (1956), 50–51.

Wessels, G. R., Dopet i den helige ande – ett mål eller en port, in: *Förlaget Filadelfia*,Världspingstkonferensen, 1955, 42–51; englisch: The Baptism With the Holy Spirit – not a Goal, But a Gateway, P. E. 2149, 17. Juli 1955, 4, 11, 13; deutsch: Die Taufe im Heiligen Geist – Ein Ziel oder ein Durchgang? VdV 48/8, August 1955, 1–3, 8.

West, Charles C., The Churches in China, Christian News-Letter, Publ. quarterly by the Christian Frontier Council 3, 1955, 131–143.

Westerman, Diedrich, The Value of the African's Past, IRM 15/59, Juli 1926, 418–437.

Westgarth, J. W., The Holy Spirit and the Primitive Mind, London, Victory Press, 1946.

Whalen, William J., The Pentecostals, Dismissed for years as „holy rollers" the Pentecostals are making millions of converts throughout the world, U.S. Catholic 32/10, Februar 1967, 12–16.

White, Alma, Demons and Tongues, Zarephath, N. J., Pillar of Fire, 1936, 1949[4], 127 S. (Polemik gegen die Pfingstbewegung).

Widmer, Johannes, Im Kampf gegen Satans Reich, 3 Bde., I: 1938, 131 S. (unter dem Titel „Mein Kampf gegen Satans Reich" erschienen), 1948[3], 119 S.; II: *1942, 1949[2], 225 S.; III: *1947, 1952[2], 231 S. Alle drei Bände: Bern, Gemeinde für Urchristentum.

Wilkerson, David R. (mit John und Elizabeth Sherrill), The Cross and the Switchblade, New York, B. Geis Ass., distributed by Random House, 1963 (GPH edition), 217 S.; Pyramid Publ. USA 1963, 174 S.; deutsch: Kreuz und Messerhelden, Erzhausen, Leuchter-Verlag, *1966.

– Twelve Angels From Hell, Westwood, N. J., Fleming H. Revell, 1963, 152 S.; deutsch: Zwölf Engel aus der Hölle, Konstanz, Bahn-Verlag, *1966.

Willems, Emilio, Protestantismus und Sozialstruktur in Chile, Kölner Zeitschrift für Soziologie und Sozialpsychologie 12, 1960, 562–571.

– Religious Mass Movements and Social Change in Brazil, in: *E. N. Baklanfof* (Hg.), New Perspectives of Brazil, 1966, 205–232.

– Followers of the New Faith. Culture Change and Rise of Protestantism in Brazil and Chile, Nashville, Tenn., Vanderbuilt U. P., 1967, 290 S. (wichtige Untersuchung).

– Validation of Authority in Pentecostal Sects of Chile and Brazil, Journal for the Scientific Study of Religion 6, 1967, 255 ff.

Willenegger, Robert, Urchristliche Gemeinde, Ich komme bald 3, 1945, 9–11, 18–19, 26–28, 37–39, 51–54, 62–64, 73–78, 87–88, 94–96 (Apostel, Propheten, Evangelisten, Lehrer, Hirten, Diakone).

– Die Hauptlehren der Schrift, Ich komme bald 4, 1946, 108–111, 115–119, 124–127.

– Austreibung der Dämonen, VdV 40/10–11, Oktober–November 1947, 21–24.

– Ein Theologe sucht das Urchristentum, in: *J. Widmer*, Im Kampf III, *1947, 1952[2], 11–18.

- Gemeinde des Neuen Testamentes, in: *J. Widmer*, Im Kampf II, *1942, 1949², 7–42.
- Urchristliche Gemeinde. Die Grundzüge der Urgemeinde, Ich komme bald 9, 1951, 96–108.
- Religionsgespräch in Bern, Ich komme bald 11, 1953, 188–189 (mit Prof. Dr. H. Dürr).
- Die Nationalratswahlen im Lichte der Bibel, Ich komme bald 16, 1958, 235–239 (vgl. Anhang I/7, S. 356f.).
- Die politische Schweiz, Ich komme bald 19, 1961, 158–161.
- Gedanken zum schweizerischen Nationalfeiertag, Ich komme bald 19, 1961, 141–146.
- Unsere Gemeinde im Urteil eines Theologen, Ich komme bald 20, 1962, 3–4.

Williams, Ernest S., Systematic Theology, Springfield, Mo., GPH, London, AoG Publ. House, 1953, 3 Bde., 284 S., 299 S., 298 S. (pfingstlich-fundamentalistische Normaldogmatik, unentbehrliches Quellenwerk).
- Forty-Five Years of Pentecostal Revival, P. E. 1946, 26. August 1951, 4–5, 11.

Wilson, Bryan R., Social Aspects of Religious Sects: A Study of Some Contemporary Groups in Great Britain. With Special Reference to a Midland City, Ph. D. Thesis, 1955, 2 Bde. (hervorragende soziologische Untersuchung, in seinem Buch ,,Sects and Society" zusammengefaßt; über Elim Foursquare Gospel Alliance I, 1–410).
- Apparition et Persistance des Sectes dans un milieu social en évolution, Arch. de soc. des rel. 5, Januar–Juni 1958, 140–150.
- The Pentecostalist Minister: Rôle Conflicts and Status Contradictions, American Journal of Sociology 64, 1959, 494–504.
- An Analysis of Sect Development, American Sociological Review 24, 1959, 3–5 (Wilson teilt die Sekten in verschiedene soziologische Typen ein und zeigt *innerhalb des Typs* eine einheitliche Entwicklung. Er kann so erklären, warum gewisse Sekten niemals zur Kirche werden!).
- Sects and Society, A Sociological Study of Three Religious Groups in Britain, London, Melbourne, Toronto, W. Heinemann, 1961 (Behandelt die Christliche Wissenschaft, die Christadelphians und die Elim Foursquare Gospel Alliance. Wilson lebte monatelang mit den Pfingstlern zusammen, um ihre Frömmigkeit von innen kennen zu lernen. Es handelt sich um eine großartige Darstellung, die sich – obschon sich Wilson als Nichtchrist bezeichnet – vorteilhaft von vielen theologischen Abhandlungen gegen die Pfingstbewegung abhebt. Das Kapitel über die Christliche Wissenschaft kommentiert und zitiert bis dahin unbekannte, äußerst aufschlußreiche Quellen aus der Gründungszeit der Christlichen Wissenschaft.).

Wilson, Elizabeth A. Galley, Making Many Rich, Springfield, Mo., GPH, 1955, 257 S. (Missionsgeschichte der AoG in Afrika).

Winehouse, Irwin, The Assemblies of God. A popular survey (with an introduction by J. Roswell Flower) New York, Washington, Hollywood, Vantage Press, 1959, 224 S. (,,Volkstümlich").

Witt, Otto, Vernichtet – und herrlich gemacht. Ein Lebensbild von Pastor T. B.

Barratt, in: *W. Skibstedt*, Die Geistestaufe im Lichte der Bibel, 1946, 120–123; o. J.², 66–71.

- Komm heiliger Geist, in: *W. Skibstedt*, Die Geistestaufe im Lichte der Bibel, 1946, 7–54 (Diese Einleitung fehlt in der zweiten Auflage).
- Vaumarcus 1951. Eindrücke eines deutschen Pfarrers, VdV 44/8, August 1951, 1–3.
- William Branham, Prophet oder Wahrsager, Marburg/Lahn, Rathmann, 157 (sehr positiv).
- Krankenheilung im Lichte der Bibel, Marburg/Lahn, Rathmann, Bd. I, 1957.
- Krankenheilung. Eine Frage an Kirche, Gemeinschaften und Heilungsbewegung, Marburg/Lahn, Rathmann, Bd. II, 1959, 334 S. (gründliche Arbeit, den amerikanischen Heilungsevangelisten nahestehend; *Rez.*: Leuchter 10/11, November 1959, Beilage).

Wood, William W., Culture and Personality Aspects of the Pentecostal Holiness Religion, Paris, The Hague, 1965, 125 S. (Diss. Universität North Carolina 1961).

Wovenu, Charles Kwabla Nutornutis, Fundamental Teachings About the Apostolic Revelation Society, Tadzewu via Denu, Ghana, Apostolic Revelation Society, 1950, 51 S. (gedruckt Guinea Press Ltd., Accra).

- Srɔgbenɔnɔ ŋuti nufiafiawo, Tadzewu, Ghana, Apostolowo Fe Ɖeɖefia Habɔbɔ, 1959, 29 S. (gedruckt von Guinea Press, Accra, Ghana).
- Nufiafia tso dziɖegbe Satana, kple ɣedzefe ŋuti, Tadzewu, via Denu, Ghana, Apostolowo Fe Ɖeɖefia Habɔbɔ, 1961, 19 S. (gedruckt von Mfantsiman Press Ltd., Cape Coast, Ghana).
- The Apostolic Revelation Society, Tadzewu, Apostolic Revelation Society, 1962, 25 S.; Ewe: Apostolowo Fe Ɖeɖefia Habɔbɔ, Tadzewu, Apostolic Revelation Society, 1962, 26 S.
- ɣeyiɣi vevie la, dae kpɔ, Tadzewu, Ghana, 1963, 20 S. (gedruckt von Mfantsiman Press, Cape Coast, Ghana).
- Abzɔgbeɖeɖe na mawu, Tadzewu, Ghana, Apostolic Revelation Society, 1963, 24 S.; englisch: Vowing to God, Tadzewu, Ghana, Apostolic Revelation Society, 1963, 24 S. (gedruckt durch Abura Printing Works Ltd., Kumasi).
- The Mediation Symbol in English and Ewe, Accra, Mission House, 1963, 52 S. (gedruckt von Presbyterian Press, Accra. Enthält eine Krankheitsgeschichte Wovenus und eine Erklärung, warum Gerechte auch krank werden).
- Studies in the Catechism of the Apostolic Revelation Society, Tadzewu, Ghana, Apostolic Revelation Society, o. J., 16 S. (gedruckt von Presbyterian Church Printing Dept., Accra). (Schriften Wovenus sind eindrückliche Beispiele einer neuen, afrikanischen Frömmigkeit; Analyse 01–12–018).

Wumkes, G.A., De Pinksterbeweging voornamelijk in Nederland, Pinksteruitgaven 1, Amsterdam, G. R. Polman, 1917, 23 S. (knappe, auf guten Quellenkenntnissen beruhende Darstellung der Entstehung der holländischen Pfingstbewegung durch einen reformierten Pfarrer. Wohlwollende Beurteilung unter dem Motto: Die Ekstase wird geradezu zu einem wichtigen sozial-ethischen Ferment [Achelis]).

Yinger, J. Milton, Religion, Society and the Individual. An introduction to the Sociology of Religion, New York, Macmillan, 1957, 655 S.

Zeitschrift für Religionspsychologie 1, 1907, 439–440: Das „Zungenreden" in Zürich.

– 1, 1907, 440: Das „Zungenreden" in England.

– 1, 1907, 472: Die religiöse Massenerregung in Hessen ein Werk des „Teufels".

– 1, 1907, 470–472: Das Zungenreden in Zürich.

– 1, 1907, 438–439: Über den Fortgang der psychischen Epidemie in Hessen.

– 1, 1907, 302: „Zungenreden" in Schlesien.

– 1, 1907, 280: Die psychische Epidemie in Hessen.

Zenetti, Lothar, Heiße (W)Eisen, Jazz, Spirituals, Beatsongs, Schlager in der Kirche. Unter Mitarbeit von: J. Aengenvoort, P. Krams, R. Riehm, D. Trautwein, München, J. Pfeiffer, 1966, 328 S. (Pfeiffer Werkbuch 50) (enthält auf S. 304–309 eine Beschreibung eines Gottesdienstes der Freien Christengemeinden, der mit einem katholischen Gottesdienst konfrontiert wird, vgl. S. 301 ff.).

LISTE DER MITARBEITER

Rev. Nicholas B. H. Bhengu, P. O. Box 10555, Johannesburg, Südafrika.

Rev. Barry Chant, 95 Wattle St., Fullarton, South Australia 5063.

Rev. Edward Czajko, Zagórna 10, Warschau, Polen.

Prof. Dr. Steve Durasoff, Oral Roberts University, Tulsa/Okla., USA.

Pred. Ludwig Eisenlöffel, Bibelschule „Beröa", Postfach 60, 6106 Erzhausen, Deutschland.

Dr. Wolf-Eckart Failing, Textorstr. 99, 6 Frankfurt 70.

Rev. R. Hollis Gause, Chairman Department of Religion, Lee College, Cleveland, Tenn., USA.

Rev. Douglas Gray, Elim Pentecostal Church, 15, Rodenhurst Road, London, S.W. 4.

Walter Haab-Metzger, Feldblumenstr. 100, 8048 Zürich, Schweiz.

Prof. Dr. Walter J. Hollenweger, Dept. of Theology, University of Birmingham, Birmingham (G. B.)

Dr. Klaude Kendrick, Texas Wesleyan College, Fort Worth, Texas 76105, USA.

Pred. Christian Hugo Krust, Christlicher Gemeinschaftsverband GmbH Mülheim/Ruhr, Mollerstr. 40, 61 Darmstadt, Deutschland.

Christian Lalive d'Epinay, Foyer John Knox, 27 chemin des Crêts, Grand Saconnex/GE, Schweiz.

Rev. Valtter Luoto, Ristin Voitto, Kaunokkitie 28 B, Tikkurila, Finnland.

Revo. Manoel de Melo, Presidente de la Igreja Evangélica Pentecostal, Caixa Postal 4054, São Paulo, Brasilien.

Dr. Beatriz Muñiz de Souza, Rua Monte Alegre 286, Perdizes, São Paulo, Brasilien.

Ökumenischer Rat der Kirchen, 150 route de Ferney, 1211 Genf 20, Schweiz.

Pastor Trandafir Sandru, Str. Ghirlandei 9, Bloc 43, Sc III, Ap. 109, Raion 16 Februarie, Bucuresti 16, Rumänien.

Pred. Leonhard Steiner, Biascastr. 26, 4000 Basel, Schweiz.

Rev. Lester Sumrall, Bethel Temple, South Bend, Ind., USA.

Prof. Dr. H. W. Turner, Candler School of Theology, Emory University, Atlanta, Ga (USA).

Dr. L. M. Vivier-van Eetveldt, University of Witwatersrand, Südafrika.

Bo Wirmark, Svenska Ekumeniska Kommittén för Internationella Frågor, Slottsgaten 8A, Uppsala, Schweden.

Pred. Jakob Zopfi, Schlehdornweg 27, 3600 Thun, Schweiz.

LISTE DER ÜBERSETZER

Pfr. Dr. Werner Bergmann (aus dem Schwedischen: Kap. 3, 22).

Ada Gallin (aus dem Rumänischen: Kap. 6).

Prof. Dr. Walter Hollenweger (aus dem Englischen: Kap. 2, 4, 9, 10, 14, 20, 21, 24; aus dem Französischen: 8).

Dr. Lore Nievergelt-Schmid (aus dem Englischen: Kap. 16).

Prof. A. Soloviev (aus dem Polnischen: Kap. 7).

Verheißung des Vaters (aus dem Englischen: Kap. 13, 18).

Pfr. Karl Ernst Neisel (aus dem Portugiesischen: Kap. 25, 26).

REGISTER

von Erica Hollenweger-Busslinger

(Umfaßt sämtliche Personennamen und Namen pfingstlicher Denominationen, exkl. S. 393 ff.)

Abab, G. 221
Abrahams, M. 112, 313
Ahlberg, A. J. 225, 373
Ahlstrom, S. E. 155
Akinyele, I. B. 122
Aladura 25, 115, 118–121, 321
Alexander, Ch. 61
Algermissen, K. 344
Allen, A. A. 340
All-Union der Evangeliumschristen/Baptisten (AUECB) 51, 53–58, 59 f., 333, 377
Alton, W. D. 372
Alvarado, P. 372
Anderson, B. 366
Anderson, P. 371
Anderson, W. W. 365
Andersson, A. 365
Andersson, S. 368
Andresen, E. 369
Antonescu 87
Apostolic Church (Australien) 128 f.
Apostolic Church (Ghana) 365
Apostolic Church (Großbritannien) 115, 121 f., 124, 128, 315, 340 f., 375 (vgl. auch Apostolische Kirche; Apostolske Kirke i Danmark; Chiesa Apostolica; Gemeinde für Urchristentum)
Apostolic Church (Nigerien) 115, 121 f., 366
Apostolic Church of Pentecost of Canada 367
Apostolic Church of Pentecost of Canada (Indien) 372
Apostolic Faith (USA) 31, 122, 313, 367
Apostolic Faith Mission (Südafrika) 183, 272, 356, 366
Apostolic Overcoming Holy Church of God 33, 367
Apostolische Kirche (Dänemark) 236 (vgl. Apostolic Church)
Apostolische Kirche (Deutschland) 68, 71, 124, 179, 315 (vgl. Apostolic Church)
Apostolische Kirche (England) 236 (vgl. Apostolic Church)
Apostolske Kirke i Danmark 288, 374 (vgl. Apostolic Church)
Appiah, J. W. E. 313
Arbeitsgemeinschaft der Christengemeinden in Deutschland e.V. 66–68, 75, 178, 231, 288, 301, 303, 314, 340, 351, 357, 374
Arbeitsgemeinschaft Pfingstlicher Gemeinden in der Schweiz 155 f., 340

Archer, J. W. 312
Argue, A. H. 312
Asamblea Cristiana 368
Asambleas de Dios (Bolivien) 369
Asambleas de Dios (Chile) 369
Asambleas de Dios (El Salvador) 370
Asambleas de Dios (Guatemala) 370
Asambleas de Dios (Honduras) 371
Asambleas de Dios (Kolumbien) 371
Asambleas de Dios (Kuba) 371
Asambleas de Dios del Perú 371
Asociación Evangélica Asambleas de Dios 368
Assemblee di Dio (Italien) 375
Assemblées de Dieu (Belgien) 374
Assemblées de Dieu du Congo 365
Assemblées de Dieu (Frankreich) 375
Assemblées de Dieu (Togo) 366
Assemblées de Dieu (Volta) 367
Assembléias de Deus (Brasilien) 290, 295, 341, 369, 390
Assembléias de Deus (Portugal) 376
Assemblies of God (Ägypten) 365
Assemblies of God (Australien) 128 f., 341, 374
Assemblies of God (Britisch Guayana) 369
Assemblies of God (Burma) 372
Assemblies of God (Ghana) 365
Assemblies of God (Griechenland) 375
Assemblies of God (Großbritannien) 128, 206, 289, 375
Assemblies of God (Hongkong) 372
Assemblies of God (Indien) 372
Assemblies of God (Korea) 373
Assemblies of God (Liberia) 366
Assemblies of God (Nigerien) 366
Assemblies of God (Philippinen) 227, 373
Assemblies of God (Südafrika) 158, 288, 366
Assemblies of God (USA) 19 f., 24, 29, 31, 50 f., 59, 67, 84, 100, 122, 128, 178, 220, 236, 240, 247, 270, 288, 310 f., 314, 340 f., 351, 367, 383, 386–388
Association des Eglises de Kiru 365
Atter, G. F. 239, 313, 340
Australian Pentecostal Fellowship 125
Awrey, D. 312
Azusa-Street-Mission 30, 33

Babalola, J. 121
Baëta, C. G. 321
Balandier, G. 109, 114, 333

Baldwin, J. 17–20, 22, 24, 337, 339
Barber, H. H. 156, 341
Bard, B. T. 67
Barker, C. A. 372
Barker, F. G. 371
Barnet 333
Barratt, A. 359
Barratt-Lange, S. 360
Barratt, Th. B. 38–42, 45f., 48, 62, 69, 312, 317, 327, 352f., 359f.
Barrett, C. K. 173
Barrett, D. B. 333, 378
Bartel, H. K. 371
Barth, K. 214, 240
Bartleman, F. 312
Barton, G. A. 205
Bartz, W. 76, 79
Beacham, P. F. 340f.
Beaty, J. M. 370
Beck, S. 341
Becker, W. 132, 138, 142–144, 341
Bedasch, A. I. 53
Behm, J. 335
Benz, E. 320, 333
Berg, D. 312
Berger, F. 69
Berger, P. L. 112
Bergholz, A. 67
Bergmann, G. 156
Berkhof, L. 173
Bernadotte, O. 42
Bernoulli, M. 343
Beyerhaus, P. 323, 343
Bhengu, N. B. H. 21, 25, 157–165, 331
Bible Pattern Fellowship 361, 375
Biblische Glaubensgemeinschaft 179
Bibra, O. S. v. 143, 341
Björkquist, C. 48f., 313
Bjørner, A. Larsen 360
Binde, F. 68f.
Biserica lui Dumnezeu Apostolica 86
Biserica lui Dumnezeu Apostolica Penticosta-la 88
Bittlinger, A. 133f., 136, 139, 142–144, 288, 341
Bittlinger, G. 142
Blanke, F. 326, 343
Blass, F. 173
Bloch-Hoell, N. 24, 48f., 156, 271, 289, 323, 325, 352, 360
Blomqvist, A. 48f., 312
Blumhardt, J. Chr. 142, 145
Boardman, W. E. 68
Boddy, A. A. 69, 312, 341, 343, 351, 360
Bochian, P. 90
Bodin, J. 109

Boer, H. R. 343
Boerwinkel, F. 271, 343
Bohren, R. 139, 143, 341
Boltzius, F. A. 42
Bond, G. 312
Bonhoeffer, D. 19, 24
Bontsch-Bruevitsch, V. D. 329
Boom, C. ten 143
Born, K. 341
Borovoy, V. 288
Bosworth, F. F. 182, 314
Bourdeaux, M. 318
Boyd, F. M. 341
Boyer, O. S. 309
Bracco, R. 312, 340, 353
Bradin, G. 83f. 86
Braid, G. 116f.
Bras, G. Le 113
Braun, R. 337f., 345f.
Breite, R. 340
Brewster, P. S. 361
Briem, E. 48f., 323, 337, 342, 346
Brissaud, F. 319
Britton, F. M. 340
Broederschap van Pinkstergemeenten in Nederland 272, 277, 340f., 343, 376
Brofeldt, P. 45, 312
Brooks, N. 375
Brou, A. 333
Bruckner, A. 319, 343
Bruland, G. F. 341
Brumback, C. 205, 313, 341
Bruner, F. D. 322
Bruns, H. 112
Bryan, W. J. 299
Buckalew, W. 312
Buckles, E. A. 312
Budean, P. 83f.
Bultmann, R. 318
Bund Evangelisch-Freikirchlicher Gemeinden 67
Burke, F. 288, 340
Burnett, C. C. 313
Burr, N. R. 343
Burt (Bischof) 360
Burton, W. 313
Busby, R. A. 373
Bush, J. 366
Buth, K. 377
Butler, C. E. 24
Butterfield, Ch. E. 288
Butzer, M. 142

Calet, H. 342
Calley, M. J. C. 249f., 255, 330f., 334
Calvary Pentecostal Church, Inc. 367

Calvin, J. 183, 187, 203, 205, 323
Câmara, H. 292, 301
Camargo, C. P. F. de 300, 332, 334
Campbell, J. E. 316
Campos, A. E. 312, 370
Candalaria, R. 228
Cannon, W. R. 173
Carmichael, St. 18
Carrec, E. le 342, 355
Carrell, A. 209
Carslake, C. 255
Carter, Herbert 368
Carter, Howard 341
Cashwell, G. B. 33
Cassin, E. 334, 344
Castañiza, J. de 280
Cathcart 128
Cattell 190, 194, 201, 204
Cavnar, J. 344
Centrale Pfingstgemeinde von Surabaja 372
Chant, B. 22, 25, 125–130, 246–255, 335
Chávez, E. 370
Chawner, C. A. 340
Cherubim- und Seraphimgesellschaften 119
Chéry, H.-Ch. 328, 336
Chiesa Apostolica, 375 (vgl. Apostolic Church)
Chiesa Evangelica Internazionale 375
Chow, U. B. E. 369
Christ Apostolic Church 120, 122f.
Christ Army Churches 117
Christ Faith Mission 122
Christengemeinden Elim 67
Christenson, L. 134–136, 143, 315
Christian Church of North America 33, 367
Christian Revival Crusade 125, 129f.
Christian Union 32
Christlicher Gemeinschaftsverband GmbH.
    Mülheim-Ruhr 64–66, 92, 174, 179, 181,
    231, 234, 240, 288, 311, 315, 323, 374
    (vgl. Mülheimer Gemeinschaftsverband)
Christliches Missionshaus Hebron 68
Christliches Missionsunternehmen (früher:
    Freie Volksmission) 374
Chu Hui So (Little Flock), Taiwan 373
Church of Christ (Holiness) USA 367
Church of God 29, 240, 314, 341
Church of God (Cleveland) (Barbados) 369
Church of God in India (Cleveland) 372
Church of God (Cleveland) (Jamaica) 371
Church of God (Cleveland) (Philippinen) 373
Church of God (Cleveland) (USA) 32, 84, 122,
    166, 367, 383, 386 (vgl. Iglesia de Dios
    [Cleveland]; Igreja de Deus [Cleveland])
Church of God in Christ (Haiti) 370
Church of God in Christ (Neger) (USA) 19f.,
    33, 367, 383, 386

Church of God of Prophecy (Jamaica) 371
Church of God of Prophecy (USA) 33, 367
Church of God of Pentecost 365
Church of Our Lord Jesus Christ of the Apo-
    stolic Faith, Inc. 367
Church of the Living God (Christian Wor-
    kers for Fellowship) 367
Church of the Lord (Aladura) 119
Church of God (Queens Village) 33, 367
Churches of God (Holiness) (Neger) 368
Clark, E. T. 327
Clark, St. B. 344
Colinon, M. 318
Comşa, G. 84
Comte, A. 97
Conde, E. 313, 340f.
Congregação Cristã do Brasil 295, 369, 390
Congregación Evangélica de la Fe Apostólica
    del 7° Día 370
Congregational Holiness Church 368
Conn, C. 316
Cooper, P. 371
Copp, H. L. 365
Corporación Evangélica de Vitacura 369
Corporación Evangélica Pentecostal (Coronel)
    370
Cortez, F. R. 373
Cossec, C. Le 341
Costas, P. P. 375
Crayne, R. 312
Creştini botezaţi cu Duhul Sfînt sau Biserica
    lui Dumnezeu Apostolica 88
Cristiani, L. 344
Crumpler, A. B. 312
Cutten, G. B. 188, 205
Czajko, E. 22, 25, 91–95, 288, 313

Dagon, G. 343
Dahl, O. 359
Dallière, L. 341, 343
Dallmeyer, A. 341, 343
Dallmeyer, H. 63, 341, 343
Dalton, R. C. 341
Damboriena, P. 328, 344
Davidsson, B. 313
Davies, H. 343
Davies, J. H. 288
Debrunner, A. 173
Debrunner, H. W. 318, 333
Delabilière, C. E. D. 69, 343
DeLong, L. 374
Demetrus, P. 59
Deusen, R. van 133
Deutsche Pfingstmission 67
Deutsche Spätregenmission 374

Deutsche Volksmission entschiedener Christen 179
Dictos, E. A. 375
Dodd, C. H. 173
Doebert, H. 143, 336, 341
Dolotov, A. 342, 344
Dongen, P. v. 344
Dougall, J. W. C. 318
Dowie, J. A. 126, 130
Dreyer, J. 183, 205
Drollinger, Chr. 70
Dubb, A. A. 333
Duhovna Krscanska Crkva 240
Duncan, P. 130, 313
Durasoff, St. 22, 25, 50–60, 316, 341f., 344
Durig, R. 350
Dusen, H. P. van 327

Eberhardt, J. 333
Ecke, K. 289, 316
Edel, E. 61, 364
Edel, R. F. 142–144, 316, 341
Edwards, L. 371
Eggenberger, O. 143, 325, 374, 376
Eglise Apostolique (Frankreich) 375
Eglise de Dieu (Cleveland) (Haiti) 370
Eglise de Dieu Pentecôtiste (Haiti) 370
Eglise de Jesus Christ sur la Terre par le prophète Simon Kimbangu 288
Eglise de Pentecôte au Congo 365
Eglise Evangélique de Réveil 72, 376
Eglise Pentecôtiste du Congo 366
Eichin, F. 343
Eicken, E. v. 343, 363
Eisele, K. 343
Eisenlöffel, L. 155f., 182, 218, 231–241, 288, 340
Ejército Evangélico de Chile 370
Ekklesia Theou Pentekostis 375
Eliaschevitsch, I. Y. 342
Elim Pentecostal Churches (= Elim Foursquare Gospel Alliance) 240, 242, 249, 288, 331, 361, 375
Elimforsamlingen 374
Ellinson, H. 334
Elovson, H. 338, 342, 346
Embree, B. L. 372
Embregts, J. W. 313
Emmet, D. 333
Engström, D. 70
Erickson, C. O. 299
Erola, E. W. 372
Eschenmoser, O. 71
Essen, A. 322
Esslinger 343
Evangeliumi Punkosdi Egyaz 377

Ewald, G. 143
Ewart, F. J. 34, 312, 341
Eyk, F. van 128f.

Fábian, J. 288
Failing, W.-E. 25, 114, 131–145, 255, 289, 315, 341, 378
Faith and Truth Temple 120
Faith Tabernacles 120f.
Falconi, C. 329, 344
Farrel, F. 343
Fast, H. 239
Fédération des Assemblées de Réveil 375
Félice, Ph. de 318
Ferris, A. J. 341
Ferry, A. 342
Filadelfia (Finnland) 47
Filadelfia (Norwegen) 41, 376
Filadelfia (Schweden) 40, 43f., 256, 260, 288, 338 (vgl. Svenska Fria Missionen [Filadelfia])
Finney, C. G. 174, 176, 181, 279, 340
Finnochiaro, N. 289, 342
Fire Baptized Holiness Church (Wesleyan) 24, 32
First Century Gospel Church 120
Fix, K. 66–68
Fleisch, P. 64, 79, 318, 323f., 363
Ford, J. M. 344
Francescon, L. 312
Fransson 42
Fraser, M. 341
Free Christian Zion Church of Christ 368
Freeman, D. D. 366
Freie Christengemeinde (Schweiz) 71f., 288, 311, 376
Freie Christengemeinden (Deutschland) 24, 288
Freie Christengemeinden (Österreich) 376
Freie Pfingstgemeinde Oestermalm 337
Freie Volksmission entschiedener Christen 67
Frey, M. E. 340
Friedrich, G. 139, 144
Friezen, G. 59, 342
Frodsham, St. H. 24, 29, 36, 340, 361
Fuentes, G. O. 370f.
Full Gospel Business Men's Association 36
Full Gospel Church 157
Full Gospel Churches of God of Southern Africa 366

Gaëte, A. 328, 344
Gagg, R. 142
Garkavenko, F. L. 52, 60, 342, 344
Gasser, P. 67
Gasson, R. 340
Gause, R. H. 166–173, 341, 345

Gee, D. 47, 52, 60, 72, 75, 151, 155f., 165, 182,
216, 219, 240, 246f., 255, 272f., 277, 313,
326, 341, 361
Gemeinde der Christen »Ecclesia« 240, 374
Gemeinde für Urchristentum 70–72, 124, 288,
311, 315, 356, 376, 383, 391 (vgl. Apostolic
Church)
Gemeinde Gottes (Cleveland) 68, 179, 374
(vgl. ChoG [Cleveland])
Gemeinde Gottes (Ungarn) 377
Gemeinschaft Entschiedener Christen 179
Gensichen, M. 66
Geppert, W. 342f.
Gerber, E. 318
Geredja Bethel Indjil Sepenuh 372
Geredja Geraka Pentakosta 174
Geredja Isa Almasih (Sing Ling Kauw Hwee)
373
Geredja Pantekosta Siburian 373
Geredja Pentakosta di Indonesia 373
Gericke, P. 341
Gerlach, L. P. 332, 334, 345
Gerland, B. 342
Gerrard, N. L. 334, 345
Geyer, R. 364
Giese, E. 323, 362–364
Gijs, J. v. 341
Gilbert, A. 329
Girardet, A. 342
Glardon, A. 342
Glardon, Ch. 341
Glashouwer, W. 343
Global Frontier 122
Goodall, N. 181
Goss, E. E. 313
Götestan, K. G. 345
Graf, L. 66
Graham, B. 58, 106, 269, 327, 343
Grams, M. D. 369
Gray, D. 242–245
Greenway, H. W. 255, 341
Greenwood, C. L. 127
Greenwood, Ch. 127
Greeven, H. 139, 144
Gregersen, D. 63, 69
Greschat, H.-J. 318
Grieg, E. 62, 359
Grimley, J. B. 333
Gromov, E. 60, 342, 344
Grossmann, H. 341
Grubb, G. 125
Grubb, L. J. 340
Grün, W. 341
Gründler, J. 342
Guariglia, G. 342
Guiton, W. H. 343

Gullace, G. 342
Gurion, B. 329
Gustafsson, B. 343

Haab, W. 149–156
Haarbeck, Th. 343
Haarbeck, W. 343
Haavik, O. L. 343
Haavio, A. 343
Hagstrøm, W. 313
Handspicker, M. B. 24, 278, 288
Hardeland, Th. 342
Hargrave, O. T. 316
Harmon, J. W. 370
Harper, M. 143, 315
Harris, C. C., 366
Harris, L. 129f., 255, 374
Harris, R. W. 340
Harrison, I. J. 341
Hasse, E. 343
Hauptmann, P. 342
Hauser, M. 68, 340
Haydus, W. H. 370
Hayes, R. B. 341
Hayes, W. M. 312
Hayward, V. E. W. 343
Haywood, G. T. 24
Hegger, H. J. 340
Helluntal-Ystävät 375
Henke, F. G. 318
Henri III 109
Henry, C. F. 343
Hermansson, A. 327
Herne, J. V. 371
Hess, K. 142f., 341
Heuvel, A. van den 143, 288
Hewitt 128
Highet, J. 343
Hilder, H. 340
Hine, V. H. 332, 334, 345
Hinson, E. G. 248, 255, 343
Hirai, K. 342
Hoch, D. 214
Holas, B. 333
Holiness Church (2 verschiedene) 32
Hollenweger, W. J. 15–25, 47, 73, 81, 143,
278, 280, 288, 307–346, 356
Holtz, G. 156
Hoover, W. C. 97f., 101, 112f., 312
Horton, H. 341
Houghton, H. D. 341
Hug, Ed. 343
Humburg, E. 65f., 340, 364
Hümmer, W. 143, 341
Hunziker, A. 72, 376
Hutten, K. 76, 78–80, 323–325, 343, 374

Iesu-No Mitama Kyokai 373
Iglesia Cristiana Independiente Pentecostés 371
Iglesia Cristiana Interdenominacional 371
Iglesia Cristiana Nacional las Asambleas de Dios 371
Iglesia de Dios (Argentinien) 368
Iglesia de Dios (Cleveland) (Bahamas) 369 (vgl. ChoG [Cleveland])
Iglesia de Dios (Cleveland) (Chile) 370
Iglesia de Dios (Cleveland) (El Salvador) 370
Iglesia de Dios (Cleveland) (Honduras) 371
Iglesia de Dios (Cleveland) (Mexiko) 371
Iglesia de Dios (Cleveland) (Puerto Rico) 372
Iglesia de Dios de Profecia (Bahamas) 369
Iglesia de Dios de Profecia (Guatemala) 370
Iglesia de Dios de Profecia (Haiti) 371
Iglesia de Dios del Evangelio Completo (Cleveland) (Guatemala) 370
Iglesia de Dios Pentecostal (Chile) 370
Iglesia de Dios Pentecostal (Puerto Rico) 372
Iglesia del Evangelio Cuadrangular (Kolumbien) 371
Iglesia del Evangelio Cuadrangular (Panama) 371
Iglesia Evangélica Metodista Pentecostal, Reunida en el Nombre de Jesús 370
Iglesia Evangélica Pentecostal 370
Iglesia Evangélica Pentecostal Independiente 371
Iglesia Metodista Pentecostal de Chile 98, 100, 240, 370
Iglesia Pentecostal de Chile 106, 370
Iglesia Pentecostal Unida 371
Iglesias Pentecostales Autónomas 371
Igreja Baptista Bethel 369
Igreja de Deus (Cleveland) 369 (vgl. ChoG [Cleveland])
Igreja do Evangelho Quadrangular (Brasilien) 369
Igreja Evangélica Pentecostal »Brasil para Cristo« 290f., 369
Independent Assemblies of God 368
India Pentecostal Church of God 372
Ingram, J. H. 312
Initiativniki 57
International Church of the Foursquare Gospel (Australien) 128
International Church of the Foursquare Gospel (Kanada) 367
International Church of the Foursquare Gospel (USA) 32, 368
International Church of the Foursquare Gospel, International Calvary Foursquare Church (Philippinen) 373

International Pentecostal Assemblies 368
Internationale Volksmission 67
Ish-Shalom 329

Jansen 334, 336
Jeevaratnam, L. 340
Jeffreys, G. 72, 155, 294, 317, 353, 360–362
Jeffreys, St. 317
Jemolo, C. A. 328, 344
Jensen, J. 315
Jensen, N. P. 288
Jeremias, J. 240
Jeske, O. 240
Johansson, H. 288
Jones, W. G. 360
Joshua, S. 343
Jung, C. G. 183–185, 188f., 201–205, 252
Juste, St. J. 370
Juul, K. 313

Kalugin, V. M. 53, 58–60, 342, 344
Karcev, A. 344
Karev, A. V. 52–54, 60, 342
Käsemann, E. 139f., 144f., 318, 341
Kauschanski, P. 56, 60, 342, 344
Kayes, R. 143
Keller, S. 288
Kelsey, M. T. 248, 252f., 255, 333, 335
Kendrick, K. 24, 29–37, 173, 240, 255, 316
Kessler, J. B. A. 322
Kimbanguisten 21, 24f., 378
Kirk, E. R. 369
Kjellander, G. 343
Köbben, A. J. F. 333
Köhler, W. 319, 336
Koilo, T. 49, 313
Kolenda, J. P. 67
Kortzfleisch, S. v. 345
Kościół Chrześcijan Wiary Ewangelicznej 92f.
Kovalev, S. I. 344
Kovalevski, E. 142f.
Kowalski, W. 66
Krajewski, E. 327
Kramer, E. 127, 130, 313
Krige, A. V. 341
Kristova Duhovna Crkva »Malkrštenih« 376
Kristova Duhovna Crkva »Nogopranih« 376
Kristova Pentekostna Crkva 288f., 341, 375
Kriutschkov, G. K. 57
Krüger, G. 374
Kruska, H. 318
Krust, Chr. 66, 155f., 174–182, 240, 266, 276, 288, 313f., 341, 362f., 374
Kühn, B. 341, 343

Kulbeck, G. G. 313
Küng, H. 145
Kurantov, A. P. 60, 344

LaBarre, W. 345
Labib, B. 365
Lachat, Th. 288
Lachat, W. 341
Lacson, A. H. 227
Lalive d'Epinay, Chr. 22, 25, 96–114, 249, 255, 332, 334
Lancaster, J. 126f.
Landis, B. Y. 342
Lara 222f., 226
Lardon, O. 67
Larsen Bjørner, A. (vgl. Bjørner)
Lauster, B. 341
Lauster, H. 68, 341
Law, W. 280
Lawrence, J. 342
Lechler, A. 334, 336
Lediga, S. P. 333
Lee, F. J. 312
Lehmann, J. 334
Lehmann, R. 67
Lemke, C. 288
Lener, S. 342
Léonard, E. G. 334, 336
Lepargneur, F. 328
Lepsius, J. 363
Lesnussa, E. 373
Lettau, R. 341
Lew, I. 372
Lewis, W. H. 341
Lidman, S. 337–340, 345
Linderholm, E. 43, 323, 334
Lindskog, A. 288
Lindvall, A. 370
Livschic, G. M. 59f., 342, 344
Locher, G. 143
Lohmann, E. 341
Lombard, E. 335
Loram, C. 333
Lorenz, E. 66f., 288
Lovick, W. E. 366
Lovsky, F. 318f.
Lunde, A. 38, 45
Luoto, V. 22, 25, 38–49
Luther, M. 76, 153, 183, 187, 203, 363
Lyseight, O. A. 375

Maag, V. 333
Macartney, H. B. 125
MacDonald, W. G. 341
Macmillan, D. H. 340f.
Magersnes, F. 369

Mahan, A. 175f., 279, 340
Mair, L. P. 333
Majat, E. V. 342, 344
Maksymowicz, T. 313
Malgo, W. 343
Mancilla, M. 370
Mann, Th. 338
Mann, W. E. 332f.
Manninen, E. 47
Maranatha Mission 179
Margull, H.-J. 144
Martin, M.-L. 326
Marusczak-Siritz, A. 59
Maschek, S. 342
Mason, C. H. 33
Matache, D. 90
Maurer, D. 318
Mavity, N. B. 333
Mayer, F. E. 342
Mayer, Ph. 165, 331, 333
Mazzucco, M. 368
McAlister, R. E. 300
McAlister, W. E. 340
McAllister 225
McCall 370
McCrossan, T. J. 343
McCullough, O'Neil 370
McDonnell, K. 344
McKeown, J. 365
McLean, G. S. 367
McPherson, A. Semple 32, 127, 312, 317, 334, 345
Mead, F. S. 342
Mecencev, V. A. 59, 342, 344
Mederlet, E. 143
Medina, J. 102, 113
Melo, M. de 21, 25, 290–293, 301, 306, 369
Melvin, H. 341
Mena, M. C. 370
Messifident Holy Spiritual Church 118
Metzger, W. 323
Meyendorff 143
Meyer 338, 346
Meyer, E. 62, 66
Meyer, H. 319, 343
Meyhoffer, L. 288
Michaelis, W. 322
Mickevitsch, A. I. 54–56, 60, 342
Miegge, M. 326, 334, 344
Mikkonen, P. 341
Miliukov, P. 59, 342
Milivoj, P. 376
Miller, E. C. 343
Mink, P. 340
Misión Iglesia Pentecostal 370
Mitchell, R. C. 333

Mkele, N. 333
Modalsli 38
Modersohn, E. 61
Mohr, Fr. 334, 336
Molenaar, D. G. 343
Möller, F. P. 341, 356
Moody, D. L. 61, 69, 279, 316, 319, 340, 359
Moore, E. LeRoy 316
Moore, P. H. 367
Morgan, M. 360
Mosimann, E. 335
Moss, A. S. 369
Motorin, I. I. 54
Mottu, H. 111
Movimiento Cristiano Misionero 368
Movimiento de Iglesias Evangélicas Pentecostés Independientes 371
Mpumlwana 333
Mqotsi, L. 333
Mülheimer Gemeinschaftsverband 75, 265 f. (vgl. Christlicher Gemeinschaftsverband GmbH Mülheim-Ruhr)
Müller, A. 341, 343
Müller, E. 68
Müller, H. 353
Müller, J. 342
Muñoz, J. M. 370
Muñoz, R. 344
Muñoz, R. Phro. H. 328, 344
Müntzer, Th. 105
Murray, A. 340
Myers, C. R. 120 f.
Myerscough, T. 360

Nagel, F. 341
National David Spiritual Temple of Christ Church Union 33, 368
National Revival Crusade 373
Neilsen, G. W. 372
Nelson, P. C. 182, 341
Newbigin, L. 13, 267–269, 276 f., 288, 327
New Testament Church of God 375
Nichol, J. T. 318
Niemöller, M. 143, 288
Nietzsche, F. 189,205
Nihon Assemburizu Kyodan 373
Nihon Iesu Kirisuto Kyokai 373
Nikoloff, N. 312
Nilsson, S. 261
Nissiotis, N. A. 145
Norske Pinsevenners Ytremisjon (Argentinien) 369
Norton, G. R. 333
Nouwen, H. J. M. 344
Nussio, R. u. D. 289

Oates, W. E. 248, 250–252, 255, 327, 335, 343
Obere Okaime Church 118
O'Connor, E. 344
O'Dea, Th. F. 344
O'Docharty, L. 344
Oesterreich, T. K. 205
O'Hanlon, D. J. 344
Olsen-Smidt, G. 46
Open Bible Standard Churches of America (Kanada) 367
Open Bible Standard Churches of America (Trinidad) 372
Open Bible Standard Churches of America (USA) 33, 341, 368
Örebro Missionsförening (Schweden) 42 f., 257, 259, 261, 376
Örebro Missionsförening (Zentralafrikanische Republik) 367
(Original) Church of God 368
Original Gospel Movement 373
Osborn, T. L. 271, 300
Oshitelu, J. O. 119, 121
Osipov, A. A. 52
Ospina, E. 242
Osteuropäische Mission 67
Outhouse, E. F. 370

Painter 126
Palotay, S. 288
Pan'ko, I. K. 53
Pape, P. C. 344
Pardue, W. R. 373
Parham, Ch. F. 29–31, 176, 312, 317
Parli, H. A. 289
Parrinder, G. 333
Parsons, W. A. 373
Pascal, B. 110
Paul, G. H. 316
Paul, J. 62–65, 69, 91, 153, 155, 179 f., 182, 234 240, 312, 323, 340 f., 352, 354, 360, 362–364
Paulk, E. P. 341
Pauw, B. A. 331, 333
Peale, N. V. 209
Peel, J. D. Y. 333 f.
Pejsti, N. I. 95, 341
Peña, R. R. 370
Penggerakan Kristus 373
Pentecostal Assemblies of Canada (Argentinien) 369
Pentecostal Assemblies of Canada (Hongkong) 372
Pentecostal Assemblies of Canada (Kanada) 176 f., 182, 341, 367
Pentecostal Assemblies of Canada (Liberia) 366
Pentecostal Assemblies of Canada (Rhodesien) 366

Pentecostal Assemblies of East Africa 365
Pentecostal Assemblies of God (Tanzania) 366
Pentecostal Assemblies of God (Uganda) 366
Pentecostal Assemblies of God (USA) 58
Pentecostal Assemblies of Jesus Christ 32
Pentecostal Assemblies of the West Indies (Trinidad) 372
Pentecostal Assemblies of the World 33, 368
Pentecostal Church, Inc. 32
Pentecostal Church of Australia, 127f.
Pentecostal Church of God (Cleveland) (Ägypten) 365
Pentecostal Church of God of America (Indonesien) 373
Pentecostal Church of God of America (USA) 32, 368
Pentecostal Churches in Tanzania 366
Pentecostal Evangelical Church (Kuba) 371
Pentecostal Fellowship of North America 35
Pentecostal Fire Baptized Holiness Church 24
Pentecostal Free Will Baptist Church, Inc. 33, 368
Pentecostal Holiness Church (Großbritannien) 375
Pentecostal Holiness Church (Hongkong) 372
Pentecostal Holiness Church (Südafrika) 366
Pentecostal Holiness Church (USA) 32, 166, 233, 314, 316, 368, 383, 389
Penticostal Biserica Lui Dumnezeu Apostolica Din R. P. R. 376
Pérez, J. S. 370
Perrot, de 343
Pestalozza, L. 329, 334, 344
Petersen, L. 359
Pethrus, L. 40–44, 47, 240, 256–261, 312, 334, 337f., 345, 360
Petrov, L. 59
Peyrot, G. 326, 344
Pfaler, V. 47
Pfister, O. 334
Philadelphia-Verein 355, 374
Phillips, J. E. 361
Phillips, W. T. 367
Pietilä, A. J. 343
Pinto, A. 113
Plato, I. 187
Plessis, D. J. Du 272f., 313, 329, 340, 365
Polen, A. v. 340
Pollock, J. C. 130
Polman, G. R. 69
Ponomartschuk, D. I. 53, 59, 342
Ponomartschuk, D. L. 51
Ponurko, G. G. 51
Pope, L. 112, 332, 334
Portugal, A. 371
Pospisil, W. 372

Principe de Paz (Guatemala) 370
Prochanov, J. 342
Procksch, O. 173
Prokof'ev, A. F. 57
Pryor, A. 340
Purdie, J. E. 343
Pylkkänen, V. 45f., 282, 289
Pythia (von Delphi) 187

Rabe, P. 67
Ramírez-Ramírez, A. 355
Ranaghan, D. 344
Ranaghan, K. 344
Ranger, T. O. 313, 333
Rappard, H. 68f.
Read, W. R. 318, 332
Rees, V. 318
Reichenbach, A. 340
Reinmarus, A. 59, 342
Renty, J. B. de 280
Reuss, A. B. 69
Reyburn, M. F. 334
Reyburn, W. D. 334
Rham, D. de 342
Rhyner, A. 288
Richter, A. 143
Riggs, R. M. 182, 341
Ringwald, W. 333
Robert, R. 288
Roberts, E. 343
Roberts, O. 36, 50, 55, 58, 60, 299, 240, 247, 254, 310
Robinson, G. E. 333
Röckle, Chr. 355
Rodríguez, J. 370
Rohrbach, H. 143
Romero, G. 342
Roos 67
Rosemann, P. 143
Rosenzweig, 192f., 200
Rougemont, F. de 72, 289, 334, 341, 345
Rubanowitsch, J. 341
Rudolph, W. 277
Ruff, P. R. 69
Russo, G. 342
Rutz, A. 288, 376
Rycroft, St. W. 334

Sadler, W. S. 188, 205
Salvemini, G. 289, 342
Samuel, P. M. 372
Sandoval, M. 344
Sandru, T. 25, 82–90
Sankey 61
Sargant, W. 204f., 250, 255
Satre 134

Sauer, E. 183, 205
Säwe, W. 288
Schaefer, H. 345
Schamoni, W. 142f.
Scherrer, W. 288
Schertenleib, P. 340
Schevtschenko, L. 57
Schidkov, I. I. 54f., 57, 60, 342
Schidkov, M. 57, 60
Schiliró, L. 300
Schilling 66f., 71
Schlosser, K. 165, 331, 333, 342
Schmidt, G. H. 312
Schmidt, K. L. 318
Schmidt, M. 289
Schmidt, W. 240
Schmidt, Wolfgang 47, 49, 289, 323
Schmutz, F. 288
Schneider 302
Schneider, C. 139
Schneider, E. 205
Schneider, K. 288
Schneider, Th. 333
Schober, H. 65, 364
Schrenk, E. 63, 68f., 343
Schtanko, N. 60, 342, 344
Schulgen, F. J. 344
Schwarz, B. 345
Schweizer, E. 139, 144f., 318, 341
Schweizerische Pfingstmission (Schweiz) 61,
    69–72, 206, 220, 288f., 311, 314f., 353, 377,
    383, 391
Schweizerische Pfingstmission (Zentralafrika-
    nische Republik) 367
Scism, E. L. 372
Scopuli, L. 280
Scott, David 369
Scott, D. 72
Scott, F. C. 367
Secrétan, L. 341
Seitz, J. 341
Seymour, W. J. 19, 24, 30, 312
Shepherd, R. H. W. 333
Short, R. L. 334
Sicard, H. v. 333
Sidang Djemaat Allah 373
Sidang Pantekosta (Celebes und Molukken)
    373
Siering, O. 374
Siipi, J. 313
Simon, F. 319, 343
Sing Ling Pantekosta 373
Singh, Sadhu Sundar 308
Skaggs, N. E. 371
Ski, M. 48, 313, 316
Smith, R. C. 371

Smith, R. P. 61, 68
Söderholm, G. E. 48, 312
Somov, K. V. 54
Souza, B. Muniz de 22, 25, 294–300, 332, 334
Spätregenbewegung 122, 345
Spini, G. 334, 344
Społecznośc Chrześcijańska 91
Spörri, Th. 183, 205, 335
Spurling, R. G. 29
Stagg, F. 248, 255, 343
Stampe, L. 337, 342, 346
Steen, G. 67, 71
Steiner, H. 69, 155, 206
Steiner, L. 24, 70, 155, 206–219, 240, 246, 255,
    265–277, 288, 294, 300, 313f., 361
Stengel, G. 288
Stephan, A. 143
Stéphan, R. 342
Stirnimann, P. 143
Stockmayer, O. 68f., 340, 363
Stolee, H. J. 343
Stone, J. 343
Strand, E. 316
Strøm, E. 316
Strunk jr., O. 249, 255
Stupperich, R. 342
Sumrall, L. F. 220–230, 340
Sundkler, B. G. M. 333
Sundstedt, A. 316
Suski, M. 288
Svenska Fria Missionen (Filadelfia) 376 (vgl.
    Filadelfia [Schweden])
Svensson, W. 261
Synan, H. V. 316
Szondi, L. 191, 195, 202

Tabernacle Presbyterian Church 32
Tasker, R. V. G. 173
Tavares, L. 311
Taylor, J. 280
Taylor, J. D. 333
Taylor, P. F. 371
Teinonen, S. A. 343
Telle, A. 63, 69
Tempel der Feuergetauften 17
Thibodeau, Ph. 344
Thiersch, H. 316
Thiessen 373
Thulin, H. 341
Tiililä, O. 343
Tjoan, T. H. 373
Tomlinson, A. J. 312, 327
Tomlinson, H. A. 312, 327
Tomlinson, M. 312
Torrey, R. A. 61f., 69, 279
Tournier, P. 209

Triumph the Church and Kingdom of God in Christ 368
Trudel, D. 363
True Jesus Church (Taiwan) 373
Turnbull, T. N. 313, 341
Turner, H. W. 22, 25, 115–124, 313, 321, 333
Turner, W. H. 340

Ucenicii Domnului Isus Hristos 88
Ul'ianov, G. 60, 342, 344
Ungar, A. 288
Union de las Asambleas de Dios 369
Union der Christen evangelischen Glaubens (Pfingstler)52f., 58
Union der Evangeliumschristen/Baptisten/ Pfingstler 330 (vgl. All-Union der Evangeliumschristen/Baptisten [AUECB])
Union pour le Réveil 72
United Holy Church of America, Inc. 33, 368
United Pentecostal Church (Indien) 372
United Pentecostal Church (Indonesien) 373
United Pentecostal Church (USA) 32, 315, 354, 368
Utasan Pantekosta 373
Uzkov, N. N. 342, 344

Valdez, A. C. 127
Valdez jr., A. C. 227f.
Valeske, U. 143
Vamvu, A. 90
Vandenabecle, D. 374
Vaschkevitsch, S. I. 53
Velberter Mission e.V. 67
Vereinigte Missionsfreunde 240
Vereinigung Freier Christen 67
Vereniging van de Evangelische Pinkster Kerken in België 374
Vergara, I. 328, 344
Verghese, P. 143
Verhoef, W. W. 343
Verkuyl, J. 343
Vetter, J. 64, 68f.
Vidal, V. 342
Vietheer, H. 66, 364
Villanueva, C. 220–222, 228
Virgil 187
Vischer, L. 24
Visser't Hooft, W. A. 331, 344f.
Vivier- v. Eetveldt, L. M. 22, 25, 114, 183–205, 255, 316, 333, 335f.
Voevodin, I. 60, 342
Vogel, L. 341
Voget, C. O. 65, 182, 364
Volf, D. 288

Volksmission Entschiedener Christen 66, 68, 240, 374
Voranev, I. E. 50–52
Voranev, K. 52, 59
Voranev, P. 59
Vouga, O. 341

Wagner, G. 14
Wakin, Ed. 344
Waldvogel, H. 68
Ward, B. E. 333
Ward, T. N. 369
Washington, E. M. 16
Weatherhead, L. 209
Weber, H. R. 143, 288
Wegener 66
Weiss, B. 240
Welbourn, F. B. 333
Weman, H. 333
Werin, A. 342, 346
Wesley, J. 97, 170, 173, 279
Wessels, G. R. 177, 182
West, C. 318
Westerman, D. 333
Westgarth, J. W. 117, 124, 313
Whalen, W. J. 344
White, A. 341
Widmer, Joh. 70, 340
Wier, J. 109
Wigglesworth, Smith 69, 127, 155, 334, 336, 345
Wilhelmsen, K. 372
Wilkerson, D. R. 340, 358
Willems, E. 334
Willenegger, R. 71, 288, 341, 356f., 376
Williams, E. S. 51, 59, 341
Willoughby 190, 193, 200
Wilson, B. R. 249f., 253, 255, 331, 334, 360f.
Wilson, E. A. G. 313
Winehouse, I. 318
Wirmark, B. 22, 25, 256–261
Witt, O. 343
Wohlfart, H. 66f.
Wolf, R. C. 343
Wood, W. W. 334, 345
World Christian Crusade 122
World Pentecostal Fellowship 35
World Wide Missions, Inc. 122
Woude, P. v. d. 178, 376
Wovenu, C. K. N. 313, 341
Wumkes, G. A. 343
Wyssen, H. 71

Yinger, J. M. 22, 25, 112
Young, R. 288

Zaiss, C. 374
Zaiss, H. 308
Zenetti, L. 14, 20, 301–306, 344
Zjednoczenie Kościołów Chrystusowych
    95
Zjednoczenie Wolnych Chrześcijan 95

Zjednoczony Kościół Ewangeliczny 91, 95,
    288, 376
Zopfi, J. 13, 61–81, 340
Zündel, E. 145
Związek Ewangelicznych Chrześcijan 95
Związek Stanowczych Chrześcijan 91